U0907917

濮与中华民族

金钟 著

广州新华出版发行集团
广州出版社

图书在版编目（CIP）数据

濮与中华民族/金钟著. —广州：广州出版社，2012.6
ISBN 978-7-5462-0291-4

Ⅰ.①濮… Ⅱ.①金… Ⅲ.①中华民族—民族历史—研究
Ⅳ.①K28

中国版本图书馆CIP数据核字（2010）135319号

书　　名　濮与中华民族
Pu Yu Zhonghua Minzu
出版发行　广州出版社
（地址：广州市天润路87号9、10楼　邮政编码：510635
http：//www.gzcbs.com.cn）
责任编辑　杨　斌　彭向明　陈召珍　黄　婧
责任校对　陈洁仪　欧瑞平
装帧设计　谢成华
印　　刷　广州市快美印务有限公司
（地址：广州市越秀区横枝岗路64号大院自编9号1—4层
邮政编码：510095）
开　　本　889毫米×1194毫米　32开
印　　张　20
字　　数　688千字
版　　次　2012年6月第1版
印　　次　2012年6月第1次
书　　号　ISBN 978-7-5462-0291-4
定　　价　59.00元

如发现印装质量问题，影响阅读，请与承印厂联系调换。

序

当你第一眼看《濮与中华民族》这本书时，我想你一定会被这个新颖奇特的题目深深吸引。“濮”是什么？是人名，地名，还是民族名？这个名称与中华民族到底有何关系？为什么能够与“中华民族”这个无比崇高、无比庄严的名词相提并论？这个问题相信即便是历史专业的学生，甚至是一些学者，对它也多少有点疑惑不解。因为在数千年来积集的浩瀚史籍里，从中国“正史”祖师爷司马迁写的《史记》到近、现代的《中国通史》、《史稿》、《史纲》之类的史籍，以及许许多多的断代史，除了现代民族史学家何光岳在《南蛮源流史》里有一专章对“濮”略有论及之外，在所有被认为是“正统”的中国史籍里，是从来没有人把“濮”当做曾经在神州大地上，为创造灿烂辉煌的中华古代文明作出了伟大贡献的古代民族而认真地着墨论文交代，以确立它在“史”里应有的地位。

翻开目录，看到里面有一行写着“夏是濮人建立的王朝”时，也许有人会情不自禁地脱口而出：“不可能！”接着便不自觉地加入“千夫指”行列，说：“这是睁眼说瞎话，堂堂的中国夏、商、周文明，岂有可能是名不见经传、落后的什么‘濮（百）越’先民所能建立的?!”于是，对历史怀有极度偏见的人，可能就不屑一顾地把书扔到一边了。可是，相信多数求知欲强，治学态度严谨，对历史情有独钟或爱好探索的人，则可能觉得新奇而去探个究竟，力求了解在古老的中华大地上，究竟是谁为它的古代文明作出如此巨大的贡献，神州大地的上古时期，谁又是叱咤风云的主人。

其实，细心的读史者和善于探究者并不难发现，在浩瀚的史籍里和中华大地上，由北至南，从东到西，众多的专有名词（如人名、地名、民族名等）都有同（近）音异写的濮、蒲、薄、浦、埔、铺、博、仆、卜、普、布、步、扒、百、伯、陌、白、泊、破、播和伏、浮、孚、符、富、夫（古无轻唇音，故此六音不读 fu，而读 pu），以及庖、苞、褒、阜等字。这些不同的汉字，都是古濮（百）越语 pu 或地方变音 po、pou、pau 的同音、近音异译（写）字。pu 是专用于

“人”前面的必带量词“位”(因濮越语里，讲“人”，一般都必须说pu vun，而不单说vun)。在夏、商时，甲骨文pu(位)就已译(写)
位 人　　　　人
作“𠊿”，后改作“濮”而广泛流行。pu(位)不是名词，但译(写)作“濮”用来专称某古代民族之后，历史便以讹传讹了几千年。在现今山西、陕西、河北、河南、山东这几个原夏代版图的“省”境内，尽管历史流逝了数千年，朝代更替了十几个，但是，由于古濮越先民生息过而被命名的一些古地名，仍然因这块闪亮的金色土地而熠熠生辉，使我们能够十分清楚地看到他们曾经走过的足迹，并听见他们曾经叱咤风云的呼啸声。下面列举数例，足以证明(史籍中存留数量众多的古濮越语，其中各种专有名词及地名的汉字译音将用国际音标标明濮越语的相应音值。详见书中各章节)。

山西：蒲州(今永济)；蒲县；播明(pu ᵐbe:ŋ“邻居”)；伯强
位 边
(pu kaŋ“后来者”)；陌南(pu na:m“奴隶”、仆人、佣人”)；扒
位 后面
楼、破鲁(是pu lau“我们”的同音异译)。
我们

陕西：蒲城、褒城与蒲州、蒲县一样，是“濮(pu)人”的城池；蒲溪(pu k‘əi“耕田人”，今侗语仍读此音)；富(pu)县；富
位
(pu)水；博望(pu ma:ŋ“村里(乡下)人”)；普(pu)集(“濮
村寨
人的集市”)；白豹(pu pau本是pu lau“我们”，因声母同化变为pu pau，汉字译作“白豹”)。

河北：蒲阳(pu ja:ŋ“种粟人”，今顺平县)；博野[pu jai“耕
位 粟　　　　犁
田人”，与今“布依”族是同(近)音异译]；步古(pu kau“我
我、我们
们”)；泊头(pu tau“我们”，今布央语仍读此音)。
我们

河南：濮阳与蒲阳是同音异译；泼陂、陌陂(是pu pi“兄长、大哥”的同音异译)；博望与陕西博望同；伏牛、白牛[pu ɣa:u“我
位
们”的同音异译，今壮语(北)仍读此音]；白秋(pu tsau“我
我们
们”)。

山东：临濮(lam pu“同是濮人”)；蒲汪(pu va:ŋ“水口、
用　　　　水口;河口

河口”）；博兴（pu hun“濮人”）；淄博（是pu tsai“耕田人”的倒
位 人 位 犁
装）；铺上（pu so:ŋ“种稻人”）；发城（pu 城“濮人”城池；“发”
位 稻穗
不读 fa，而读 pu，汉字可写作“拨”）；泊头，与河北的“泊头”同；泊里（pu li “山地人”）；泊子（pu tsai“耕田人”）。
位 山地 位 犁

此外，与河北毗邻的辽宁、吉林、黑龙江和内蒙古自治区东边的一部分地区，是古称“夫余”（pu ji“耕田人”，与今布依族的“布
犁
依”是同音异译）的地方。公元 10 世纪建立的辽国（907—1125）以及近代所称“辽宁”省的“辽”，都是由濮越语 lau“我们”的汉字译音约定俗成的。

可见，上述地名虽然只是濮越先民在生息过的地方命名的千万个原始地名中遗存下来的极少一部分，但是，它却足以证明这些地方，确确实实是濮越先民曾经生活过的历史舞台。

据《史记》载，夏代王朝经历了 470 多年，至桀为商汤所灭。汤原为夏代诸侯，祖先也是濮越人。这并非凭空臆测，而是有根有据，可以充分证明的。

（一）司马迁根据史料及传说所写的《殷本纪》，开宗明义说：“殷契，母曰简狄，有娀氏之女。”这句话里，“契，简狄，有娀”三个词都是濮越语的汉字译音词。“契”，k‘əi，“犁、耕”，今侗语仍读此音。濮越语在“人”名前边一定要有一个必带量词 pu“位”，即 pu k‘əi，“耕田者，种田人”；“简狄”kun di，“好人”；“有娀”，jau
位 犁 人 好 我们
jo:ŋ，“我们（是）种粟人。”全句意思是：“殷（代）（一位）种田
粟
人，母亲是好人，（她是）我们种粟人的姑娘”。

（二）“汤始居亳，从先王居”（《史记·殷本纪》司马迁）。“亳”在今河南商丘北。“亳”是“濮”的同音异译（写）字。河南、河北、山西、陕西、山东是濮越先民长期生息并建立夏王朝的地方。汤的祖先世代生息在“亳”，所以“汤居亳”是“从先王（祖先）居”。

（三）汤的摄政总理大臣——伊尹是濮越人。所谓“伊尹”其实是濮越语ji vun“耕田人”的汉字译音。他的名字叫什么，当然已无
犁 人

人考证，也无从可考。因为当时汉文字仍处在初期发展阶段，远未能普及应用，所以，商王朝的活动史未能完全用文字记录下来以流传后世。司马迁（西汉）写《史记》，是汉字经过了1000多年的发展，进入了普遍应用的成熟阶段，《史记》是根据春秋战国时代成书的《左传》，及一些零星的文字资料和口头历史传说，再加上司马迁对历史发展的天才的理解和认知编撰而成的。

“伊尹”是历史传说人物。“伊、夷、越”濮越语同音，“伊尹”即“夷人”或“越人”。但自从始译者将濮越语 ji vun 用汉字译音写作“伊尹”，并被司马迁记载在《史记》以后，2000多年来，就一直被当作真人名广泛流传，即便是最权威的著名史学家，也无法考证，便没有人敢于挑战司马迁，怀疑它是否是真人名字了。现在我们否定《史记》关于“伊尹”的真实性，相信必定会遭到“千夫指”。不过，信也好，不信也罢，商汤的摄政大臣“伊尹”是濮越人，这是事实。至于他的真名叫张三、李四或王五已无关紧要。春秋战国时代，根据当时的历史传说，将濮越语 ji vun 用汉字译音写作“伊尹”的始译者，给我们留下这个十分珍贵的历史语言素材，使我们能够追寻古濮越先民的历史足迹，从而清楚地知道古濮越人在历史中的活动及其定位，不能不说是功德无量！

当然，《史记》和其他典籍里存留的古濮越语很多，《殷本纪》也并不只上述几个。如：

昆吾 是kun wu“咱人”的汉字译音。“诸侯昆吾为乱。汤乃兴
人 咱
师……伐昆吾。”这里的所谓“诸侯”，即部落或部族。濮越语 kun wu“咱人”被始译者写作“昆吾”用来指称某古濮越人部落或部族后，就被史籍当做部落及其成员名称而流传了数千年。今云南傣（西）称“人”仍读 kun。

有夏 是jau jo“我们本领高强”的汉字译音。“夏”王朝之
我们 本领高强
所以称为“夏”，是当时某部分势力最强大的濮越先民，兼并了许多弱小部落方国之后建立起来的。他们因“本领高强”（jo 或 ja）而被称作“夏”。《夏本纪》里，“国号曰夏后”这句话的“夏后”同样也是濮越语 jo hau“我本领高强”的汉字译音。今海南临高话，
本领高强 我
“我”仍读 hau，用汉字可译写作“后”或“侯”。2000多年来，有

些古史学家因不懂濮越语而望文生义乱加解释，将“后”理解为“王后”再引申为“君（王）”，误导后人。

卷陶　是kun tau“我们（的）人”的汉字译音。“汤归至于泰卷陶，中垒作诰”，“卷陶”始译后已被作地名。今河北南部与河南濮阳地区相毗邻的地方，已写作“館陶”。布（濮）央语称“我们”仍读tau。

人　我们

后稷　是hau tsit（tsik）“糯米”的汉字译音。“后稷降播，农殖百谷”hau读不同声调有不同意义：高降调是“藤”，中平调是“我”，低平调是“米饭”，高平调是“进”，低平调是“瓢”等，计八九个。因糯米俗称为“百谷之王”，用途广，做成的食物贮存时间最久。如熬成汤拌石灰作建筑原料比水泥还硬，可千年不腐，故历来为人们赞叹不已。自古以来，民间有许多有关糯米的美丽传说，尤其说它是仙女从天宫里用口含着偷来的种子，下凡教情人种植的动人故事，更为流传久远。也许正是由于这种种传说的不断变化，最后，糯米就变成教民播种百谷的“后稷”，甚至在《周本纪》里，竟然成了“首王”。

米饭　糯

闳夭　是hoŋ jau“我们”的汉字译音。“西伯之臣闳夭之徒”。hoŋ jau被写作“闳夭”之后，用作人名。

（前缀）我们

羑里　是kau（kou）li“我山地人”的汉字译音。用作地名，在汤阴之南。

我　山地

恶来　是wu lo:i“咱山里人”的汉字译音。“纣又用恶来。恶来善毁谗，诸侯以此益疏”。始译后用作人名。

咱　山

比干　是pi kun“长兄”的汉字译音。“西伯滋大，纣由此稍失权重。王子比干谏，弗听。比干曰：‘为人臣者，不得不以死争。’纣怒……剖比干，现其心。”

兄　人

祖伊　是tsu ji“耕田人”的汉字译音。tsu、tu“隻”本是动物名词前的专用量词，但泛指“人”时，也常用，无尊意。史籍中常见用汉字译音写作“朱、杜、土”等。“西伯伐饥国，灭之，纣之臣祖伊闻之而咎周。”

（隻、位）犁

禄父 是pu luk（位 儿子）“儿子”的倒装。“父”非“父亲”，不读fu，而读pu。“封纣子武庚禄父，以续殷祀”。

牧野、目夷 是^{m}pu ji（jai）（位 犁）“耕田人”的同音异译字。古濮越语^{m}pu“位”历史音变分化为mu和pu，意义不变，都是“位”。今仫佬语仍读mu，用汉字可写作“牧、目”等。壮语、布依语读pu。今河北的地名“博野”与“牧野”是同音异译。“牧野”在河南淇县西南。

鹿台 是lok do:i（麓 山）“山麓”的汉字译音。“甲子日，纣兵败。纣走入，登鹿台，衣其宝玉衣，赴火而死”。

这些还不是全部，但它们却足以证明，夏、商时代是濮越先民在中国历史舞台最活跃、影响最大最深远的时代。商汤的祖先虽然也都是濮越先民，但汤灭夏建立了商王朝之后，统治者对不甘愿夏亡而敢于反抗、不服统治的濮越先民，不管它是部落、部族或独占一方的诸侯小国，一样顺我则昌，逆我者亡，镇压讨伐，决不手软。从此，濮越先民“蛋打鸡飞”，加上没有文字系统的记载，活动事迹只能靠口头传说流传。数百年以后，到了周朝，文字才逐渐普及流行，但所记录的只是周朝中叶以后的事。这样，曾经为建立夏王朝作出了卓越贡献的濮越先民，只能被默默无闻地淹没在中国历史长河中，成为不为人知的一片历史沉积，任由历史的激流在上面奔逝流淌几千年。

然而，兽过留迹，鸟过留声。曾经在世上出现、生存过的事物，是不会永远被彻底埋没的。当星辰变幻，沧海桑田时，沉积里的“金沙”就会在阳光下显露它的本色，闪出耀眼的光芒而被人们发现、拾掇，还其庐山真面目。

濮越先民既然曾经在广袤的神州大地上叱咤风云数千年，曾经缔造过中国历史上的第一个王朝，春秋战国时代，又名正言顺地建立了越国。濮越民族从内外兴安岭，渤海之滨，到西南境外，长江、珠江、怒江、金沙江、澜沧江，纵横数千公里，都布满了他们的足迹。因此，可以毫不夸张地说，濮越民族是神州大地上，历史最悠久，分布地域最广阔，人口数量最多，延续活动的时间最长，对中华古代文明和现代文明贡献最大的民族。这样的民族，尽管在史籍里没有被真实地记载（史籍所记录的只是由濮越民族最强势的一支，建立夏、商、周王朝后，发展成为汉主体民族的历史），但是，人口如此众多的族群，只要他们不是从地球上彻底消灭，而只是被历史发展的巨臂扭曲而改变了面貌继续向前发展，那么，它在历史长河中的深层影响是不会被完全彻底埋没得连一丝踪影都没有的。

事实也是如此。几千年来，用汉字记录的浩瀚史籍中，从甲骨文到明清各种史籍的字里行间，都存留着许许多多用汉字译音的古濮越语词（当然也不排除有其他民族语词）。它们由于被披上了汉字的“外壳”，所以，一般人都认为是汉字。但是，如果认真考究，仅从汉字的意义上去理解，却往往解释不通。于是，多数人只能囫囵吞枣，跨过这些文字的“拦路虎”，但求一知半解足矣，因为再欲深求也不可能。如果哪位历史学家或古文注释家自认为聪明过人而“望文生义”，胡乱解释，那么，他若不是掉入历史迷雾的深渊而不能自拔，便会是成为人们茶余饭后的笑柄。例如，被公认为历史上最著名的晋代注释家郭璞，注解扬雄《方言》中的“虎”（《方言·卷八》）这个字时，说：“虎，陈魏宋楚之间或谓之李父，江淮南楚之间谓之李耳。”郭璞因不知道“李父”、“李耳”都是土家族语，为“公虎”与“母虎”的汉字译音，便从汉字“望文生义”注曰：“虎食物值耳即止，以触其讳故”。

土家语称“公”为bu^{31}或pu^{31}，称“母”为ȵi^{35}或ȵie^{35}。“公虎”为li^{31}pu^{31}，扬雄用汉字译音写作“李父”（古无轻唇音f，故“父”不读fu，而读pu），“母虎”为li^{31}ȵi^{31}，用汉字写作“李耳”。在没有音素标音的情况下，这是比较贴切的。郭璞不知道“江淮南楚之间”为何称“虎”为“李耳”。便强不知以为知，望文猜义，把虎看作像人一样知道忌讳的动物，捕食动物，吃到耳朵即止，故成为千古笑谈。当然，几千年来，对这些汉字译音词望文猜义，乱加解释的人并不止郭璞一个，细心的读者只要认真探究，会发现仍不乏其人，尤其在古代民族史研究领域里更是常见。

这种情况之所以产生，充分说明了古濮越民族对中国历史的影响深远。由于它的发展艰难曲折，史前活动无文字记载，最强势的一支建立夏、商、周王朝之后，便以全新的面貌发展演变成为更先进更强大的汉民族，其余部分则跟随历史发展进程，自然发展。因此，从周朝以后用文字记录下来的中国历史，便再也没有可能去追记古濮越先民的活动史。因而在《中国通史》和一些“断代史”的字里行间，从来就没有将它载入而见诸史籍。

但是，由于它是人口众多的大民族，语言使用的社会基础深厚，在神州大地上生息活动过的地域广袤辽阔，用古濮越语命名的山川河海港湾，村镇城池，到处皆是，因而这些名字不可避免地在有意无意之中被收入史籍，流传后代，为我们打开濮越先民活动的历史舞台大门提供了十分珍贵的钥匙。

濮越先民是开创中华古代文明的先驱，他们为建造瑰丽辉煌、璀璨夺目的中华历史殿堂立下了不朽的功勋，为博大精深、绚丽多姿，对人类进步影响巨大的中华历史文化奠定了坚实的基础。那么，它的存在，它的历史，是不容抹杀的。它不但应该被公认，而且应该在中国历史上大书特书，让全世界都知道，让炎黄子孙都了解和敬仰。这不仅丝毫不损害今日汉民族的尊严，相反，会给汉民族带来更大的光荣和骄傲。因为今日的汉民族并非自天而降，而是在濮越先民经过了数千年发展进步的基础上，至汉代以后才逐渐发展形成的。良渚文化、河姆渡文化、仰韶文化、龙山文化、红山文化等，都是濮越先民前仆后继，用他们一代又一代辛劳的汗水创造出来的历史夜明珠。他们是中华民族引以为荣的无价历史瑰宝。

我写《濮与中华民族》的目的主要是想通过发掘存留在史籍里众多的古濮越语历史“金沙”，拂去历史封尘，让其显示庐山真面目，从而进一步探讨古濮越先民在神州大地上生息活动的历史概貌，唤起人们热爱祖国，热爱中华历史，追寻祖先的足迹，继承他们百折不挠、勇往直前的精神财富，为人类的未来作出更多更大的贡献！

也许有人会发问：仅凭史籍存留数量有限的历史语言资料，就能知道濮越先民的历史？未免把复杂的历史问题看得太简单了吧？

当然，如果说谁把这些历史语言资料当做照相机，以为通过它就能轻而易举地把数千甚至上万年前古濮越先民生息活动的真实面貌，看得一清二楚，那是绝不可能的，谁也没有这么大的本事。但是，如果说，把它当作窥视历史的小管，则有可能。因为滴水可观太阳，小管可窥全豹。虽然豹的绒毛、胡子看不清楚，但豹的斑纹、轮廓概貌则大致八九不离十，人们知道它是豹而不是虎或其他动物。

语言是社会的镜子。人类社会一切群体活动所创造或发现的事物，通过人脑思维抽象概括凝成语词，再经过“约定俗成”变为社会人人共识，人人共同使用的社会财富。群体社会生产、生活的一切，被概括抽象凝成千万个语词，反映了全社会群体活动的方方面面，社会历史发展的每一个脚印都可以从语言里显示得十分清楚。

语言又是历史的“活化石”。语言凝聚了历史进程的每一步，历史发展进程中的所有发现和创造，都被如实记录并反映在语言中，无论是最古老、最久远，抑或是最新近出现的事物都概莫能外。这是由于语言不是断代的产物，它是人类社会不可以须臾或缺的相互交际、交流思想的工具。社会不可以一分一秒没有语言，否则社会就不可能存在。正因为如此，所以，最古老的基本词汇和与时俱进的最新语词，亲密无间，和睦共处于同一种语言词汇库中，任由人们随时调遣。基本词汇是任何一种语言中最古老、最稳固的词汇，如天、地、人、山、水、石、太阳、月亮、星星等，都是数千上万年不变或少变的。而新词新术语由于它是紧跟社会发展的步伐，每日每时产生并迅速“入伍”，及时反映社会的进步和历史发展，因此，它是语言中最活跃、发展最快的语词。但当历史变更，例如朝代更替，某些反映旧朝代的词语，就会被淘汰而逐渐从交际领域里消亡。

人们使用语言进行交际、交流思想，只要需要，是不分古词或新词的，它们共存于同一语言篇章中。如果是“书面语”，则有可能载入史籍流传久远，让后代人清楚知道先人们的事。例如，史籍记载的所谓“乌桓”、“鲜卑”族人，现代中华大地上已经没有这些古代民族存在。但是，《后汉书·乌桓鲜卑列传》记载：“乌桓者，本东胡也。”“鲜卑者，亦东胡之支也，别依鲜卑山，故因号焉。其言语习俗与乌桓同。……汉初，亦为冒顿所破，远窜辽东塞外，与乌桓相接”。

我们从史籍记载的这些片言只语中，知道“乌桓”与“鲜卑”都是“东胡”人。而所谓“东胡”，即是“东边的胡人”。“东胡”与“东夷”是不同时代、不同人对生息在神州大地东边古濮越先民的不同译称。濮越语称“咱、咱们”读作wu，被始译者用汉字译音写作“胡”或“吴”；对外自称（我们）是“种（耕）田人”读作pu ji
位 犁
(jai)，始译者将ji用汉字译音写作“夷”。所以，“胡”也好，“夷”
耕

也罢，它们所指的都是濮越先民。既然如此，我们可知，2000多年前史籍记载的所谓“乌桓”和“鲜卑”，实际上他们也都是古濮越先民。“乌桓”和“鲜卑”这两个古语词，像久埋地下的化石一样，经过鉴定，让我们清楚知道，他们都是汉代以前或汉初，在辽东塞外的古濮越先民的其中一部分。这样，我们对长期生息在神州大地东边的濮越先民的历史，虽无法得知全貌，但至少也能略知一二。可以推断并肯定，山东、河北一带，春秋战国至秦汉，仍有数量不少的濮越先民在那里生息，汉初及以前，因战乱，有一部分被迫逃到了辽东塞外。这部分人，从此不再被称之为“濮”，而是被称为“胡”载入史册。

我是古濮越先民的后裔，生长在当今壮族山乡，讲地道的壮语，20世纪50年代初，更是有幸师从老一辈语言学家马学良教授等，专门研读现代语言学，掌握语言演变理论，洞悉语言演变规律，学会追溯语言演变的历史，分析现代语言的现状，这为我从事教学与研究奠定了坚实的基础。

从中学开始，我便发现在各种史籍里，都有许多看起来是汉字的字，但从汉字意义去解释却理解不通，相反，如果拿壮语去对照，则音义皆明。例如，不同的史籍里，有所谓的“牂柯僚”、“苍梧娆”、“僮（撞）牯佬”等不同的称谓，皆指称中世纪居住在粤、桂、湘、黔、滇的濮（百）越先民。为什么他们有的被称为“牂柯僚”，而有的又被叫作“苍梧娆”或“僮牯佬”呢？这些称谓到底是什么意思，它们从何而来？如果只从汉字意义去寻求答案，我敢说，所有汉族的历史学家，即使是最著名、最权威的历史学家，也说不出所以然。因为不懂古濮越语，根本无法知道，史籍上记载的这些所谓“牂柯僚”、“苍梧娆”和“僮牯佬”，实际上都只不过是不同时代、不同地域、不同文化层次的人，根据他们本身对汉字的认知、熟悉程度，对古濮越语so:ŋ（tso:ŋ）klau（kɯ lau或kɯ jau，括弧内的注音是地域历史
稻穗　我们　词头我们　我们
变音——笔者）即“我们种稻人”用汉字译音的不同译写。壮族人至今仍自称pu so:ŋ（tso:ŋ）“种稻人”，或者pu ji（jai）“耕田者”。
位　稻穗　位　犁、耕
这是由于壮族先民古濮越（“耕田者”的汉字译音）人最早发现野生稻谷可以充饥，并将它们扩大种植造福人类之后，成为他们在交际中最纯朴、最坦诚、最原始、最基本的自称，至今，千百年不变。

数千年前史籍里记载并一直流传至今，误导数亿人，并令历代史学家头痛莫解的所谓“蛮”、“夷”，也都是古濮越语的汉字译音词。

“蛮”是古濮越语^{m}ba:n“村庄、村寨”的译音。^{m}ba:n，地域历史语音分化为ma:n和ba:n。^{m}ba:n与ma:n始译者用汉字译音写作“蛮”，在没有音素作记音手段的时代，其准确、贴切程度是无可非议的。当今古濮越先民后裔的壮族、布依（pu ji史籍译写作濮越或濮夷）族、云南西双版纳的傣族、贵州的水族、广西毛南族等，称“村庄、村寨”都仍读作ba:n、$^{?}$ba:n或ban（用汉字译音通常写作“板”、“版”或“畈”）；云南德宏地区傣族、广西罗城仫佬族读作ma:n（用汉字译音可写作“蛮”）。

“夷”是古濮越语ji“犁、耕”的译音。经数千年地域历史语音发展的演变，“犁、耕”的读音，已不单纯地读ji，而是有的读ji，有的读jai或joi、jui，有的读tsi或tsai、ɕai。声母的演变，已非一般人所能理解。例如，傣语读tʻai，侗语读kʻai，水语、毛南语读kwai，仫佬语读kʻɤai，黎语读lai，谟语读lɔi。

远在数千年前，始译者把古濮越语本是$\underset{\text{位}}{\text{pu}}$ $\underset{\text{村}}{^{m}\text{ba:n}}$“村里人（乡下人）”和$\underset{\text{位}}{\text{pu}}$ $\underset{\text{犁、耕}}{\text{ji}}$“种田人”各自的第二个音节，截译为“蛮”和“夷”，用来指称古濮越先民，不仅使之谬误讹传了几千年，而且由于只译音不释义，致使数亿后来人因望文猜义而在潜意识里认为近代仍生息在神州大地上众多的少数民族都是一些“未开化的野蛮人”，而从心底里自觉不自觉地产生莫名的歧视。直至1950年以后，由于新的民族平等政策的深入实施，这种情况才得到了彻底改变，少数民族不仅政治地位平等，可以参与管理国家事务，而且经济、文化生活也得到了极大的改善，迈上了真正是各民族共同繁荣并进的新的历史康庄大道，共同为祖国的繁荣富强努力奋斗。

但是，由于种种历史原因，也由于历代多数史学家不懂濮越语，少数懂得的也没有注意去深入挖掘、探讨研究，致使这些存留于史籍的古濮越语词，数千年来，一直无奈地被“幽禁”尘封，默默地被淹没在历史长河的底层。

经多年的再三酝酿思考，我认为以我们今天的能力和智慧，如果不把史籍存留的古濮越语词挖掘出来，并以它们为主线，向世人勾画出一幅古濮越民历史足迹概貌图，让中华民族的后代清楚地知道，数千年前古濮越先民早已为人类、为中华古代文明作出了非同凡响的巨大贡献，那么，我们就将继续成为碌碌无庸之辈而对不起先人，对不起历史！

当然，人类的活动史从来都是一部非常复杂纷繁的延续史，再高明的历史学家，也都只能略古详今，谁也不愿也不会傻到倾毕生精力去“明知不可为而为之”地“详古”。我们当然更不可能具体详知古濮越先民究竟怎样生产、生活，怎样集群体智慧为中华古代文明作出非凡的贡献。但至少通过我们的努力，披荆斩棘，辟出一条新路子，让后人踏着我们艰难奋进的足迹，继续探索开拓前进，相信总有一天，濮越先民历史的庐山真面目，一定会清清楚楚地在博大精深、璀璨辉煌的中华历史殿堂上熠熠生辉，流传千古！同时，中国历史上的第一个王朝——夏朝，总有一天，历史学家们也会异口同声地承认，其创建者，绝对是神州大地上历史最悠久、人口最多、分布地域最广阔、对中国史前古代文明贡献最大最杰出的濮越先民。

夏朝距今约4000年，由于当时文字尚未发展到普遍用来记事的阶段，所以，夏朝近500年的历史，除了一些零星不成系统的口头历史传说，几乎是一片空白。司马迁《史记》里的所谓《夏本纪》，是1000多年以后，根据当时的民间口头传说和前人根据口头传说记录下来的零星文字资料，天才地编撰而成的。其中的所谓“帝系传替”的“世系表”并不真实。这17代君王的名字在完全没有文字记载的情况下，单凭口头历史传说，经过1000多年，竟然还能够准确无误地保全了下来，岂不是世界的头号奇迹吗？稍有点常识的人，谁会相信呢?!

但是，天才的司马迁，却以他天大的本事，不知从哪里弄来17个古濮越语的汉字译音词，串编成这个所谓夏代《帝王世系表》，令人信以为真，将数亿人骗了2000多年，至今有些人仍深信不疑。

当然，否定《史记·夏本纪》的《帝王世系表》，并不等于否定夏朝的存在。相反，正是由于这个《帝王世系表》揭示出来的是百分之百的古濮越语的汉字译音词，正好铁证了夏朝是由濮越先民势力最强大的一支建立起来的王朝。虽然《帝王世系表》的人名不真实，但并不能否定夏朝的存在，更不能否定夏朝近500年的统治存在真实名字的帝王统治者。历史知识告诉我们，整个夏朝，肯定不只17个帝王，而且每个帝王都一定会有自己的名字，只是因为当时还没有成熟通用的文字而无法真实地记录流传下来而已。司马迁在夏亡之后所写的《史记·夏本纪》里编撰的《帝王世系表》，只能根据当时在北方仍有强大势力的濮越先民后裔生息的地区还广泛流传的历史传说，不完整地记录并拼凑而成的。

既然夏朝《帝王世系表》不真实，又无从考证，无法弥补，是历史造成的结果，我们当然不能违背历史去伪造、填补历史。历史造成的空白，只能让那些空白保留其原来的真面目，直至永远。因为在人类发展过程中，没有文字记载的史前期，总会留下许许多多无法知道而令人遗憾的历史空白，即使有了文字记载，真实的史实也还会因妨碍统治者利益而被歪曲、隐瞒或删改，造成局部的历史空白。因此，从历史的高度看，夏朝《帝王世系表》里，帝王名字是否真实，无关重要，重要的是创建夏朝，推动中国历史前进的民族及具体创造历史的每一位名叫张三或李四的帝王，是的的确确真实存在的，他们的的确确为夏朝，为中华历史的发展立下了伟大的历史功勋。对于这样的人民群体，历史是不能抹杀，也是抹杀不了的。历史工作者，有责任也有义务，追寻他们走过的足迹，尽可能将点点滴滴记入史册，使其流传后世。树有根，水有源，后世的人们，不能不知道自己的祖宗。我们研究夏朝的历史，追寻建立夏朝的古代民族，就是为了追寻中华民族古代祖先的足迹及身影，了解祖先们的历史贡献及开创历史坚韧不拔的精神。

最后还要说的一点是，学历史的，一定也要学点语言学，历史系应该开设语言学科。因为人类发展到今天，科学发展到今天，语言贡献最大。人类因有语言而别于一切动物，人类活动的每时每刻、每分每秒都离不开语言。人类推动历史前进的每一步，生息繁衍的每一块地方、每一个时段，语言都会开花结果，洒落并牢牢地根植在人们活动的土地上，被镌刻在闪光的史册里，成为无比珍贵的历史及历史的铁证。即使是千万年后，人们仍可以根据这些“语言化石”去追寻祖先走过的足迹，追寻历史。因此，研究历史，尤其是像中国这样有数千年文字连续记载的历史，已不可能以从（历史）书本辗转传抄的学究方式去研究，而是需要从多学科、多方位地去深入考察印证，才能得出符合史实的正确结论。

由于数千年来记录中国历史的各种典籍浩如烟海，而在这烟波浩淼的文字海洋中，历史沉积的宝物数不胜数，如果不懂一点语言学，就缺少了一些追踪历史并透视历史的手段，就很难从根本上正确、清楚地回答讲不同民族语言（如现代的粤语、闽语、吴语和普通话）的社会群体的历史来由及其发展的历史进程的方向。当然，也很难从根本上正确清楚地回答像汉族为什么称之为“汉”，它是怎样发展而来的等一些未解的千古之谜。

人类的历史与语言，自古以来就是紧密相连的。没有语言就没有社会群体的存在，也就没有人类社会的发展史。没有人类社会的存在，当然也就谈不上有什么语言。社会发展过程中出现的每一件事物，和客观世界上存在的千万种事物，都是通过人脑抽象概括凝成不同的语词，然后在人群交际过程中，准确无误地反映自然、反映社会的现实和发展。所以，1949 年以前，中央研究院（中国科学院前身）设立的“历史语言研究所”，将历史与语言放在一起是不无道理的。本书的出版面世，如果能因此而引起史学界对语言学的重视，从而让更多的学子自觉修习语言学，那么，可以肯定，在不久的将来，中国史学研究的春天必将来临，史学园地里百花争艳的欣欣向荣景象定会呈现。那时，中国史册记录的，将不仅仅是已往历代帝王将相的活动史，更多展现的将是各民族劳苦大众，千百年来，如何共同奋斗，创造伟大中华古代文明和现代文明的光荣历史。

我们坚信，这样的历史时代一定会到来！

金　钟

二〇〇七年三月一日于澳大利亚悉尼莱因科夫金钟书斋

目 录

总论　什么是中华民族

一、中华民族的含义

（一）中华民族是世界上历史最悠久的伟大民族

中华民族是世界上历史最悠久、对人类最有贡献的伟大民族之一。它瑰丽多姿、灿烂辉煌的历史不少于10 000年。然而，过去许多权威的历史论著，根据历代史实加历史传说，上限推定它只有5000年。这是与事实远不相符的。半个多世纪以来，许多考古新发现，充分证明了这一点。

现仅以浙江余姚市河姆渡和浦江县上山遗址[①]及河南舞阳县贾湖[②]两地考古新发现为例加以说明。

1973年发现的河姆渡古文化遗址，出土文物6700余件，经碳－14测定，是7000多年前的遗物。其中特别值得一提的是，稻谷堆积层厚度近1米，说明河姆渡先民早已开始种植稻谷，农业经济已达相当水平。而浦江县上山遗址，距今约9000—11 000年，人们已会用石磨脱谷壳，说明它是世界稻作最早的起源地之一。河姆渡数量众多的木柱和榫卯木作构件，则说明先民们早已居住在“干栏”式[③]的建筑物之中。这种建筑正是现代中国南方许多少数民族仍然普遍居住的“干栏式”建筑形式。虽然它们的规模和精美程度不同，但可以看出是一脉相承的。

榫卯技术，在还没有金属的时代，是人类建筑史上一项重要的发明，是一场建筑技术革命。7000多年前的先民们已纯熟运用榫卯技术，说明距开始发明使用此种技术的年代不知有多少漫长的岁月。

出土的8支木桨和大量鲸、鲨等多种海生鱼类骨骸，则进一步证明河姆渡先民是目前世界上所知最早凭借舟楫把人类活动的范围从陆地扩大到江河湖海，群策群力并凭这些工具，围捕到海洋中最大最凶猛的鲸和鲨，同时有力地证明，他们是早已具备驾驭海洋的智慧与能力的人群。

此外，出土的纺织品、彩陶和漆器等，更是表明先民们早已开始养蚕、种棉和纺纱织布，凿井开渠，掌握髹漆工艺。当时已经有了农工结合的手工艺作坊，有了初级的商品交换。

所有这些，都充分说明了河姆渡及浦江上山先民，他们不仅创造了世界上最早的农耕文化，而且还创造了灿烂辉煌的海洋文化。他们早已不是处在蒙昧的、只靠采集为生的原始人群，而是早已进入以发明和创造为主要特征的、具有自我发展意识和改造客观世界能力的人类文明的社会。

1983 年发掘的河南舞阳县贾湖古文化遗址出土了一批刻有符号的龟甲、石器，以及大量的陶器、骨器、杈形器和用土模压制并烧成灰白色的墙砖等。碳测定认为，该遗址距今已有 8700 多年的历史。其中龟甲和石器上的契刻符号，由于其结构形式、笔画、笔势与殷墟出土的甲骨文[4]有着惊人的一致，但其年代则比殷墟早约 4000 年，因而，被专家认为是“汉字之源，是殷墟甲骨文的祖制”[5]。

用鹤类飞禽的长腿骨仔细加工制成的十多支八音七孔笛，制作精美，音孔计算准确，经中国艺术研究院音乐研究所专家鉴定，认为音阶结构合理，发音准确，音质明亮，可以吹奏出现代旋律，因而被美誉为“中华第一笛”（当然也是世界第一笛）和“中国音乐文明之源”。[5]

这说明，8000 多年前生息在舞阳贾湖地区的先民中，已有了一批精通乐理且演奏水平达到相当高水平的人。他们不仅知道了人类口腔能发出的乐音音高一般可以分为八度（即 1、2、3、4、5、6、7、1̇），而且知道制作某种工具，并通过人的适当控制发出相同且更具特色的乐音。

骨笛的制作充分证明了这点。他们将鹤类飞禽的长腿骨，经过精细地打磨加工，然后对每个音孔的位置都进行精确的计算（现在骨笛音孔旁还可以清晰地看到钻孔前刻画的等分符号）。有的音孔旁还钻有用来调整音差的小孔。由此可见他们对乐理很精通。

上述两例，虽然只是近半个多世纪以来，众多考古新发现中的一鳞半爪，但却足以证明：中华民族的历史，远远不止5000年。

这是毋庸置疑的。7000—10 000年前，河姆渡及上山人留给我们的，不是零星的几粒稻谷（因为那可能是野生的），而是经过漫长岁月狂风暴雨的冲刷，山泥深埋重压7000多年后，至今仍有厚度近一米的人工培植出来供人们食用的稻谷。

众所周知，人类从动物分离出来，进化为人之后，赖以生存的手段，从最初的采集狩猎，茹毛饮血，到发明“火”，学会做熟食，学会驯养牲畜和家禽，并逐渐学会种植和养殖，学会纺纱织布，以及学会用泥土制造并烧成各种器皿、器材。人类每前进一步，历史的进程，都不可能只用几年来计算，而是要用“千年”和“万年”这两个代表漫长岁月的词来概算。

7000多年前的河姆渡人，种稻谷，纺纱织布，烧制彩陶，烘烤漆器等，说明人类在数百万年漫长进化的历史过程中，他们不仅早已学会做熟食，而且早已学会适应环境，利用各种客观的环境条件，使自己的生息繁衍能够代代相传，永远立于不败之地。种植稻谷，就是这种理想的有力保障。

然而，学会种植稻谷，绝非易事。人类从发现它能食，到学会种植，再到加工成米，最后用器皿烧煮成为香滑可口的熟饭，这个看似极其简单的过程却不知需要经过多少千年甚至是多少万年。

道理是显而易见的。因为种植稻谷是人类脱离了蒙昧，进入了文明阶段之后，有了认识世界和改造世界的能力，由完全被客观世界支配的被动的人，变成能够支配（当然不可能完全支配）客观世界的主动的人的一种有意识、有目的的行为。这种行为是生存环境发生根本性变化产生的结果。其中最主要的一个前提是：人口逐渐多起来，而环境资源却已经短缺，以往单纯靠采集狩猎已无法维生，生存已受到严重威胁。

这种情况，不能不引起人们严重的忧虑。经过无数代人认真的“思考——观察——实践，再思考——再观察——再实践”这样周而复始地不断总结经验和漫长的摸索，人们终于找到了保障延续生命不可或缺的食物来源——人工种植稻谷。

但是，宇宙中任何事物的存在都是有条件的。不同的事物要求有各自不同的环境和条件。稻谷当然也是如此。要种植稻谷必须要有适合它生长（存在）的一切前提条件。这就是：①要有适合它生长的气候环境；②野生稻资源已不能满足人群生活之需，必须通过大量种植才能获得必要的食物来源；③要有一定数量懂得稻谷生长规律并以它为主要食物来源的社会群体。三者缺一不可。

上山及河姆渡人，10 000 年前种稻技术竟然如此纯熟，可以肯定，他们已不是始创者，而是承袭前人积累的技术经验成果。因为不难想象，在人类还处于石器时代，耕作工具原始落后，人群还比较分散，群体之间缺乏必要联系的情况下，由发现一种新事物，发明一种新技术，到逐渐推广至普遍应用，其间没有数千年绝对是不可能的。

因此，上山人、河姆渡人、贾湖人，他们种稻、种棉、养蚕、纺纱织布、烧制彩陶、烘烤漆器、建造房屋和舟楫、契刻文字、磨制骨笛等，这绝不是原始人群所能做到的。他们早已进入了“智人”的文明社会，懂得继承和发展前人积累下来的各项生产与生活经验，懂得用实践去创造未来及目前的生活之需。

事实也是如此。“湖南道县玉蟾岩出土了10 000 年前的稻谷，广西桂林、南宁等地也发现了多处 9000 至 10 000 年前的水稻生产和加工的石器。”⑥1976 年，在江西东乡县发现了大面积的野生稻，之后又在海南琼海、云南盈江以及广西、台湾等地区发现面积不等的野生稻。2000 年，中国科学院植物研究所谢中穗、钱韦两博士，又在广东高州市镇江镇大岭村和朋山村发现了分别是 1 公顷和 2 公顷成片的野生稻资源。这为我们提供了“稻作起源于华南”的铁证。百越先民是我国最早发现并发明培育种植水稻技术的文明民族。⑦这不仅说明上山人、河姆渡人、贾湖人确是此等技术的承袭者和应用者，而且说明，中华民族的祖先，早在 10 000 多年前就已懂得培育种植稻谷，加工熟食稻米，懂得种棉、养蚕、纺纱织布，懂得搭建住房群居，懂得制造舟楫，征服河海，并且也已懂得制造乐器（骨笛之类）以自娱。总之，他们已是能够自由地创造自己生活的高智慧群体。也是他们创造了神州大地上璀璨的古代文明，为我们中华民族和全人类留下了无比宝贵的历史财富。

（二）中华民族是中国主权领土范围内所有民族的总称

“中华民族”这个词，尽管半个多世纪以来，国内国外各种书报杂志、电视电台用得十分普遍、频繁，但它却是辛亥革命以后才逐渐形成的新概念、新语词。它的含义，指的并非某一个单一的民族，而是包容了长期以来生息繁衍在神州大地上所有的民族，是中国主权领土范围内所有民族的概称和总称。

现在，“中华民族”一词，已使每一个中国人感到自豪并引以为荣。它之所以有今天如此博大精深的含义，说起来，恐怕不得不“感谢”日本帝国主义者。正是由于他们的残暴侵略，才使我国各族人民，紧密地团结起来，攥成一个“中国人不可侮”的大铁拳，将一切侵略者捶得粉碎。

辛亥革命前，如果说也曾有人偶尔用过“中华民族”这个新概念的含义，那么，它恐怕只是用来专指汉族而已。例如，孙中山辛亥革命前用来号召人们起来推翻软弱无能的清王朝的口号——“驱逐鞑虏，恢复中华”。[⑧]这里的“鞑虏”，显然指的是当时清王朝的统治者——满族人，显然是不包括“中华”在内的。

辛亥革命后，是梁启超先生最先创造并使用“中华民族”这个语词的。

历史长河永远奔流不息，滚滚向前。阻碍历史发展，而且软弱无能的清王朝一定要被推翻，这是毋庸置疑的。孙中山顺应历史潮流，号召民众起来推翻清王朝，功垂千古。

孙中山，是历史的先知先觉者。他不满晚清统治者的软弱无能，不满帝国主义、殖民主义者对中国人民的蹂躏凌辱，以中国人特有的不屈不挠的傲骨和正气，猛然奋起，号召广大人民起来推翻无能的统治者，立下了伟大的历史功勋。

然而，由于当时的历史局限性，他未能把统治者的制度与统治者的民族清楚地区别开来，未能充分地认识在广袤的神州大地上生息众多的兄弟民族。在源远流长的中华历史长河中，是他们共同创造了我们的古代文明和现代文明，是他们共同创造了辉煌灿烂的中华历史文化，使我们今天能自豪地以先进民族的伟岸风姿站在世界民族之林，继续为人类的未来作出更大的贡献。

孙中山站在汉族的立场，用那种传统的认为只有汉族才配统治中华大地的眼光来判断和评价历史，因而对于满族建立清朝统治中国的这段历史，认为是“外族”统治，是汉族的耻辱，应该把他们赶出“中华”，所以才喊出那句“恢复中华”的行动口号。

其实，蒙古族也好，满族也好，他们都是数千年来早已生息在神州大地上的兄弟民族。他们都是中华历史文化的共同创造者。尤其是由他们建立的元、清两个王朝的盛世时期（元初的和清朝的康乾盛世），对中国的“大一统”、对中国的疆域版图都作出了非常巨大的贡献。

当然，晚清时，特别是慈禧垂帘听政的数十年间，与帝国主义、殖民主义者签订了许多不平等条约，割地赔款，做尽了丧权辱国的坏事丑事，使中国人民丢尽了尊严，如果再让这种腐败无能的统治继续下去，中国人就将永远沦为帝国主义和殖民主义者的奴隶，永远过着牛马不如的悲惨生活。因此，对这样无能的统治者是不能不将其彻底推翻的。否则，中国数千年的历史将被葬送！瑰丽多姿、光彩夺目数千年的中华历史和文化，就将如传说中的大西洲那样被永远湮没。

辛亥革命的成功，使中国历史得以继续按照它的发展规律不断向前发展。近一个世纪以来，中国人民经过了艰苦卓绝的八年“抗日战争”，经过了本不该发生的多年内战之后，现在已经逐渐富强起来。这不知是多少革命先烈用宝贵的鲜血和生命换来的，值得我们永远珍惜，值得我们为了更加美好的明天去继续努力奋斗！

（三）“中华民族”的具体含义

众所周知，当今在神州大地上，汉族占了总人口数量的90%以上，是“中华民族”的主体（核心），但汉族并不等于“中华民族”，更不能把汉族称为“中华民族”。现在通称的“中华民族”，是一个在特定历史条件下逐渐形成的，广泛概括了长期生息在神州大地上数十个各有自己特点色彩的现代民族至高无上的尊称和总称。任何单一的民族，即使是主体民族，也绝不能被称之为“中华民族”。

那么，这个具有特定含义的“中华民族”，具体包括了那些民族呢？

根据1956年中央人民政府——国务院批准，由中国科学院组织

开展对全国少数民族语言进行全面调查，确认除汉族之外，全国还有50多个具有自己特点色彩的民族。他们使用100种以上不同的语言（包括方言）。这些民族在全国的地域分布大致是[9]：

1．壮族　是除汉族外，全国最大的少数民族。人口1618.7万人（以下少数民族人口数据部分采用《辞海》2010年版数据）主要分布在广西壮族自治区的中部、西部、北部和南部，云南省文山壮族苗族自治州和广东省连山壮族瑶族自治县境内。

壮族大部分地区（广西中部、西部和北部）自称pou^{4} tsu:ŋ^{6}（稻穗）或pou^{4} çu:ŋ^{6}（pou^{4}是指人的专用量词，是“位”的意思）；广西北部、西北部、南部和云南文山壮族苗族自治州北部多自称pu^{4} jai^{3}（与布依族自称相同）；广西西部的部分地方和云南文山壮族苗族自治州南部自称pu^{4} noŋ^{2}（“布侬”）；云南文山县、麻栗坡县、开远市等有部分自称bu^{6} dai^{2}（“布岱”）；广西龙州县金龙洞也有一部分人自称p‘o^{6} t‘ai^{2}（山）（“布傣”）；广西左江地区多自称为kun^{2}（人） t‘o^{3}（“根土”，kun^{2}是“人”，t‘o^{3}是“土”，即“土人”）；右江地区多自称pu^{4} to^{3}（土）（“布土”）。此外，还有广西河池市壮人自称pou^{4} ma:n^{2}（村）（“布蛮”）；广西武鸣县壮人自称pou^{4} ba:n^{3}（“布板”）。其中，ma:n^{2}和ba:n^{3}都是“村”的意思，即“村里人”，非城里人。ma:n^{2}和ba:n^{3}是古百越语 ^{m}ba:n长期分化的结果。河池人保留m丢掉b，武鸣人则相反，保留了b而丢掉m。广西凤山县壮人自称pou^{4} lau^{2}（“布僚”，lau^{2}是“我们”之意。这是长期以来，许多史籍所谓“僚”人的由来）。

古今史籍记载壮人的自称还有“布安（pu^{4} on^{2}（人）“人”之意，现邕宁县南部壮人称“人”为von^{33}）、“布那”（pu^{4} na^{2}（田）“田”之意，即“种田人”）、“布央”（pu^{4} ja:ŋ^{1}“稻粟”，即“种粟人”之意）、“土佬”（tu^{2} lau^{2}“我们的人”之意）等等。

壮族除大多数分布在两广（广西、广东）和云南外，与中国交界的越南北部诸省市，如谅山、高平、河宣、北太、广宁、河北、同林、黄连山［1991年8月17日，越南国会决定把黄连山省划分为安沛（Yên Bói）、老街（Láo Cai）两省。现黄连山省名称已无］等，也有200多万壮族人。1960年以来，越南政府根据民族自称，分为“岱”和“侬”两个民族。“岱族”多数自称“布岱”（pu^{4} da:i^{1}，壮语里，da:i^{1} 或 do:i^{1} 是“山”之意，即“山里人”）；“侬族”与广西的“布侬”是同一支系。据史籍记载，宋朝起义的壮族首领侬智高即出自该支系。由于侬智高起义失败，被狄青镇压，一部分人便逃入越南。

2．**布依族** 人口297.3万人，主要聚居在贵州黔南布依族苗族自治州，安顺、毕节地区和黔东南苗族侗族自治州等地，也有少数散居遵义和铜仁地区。

布依族自称 pu^{4} ˀjui^{4} 或 pu^{4} ˀjoi^{4}（布约依）、pu^{4} ˀjai^{3}、pu^{4} jai^{3}（布雅依）、pu^{4} ˀji^{4}（布依）。也有一小部分自称 pu^{4} nuŋ^{2}（布侬）、pu^{4} ma:n^{4}（布曼）、pu^{4} ɕoŋ^{6}（布仲）、pu^{4}$\underset{\text{粟}}{\text{ja:ŋ}^{1}}$（布央）、pu^{4}$\underset{\text{粟}}{\text{joŋ}^{2}}$（布戎）等，joŋ、juŋ、与 ja:ŋ 都是不同历史地域变音，史籍记载一般称为“仲家”、“獞家”或“土僚”。

布依族除居住在中国贵州外，两个世纪以前，一部分从贵州望谟、罗甸等县，经云南迁移到越南北部河江省同文（“同文”是“同是布依 pu ji 人”的汉字译音）县、管薄（“管薄”是 pu kun“濮人”的倒装）县一带山区，一部分经云南马关、河口越过边界进入越南黄连山省孟姜县定居。谅山、高平、莱州等省也有少数散居。所谓“同文”是 tuŋ $\underset{\text{人}}{\text{von}}$“相同的人（包括语言、风俗习惯等）”的汉字译音。所谓“管薄”是$\underset{\text{位}}{\text{pu}}$ $\underset{\text{人}}{\text{kun}^{2}}$“人”的汉字译音的倒装。

到越南后的布依族，仍自称为“布依”pu^{4} ˀji^{4}、“都依”tu^{2} ˀji^{4}（“都”tu^{2} 是动物的专用量词“只”的意思，用于“人”是泛称，不带尊意，与 pu“位”同义，而非指动物量词“只”）、“热依”lak^{8} ˀji^{4}（“热”lak^{8} 是“仔”之意）、“布那”pu^{4} na^{2}（“那”na^{2} 是“田”之意，即“种田人”）等。其他民族则称他们为贵州人、仲家、都依、沙人等。

1980年，越南政府将境内的布依族分为布依和热依两个民族。布依族4000多人，热依族30 000多人。由于与当地侬、岱族杂居，语言和风俗习惯相近，一部分已被完全同化或正在逐渐同化之中。

3．**傣族** 自称 pou^{4} $\underset{\text{山}}{\text{tai}^{2}}$、pu^{4} tʻ $\underset{\text{山}}{\text{a:i}^{2}}$（“布傣”即“山里人”），人

口115.9万人，是云南省众多少数民族中人口最多的一个民族。主要聚居于云南省西部德宏傣族景颇族自治州、南部西双版纳傣族自治州、孟连傣族拉祜族佤族自治县和耿马傣族佤族自治县等。西部和南部的许多县市也有一些“小集中”的散居。如景谷、景东、云县、临沧、双江、元江、普洱、凤庆、新平、金平、元阳等县，以及金沙江、南盘江沿岸的河谷平坝地区。

中国云南省的傣族，与毗邻的缅甸、泰国、老挝、越南等国的泰族、掸族都有十分密切的关系。可以说，他们在历史上是同源关系。语言、文化和风俗习惯至今仍然有许多基本相同之处。尤其是语言，基本词汇里的同源词仍占相当的比例。

泰国的主体民族——泰族，老挝的佬族（lau^2 是“我们”之意。史籍音译为“寮”），缅甸的掸族（siam、sam 是“一起、一样、同样”之意，即“我们这个族群的人都是同样的、一样的”），越南的泰族，都自称为 tʻa:i、ta:i“傣”或 pu^4 tʻa:i“布傣”。

泰国的泰族，人口约5000万，是泰国的主体民族，占全国总人口的90%。主要聚居于南奔府、南邦府、清莱府的清孔、清堪、清迈府及布雷、帕克夭、腾县等地。

缅甸掸族人口约350万，主要聚居在东北部高原山区、缅甸联邦最大的邦区——掸邦地区。中部以及克伦邦、克钦邦是掸族的主要散居地。缅北的八莫、密支那、曼德勒、杰沙、彬马那、东吁等县市境内也有不少掸族人散居。

老挝的泰族（佬族）人口约有30万。桑怒、阿速坡、占巴塞、丰沙里、琅南塔、乌多姆塞、琅勃拉邦等省均有聚居，几乎遍及全国。

越南泰族人口约120万，主要聚居在莱州、清化、义静（原义静省，即现在的义安省与河静省）、山罗、黄连山、河山平［1991年8月12日原河山平省析置为河西省（驻河东）和和平省（驻和平）］等省。

4. 侗族　自称为 kam^1（“相同”）或 $ȶam^1$、$ȶəm^1$，人口296.2万人，主要聚居在黔、湘、桂三省（区），其中以贵州最多。黔东南苗族侗族自治州的侗族人口约100万，分布在榕江、从江、天柱、黎平、镇远、锦屏、剑河七县，也有一些散居在独山、台江、麻江、荔波、福泉、玉屏、施秉、贵阳等县市。

湖南新晃侗族自治县和通道侗族自治县约有 30 万人。靖州（苗族侗族自治县）、芷江、会同、绥宁、城步等县也有一些“小集中”的散居。

广西三江侗族自治县、融水苗族自治县和龙胜各族自治县约有 20 万人。融安、罗城等县也有一些散居。

5. 水族 自称 ai^3 sui^3，“哀水”，ai^3 是专用于人的量词，是“位”的意思。“水”是 sui^3 的译音，是壮、布依语 çai“犁”的变音，“哀水”也是“种田人”之意。

水族人口 40.7 万人，主要聚居在贵州黔南布依族苗族自治州的三都水族自治县。独山、都匀、剑河、荔波、榕江、黎平，以及广西南丹、融水等县也有部分散居。

6. 仫佬族 自称 $\underset{\text{我们}}{mu^6lau^1}$。$\underset{\text{位}}{mu^6}$是称人的专用量词，“位”的意思，罗城下里一带的仫佬族自称为$\underset{\text{相同}}{kjam^1}$（kəm），与侗族自称相同。壮族群众则称仫佬族为 pu^4 kjiam^1。可见 mu^6 和 pu^4 是由古百越语^{m}pu 分化而来的。lam^1 和 kjam^1 同样可能是由古百越语的 klam 分化而来。

仫佬族主要聚居在广西壮族自治区西北部的罗城、柳城、忻城、宜山等县。人口 20.7 万人，其中罗城县有近 15 万，环江、都安等县及河池市也有少数散居。

7. 毛南族 自称 ma:u^4 na:n^6 或 ai^1 na:n^6（哀南），10.7 万人，主要聚居在广西壮族自治区西北部环江县的上南、中南、下南一带，小部分散居在河池市、宜山、南丹和都安瑶族自治县等地。ma:u 是^{m}pou“位”的历史音变，即^{m}pou 分化为 mou（mu）和 pou（pu），由 mou 韵母又变为 ma:u。

8. 黎族 自称 ɸai^1，也有自称为 tɸai^1、dai^1、tsai^1 或 t‘ai^4（“犁”的不同历史音变。今黎语称“犁”为 lai^{55}）的。此外，不同的支系还有不同的他称。如聚居在海南乐东县的一支，被称为 ha^3（“哈”或“侾”）；东方县的一支被称为 mo:i^{1}fau^1（“美孚”）；保亭县和陵水县的一支，被称为 gei^4（“杞”或“歧”）；白沙县的一支被称为hjɯ:n^{1}或 zɯ:n^4（“本地”）等。

黎族人口约 124.8 万人，主要聚居在以五指山为中心的海南岛中

南部和西南部，由乐东、白沙、保亭、陵水、崖县、东方、昌江、琼中八个县组成的海南黎族苗族自治州境内。其中以乐东县人口最多，其次是白沙和保亭。

9．仡佬族　自称klau^{1}或qau^{1}、a^{1} ɣau^{1}、to^{6}ʔlo^{2}，都是“我们”之
　　我们　我们　我们　位 我们
意。人口约57.9万人。主要聚居在贵州省安顺、毕节两个地区，其中安顺地区人数较多，毕节地区较少。此外，遵义、贵阳地区和黔南布依族苗族自治州，广西隆林各族自治县，云南文山壮族苗族自治州境内也有少量散居的仡佬族。

10．苗族　自称因支系和地域不同而差别较大，可以说没有统一的民族自称。贵州松桃苗族自治县和湖南花垣、凤凰、保靖等县的苗族自称 qɔ^{35} ɕoŋ^{35}；湖南泸溪县苗族自称 tei^{53}sou^{53}或 qɯ^{22} suaŋ^{53}，贵州凯里市苗族自称 mhu^{33}，锦屏县苗族自称 mo^{23}、mu^{23}。

苗族人口894.5万人，但由于历史原因，居住非常分散，湘、鄂、川、黔、滇、桂、琼等省（区）均有苗族聚居。其中以贵州省苗族最多，有400多万，分布在黔东南苗族侗族自治州、黔南布依族苗族自治州、黔西南布依族苗族自治州、松桃苗族自治县，以及安顺、毕节地区和六盘水、贵阳两市。湖南、云南两省各约100万。湖南的苗族主要聚居在湘西土家族苗族自治州和城步苗族自治县。云南主要聚居在文山壮族苗族自治州、红河哈尼族彝族自治州和昭通地区。广西、四川两省（区）各约50万。广西的苗族主要聚居在融水苗族自治县、三江侗族自治县、龙胜各族自治县和隆林各族自治县。四川的主要分散（小集中）居住在秀山土家族苗族自治县（重庆）、珙县、高县、古蔺、叙永、兴文、筠连等县。湖北约25万人，主要居住在鹤峰、宣恩、来凤等县。海南省苗族约有6万人，主要居住在保亭、琼中和乐东等县。

11．瑶族　和苗族一样，由于历史原因，造成居住分散，所以没有全民族基本统一的自称。古今史籍，根据各地各支系的一些音译用汉字写成“勉”（mian是“人”之意）及其变音“曼”、“门”、“敏”、“金门”、“优勉”（jaːu mian，是“瑶人”之意）、“由勉”、“标勉”等数十种。此外，还有许多他称是根据住地、服饰和生活方式等而命名。例如红瑶（爱戴红头巾、爱穿红花衣服）、白裤瑶（裤

子用白布，不染色）、兰靛瑶（用兰靛染布做成衣服）、顶板瑶（头巾用块长方形小木板托底，如学士帽）、盘瑶（信奉盘王）、平地瑶、山子瑶、过山瑶（刀耕火种，经常随山迁移）、八排瑶［明、清以后，将粤北连南县的瑶族住地编成八个排（村落）］等等。

中国境内的瑶族，约263.8万人，主要分布在桂、湘、黔、滇和粤、赣等省（区）。其中以广西最多，约150万，主要聚居在金秀、都安、巴马和富川四个瑶族自治县。龙胜、融水、南丹、金平、马山、恭城、凌云、贺县等是散居地。湖南省有40多万，主要分布在江华瑶族自治县以及新宁、宁远、蓝山、隆回、长谿等22个县市。广东省约有13万瑶族人，主要分布在连南、乳源两个瑶族自治县，连山壮族瑶族自治县，以及连州、英德等11个县市内。贵州省有瑶族约4万人，主要分布在黎平、榕江、荔波等6个县境内。云南省有20多万，以河口瑶族自治县人数最多，其余散居在富宁、麻栗坡、广南、马关、金平、江城、屏边、景东、墨江、勐腊等县市。

东南亚的缅甸、泰国、老挝、越南等国也有不少瑶族，其中以越南人数最多，约有50万，主要居住在高平、莱州、河江、宣光、安沛、老街、北泭、太原等省靠近越中边界的地区。

老挝瑶族约有4万，主要也是居住在与中国、越南交界地区，如桑怒、琅勃拉邦、丰沙里、琅南塔、乌多姆塞等省。

泰国瑶族约有7万人，主要居住在泰北各府，如清莱、清迈、帕尧、南奔、难（府）、彭世洛、甘烹碧等府。

缅甸瑶族只有1000多人，主要居住在南邦和泰国、老挝三国交界的“金三角”地区。

12．畲族 是“他称”的族名。早在13世纪，南宋末年刘克庄的《后村先生大全集·漳州谕畲》就已有明确记载：“凡溪洞蛮种类不一：曰蛮、曰瑶、曰黎、曰蛋，在漳曰畲。西畲隶龙溪……南畲隶漳浦……二畲皆刀耕火种，崖栖谷汲。……畲民不悦（役），畲田不税，其来久矣。”同是南宋人文天祥（1236—1283），在《知潮州寺丞东岩先生洪公行状》里也同样有关于畲族的记载：“潮与漳、汀接壤，盐寇、輋（畲）民群聚……”（见《文山先生全集》卷11）

为何用“畲”来称呼一个民族？“畲”有什么含义？

根据2000多年前中国最早的辞书《尔雅·释地》的解释，“田三

岁曰畲”。《说文解字》从《尔雅》的解释，也说“畲，三岁治田也”。由此可知，畲，就是刚从荒地开垦出来不久之田。

然而，到了唐、宋，“畲”所指的则是可以耕种的“山地”，而且是指“刀耕火种”的山地。如李商隐《赠田叟》诗云：“烧畲晓映远山色，伐树暝传深谷声。”刘禹锡《竹枝词》也有“银钏金钗来负水，长刀短笠去烧畲。”宋代范成大《劳畲耕》里更是明确解释说：“畲田，峡中刀耕火种之地也。”《集韵》的解释也是“畲，火种也，诗车切”。

由于历史原因，畲族先民千百年来，被迫居住在粤、闽、赣三省交界的崇山峻岭之中，没有平川可以垦田，种植水稻。为了生存和发展，唯有烧山取地，种植耐旱作物以充饥。因此，《广东新语》对畲族先民的这种经济生活方式记载说：“澄海山中有畲户……其人耕无犁锄，率以刀治土，种五谷，曰刀耕；燔（焚）林木，使灰入土，土暖而蛇虫死，以为肥，曰火耨。是为畲蛮之类。”[10]

可见，“畲族”的族名，源于以往其先民的经济生活方式而被“他称”，并非源于本族的“自称”。

畲族总人口 71 万多人。其中福建省约有 40 万，占 56%，分布在全省 64 个县市，宁德地区最多，约有 25 万人。浙江省约有 27 万，分布在 40 个县市。以浙南的丽水、温州两个地区的人口最多，约占全省畲族人口的 80%。江西和广东两省较少，各约 2 万人。江西省以吉安、上饶地区最集中，全省 20 多个县市均有分布。广东主要分布在粤东 18 个县市，以潮州最多。安徽省宁国县约有 3000 人。此外，台湾也有少数从福建迁去的畲族。

13. 京族[11]　原是数百年前乃至近代陆续从越南过来的海上渔民。1958 年以前，曾被称为“越族”或“交人”（交趾人）。由于他们自称为 $kiŋ^{53}$“京”，1958 年经中国国务院正式批准定名为“京族”。

京族主要聚居在广西壮族自治区南部，与越南相邻的防城港市东兴江平镇的山心、澫尾、巫头三个小岛上，以及东兴市的恒望、谭吉、红坎、竹山等滨海村落和岛屿。还有少数散居于北海、钦州、上思、龙州、凭祥和宁明等县市。

14. 藏族　藏族人自称 $p‘ø^{ʔ12}$ pa^{53}“濮巴”（拉萨）或 $p‘ø^{ʔ31}$“濮”（四川甘孜藏族自治州德格县）；甘肃省甘南藏族自治州夏河县

说作 wo$^{?12}$“娃”或 pø$^{?31}$ wo$^{?12}$“濮娃”。“娃，濮巴或濮娃”都是“人”的意思。

藏族人口 542.2 万人，主要分布在西藏自治区和青海、四川、甘肃、云南等省的部分地区。1952 年以来，除建立了西藏自治区，还陆续建立了 10 个藏族自治州，包括青海省海西蒙古族藏族哈萨克族自治州等，以及两个藏族自治县。

由于藏族历史上与南亚地区交往频繁，有些藏族移居南亚地区之后，虽然仍讲藏语，保持西藏文化，但族称却有所改变。例如印度、尼泊尔、锡金等地区都将讲藏语的人称为菩提亚（bhutias）人，或夏尔巴人。印度的菩提亚人主要分布在近喜马拉雅山地区和克什米尔地区，约有 35 000 人。锡金约有 18 万人。尼泊尔约有 280 万人。

15. 羌族 她是个古老的民族，三四千年前的甲骨文就已有“羌”的记载。“羌”可能是他称，因为现在所有不同地区的羌族都不自称为“羌”。四川黑水地区的羌族自称 rma“喇麻”，茂（县）汶（川）地区自称 ʐme“日嘪”，理县地区自称 rma“哈麻”，龙溪地区自称 ma“麻”。

羌族人口 30.6 万人，主要分布在四川省阿坝藏族羌族自治州的茂县、汶川、理县和松潘县的镇江关一带。

16. 门巴族 门巴族的自称和他称都是 mon^{35} pa^{53}“门巴”，但并不完全统一。珞瑜以北、雅鲁藏布江谷地一带则自称 tsu^{35} pa^{53}“主巴”（有写为“竹巴”的），达巴一带则自称 ta^{31} pa^{53}“达巴”，门隅勒布一带则自称为 le$^{?31}$ po^{53}“勒波”。“巴”和“波”意义完全相同，都是“人”的意思。这些差别是语音发展变化的结果。

门巴族人口 0.89 万人，主要分布在西藏自治区东南部墨脱县、南部错那县、林芒县以及门达旺等地区。

门巴族是个跨境民族，在不丹国内自称 tsu^{35} pa^{53}“主巴”，约有近 100 万人，主要分布在不丹北部和中部、印度阿萨姆邦卡门河以西的提斯浦尔部分地区，以及非法占领的“麦克马洪线”以南地区等，共有 20 多万人。

17. 珞巴族 珞巴族没有统一的自称。“珞巴”一词是根据藏族人对珞巴族的笼统称呼 ɬopa（意为“南方人”）的音译。

珞巴族人口 0.29 万人，主要分布在西藏自治区东南部，喜马拉

雅山东段余脉纵横数百里，从东边察隅县，至西边隆子县，北临雅鲁藏布江，南至整个珞瑜地区，都是珞巴族生息繁衍的地方。

18．彝族　没有统一的自称。用“彝”作族名，是近百年来由史籍用“夷”泛指某些古代民族（如“东夷”、“西南夷”）逐渐用同音的“彝”来专指现分布在川、滇、黔等省的一个民族，即现在统称的彝族。以“彝”代“夷”用作专指，避免了混淆不清。例如丁文江《爨文丛刊》里说“有黑罗罗（又称黑夷、黑乾夷、乌夷）、白罗罗（白夷、二夷子、海夷）”，括弧里所用的“夷”，很明显是沿袭了史籍“西南夷”这个对某几种少数民族的泛称，并变成了专称。因此，用“彝”代“夷”，赋予它特定的内涵，是完全正确的。

由于历史原因，现在的彝族并非集中聚居在同一个地域里，而是分别聚居在川、滇、黔、桂四省的许多地区，被分割成为大小不等的区域。彝族人口776.5万人，分布情况大致是：

四川约200万人，主要集中在凉山彝族自治州（约170万人），以及乐山、雅安、宜宾、重庆的大渡口区和甘孜藏族自治州等地区。

云南有300多万，主要集中在楚雄彝族自治州和红河哈尼族彝族自治州（约有180万），其余分布在省内绝大多数县、市。

贵州彝族约有80万，主要分布在毕节、兴仁和安顺三个地区。

广西壮族自治区的百色地区，隆林各族自治县和那坡县一带，约有彝族2万人。

长期被割裂分散在不同省份、不同地区，使彝族人的自称差别极大，有的自称为 lo^{21} lo^{33} “罗罗”或 lo^{21}lo^{33}p‘o^{21} “罗罗濮”，la^{21}lo^{33}pa^{21} “腊罗巴”（是前者的变音），有的自称为 nɔ^{33}su^{33} “诺苏”〔不同地方的变音有 ne^{33}su^{33}（p‘o^{21}）、nɤ^{55}su^{24}、na^{33}su^{55}（p‘o^{55}）、na^{33}so^{33}（p‘o^{55}）、ȵe^{33}su^{33}（p‘u^{55}）等〕，也有的自称为 a^{21}ɕi^{55} “阿细”。云南还有自称 sa^{55}ni^{21} “撒尼”的。至于史籍或近代一些民族学家的论著，对彝族各地支系的他称，名目之多，不胜枚举。如林惠祥《中国民族史》下册第251页引杨成志的话说“罗罗之支派称号甚多，达90余种”。如此繁多的他称，在其他民族是少见的。这说明彝族在漫长的历史发展过程中，在不同地区形成的不同特点多，以致外人分不清、辨不明他们到底是不是同一个民族。

彝族除分布在中国外，由于历史原因，还有迁移至越南、老挝等国的。越南彝族有40多万人，主要分布在西北部与中国接壤的河江省同文、苗旺、高平省保乐等县。老挝彝族约有15万，主要分布在丰沙里省北部山区。

19. 哈尼族 因大多数居住在不同地区的人都自称xa^{31} ȵi^{31} “哈尼”而得名，但这自称也非完全统一。还有自称为xɔ^{31} ȵi^{31} “和尼”、za^{31} ȵi^{31} “雅尼”、ŋɔ^{31} ȵu^{33} “峨努”、k‘ a^{31} tu^{31} “卡度”、pi^{31} jɔ^{31} “碧约”、pɤ^{31} xõ^{31} “白宏”等等。汉文史籍中屡有译为的“和尼”、“和夷”和“蛮”、“阿尼”、“窝尼”、“阿卡”等。

哈尼族人口144万人，主要分布在云南省南部哀牢山和无量山之间的广大地区，以哀牢山地区最集中，元江、元阳、墨江、红河、绿春、普洱、江城、金平等县共有120多万，占哈尼族总人口85%。其余分布在思茅、玉溪和西双版纳等地区。

此外，缅甸、泰国、老挝和越南，这些与中国毗邻的东南亚国家也有不少哈尼族。

缅甸的哈尼人被称为高族或依高族，有近10万人，主要分布在掸邦东部景栋县一带。

泰国哈尼人被称为阿卡族，这是泰国哈尼人的自称，约有5万人。主要分布在清莱府的夜庄、夜赛、昌盛、昌孔等县，以及清迈府的夜艾县等地。

老挝哈尼人被称为卡戈族，是根据其自称而来的，有近2万人。主要分布在中老边界丰沙里省的孟乌寨、孟乌奴、孟华、丰沙里及南乌江沿岸地区。

越南的哈尼族名称不变，也有近2万人，主要分布在越、中、老三国交界的莱州、安沛、老街等省边境地区。其中以莱州省人口最多，孟底县的孟乃、布纳、木嘎、邪总、干湖、呼布、钟寨、新头、秋鲁、卡朗等乡均为聚居地。安沛、老街省主要集中聚居在巴沙县。

20. 纳西族 秦汉以后的许多史籍上都称之为“摩沙”、“麽些”或“磨些”、“摩梭”等。“纳西”是1956年以后的统称，主要是根据住在云南丽江及其附近的人自称为na^{31} çi^{33} “纳西”。其实，不同地区还有一些不同的自称。如住在四川盐源、木里、盐边等县的多自称为na^{33} zɯ^{33} “纳如”，住在云南宁蒗县北渠坝和永胜县獐子旦的则自称为na^{33} xĩ^{33} “纳恒”，住在宁蒗县永宁坝和盐源县左所的自称为na^{13} “纳”。

纳西族人口30.9万人，主要分布在云南省西北部和四川省西南部的金沙江、无量河和雅砻江流域一带。西藏自治区的芒康县也有少量分布。其中以云南省的丽江纳西族自治县最为集中，约有20万人，占纳西族总人口60%以上。此外，中甸、永胜、维西、剑川、德钦、鹤庆、贡山、兰坪、宁蒗和四川的木里藏族自治县等都有分布。

21．傈僳族　自称为 li^{33} su^{33} 或 ni^{33} su^{33}，主要分布在云南、四川两省的部分地区。云南省集中聚居在怒江傈僳自治州的泸水、贡山、兰坪、福贡等县。其余分散在丽江和保山地区以及迪庆、楚雄、德宏、大理等自治州。四川省的盐源、盐边、西昌、木里等市县也有少量分布。

傈僳族人口63.5万人，80%住在云南省。

此外，与中国毗邻的缅甸、泰国也有10多万傈僳族。缅甸约有7万，主要分布在北部高原掸邦的腊戌、莱林、景栋、叫脉等地，以及克钦邦的迈立开江和伊洛瓦底江上游的葡萄和八莫一带。

泰国约有5万人，主要聚居在清莱府、夜丰颂府东部和清迈府的清迈、夜丁、夜芳等县。彭世洛、碧差汶、达府以及南邦府的蔗洪、敖等县。

22．拉祜族　自称为 la xu“拉祜”或 la xu pʻɤ“拉祜普”。任何民族的自称，都各有其一定的意义。拉祜族自称为 la xu，据说其意义是“烤食虎肉之人”。因为在拉祜语里，la 是指老虎，xu 是“烘烤”之意。这可能反映了在古代，他们的祖先是一个善于从事狩猎的民族。

拉祜族人口45.3万人，主要分布在云南省澜沧、孟连、西盟、耿马、双江、景谷、勐海等县境内。其中以澜沧拉祜族自治县最集中，约有29万人，占拉祜族总人口60%以上。西双版纳傣族自治州、思茅地区的思茅、墨江、景东、江城，开远市以及红河哈尼族彝族自治州，玉溪地区的元江等县也有少量分布。

此外，缅甸、泰国、老挝、越南等国也有拉祜族分布。

缅甸的拉祜族被称为“舍族”，人口约有10万。主要分布在掸邦东部的孟林、孟平、孟保、孟延、孟北、孟东、孟翁、孟弄、孟萨、孟布枝及果敢、腊戌、北登尼等地。

泰国的拉祜族被称为“么瑟族”，有近3万人。主要分布在北部清莱府、清迈府、南邦府和夜丰颂府等地区。清莱府主要集中在清莱、昌孔、昌盛、永巴、夜岁等县。清迈府主要集中在昌佬、帕劳、芳（县）、麦登等县。南邦府主要在汪能县。夜丰颂府主要在夜丰和梅派县。达府主要在麦速县。

老挝的拉祜族被称为“么舍”或“卡归”，有2万多人，主要分布在琅南塔省的南塔、会晒及丰沙里省的山区。

越南的拉祜族约有15 000人，主要分布在毗邻中国的莱州省孟底县南柯、布得、哥朗、巴乌、巴维苏等乡。

23. 景颇族　多数自称为 tsiŋ^{31} p‘ o^{31}“景颇”，也有自称为 pu^{31} la^{55}“普拉”、tsai^{11} wa^{51}“载佤”、lõ^{31} wo^{51}“浪莪”、lã^{11} tç‘ i^{55}“浪其”等。1956年后，根据本民族意愿，统称为“景颇”。

景颇族人口13.2万人，主要分布在云南省毗邻缅甸的德宏傣族景颇族自治州的盈江、陇川、瑞丽、潞西、梁河等县。怒江傈僳族自治州的泸水县、临沧地区的耿马傣族佤族自治县以及思茅地区的澜沧拉祜族自治县等地也有数量不等的景颇族。

缅甸和印度也有景颇族。缅甸景颇族被称为“克钦族”，有近80万人，主要分布在北部钦敦江和伊洛瓦底江上游的克钦邦。掸邦的腊戍、实皆省的杰沙、缅中边界和缅印边界也有分布。

印度的景颇族被称为“兴颇”，是“景颇”的变音，约有2000人，主要分布在阿萨姆邦的提拉普一带。

24. 阿昌族　自称 ŋa^{21}ts‘ aŋ^{21}“阿昌”、“莪昌”、“峨昌”，人口3.39万人，主要分布在云南省德宏傣族景颇族自治州的梁河、陇川、潞西和保安地区的龙陵等县。其中以梁河的大厂、曩宋、遮岛、陇川的户撒等地最集中。

25. 基诺族　自称 tçy^{44} no^{44}（又读 ki^{44} no^{44}）。1979年经国务院批准，正式确定为基诺族。

基诺族人口2.08万人，主要聚居在云南省西双版纳傣族自治州景洪县基诺山（旧称攸乐山）补远山地区。

26. 普米族　自称 p‘ ʐ ə̃^{55}mi^{55}（或 p‘ ʐõ^{55} mə^{55}）“普米”（“白人”之意），也有自称 ts‘ õ^{55} mi^{55}“撮米”的。

普米族人口约4万人，主要分布在云南、四川两省的毗邻地区。云南以兰坪、丽江、永胜、宁蒗最集中，迪庆藏族自治州的德钦、中

甸、维西也有分布，共约有25 000人。四川的木里、盐源、九龙等县约有15 000人，其中木里最多，约1万人。

27. 独龙族　自称 tɯ^{31} ɹuŋ^{53} “独龙”。人口0.74万人，主要分布在云南省怒江傈僳族自治州贡山独龙族怒族自治县的独龙江流域。

独龙族在缅甸境内也有10 000多人。主要居住在缅中边境的迪子江、迪不勒江、木马江、岔角江和骆驼江等流域沿岸。

28. 怒族　没有统一的民族自称。碧江县的怒族自称 nu^{35} su^{35} “怒苏”，福贡县怒族自称 a^{31} nuŋ^{55} “阿侬”，泸水、兰坪县怒族自称 zau^{55} zou^{33} “优柔”。“怒族”族名是1958年后经国务院批准的民族统称。

怒族人口2.87万人，主要分布在云南省怒江傈僳族自治州的福贡县、兰坪县、泸水县和贡山独龙族怒族自治县。迪庆藏族自治州的维西县及西藏自治区察隅县的察瓦龙乡也有少数怒族散居。

29. 土家族　自称 pi^{35}tsi^{55}k‘a^{21} “毕孜卡”。人口803.7万人。主要分布在湖北、湖南、四川和贵州四省交界地区。以湖北恩施土家族苗族自治州和湖南龙山、永顺、泸溪、保靖等县最集中，占土家族总人口90%以上。重庆的黔江、彭水、酉阳、秀山等县和贵州的松桃县只有少量分布。

30. 佤族　没有统一的自称，现称“佤族”，是1963年以后经国务院批准的统称。本族不同的自称大致有：pa̱ rauk “巴饶克”或 pa̱ ɣaɯk（住在澜沧、沧源、耿马、双江等县），ˀa vɤˀ “阿佤”、rɤ viaˀ “汝怀亚”、vɔˀ “窝”或ˀa vɤˀlɔi “阿佤莱”（住在西盟、孟连等县），vaˀ “佤”（住在永德、镇康等县）。

佤族人口39.6万人，主要分布在云南省西部的沧源佤族自治县、西盟佤族自治县以及澜沧、耿马、孟连等县的部分地区。永德、双江、镇康、景东、普洱、勐海、昌宁、腾冲等县和西双版纳傣族自治州，德宏傣族景颇族自治州的部分地区也有数量不等的佤族分布。

缅甸、泰国、老挝等国也有佤族分布，以缅甸最多，约有30万人。主要分布在东北部、掸邦北部，在萨尔温江以东同中国沧源、西盟两县毗邻地区的塔定、山同、宋嘎洛曼和囊秋湖周围。

泰国佤族约有2万人，主要分布在北部和西北部的清迈、清莱、夜丰颂府、帕尧、南邦、南奔、难府、达府等府，以及东北部的呵叻、猜也蓬和碧差汶等府。其中以清迈和夜丰颂府人数最多。

老挝佤族约有 3 万人，主要分布在北部、西北部与泰国交界地区。

31. 布朗族 没有统一的自称。在西双版纳傣族自治州勐海、景洪等地的布朗族自称 plaŋ^{31}或 pɹaŋ^{31}、paŋ^{31}；在思茅地区澜沧拉祜族自治县和临沧地区的双江等地的布朗族，多数自称为 a^{22} va^{ʔ22} “阿瓦”、al^{11} va^{ʔ11}、va^{ʔ11}、i^{1}1va^{ʔ11} “依瓦” 等；居住在其他地区的部分布朗族则自称为 p‘ u^{55}$\underset{\text{村}}{\text{man}}^{55}$ “蒲满”、“濮曼”、“普曼”（“村里人”，即乡下人）。

布朗族人口 9.18 万人，主要分布在云南省西部和西南部澜沧江下游山岳地带。保山地区的保山、永德、镇康等县，临沧地区的云县、双江、耿马、沧源等县，思茅地区的墨江、澜沧、孟连等县约有 6 万多人。其余集中聚居在西双版纳傣族自治州勐海县的布朗山、巴达、打洛、西定等乡镇。景洪、勐腊等县也有少数散居。

缅甸东部毗邻我国西双版纳傣族自治州和澜沧拉祜族自治县的景栋、孟宾、昆欣等地也有约 5 万布朗族人分布。老挝丰沙里省也约有 2 万人的布朗族。

32. 德昂族 没有统一的自称，各支系的自称有 10 多种。史籍上称“崩龙”，是根据当地傣族对德昂族的称呼——po^{33} lɔŋ^{33} “后来者” 音译而来的。“德昂” 族名是根据部分地区自称 da ^{ʔ}aŋ “德昂” 或^{ʔ}aŋ “昂”，1985 年经国务院批准后的统称。

德昂族人口 1.79 万人，主要聚居在云南省德宏傣族景颇族自治州的潞西、梁河、瑞丽、盈江、陇川等县，保山市，临沧地区的永德、镇康和耿马等县，澜沧拉祜族自治县也有少量分布。

缅甸德昂族有 3 万多人，主要聚居在掸邦北部和西北部的腊戍、滚弄地区。克钦邦的八莫和密支那也分布有少数。

33. 白族 自称 pɛ^{42} xo^{44} “白贺”、pɛ^{42} tsi^{33} “白子”、pɛ^{42} ji^{21} “白夷”、pa^{31} ȵi^{41} “白尼”、pa^{31} xou^{33} “白豪” 等。1956 年大理白族自治州建立时，根据本族人民的意愿，统一定名为“白族”。

白族人口 186.1 万人，主要聚居在云南省西北部大理白族自治州的剑川、云龙、洱源、鹤庆、大理、漾濞、祥云、宾川和下关。德宏

傣族景颇族自治州、怒江傈僳族自治州、文山壮族苗族自治州、迪庆藏族自治州以及昆明、思茅、曲靖、昭通、玉溪、保山、丽江、临沧等地区，四川省西昌地区，贵州省安顺、毕节、兴义地区，广西壮族自治区西部隆林各族自治县等地，都有数量不等的白族分布。聚居在大理白族自治州的白族，约占白族总人口的80%。

34. 蒙古族 自称moŋGol“蒙古”，主要分布于内蒙古自治区以及新疆维吾尔自治区的巴音郭楞蒙古自治州、博尔塔拉蒙古自治州、和布克赛尔蒙古自治县，青海省海西蒙古族藏族自治州和河南蒙古族自治县，甘肃省肃北蒙古族自治县，黑龙江省杜尔伯特蒙古族自治县，吉林省前郭尔罗斯蒙古族自治县，辽宁省喀喇沁左翼蒙古族自治县、阜新蒙古族自治县等地。

此外，宁夏回族自治区、河北、北京市、云南、四川等地也有少数散居的蒙古人。

蒙古人民共和国的蒙古族有近300万，占全国人口90%左右。

俄罗斯联邦布里亚特自治共和国约有蒙古族50万人。图瓦自治共和国约有蒙古族30万人。

35. 达斡尔族 自称daɣur“达斡尔”，人口13.2万人，主要聚居在内蒙古自治区呼伦贝尔盟境内，以及黑龙江省齐齐哈尔市附近沿嫩江流域一带。另在新疆维吾尔自治区的塔城也有大约5000名达斡尔族人。

36. 土族 自称moŋGol“蒙古勒”或moŋGor“蒙古尔”。由于其自称与蒙古族的自称完全相同，所以，常在自称之前加tɕagaan“白”，自称为tɕagaan moŋGol“白蒙古”，而把蒙古族称为xara“黑”蒙古，即xara moŋGol“黑蒙古”。

土族人口24.1万人，主要聚居在青海省互助土族自治县、民和回族土族自治县及大通回族土族自治县等地。甘肃省的永登、天祝、临夏等地也有数量不等的土族人散居。

37. 东乡族 族名源于居住地。甘肃省临夏回族自治州的原河州县，是东乡族世代生息繁衍的地方，河州原分为东、西、南、北四个乡，1950年根据东乡族人民的意愿，定名为“东乡族”，并建立县一级的自治政权，称为“东乡族自治区”（包括东、西、南、北四个乡），1955年改为“东乡族自治县”。

东乡族人口51.3万人，主要聚居在甘肃临夏回族自治州东部的东乡族自治县境内。此外，临夏、临洮、广河、永靖、和政等县也有一些散居。

38. 保安族 跟东乡族一样，族名来源于居住地。由于保安族先民原住青海省同仁县保安城及其周围一带地方，故他们一直以来都自称为 bao naŋ“保安”人。1950年，根据本民族多数人民的意愿，定名为保安族。

保安族人口1.6万人，主要分布在甘肃省临夏回族自治州临夏县的大墩、梅坡、甘河滩和高李乡一带。现在青海省同仁县保安城附近的下庄、嘎斯尔等地，仍有保安族近1万人。

39. 裕固族 自称 səra joʁor“萨喇尧吾尔”或 sarəɣ joɣur“萨里尧吾尔”。səra 和 sarəɣ 都是“黄”的意思。

裕固族人口1.37万人。主要聚居在甘肃省中部、祁连州北麓的肃南裕固族自治县和酒泉黄泥堡裕固族乡。

40. 满族 现在称为“满族”的族称，是辛亥革命之后，民国初年才普遍使用的。最早见于孙中山先生《临时大总统就职宣言》中，提倡“合汉、满、蒙、回、藏诸地于一国”。[12]“满族”缘于“满洲”(Manju)一词。始见于明朝末年，原为我国东北建州女真部族中的一个部落名称。后来该部落势力逐渐强大，在努尔哈赤入主中原后，建立了大清帝国。辛亥革命后，日军侵华，又将清朝末代皇帝挟持往我国东北三省建立“满洲国”。中华人民共和国成立后，才又把满洲人统称为“满族”。

目前满族人口1070.8万人，主要分布在辽宁、吉林、黑龙江、内蒙古、河北及北京市等省市。其中以黑龙江省依兰县最集中，散居于松花江流域，黑龙江中、下游及乌苏里江流域等广大地区。

41. 鄂温克族 自称 əwəŋk‘i“鄂温克”(或“埃文克”)。鄂温克族人口3.05万人，主要分布在内蒙古自治区呼伦贝尔盟的鄂温克族自治旗(县)、莫力达瓦达斡尔族自治旗、鄂伦春自治旗、阿荣旗、扎兰屯市、陈巴尔虎旗、额尔古纳左旗，以及黑龙江省讷河县、甘南县和新疆维吾尔自治区等地。

俄罗斯联邦也有鄂温克族近5万人，主要分布在西伯利亚地区的伊尔库茨克州、赤塔州、克拉斯诺亚尔斯克边疆区的鄂温克民族区和

哈巴罗夫斯克边疆区，以及布里亚特自治共和国、雅库特自治共和国等地。

42. 锡伯族　自称 çivə，锡伯文用拉丁字母转写为 sibe “锡伯”。锡伯族人口 18.9 万人，主要分布在辽宁省和新疆维吾尔自治区。辽宁省开原市、义县、凤城市等地是锡伯族居住最集中的地方，约有 12 万人。新疆北部伊犁哈萨克自治州的察布查尔锡伯自治县，也是锡伯族最集中的地方，约有 5 万人。此外，塔城、巩留、霍城等地也有少数锡伯族人散居。

43. 赫哲族　自称 xədʐən “赫真” 和 kilən “奇勒恩”。赫哲族族名是 1953 年以后根据本族多数人的意愿由 “赫真” 确定下来的。

赫哲族人口 0.46 万人，主要分布在黑龙江省同江市的八岔、街津口赫哲族民族乡、饶河县四排赫哲族乡和佳木斯市敖其村等地。少数散居于宝清、绥滨、依兰、富锦、桦川、抚远等地。

俄罗斯联邦也有赫哲族 2 万多人，但称为 “那乃族”，因赫哲族除了自称外，内部还分 na nai “那乃”、na nio “那儒”、na bəi “那坡” 三种不完全相同的支系自称。na “那” 是 “本地” 之意，nai、nio、bəi “乃、儒、坡” 均为 “人” 之意。即大家都自称为 “本地人”。

俄罗斯联邦的那乃族，主要分布在中俄边境乌苏里江和黑龙江汇合口附近的哈巴罗夫斯克边疆区的那乃区、共青城区、维亚泽姆区，以及滨海边疆区的达尔尼列切区等地。

44. 鄂伦春族　自称 ɔrɔtʃeen “鄂伦春”。鄂伦春族人口 0.82 万人，主要分布在内蒙古自治区的鄂伦春自治旗和莫力达瓦达斡尔族自治旗，黑龙江省大兴安岭塔河县、呼玛县以及逊克县、爱辉区和嘉荫县等地。

45. 朝鲜族　自称 tso syn “朝鲜”，族名来源于朝鲜半岛古国国名。

朝鲜族人口 192.9 万人，主要分布在吉林、黑龙江、辽宁三省，其中以吉林省延边朝鲜族自治州最集中，人数最多。这 200 多万朝鲜族，多数是 17 世纪以后，陆续从朝鲜半岛迁移过来的。朝鲜半岛是朝鲜族世代生息繁衍的地方。

第二次世界大战后，朝鲜由于外部势力的干预，分裂成了两个水火不相容的敌对国家，至今已半个多世纪，尚未恢复统一。

现在朝鲜（朝鲜民主主义人民共和国）朝鲜族人口有3000多万；韩国（大韩民国）的朝鲜族则有6000万。两者合计朝鲜半岛的朝鲜族共有9000多万。

此外，俄罗斯联邦也有朝鲜族18万人，乌兹别克斯坦约有朝鲜族25万人，吉尔吉斯斯坦有朝鲜族2万多人，塔吉克斯坦约有朝鲜族15 000多人。

46. 高山族　所谓“高山族”，是他称，是台湾岛内汉族对世代被迫居住在台湾中央山脉各地土著民族的统称。严格来说，高山族并不是一个统一或单一的民族，而是分别讲十几种不同语言的不同民族。他们在数千年飞速流淌的漫长岁月中，艰难地分别从大陆、从印尼、菲律宾群岛，从海上漂流到台湾。由于平原、丘陵地带被人数众多、文化和生产技术先进的汉人领有，所以，他们只能被迫分散到台湾各处的山地上生产生活，因而被统称为“高山族”。

根据不同的自称和使用各自不同的语言，高山族大致可分为三大族群：

（1）排湾（有史籍也译为“百宛”）族群。这是台湾岛上最早的土著。春秋战国汉人尚未大批到来之前，几乎遍布全岛，他们是濮越先民的后裔。七八千年前，濮越先民就早已利用大竹做成的舟楫（竹筏）在海洋里捕捉最大的鲸鲨（浙江河姆渡出土大量鲸鲨骨足以证明），一部分长期在海里谋生的先民偶然发现台湾岛并成群结队地登上台湾岛，在那里繁衍生息，直到后来，才逐渐被迫退入山区。这从现在仍遍布台湾全岛，用濮越语命名的古地名的汉字译音，以及排湾族群各支系名称（古濮越语的汉字译音）可以证明（古地名译音详见后面《“濮”与“百越”》的专门章节）。排湾族群包括：

排湾（百宛）——古濮越语pou（pu）vun“濮人”的汉字译音。
位　人

布侬——pu nuŋ（luŋ）“山里人”的汉字译音。今广西西北山区
位 山弄
有部分壮族仍自称为“布农”。越北山区由广西迁去的部分壮人也以此自称。

鲁凯——lau kai“我们（的）人”的汉字译音。
我们 的

阿眉斯——ai　mi　sai“种田人”的汉字译音。今水语、毛南语
位(词头)犁耕
称“个、位”仍读 ai，所谓“哀牢”古国，是濮越语ai lau“我们”
位我们
的汉字译音。

卑南—— pi　nam（lam）“同兄弟”的汉字译音。由于历史地域
兄长　同
语音的变化，古濮越后裔语言“同、共同”一词的声母，已变成许多不同的音，有 jam、sam、lam、ham（hom）等。

邵（有的译写作“曹”）——sau“我们”的汉字译音。同上，“我们”一词各地的声母也有差别，壮语（北）读 ɣau，壮语（南）读 lau，布依语读 zau、jau，海南临高读 hau，仫佬语读 hɣa:u，布央语读 tau（史籍汉字译音写作“兜”），侗语变作 ȶiu。

萨斯特——sai do:i“种山地者”的汉字译音。
犁　山

上述排湾族群，虽然是濮越先民的一支，但经过了数千年来的独立发展，以及各支系分散与外来各种民族相互交往，引起民族和语言的相互影响与融合，现在排湾族群各自所讲的语言，已不能认为是壮侗语族或其亲属语言，而只能归入马来—波利尼西亚语系（Malaya - Polynesian family）、印度尼西亚语族（Indonesian group）、台湾语支（Taiwanish）。这是因为，语言永远都是随着社会的不断发展变化而变化。距今 1000 多年的《隋书》，对台湾高山族的零星记载，以及用汉字译音记录当时他们仍使用的濮越语的一段话就足以证明他们是濮越先民的一支。

公元 607 年（隋大业三年），隋炀帝派朱宽、阿蛮到流求［这是古濮越语 lau　ko“我们的（地方）”的汉字译音］，即今之台湾。《隋
我们 的
书》载：“流求国……其王姓欢斯氏（‘欢斯’是古濮越语hun　sai
人 犁、耕
“种田人”的汉字译音），名渴刺兜（ke la:u tau）（“我们的长老、首
长老　我们
领、酋长”的汉字译音），不知其由来有国代数也。彼土人呼之为可老羊（ke la:u ja:ŋ“种粟的首领”的汉字译音），妻曰多拔荼（　to
长老　粟　牵，娶
pu ja“妻子”的汉字译音）。”
位 妻

虽然只是简单数语，但它却给我们留下了今日台湾高山族排湾族

群是濮（百）越先民后裔的铁证，是他们最早开发并创造了宝岛的古代文明。

（2）邹族群。包括邹、沙阿鲁阿、卡那卡那布。

（3）泰耶（雅）尔族群。包括泰耶尔、赛德克、耶眉（雅美）。

上述两族群所用语言，基本上属于菲律宾语，也是印度尼西亚语族。

高山族现有人口约 42 万。排湾族群主要分布在台湾中央山脉东南部山区和东海岸平原狭长地区。如南投县的仁爱、信义乡；花莲县的万荣、卓溪乡；台东县的延年、海瑞乡；屏东县的三地、雾台、筏湾、来义、式泰、牡丹乡；南雄县的桃源、三民、茂林乡等。

邹族群主要分布在阿里山和嘉义、南雄两县交界处。泰耶尔（泰雅尔）族群主要分布在北部山地，大分散，小集中。南投、苗栗、台北、台中、新竹、桃园、宜兰、花莲等县均有邹族人分布。

47. 维吾尔族 自称 wiqur。“维吾尔”意为“团结”、“联合”。现有人口近 840.5 万人，主要分布在新疆自治区境内。

维吾尔族也是一个跨境民族，除中国外，俄罗斯联邦、哈萨克斯坦、吉尔吉斯斯坦、乌兹别克斯坦、巴基斯坦、阿富汗等国都有数量不等的维吾尔族。哈萨克斯坦约有 20 万，吉尔吉斯约有 5 万，乌兹别克斯坦约有 4 万，巴基斯坦和阿富汗各有约 2 万。

48. 哈萨克族 自称 qazaq。现有人口约 120 万。主要分布在新疆维吾尔自治区伊犁哈萨克自治州的伊犁、塔城、阿勒泰三个专区，以及博尔塔拉蒙古族自治州、木垒哈萨克自治县、巴里坤哈萨克自治县和甘肃阿克塞哈萨克族自治县等。

俄罗斯联邦和哈萨克斯坦、乌兹别克斯坦、吉尔吉斯斯坦、塔吉克斯坦以及蒙古等，均有哈萨克族分布，其中以哈萨克斯坦共和国的哈萨克族人数最多，有 700 多万，是哈萨克斯坦共和国的主体民族。

乌兹别克斯坦共和国有哈萨克族人约 100 万，主要分布在咸海西边、南边和东边的卡拉卡尔帕克斯坦自治共和国，以及锡尔河以北的塔什干州等地。克孜勒库姆沙漠以南的纳沃伊州和布哈拉州也有少量散居。

吉尔吉斯斯坦共和国哈萨克族约有 5 万人，主要分布在塔拉斯州和国家直辖区内。

塔吉克斯坦共和国有哈萨克族约 2 万人，居住较分散，多数与其他民族参差杂居。

蒙古约有哈萨克族 10 万人，主要分布在西部科布多河上游巴彦乌列盖省境内。

俄罗斯联邦有哈萨克族 70 多万人，主要分布在与哈萨克斯坦毗邻的各州，及与中国接壤的边境地区。

此外，阿富汗、印度等国也有一些哈萨克族散居。

49．柯尔克孜族　自称 qərʁəz“柯尔克孜”。现有人口总数约有 18 万，主要分布在新疆维吾尔自治区克孜勒苏柯尔克孜自治州，以及伊犁、塔城、喀什、阿克苏等地区。少数散居在黑龙江省富裕县满族达斡尔族柯尔克孜族友谊乡和富裕牧场。

柯尔克孜也是一个跨界民族。吉尔吉斯斯坦、哈萨克斯坦、塔吉克斯坦、阿富汗等国都有数量不等的柯尔克孜族。

吉尔吉斯斯坦共和国称柯尔克孜族为“吉尔吉斯”，由于柯尔克孜族是该国的主体民族，故取国名为“吉尔吉斯”（斯坦是“国”之意）。吉尔吉斯斯坦共和国约有柯尔克孜族 300 万，占该国人口约 60%。

哈萨克斯坦共和国有柯尔克孜族约 20 万人，约占该国人口 10%，主要分布在与吉尔吉斯斯坦交界的阿拉木图、江布尔两个州境内。

塔吉克斯坦共和国约有柯尔克孜族 8 万人，主要分布在戈尔诺－巴达赫尚自治州和帕米尔高原地区。

阿富汗帕米尔高原地区有柯尔克孜族约 2 万人。

50．乌孜别克族（乌兹别克）　自称 ozbæk“乌孜别克”。目前约有 2 万人，主要分布在新疆维吾尔自治区天山南北广大地区的城镇，如伊宁、喀什、塔城、乌鲁木齐、莎车、叶城、奇台、木垒、阿勒泰、吉木萨尔等地。

乌孜别克族也是跨界民族，乌兹别克斯坦、哈萨克斯坦、吉尔吉斯斯坦、塔吉克斯坦、阿富汗等国都有分布。

乌兹别克斯坦 70% 以上人口都是乌孜别克族，大约有 1700 万人，主要集中在东部、中部和西部的广大地区。东部的塔什干、费尔干纳、撒马尔罕、吉扎克、纳曼干、安集延、苏尔汉河、卡什卡达里亚，中部的布哈拉州，西部的努库斯、花拉子模、阿尔腾库尔等地。

哈萨克斯坦共和国约有乌孜别克族40万人，主要分布在江布尔、希姆肯特等州。

吉尔吉斯斯坦共和国约有乌兹别克族70万人，主要聚居在南部边境奥什州一带。

塔吉克斯坦共和国约有乌孜别克族130多万，主要分布在西部和南部的纳巴德、库利亚布、库尔干秋别等地区。

土库曼斯坦有乌孜别克族约50万人，主要分布在东部查尔朱、塔沙乌兹等地。

阿富汗有乌孜别克族近200万，主要分布在法里亚布、巴尔赫、昆都土、朱兹詹、赫拉特、巴格兰和巴达赫尚等地区。

51. 塔吉克族 自称tazik“塔吉克”。现有人口约5万，主要聚居在新疆维吾尔自治区西南部的塔什库尔干塔吉克自治县，塔里木盆地西部边缘的叶城、皮山、莎车、泽普等地也有数量不等的散居。

塔吉克族跟上述几种民族一样，也是跨界民族。塔吉克斯坦、吉尔吉斯斯坦、乌兹别克斯坦、阿富汗、伊朗等国都有塔吉克民族。

塔吉克斯坦有塔吉克族约400万人，占总人口70%左右，分布全国。

吉尔吉斯斯坦共和国有塔吉克族约5万人，主要聚居在南部奥什州等地。

乌兹别克斯坦共和国有塔吉克族近100万人，主要分布在东部的塔什干、撒马尔罕、布哈拉、吉扎克、纳曼干、苏尔汉河、卡什卡达里亚州等地。

阿富汗有塔吉克族约400万人，主要分布在北部、东北部的巴达赫、尚昆都士、巴格兰、萨曼甘、法利亚布、巴德吉斯、赫拉特、巴尔赫等省。

伊朗境内也有近5万塔吉克族，主要居住在内沙布尔和萨人泽瓦尔等地。

52. 塔塔尔族 自称tatar“塔塔尔”。约有6000人，主要分布在新疆维吾尔自治区的伊宁、塔城和乌鲁木齐等市，以及奇台、阿勒泰、吉木萨尔等地的农牧区。

塔塔尔族也是跨界民族，俄罗斯联邦、哈萨克斯坦、吉尔吉斯斯坦、乌兹别克斯坦、塔吉克斯坦、蒙古等都有塔塔尔族。

俄罗斯联邦称塔塔尔族为“鞑靼”，约有750万人，主要分布在鞑靼斯坦共和国、巴什科托斯坦共和国、布里亚特共和国，以及阿斯特拉罕、阿穆尔、赤塔等州和彼尔姆、哈巴罗夫斯克边疆区。

哈萨克斯坦有鞑靼族约40万人，主要分布在古里耶夫（今阿特劳州）和乌拉尔斯克（今西哈萨克斯坦州）两个州。

吉尔吉斯斯坦有鞑靼族约10万人，居住比较分散，几乎全国各地均有分布。

乌兹别克斯坦有鞑靼族约80万人，主要分布在纳沃伊、布哈拉、安集延等州。

塔吉克斯坦有鞑靼族约10万人，散居全国。

土库曼斯坦有鞑靼族约6万人，也是散居全国各地。

此外，乌克兰、阿塞拜疆、蒙古等，也有一些鞑靼族分布。

53. 撒拉族　自称salar“撒拉尔”。现有人口约12万，主要分布在青海、甘肃两省和新疆维吾尔自治区。以青海省循化撒拉族自治县人数最多，70 000多人。青海省海南、海北、海西和化隆回族自治县，散居人数约20 000人。甘肃省临夏回族自治州的积石山保安族东乡族撒拉族自治县，以及新疆伊宁县，共约30 000人。

54. 俄罗斯族　自称Russ，约有1.5万人，主要分布在新疆维吾尔自治区乌鲁木齐、伊犁、塔城、阿勒泰及黑龙江省、内蒙古自治区等地。辽宁、甘肃、青海和北京、上海也有少数散居人口。

俄罗斯族也是跨境民族，除了主要集中在俄罗斯联邦的约1亿5000万俄罗斯族外，哈萨克斯坦、吉尔吉斯斯坦、乌兹别克斯坦、塔吉克斯坦等国都有俄罗斯族。

哈萨克斯坦的俄罗斯族有近1000万人，主要集中在各大中城市及新兴工业区。

吉尔吉斯斯坦有俄罗斯族约1800万人，主要也是集中在各大中城市，但纳伦、伊塞克湖等州的农业区也有分布。

乌兹别克斯坦有俄罗斯族约300万人，主要也是集中在各大中城市。塔什干城郊和锡尔河州农业区也有分布。

塔吉克斯坦有俄罗斯族约80万人，主要也是集中在杜尚别等城市中。

此外，乌克兰和波罗的海等国也有数量不等的俄罗斯族。

55. 回族 现有近982.8万人，主要聚居于宁夏回族自治区，新疆昌吉回族自治州、焉耆回族自治县，甘肃临夏回族自治州、张家川回族自治县，青海门源回族自治县、化隆回族自治县、民和回族土族自治县，河北大厂回族自治县、孟村回族自治县，云南寻甸回族彝族自治县、巍山彝族回族自治县，贵州威宁彝族回族苗族自治县。其他各省市也有数量不等的回族聚居。可以说，回族是全国分布最广的少数民族，几乎每个省，每个大中城市都有人数不等的回族。

回族也是跨境民族，哈萨克斯坦、乌兹别克斯坦、吉尔吉斯斯坦、俄罗斯、蒙古以及南亚的泰国、越南等国，都有回族分布。

哈萨克斯坦有回族约5万人，主要居住在江布尔市、捷尔钦特市、阿拉木图市、塔尔迪库尔干市以及肖尔图拜、加勒帕克图拜和麻山城等地。

乌兹别克斯坦有回族约5000人，主要居住在塔什干、费尔干纳和安集延等市。

吉尔吉斯斯坦有回族约45 000人，主要居住在纳伦、托克马克、比什凯克等地。

俄罗斯联邦有回族5万人，主要居住在巴尔瑙尔、新西伯利亚、伊尔库茨克、克拉斯诺亚尔斯克等城市。

泰国有回族约4万人，主要居住在北部的清迈、清莱、南奔、南邦、达等府的城镇。

以上是现今生息在神州大地上，经过逐一调查落实，并经过国务院审查批准确定的中华少数民族。他们和汉族一起，在历史的长河中，用聪明才智和辛勤的汗水，共同塑造了一个完全能够代表他们心声和共同利益的超级历史巨人——伟大的中华民族。

因此，我们可以十分肯定地说，“中华民族”这个近代才产生并被广泛应用的语词，它所蕴含的内容，是中文发展至今所有的语词当中，没有其他任何词可以同它相媲美的。它是神州大地上在特定环境条件下产生，并被赋予特定含义的特定语词，它概括了历史，也概括了现实。它既体现了“中华民族”来源（形成）的多元化，也充分地体现了当今数十个各具不同特点的民族共同和睦地生活在一个强大的、前程无限美好的国家之中。一句话，“中华民族”这个词，在历

史长河的现阶段，所表达的深刻含义，就是当今神州大地上众多民族的“多元一体”。它不能用来指称某一个特定的民族，也不代表数十民族之中的任何一个特定的民族，而任何一个特定的民族当然更不可能用“中华民族”来作为自己的“族称”。

中华民族，这个令人肃然起敬、令人无限景仰的名称，现在是神州大地上，中国主权领土（领海）范围内各民族的概称和总称。未来，它当然随着这些民族的共同繁荣发展，随着历史长河的滚滚向前，继续闪耀着它多彩多姿、绚丽夺目的璀璨光芒。

二、中华民族的由来

（一）中华民族是“外来”还是“土著”？

中华民族从何而来？是“外来”，还是“土著”？这是一个十分复杂而非三言两语可以清楚回答的问题。因为它不仅涉及历史学、民族学，而且涉及人类学和人种学等学科的专业领域。所以，千百年来，以至近代的历史学、民族学、人类学等学科，至今尚未多见以此命题进行全面深入论述、充分肯定的专著。因此，可以说，这问题仍然是一个千古之谜。

那么，难道没有人曾经想过这个问题吗？否！只是由于这个问题实在太大、太复杂了，要彻底解决实在太难，所以，大家都不愿花大力气去尝试。几本被称为经典的历史名著，虽然肯定它们为中华民族的历史记载作出了贡献，但却都只是以“黄帝”为始祖，不厌其烦地记述了历代帝皇将相的历史功勋。在它们的记述中，是“英雄”创造了整个中华民族的历史，而避开了“人民，只有人民才是创造历史的主人”这个根本问题。写“英雄创造历史”，比写“人民创造历史”当然容易得多。

近数十年来，由于东非先后出土了三四百万年前的古猿化石，所以，人类起源于东非之说，几乎成了全世界人类学家的热门话题，各种假设性的论著纷纷问世。中国的一些人类学家也不甘落于人后，推出了专著“水猿”之说。[13]认为人类的确是起源于东非，东非是全球人类最早的故乡。当然，这个结论是否成立，还有待进一步证实。因为地球那么大，难道只有东非才是人类起源唯一的地方吗？难道只有东非的自然环境条件才是唯一适合人类诞生之地？

在目前还没有更多古猿化石出土的情况下，这种一般的假设和推论是完全可以理解的。不过，当此问题还未成为一致公认的定论之前，我们决不能自以为是地妄加论定，否则很可能会跌入“无知”的渊薮，或粉身碎骨，或永远不能自拔。

1998 年，香港某报刊载一则题为《炎黄子孙是非洲人之后》的消息，报导美国得克萨斯州休斯顿大学人类遗传学家李金（译音）的研究结果。根据他的研究，“全人类的脱氧核糖核酸（DNA）均出自同一个女始祖，而这个‘夏娃’大约于 20 万年前在非洲居住。”之后，“人类大约在六万年前抵达中国南部……冰河时期结束后，人类终于迁往亚洲北部，并横渡白令海峡，到达美洲，其时距今约 15 000 年。”

对于这则报导，我们不想也不必加以任何评论，我们只要将近数十年来，在神州大地上已出土的远古人类化石资料略举数例就足够了。

众所周知，近几十年来，中国先后在数十个地方出土了远古人类的化石。这些远古人类化石，经过碳 -14 测定有：

元谋人（云南省元谋县那蚌村发现），生活在约 170 万年前。

蓝田人（陕西省蓝田县公王村公王岭发现）——115 万 ~65 万年前。

北京人（北京市房山周口店发现）——约 70 万 ~23 万年前。

四川巫山人（四川巫山县庙宇镇龙骨坡发现）——约 200 万年前。

河北小长梁人（河北阳原县小长梁发现）——约 180 万年前。

贵州桐梓人（贵州桐梓县柴山岩灰洞发现）——约 24 万年前。

湖北长阳人（湖北长阳县钟家湾发现）——约 20 万年前。

辽宁金牛山人（辽宁营口市金牛山发现）——约 26 万年前。

山东沂源人（山东沂源县骑子鞍山发现）——约 31 万年前。

江苏南京人（江苏南京市汤山发现）——约 50 万年前。

浙江建德人（浙江建德县乌龟洞发现）——约 10 万 8000 年前。

安徽和县人（安徽和县龙潭洞发现）——约 27 万年前。

广东马坝人（广东曲江县马坝镇狮子山发现）——约13万年前。

广西都江人（广西柳江县通天岩发现）——约20万年前。

上述所列，其地域分布，从云贵高原到东北平原，从东部山东到东南沿海，从中原大地到岭南丘陵，一句话，它们代表了广袤的神州大地。在如此辽阔的大地上，出土了那么多远古人类的化石，他们生活的年代都远远超过了6万年，那么，难道这些远古人类都正如李金所说的那样，他们都因冰河时期被灭绝之后，6万年前才由非洲迁移过来的吗？

根据我国考古学家长期以来深入研究的结果表明："中国的古环境，虽然随着冰期的进退曾经有过变动，气温有时高些，有时低些，但是华南和华北从没有出现过像欧洲中部和北部冰期时那样严酷的情况。换句话说，中国东部和南部大片地区，除了高海拔的局部地区外，一直适于人类生存，在秦岭和淮河以南更是基本上只在温和与炎热之间来回变动，没有严寒的迹象。所以第四纪冰期没有为在中国这个地区发生人群大规模取代的假说提供有利的古环境条件。"⑭

既然如此，我们就可以充分肯定："中国古人类后期人口的增加主要是自身繁衍的结果，而从其他地区迁来的人群只起着次要的作用。"⑮

我国考古学家们的这些结论是完全正确，完全符合我国的历史实情的。

人类起源问题是一个十分复杂，至今尚未得到很好解决的大问题。20世纪东非出土的一些远古人类化石，仅仅为一些"想当然"的人们提供了一种假想，即全人类均起源于非洲的假想。然而，他们并没有能够提出令所有人都信服的足够证据和说明非洲是唯一能使人类诞生的环境条件，来支持他们的假想。

达尔文高超智慧的结晶《物种起源》和《人类的由来》，他的举世无双的伟大理论——进化论，以及恩格斯运用辩证唯物论和历史唯物论创立"劳动创造人"的伟大理论，（他们）从根本上粉碎了上帝造人的宗教神话，为人类的起源提供了一个令人信服的清晰理论天地，可以说是人们继续探索人类起源问题的指路明灯。

但是，理论并不等于事实。虽然达尔文进化论的理论根据源于非洲，他是人类源于非洲的最先设论者，然而，他（达尔文）却没有能够雄辩地提出，在不停地自转的地球上，除了非洲之外，再也不可能有其他地方，具有像非洲那样最合适人类诞生的气候环境和条件了！

达尔文当然不可能那样武断，因为他不可能不知道，人作为地球上的一种生物，它也同其他生物一样，只要有适合于它诞生的气候环境条件，是完全有可能在不同的地方诞生和发展壮大的。非洲只是地球的一角，地球上气候环境条件与非洲相同，甚至比它还要好的地方有的是。它们都有可能是人类起源之地，只是目前暂时可能还找不到像非洲那么多的远古人类化石而已。

当然，即使某个地方找不到那么多人类化石，也不等于说它就不可能是人类起源之地。因为：

第一，目前发现的古人类化石，只是极少数远古人类因局部地壳变动或自然灾害被埋没之后，长期受到缺氧高压而变成的石质人骨。至今尚未发现成群成片大面积的人类化石群。单凭零星的个体和部件化石，很难令人信服该地就是人类起源地。

第二，有些人类发源地，多少万年都不一定发生局部地壳变动。在这样的地方，人类一代又一代相继死后，只变成尘土，不一定也不可能变成化石。早期人类随手拈来、取之不竭的木质工具（或武器），也不可能轻易变成化石保存下来。直至人们学会打制石头作工具和武器，才有可能部分被保存下来，为今人所发现。但这过程（由木器到石器），可能离人类“童年”已是数百万年！

因此，单凭在非洲出土了少量的古人类化石，就肯定非洲是人类唯一起源之地，理据是不足的。

许多事实证明：中国可能也是早期人类发源地之一。我们中华民族的祖先，从总体来说，不是“外来”，而是“土著”，地地道道的“土著”！

（二）考古新发现

“中国可能也是早期人类发源地之一”并非信口之言，而是根据无数事实得出的一种合理推论。因为众所周知，幅员广大的中国，是地处北半球温带线上的东亚大陆，山脉纵横，河流交错，有平原有丘

陵，大地辽阔，陆相新生代地层地貌发育良好，蕴藏着丰富的人类和各种共生动物的化石及人类文化遗物。因此，中国必然是世界上研究人类起源与进化的重要和理想的一个地区。

事实也是如此。早在20世纪20年代，北京周口店发现“北京直立人”完整的头盖骨化石、石器和用火的遗迹之后，就立即震惊了世界。从此，中国就成为世界上少数几个研究人类起源与进化的中心之一。

澳大利亚悉尼（SYDNEY）甚有名气的华文周报《东华时报》于2000年3月30日（19版）以十分醒目的标题——“人类始祖源自中国”报导说：

> 近日，中美科学家在英国权威科学期刊《自然》杂志上发表科学论文，通过对在中国江苏溧阳和山西垣曲发现的中华曙猿和世纪曙猿脚踝骨化石的研究，进一步证明了人类远祖起源于中国。
>
> 这些被用来研究的脚踝骨化石，反映出猴类、猿类及人类的共同祖先演化的早期状态。它们生活在距今4500万年至4000万年之间的中始新世。目前的理论是人类起源于非洲，被发现的最早期人类骸骨是在东非出土，有200万至400万年历史。

《中国科学报（海外版）》1998年2月25日第8版，同样也是以十分醒目的标题——“中国可能是早期人类发源地之一”，对当时四川省巫山县龙骨坡发现距今约200万年前的古人类遗址，进行了比较详细的报导。报导说：

> 巫山县龙骨坡发现的距今200万年前的古人类遗址表明，中国很可能是地球上早期人类的发源地之一。
>
> 从20世纪50年代后期以来，人们已普遍认为非洲是人类起源的首选地，西方的很多学者更倾向于认为中国不可能是人类起源之地。但是，自1984年中科院古脊动物与古人类研究所和重庆市自然博物馆等单位的专家，在位于三峡地区的巫山县龙骨坡发现距今200万年左右的古人类遗址后，科学家们对过去的结论才产生了怀疑。
>
> 据古脊椎动物与古人类研究所黄万波研究员介绍，自1984年发现巫山龙骨坡遗址后，这一遗址由于具有以下四个方面的科

学研究意义和社会价值而引起国内外学术界的强烈关注。

第一，该遗址地层保存完好，且层次清楚。其中有三个地质单元可作为华南更新世早期的标准剖面进行比较研究。

第二，该遗址发现的动物群有120多种，其中哺乳动物化石116种，是目前中国第四纪化石地点中，化石种类最多的地点。其中绝大多数的动物如乳齿象、爪蹄兽、剑齿虎等早已灭绝。

第三，经中科院地质研究所、北京大学考古系和美国及加拿大等国的专家测定，龙骨坡遗址距今大约是180万~248万年。

第四，该遗址的灵长类化石种类繁多，有人类化石、巨猿化石、狒狒化石和猕猴化石等。在中国境内发现如此众多的灵长类化石生存在同一地质环境之中是很少见的。

黄万波说，在1997年10~11月，中科院古脊椎动物与古人类研究所在对该遗址进行第二阶段的第一次发掘时，发现有大量哺乳类动物化石，在遗址堆积的第五~七层，还出土有人工打制的石制品，经现场鉴定和把标本带回北京进行最新科学鉴定认为，这些石制品出现在190万年前的地层里，这在中国过去的考古发掘中也是极为罕见的。……石制品的出土证明，早在200万年前，华夏大地上就有了人类的足迹。

此外，在1985~1986年的发掘中又出土了一段人类下颌骨化石，上面带有3颗牙齿，经鉴定，大约距今204万年。

龙骨坡人类化石和石制品的发现，为我们在亚洲寻找更古老的人类，研究人类的起源和演化提供了重要的依据。中国很可能是世界上早期人类的发源地之一。

中科院古脊椎动物与古人类研究所前所长、研究员邱占祥，在介绍人类学界对早期人类起源及环境背景的研究及进展的有关情况时说，在东非已发现距今400万年前的早期人类，即南方古猿化石。而中国青藏高原以东广大地区的地质条件与东非极为相似，能否在中国找到200万~400万年前及更早的古人类化石，这是摆在中国古人类学界面前的重大课题。中华人民共和国成立以后，在我国的云南元谋、河北泥河湾及四川巫山（编者按，今为重庆巫山）等地，已相继发现距今100万~200万年左右的人类化石和石器，这表明我国确曾有早期人类存在。当前极有必要

尽快在我国开展早期人类化石的寻找发掘与研究，为科学地解决人类起源这一重大科学课题作出贡献。

1999年10月26日，在澳大利亚悉尼，两份很有影响的中文日报《星岛日报》和《自立快报》，分别以黑体大字作通栏标题，报导“安徽发现欧亚大陆最古老的第一把石刀”，“安徽出土200万年前石器，中国人类历史提前30万年”。[16]

1998年，中科院古脊椎动物与古人类研究所金昌柱博士率队对安徽繁昌县孙村镇的人字洞先后进行了三次发掘，经过一年多的努力，中国科学家在安徽繁昌发现了一批距今大约200多万年的石制品。其中一把经过加工、刃口比较锐利的石刀，经专家鉴定后认为，这不仅是中国境内迄今发现的第一把“石刀”，也是已知欧亚大陆上最古老的文化遗物。从而，把人类在中国境内生活的历史向前伸延了30多万年……

安徽繁昌“人字洞”石制品的发现，为寻找早期人类化石，揭示亚洲人类起源之谜提供了可能。

当然，上述报导，只不过是中国考古工作中的几个较重要的发现。自从20世纪20年代，中国考古发现第一块人类化石至今，80多年来，在中华大地上考古发现的各个不同时期的大小历史遗址已有数百处，只是年代没有巫山和繁昌两处那么久远而已。

典型不仅能够概括一般，更是能够代表一般。因此，巫山和繁昌出土200万年前的人类化石和石制工具，已经足以证明在辽阔的中华大地上，200多万年前，就已有早期人类在生息繁衍，并逐渐地演化，绵延发展成为现代人。有数千年文明史实记载的中华民族，其主体基本上是由这些在中华大地上生活的早期人类祖先逐渐发展形成的。“外来”之说是不符合我们的历史实情的。

因此，我们认为，人类起源不可能只是一源，而是多源。这样才比较符合历史实际，比较符合地球生物产生和发展的实际。地球上有许多生物，东半球有，西半球也有，他们都不是先在某一处诞生之后才向他处迁移。当然，人类是可以不断地扩散迁移，但是，迁移是要受到一定条件限制的，没有一定的条件就不可能迁移，那种认为远古人类可以像今天这样乘飞机轮船，轻而易举的从非洲迁移到亚洲或大洋洲的设想是不符合历史的。

（三）神话传说与历史记载

1. 神话传说

神话是人类在童年时期尚未能够用科学来解释现实世界的思维创造成果，是早期人类智慧凝成的文化精华。其超越自然的大胆想象，驰骋奔放的广阔思维空间，往往令我们现代人相形见绌，自愧不如。（当然，这并不是说今不如古）

中国被喻为是“神话的故乡”，不仅因为中国有绵延数千年的悠久文明史，是目前世界上仅存的少数几个文明古国之一，更重要的是中国神话之多、之奇、之美妙绝伦，可以说是全球之冠。从盘古开天地，到人类万物起源；从天神雷公到海里龙王；从太阳星星到皎洁月亮；从高山大河到虫鱼鸟兽；从洪水猛蛟到种粮织布；从争夺战争到向往和平。总之，人类生产生活的方方面面，都应有尽有，内容之丰富，大可以写成厚厚的百科奇书。

保存了不少古代神话的《山海经》，就是一部记载上古神话的典籍。它所记述有关地理、物产、历史、医药、宗教等所有内容，都具有荒诞的色彩。其中占很大篇幅的兽形神话，很多都是两种（或多种）动物合体的神话，或是人兽、人蛇、人鸟等等合体的神话。例如，书中出现三次的“西王母”（《西次三经》、《海内西经》、《大荒西经》），就是一个“人兽合体”的神怪，她人面、虎身、虎齿、豹尾，蓬发戴胜（帽类），善于高声啸叫。她的职权是执掌自然灾害和五刑残杀。这样一个被臆造出来的神怪，后来竟然变成天上的“王母”，神上加仙，连地上的皇帝（天子）都要对她顶礼膜拜，向她请示救教。《穆天子传》（卷三）开篇就是这样写的：

> 吉日甲子，天子宾于西王母。乃执白圭玄璧以见西王母。好献锦组百纯，□组三百纯，西王母再拜受之。乙丑，天子觞西王母于瑶池之上，西王母为天子谣曰：“白云在天，山陵自出，道里悠远，山川间之，将子无死，尚能复来。”天子答之曰：“予归东土，和治诸夏，万民平均，吾顾见汝。比及三年，将复而野。”

这样，本是神话中的神怪，又被统治阶级披上了另一张神话的外衣，让这个神怪摇身一变，成为道貌岸然不可一世的神圣。经过几千

年的反复流传，到了今天，人们如果不读《山海经》，在许多人的概念里她已不是一个“人不人，兽不兽”四不像的丑恶的神怪，而是一个美貌的天上仙女了。

古代神话之所以产生并能广泛流传，主要是基于古人未能用科学来正确解说现实，但又必须回答人们对现实思考结果的提问。于是，神话为暂时满足和填补这种思维的空白就这样产生了。由于神话大多都以形象思维作表征，不需要人们再去进一步苦苦思索，探求究竟，所以每个神话出来之后，只要它“似是而非”，就可骗过很多人，就能很快广泛流传，甚至流传久远。

有关中国人类起源的神话，主要是以“女娲造人”和“伏羲女娲兄妹婚”（中国境内许多少数民族也都有他们自己关于人类起源的美丽神话传说）这两个故事流传最久远。前者见于《太平御览》（卷七八），后者见于《独异志》。

“女娲造人”传说的原文比较短，全文如下：

> 俗说天地开辟，未有人民。女娲抟黄土作人，剧务，力不暇供，乃引绳于絙泥中，举以为人。故富贵者，黄土人也；贫贱凡庸者，絙人也。

这个关于人类起源的神话传说：开天辟地初期，地上是没有人的，是女娲用手捏黄土来造人。因为要造很多人，用手捏很辛苦，弄得她精疲力竭，于是就用绳子乱鞭乱打，绞出各种各样的人。所以，现在那些富贵的人，都是用黄泥土做成的，贫贱的人都是用绳子鞭打乱泥做成的。

女娲造人的神话是我国古代最著名的神话之一。究竟始创于何时，确切年代我们不得而知，但从《太平御览》记载的内容来看，至少有两点是可以肯定的：

第一，至少在10 000年前母系社会就已产生。因为那时人类还处在群婚状态下，人们出生后，只知道有母而不知其父，因而只知道所有的人都来源于女人，在早期人们的意识里，女人就是这天底下造出人类的人。

第二，根据考古发现和研究的结果表明，陶器也是母系社会时代的产物，是妇女最先发明了制陶技术，然后才传给了男子。原始陶器上的绳纹，是人们用割切陶器和泥块的原始泥弓（用竹做弓，用绳做弦）随手印在陶胚上的。所以，神话传说中“引绳于絙泥中，举以为人”这句话是符合制陶过程中的实际操作情况的，即用泥弓将泥堆砌出一块块的样子。

在制陶过程中，偶尔用泥捏成泥人，并想象赋予它人的生命，使它变成真人。这是女娲造人神话故事起源的心理基础。至于神话故事中的“故富贵者，黄土人也；贫贱凡庸者，絙人也”，这句话是女娲造人的神话流传到了阶级社会以后才被强加上去的“阶级烙印”。

《独异志》里所记载的“伏羲女娲兄妹婚”，比“女娲造人”长一些，全文如下：

> 昔宇宙初开之时，只有女娲兄妹二人在昆仑山，而天下未有人民。议以为夫妻，又自羞耻。兄即与妹上昆仑山，咒曰：天若遣我兄妹二人为夫妻，而烟悉合；若不，使烟散。于烟即合，其妹即来就兄。乃结草为扇，以障其面。今时人取妇执扇，象其事也。

这个神话说的是：在天地初开的时候，只有女娲兄妹两人住在昆仑山上，天下再没有其他人。于是他们兄妹俩就商量想成为夫妻，但又都感到有点羞耻。后来他们俩便一起登上昆仑山顶，向天祷告说：“上天如果同意让我们兄妹俩结为夫妻，云烟就聚集过来合成一团，若不同意，云烟就马上散开。”一会儿，所有云烟都聚集在一起，成了一个大云团。女娲于是就嫁给哥哥。成亲的时候，她用草编成一把扇子，把脸遮起来。所以，现在女子出嫁时也有拿扇掩面的习俗。

此神话比“女娲造人”的神话产生的时代肯定要晚得多，是父系社会时代的产物。人类由母系社会过渡到父系社会绝非一朝一夕，而是经过了漫长的岁月。人类学习了种植和养殖之后，有了较稳定可靠的经济生活保障，家庭和配偶婚才有可能逐渐形成。社会的进一步自然分工，使妇女在家庭中逐渐退居次位，男人无论是在家庭经济生活中，还是在社会的集体活动中，都起着主要作用。于是，父系社会形成的条件就日趋成熟，孩子出生后，不仅知道母亲是谁，也知道了谁是自己的父亲。

当然，这并不是说，在人类的历史长河中，父系社会出现（形成）之后，母系社会就消失得无影无踪了。由于自然环境条件和社会历史等原因，人类不同社会群体的历史发展是各不相同、极不平衡

的。现在我们看到有一些先进社会已进入了高度文明的时代，飞船已可以自由往返于月球与地球之间，电脑已经能分秒不差地计算出地球和许多星球运转的轨迹和周期。但是，有少数社会群体，母系社会经历了数万年之后，现在仍然存在。云南泸沽湖东岸宁蒗县永宁地区的纳西族就是如此。纳西族中自称摩梭的这部分人，至今家庭中仍没有配偶关系，男方和女方没有正式的夫妻关系。双方并不把对方称为丈夫和妻子，而是称为“阿肖”（意为宿伴）或“阿注”（意为朋友）。男子长大后，并没有自己真正的家，没有真正属于自己的妻子和儿女。他们成年后，看中了哪位姑娘，晚上就到姑娘家过夜，天亮之后，就返回自己母亲的家。男人没有自己的子女，也不知道谁是自己的子女。他们一生劳碌都仅仅是同姐妹们一起抚养她们的子女，并靠这些子女养老送终。这种“走婚”制，使每个男女，一生不知有多少性伴，据说少的则十个八个，多的达百余个。到了晚年，一般“阿肖”关系就自然断绝。

这种母系社会的残余，除了中国云南省部分纳西族外，现在世界其他地方恐怕也不多了。

在人类历史发展的进程中，由配偶婚导致父系社会的形成，父系社会跟任何事物一样，从产生、发展到成熟，同样也必然要经过漫长的岁月，在无数的困惑甚至痛苦中不断地逐渐总结、探索才慢慢固定下来的。因为从群婚到配偶婚，不但是一个漫长的过程，而且也是需要付出沉重代价的过程。

在配偶婚出现后很长一段时间里，由于人们不懂科学，不懂得近亲婚、血缘婚的严重恶果，所以，只要两情相悦就进行婚配，结果不仅给家庭带来了许多不幸和苦难，也给社会带来了不该有的累赘包袱。

“兄妹婚”的神话传说，正是在母系社会解体、父系社会形成的初期产生的。那时，人们既不懂得什么是伦理道德观念，更不懂得血缘婚的恶果，只单纯地知道，男女结合可以产生人。因此，“兄妹婚”的神话与“女娲造人”的神话，虽然都是有关人类起源的传说，但它们的最大差别在于，后者纯粹是属于美丽的杜撰，是崇高的想象和美好的愿望，是人们心灵深处一种超现实的神圣寄托；而前者则可能是父系社会形成的初期，配偶婚刚产生阶段所反映的部分现实。

不过，传说始终是传说，传说并不等于事实。有关人类起源并不是像传说中那样，由女娲造出来，或由伏羲、女娲“合作”造出来。恰恰相反，是中华大地上先有了人类，形成了许多群体社会之后，到了一定阶段，为了满足人们精神文化的需要，才产生了神话。造人的神话，除了有点神奇色彩外，其实，它只是一个故事而已。人们编故事，目的是娱人。造人的神话，其本质也是如此。

2. 史籍记载

中华民族既然是在中华大地上产生的，是“土著”的，那么，在漫长的历史发展进程中，尤其是在产生（创造）了文字之后，对于它本身一切的一切，包括人文的、历史的、地理的、天文的，等等，一定都有着明晰的记载。

目前我们看到浩如烟海的各种史籍，正是说明了这一点。不过，由于“民族”也是历史范畴的事物，它永远跟随历史前进的轨迹不断发生变化。因此，古代的民族跟现代的民族，虽然我们仍可以根据一脉相承的各种事实去寻踪确定，但它们的内涵和特点，肯定早已不相同，且相去甚远。

由于中华民族自古以来（至少从有文字记录以来）都不是单一直线发展的民族，所以，一部中华民族史，从来也都不是单一的民族史，而是一部闪耀着多民族共同创造历史光辉的“同根”史。

当然，在广袤的中华大地上，在上古，在有文字记载以前，到底有多少个民族、部落或部族，我们不得而知。即使是有文字记载以后，由于当时人们还没有关于“民族”的概念，还不懂得什么是“氏族”，什么是“部落”或“部族”，因而也无法记载。不过，因为人类语言的基本词汇有的是经千万年都极少变化，甚至不变，一些史籍根据当时某些民族或部落人群的口语译音而记录下来对他们的称谓，却给我们提供了十分宝贵的信息资料，使我们能够顺利地追寻到现代一些民族的古代足迹和踪影，为我们研究现代民族的历史留下难得的铁证。

例如，早在商代，甲骨文就已经有了关于“䜌方”（即“蛮方”）和“庶䜌”（即“众蛮”或“群蛮”）的记载。铭文记录西周时代，周宣王命虢季子“赐用戉（钺），用政（征）蛮方”。《山海经·西山经》载：“刚山之尾，洛水出焉，而北流注于河。其中多蛮蛮。”到了

清代《春秋会要》，已经明确用“群蛮”来泛指一些少数族群了。可见，神州大地上自古以来就是一个多民族共存荣的地方。

从甲骨文记载的历史实况至今，经过数千年的发展演变，现在已经充分说明了：在神州大地上，除汉族外，还有数十个各有自己特点色彩（包括语言、风俗习惯等）的少数民族，在漫长的历史长河中，他们用辛勤的汗水，共同创造了古代的和现代的伟大的中华历史和文化。

因此，近代一些历史学家，在研究中国历史时写出来的专著中，可以说，没有哪一本是只写汉族而对其他民族只字不提的。专著名称也没有哪一本像司马迁那样，含糊其辞地只用“史记”二字来专指汉族的帝王将相史。而是用“中国通史”、“中华通史”或“中国民族史”等比较包容的书名。

近百年来，国内外研究中国历史（包括古代的、近代的和现代的）的专家学者，阵营之大，人数之多，著作之丰厚，用“空前”二字来形容，绝不夸张。其中被认为对中国民族史研究较有影响和贡献的首数以下几人：

何光岳——当代研究古代民族史最有成就的专家。

近20年来，他已先后出版了“中华民族源流史丛书”中的《炎黄源流史》、《夏源流史》、《商源流史》、《周源流史》、《秦赵源流史》、《汉源流史》、《南蛮源流史》、《百越源流史》、《东夷源流史》、《楚源流史》等21部专著，另还有《楚灭国考》、《岳阳楼志》、《中国姓氏源流史》等10部专著，还主编有《中国帝王大全》和《中华姓氏通书》等。出版字数之多，可以说他是史学界奇才。

林惠祥——20世纪30年代研究中国民族史最权威的专家，所著的《中国民族史》在史学界影响深远。商务印书馆1998年“重印说明”里颇有感慨地说：“半个世纪过去了，至今仍未见可以替代的文化史出版。”可见其价值非同一般。

徐松石——近代著名的民族历史学家，曾数度借传教深入少数民族地区进行实地调查，所著《粤江流域人民史》、《傣族僮族粤族考》、《东南亚民族的中国血缘》、《日本民族的渊源》、《百粤雄风，岭南铜鼓》等书，书中有许多独到的精湛论述，在研究方法上更是别辟蹊径，令人耳目一新，因而深受民族学界和史学界的好评。

历史是事实积淀的时间烙印，有什么样的历史事实，就有什么样由时间积淀下来的历史。中华民族既然自古以来就已经按不同地域，多分支、多群体，不平衡地各自独立却又不时地相互交融发展。这样的历史事实，各种史籍不可能没有记载。

事实也正是如此。现在我们看到的许多古籍，都有详略不同的记载。例如：

《山海经·西山经》：“刚山之尾，洛水出焉，而北流注于河，其中多蛮蛮。”

《尚书·禹贡》：“五百里要服，三百里夷，五百里荒服，三百里蛮。”

《史记·匈奴列传》：“唐虞以上有山戎、猃狁、荤粥，居于北蛮。”

《说文解字·羌》：“南方蛮闽，从虫；北方狄，从犬；东方貉，从豸；西方羌，从羊；此六种也。西南僰人，焦侥，从人……唯东夷从大，大人也。”

《周礼·官》：“职方氏辨其邦国都鄙，四夷、八蛮、七闽、九貊、五戎、六狄之人民。”

《墨子·节葬下》：“尧北教乎八狄，舜西教乎七戎，禹东教乎九夷。”

《礼·王制》：“东方曰夷，被发文身，有不火食者矣。南方曰蛮，雕题交趾，有不火食者矣。西方曰戎，被发衣皮，有不粒食者矣。北方曰狄，衣羽毛穴居，有不粒食者矣。”

在浩如烟海的古籍中，记载中华大地各民族的著作当然不只这些，这里只是略举数例而已。不过，令人遗憾的是，历史流逝了几千年，到了近代，中华大地上究竟有多少个民族，却不得而知。因而，一些民族史学家，在对中华民族进行区分的时候，竟然仍沿用几千年前的旧资料，有些则新旧混合，只有少数能较清楚分出现代的几个民族。

仍然沿用旧资料的，如：

常乃悳《中国史鸟瞰》分为 9 个系：诸夏系、东夷系、巴蜀系、东胡系、闽粤系、北狄系、氐羌系、西藏系、苗蛮系。

缪凤林《中国通史要略·四裔国族表》无中生有地将中华大地分

为四国，然后将一些古代族名拼凑进去，成为所谓的“四裔国”。即（1）北方国族，如荤粥、东胡、肃慎等；（2）东方国族，如嵎夷、莱夷、淮夷等；（3）南方国族，如瓯闽、蛮荆等；（4）西方国族，如西戎等。

新旧名称混用的，如：

王桐龄《中国民族史》分为8个族：汉族、满族、蒙族、满蒙混血族、回族、藏族、苗族、东夷（族属不明）。

梁任公《中国历史上民族之研究》一文共分6个族：中华族、蒙古族、突厥族、东胡族、氐羌族、蛮越族。

张其昀也分为6个族：华夏族、东胡族、突厥族、蒙古族、西藏族、苗蛮族。

赖希如《中华民族论》分为7个族：中华族、匈奴族、东胡族、突厥族、蒙古族、西藏族、南蛮。

宋文炳《中国民族史》也分为6个族：诸夏族、通古斯族、蒙古族、回族、藏族、苗族。

能较清楚分出近代几个民族的，如：

章嵚之《中国通史》分为6个族：汉族、满族、蒙族、回族、藏族、苗族。

白眉初《中华民国省区全志·总论》也分为6个族：汉族、满洲族、蒙古族、回族、藏族、苗族。

林惠祥是所有近代“民族史学家”中，首先注意并认识到古今民族有别的学者。他正确指出“历史上之民族未必即等于现代之民族”。认为“民族非固定而一成不变者，其变迁秩序时时在进行中，不但名称常有更改，即其成分因与其他民族接触混合亦必有变化”（《中国民族史·上册》第6页）。因此，他将历史上之民族先分成14个系2个种，然后再将现代之民族分为8族。并用实、虚两种线条将现代民族与历史民族之间的渊源关系加以标明。以下是他的分类。

古代民族的14个系2个种是：

华夏系、东夷系、荆吴系、百越系、东胡系、肃慎系、匈奴系、突厥系、蒙古系、氐羌系、藏系、苗瑶系、罗缅系、僰掸系、白种、黑种。

现代民族的8族是：

汉族——主要由华夏系、东夷系、荆吴系和百越系等演化而来，其余10个系均有融入。

满洲族——主要由东胡系和肃慎系演化而来，其余由华夏系、东夷系和蒙古系融入。

回族——主要由突厥系演化而来，其余由华夏系、匈奴系、氐羌系和白种人融入。

蒙古族——主要由蒙古系演化而来，其余由华夏系、东胡系、肃慎系、匈奴系、突厥系融入。

藏族——主要由藏系、氐羌系演化而来，其余由华夏系、突厥系、罗缅系和白种人融入。

苗瑶族——主要由苗瑶系演化而来，其余由华夏系、罗缅系和僰掸系融入。

罗缅族——主要由罗缅系演化而来，其余由华夏系、藏系、氐羌系、苗瑶系、僰掸系和白种人融入。

僰掸族——主要由僰掸系演化而来，其余由华夏系、百越系、氐羌系、苗瑶系、罗缅系和黑种人融入。

当代民族史学家陈致平，根据芮逸夫先生在《大陆杂志》七卷一期上发表的《中华民族构成》一文进行补充调整，在其《中华通史·绪论》[17]里将中华民族成分划分为12个大系80个民族，可以说是最接近真实的分类。其划分是：

汉人系——是中华民族的主体，占总人口95%以上。

通古斯系——包括满族人、锡伯人、奇楞人、鄂伦春人、索伦人、赫哲人、达呼尔人、毕喇尔人。

蒙古系——包括喀尔喀蒙古（外蒙古）、额鲁特蒙古（西蒙古）、内蒙古人、布莱雅特人、达斡尔人、巴尔虎人。

乌梁海系——乌梁海人（蒙古西北之唐努乌梁海山地）。

突厥系——包括回人（指汉化之回族）、维吾尔人、塔勒奇人、撒喇尔人、哈萨克人、布鲁特人（吉尔吉斯）、塔塔尔人、乌孜别克人、柯尔克孜人、朵兰人、博洛尔人、罗布黑克人。

塔吉克系——塔吉克人。

康藏系（藏人）——包括博巴人、洛巴人、唐古特人、果洛人、康巴人、嘉戎人、羌人。

罗麼系——包括麼些人、怒子人（又称怒族）、倮罗人、窝泥人、栗粟人、倮黑人、阿作人、阿嶂（嶲）人、喇傒人。

侗泰系——包括阿昌人、摆夷人（白族）（民家）、侬人、傣人、布依人、仲家、僮人（又称壮族）、洞家（又称侗族）、沙人、黎人、水家、莫家、哈尼人、仫佬人、仡佬人。

苗瑶系——包括苗人、瑶人、畲民、疍民、土家。

孟吉系——包括崩童人（又称崩龙）、蒲人、卡喇人、佧佤人、纳西人、拉祜人、景颇人。

福尔摩系（台湾山地民族）——包括泰雅人、赛雅人、邹族人、排湾人、卑南人、鲁凯人、阿美人、雅美人。

从上述所举的例子，可以看出，这些近代民族史学家，由于他们的历史局限性，不可能对中华大地上所有的民族进行实地的调查，所以，只能从古书堆里翻翻拣拣，然后拼凑成文，对于中国到底有多少个民族这个问题，他们自己也搞不清楚。因此，有些人在区别民族的时候，不得不坦言对某些民族的“族属不明”，甚至可以明显看出有些是凭空的杜撰。例如王桐龄在“蒙族”之外，又分出一个不伦不类的所谓“满蒙混血族”。这是什么民族？人类发展至今，难道还有什么“纯正”的、“纯种”的，没有丝毫混血的民族吗？还有宋文炳的什么“诸夏族”、“通古斯族”等，都是一些含混不清的族属概念。

至于陈致平的《中华通史》，虽然可以说是充分利用了近半个世纪以来，中国大陆对少数民族开展大规模调查研究的最新成果，大致能将在中华大地上的现代民族较清楚地勾划出来。但是，由于他受旧人类学和西方民族学的影响较深，又不懂得现代各民族语言的系属关系，因此，在利用别人的资料时，难免犯有张冠李戴的错误。例如，他把属于藏缅语族的“土家族”归入“苗瑶系”；把“阿昌族”和“哈尼族”归入“侗泰系”；把音译有不同写法，实际是同一民族的“达斡尔”、“达呼尔”分别归入“蒙古系”和“通古斯系”；等等。

当然，对于以往一切的苛求是对历史的不公，因为任何人任何事都免不了有其历史的局限性。这里只是指出其不足之处，提点后人而已。

（四）现代民族与历史民族的渊源关系

1. 什么是现代民族

民族是一定历史范畴的产物，是人类发展到比较高级的阶段，在有共同语言、共同风俗习惯、共同经济生活方式和共同族群意识的基础上，自然形成的社会群体的一个专门称谓。

宇宙间任何事物的发生和发展，在严格意义上，都是分阶段，经过由低级到高级，由简单到复杂，从量变到质变，从循序渐进到突然飞跃这样的发展过程。人类的历史当然也都是如此。我们不能想象，有高度智慧，有驾驭、征服自然能力的现代人类，是在某一天的早上，突然由最原始的类人动物猿猴变成人。这是根本不可能的，是违背事物发展的内部（自然）规律的。

当然，从唯物论的观点，人类的祖先源于远古的类人猿，这是唯一最合理、最切合实际并且有据可考的解释。但是，从猿到人的演变过程，绝非一朝一夕就能实现的，而是要经过长达数百万年甚至是上千万年的漫长时间。近千万年前，几种体格比较粗壮的类人猿在特定的环境条件下，幸运地走上了向人转变的历史征途，并一步一步，一点一滴，缓慢有序地不断向前演变发展。

他们最初学会利用天然木头和石块做防御和猎取生活资料的工具，使手和脚慢慢有了分工——双脚专门用来直立行走，完成了从猿到人转化中意义非常重大的第一步。之后，由于身体直立，两眼前瞻到的距离和范围更远更广了。因而认识的事物也就更多更复杂纷繁，使脑和头部各器官得到了进一步的改善和发展。存在决定意识。周围环境中的事物通过双眼反映到脑神经中枢，脑神经必须对瞬息变化的周围环境事物作出迅速的反应和处理。经过亿万次如此的重复，原来以形象思维为主体的神经中枢，就逐渐演化为更精密的，既能进行形象思维，更能进行抽象思维的脑神经系统。在为了生存而战胜自然和敌害的过程中，他们必须相互协作，同心协力，互相帮助，才能充分发挥集体的力量，战而胜之。要做到这点，就要相互沟通，交流信息。

在动物界，相互沟通交流的手段是多种多样的，蚂蚁用触须，蜜蜂在巢外绕圈子跳舞，鸟类用啼鸣，狗用吠声，等等。然而，有了抽象思维（当然还不是高级程度）的类人猿，在初步形成社会群体以

后，面对复杂的社会生活需要，如果只单纯依靠身体语言（头、手、眼的动作）传递信息，无论如何是无法满足需要的。因为身体语言永远都必须在视觉范围内，并且要在能见度高的条件下才能使用。如果视线被阻挡，或是浓烟、浓雾、黑夜等环境，身体语言就毫无作为。在此种情况下，类人猿要互通信息，交流情报，唯一可行的，就只有利用自己的喉咙发出某种声音，经过社会成员共同约定，成为公认和公用的信息符号。在同等的情况下，大家都用同一的声音，同一的信号，就达到人人都理解的目的，达到了相互沟通、相互交流思想的交际目的。人类语言就是在这种被社会共同迫切需要的情况下产生的。初期阶段语言可能只是一些比较简单的音符，以后随着需要的扩大才慢慢增多，成为相互交际以达到相互了解的交流工具。

有了语言，类人猿就真正与仍属于一般动物的普通猿猴彻底分道扬镳，大踏步地走上了成为高等动物——人的康庄大道。因此，可以说，语言的产生是类人猿从猿到人转化“三部曲”中意义非同小可的第二步。

由于抽象思维促使了语言的产生，而语言的产生又进一步促进了人类的社会化，促进了人类自身的发展，使人成为凌驾和超越一切动物的至高无上的主宰者。

当然，有了语言并不等于类人猿就已经完成了向人的转化。语言作为人与人之间交流思想的工具，无疑对社会产生着巨大的凝聚力。所谓“一呼百应”，当猿人们需要依靠集体力量去完成某一项重大任务（如抵御或猎取猛兽）时，语言作为召集、调动人群的信号，就充分显示出无比的威力。

但是，人之所以不同于普通动物，除了能直立行走，有语言之外，还有非常重要的一条，就是能够根据需要制造各种不同的工具为我所用。因此，直立行走，有语言，会制造工具，这三条是人与一般动物最重要的区别。

今天，我们现代人对于人所特有的这三种能力，觉得平淡无奇，不屑一提。可是，类人猿要完成向人转化的每一步，都要用上数百万甚至上千万年！

现以安徽省繁昌县孙村“人字洞”考古发现的被称为“欧亚大陆第一把石刀”的石制工具为例。这把石刀经专家鉴定认为是距今200

多万年前人类活动的遗物。它是该处出土数十件石制品之一。从“人字洞”出土的这把石刀和如此多的石制品可以肯定，它们已不是“类人猿”最初学会（发明）制造的第一批工具，而是早已进入了实用阶段。那么，人类发明制造石器工具究竟始于何时？是否还要再早几万、几十万或是几百万年呢？“人字洞”出土的这石刀和其他石制工具算不算是属于“旧石器时代”的产物呢？如果算，“旧石器时代”岂不是绵延了数百万年？如果不算，这“旧石器时代”又应从何时算起呢？

现在我们暂且将“旧石器时代”上、下限年代问题搁置不谈，单从考古发现的“欧亚大陆第一把石刀”谈起。据中国科学院旧石器研究专家张森水教授鉴定，多把石刀都是“以锤击法制成，角度很陡，刃口曲折，有单刃和双刃的区别”。此外，还有“一件犀牛下颌骨和一件骨片加工痕迹最为清楚，前者左侧加工略为简单，右侧却加工细致，上面有三层疤，两侧于下颌后部相交略呈铲刀状的尖刃；后者为小骨片，两端的两面和侧面的局部，能看见修理过的痕迹，使被加工过的部位变成了比较尖锐的刃口”，这“无疑是人类制造的”。[18]

安徽繁昌县“人字洞”出土的石刀和众多的石制品告诉我们，人类从学会用石头和骨头制造生活必需的工具，到进一步学会冶炼技术，用火将铜、锡等矿石熔化铸成刀、剑、鼎、盂等日常生活用具，其间经过了200多万年不断探索的漫长历史过程。然而，这一进步是在人类已有了抽象思维之后，是人脑已发育得比较完善之后完成的。由此可以想象，类人猿要完成向人转化的每一步，其过程是多么不容易和多么漫长啊！

当然，从五六千年前人类学会冶炼技术，使人类历史出现了一个灿烂辉煌的青铜器时代以后，人脑又得到了进一步的飞跃发展，渐渐达到了目前至臻完美的程度，因而，相隔数千年，发明创造出诸如超音速数倍的飞机、火箭及每秒能运算亿万次的电脑等，不久的将来，人类自由地往返于数个星球之间，已不再是一种幻想。

所有这些人类演化的进程，进一步明确地告诉我们，人作为当今世界至高无上的主宰者，它也并不是天生就如此聪明能干，如此完美无缺。而是与世界上一切事物一样，是从无到有，由低级到高级，经历由量变到质变的飞跃。就拿现在人类所特有的语言来说，“类人猿”

并不是天生就会说话，就有语言的，而是在学会了直立行走，颈椎由原来弯向地面，脊柱与地面平行的“门”形逐渐变成“1”形之后，头部各器官才得到了功能性的根本改善和发展。头脑发达了，有了抽象思维，喉咙也已能够控制自如地发出连串清晰的声音。在社会交际和交流必需的条件下，声音符号约定俗成，得到全社会认可并被共同使用，成为全社会人人不可须臾或缺的交流思想的工具。一般动物之所以没有语言，是它们没有像人这样的进化过程，没有抽象思维，没有全社会共同约定俗成的语言声音符号。

现在，人类的语言已随着人类抽象思维的日益严密，表达功能达到了“无所不能”的最完善境界。然而，它始终也是遵循着“由低级到高级，从简单到复杂，由量变到质变”的自然规律不断发展的。它是社会的产物。没有社会交际、交流思想的需要，尤其是没有社会的约定俗成，也就不可能有语言。因此，可以认为：抽象思维、社会交际需要、社会约定，这三者是人类语言产生最基本的、缺一不可的重要条件。

由于语言是因社会的必需而产生，所以语言从产生的那一刻开始，就为社会服务，而社会一刻也离不开语言，没有语言作联系的纽带，社会就不能存在；反之，语言一刻也离不开社会，没有社会作使用的基础，语言也因无生命而不可能存在。

另一方面，又由于语言是社会共同约定俗成的产物，不同的社会群体可以共同约定其社会群体共同承认并乐于使用的语言。这就使人类语言大花园里百花齐放，异彩纷呈，不拘一格的各种语言奇葩争妍斗艳。从而，把人类自然地分割在大大小小不同的语言藩篱之中。这就铸成了不容争辩的人类语言产生（起源）“多元化”的定论。

语言产生（起源）的“多元化”，不仅使得（人类）世界语言形成色彩斑斓、繁花似锦的大奇观，而且为语言的相互影响与融合、促进语言的发展演变提供了外在的优越条件，使语言能随着社会的发展不断进步，适应社会的需要，更好地为社会服务。从而又促进了人类社会的加速发展。

我们应该衷心感谢我们人类的祖先——类人猿，正是他们，用了上千万年的漫长岁月，一点一滴，锲而不舍地不断改变自己，完善自己，提高自己适应环境和改造环境的能力，才使我们人类成为世界的主宰。

这样说，信奉上帝创造万物和人，当然是不对的。不过，唯物论者，始终都以唯物的观点，科学地去观察、分析、研究和合理地解释世界，认为“人类”绝不是“自天而降”，绝不是上帝用什么材料做成了人，然后分别涂上黄、白、黑等多种颜色，再放下地来，给他们吹口气，使他们变成人，繁衍后代。人由类人猿进化而来，这早已为众多考古发现的铁证所证实，已不必花更多的时间去进行无谓的辩论。

正是由于人类源自类人猿的结论已得到证实，因此，关于“人类的起源”问题，实质上已得到了基本解决，余下的只是关于人类起源究竟是单一源头（一元化）还是多个源头（多元化），以及类人猿如何演化为人，何处是人类起源的地方等，这些虽然是次要的问题，但仍需解决。

那么，人类起源究竟是单一源头，即由一种类人猿演化而来，抑或是多个源头，即由几种条件相近似的类人猿分别在几个环境条件相同或相近似的不同地域，同时或者先后分别慢慢演化而来呢？这是一个十分复杂而非三言两语就可以清楚回答的问题。

现在的人类学家和考古学家们，做了许许多多的探讨研究，取得了许多令人叹服的成果，但是仍未能彻底解决这个问题。

近数十年来，人类学家用来作研究的手段之一就是 DNA 检测。例如从东非出土的古人猿化石中，提取它们的 DNA，然后用黄、白、黑人种的 DNA 与之进行比较。有人因此得出结论，认为人类起源于非洲的“夏娃说”。[19]

不错，测 DNA 确能判定人们的直系亲属血缘关系，这是生命科学发展至今最有效的方法和手段。但是，企图利用这种方法来解决人类起源问题，就未免想得太简单了一点。因为：

利用 DNA 能够确定直系亲属的血缘关系，是由于每个人的 DNA 除了有共性之外，还各有个性，即各有独自不同的遗传基因。正是由于各有独自不同的遗传基因，就决定了每个人各有自己不同的外貌和十分明显的遗传因子。所以，孩子的相貌才可能或像父，或像母，或既像父也像母。白种人与黄种人通婚，孩子既有白种人特征，也有黄种人特征。而白种人与黑种人通婚，孩子的皮肤则有可能是全黑的。

但DNA并非万灵丹，用它来解决人类起源问题，恐怕很难奏效。因为根据近代生命科学的研究发现，地球上的生命尽管种类繁多，不同的生物有数万种。然而，它们体内的细胞结构，却只有一个相同的模式检测模式，无论如何也是无法清楚解释人类的起源问题的。

可能有人会争辩说，科学家们用的不是共性DNA，而是个性DNA，即能确定亲子关系的DNA，也就是所谓个性化的遗传基因。不用说，当然如此！然而，个性DNA并不是永恒不变的，而是随着每一代人的出生而不断改变，因为每一个人都同时糅合了其父母的DNA。所以，即使是同一家族的几代成员，也不可能祖父和孙儿的相貌长得完全一样，分毫不差，何况是数百万年前还没有完全变成人的类人猿。从它们的化石里提出来的DNA，用来跟现代人的DNA做比较，其差距之大可想而知。所以，美国加州大学生物化学专家布朗博士，在经过多年有关人类遗传基因的各种对比研究之后，只能胆怯而无奈地得出了“现代人的遗传基因和亚洲猴相近”的结论。

实践告诉我们，相近似的物种，其共性DNA也基本相同。但是“基本相同”与“完全相同”是两个不同的概念。其内涵的细微差别，可以是“近邻”，也可以是“相去十万八千里”。“相近似”不一定就是“相同”，而“相同”也不一定就“相等”。猿猴是人科的近亲，因此，DNA相近当然也就不足为奇了。问题是能否因此就认为“现代人的遗传基因和亚洲猴相近”，从而就轻易地得出结论说“人类起源于非洲”呢?

当然，我们并不排除，非洲有可能是人类起源地之一。但那必须有其他根据，而绝不是单凭数百万年前远古类人猿化石里的DNA。

近一个多世纪以来，由于考古发现大量远古人类活动遗址、遗物，证明亚洲的确有可能是人类发源地之一。这是早已有大量著作资料公诸世的。

我们一直认为，人类都是由远古猿类经过漫长岁月逐渐演变进化而来的。一句话，是在地球上有了猿类之后，在猿类基础上演化而来的，不是“原生”物种。既然如此，猿类之中，就有可能有几种体格比较壮硕的古猿。根据“物竞天择”的自然发展规律，在自然环境条件相同或基本相同的前提条件下，它们在不同的地域先后逐渐演化，经过了数百万年，终于成为现代的人类。所以，我们认为，人类的起源也是多元化的。非洲有可能是人类的起源地，亚洲也有可能是人类的起源地。非洲的黑色人种，源自他们远祖的遗传基因；亚洲的黄色人种，也源自他们远祖的遗传基因。至于白色人种，当然也有他们远祖的遗传基因可循。其他有色人种，则很可能是几种有色遗传基因相互融合的结果。

总之，我们认为，人类特有的语言，由于它的本质特点是由社会约定俗成的，不同的社会群体，可以根据自己各自的社会特点和需要进行约定，所以它的起源必然是多元化的。而人类是在猿类基础上演化而来的，在未有人类之前，地球上的猿类不可能只有一种。根据“物竞天择”的自然定律，在自然环境相同或基本相同的前提条件下，几种条件基本相同的猿类，在不同的地域先后演化，经过数百万年，逐渐演化成人。今天我们看到几个区别比较明显的不同人种就是由几种相近似的远古类人猿演化而来的。所以，我们认为，人类的起源也是多元化的。

远古类人猿演化成人以后，就不断生息繁衍，自然组成一个个大小不等的群体社会。在漫长的蒙昧时期，可以说是人类的童年阶段，这时的人类，无所谓家庭，无所谓婚姻，无所谓亲属，也无所谓朋友，而是群婚群居，共觅共食，直到学会了养殖和种植，才开始踏入文明社会阶段。这时，以母系为特征的大家庭社会组织大量涌现，人类才从无意识到有意识地认识自己的亲属，并自觉地去努力维护。人类历史最漫长的民族社会阶段就是从这里开始的。之后，由于争夺资源而经常爆发战争，催生了父系社会，催生了部落和部落联盟，这样历史才又向前迈进了一大步。

现在，我们人类历史已由氏族、部落、部族发展到了民族的社会历史阶段。那么，什么是“民族”呢？“民族”的定义是什么？根据斯大林的说法，认为“民族是资本主义上升时代的产物。”[20]又说“民族是人们在历史上形成的有共同语言、共同地域、共同经济生活以及表现于共同的民族文化特点上的共同心理素质这四个基本特征的稳定的共同体。”[21]“把上述任何一个特征单独拿来作为民族的定义都是不够的。不仅如此，这些特征只要缺少一个，民族就不成其为民族。”[22]

众所周知，人类历史发展到今天，是经过了漫长的以公有为特征的原始社会阶段，然后进入以私有为特征的“家天下占有”统治形式

的奴隶社会和封建社会阶段，再发展到仍以私有为特征，但却以民主作外衣来制衡、以资本作竞争和掠夺手段的统治形式的资本主义社会阶段。

由于资本主义是以“民主、自由、平等、博爱”的口号作幌子来掩盖其掠夺和垄断本质的，即使进行肮脏丑恶的掠夺战争，也离不开用这些口号来号召和组织人民参与。所以，在这个阶段，无论是部落或部族都被这口号充分地积极地调动起来，从而逐渐产生出更高层次的民族意识，即原来的部落或部族意识在“自由、平等”外衣的鼓动下，都转化并扩大提升为“民族意识”。在对外需要的时候，这种民族意识立即又可以自然转化成为“民族主义”。因此，“民族是资本主义上升时代的产物”这句话是一点也不错的。

当然，“民族主义”和“民族意识”的涵义是各不相同的。前者是排他性，后者则是聚合性（或者说是“凝聚性”）。在一般情况下，“民族主义”只是以潜意识的形式存在，而“民族意识”则是民族生活中全方位的主导。它是每个人自觉民族认同意识的流露，其中包括民族凝聚力和民族自豪感。

“民族意识”是人类发展到今天，所有现代民族都一定有的一种强烈的生存意识。它是一个民族的整体意识，但却分散在每个成员的脑海之中，并且根深蒂固，代代相传。不可想象，一个现代民族若没有自己的“民族意识”，这样的民族是不存在的，因为那就意味着一盘散沙，不是群居生活相互依存的人类社会。

那么，现代人类社会的民族，除了“民族意识”外，还要具有哪些条件因素才能称得上是现代民族呢？根据现代民族的定义，一般认为：

（1）有全民共同使用的语言。语言是人们相互交际、交流信息，达到相互了解、协同合作的交流工具。民族不论大小，一般都有自己的语言（当然，也有因历史的种种原因，放弃了自己的原有语言而改用他族语言的）。

（2）有共同的风俗习惯。风俗习惯是民族成员日常生活的一部分，虽然风俗习惯在不同民族之间可以相互影响，但每个民族在日常生活中都各有一些具有本民族特色的主要的风俗习惯是他族所没有的。

（3）有共同的经济生活方式。各民族的经济生活方式也是并不完全一样的。它是伴随着民族的形成而形成的一种相对稳定的经济生活模式。如日本大和民族喜爱吃寿司，席地而坐，睡榻榻米等。

（4）有共同的民族意识。这是非常重要的一条。斯大林虽一再强调，一个民族要有共同地域，并把它看成是划分民族的一个标准，但事实证明这是不正确的。中华大地上有些现代民族，由于历史上的种种原因，把一个民族分割在两个甚至多个不同的地方（在不同的地域），但由于他们始终保留强烈的民族意识，所以，时光虽然无情地流逝了数百年甚至上千年，但他们至今仍然承认自己分居两地或多地的族群是同一个民族。例如现居云南省的蒙古族，是元朝忽必烈调去云南戍边的蒙古人，至今数百年过去了，语言也同彝语和纳西语相互影响与融合，而形成了一种既吸收了两种语言的优点和特点，但又保留了自己原有语言的部分因素，因而又与彝语、纳西语不完全相同的“第三种语言”——卡卓语。这部分人现在已经完全不会讲蒙古语了，但他们却一直坚持说自己是蒙古族人。

还有新疆的锡伯族，17 世纪满族入关之前，他们原住东北海拉尔河以及东南绰尔河流域。满族入关以后，清王朝统治兵力不足，就抽调锡伯族官兵 1000 多人及其家属 4000 多人到新疆伊犁屯垦戍边。由于聚族而居，锡伯族仍保留自己的锡伯语，并始终认为自己与东北锡伯族是同一个民族。

在中华大地上，有如此情况的民族还有壮族、藏族、苗族、瑶族、侗族、满族、蒙古族、回族、彝族等。这些民族，他们虽然并不生活在同一个地区，有的甚至被分割开来彼此距离很远，但是，他们都有强烈的民族意识。

2. 现代中华民族与历史上民族的渊源

（1） 中国历史上有哪些民族？

在中国历史上究竟有多少个民族，都是哪些民族（这里所称的“民族”是广义的、一般的说法，历史上的实际情况，有些可能还是部落或部落联盟及部族等，下同）？这是一个很难回答得清楚的问题。

第一，“历史”是个时空概念。凡是已经过去了的事，都可以说是“历史”，即使是昨天，也都可以这样说。中华民族的历史不少于一万年，在中华大地上生息繁衍着那么多民族，他们是什么时候形成的呢？要回答这个问题就必须说清楚历史时段的上、下限。在文字尚未能确切详细记录（这与人们的认识水平及工作有关）而缺乏资料的情况下，这是不可能清楚回答的！

第二，民族的形成不是断代的。在不断向前发展的历史长河中，在后浪推前浪并不断掩盖与融合前浪的情况下，要想清楚说明民族形成、发展和消亡的时段也是不可能的。

第三，现在我们从各种史籍上看到的古代民族的名称是由不同时代、不同地域方言（或语言）和不同的人根据他们的辨音能力和理解能力译音或“给义”的。因此，有的民族本来就是延续发展的，可是，不同时代却有不同的名称，甚至名称五花八门（百越民族就是如此），给后来史学家、民族学家的研究工作不仅带来很多困难，而且造成了混乱，致使长期以来，许多人争来吵去，始终都弄不清。

我们现在来谈中国历史上的民族，不用说，一定会遇到很多困难的。除了民族名称不统一之外，民族活动史的资料也严重缺乏，使得古今对比研究几乎陷入寸步难行的困境。当然，我们也不可能超越历史，不可能企图在史籍之外还能在什么地方找到记载古代民族名称的“秘籍”之类的东西。我们只能面对事实，别无他法地从史籍记载中已经定型的古代民族名称中，追寻它们与现代民族千丝万缕联系的踪影，从而进一步确定他们之间的渊源关系。

中国正式使用文字来大量记录历史，是从商代甲骨文开始的。而现在库存的大量史籍则多是秦、汉以后的。因此，我们目前能引用史料的上限只能至春秋战国时期，下限至清朝。在这个历史时段里，历史学家们习惯将它分为上古、中古和近代三个时期。秦汉（及夏、商、周）为上古，三国至唐、宋为中古，元、明、清为近代。

根据秦汉至清这 2000 多年来各种史籍所记载的中华大地上古代各民族的名称大致如下：

蛮、乌蛮、濮、闽濮、驩兜、焦侥、娄、贺楼、挹娄、豆莫娄、僚、鸠僚、土僚、仫佬、劳、哀牢、俚、黎、九黎、俫、洛、良、俍、文郎、夜郎、苍梧、牂牁、越、于越、干越、骆（雒）越、东越、南越、外越、山越、瓯越、扬越、滇越、越章、越裳、越隽、越析、东瓯、西瓯、乌浒、侬、侗、僰、蒲戎、薄姑、番禺、日、夷、东夷、扶夷（夫夷）、乌夷、方夷、黄夷、白夷、赤夷、玄夷、风夷、阳夷、于夷、嵎夷、莱夷、淮夷、摆夷、哀牢夷、三苗、三危、瑶、畲、丹朱、卢戎、氐、羌、白狼羌、吐蕃、吐谷浑、乌桓、乌蒙、乌孙、罗罗、栗粟、窝尼、克钦、匈奴、鲜卑、女真、东胡、肃慎、犬戎、鬼方、猃狁、薰鬻、蒙古、契丹、藏、回纥、鞑靼、靺鞨，等等。

这些名称，在史籍里有数百个，还只是一部分，但由于它们都是不同时代对某些民族的不同指称，所以有可能同一民族有许多不同的称谓，例如百越民族就是如此。（在“濮与华夏”一节中将有详尽的说明）因而，史籍实际上所能真正记录到的，并没有这么多民族。）

（2）历史上的民族与现代中华民族的渊源关系。

树有根，水有源。任何事物都如此。现代的中华民族绝不是昨天刚从天上掉下来的，而是由远古以来就生息在这块广袤的中华大地上的先民，经过漫长的岁月一步一步发展演变，不断分化、融合，再分化，再融合，这样无数反复过程之后逐渐形成的。因此，我们完全可以通过各种途径追溯到它与历史上民族的渊源关系。下面就简述这种关系。

①蛮、濮系与现代壮、侗语各民族。（关于“蛮、濮”族名，在“濮与百越”一节中将详细论述）

这一系古代民族名称比较纷繁，但基本上都是根据民族语言译音而来的。“蛮”、“濮”（或“百濮”）是春秋战国之前的称谓，战国至汉代则改称为“越”（或“百越”——于越、扬越、瓯越、骆（雒）越、山越、外越、越章、越裳等），到魏晋南北朝又改称为“僚”，从隋代至清，又在“僚”之前加“仡”字，称为“仡僚”。由于不同时代，使用不同地域方言的人，对这系民族语言只凭个人主观抓到只言片语就用相同或相近的汉字（包括篆字、隶书等）字音记录下来，作为对这系民族的指称，所以，这系民族的古称，除上述几种外，大致还有：鸠僚、娄、挹楼、豆莫娄、楼烦、贺楼、劳、哀牢、仫佬、俚、俫、犁、黎、九黎、伶、驩兜、乌浒、苍梧、牂牁、儋耳、良人、夜郎等等。

上述这些看起来十分繁杂、字义各不相干的族名，其实全部都可以从现代壮、侗语里得到合理的解释，所以两者的渊源关系是不言而

喻的。它们古今的族名是：

蛮、濮（百濮）、越（或百越——于越、干越、扬越、瓯越、骆（雒）越、山越、外越、越章、越裳、越隽……）、僚、仡僚、鸠僚、娄、挹娄、豆莫娄、楼烦、贺楼、劳、哀牢、仫佬、俚、俫、犁、黎、九黎、伶、驩兜、乌浒、苍梧、牂牁、儋耳、良人、夜郎、壮、布依、傣、侗、水、仫佬、仡佬、毛南、黎。

②三苗系与现代苗、瑶、畲民族。

三苗系与蛮濮系同样古老，早在五六千年前就一起创造了中华的古代文明。三苗系包括三危，是五六千年前就生息在西北甘肃青海一带的古代部落，以后才逐渐沿黄河向东迁移。黄帝部落从岷山兴起之后，也迅速沿黄河东进。当几个部落在中原相遇之后，为了争夺物产丰富的中原膏腴之地，于是发生了多次激烈的战争。开始，以蚩尤为首领，早已生息在豫东北和鲁西南一带的东夷部落，打败了黄帝部落，但黄帝战败之后，立即串连包括三苗部落在内的多个部落，进行部落联盟，聚集强大的兵力，与蚩尤进行决战，最后终于在涿鹿之野擒杀蚩尤。从此，黄帝部落占领了中原之地，由于物阜民丰，势力得到了迅速发展，之后，即不断对东夷和三苗部落进行征伐，逼得他们不得不向西向南节节败退。经过长期不断地征讨，东夷部落多数被迫同化，三苗部落也被冲得七零八落，以致形成了今天在湘、粤、桂、黔、滇、琼和中南半岛诸国，都分布有数量不等的苗、瑶民族。所以，古代的三苗和三危与现代的苗、瑶等民族的渊源关系是相当清楚的。他们是：

三苗、三危→苗族、瑶族、畲族（是部分百越民族与部分瑶族相互融合形成的现代民族）。

③氐羌系与现代藏缅语各民族。

氐、羌部落自商以后即见于史籍，可见也是非常古老的民族。他们长久以来生息在西北高原，在中华民族发展的历史长河中，同“蛮濮系”、“三苗系”、“东夷系”一样，都曾经为创造中华的古代文明作出了功不可没的伟大贡献。

春秋战国时，氐、羌又被统称为“西戎”。氐部落在历史上曾先后建立过“前秦”、“后凉”、“前蜀”和“仇池”等。羌部落也曾建立过“后秦”，直至宋代，羌系中的党项族还建立过“西夏”国

(1038—1227)。西羌最强大的一支，于公元7世纪，即唐代初建立吐蕃王朝，清代改为西藏。

直到秦代，被称为氐、羌部落的地域范围，据《中国历史地图册》（中国社会科学院编制，中华地图学社出版，1974年版）所载，大致是东起成都，西至新疆、西藏，北至青海、甘肃。所以，氐羌系与现代藏缅语各民族的渊源关系是十分密切的，它们应该是：

氐、羌系→羌族、普米族、藏族、门巴族、珞巴族、彝族、哈尼族、纳西族、拉祜族、基诺族、傈僳族、怒族、阿昌族、景颇族、独龙族、土家族、白族。

④肃慎系与现代满—通古斯语各民族。

肃慎之名，早在春秋战国时代已存在，南北朝又称为“靺鞨”，唐代曾建立过“渤海国”，宋代称为“女真”，又建立了“金国”，明朝末年努尔哈赤统一了内部各部落，后称“满洲”。入关灭亡明朝后，建立满清帝国，统治中国276年，至1911年辛亥革命才被孙中山建立的中华民国所代替。

经过了数千年的历史沧桑，肃慎系的民族，至今大多数都早已融入汉民族，只有少数演化成为下列一些小民族：

肃慎→满族、锡伯族、赫哲族、鄂温克族、鄂伦春族等。

⑤匈奴、突厥系与现代阿尔泰语各民族。

匈奴是战国以后对居住在长城以外，现在蒙古国和内蒙古自治区蒙古利亚民族的指称。战国之前还有一些带岐视性的称谓如“犬戎”、“北狄”、“鬼方”、“玁狁”和“薰鬻”等等。五胡乱华时，曾入长城建立过“前赵”、“后赵”、“北凉”等国。今青海、内蒙古自治区的蒙古族和宁夏回族自治区的回族当是部分匈奴人的后裔。

突厥系原是贝加尔湖、乌布苏湖和巴尔喀什湖周围地区的古代民族，后来逐渐南移，到南北朝时，势力逐渐强大，唐代衰亡后，五代十国时，曾在中华大地上建立过“后汉”、“后晋”和“后唐”三国。突厥系诸部落，汉代之前称“丁令”，有两个分支，居住漠北者称为“铁勒”，居住漠南者称为“高车”。汉唐时称在新疆的“铁勒”为“回纥”，到元代称为“畏吾儿”。明清以来称为“回族”（或“回部”），近百年来，称为“维吾尔”。

由于在历史发展过程中，不同的部落、部族不断相互融合，形成

近代和现代的各个民族。其中有的由于宗教的传播，许多本不是同一的民族，但由于信仰同一宗教，因而逐渐形成一个信仰相同、风俗习惯相同，进而意识形态相同的“宗教民族”。现在中华大地上的回族就是如此。

匈奴、突厥系古代民族与现代阿尔泰语各民族的渊源关系该是如下：

匈奴、突厥系→蒙古族、达斡尔族、东乡族、保安族、裕固族、土族、维吾尔族、哈萨克族、乌孜别克族、柯尔克孜族、塔塔尔族、撒拉族、回族。

⑥东夷系与现代汉民族。

“东夷”一词，顾名思义，就是“东方的夷人”。《说文》对“夷”的解释是“夷，东方之人也，从大，从弓”。史籍上“东夷”一词的含义，通常有“专称”和“泛指”两种含义。专称是指自古以来在中华大地上生息繁衍，春秋战国以后，各种史籍对周边民族分别给以带轻蔑性的指称，即所谓东夷、西戎、南蛮、北狄等。《后汉书》一一五卷对东夷人生息的地方，说得相当具体，就是（商殷）“武乙衰敝，东夷浸盛，遂分迁淮岱，渐居中土”，清楚说明东夷人分布在淮河流域与泰山之间这片广阔的土地上。

“泛指”是秦汉以后，对于中华大地以外的民族如朝鲜、日本、琉球等民族的指称。

根据史籍记载，汉民族的形成与东夷人有十分密切的关系。史称“五帝”之一的舜就是东夷人。这点，孟子说得很清楚，他说“舜，东夷人也”。而舜是殷的先人，殷人是东夷人，曾建立过“商殷”王朝，传十七代，三十一王，历500多年，是中华民族有史以来继夏朝之后的第二个大王朝。

舜，帝都于蒲阪（今山西永济县），据说他创建了一套分工严整的中央官吏制度，对中国后来封建社会制度的形成及汉民族的历史影响深远。这套制度简单说就是“设官分职”。他任禹做“司空”，掌内政，兼治水；任皋陶做“士”，掌司法，定五刑，兼军事；任契做“司徒”，掌教化，宣五伦，即父子有亲，君臣有义，夫妻有别，长幼有序，朋友有信；任伯夷做“秩宗”，掌礼仪祭祀；任弃做“后稷”，掌农业；任益做“虞”，掌渔猎，管治山泽；任垂做“共工”，掌工程；任夔做“典乐”，掌管诗歌音乐；任龙做“纳言”，掌传诏，礼宾。此外，地方官吏又分为“四狱十二牧”，所有官吏一律“三年一考绩”，不合格者，民愤者，罢免归田（宅）。

这套制度，可以说是中华民族数千年璀璨辉煌历史殿堂中政教制度史的纪元，舜是创立这套制度的鼻祖。几千年来，中华民族的发展过程，尽管经过了原始社会、奴隶社会、封建社会等多个阶段，具体建制各有不同，但是，万变不离其宗，官吏分工，各司其职则是相同的。这个“宗”就是由舜创制，绵延了数千年。不过，我们怀疑，这套官吏制度，是春秋时代那些维护封建制的大儒们强加给他的。

现在，几千年前的东夷人，早已发展演变成占世界人口四分之一，总人数10亿以上的汉民族。

当然，现在的汉民族，并非只由古代的东夷人发展而成的，而是在数千年来的发展过程中，通过自然融合和不断的战争征服手段，兼并了无数的弱小民族，亦即通常所说的“自然同化”与“强迫同化”这样的途径逐渐发展壮大而成的。今天10亿以上的汉人，绝非纯粹的东夷人，而是混合了历史上所称的“东（夷）、西（戎）、南（蛮）、北（狄）”的民族，才成为目前中华大地上乃至全世界独一无二的“超级大民族”。历史上的东夷人只不过是现代汉民族的祖宗之一而已。

由于东夷人与现代汉民族的历史线索十分清楚，因此，他们之间的渊源关系是：

东夷系→（现代）汉族。

史籍常见东夷与东胡之名，或分开，或混用，但却从未见有人能分辨清楚，所以，至今两者的关系仍是个谜。

东夷之称，战国时期已有之，而东胡一名，则见于秦代，战国时称为“北戎”或“山戎”，分为“乌桓”和“鲜卑”二支，实际上都是东夷人，汉初被匈奴所灭。汉武帝打败匈奴后，东胡再起。东汉末年，“乌桓”一支又被曹操建立的魏国所灭。“鲜卑”一支，因人数较多，势力较强大，到东晋时，先后建立过前燕、后燕、西燕、南燕、西秦、南凉等国。南北朝时，这些小国又先后被兼并成为北朝的后魏和北周。在不断相互兼并的战争中，有一部分鲜卑人则西移至被称为“域外”的西域之地（今青海、西藏的部分地区），建立吐谷浑王国。

“吐谷浑”是古濮越语tu jo:k vun“（住在）外边的人”的汉字译
位外面　人
音。随着隋、唐统一中国，尤其是唐代的兴盛和强大，自汉代形成的汉民族得到了空前的发展，东夷、东胡便在这大发展中逐渐彻底地融入了汉民族，光荣地立下了他们卓越的历史功勋。

⑦南亚岛夷系与现代南亚、南岛语各民族。

“岛夷”之说，最早见于《禹贡》篇：“岛夷卉服，厥篚织贝。”宋代蔡沈注曰：“岛夷，东南海岛之夷”，“南海岛夷，草服葛越。”三国丹阳太守沈莹《临海水土志》：“夷州在临海东南，去郡二千里。土地无雪霜，草木不死。四面是山，众山夷所居，山顶有越王射的，正白，乃是石也。”又《汉书·地理志》：“会稽海外有东鳀人，分为二十余国，以岁时来献见。”

“东南海岛之夷”是一些什么人？他们是从何时何处来到岛上生息的？在人类尚未能使用文字来记录本身活动的情况下，我们是无从可考的。即使是商殷以后，汉字得到了广泛使用，也不过只是如以上的廖廖数语，从外表上记录其一，对于其内部活动详情，则毫无所知。因此，我们对于史前早已生息在海岛的这一部分人，当然也是不可能说清楚的。我们现在也只能根据史籍记载的一鳞半爪，说明他们后来的发展概况。

根据 1973 年浙江河姆渡考古发现，早在七八千年前，东南沿海的先民，已能利用舟楫出海围捕到大量的“海霸王”——海上最大、最凶猛的鲸和鲨。既然如此，他们当然有能力利用舟楫之便，任意到海上各岛屿生息，成为岛上居民。由于当时尚无文字，故来自何时何地自然是无可考的了。

不过，有一点是完全可以肯定的，现在沿海各岛屿上的居民，除了一些大岛居民可能是在远古时就一直发展繁衍演变至今以外，多数都是近数千年来陆续不断地辗转迁移过去的。

以台湾岛为例。台湾原是与福建相连，台湾海峡是福建古陆的一部分，但是大约在 1200 万年前，东亚大陆发生重大的地壳运动，海峡断陷，台湾岛隆起，才与大陆分离。现在海峡最浅的地方只有 30 ~ 40 米，有的地方仅十几米。以后，地球在第四纪更新世，曾发生过四次大冰期。前三次，由于气候特别冷，每次冰期来临，海面都要下降数十米，甚至达 120 米 ~130 米。这时，台湾又与福建相连，直至大约 1.1 万年前，气候转暖，海面逐渐回升，约在七八千年前，海面回至目前高度，台湾才又再度与大陆分离。[23]

台湾岛上的远古先民，大都是在与陆地相连时，从福建迁移过去的。近年在台湾左镇考古发现“左镇人”化石（约 3 万年前，旧石器时代后期），以及台湾东部台东县发现 1.5 万年前的“长滨文化”。经研究，前者与北京山顶洞人相类似，是山顶洞人的近亲；后者与周口店出土的旧石器基本相同。说明它们确是源于中国大陆的。

几千年来，台湾岛的居民发生了很大的变化，除了远古居民继续不断发展成为真正地道的“土著”居民外，历代还不断有从中国福建、琉球群岛、菲律宾、日本和其他地方的居民来到岛上与“土著”或融合，或杂处，或小群独处发展。这些外来居民，虽然从现有史籍中找不到太多的详细记载，但哪怕一言半语，也就足以说明。如《山海经·海内南经》就有“瓯居海中。闽在海中，其西北有山。一曰闽中山在海中”的记载。近代民族史学家蒙文通先生在《越史丛考》（人民出版社 1983 年 3 月）第 105 页中对“闽在海中”有一段很清楚的解说，认为“当指东南沿海之海湾、海峡、海岛，台湾当即在其中。……是瓯，闽越人于西周之世已居海中也”。公元前 334 年，楚威王打败越国后，“越以此散……滨于江南海上，服朝于楚”[24]。这说明，楚灭越之后，越人一部分逃向东南沿海岛上，如舟山群岛、澎湖、台湾等。

近几个世纪，除了福建大批人自愿移居到台湾外，由于侵略与反侵略战争，以及内战等原因，大陆数以百万计的人又上了台湾。

因此，现在台湾居民的状况，古今的分野仍然十分明显。1000 多年前已来到台湾并融入“土著”或自成部落的，如今已被统称为高山族，成为全国 50 多个少数民族之一。其实，所谓高山族并非单一语言的民族，而是分别讲十几种不同语言的民族，并且这些语言还不是同一个语系，而是分别属于马来·玻利尼西亚语系和菲律宾语，直接或间接证明了《汉书·地理志》所说的“分为二十余国”记述的正确。其余 2100 多万人（占总人口 98%）都是近几个世纪发展水平与大陆汉民族无甚差别的汉族。

当然，“岛夷”只是一种泛指，是对所有居住在海岛上夷人（即汉族以外的少数民族）的指称。因此，除台湾岛外，所有居住在中华

大地沿海岛屿上的人，不管他是不是从大陆上迁移过去，或是从其他地方来到岛上定居，一律都被称之为“岛夷”。海南岛上黎族、苗族和汉族的先民，以及数百年前从越南迁移过来的伊斯兰教族裔、现住回辉乡的回族，和同样是从越南迁移到广西东兴县巫头、万尾、山心等岛屿上，现在被称为“京族”的先民等，自然也都是属于“岛夷”一类了。

此外，由于人类（氏族、部落、部族和民族）的迁移是无定规的，哪里比较容易找到生活资料适于生存，就向哪里迁移。所以千百年来，原来生息在中华大地上的居民，从有了国家之后，有的仍自由地向境外迁移，也有的从境外迁入，被称为“外来者”。总之，或来或去，除了受战争因素影响之外，主要是受经济生活所制约。中国现在有不少跨境民族大都是在这样的历史条件下形成的。被称为“岛夷”的是如此，没有海岛的边境也是如此。

岛夷系以往没有被史籍列入中华民族的族属范畴，主要是由于史学家们没有也不可能亲自去进行调查研究，而历史上的统治者当然更是无兴趣去深入了解。只有时至今日，人类文明进入了21世纪，随着科学的进步，才有可能去深入了解生存在世界范围内各个不同民族的详细现状。

根据史籍记述的零星资料，联系目前的现实，“岛夷系”与现代民族的渊源关系应该是：

南亚岛夷系→高山族、京族、海南回族（回辉乡）。

此外，虽非“岛夷”，但从境外迁入的一些跨境民族还有：南亚语系的佤族、布朗族、德昂族，印欧语系的俄罗斯族和语系未定的朝鲜族等。

以上我们把中国历史的古代民族与现代以“中华民族”为总称的各民族的渊源关系梳理成为七大系，虽然不能说是百分之百准确，但相信不会差得太远。因为我们分类的依据：一是认真考察了古代民族名称与现代民族语言之间的内在联系（因多数都是译音而来）；二是认真查对了历史发展的线索；三是对民族学、历史学、考古学等有关资料进行了综合分析而得出的可靠结论。

但是，由于（所有）民族的历史发展，从来都不是单一的和直线的，而是在漫长的历史发展过程中，不断地相互掺揉、相互融合。在

"物竞天择"自然规律的支配下，有些是古代几个民族融合变成了现代一个民族，有些却相反，由古代一个民族分化成为现代多个民族。因此，古今民族的历史渊源关系是不可能一一相对应的。不过，我们根据上述三条，则大致可以确定它们之间一脉相承的渊源关系，可以说清楚哪些现代民族是哪些古代民族的后人。

为了更加一目了然，下面我们把中国境内古今民族的渊源关系集中列成一表。

①蛮、濮系。

蛮、濮（百濮）、越（百越——于越、干越、扬越、瓯越、骆（雒）越、山越、外越、越章、越裳、越隽等）、僚、仡僚、鸠僚、娄、挹娄、豆莫娄、贺楼、楼烦、劳、哀牢、仫佬、俚、来、犁、黎、九黎、伶、驩兜、乌浒、苍梧、牂牁、儋耳、良人、俍人、夜郎僰→壮族、布依族、傣族、侗族、水族、仫佬族、毛南族、黎族、仡佬族等。

②三苗系。

三苗、三危→苗族、瑶族、畲族。

③氐羌系。

氐、羌、巴→羌族、普米族、藏族、门巴族、珞巴族、彝族、哈尼族、纳西族、拉祜族、基诺族、傈僳族、怒族、阿昌族、景颇族、独龙族、土家族、白族。

④肃慎系。

肃慎→满族、锡伯族、赫哲族、鄂温克族、鄂伦春族、朝鲜族。

⑤匈奴、突厥系。

匈奴、突厥→蒙古族、达斡尔族、东乡族、保安族、裕固族、土族、维吾尔族、哈萨克族、乌孜别克族、柯尔克孜族、塔塔尔族、撒拉族、回族。

⑥东夷、东胡系。

东夷→汉族（实际上数千年来，蛮濮系的主体都变成了汉族）。

⑦南亚岛夷系。

南亚岛夷→高山族、京族、海南回族。

此外，还有一些秦汉以后不见于史籍的跨境民族，如在新疆和东北的俄罗斯族。

三、汉民族的由来

上面已简略指明汉民族与历史上古代民族的关系。下面将具体论述其发展由来。

当今世界上，以“汉”作为民族名称，已被普遍认同，称为“汉民族”或“汉族”。

汉民族是目前世界上民族人口最多的民族，总数约近 13 亿。居住地域主要是被称为神州大地的整个中国，包括香港、澳门和台湾。但也有五六千万广泛分散在世界各地，侨居他国而被统称为“华人”或“华侨”（当然，这些人里也有汉族以外的其他少数民族，因无法细加区分而一律以“华人”或“华侨”统称）。

然而，“汉”之名从何而来？为什么称为“汉”？“汉”又是什么意思？她同历史上哪些古代民族有直接的渊源关系？在她不断发展壮大的演化过程中，又同哪些民族有直接或间接地掺揉融合？对这复杂的问题，除当代民族史学家何光岳写的一本《汉源流史》作了较系统的论述外，至今只见过《汉族考》一类的考证文章。何氏倾尽全力，对汉朝以后汉民族的发展过程，收集了比较丰富的史料，对“流”作了较全面系统的梳理，但是，对于“源”的论述，则不免差强人意了。

由于汉族不是从天上掉下来的民族，而是由古代某些民族不断发展进步，不断发扬光大的结果。“汉”的名称，也不是拟标签那样，随手拈来，贴在汉民族的脸上。任何民族的名称，都像各种事物名称一样，有它产生的缘由和意义。它的发展壮大，也有它的背景条件及自身的历史轨迹。下面将逐一探讨。

（一）“汉”名称的由来

“汉”之名，从何而来？据何光岳《汉源流史》第二章“古汉人与傩文化的源流”中第二节“汉的名义与大人之国”所作的考证。他认为“汉，繁体字作漢，系由莫加水旁而成。”又说：“莫乃头部戴着大头饰的长大人种。”为了证明这种“望文生义”（“莫”由“大人”头上戴着似古时官帽的“廿”）的有理有据，接着引用了《山海经·大荒东经》：“有波谷山者，有大人之国。有大人之市，名曰大人之堂。有一大人踆其上，张其两耳。”（按：即似‘廿’之形）。为了证明其绝对正确，又说：“古汉人又称为大汉人，因身材高大之谓。”

按照何氏的说法，“汉”之得名，来源于“长大人种”。由于这些“长大人种”的“古汉人原居于今陕南汉水一带”，所以，“汉水因古汉人居此而得名”。继而又进一步认为“汉水最早记载于《尚书·禹贡》：“嶓冢导漾，东流为汉。”将“汉人”同“汉水”的来龙去脉，“有根有据”地说得“一清二楚”。这就是何氏《汉源流史》最为重要的所谓“源”之所在。

其实，明眼人一看即知，所谓“莫乃头部戴着大头饰的长大人种”这种解释，是十足的望文生义之说，是史学研究中的无奈之作。众所周知，汉字的发明创造，虽然有许多象形和会意字，如“日”、“月”，最初都是象形——、。但早上太阳从地平线上升起的“旦”（）和表示太阳月亮给大地以“光明”的“明”（）字则已是会意字了。汉字之所以能够让人望文生义，其缘起当是如此。拼音文字则不存在这个问题，所以，在使用拼音文字的文章、著作里，是找不到望文生义乱解释的现象的。可是，在中国许多古今史籍里，这种现象不胜枚举。究其原因主要是：

第一，汉字这种非音素拼音的音节文字（以数个音素组成一个音节，每个音节大多用一个方块汉字表示），为望文生义创造了可能的条件。

第二，汉字创造的年代久远（至少已有8000~10 000年），有的字义来源已无可考。

第三，由于中华大地自远古以来都是多民族共生共荣的圣地，所以，在现存的五六万个汉字中，有不少字是其他民族语言的汉字译音。它们被当做一般汉字，收入“字林”、“字汇”、“字典”一类辞书之后，有的至今从未在一般书籍里使用过，有的虽然在史籍里不断被辗转传抄而重复使用，但却只知音而不明其义。即便像许慎这样伟大的汉字学家和郭璞这样伟大的古籍注释专家，都只能无奈地感叹

“其义不详”而不敢贸然胡乱解释。

不过，在那个年代，许慎、郭璞等，他们也不可能知道哪一些汉字只是其他民族语言的汉字译音。但是，他们却知道，作为一个负责任的学者，如果不懂而随便望文生义，胡乱解释，不仅误导后人，自己也跟着跌入历史的深渊，而且将使自己本是珍贵无价的著作，变得暗淡无光。所以，应该说，望文生义是中国史学研究，尤其是古史研究中的一大忌，应该严加警惕。

“莫”之义，既然不是“头部戴着大头饰的长大人种”，那么，它真正的原义是什么？应该如何解释？这就不得不考虑上述理由，“莫”也许是古代某个民族语言的汉字译音。

近代民族史学家徐松石，脚踏实地、呕心沥血地研究民族史，曾于1927年、1935年、1938年、1940年多次深入湘西、贵州、广西、云南等地进行实地调查考察，写出了五部价值连城、接近真实的近代民族研究著作。其中在《粤江流域人民史》第一章第一节里，对“汉”字的原义，作了有史以来从未有人这样说过的独到论述。他说：

> 壮僚（僚字音佬，唐时作獠——原注）向来称呼他们自己为汉人汉子。壮话叫男人为勒汉。勒音乃儿字子字的意思，勒汉就是汉儿。壮僚自称为汉儿，而汉人却指他们异于汉人血统的夷僚，对他们表示轻贱侮蔑的态度。天下间冤枉的事，莫过于此。作者根据多年研究的结果，觉得壮僚自称为汉儿，实在比我们称为汉儿更合事理。[25]

徐松石不是壮族，不懂壮语。他不是语言学家，更不懂得壮侗语族其他民族语言的历史发展及现状，以及它们跟汉族之间的历史渊源关系。但是，他将深入的调查研究所得，同历史与现实联系起来，进行综合分析，提出前人未曾提过、想过，甚至想也不敢想，但却是历史真实的问题，使被历史尘垢湮没掩盖了数千年的“汉”字的原意，有可能重见于世，从而，还其本来的真面目。

不错，现在的壮族是古濮越（春秋战国以后，将“濮”音译写作“百”，此后史籍皆称“百越”）pu ji 位犁（“种田人”的汉字译音）人的后裔，壮语的“我们”读作lau，因而南北朝以后，被用汉字音译写作“僚”，用来指称濮越人后裔壮侗语族诸民族。徐松石单靠短时调查，当然不可能了解得那么深人细致，知道“壮僚”实际是同一种人，已摆脱了史籍许多人搞不清而反复抄袭的窠臼，将“壮僚”连用，已经很了不起。现在却能将壮语的“勒汉”lak（lɯɯk）hun
子 人
（“人”的汉字译音，与pu hun意义全同）与“汉人”紧密联系在一
位 人
起，这不能不说是个亘古以来的伟大发现，它从根本上解决了数千年来关于“汉”的意义之源的大问题。

徐松石不懂得语音学，因而不能正确指明壮语的lak（lɯɯk）hun中的hun就是被古人用汉字译音而写作“汉”而流传了数千年。但是，由于他也像古人一样，使用汉字作为译音工具，把壮语的lak（lɯɯk）hun音译写作“勒汉”，因而无意中发现了壮语的“汉”与自称的“汉人”的“汉”两者的内在渊源关系。尽管他弄不清也想不明这是一种什么样的渊源关系，现在壮人与汉民族之间的差距如此巨大，而两者的自称却又如此偶合，彼此都自称为“汉”。因而，可以斩钉截铁地下结论说：汉实源于壮！然而，他已十分清楚地认识：“壮僚自称为汉儿，实在比我们称为汉儿更合事理。”

也许有壮族学者认为，徐松石所说的“壮话叫男人为勒汉”不正确，应该是pu sa:i，用汉字译音可写作“濮赛”或“蒲塞”、“蒲察”。
位 男子
确是如此。pu hun或pu vun只是对“人”的泛称。但是，作为完全不
位 人 位 人
懂壮语的学者，半个多世纪前，能提出这样的问题，已是十分难能可贵了。因为正是壮人及其先民，数千年来在与外族人交谈的时候，常说pu hun lau或lak（lɯɯk）hun lau“我们的人”如何如何，外人在事
位 人 我们 子，词头 人 我们
后用汉字记录时，由于对“hun”或“lak hun”的印象最深刻，而用汉字译音记作“汉”或“勒汉”；lau“我们”又被单独音译写作“僚”而分别载入各种史籍广泛流传。

（二）壮族先民“濮（百）越”与“汉”名称的关系

徐松石深入壮族地区调查，发现壮人称“人”为hun，他用汉字译音写作“汉”，因而同数千年来史籍记载的“汉”及自称“汉人”联系起来，提出了一个人们熟视无睹，却又确实需解开的千古之谜，为理顺几千年断了线复杂纷繁的古今民族关系作出了贡献。这是他的

幸运。因为壮人的语言并不是所有地区称“人”都读 hun，南北两大方言，北部大多读 vun（史籍用汉字译音写作“浑、混、温、蕴、云、匀、郧”等），少数读 hun；南部多数读 von 或 vun，少数读 van。同语族的布依语读 hun；海南临高也读 hun；傣语西双版纳读 kun，德宏读 kon（史籍用汉字译音写作“灌、讙、驩、馆、管、卷、痯、建、昆、均、郓等）。

从这些当今已各自成为独立民族所讲的同一基本词来看，声母变得不同了，但韵母则基本不变或少变，同源关系十分清楚，说明他们数千甚至万年以前，是同一个古老的人类共同体。后来不断分化了，才各自沿着自己的发展轨迹，发展成为现今的当代民族。

hun“人”这个古濮越先民讲了成千上万年的基本词，在一般情况下，它前面都一定要带上一个专属于它的量词 pu“位”，成为 pu hun“人”的组合形式。pu 在商、周时期，就已被用汉字译音写作“�千（濮）”而当做民族名称。可见濮是个多么古老的古代民族。由于这个古代民族对外交际时，常自称为pu ji（jai）“耕（种）田人”，
位　犁
所以，春秋战国时期又被人将第二个音节用汉字译音写作“越”。从此，“濮”便被湮没。直至 20 世纪 50 年代，经过全国的民族大普查，才又堂堂正正地被当做现代民族的名称，将 pu ji 用汉字译音写作“布依”。这样，“濮—（濮）越—布依”相隔了数千年，才被找到了一脉相承的渊源关系。现在布依族和部分壮族及海南岛的临高人，称“人”读作 hun 就不难理解了。

任何一种民族语言的基本词汇，如天、地、人、山、水、石等往往是千百年不变或少变的。它们的相对稳固性，保证了社会须臾不可缺的交际和思想交流。因此，hun“人”这个古老的濮越（布依）语词，不仅现在仍然被南方几个少数民族在口语中天天重复使用，而且从史籍里和神州广袤的大地上，还可以清楚看到，几千年前，就已经被用汉字译音写作“汉×”或“×汉”，以及因历史地域音而音译写作“汗、寒、韩”、“冠、官、管、馆、灌、干、君、乾、卷、昆、棍、观、宽（kun）”、“温、浑、文、匀、云（vun）”等的山水地名。其范围之广，从神州大地的东边（包括东北），到西南的四川、云南，从西北的陕西、青海，到南边的海南。例如：

汉 陕西的“汉中”、“汉水”、“汉阴”（hun jam“同样、一起
人 同
的人”的汉字译音）。中国古典名著《山海经》就已有多处记述“汉水”。如《西山经·大时山》记有：“清水出焉，南流注于汉水。”《西山经·鸟鼠同穴山》载“滥水出于其西，西流注于汉水”；《中山经·支离山》载“支离之水，济水出焉，南流注于汉水”；《后汉书·郡国五》载“汉中郡，秦置，（辖）九城”。

四川的“汉源”hun jen是pu hun jen“（讲）濮人话”的简略。
人 话 位 人 话
“汉丰（开县）”、“宜汉”ji hun“种田人”、“广汉”（《后汉书·郡国五》：“广汉郡（汉高帝置）辖十一城。”）“宣汉”sen hun“（讲）濮人话”。jen与sen都是“话、语言”的意思，声母不同是历史音变的结果。

云南的“白汉”是pu hun“（濮）人”的汉字译音，与“普文”是同音异译。

湖北的“汉川”、“汉阳”hun ja:ŋ“种粟人”，“汉口”hun hau
人 粟 人 我们
“我们人”。

湖南的“汉寿”hun sou是“你们（的）人”的汉字译音。
人 你们

《周书·文帝上》记述西魏、北周政权建立者鲜卑族宇文泰事迹时，有一句话：“正元末，沃野（按：即古濮越语的wu jai“咱种田
咱 犁
人”的汉字译音，“野”是“越”的同音异译）镇人破六汗拔陵作乱，远近多应之。”所谓“破六汗”是pu lo:k hun“外边（的）人”
位 外 人
的汉字译音。有的史籍写作“破落汗”或“破六韩”，均是同音异译字。“拔陵”pu laŋ是“后来者”的汉字译音。
位后面

《辽史·地理志》将创建西辽的耶律大石（契丹人）称为“奇首可汗”，kɯ sau kɯ hun是“我们的人”的汉字译音。本来这句话
（前缀）我们 人
是契丹人对外人介绍自己八个部落（史籍称所谓“丹契八部”）时说的，但因撰史者不明其义，而将它当做契丹人对耶律大石这位西辽太祖的尊称。从此以后，“可汗”一词便被当做“首领”的同义词而讹传于世。

据史籍记载，所谓“鲜卑”、“契丹”、“乌桓”等，都是所谓的

“东夷（东边夷）人”。《后汉书·乌桓鲜卑列传》载“鲜卑者，亦东胡之支也，别依鲜卑山，故因号焉。其言语习俗与乌桓同。”《东夷列传》记载：“东夷相传以为夫余别种，故言语法则多同。”

“夫余”故地在今辽宁、吉林、黑龙江境内。所谓“夫余”是古濮越语pu ji“耕田人”的汉字译音。古无轻唇音f，故“夫”不是读
位犁
fu，而是读pu，“夫余”即“濮（百）越”，亦即今“布依”的同音异译（写）。“鲜卑”在今内蒙古自治区呼和浩特市以东地区至漠河、大兴安岭一带；“乌桓”在今辽西及内蒙古赤峰、通辽一带。

所谓“东胡”与“东夷”，实则是不同时代对古濮越语的不同译称。濮越人称“咱”读作“wu”，故被始译者用汉字译音写作“胡”，后来又有人写作“吴”；“ji”历史地域音变有jai、tsi、tsai（南壮）、çai（北壮、布依）、thai（傣）、khai（侗）、khɤai（仫佬）、kwai（水、毛南）、lai（黎），都是“犁”之意。但商、周以后被始译者用汉字音译写作“夷”。同样，表示“村庄”的ma:n或ᵐba:n而被始译者用汉字音译写作“蛮”之后，历代的统治者及其文人墨客，在为他们自己歌功颂德、树碑立传的史籍里，就或独或连地用“蛮、夷、戎、狄”来指称那些被他们打败、打残、打散了的非正统的、中原以外的周边民族，字义被歪曲了数千年。

“契丹”是鲜卑人的后裔，也是东夷人。是古夫余人的后代。因此，所谓“契丹”，即是古濮越语 kɯ　ta:n“种稻人”的汉字译音。
（前缀）稻米
有人因不明原义而误解作“脏铁”。

古濮越语的hun“人”被用汉字译音写作“汗”，尤其是一些史籍将kɯ hun“人”（今粤语的“嘅”即是古濮越语的kɯ、ke、ka，
人
如“我的”读作ŋo ke或ŋo ka）音译写作“可汗”而广为讹传之后，
我的　我的
一般人就误以为“可汗”真的是某个古代民族语言里表示“首领”、“酋长”或“君王”之义的词。其实，这完全是历史的误会。“汗”或“可汗”都是百分之百的古濮越语的汉字译音词，它是hun“人”的汉字译音。记载这个译音词的史籍（包括现在的地名）还有很多，只是一般人不明其义不加注意而已。例如，《后汉书·郡国王》载“辽东郡（秦置）十一城”，其中就有“番汗”城。“番汗”是古濮越

语pu hun“（濮）人”的汉字译音。“番”不读fan，读pu。“鄱（阳
位 人
湖）、（广）播”等，作为表音的“番”，都只读pu，不读fan。同书的《郡国四》载“予章（按：在今江西）郡（汉高帝置），（辖）二十一城”，其中就有“余汗”，是古濮越语ji hun“种田人”的汉字译音。
犁 人

汗 青海的“察尔汗”是古濮越语sa:i hun“男人”的汉字译音，
男 人
“布尔汗”是pu ji hun“种田人”的汉字译音。
位犁 人

寒 江苏的“寒山”是古濮越hun山“（濮）人的山”的汉字译音。安徽的“寒亭”是hun de:ŋ“（濮）人地方”的汉字译音。《后汉
人 地方
书·郡国四》载“北海国（汉景帝置）十八城”，其中就有“寒亭，古寒（hun）国，（寒）浞封此”的记载。

《左传·襄公四年》载，后羿“因夏民以代夏政”，因用人不当，结果不仅政权旁落，连自己也被烹尸。故事里的恶主角寒浞，其实并非真人名，而是古濮越语hun tso:k“外人”的汉字译音。
人 外

韩 江西的韩坊，广东的韩江，朝鲜半岛的韩国及其古代的所谓三韩部族——马韩、辰韩、弁韩。“马韩”是古濮越语mu hun“（濮）
位 人
人”的汉字译音。mu由ᵐpu分化为mu和pu，前者丢弃p，保留m；后者相反。mu和pu都是濮越语hun“人”必带的专用量词“位”的意思。当今仫佬语“一个人”或“两位客人”的“个”或“位”仍读为mu，壮、布依族则读为pu。所谓“辰韩”是sen hun，全称应是
话 人
sen pu hun“（讲）濮人话”的汉字译音。所谓“弁韩”，是根据古
话 人
时男人戴的一种特制宽边纱帽，名叫“弁帽”，而被外人指称作部族名。“弁韩”pe:n hun“（戴）弁帽人”是当地土著。

《山海经·海内经》就已有“韩流生帝颛顼”的记述。这里的所谓“韩流”，实际上是古濮越语hun lau“我们人”的汉字译音。《海
人 我们
内经》的作者将它当做了古人名。

《后汉书·郡国一》载“河东郡（秦置）、（辖）二十城……河北……有韩亭”，其中“韩亭”与“寒亭”同音异写。可见，“汉、寒、韩”都是古濮越语hun“人”的汉字译音。“汉城”的“汉”当然也

不例外。“汉、寒、韩”的同音异译（写），是由不同历史时代、不同地域、不同文化层次的人，根据他们自己对汉字的认知程度始译之后流传的。

hun“人”因历史地域音变为kun和vun之后的汉字译音字很多。下面只略举数例。

1. kun　音译写作“冠、官、管、馆、灌、干、君、棍、根、乾、建、军、宽、观”等。如：

冠　山东的“冠县、冠山”，福建的“冠豸山”，江西的“冠朝”是kun tsau“我们人”。
人 我们

官　青海的“官亭”[kun de:ŋ“（濮）人地方”]，安徽“官亭”
人 地方
（同前），福建的“官头”kun tau“我们人”，今布央语称“我们”仍
人 我们
读作tau，安徽的“三官殿”[sam kun de:n“同（是濮）人地方”]，
同 人 地方
贵州的“官舟”[kun tsau“我们（的）人”]，与“冠朝”是同音异
人 我们
译。

管　福建的“管前”kun sen是“（讲濮）人话”的汉字译音。
人 话

馆　河北的“馆陶”是kun tau“我们人”的汉字译音，与“官头”是同音异译字。

灌　广西的“灌阳”kun ja:ŋ“种粟人”、“灌江”。史籍又写作
人 粟
“驩”或“讙”。例如《史记·五帝本纪》，尧“放驩兜于崇山，以变南蛮”。“驩兜”是古濮越语hun tau“我们（的）人”的汉字译音。
人 我们
《尚书·尧典》写作“欢兜”。原句是“流共工于幽州，放欢兜于崇山，窜三苗于三危，殛鲧于羽山，四罪而天下成服”。司马迁引用后，改为“流共工于幽陵，以变北狄；放驩兜于崇山，以变南蛮；迁三苗于三危，以变西戎；殛鲧于羽山，以变东夷”。“驩兜”有的史籍又写作“驩头”。如《山海经·大荒南经》载“大荒之中，有人名曰驩头。”《大荒北经》载“颛顼生驩头，驩头生苗民，苗民厘姓，食肉。”《山海经·海外南经》载“讙头国或曰讙朱（hun tsau‘我们人’）国。”《西山经》载“灌水出焉，北流注于禺水。”

《北山经》载“姑灌［ku kun‘我（的）人’］之山，无草木。”
　　　　　　　　我 人
“湖灌［wu kun‘咱（濮）人’］之山，其阳多玉。”
　　　咱 人

干　江西的“新干”是sen kun［“（讲濮）人话”］的汉字译音，
　　　　　　　　　　　话 人
“余干”是ji kun“种田人”；浙江的“莫干山”是mu kun山“（濮）
　　　　　　　　　　　　　　　　　　　　　位 人
人山”的汉字译音；辽宁的“干山”意义与“莫干山”相同；江西的“干洲”是kun tsau“我们人”的汉字译音。上述的“馆陶”、“官
　　　　　人 我们
兴”、“鼸兜”、“鼸头”、“干洲”都是同音、近音的异译字。

史籍记载还有“干越”、“干吴”、“干将”、“干类”，等等。历代史学家因不明其义，不知道它们都是古濮越语的汉字译音，所以，几千年来都只好辗转抄袭，将它们或作古民族的支系名、古国名、人名而流传至今。

《庄子·刻意》载“夫有干越之剑者，柙而藏之，宝之至也。”王念孙《读书杂志》载“此干越为越人之部，犹闽越、瓯越，称干越以别于他部耳。”其实，所谓“干越”，只不过是古濮越语kun ji
　　　　　　　　　　　　　　　　　　　　　　　　　　　人 犁
(jai)“耕田人”的汉字译音；“闽越”是 ᵐba:n［（分化后成为ma:n
　　　　　　　　　　　　　　　　　　村
和ba:n，前者被音译写作“蛮”、“闽”、“曼”、“棉”等，后者被译写作“板”、“坂”、“畈”等）］ji［“村里种田人、村夫、乡下人”］
　　　　　　　　　　　　　　　　　犁
的汉字译音；“瓯越”是ɣau ji“我们种田人”的汉字译音。历代民族
　　　　　　　　　　我们犁
史学家们却把这些自称为“耕田人”、“乡下人”、“我们种田人”的古濮越先民称之为不同的民族支系而讹传了数千年，以致有些当代民族史学家认为“有史为证”、“有据可循”，便下了大工夫，花了九牛二虎之力，对它们再进行多方考证，将“干、闽、瓯”等与“越”分割开来，再重新组合，得出新的结论，例如说什么“干越”“是由干人南迁后和部分越人结合而成”㉖，等等。

“干吴”本来是kun wu“咱们人”的汉字译音，很简单，但由于
　　　　　　　人 咱
wu被音译写作“吴”而成为国名之后，问题就复杂起来了。因为kun早在周代就已被音译写作“邗”，并被作为方国之名。《说文解字》载“邗，国也。在今临淮。”“干国”和“吴国”本来都是由濮越先

民不同部族建立的国家，后来因利益冲突发生战争，吴强干弱，干国为吴所灭。《管子·小问》记有这段史实："昔者吴、干战，未龀者不得入军门。国子摘其齿，遂入，为干国多。"

"干"与"吴"被人为地披上了国名外衣之后，无意中就掩盖了原义，多了一层迷幻的历史色彩，让人再也看不清它的庐山真面目，给后来的史学家留下了一种令人遗憾的"狂猜"通病。远古的不说，即便是近代最著名的历史考证学家郭沫若也是如此。他在《奴隶制时代·吴王寿梦之戈》里，绞尽脑汁，花了不少心血，猜了再猜，最后还是猜不出所以然，只能很无奈地说："吴在古书上又每称为勾吴，在古器物上每自称为工攷（按：繁体写作'𢿍'，《集韵》载'龙都切，音卢'）、攻敔、攻吴，或许勾、工、攻等是干的音变吧。"

不错，史籍辗转传袭不仅称"勾吴"的很多，还有"勾践"、"勾亶"、"勾章"（多写作"句"），等等，因为"勾"是古濮越语kou（变音kau、ku）"我"的汉字译音。但因汉字非拼音文字，所以，对古濮越语用作前缀（俗称"词头"）的kɯ，也只能用"勾"来作音译。因此，"勾吴"与"勾践"、"勾亶"、"勾章"不同。

所谓"勾吴（句吴）"是kɯ wu"咱们"的译音。因为任何语言
咱
里，都不存在"我们咱们"这样结合的语词，古濮越语当然也不会有"kou wu"这样组合的语词。"勾践"则是"kou tse:n"的自称，与汉
我们咱们　　　　　　　　　　　我
语"我某某"相同。这个kou（ku）便是后来许多帝皇自称为"孤"的来由，即是"我"之意。

"勾（句）亶"是［kou（kau）ta:n］、［kou（kau）pu ta:n］"我
我　　　　　　　　我　　　　位 稻米
种稻人"的简写。史籍有的写作"句祖"。《说文解字》载"亶，多谷也。"这是比较接近原义，也是比较符合史实的。因为从众多考古资料证实，古濮越先民是最早发现并发明种植谷物的古代民族。史籍称的所谓"亶人"即是古濮越先民的一部分。他们早在夏、商以前，已是吃米的民族。古濮越语称"米"为hau（kau与"我"同音）ta:n
饭　　　　　　　　　　　米
"米饭"。罗泌《路史·国名纪丙》载"句亶，在今江陵。"众所周知，江陵处在长江中游被誉称为"中国第一粮仓"的江汉大平原西部，正是古濮越人生息繁衍的中心。可见夏、商时代以前的"勾亶"

古国的“勾亶”人，曾为中华古代文明作出了多么重要的贡献。

“勾章”与“勾亶”只是译音选择的角度，或选择交际语境的时间、地点不同，但他们的意思都差不多。“勾章”是kou（kau）tsa:ŋ
我　　　　稻穗
［（变音是 sa:ŋ 或 so:ŋ）］，同样也是kou pu tsa:ŋ“我种稻人”简写的
我 位
汉字译音。“勾章”实际上是当今被称为“壮人”或“壮族”的自称。现在壮族人跟非壮族人交际时，还常自称kou pu tsuaŋ（变音是
我 位 壮(音)
çu:ŋ 或 suŋ）“我（是）壮人”。如果是排他性则称wu vun tsuaŋ“咱
咱 人 壮
们（是）壮人”。用汉字译音可写作“吴文壮”。

“干类”是kun lo:i“山里人、山地人”的汉字译音。古濮越语
人 山
“山，山岭”本是复辅音 dlo:i，后语音分化为 do:i 和 lo:i、lai、li 等，一些史籍用汉字译音写作“台、岱、泰、雷、类、里、俚（狸）、离、黎、犁、利”等。今壮语读 do:i，但壮（南）称“山地”为 li 或 lei，傣（西）读 dɒi，傣（德）读 lɒi。

史籍屡有“蒲类”、“不来”、“拔累”、“蒲犁”等的记载。如《后汉书·窦融列传》载：“呼衍王走，追至蒲类海。”《汉西域图考》蒲类国在伊吾北，今为巴尔库勒泊，即蒲类海也。”

所谓“蒲类”是pu kun lo:i“山里人、山地人”的汉字译音。因
位 人 山
pu 是 hun“人”的专用量词（即不能用于其他任何动物），所以省去之后，其义与 hun lo:i 相同。

“不来”、“拔累”是“蒲类”的同音异译。《史记·封禅书·集解》载“狸一名不来。”这句话的“狸”和“不来”都是濮越语的汉字译音，但由于始译者的音译不完整，也不注明原义，结果害苦了不少史学家。他们不解为什么“狸”又称“不来”，单从汉字字义，即使绞尽脑汁，一万年也猜不出所以然的。因为它们是古濮越语 pu li（lei）与 pu lo:i“山地人”同义不同音的两种写法，前者用汉字可写作“不狸、不俚”或“蒲俚、蒲犁”，后者可写作“不来、蒲类”或“蒲雷”。全句音译应该写作“不狸一名不来”才正确，只写“狸一名不来”，意义不明也不通。因为“狸（li）”只指“山地”，并不指“人”，而后者“不来”（pu lo:i）是“山地人”，两者含义并不相同，

只有在“狸”之前加“不（pu）”才是意义明确的完整句子。

君　如湖南洞庭湖的“君山”，是 kun“（濮）人山”的汉字译音。山西的“老君洞”是 lau kun洞“我们人”的洞的汉字译音，而
我们 人
非“君子、君王”的山，也不是后来一些无聊之辈编造出来骗人的什么神仙“老君”的洞或“老君殿”之类的无稽之谈。

史籍记载汉代的所谓“廪君蛮”，本是古濮越语lam kun“同（是
同 人
濮）人”的汉字译音。“廪”与“林”、“临”是同音 lam 的异译。如越南有一古城称“林邑”，是lam ji“同是耕田人”的汉字译音。而以
同 犁
“临”字作地名的，神州大地则很多，如海南的“临高”，是lam kou
同 我
“同我（一样）、同我一起”的汉字译音。山西“临汾”是lam fun
同 人
“同样（的）人”的汉字译音。

然而，南宋的范晔在《后汉书》里，把“君”望文生义地当做“君王”并编造了一个误导后人的离奇故事：

> 巴郡南郡，本有五姓（按：何止五姓。）：巴氏，樊氏，瞫氏，相氏，郑氏。皆出于武落钟离山。其山有赤黑二穴，巴氏之子生于赤穴，四姓之子皆生黑穴。未有君长，俱事鬼神，乃共掷剑于石穴，约能中者，奉以为君。巴氏子务相乃独中之，众皆叹。又令各乘土船，约能浮者，当以为君。余姓悉沈，唯务相独浮。因共立之，是为廪君。乃乘土船，从夷［按：ji“犁（耕者）”］水至盐阳。盐水（按：jam“同”）有神女，谓廪君曰：“此地广大，鱼盐所出，愿留共居。”盐神暮辄来取宿，旦即化为虫，与诸虫群飞，掩蔽日光，天地晦冥。积十余日，廪君伺其便，因射杀之，天乃开明。廪君于是君乎夷城，四姓皆臣之。廪君死，魂魄世为白虎。巴氏以虎饮人血，遂以人祠焉。

对故事内容，无需详析。仅从巴郡自古以来都是濮越先民生息的中心地，即可知所谓“廪君”是古濮越语 lam kun“同（是）濮人”的汉字译音。lam kun 是lam pu kun的简写。后者用汉字可写作“廪
同 位 人
（林、临）濮君”。因交际要求语言尽量简明扼要，所以，通常只要说 lam kun，人们就已理解。

其实，战国末年，居住在鄂、湘、黔地区的濮越先民，利用秦国正忙于平定六国的战争而无暇顾及他们的机会，便悄然崛起，建立后巴国。由于这部分对外自称“同是后巴国的人”，濮越语是 lam kun，结果被用汉字译音写作“廪君”。从汉代开始这些人便被称为“廪君蛮”。千多年以后，到了 13 世纪，南宋的范晔编著《后汉书》时，才编撰了所谓“廪君”来由的故事。

乾　内蒙古的“奇乾”是 kɯ kun“人”的汉字译音。河北的
　　　　　　　　　　　　　　　人
“桑乾”河是sa:ŋ kun“种稻人”河的汉字译音。《后汉书·郡国一》
　　　　　稻穗 人
载“河南尹（汉高帝更名，秦为三川郡），雒阳北城门名乾祭。”同书《郡国五》载“酒泉郡（汉武帝置）九城”，其中有“乾齐”。“乾祭”、“乾齐”都是古濮越语 kun tsi（tsai）“耕田人”的汉字同音异译（写）。

四川的“乾宁”是 kun ⁿde:ŋ“（濮）人地方”的汉字译音。

《山海经·北山经》载“乾（kun“人”）山，无草木，其阳有金，玉。”

卷　是 kun“人”的汉字译音。《山海经·海内经》载“有朱卷之国。有黑蛇，青首，食象。”“朱卷”是tsu kun“人”的汉字译音。
　　　　　　　　　　　　　　　只　人
经历史音变后，今壮语泛称“人”谓tu vun，与 pu vun 完全同义。只
　　　　　　　　　　　　　只　人
是前者用于泛称，无尊意，后者带尊意。

《史记·楚世家》载“颛顼高阳。高阳者，黄帝之孙，昌意之子也。高阳生称，称生卷章，卷章生重黎。”从《山海经》到《史记》记述的所谓“黄帝世系表”里的人名，都是根据当时的历史传说编造的。在濮越先民遍布神州大地的情况下，传说中遗留下一些古濮越语词的汉字译音，是完全有可能的。当一些人需要记述由濮越人讲述的历史传说，或他们生产生活的习俗特点时，免不了会将一些濮越语的汉字音译词（却不甚明其义）当做“名词”掺入汉字叙述的字里行间而流传久远。

上述“世系”里的“卷章”是濮越语kun tsa:ŋ（壮语北读sa:ŋ）
　　　　　　　　　　　　　　　人　稻穗
“种稻人”的汉字译音。

昆　也是 kun“人”的汉字译音。《后汉书·郡国三》载“濮阳

古昆吾国，春秋时曰濮。”“昆吾”是古濮越语kun wu“咱们（濮）
人 咱们
人”的汉字译音。“濮阳”是pu ja:ŋ“种粟人”的汉字译音。“昆吾”
位
这个古老的濮越语汉字译音词，由于始译的年代久远，加上只译音不释义，以至后来人因不明其义而把它当做名词随意乱用，见于史籍者，有的当做姓氏，有的当做人名、地名、国名，也有当做物名。

当做姓氏的：史籍载的所谓“祝融八姓”，即己、昆吾、苏、顾、温、董、䵣、豢龙（vun laŋ“后来人”的汉字译音，而非“养龙者。”《左传》载的“养龙”故事是望文生义编出来的）。

当人名：这一类，除了早在春秋战国时期，一些人根据当时古濮越先民的历史传说，捕风捉影，编造历史，而后来人因辨不清把它当做事实辗转传抄，甚至不断引申扩展，载入各种典籍广泛流传下来。如《大戴礼记·帝系》载：

> 颛顼（tsun ɕai“耕田者讲的语言”的汉字译音，括号内的
> 话 犁
> 注释是濮越语，下同）娶于滕（taŋ“龙”）氏，滕氏奔之子，谓之女禄（luk nuŋ“妹妹”）氏，产老童（lau tso:ŋ“我们种稻
> 我们 稻穗
> 人”，“童”不读“儿童”的“童”，而读广西“僮（壮）人”的“僮”）。老童娶于竭水［kɯ sa:i“男子”］，竭水氏之子，
> （词头）男
> 谓之高緺（kou“我”）氏，产重黎（so:ŋ li“旱稻”，tso:ŋ与
> 稻穗 山地
> so:ŋ都是“稻穗”，声母不同是音变的结果）及吴回（wei“火”）。吴回氏产陆终［luk tso:ŋ“种稻人”］，陆终氏娶于鬼
> （词头）稻穗
> （kwai“犁”）方氏，鬼方氏之妹谓之女隤（nuŋ kɒi“小妹”），
> 小
> 产六子，孕而不粥（育），三年，启其左胁，六人出焉。其一曰樊（fun“人”），是为昆吾；二曰参胡（sam wu“同是咱们的
> 同 咱
> 人”）；三曰彭祖（puŋ tsau“我们”）；四曰会人（“会”是kuai
> 犁
> “犁、耕”）；五曰曹（tsau“我们”）姓；六曰季连，芈（me“母、雌”）姓。

这段话里，颛顼、滕、女禄、老童、竭水、高緺、重黎、吴回、陆终、鬼方、女隤、樊、昆吾、参胡、彭祖、曹、芈等，均是古濮越

语的汉字译音。如果将它们各自的含义连接起来是完全讲不通的。但是，始初的编造者，由于他不知道这些字是古濮越语的汉字译音，而将它们当做人名串起来编成“帝系”，本是滑稽的笑料，却误导了后人几千年。尤其是在自汉代司马迁作《史记·楚世家》时，又将《大戴礼记·帝系》这段话重新改写之后，使本来只是民间的历史传说，正式成为了“真正的”历史。因而，不仅黎民百姓至今都信以为真，即便是历史学家也都信以为真。

当然，《史记》之前将“昆吾”当做人名的典籍还有很多，如《国语·郑语》载“昆吾为夏伯矣，大彭、豕韦高伯矣。”《左传·昭公十三年》载“（楚灵）王曰：‘昔我皇伯父昆吾，旧许是宅。今郑人贪赖其田而不我与?”《今本竹书纪年》载“（仲康）六年，锡昆吾命作伯。”

当做地名的也有很多。《山海经·中山经》：“又西二百里，曰昆吾之山，其上多赤铜。”（按：昆吾山当在今山西夏县境内）又《海内经》：“有叔得之丘、孟盈之丘、昆吾之丘。”郭璞注：“此山出名金也。”《尸子》曰：“昆吾之金。”《今本竹书纪年·帝癸三十一年》：“商自陑征夏邑，克昆吾。”《帝王世纪》：“（安邑）县西有鸣条陌。汤伐桀，战昆吾亭。”《淮南子·附形训》：“昆吾丘在南方；轩辕丘在西方；巫咸（wu ham 咱 同“咱们一样、一起”）在其北方，立登保之山。”《拾遗记·卷十》：“昆吾山其下多赤金，色如火。”

有当做国名的。《拾地志》：“濮阳县，古昆吾国也。昆吾故城在县西三十里，台在县西百步，即昆吾墟也。”《后汉书·郡国志·东郡》：“濮阳，古昆吾国，春秋时曰濮。”《旧唐书·地理志一》：“武德二年，置范州，治昆吾城。”

有当做物名的。《列子·汤问》：“周穆王大征西戎，西戎献锟铻之剑，火浣之布，其剑长尺有咫，练钢赤刃，用之切玉如切泥焉。”《史记·司马相如列传》：“其石则赤玉玫瑰，琳珉琨珸”。《说文》：“壶，昆吾园器也。”

从上引可知，“昆吾”本来只是古濮越语里“咱们人”这组极普通的自称语词。但由于被用方块字音译写成“昆吾”之后，不同时代的人因不明其义，便由开始时当做“姓氏”用来指称这部分的濮越先

民，以区别于其他民族，到后来一些历史故事传说的编造者，又把它当做人名，以便言之凿凿，令人信以为真。之后，有人又将这部分濮越先民居住的地方，用“昆吾”来指称，因而又成了地名（如“昆吾山”、“昆吾岳”）和部落名。再后来又引申变为剑名、玉器名和日常器皿之名。

由于濮越先民是神州大地上最古老的主人，他们不仅是农耕最早的发现、发明和创始的实践者，而且也是青铜、铁器等冶炼技术的最早发明和创造的实践者。这不仅从浙江（河姆渡）、湖南、广西、山东、山西、河南、陕西等出土的考古文物可以证明，一些早期史籍也有零星记载。如《逸周书·大聚解》：“（武王）乃召昆吾，冶而铭之金版。”《荀子·劝学》：“夫学，譬之犹砺也。昆吾之金而铢父之锡，使于越之工，铸之以为剑，而弗加砥砺，则以刺不入，以击不断。”

这些零星记载和考古发现，都充分说明了早在春秋时代，“昆吾”人，亦即所谓“干越”人的冶炼技术，已达到了令人难以置信的水平。例如湖北郢都纪南城出土的已埋在地下几千多年的越王勾践自用剑，居然仍闪亮如新，毫无锈迹。剑刃所向，20多层白纸，一划即破。所以，历来的一些撰史者，对于濮越人铸剑的技术可以说是除了崇拜有加，但还是比较忠于史实的。

但是，由于后来人，包括史学家和众多的文人墨客已完全不知道“昆吾”（kun wu“咱们人”）和“干越”（kun ji、kun jai、kun jyi
人 犁 人 犁 人 犁
“耕田人”）中的“昆”与“干”实际上都是kun“人”的汉字译音，当然更不知道其他许许多多的早已流传的濮越语的汉字译音。所以，在他们编撰的所谓“越人”史或“百（濮）越”史的时候，就有意无意地把一些认为是“越人”的名词编入故事之中，因而给我们留下了无比珍贵的历史语言资料。

例如《越绝书·外传记宝剑》载：“昔者，越王勾践有宝剑五，闻于天下……一曰湛卢，二曰纯钧，三曰胜邪，四曰鱼肠，五曰巨阙。”其中除了“胜邪”之外，其余四个都是濮越语的汉字译音，其意义完全与剑无关。“湛卢”是sam lau“同（是）我们”的译音；
同 我们
“纯钧”是sen kun，即sen pu kun“（讲）濮人话”的译音；“鱼肠”
话 人

是jyi(犁) so:ŋ(稻穗)“种稻人”的译音；“巨阙”是kɯ(词头) kwɒi“末尾、最小的弟妹”的译音。

此外，还有为历代史学家们所津津乐道的所谓“雌雄剑”的锻造者“干将”和“莫邪”，等等。其实，所谓“干将”是kun(人) tsa:ŋ(丈夫)“丈夫”的译音；“莫邪”是^{m}pu(位) ja(妻)“妻子”的译音。史学家们不知道它们是濮越语的汉字译音，更不知道它们是“丈夫”和“妻子”的含义，而仅仅把它们当做人名。然而，史学家却歪打正着，根据濮越先民的传说，有声有色地将它们制作的剑称作“雌雄剑”，正确地反映了濮越先民是最早发明冶炼技术，并在数千年前就已达到了极高水平的真实历史。

当然，由于一些人不懂濮越语，却又自以为高明，将音译词乱写一通，以致造成千古笑谈，误导后人以讹传讹，充斥史籍，让人真假莫辨的也很多。仅以上述“莫邪”一词为例，《魏略·西戎传》便有一段瞎编乱造，令人莫名所以的杂烩话：

> 临儿［lam(同) ji(犁)“同（是）耕”田者“，括号内的注音和意义都是濮越语，下同］国，《浮屠经》云其国王生浮屠（pu(位) tau(我们)“我们”的汉字译音，“浮”不读fou，而读pou或pu）。浮屠，太子也。父曰屑头邪（ɕiek(疼爱) tu(只、位) ja(妻)“疼爱妻子”），母云莫邪（mu(位) ja“妻子”）。浮屠身服〔著〕色黄，发青如青丝，乳〔有〕青毛，〔爪〕赤如铜。始莫邪（按：此用作“母”的代词）梦白象而孕，及生，从母左胁出，生而有结，坠地能行七步。

这段文字表面看来全是汉字，但实际上夹有八组十七个汉字（包括重复）组成的濮越语音译词，这些词从汉字意义是解读不通的。史籍里这样的情况并不鲜见，几千年来，读者们在无可奈何的境况下，也只能囫囵吞枣、不求甚解地阅读了。因为即便翻遍历代所有的汉语字词典，也绝对找不到“浮屠”是“太子”、父亲是“屑头邪”、母亲是“莫邪”这样的解释的。但是，只要用濮越语来对照，就立即迎刃而解了。

“昆”虽然是kun“人”的汉字译音，但由于汉字不是音素拼音

文字，每一笔画，除了“一”之外，都不单独表音。所以，“昆仑山”的“昆”并非“人”之义。“昆仑”是 klun“园”的汉字译音。“昆”是复辅音 kl ~ 中代表 k 的汉字译音而已。

正是由于方块汉字不是音素拼音文字，无法严格而准确无误地表音，所以，用汉字来作译音工具译写他种语言时，译者通常都可以根据他自己对汉字的熟习认知程度，选用同音或近音来表达，这就不免给后人制造了很多麻烦。史籍里遗留成千上万古濮越语汉字译音词千百年来，多少史学家弄白了头也只能哀叹奈何，根源就在此。例如，同是 kun“人”这组音，不同时代、不同地域、不同民族、不同文化层次的人，就用了“冠、官、管、馆［河北的“馆陶”是 kun tau
人 我们
“我们（的）人”的汉字译音］、观、灌、干、君、卷、昆、混、棍、宽”等不同的字来表达。不懂濮越语的人，读中国历史书籍，怎么可能看得穿这些同音近音字原来都是 kun“人”的异译字呢？怎么会知道广西一个名叫“板棍”的村庄（ba:n kun 是 ba:n pu kun 的简略，
村庄 人 村庄 位 人
“（濮）人的村庄”的汉字译音；ba:n“村庄”，用汉字译音写作“板”）中的“棍”，与内蒙古一个地名名叫“根河”中的“根”，竟然都是 kun“人”的同音异译字？

建　“福建”是 pu kun “（濮）人”的汉字译音。古无轻唇音 f，
位 人
故“福”不读 fu，而读 pu。今闽语仍读为 p‘uk。“建瓯”是 kun ɣau
人 我们
“我们人”的汉字译音。湖北的“建始”是 kun çai“耕田人”的汉字
人
译音，“建阳”是 kun ja:ŋ“种粟人”的汉字译音，江西、辽宁的
人 粟
“建昌”是 kun so:ŋ（sa:ŋ）“种稻人”的汉字译音，浙江的“建德”
人 稻穗
是 kun dei“好人”的汉字译音。
人 好

军　河北的“军城”是 kun“（濮）人”城的汉字译音。海南的“军田”不是军队或军人的田，而是（pu）kun de:n“（濮）人地方”
人 地方
的汉字译音，与湖北的“军店”、台湾的“官田”是同音异译。四川的“固军”是 ku（kou）kun“我（的）人”的汉字译音。
我

观　浙江的“观城”是（pu）kun“（濮）人”城的汉字译音。江

西的“观前”与福建的“管前”都是kun sen“（讲濮）人话”的同
人 话
音异译。湖南的“炉观”是lau kun“我们人”的汉字译音。台湾的
我们 人
“观音”是（pu）kun jam“同是（濮）人”的汉字译音，“礼观”是
人 同
li kun“山地人”的汉字译音，“观高”是(pu) kun kau“我（的）
山地 人 人 我
人”的汉字译音。

宽 辽宁的“宽甸”是(pu) kun de:n“（濮）人地方”的汉字
人 地方
译音，河北的“宽城”是(pu) kun“（濮）人”城的汉字译音。

2. vun 音译写作“温、浑、文、云、匀”等，都是“人”的汉字译音。声母 v－与 k－不同，是历史地域音变的结果。一般语音的变化，声母最先变，韵母后变少变，保留的时间最长，因而给人们提供了认识同源词的基础条件。

温 浙江的“温州”是 pu vun“（濮）人”州县的汉字译音。
人
“温岭”是 pu vun“（濮）人”之山的汉字译音，与海南的“湾岭”是同音异译字。四川的“温江”是 pu vun 江“（濮）人”的江河的汉字译音。河南的“温县”是 pu vun“（濮）人”县的汉字译音。上述这些“温”与汉字的“暖”的含义完全无关。

浑 辽宁的“浑江”是 pu vun“（濮）人”江河的汉字译音，与四川的“温江”是同音异译。青海的“吐谷浑”是tu jo:k vun“外边
只 外 人
人”的汉字译音。tu 是“只”之义，是所有动物名称的必带量词。如 tu mou、tu va:i，今粤语仍如此说。但用于“人”是泛指；pu“位”
只 猪 只 牛
则是专用，pu vun“（濮）人”。“谷”不读“山谷”的“谷”kuk（今音 gu），而是读 jo:k，与今粤语的“浴”音相同。

《后汉书·郡国一》载“弘农郡（武帝置）九城”，其中有“陆浑西有虢略地”。“陆浑”是 luk vun“人”的汉字译音。同书
(词头,子)
《郡国五》：“乐浪郡（按：在今朝鲜）十八城”，其中有“浑弥”，是 vun mi、pu vun mi“富人”的汉字译音。山西的“浑源”是vun jen
人 人 富有 人
“（讲濮）人话”的汉字译音。

文 vun“人”的汉字译音。神州大地上，古今以“文”作地名

的很多。如山西的“白文”是 pu vun“濮人”的汉字译音；海南的“文昌”是vun so:ŋ（变音作 sa:ŋ）“种稻人”的汉字译音；云南的
人 稻穗
“文山”是 pu vun 山［“（濮）人的山”］的汉字译音；江西的“文坊”是 pu vun 坊［“（濮）人的地方”］的汉字译音”；福建的“富文”是 pu vun“濮人”的汉字译音；“富”不读 fu，古无轻唇音，读 pu；甘肃的“永昌”与“文昌”是同音异译字；广西的“文地”是 vun dei“好人”，“文市”是 pu vun 市“（濮）人”集市的汉字译音。
人 好
《史记·夏本纪》：“夏禹，名曰文命”句中的“文命”是濮越语pu
位
vun me:ŋ“（濮）人名”的汉字译音，就连“夏禹”的“禹”也都是
人 名
jyi（ji）“耕田人”的汉字译音；“禹”与“番禺”pu ji“耕田人”
犁 位 犁
是同音异译。史籍同音异译字有“蒲夷”、“濮夷”，即今“布依族”的“布依”。《越绝书》记述越工勾践的重臣，名叫“文种”，也都是 vun tso:ŋ（变音是 so:ŋ 或 suŋ）“种稻人”的汉字译音，是当今壮族人
人 稻穗
自称 vun so:ŋ（suŋ）的最早译音，几千年来，人们都以为是真人名。其实，《越绝书》和《吴越春秋》记述的所谓“吴”、“越”世系中的人名，可以说基本上都是一些古濮越语的译音词，并非真人名字。例如所谓越王勾践的先人“允常”是vun so:ŋ“种稻人”的译音。所谓
人 稻穗
吴王“夫差”是pu sa:i“男子汉”的译音，古无轻唇音 f，故“夫”
位
不读作 fu，而读作 pu。吴王“阖闾”（有的史籍写作“阖庐”）是 klau“我们”的汉字译音。复辅音 klau，史籍里的译音字，同音近音的写法五花八门，约有二三十个。如俤佬、偈僚、鸠僚、佉僚、葛佬、角佬、革老、仡劳、仡佬等等。所谓“吴王僚”，“僚”是 lau“我们的”汉字译音。klau 经过历史语音分化后，丢掉了“k”，只留下了 lau，意义不变。

云　也是 vun“人”的汉字译音，古今以“云”作地名的也很多，但它与天上的“云”无关。例如辽宁的“步云山”是 pu vun 山（“濮人”山）的汉字译音；山西的“云中山”，并非是高耸入云的山，而是vun tso:ŋ（语音分化变作 so:ŋ 或 suŋ）山（“种稻人”的山）
人 稻穗

的译音；山东的“庆云”是 həŋ vun“别人”的译音；江苏的“云台山”是vun do:i山［“（濮）人”山］的译音。本来濮越语 vun do:i 的
人　山
意思已完整，但译为汉字时，为了便于理解，便在后面再加“山”做注释。浙江的“云和”是vun wu“咱们人”的译音，“皮云山”是 pi
人　咱
（pu 的变音）vun 山（“濮人”山）的译音；江西和广东省广州市的“白云山”也是 pu vun 山（“濮人”山）的译音。“云岭”与浙江的“温岭”是同音异译字，都是 vun 岭“［（濮）人山”］的汉字译音。

匀　也是 vun“人”的汉字译音，如贵州的“都匀”是tu vun
只　人
“人”的译音。tu 用在 vun 之前是泛称（见前），与 pu“位”同义。

古濮越是神州大地最古老、人口最多、分布地域最广、活动时间最长、对中华古代文明贡献最大的古代民族。因此，上述古濮越语 hun“人”字及其语音变体用汉字音译后作地名分布在神州大地上，数量之多，地域之广，一些正统观念较浓的史学家是难以想象的。因为在他们根深蒂固的观念里，古濮越人绝不可能是神州大地的主体人群。然而，实际情况却是，hun“人”这个濮越语基本词，其覆盖面远远超出了神州。上述仅为我国版图内的例子，便遍及全国，从东北的辽宁、吉林、黑龙江起，到河北、山东、山西、陕西、青海、甘肃、河南、江苏、浙江、安徽、江西、福建、广东、广西、湖南、湖北、贵州、云南、四川、新疆、内蒙古、台湾、海南。范围之广，即使是像徐松石那样对中国古今民族的渊源关系及分布状况有深入研究和独到见解的著名民族史学家也想不到的。

徐松石因要深入西南民族地区去传教，发现了许多与史籍记载有关的问题，这引起了他研究西南民族史的浓烈兴趣，经数次深入调查，写出了几部近代堪称最有价值的民族史著作，给灿烂辉煌、博大精深的中华历史殿堂增添了一抹闪亮耀眼的光彩。但是，由于他研究的精力主要集中在西南，所以，他除了能够正确指出，寮国的“寮族语与壮语实系同属一个系统。‘老挝’、‘寮’、‘僚’、‘佬’和‘lao’均是一音异译”，“古代的南越人、西瓯人、骆越人、俚人、僚人、土民、蛮贼、乌浒蛮都指壮族”，并在地域分布上指明“春秋之前，今日四川、云南、（西）康东、贵州、湖北、湖南、广东、广西

和印度支那等地……均是（濮）越地[27]”之外，对于早在夏、商以前就生息繁衍在东北的濮越先民——“夫余”（按：布依、濮越均是同音异译）就顾及不上。因而，他虽然清楚地知道“寮”与“僚”是同音异译，却没有联想到“辽”亦然，不知道东北的“辽河”即是古濮越语 lau 河（“我们的”河）的汉字译音，“辽宁”是 lau ⁿde:ŋ（我们 地方）“我们地方”的汉字译音。辽宁及吉林、黑龙江，直到秦汉以前都是“夫余”古国的故地，濮越（夫余、布依）先民千百年来都生息在这个地方。因此，所谓“辽宁”以及后来“契丹”（kɯ ta:n“种稻人”）人建立的“辽”国，都是古濮越语 lau“我们”的汉字译音，这是完全符合史实的。

一些不知道“濮”与“夫”都是濮越语 pu“位”的汉字译音的人，因他们只知道史籍记述的地域范围，或者秦汉以前中国历史地图册所标明的地域范围，认为濮人生息的地域只是在黄河以南，两湖、两广、黔、滇、川、藏地区，而完全不知道东北的所谓“夫余”古国，以及所谓“东夷”（东边的pu ji（位 犁）“种田人”）、“东胡”（wu“咱们”）都是濮越语的汉字译音。因而，对古濮越先民在中国历史上的地位，和对中华古代文明作出的伟大贡献，不仅存疑，而且绝对是不会承认的。他们更不会相信，今天世界上人口最多、历史最悠久、对世界的古代文明和现代文明、对全人类的发展进步作出了并且继续作出伟大贡献的汉民族，竟然与被历史淹没而默默无闻的濮越人息息相关。

报纸报导河南偃师二里头遗址出土的一件距今有 3700 年历史的大型松绿石龙形器，被命名为“中国龙”的古龙，就是最典型的代表。文章有一段话说：

> 虽然在以往的考古发现中，有比二里头还早的龙的形象，如距今 7000 年的辽河流域的红山文化的猪龙等，但它们跟秦汉以来的文化没有直接联系。只有在中原地区发现的龙，从夏、商、周到秦汉一脉相承。从这个意义上讲，发现于二里头的龙形器是中华民族龙图腾最直接、最正统的源头。（澳大利亚《星岛日报》2005 年 10 月 22 日 17 版《最古龙图腾河南现身》）

这段报导清楚说明古濮越先民 7000 多年前，于“夫余”（布依、濮越）国故地——辽河流域创造的，曾经灿烂一时的中华古代文明——红山文化时代的猪龙，尽管历史悠久，异彩流芳，但由于“非正统”，所以，不能认为是“中华第一龙”。

然而，中国的历史学家们（包括考古学家、民族学家）是否有人曾经想过：中国最早的第一个王朝——夏，究竟是由哪一个古代民族建立的呢？是否有可能就是被现代人认为“非正统”而被历史淹没了数千年，在中国正史里无立锥之地，并被歪曲讹称为“蛮夷”的濮越先民？如果是，这段历史该不该重写？如何重写？对于早在七八千年前，就已在神州大地，包括在东北和华北地区叱咤风云，并创造过灿烂辉煌的红山文化、仰韶文化、良渚文化等的濮越（史籍同音异译又写作“夫余”、“蒲夷”、“布依”等）先民，该不该给予其应有的历史定位，让他们在中国古代史里有一片天地？辽河流域出土的猪龙，该不该被承认为“中华第一龙”？如果一定要坚持说“不是!”而以司马迁所写的《史记》作为中国正史之源，那么，“汉族”的“汉”，“汉中”、“汉水”的“汉”从何而来？现在所称的“汉族”与古濮越先民有无渊源关系？“夏、商、周”三代王朝真的是“汉人”建立的吗？那时的所谓“汉人”在何处？这些问题都是需要史学家们负责任地向“历史”说清楚的。当然，纵观现代的所谓历史，包括中国的、外国的，无不都是胜利者的历史，是胜利者记录他们如何胜利发展的历史。但是，这样的“历史”，并非记述人类发展过程全面真实的历史。

（三）“汉族”与“汉朝”

“汉族”之名从何而来？近代著名民族史学家吕思勉在《中国民族史》里说：“汉族之称，起于刘邦有天下之后。”这无疑是十分正确的。因为从夏代起至周朝末年，前后1800多年，都是以“河南”为中心，立国于中原，称为“中国”。由于夏代前后延续了将近500年，又是立国之祖，所以，中原人已被习惯称为“夏人”，到秦国统一六国时，则称之为“诸夏（各夏人国之意）”。近代一些史学家在自己的著作里，套用“民族”的含义，将“夏人”又改为“夏族”，用来泛称远古的中华民族。

其实，夏王朝所谓“夏”，与“春夏秋冬”的“夏”无关。

“夏”，是古濮越语 jo（ja）“本领高强”的汉字译音。《史记·夏本纪》载“禹于是遂即天子位，南面朝天下。国号曰夏后。”“夏后”也是古濮越语 jo hau“我们本领高强”的汉字译音。一些自称为古史学家的人，把“后”字随心所欲地解释为“君王”，是不正确的。它是古濮越语“我们”的汉字译音。

公元前 21 世纪，原居住在北方陕、晋、冀、鲁、豫，势力强大的濮越先民，纵横驰骋征服了许多弱小部落之后，建立了一个强大的、由一群武艺高强的英雄共同管理的奴隶制国家。由于这些英雄首领，个个武艺高强，濮越语称之为 jo，用汉字译音写作“夏”。于是，这个在神州大地上建立起来的第一个统治王朝就被称作“夏”而写进中国历史。

本是夏代濮越先民经常讲的一句极平常的话：^{m}ba:n ji wu jo
村 犁 咱 本领高
“咱们乡下种田人本领高强”，但后来其意义却发生了改变。商亡夏之后，文字逐渐发展成为日常记事不可或缺的工具，一些掌握文字的“始译者”，将濮越语^{m}ba:n（后分化为 ma:n 和 ba:n）用方块字译音写作“蛮”（后来不同时代的不同人又写作曼、满、棉、晚等），将 ba:n 写作“板、阪、畈”，将 ji 写作“夷”（后又写作余、伊、依、揄、俞），将 wu 写作“胡”（后又写作吴、猾、华），将 jo 写作“夏”。整句话用方块字译音，可写作“蛮夷胡夏”。

以甲、骨作文字载体的商代，已有“蛮”、“夷”二字。在“胜者为王败者寇”这条大自然统治规律及统治意识的支配下，濮越先民由夏代的社会统治集团，变为被商代统治集团讨伐的对象，并从此被贬为“蛮夷”。濮越语 ma:n ji“乡下种田人（村夫）”由普通义被扭曲为“野蛮不开化，不齿于人”的贬义词而入了另册，数千年来都得不到正名。

《尚书·尧典》里那句被历代统治者及其御用文人辗转引用过千百次的“名言”——“蛮夷猾夏，寇贼奸宄”就是最典型的代表。“蛮夷猾夏”本是濮越语“咱们乡下种田人本领高强”这句话的汉字译音，却被歪曲为“野蛮不开化的寇贼扰乱中原”的意思。甚至直到今日一再重版的《尚书》注释者，仍然将“猾”按照《玉篇》“乱也”解释为“扰乱”；因舜在位时尚无夏朝，故将“夏”无奈地解释为"中原"。其实，"猾"字从古至今均无"乱"义。但是，如果按字义解释，"蛮夷"是"夷人野蛮"，"猾夏"是"夏人狡猾"，承认"夏人"是其祖先的编译者，岂不是骂了别人，也骂了自己祖宗？"蛮夷猾夏"既然左解不是，右解也不通，于是，一些高明的"有识之士"在避开原句的前提下，将"猾"改作"华"，"猾夏"变为"华夏"。此后，"华夏"便与"蛮夷"相对流传了数千年。

但是，事实是前半句的"蛮夷华夏"，都只不过是古濮越语的汉字译音词，而非指人的群体，因此，不管是"猾夏"或"华夏"，都只能是"咱们本领高强"之义。遗憾的是，历代统治者及御用文人们，因无知而把本是"村夫"ma:n ji（译音作"蛮夷"）、"乡下种田人"扭曲为中原以外"未开化的"、"野蛮的"人们歧视了几千年。

自从有了"华夏"作为"中国"的同义词之后，近代一些史学家便又提出了"华族"的概念。但是，为什么叫作"华族"，却又解释不了。于是，唯有又求之于"望文生义"的法宝以自圆。

例如，章太炎认为"华"因"华山"而得名[28]；林惠祥则认为"'华'即'花'之古字，是爱'花'的民族"[29]；范文澜却认为"文化高的地区为夏，文化低的人或族称为华"[30]。总之，这些都是无奈情况下的"想当然"。

那么，"夏族"、"华族"、"汉族"三者之间有无关系呢？它们仅是不同历史时代的称谓，还是有鲜为人知的更深的渊源关系？

其实，所谓"夏族"，顾名思义，当然是缘于夏朝的社会族群。夏朝先后延续了近500年，在它管辖版图内的社会成员，无论他称或自称为"夏人"或叫作"夏族"，都是顺理成章、无可厚非的。至于所谓"华族"，不管史学家们是否明其原义，始称者"发明"这个名称，当然是史学家们对其原义仍然解释不清的所谓"华夏"的简称。

不过，"夏族"也好，"华族"也好，都只不过是中国历史横断面上的称谓。它们跟"汉族"之间的关系，只能而且必须从纵向的历史轨迹去探寻，才能清楚地了解其相承的渊源关系。

中国的文明史，自"夏"建立了统治近500年的王朝以后，甲骨文经过商代500多年的实际应用和发展，到了西周中期（大约又过了300多年），篆体文已被广泛用于记事和交际，王室的活动大事，更是被专作记录而逐渐积聚而成为朝代历史的。

公元前770年开始至公元前221年，是百王争雄割据的春秋战国时代，在长达500多年的混战过程中，各国都不同程度地记录下了自己活动的真实历史。有人更将这些记录历史的集成美其名曰“春秋”。如相传左丘明编撰的《春秋左氏传》。东汉赵晔编撰的吴国和越国的历史的《吴越春秋》。秦代，吕不韦也将编撰的史籍定名为《吕氏春秋》。之后，西汉司马迁把自“夏”以来1000多年的各种史籍，集中编纂成为中国有文字记录以来最系统，并对后世影响最深远的史书，定名为《史记》。

从“夏”至“汉”，历史长河向前滚滚奔流了2000多年，中国经历了“商、周、春秋、战国、秦”等历史时期。这些不同朝代之间是否完全没有什么渊源关系，还是仍然存在着一种史籍从来未有人揭示过、鲜为人知的更深的、一脉相承的渊源关系呢？根据中国历史的实情，这应该是毫无疑问的。从“夏”至“汉”，中间虽然相隔了2000多年，但彼此应该是一脉相承的。我们不妨先看“汉族”、“汉朝”名称的来由，它们彼此的相互关系及其历史。

汉族缘于汉朝，汉朝缘于汉中。

汉族这个长期生息在神州大地上，占世界人口近五分之一的现代超级大民族，它的名称缘自刘邦建立的汉朝，这是众所周知的。但是汉朝之名缘自汉中，除了历史学家和历史爱好者外，一般人也许就不一定知道，或者知之也不详了。

公元前223年，秦兵攻陷楚都，虏楚王负刍（实际上是濮越语pu tsau“我们濮人”的汉字译音，古无轻唇音，“负”不读fu而读pu），改楚为郡。次年，又先后灭燕、灭赵，前221年统一六国，彻底结束了从春秋战国以来各路诸侯割据混战长达500多年的历史，第一次真正统一了神州。秦王因此而十分自豪、无愧地称自己为“始皇”，之后十多年，又不断扩疆拓土，使秦疆东起高句丽，西至怒江滇越，北至内蒙古，南至琼州。他的不巧功勋，确立了他是第一位在真正意义上统治神州大地的中国历史巨人。

但是，始皇自登基伊始，即推行暴政，不得民心。例如公元前243年，“麃公将卒攻卷，斩首三万”（《史记·秦始皇本纪》）；公元前233年，“桓齮攻赵平阳，斩首十万”（《史记·秦始皇本纪》）。所以，即使灭了六国，国家表面上统一了，然而，民怨鼎沸，不甘归顺。公元前209年秋，农民领袖陈胜、吴广号召农民揭竿起义于蕲县大泽乡（今安徽宿州市东南刘村集），声势浩大，不久即攻占陈（陈国故地在今河南淮阳县），并自立为张楚王。全国各地纷纷响应。

当年正是秦始皇死后，由胡亥继位的秦二世元年（公元前209年）。为了抗暴秦，原为楚将的项羽季父（三叔）项梁，立楚怀王之孙亦为楚怀王，建都盱台。楚怀王，实为项氏傀儡。他登基后，项氏叔侄对他的号令言辞，根本不以为然。登基第二年，项梁军为秦所破，项梁死。楚怀王惧秦而迁都彭城后，封刘邦为武安侯，领砀郡兵；封项羽为长安侯，领楚兵，并与各将领诸侯相约，谁“先破秦入咸阳者王之”[31]。

公元前206年，刘邦攻秦，先其他诸侯至霸上，“秦王子婴素车白马，系颈以组，封皇帝玺符节，降轵道旁”（《史记·高祖本纪》）。刘邦“遂西入咸阳……封秦重宝、财物府库，还军霸上……待诸侯至而定约束”（《史记·项羽本纪》）。

但是，“闻沛公已破咸阳，项羽大怒”（《史记·项羽本纪》）。负约。废楚怀王为“义帝”，说：“怀王者，吾家项梁所立耳，非有功伐，何以得主约！本定天下，诸将及（项）籍也”（《史记·高祖本纪》）。

次年（公元前205年）“正月，项羽自立为西楚霸王，王梁、楚地九郡，都彭城。负约，更立沛公为汉王，王巴、蜀、汉中，都南郑……四月……项羽……徙义帝长沙郴县……阴令衡山王、临江王击之，杀义帝江南”（《史记·高祖本纪》）。

此后，刘邦便被称为“汉王”。但是，项羽要称霸，刘邦则是他的最大障碍，所以，每每设计欲将其铲除杀害而后快。

项羽为人生性残忍多疑，心狠手辣，这就注定了他圆不成千秋霸业之梦。刘邦则相反，为人生性宽厚仁慈，善纳众议，注定成为历史伟人。《史记》的两段记载，清楚地说明了这一点。

“项羽……曰：‘秦吏卒尚众，其心不服，至关中不听，事必危，不如击杀之。’…… 于是楚军夜击坑秦卒二十余万人新安城南。”“居数日，项羽引兵西屠咸阳，杀秦降王子婴，烧秦宫室，大烧三月不灭。”（《史记·项羽本纪》）

刘邦则不同。他最先破咸阳，秦王降。“诸将或言诛秦王。沛公曰：‘始怀王遣我，固以能宽容；且人已服降，又杀之，不祥。’……乃封秦重宝、财物府库，还军霸上”（《史记·高祖本纪》）。

公元前202年，刘邦彻底打败项羽后，“诸侯及将相相与共请尊汉王为皇帝。汉王曰：‘吾闻帝贤者有也，空言虚语，非所守也，吾不敢当皇帝。’……汉王三让，不得已，曰：‘诸君必以为便，便国家。’”甲午，乃即皇帝位汜水之阳（今河南荥阳市北）。后来编史者因刘邦是公元前206年灭秦，故将这一年定为刘邦（汉高祖）建立汉朝的元年，建都洛阳。

由此可见，所谓“汉朝”的得名，是因为项羽负盟约而改封刘邦于“汉中”而称之为“汉王”，“汉王”刘邦称帝后，建立的国家便称为“汉”，其朝廷则称为“汉朝”。“汉中”并非汉水中游之意。“汉中”的地理位置不是在汉水中游，而是汉水上游近源头的地方。那么，它为何被叫作“汉中”呢？

前面说过，“汉”是古濮越语hun“人”的汉字译音。“汉中”同样也是古濮越语hun tso:ŋ（变音是so:ŋ或suŋ）“种稻人”的汉字译
人　稻穗
音。刘邦被封于“汉中”，管辖“汉中”及巴、蜀之地，是该地的王侯，所以，无论是他称或自称，都简称为“汉王”。刘邦灭秦定天下后，做了皇帝，他沿用“汉王”之称，仍将国名叫作“汉”。这就是中国历史上“汉朝”名称的来由。

然而，汉族为什么一定要以“汉朝”的“汉”作为自己的民族名称呢？自秦统一中国以后，中国历史先后出现了数十年至数百年的不同朝代。在资本主义社会发展阶段才出现的名称——“民族”，在中国，也是到了近代才把一直生息在神州大地上多少万年的绝大多数人们社会共同体称之为“汉人”或“汉族”。为什么一定要叫作“汉”，而不叫作“秦”或别的什么呢？

众所周知，根据斯大林对现代民族的定义，“民族”必须具备四个基本条件：一是有共同的民族意识；二是共同的语言；三是共同的生活地域；四是共同的风俗习惯。其中“共同的民族意识”是任何民族形成的最首要的条件，没有共同的民族意识，就不是一个民族。因为任何一个民族，共同民族意识的形成，并不是一朝一夕或短期内就

可以形成并体现出来的，而是与其他三个基本条件相结合，在漫长的历史进程中，一点一滴地、潜移默化地逐渐积累于每一个社会集团成员的意识里。在对外交往的过程中，同一社会集团的成员，彼此之间都自然而然地意识到：咱们是同一个社会集团的人，而对方则是另外一个社会集团的人，并且总自觉地为能凝聚在该社会集团里成为其中一员而自豪，自觉地以维护该集团的利益为己任。

此外，其他三条，虽然也都是现代民族不可或缺的基本条件，但是，第三条“共同的生活地域”和第二条“共同的语言”，前面的“共同”二字，根据中国现有民族分布的实际状况，就未必正确了。例如瑶族，没有作为一个现代民族拥有大片的共同的生活地域，而是由于历史造成的原因，被迫分散在云、桂、湘、黔、粤五省 70 多个县以及东南亚的越南、老挝、缅甸、泰国等国的小块地域；锡伯族分布在东北辽宁省开原、义县、凤城等地和新疆伊犁察布查尔锡伯自治县等地方；鄂温克族分布在内蒙古呼伦贝尔盟、黑龙江和新疆维吾尔自治区，以及俄罗斯西伯利亚伊尔库茨克、哈巴罗夫斯克和布里亚特共和国、雅库特共和国等地；彝族分别聚居在川、滇、黔、桂四省许多大小不等的地域；畲族分布在福建、浙江、江西、广东四省的山区。这些民族虽然数百年来，都已生息在这些分散的地方，但是，他们各自都认为是同一个民族，有“共同的民族意识”，却没有“共同”的大片连成一体的生活地域，只有大分散小集中聚居的生活地区。

语言也是如此。有些民族由于部分生活区域与较强势的其他民族生活区域犬牙交错，长期的经济生活往来，慢慢地就不自觉地放弃了自己原来的语言，或与他族语言相互融合，形成新的第三种语言，或者干脆就讲他族语言。但是民族意识却依然长期存在，不与他族混同。例如，云南的景颇族，分别讲景颇语和载佤语；瑶族分别讲瑶语、布努语（属苗语支）和拉珈语（属壮侗语族侗水语支）；土家族分别讲汉语（占 95%）和土家语；满族也是讲汉语（占 97%）和满语等。

至于风俗习惯，如果和宗教信仰紧密结合，形成了共同的民族意识，则无论地域如何分散，语言如何不同，他们都会认为是同一个民族，其成员彼此相遇，都犹如一家人那样亲。例如我国的回族，除了

分布在宁夏回族自治区，大多分散在全国各地。所讲的语言，除了普通话，还分别讲粤、闽、吴甚至其他少数民族语言，但他们始终都认为自己是回族。

可见，共同的民族意识是现代民族最重要、最基本的首要条件。

汉民族之所以叫“汉”，并以“汉”为荣，这个民族意识也并不是一朝一夕形成的。它是从汉朝以后，直到今天，经过了2000多年，从历史、文化等方面，不断深化对汉朝的认知，逐渐产生共同的意识（以“汉”为荣），并像遗传基因那样代代相传，自然地深深根植在每个成员的潜意识里，到了民族相互区别的近代才充分展露出来，对外表明身份，称自己是汉民族或汉族。

民族意识根植于历史，与历史息息相关，就如植物之于土壤那样，深厚肥美的泥土能养育出枝繁叶茂、硕果盈枝的高大植物。中国人喜欢称自己为“华夏民族”，或“夏族”、“汉族”，侨居海外的华人则喜欢把自己聚居的城市街道叫作“唐人街”，称自己为“唐人”，这都是与历史密不可分的。

过去，在“汉族”名称尚未出现之前，史学家们常用“夏族”或“华夏族”来称呼现在的“汉族”。这是因为“夏”是中国历史上第一个王朝，而且绵延了将近500年。“夏”是古濮越语jo（ja）的汉字译音，是“本领高强”之意。“华夏”是wu jo（ja）的汉字译音，是“咱本领高强”之意。由“本领高强”的族群建立起来的王朝，而且绵延了四五个世纪，不言而喻，他们的每个社会成员，每个儿孙后代，内心一定都感到无比自豪与骄傲。当然，“咱本领高强”之义，自夏亡之后，3000多年来已没有人知道了，但是，潜意识基因的代代相传是永不湮灭的。所以，至今人们虽然不明“华夏”的真义，却仍以“华夏”的子孙为荣，这就是民族的共同意识，是民族赖以生存发展，赖以凝聚全民族的一股无形的、强大无敌的力量源泉。

商代以后，方块汉字才逐渐被作为记事的工具，在民间广泛流行。尤其是秦统一六国后，也统一了文字，使汉字不仅记录了历史，也传播了历史。同时，作为书面语言，克服了语言无法逾越的时空障碍，使人们能够把远的、古老的各种人类信息自由地相互传播，从而使每个社会成员对国家的、部落的、部族的和民族的历史及现状，都能更清晰、深刻地认识。这对共同民族意识的形成和发展起了推波助澜的重要作用。

夏、商、周以后，2000多年来，中国先后出现了十几个朝代，其中最为人们赞誉而深入民心的是“汉唐盛世”。汉朝包括西汉、东汉，共426年。其中，功勋最卓著的是汉武帝刘彻，他在位53年（公元前140年—公元前88年），推行了许多富国强兵的改革措施。例如：任人唯贤，征天下才智之士，为我所用；“罢黜百家”，“独尊儒术”，兴大学，置《五经》博士，以儒生公孙弘为相；削诸侯权势，打击地方豪强，将100多个王侯削为平民，没收其田庄土地，消除了诸侯割据的叛乱隐患；大力推行郡县制，纠正了刘邦“非刘氏不王”的错误；定官名，协音律，制定服饰、历法，完善监察制度，实行中央集权，分级管理；改革经济制度，实行平准、均输、铸钱、盐、铁官营，鼓励农桑，兴修水利；加强军队建设；等等。[32]

此外，他还东征朝鲜（由汉人卫满建立的朝鲜国），北伐匈奴，南平南越及西南夷，西通西域，开辟了自长安至罗马帝国的“丝绸之路”。还把楼兰、于阗、乌孙、大宛、蒲类、车师、大夏等36国收为属国，建立了东起朝鲜，西至中亚，北至蒙古，南至珠崖的拥有广阔领土的版图。

经过了近500年的发展，强大的汉帝国之名不仅著称于世，而且领土版图内众多的民族，在统一和稳定的历史条件下逐渐自然地相互融合，而成为人数最多、思想意识彼此认同、并以汉为荣而自称为“汉人”的族群。当然，自称为“汉”的人们，他们的深层意识里，除了“以汉为荣”之外，还自觉与周边其他民族有别。而他族称他们为“汉人”也是顺理成章，因他们的的确确是“汉朝”的人。所以，史籍也就如此记载了。如《后汉书·西羌列传》：“羌胡被发左衽，而与汉人杂处。”“将军霍去病破匈奴，取西河地，开湟中，于是月氏来降，与汉人错居。”

由此可见，汉民族的名称是在神州大地上统治近500年的强大的汉王朝这样的历史背景下产生，并经过了2000多年不断凝聚和发展而形成的。

至于在国外，许多中国侨民聚居的城市，建立起来的商业街市为什么都叫作“唐人街”而不叫“汉人街”？这同样是跟“唐朝”这个

朝代的历史背景有关。

众所周知，从汉至唐，中间相隔近400年。在这长达四个世纪的时间里，三国，晋，南北朝，隋等，基本上都是战乱不休的朝代，只是到了李渊建立了唐朝之后，从唐太宗李世民开始，唐朝开始进入太平盛世时期。此后的唐朝，经济、文化各方面都得到了蓬勃的发展，民富国强，与世界众多国家的贸易往来频繁，文化交流不断，不少国家都派学生到长安留学。前后近300年的唐朝，对世界的影响，丝毫都不比汉朝差。如果说，汉朝主要以军事取胜影响世界，而唐朝则以文化艺术、服饰、陶瓷等方面进一步影响世界。流传至今上万首风格独特的《全唐诗》和真实反映唐时服饰的多彩多姿的敦煌“飞天”壁画、宫朝壁画，以及彩陶艺术“唐三彩”，等等，都是震撼世界的无价的文化艺术奇葩，影响深远。

由于汉朝比唐朝更加古远，唐朝与世界交往比汉朝更加积极频繁，例如中亚阿拉伯商人早在唐代就已频繁进出广州（古称“番禺”），所以，“唐”比“汉”对世界影响更大更深，以至到了近代几个世纪，中国人到了海外，往往被当地人叫作“唐人”，中国人在当地聚居建立起来进行商贸活动的街市，被叫作“唐人街”（近数十年，其标志性牌楼上多写作“中国城”）。

目前，世界各国大都会很多都有由中国人侨居而建立起来的“唐人街”。如英国伦敦港区兰姆豪斯，美国纽约曼哈顿，法国巴黎，意大利罗马等。

其中，最能体现古唐风貌的，要算新加坡的“唐城”。几百年来，移居当地的华人，不断仿照西安古建筑，先后建成“大雁塔”、“华清池”、“大明宫”、“地下宫”等建筑群，至今街道上还有来往不绝的轿子、马车，商店和行人还分别卖着、穿着盛唐时代的服饰，人们可以在这里一睹盛唐风貌。

此外，澳大利亚、俄国、墨西哥、日本、越南以及许多小国的都会，都有别具一格的“唐人街”，鲜明地体现了源远流长、内涵深厚的中华文化。

当然，也许有人会说，唐之后，宋、元、明、清乃至民国，它们与世界各国的联系交往比唐代还多，时间距现代更加近，为什么不以它们为名，而偏要用“唐”呢？

不错，这些朝代，无论是对中国的或世界的文明进步，的确曾经都作出过程度不同的伟大贡献。例如，世界文化艺术领域里独一无二的宋词；明代航海家郑和七次下西洋，带领庞大的商船队，先后访问过亚、非、美、大洋洲中数十个国家；元、清两代都对中国的大一统作出了功不可没的巨大贡献；清代康（熙）、乾（隆）盛世发展的技术精湛、绝伦的青瓷艺术；等等。

但是，任何事物都不是单一因素造成的，而是有内因也有外因，由多种纷繁复杂的因素相互作用造成的。“唐人”、“汉人”之名也是这样，既有历史的、文化的，也有其他复杂的内因和外因。生息在辽阔神州大地的多数人们，选择自称为“汉人（或汉族）”，除历史和文化因素外，还有早已形成的根深蒂固的共同民族意识、共同的风俗习惯（如农历年、清明节、端午节、中秋节、重阳节等）。在海外，同意他称而承认自己是“唐人”，实际上是对自己祖国曾有过灿烂辉煌的历史文化产生的一种骄傲与自豪。当然，在海外承认自己是“唐人”，并没有否定自己也是“汉人”。因为所谓“唐人”，只不过是在海外这种特定环境条件下，他人对自己民族的非常友好的尊称，包含着深层的赞美和敬意。因此，从某种意义来说，称“汉人”也好，“唐人”也好，都无所谓。

然而，如果从“民族”的角度看就不同了。由于“汉人”从“汉朝”发展到今天，已成为当今世界公认的现代民族——“汉民族”，而分散在世界各地不同国家的所谓“唐人”，因缺少某些作为民族的基本条件（如“共同语言”，多数华人、华侨第二代就已完全讲所在国的通用语），并没有发展形成所谓“唐民族”。

不过，自辛亥革命（1911）以后，逐渐被公认、代表神州大地上数十个民族的总称——中华民族，这个集体代名词出现之后，因为它不只是代表汉族，也代表其他少数民族，所以在海外，人们不管是汉族，或是来自国内的其他少数民族，都统称他们为“华侨”或“华人”。有的国家如新加坡，由于既有大马（马来西亚）民族，也有其他民族，所以干脆称“华人”为“华族”。

这个称谓，从民族的基本条件看，当然比在其他国家称为“唐人”好得多。其他国家称为“唐人”的华人、华侨，多数都是居住分散、与所在国的居民零星杂处，仅在城市某个角落建有较集中的商贸

集市的地方称为“唐人街”。新加坡华人，数世纪前就陆续由桂、粤、闽、赣、浙及其他省市来到此地，至近代已占全国人口的大半数。虽然有讲粤、闽、客家和普通话等不同语言和方言，但新加坡政府于20世纪80年代，已明文规定以普通话作为华人相互交流的“共同语言”。他们除了有“共同意识”（华人）外，也有连成片的聚居生活区域，还有中国传统的节日等共同风俗习惯。因此，可以预料，不太久的将来，在新加坡会有一个真正符合现代民族条件的“华族”与其他民族和睦共处，共同建设一个和平的现代化国家，为东亚各国及世界的共同繁荣和发展，作出自己应有的贡献。

（四）汉族的发展及其历史影响

任何事物的发展，都是在一定天然的基点上逐渐壮大的。一棵擎天大树，叶茂枝繁，但是，归根结底，总离不开初始发芽的种子。民族也不例外，一个强大、先进的现代民族，也必定是在民族、部落和部族的基础上，随着历史发展进程，一步步逐渐发展而来的。所不同的，只是人类社会的历史发展轨迹不是直线的，而是螺旋式的。因此，民族的发展，通常都是在凝聚内在发展能量的同时，也通过“自然”和“非自然”的方式吸取、融入外在优秀的发展能量，聚成新的强劲冲力，不断克服和战胜障碍向前发展的。

汉族的发展当然也是如此。它也是在某个民族、部落和部族的基础上，一步一个脚印，艰难但却充满胜利喜悦地发展到今天。

那么，它是在什么民族或部落的基础上发展起来的呢？

根据中国史籍记载（中国历史大致可以分为无纪年时代和有纪年时代），夏、商、周以前无纪年的神话传说时代，女娲、伏羲、神农（部分史籍称为“三皇”），是中国人引以为荣的史前三位英雄始祖。女娲氏炼石补天，抟土造人；伏羲氏画八卦，教民辨别方向（“仰则观象于天，俯则观法于地”），识四时；神农氏伐木为犁，教民耕种。《史记》作为中国“正史”集成的开山之作，除了详细记述汉代帝王将相的历史功勋之外，也概括了“三皇”之后，被称为“五帝”的神话传说及夏、商、周三代和秦代历史。2000多年来，汉族史学家及历史爱好者、研究者，从来都没有否认过“三皇”、“五帝”是他们的英雄祖先，而是连篇累牍地歌颂，并引以为荣。这当然是一点也不错的。因为现代先进的汉民族以及生息在广袤神州大地上的众多兄弟民族，除少数是周边民族移居进来的之外，都是“三皇”、“五帝”的后裔。他们“本是同根生”，只是由于经过数千年的历史发展演变，居住在不同地域，有着不同的自然条件、不同的经济生活，产生并积累了不同的风俗习惯，社会群体共同约定俗成的语言，也变得各具特色。因而根据现代民族必具的条件，他们被划分成了许多不同名称（有的是自称，有的是他称）的民族。然而，在各民族人民的深层意识里，对“三皇”、“五帝”这些英雄祖先的崇敬，永远都是根深蒂固、不可磨灭的。

当然，也并不是说，各个不同的民族，对“三皇”、“五帝”的崇敬都完全一样。由于“三皇”和“五帝”不是一个整体事物，也不是一个人，而是史前漫长岁月中，分别活动在不同历史时段的英雄。然而，英雄并非自天而降的独夫，而是在社会群体中涌现出来具有特殊才能的人。他与社会群体有密切的联系，受到社会群体的拥戴和称颂。不同的社会群体和不同的历史时段，可能出现不同的英雄。人类历史长河不停地滚滚向前，不同历史时段出现的英雄，也随之成了历史英雄人物。但是，他那对人类历史发展有特殊贡献的英雄事迹及伟岸的英雄形象，却永远流传在随着历史步伐不断前进的一代又一代的人民心中，深深地镌刻在以此为荣的群体的意识里。因此，历史已流淌了数千年的今天，神州大地上不同的现代民族，由于各自的先民与“三皇”、“五帝”联系的紧密程度不一样，所以，崇敬的程度可能不完全相同。这是不难理解的。

例如，当今的苗、瑶、壮、侗诸民族，新中国成立前大多拜祭伏羲兄妹和神农，许多庙宇，甚至一些大户人家的神台上，都设有伏羲、女娲和神农的牌位，与自己的祖先并列，把他们看作英雄祖先。

为什么南方的这些现代民族，对伏羲、神农这么崇敬呢？这肯定是与他们的历史渊源有关。因为，史籍记载传说中的神农被称为“炎帝”。“炎”是古濮越语 jam“共同”的汉字译音，并非如一些人望文生义解释为“南方属火，气候炎热，是南方之君”一类的误导之谈。传说神农的母亲叫“女登”，是“有娲氏”的女儿，生神农于烈山的石室。死后葬在湖南炎陵县，这是夏、商、周以后濮越先民生息的地方。所谓“炎帝”就是远古时代濮越先民的“共同首领”（“帝”是

后来史官加的）。

至于“伏羲”和“女娲”，也是古濮越的汉字译音。所谓“伏羲”是pu ji（çai）“耕田人”汉字译音。由于古无轻唇音，故“伏”

位犁　犁

不读fu，而读pu，用汉字译音写作“伏、蒲、濮、仆、布”等。由于不同时代、不同地域、不同文化层次的人对pu ji（çai）这组音的同音汉字认知程度不同，所以，史籍记述传说所用的“伏羲”之后有“庖牺”、“宓牺”等近十种不同的译写。其中只有“宓牺”的“宓”（mi）较特殊。mi一般是“母”义，这里引申作“始祖”，“宓牺”mi çai“耕田的始祖”。“伏羲”pu ji（çai）的pu“位”只是“人”前面的必带量词，属于一般的泛称。

所谓“女娲”是古濮越语nuŋ kuo“妹妹”的汉字译音。至今壮语（南）仍然如此说，“弟妹”均称nuŋ，“弟弟”是nuŋ ˀa:u。周代文字普遍使用以后，始译者用汉字音译nuŋ kuo“妹妹”这组音时，在他认知的汉字领域里，最初想到的可能就是“锅”字，但因考虑到是女的，故用“女”字造出了这个“娲”字。

壮人称“鼎锅”一类为ka:ŋ（“钢”，古时“钢”与“铁”长期不分，可能是分不清）kuo。生铁铸成的鼎锅，用裂了，或因铸时铁水杂质留下的砂眼漏水，小炉匠可以用“铁水”进行逐注修补。所以，有人编造了“伏羲、女娲兄妹成婚”及撚土造人的故事之后，又联想到天像一口覆锅。既然锅漏了可以熔炼铁矿石来补，天若漏了用什么东西来补呢？于是，又有人编造了“女娲”炼石补天的故事。在南方，补天和抟土造人故事甚至有十分具体的地点，就是广东丹霞山。这可能是因为丹霞山是广东传奇中的仙境，且确有相背而立的天然阴阳奇石，裸露的山体多是红砂岩，同时也是古濮越先民生息之地吧。

“濮越”和史籍上记载的“伏羲”、“濮夷”、“蒲夷”、“伯夷”、“伯益”、“伯禹”、“百越”、“布依”等，实际上都是pu ji（jai、jui、joi）“耕田人”的同音异译（写），只是由于最早的历史编写者，把它们当做不同的人名或部族名编造成历史故事传说或“真实”历史，加上始译者只译音不译义，才使后人无法知道它们的庐山真面目。

汉族人当然也崇敬“三皇”、“五帝”，崇敬“伏羲”、“女娲”和

“神农”，承认夏、商、周与汉族是一脉相承的历史。

因为早在春秋战国以前，“三皇”、“五帝”的神话传说就已遍及神州大地。我国目前规模最大（占地面积76万平方米）、历史最长，建筑最雄伟奇特（主体建于悬崖峭壁之上，悬空而置，由8根巨大铁索，将楼阁与峭壁山崖连在一起，使金碧辉煌的琼楼玉宇，悬于缥缈云霞间），集古、奇、绝、幽、美于一身，被炎黄子孙尊奉为“华夏祖庙”的河北涉县女娲皇宫，就是汉族人崇敬“三皇”的铁证。当然，河北是夏朝版图内的地方，也是濮越先民早期生息之地。“三皇”、“五帝”之后，中国历史上第一个王朝——夏朝，是古濮越先民最强大的一支建立起来的。由于他们十分强大，所以自称为“夏”（jo 或 ja，很强大、本领高强）。这不仅可以从朝代名称的由来得到证明，更可以从至今仍留存在陕、晋、冀、鲁、豫等省，众多的以“蒲”、“濮”、“博”（pu“位”的汉字译音）为首的地名，以及其他濮越语译音地名得到证实。

如陕西：蒲城、褒城、铺镇、富（读 pu 不读 fu）县；户（wu“咱们”的汉字译音，下面只注出原音义）县、乾佑（kun jau“我们
人 我们
人”）、宜君（ji kun“耕田人”）、苟池（kau tsi）“我耕田人”，tsi
犁 人 我 犁
也是“犁”）、保（濮）安（pu hun“濮人”）、安定（hun de:ŋ“濮
人
人地方”）、劳山、老城、留坝（“劳”、“老”、“留”都是 lau“我们”的汉字译音）、罗敷（pu lau“我们”的倒装）、三原（sam jen
同 话
“讲一样话”）、波（濮）罗堡（pu lau“我们”地方）、碛塄（tsɯ
位 我们 （词头）
laŋ“后面”）。

山西：蒲州（永济）、蒲掌（pu ja:ŋ“种粟人”）、浮（濮）山
粟
（“浮”读 pu，不读 fou）、破（濮）鲁（pu lau“我们”）、威鲁（wai
市集
lau“我们市集”）、浑源（vun jen“讲濮人话”）、扒楼沟（pu lau
人 话
“我们”）、留誉（lau ji“我们耕田人”）、嘉乐（klau“我们”，今
我们 犁
“仡佬”族名据此译音）、文水（vun sa:i“男子汉”）、豆罗（tu lau
人 男 只 我们

“我们”）、滹沱（wu da“咱们河”）。
咱们 河

河北：博（濮）野（pu jai“种田人”）、宝（濮）坻（pu tei
旱地
“种地人”）、步（濮）古沟（pu kou“我”的沟）、波（濮）罗诺
位 我
（pu lau no“我们的田”）、保（濮）定（pu de:ŋ“濮人地方”）、阜
我们 田 地方
（濮）城（pu 城“濮人城”）、泊（濮）头（pu tau“我们”，今贵州
我们
“布央人”称“我们”为 tau）、流村（lau“我们”村）、高阳（kau
我
ja:ŋ“我种粟人”）、馆陶（kun tau“我们人”）、北皋（pu kau
粟 人 我们
“我”）。

山东：蒲汪（pu vaŋ“痴人、傻瓜”）、博（濮）兴（pu hun“濮
人
人”）、聊城（lau“我们”城）、博（濮）平（pu be:ŋ“邻居”）、定
邻居
陶（de:ŋ tau“我们地方”）、单县（“单”读 sa:m“共同”，不读
地方 我们
ta:n）、临濮（lam pu“同是濮人”）、巨野［kɯ jai“耕田人”，jai
同 濮 （词头）犁
用汉字音译作“越”，kɯ jai 即“越人”］、顾官屯［kou kun“我
我 人
（们）人”］、鱼台［ji do:i，ji 音译写作“夷”或“越”，即“越
犁 山
（夷）人山”］、乐陵（lo:k laŋ“背后”）、无棣（wu dei“咱好”）、
咱 好
垦利（kun lei“种地人”）、冶源［jai jen“（讲）越人话”］。
人 旱地 话

河南：濮阳（pu ja:ŋ“种粟人”）、濮越、博（濮）望（pu maŋ
粟 村
“乡下人”），扶（濮）沟（pu kau“我”）、薄壁（pu bik“兄长、老
大”）、温县（pu vun“濮人”县）、神垕（sen hau“讲我们话”）、
人 话 我们
滑县（wu“咱们”）、潦河（lau“我们”河）、新野［sen jai“（讲）
话
越语”］、芦医庙（lau ji“我们越人”庙）。
我们

上面列举的地名，只是极少的一部分。但从中可以看出，它们都是古濮越语遗留下来的汉字译音。如果有谁企图从汉字的意义来解释，就会闹笑话。

上述五省基本上是夏、商、周三代王朝的疆域。商亡夏，周亡商之后，最早建立夏王朝的那部分濮越先民，除了少部分可能因避战乱而逃离之外，绝大部分都留在原地，随着历史的前进不断向前发展。

由于建立夏朝的这部分濮越先民，他们是历史的先知先觉者，是历史发展旋律的最强音。他们随着历史前进的步伐不断发展壮大，再壮大，以至成为神州大地上推动中国历史滚滚向前的主流。

因此，如果说汉民族是在古濮越先民的基础上，不断融入其他民族，逐渐发展壮大，而成为今天世界上的超级大民族矗立在世界民族之林，这样的说法定会引来“千夫指”。因为一些“大汉族主义”严重而又不肯研究历史的人，是不愿意别人说汉族原来是在某个“少数民族”的基础上发展起来的。

不过，真正的科学研究，其结论从来都是不怕“千夫指”的。因为如果没有指摘，没有争鸣，就没有科学发达的今天。只要不是敌人的恶意指摘就无需“横眉冷对”，善意的争鸣探讨，求的是真理。所以，我们探讨科学，追求真理，就永远都应该是“从容笑对千夫指，但求真理耀人间”。汉民族究竟是从何发展而来的，当然不是由谁说了算，而是由历史事实来证明。

1．汉族是不断与他族融合壮大的民族

“汉族”是汉朝以后，经过2000多年的不断发展，到了近代才被世人承认的称谓。但是，“汉人”之名，则因汉朝统治了近500年而在史籍里出现较早，南朝肖子显《南齐书·魏虏传》已有“初佛狸母是汉人”之句。

既然“汉人”是汉代之后才出现的称谓，那么，之前是什么呢？熟悉中国历史的人都知道，在众多的史籍里，记载着许许多多表面看来是汉字，但用汉义却解释不通的稀奇古怪的历史名词。然而，如果用濮越语逐一对照，便不难发现，它们绝大多数都是古濮越语的汉字译音词。这说明了什么？说明了生息在广袤神州大地上的濮越先民，是这片土地的主人。一万多年来，是他们用辛勤的汗水，创造了辉煌灿烂的中国古代史。他们留在神州大地上的足迹，和留在史册里的活印记，铁证如山地说明了他们不仅与中国历史的发展息息相关，而且与当今汉族的历史发展息息相关。汉族是在他们的基础上，经过数千

年不断与他族融合壮大逐渐发展起来的。

相信多数汉族史学家都不会认同这个说法。但是，历史事实是任何人都否认不了的。

当代著述丰厚的民族古史学家何光岳先生，花了很多精力，从古代史籍里收集了1000多个他认为是古代族名的名词，以一节的篇幅载入《汉源流史》，认为其是“融入汉族中的各个民族。”[33]

其实，这些广泛分布在神州大地上，从东到西、从北到南的所谓古代民族的族名，它们85%以上都是古濮越语的汉字译音词，而并非何氏所说的“族系浩繁……是众多的族系、支族广泛分布在黄河、长江流域。”这些分散留存在不同史籍里的名词，有很多是古地名，至今仍可以在各种古今地图册里找到。

下面不妨按何氏的思路将他收集的1000多个古代民族名称，逐一用“濮越”语对照，注明音义，以求尽可能还其历史真面目。

（1）**伏羲时代**。

吉夷氏是 kɯ ji “耕田人”的汉字译音。（为了节省篇幅，“氏”
（词头）犁
字及“汉字译音”等均省略，只标出古濮越语的音和义，并用括号与汉译字相隔开来，同音异译则适当集中。）

伏羲（pu ji与“吉夷”意义全同，都是“耕田人”）。伏、服、
位 犁
包、庖、狍都是 pu 的同音异译字。臾、“颛臾”也是夷、羲、伊、怡、榆、禹等的同音异译。

颛臾［tsun ji “（讲）种田人的语言”，国名，在今山东费县］，
语 犁
朐、须朐（是kau çai “我耕田人”的倒装），宿（so:k “外面”），郝
我 犁
骨［ ho ku “我”］，鲍娲（pu nuŋ kuo “妹妹”的缩写），鼓（ku
（词头）我 位 妹妹
“我”），延（jen “话”），氐（di “里面”、“旱地”），齐（tsai、tsi、çai “犁”）；句龙（kau laŋ “我后来、后面”），尊卢［tsun lau
我 后 话 我们
“（讲）我们话”］，赫胥［ ho sou “你们”］，阴康（jam ho:ŋ “同
（词头）你们 共同 做工
是做工的”），轩辕［hun jen “（讲）濮人话”］，钜灵［ kɯ laŋ
人 话 （词头）
“后边，后来者”］，句强（kau klaŋ “我后面，我后来”），钩阵［kau
我 后

zen“（讲）我语言”]，犁灵（li laŋ“后面山地”）， 弇兹（ham tsai
话　　　　　　　　　　　山地 后　　　　　　　　　同是 犁
“同是种田人”），大敦［ta 或tu ton“（住在）石山或石窟的人”]，云
　　　　　　　　　　　　　只石头
阳（vun ja:ŋ“种粟人”），空桑（koŋ sa:ŋ“种稻人”），神民［sen
　　人　　　　　　　　　　　　位 稻穗　　　　　　　　　　　话
ma:n“（讲）乡下话”]，倚帝（ji tei“种旱地的人”），次民（tsai
村　　　　　　　　　　　　　　犁旱地　　　　　　　　　　　犁
ma:n“乡下人”），辰放［sen pu hun的简缩，后两音连续，听觉是
村　　　　　　　　　　　话 位 人
puŋ，古无轻唇音，故“放”不读 f，用汉字音译写作“唇放”，是“（讲）濮人话”之意。]，皇覃［vun sam“同是（濮）人”]。
　　　　　　　　　　　　　　　　　人 同

（2）**炎黄时代**。

鼓（ku、kou、kau“我”，古代帝王自称为“孤”，是 ku 的汉字译音），殳（sou、su“你们”），延（jen、zen“话”），氏（dei、di、tei“山地”），齐（tsai、tsi“犁”、“耕田者”）；“句”与“鼓”是同音异译。句龙（lau laŋ“我后来”），信（sen“话”，是讲某种“话”
　　　　　　　我 后
而被人略译），伯夷与前述的伯益、伯禹、蒲夷、濮夷、伏羲、百越、布依等是同音异译。许（wu“咱”），谯（tsau“我们”），苴人（pu jai“种田人”，同音异译的是“濮越”），狄（tei、ti“旱地”），落
　犁
（lau“我们”）。皋落（klau“我们”，是 lau 的复辅音，是当今所谓“仡佬”族的名称来源），戎［（juŋ“粟”与今黔、桂的“布央”（pu ja:ŋ“种粟人”）同义。ja:ŋ、juŋ 或 joŋ 都是历史地域的变音]、嘉戎［kɯ juŋ“种粟者”]，路、潞、露、卢、洛、六、陆、罗、鲁、
（词头）
漏、乐、劳、骆、娄、楼等都是lau“我们”的同音异译字。榆、怡、伊、禺、禹、羿、余、虞、易、义、俞、依等也都是 ji“夷”的同音异译，都是“犁、耕”之义。

甘（kam“同、共同”），淳（sen“话”），列（li、lei“山地”），厉同“烈”，舟、州（tsau“我们”），薄（pu“位”，与“濮”同音异译），孤（ku“我”），孤竹（ku tso:k“我外来”）；墨（ᵐpu 后分
　　　　　　　　　　　　　　　　外
化为 mu 和 pu，都是“位”之义），墨台（mu do:i“山里人”），默怡
　　　　　　　　　　　　　　　　　　位 山
（mu ji“耕田人”，“默”与“墨”是同音异写），伊耆、伊祈（kɯ ji
　位 犁

“耕田人”的倒装，两者是同音异译），尹（vun“人”），章僪（tso:ŋ(稻穗) tsai(犁)“种稻人”），淳于［sen(话) wu(咱)“（讲）咱话”］，神（sen“话”），巫（wu“咱”），灵（laŋ“后面”），郊屠（tu(只) kau(我)“我”），阪泉［ba:n(村) sen(话)“（讲）乡下话”］，蚩尤（tshi(犁) jau(我们)“我们耕田人”）。

颛顼［tsun(话) çai“（讲）耕田人的话”］，尧（jau“我们”），吾融（wu(咱) juŋ“咱们种粟人”，“融”与“戎”是同音异译字），白犬（pu(位) hun(人)“濮人”），夷鼓（ji(犁) ku(我)“我耕田人”），舒（sou“你们”），洛（lau“我们”），终（tso:ŋ“稻穗”），泉（sen“话”），禺强（ji(犁) kaŋ(后)“后来的种田人”），奚、嵇（khəi“犁”：两者是同音异译，今侗语仍读此音，仫佬语读 khɤai[1]，水语、毛南语读 kwai[1]），伾、丕、邳、妚（pi 是 pu 的变音，“位”或“长兄”），阚（ham“共同”），允（von“人”），偪（bik“大”），济（tsai“犁”），资（tsi 也是“犁”，tsai 的变音），虔（kun“人”），刘（lau“我们”），郦（lei、li“山地”），监（kam“共同、同”），缙云［zen(话) vun(人)“（讲）濮人话”］，驩兜（kun(人) tau(我们)“我们的人”，今布央语称“我们”仍读 tau），瞒、曼、蛮（ma:n“村、寨”），偃（jen“话”），绞、鸠、钩（句）、戈、姑等是同音异译字，都是 kau 及其变音 ku、kou“我”的汉字译音。皖（vun“人”），参（sam“同”）、三、单、掸、岑、沈、潜、寻、沈、鄩（古读 sam）都是同音异译字。

阮（jen“话”），鬲、犁、离、黎、里同音异译，都是 li、lei“山地”的汉字译音。止（tsi“犁”），舒（su、sou“你们”），舒庸（su juŋ“你们种粟人”），舒龙（su laŋ(后)“你们后来”），舒蓼（su lau“你们”和“我们”），舒鲍（su pu 是 pu su“你们”的倒装），舒鸠（su kau“你们”与“我”），舒龚（su koŋ 是 koŋ(前缀) su“你们”的倒装），六（lau“我们”），甄（jen“话”）。鸟俗、路俗是同音异译，都是 lau(我们) so:k(外面)“我们外来”，“鸟”与“路”是读音 n、l 不分的人将本是 lau 译写 nau，因而一些史籍上便出现了本是 lau de:n“我们地方”
我们 地方
这个词译成“鸟田”，从而，使不明其义的一些史学家望文生义，编造出所谓“鸟耘田”之类的笑话！

运、云、允、浑、妘、桓等是同音异译字，都是 vun“人”的汉字译音。奄（jam“共同”），薄、亳、蒲、濮、褒、柏、复、白、补、扶、牟等都是 pu、pu、mu“位”的同音异译字。薄姑（pu ku
位 我
“我”），郯（jam“共同”），钟离（tso:ŋ li “山稻、旱稻”），菟裘
稻穗 山地
（tu kau“我”），不羹（pu kaŋ或 pu kaŋ laŋ，可能由于韵母同，又常
只 我 位 后面
读作复辅音 klaŋ“后面”，pu kaŋ 是“后来者”），徐（tsai、sai、çai“犁、耕”），虫（so:ŋ“稻穗”），弦（jen“话”），兹（tsi“犁”），兖（vun“人”），陆终（ luk tso:ŋ“种稻人”），樊（fun“人”，
儿子，词头 稻穗
由 vun 变音），顾（ku、kou“我”），温（vun“人”），苏（sou“你们”）。

鄋夷（sou ji“你们种田人”），妘、郧（vun“人”），邬（wu
你们 犁
“咱们”），偪阳（pi ja:ŋ“种粟人”pi，pu 的变音。），夷、鄅（ji
位
“犁、耕”），安（hun“人”），曹（tsau“我们”），邹（tsau，与“曹”同音异体），斟（tsam“同、共同”），斟寻［tsam sen“（讲）
同 话
同样话”］，斟灌（tsam kun“同样的人”），芈、糜（mi、me“母”），
同 人
罗（lau“我们”），夔（kui“牛”，水语、毛南语仍如此说，黎语读 tui，侗语读 kwe），越章（ji tso:ŋ“种稻人”），濮敖、博鳌（pu ˀa:u
犁 稻穗 位 人
“濮人”，今黎语称“人”仍如此说），句亶（kau ta:n“白米饭”或
饭 米
“我种米人”）。

庐、刘（lau“我们”），有、饶（jau“我们”，声母变了音，义不变），句芒（kau ho:ŋ“我做工”），杜、陶（tu“只”）。陶唐（tu
我 做工 只
taŋ“龙”），今黎语仍如此说。古史学家们热衷使用的“图腾”一词，
龙
似是由此而来的汉字译音。《左传·襄公二十四年》：“昔匄（匃）之祖，自虞以上为陶唐氏，在夏为御龙氏。”可见所谓“陶唐”是夏之

前，古濮越语“龙”的汉字译音。到了夏才正式称之为“龙”。后羿
（hau ji “我种田人”，今海南临高话称“我”仍读 hau，不少史学家
我们犁
将“后”猜想为“皇后”，再引申为“君王”是错误的），有穷（jau
或zau koŋ“我们射箭人”），戈、過（kou“我”）。
我们 弓

（3）**夏、商、周时代**。

褒、僕、补、番、蒲等都是 pu 音译写作“濮（百）”的同音异
译字。娄（lau“我们”），越（ji“犁、耕”，音译写作“夷”等），
越裳（ji so:ŋ“种稻人”），骆越（lau ji“我们种田人”），瓯越
犁 稻穗　　　　　　　　我们 犁
［ɣau ji“我们种田人”，只是声母发生音变，今壮语（南）仍读 lau，
我们犁
（北）壮语读 ɣau］，且瓯（çai ɣau“我们耕田人”），产里［tsɯ
犁 我们　　　　　　（词头）
li“山地人”］，九菌［kou kun“我（们）的人”］，禽人（sam“同
山地　　　　　　　　我 人　　　　　　　　同
样的人”），苍吾（so:ŋ wu“咱种稻人”），扬越（ja:ŋ ji“种粟人”）、
稻穗 咱　　　　　　　　犁
干越（kun ji“种田人”）、目深（mu sam“同样的人”，mu 由 ^{m}pu 分
人　　　　　　　　位 同
化为 mu 和 pu，都是量词“位”），稽余［kɯ ji“种田人”］，北带
（词头）犁
（pu da:i“山里人”，“北带”即“濮岱、濮泰”，今之傣族），僕句
位
（pu kau“我”），观（kun“濮人”），扈（wu“咱”），巢（sou“你
我
们”），瓯余（ɣau ji“我们种田人”），姑蔑（ku mi“我母亲”、“我
我们犁　　　　　　　　我 母
娘亲”），句余（kau ji“我种田人”）。姑于与句余是同音异译字，
我 犁
“于”这里读 ji，但“于越”里的“于”则读“wu”。句章（kau
我
tso:ŋ“我种稻人”），诸稽（tsu khəi“耕田者”。tsu 是tu的变音，khəi
穗　　　　　　　　　只 犁　　　　　　　　　只
是“犁、耕”，今侗族仍读此音，仫佬语读 khɣai，水语、毛南语读
kwai）。荤粥、浑鬻是vun tso:k“外人”的同音异译，近音异译有寒浞
人 外
（hun tso:k“外人”，如《左传》“羿代夏政”的故事用的是寒浞）。
人 外

《史记·夏本纪》载，所谓岛夷、都野是 tu ji“种田人”的同
只（位）犁

音异译（史籍多指沿海岛屿上的“夷人”）。和夷（wu ji“咱种田
咱 犁
人”），鸟夷（lau ji“我们种田人”。由于始译者读音 n、l 不分，将
我们犁
lau 听作 nau，写作“鸟”）。濮夷、濮越、伯益、伯夷、伯禹都是pu
位
ji“耕田人”的同音异译，却被史籍当作人名和部族名讹传了数千年。
犁
皋陶、仡兜是 kɯ tau“我们”的同音异译，还有所谓“驩兜”
（词头）我们
[kun tau“我们（的）人”]，夏后[jo hau“我们本领高强”]。
人 我们 有本领 我们
渠搜、渠叟、渠胥、鼩鼪、巨蒐、沟搜、瞽叟、葛沙等都是 kɯ sou
（词头）你们
“你们”的同音异译。陶丘（tu jau“我们”），道沇（tu vun“人”）。
只我们 只 人

《殷本纪》载：有戎（jau juŋ“我们种粟人”），泰卷（da:i kun
我们 粟 山 人
“山地人”），有莘[jau sen“（讲）我们话”]。甲骨文记载，商代与
我们 话
濮越先民有关的有：蒙（muŋ“你”或“村寨”），林（lam“共同、同样的人或话”），鬼、危是 kwai“犁、耕田人”的同音异译，翼、（有）易、义、彝是 ji“犁、耕”的同音异译，苒（kau“我”），眉（mi“母”），牟、沫是 mu“位”的同音异译，尤、攸（jau“我们”），苦、旧、高是 kou“我”的同音异译，桑（so:ŋ“稻穗、种稻人”），乐、牢是 lau“我们”的同音异译。

周代庸、戎是 juŋ“粟”的同音异译。蜀（tso:k“外面”），羌（kieŋ“美、漂亮”），髳（mu“位”，濮），微（mi、me“母”），卢（lau“我们”），濮（pu“位”），蛮夷（^{m}ba:n ji“乡下种田人，村
村 犁
夫”）。鲁（lau“我们”），曹（sou“你们”），管（kun“人”），原（jen“话”），毛（mu“位”），聃（jam“共、同”）。沈、岑是 sam“同、共同”的同音异译。詹（tsam“同、共同”），聃、沈、岑、詹四者同义，只是声母发生了历史音变）。胡、吴、滑、于都是 wu“咱”的同音异译。虞（ji、yui“犁、耕田者”），韩（hun“人”），焦（tsau“我们”），阎（jam“同、共同”），单[sam“同、共同”，不读 tan，与沈、岑、参等是同音异译（写）]。部（kau“我”），荀（sen“话”），潘（pu“位”，不读 p‘a:n），于（wu“咱”，不读 yu），
话

冀（tsi“犁、耕”），茅（mu“位”），訾（tsai“犁”），阳（ja:ŋ“粟”），鼓（ku“我”），利（li“山地”），果（kou“我”），俞（ji“犁”），沮（tsi“犁、耕”），白狄（pu de:k“旱地人”），犬戎（hun
位 旱地　人
juŋ“种粟人”）。鲜于、鲜虞都是sen jyi“（讲）种田人话”。朝鲜
话 犁
（tsau sen“（讲）我们话”），聊（lau“我们”），权（kun“人”），御
我们 话
（jyi“犁、耕”，与夷、禹、余等是同音异译），优（jau“我们”），宛（vun“人”），渔（jyi“犁、耕”），瓦（wu“咱”），莱（lo:i“山”）。

（4）**秦汉时代**。

楼烦（lau fun“我们人”），林胡［lam wu“同咱（一样的
我们 人　同 咱
人）”］，白羊（pu ja:ŋ“种粟人”），匈奴［huŋ lau“我们人”］，
位 粟　（词头）我们
北狄（pu de:k“旱地人”），交趾（kau tsi“我种田人”），掸（sam
我 犁
“同、共同、一样”），昆明（kun maŋ“村里人、乡下人”，maŋ有人
人 村寨
译作“孟、勐、猛”）、且兰［tsɯ la:n“自家”］、夜郎（jo laŋ
（词头）家　有本领 后来
“后夏”，jo音译写作“夏”，夜郎国，实际是后夏国。因夏朝是由一群自称为“本领高强”jo的濮越先民建立的王朝。夏（jo）被商灭之后，濮越先民的一支在贵州重建夏（jo）政权，自称为后夏，濮越语称为“jo laŋ”，被人用汉字译音写作“夜郎”载入史册而广泛流传。

句町［kau de:ŋ“我（的）地方”］，乌孙［wu sen“（讲）咱们
我 地方
话”］，塞种（ҫai tso:ŋ“种稻人”），大月氏（tu jo:k tsi“外面的
犁 稻穗　只(位) 外 犁
种田人”），扶（夫）余（pu ji“种田人”。古无轻唇音，扶、夫不读
位犁
fu，而读pu），乌桓（wu vun“咱人”），高句丽［kau kɯ li“我
咱 人　我（词头）山地
山地人”］，胡（wu“咱”），原戎［jen juŋ“（讲）种粟人话”］，绵
话 粟
诸戎（ma:n tsu juŋ“种粟人村庄”），义渠（kɯ ji“耕田人”的倒
村 位 粟
装），大宛（tu vun“人”），焉耆［jen tsi“（讲）种田人话”］，尉黎
位 人　话 犁

（wai li“山地市集”），鄯善（sam sen“同话”），漏卧（lau“我
市集山地 同 话 我们
们”），姑师（ku çai“我种田人”），蒲类（pu lo:i“山里人”），乌贪
我 犁 位 山
（wu ta:n“咱种稻人”），訾离（çai li“种旱地人”），婼羌（ji ke:ŋ
咱 稻米 犁 美丽
“漂亮的乡下人”。婼、夷同音），且末（çai mu 是 mu çai“种田
位 犁
人”），楼兰（lau la:n“我们家园”），戎卢（juŋ lau“我们种粟
我们 家 粟 我们
人”），捍弥（kun mi“娘亲”），渠勒［kɯ lau“我们”］，于阗
人 母 （词头）我们
（wu de:ŋ“咱地方”），姑墨（ku ^{m}buk“我大”），乌秅（tu wu“咱”
咱 地方 我 大
的倒装。秅，《集韵》、《正韵》、《韵会》均都故切，音妒），悬度
［sen tau“（讲）我们话”］，难兜（mu na:n tau“我们毛难人”，mu
话 我们 位 我们
na:n 音译作“毛难”，今改作“毛南”），西夜（çai jo“种田人
犁 本领高强
本领高强”），依耐（ji do:i“耕山地”），无雷（mu lo:i“山地人”），
犁 山 位 山
疏勒（sou la“你们的”），捐毒（kun duk“单身汉”），大夏（tu
你们 人 独 只（位）
jo“本领高强的人”），乌弋（wu ji“咱种田人”。弋、夷同音），
有本领 咱 犁
山离［sen li“（讲）山地话”］，安息（hun çai“种田人”），康居
话 山地 人 犁
［ho:ŋ kwe“耕田者”］，奄蔡（jam sa:i“同是男子汉”），桃槐（tu
（词头） 犁 同 男 只
wa:i“牛”），休循［jau sem“（讲）我们话”］，尉头（wai tau“我
牛 我们 话 市集我们
们市集”），温宿（vun so:k“外人”），乌垒［wu lo:i“咱们山（地）
人 外 咱 山
人”］，渠犁（kɯ li“山地人”），卑陆（pa:i lo:k“外边”），郅立师
方位 外边
（vun lap çai“拿犁把的人、耕田人”），单桓（sam vun“同样的
人 持 犁 同 人
人”），且弥（çai mi“耕田人”），狐胡（wu“咱”），龟兹［kɯ
犁 母 （词头）
tsi“耕田人”］，去胡来［kɯ wu lo:i“咱们山里人”］、浑窳（vun
犁 （词头） 咱 山 人
jyi“种田人”。“窳”与“越”是同音异译，即“越人”），屈射
犁
（vun si“猎人”），鬲昆［lik kun“人”］，新犁［sen li“（讲）
人 弓 （词头） 人 话 山地

山里话”]，靡莫（ mi mo “新来的”），巂［çai “犁（耕）
母(词头) 新 犁
者”]，徙（sa:i “男子汉”），白马（pu mo “新来的”），犍为（kun
位 新 人
vai “街市人”），牂柯（苍梧）（so:ŋ wu “咱种稻人”），姑缯（ku
市 稻穗 咱 我
tso:ŋ “我种稻人”），廉头［lam tau “同（是）我们人”］，同并（tuŋ
稻穗 同 我们 同
ping “同地方”），哀牢（ˀai lau “我们人”，今水语称“我们”仍读
坪
ˀai djeu，毛南语读ˀai niu），扶摧（pu çai “种田人”），板楯蛮（ba:n
位 犁 村
ta:n “乡下种田人”），摆夷（pu ji “种田人”，与濮夷是同音异译），
稻米 位 犁
劳浸（lau tsam “我们一样”），任那（jam no “同是种田人”），沃沮
我们 同 同 田
（wu sai “咱们耕田人”），辰韩［sen hun “（讲）别人话”］，马韩
咱 犁 话 人
（mu hun “濮人”）、弁韩（pɔ:n hun “戴宽边帽的人”。《玉篇》载，
位 人 宽边帽 人
疏：“弁，古冠之大号也。”“弁”为古朝鲜士大夫阶层的头饰。）

史籍还有很多，不胜枚举。魏、晋、南北朝、唐、宋、元、明、清，2000多年来，不断有许多部落、部族和民族，或以部分，或以整体及少数个人，逐渐融入汉民族，使汉民族随着历史的推移不断发展壮大，成为当今世界上人口最多的大民族。仅以满族为例，17世纪中叶入关之前，人数将近1000万，入关以后，满族人由于要统治神州大地上的汉族和其他民族而分散，结果不到300年，除东北黑龙江依兰县，松花江中、下游，乌苏里江流域地区还保留少数满族人外，多数都已融入了汉民族。

由于何光岳《汉源流史》对汉代以后直至明、清各民族融入汉民族的详情都作了专章论述，其中有许多部落、部族和民族名称，虽然分明也都是古濮越语的汉字译音，但由于篇幅及论述所限，都不再挑出来专门进行音义还原注释。

上述史籍记载融入汉民族的濮越先民的部落、部族名称（通过汉字译音）并非全部，分散在浩瀚史籍里的还有很多。但是，作为汉民族是在古濮越先民的基础上，即由古濮越先民最先进、最强大的一支，逐渐融合其他部落、部族和民族而发展壮大起来的佐证，却足以管窥全豹，无需赘述了。

2. 汉族的历史影响

“汉族”之名，自刘邦称帝，将本是古濮越语 hun“人”的方块字译音写作“汉”，用来做一代王朝的名称而正式登上中国历史舞台之后，汉朝统治领域内的人民便逐渐被非汉朝的人称之为“汉人”。经过2000多年的发展，到了近代，“汉族”被科学定义以后，“汉人”的名称符合定义，被公认为“汉族”或“汉民族”。

汉族发展到今天，不仅是全球人口最多、历史悠久，而且也是对历史、对现实影响最深最大的民族。

被誉为最伟大的思想家和“万代师表”的孔子，以及全世界都尊为最伟大的军事家孙子，因为他们都是所谓“东夷”（夷类）的齐、鲁人（“齐”、“鲁”是古濮越语 tsai“犁，引申作‘耕田人’”和 lau“我们”的汉字译音），他们生活的地方就是古濮越先民生息的地方。可以说，他们都是濮越先民。他们对中国历史、对世界的影响不可谓不深远。数千年后的今天，他们天才的思想言论光芒，仍然熠熠生辉。在濮（百）越先民基础上发展起来的汉族，虽然没有人不承认孔子是“至圣先师”，孙子是最伟大的天才军事家，是中国人的骄傲，但是，由于他们生活的时代比汉朝早数百年，那时候，还没有所谓的“汉朝”，当然更没有所谓的“汉人”和“汉族”了。所以，当然，也就不能认定他们是“汉人”或“汉族人”。他们对中国和世界的巨大、深远影响，只能认为是中国先贤对人类文明发展史的伟大贡献。

刘邦建立汉朝以后，才逐渐有人称汉朝的子民为“汉人”，直至近代又改称为“汉族”。可见所谓“汉人”、“汉族”的“汉”都是由“汉朝”沿袭而来的。2000多年来，这个社会群体，无论是在亚欧大陆或是在世界大舞台上，都曾经是并且将来仍然是举足轻重的要角。它过去是，现在和将来一定仍然是，影响中国历史和世界历史发展进程的中坚力量。

汉朝在中华大地上绵延了近500年，强大的军事、政治不仅使中国更加统一强大，而且在经济和睦邻外交上，更是拓展了前所未有的广阔天地。张骞通西域，不但开创了睦邻外交的先河，创造了和平的国际环境，而且开创了一条有利国计民生、被千百年后人们誉为“丝绸之路”的金光大道，成为亚欧大陆生命相连的纽带。而且，中西文

化从此相互交流，加速了两地文明历史的发展。

中国古代“四大发明”除了指南针和火药之外，纸和印刷术都是汉朝以后对人类文明作出的伟大贡献。夏、商时代，文字经过了漫长岁月的发展，开始进入记事应用阶段。文字是人类用来代替语言，克服时空障碍的传播工具，它需要有一定的载体，否则就不可能传播。商代的甲骨，是当时人们认为最轻便耐用的文字载体，所以，将记事的文字刻写在甲骨上，用以传播和保存。但是，甲骨得来不易，且数量有限，满足不了广大人民的需要。所以，到了周代及春秋战国以至秦和汉初，人们就改用取之不竭的竹片来代替。

然而，竹片也并不轻便，人们将记事的文章集成卷的时候，每卷都有一定的重量，占一定的空间，百十卷就堆满半间房。直到东汉蔡伦改进了造纸术，轻薄的纸张问世，才真正解决了这个问题。随着纸张的改进，隋唐时出现了刻板印刷，再经过宋代毕昇发明了活字印刷术。从此，文字的应用才得到了更广泛深远的传播，真正做到了在某种意义上可以替代语言超越时空。

唐朝的李世民总结和利用了汉朝治国的许多成功经验。对内，大力发展经济、文化教育事业，对外，开辟了多条海上“丝绸之路”，广泛与外国通商，进行经贸与文化往来，从而迅速提升了综合国力，民生安定，富国强兵，不仅成为当时亚洲的大国强国，在世界也是强国，许多国家都纷纷派学生来到长安（今西安）留学。文学艺术的发展更是达到了登峰造极的境界。流传至今被世人赞叹不已的上万首全唐诗，流光溢彩的“唐三彩”，敦煌莫高窟的藏经和壁画，等等，这些流传万代的无价瑰宝，都充分展示了神州大地上主体民族的高度智慧。

1405 年至 1435 年，郑和七度下西洋，带领上万人和上百艘船，航程跨越亚、非及中美洲，几近环绕地球三周。这是当时世界航海史上规模最大的一次航海，是世界航海史的伟大创举，而且，也是中国有史以来，规模最大的一次中外经济文化交流。至今，东非、北美纽西兰和澳大利亚北部还陆续零星发现当年郑和带去的遗物（包括营地残迹）。

元、清两朝，统治集团虽然是蒙古族和满族，但由于被统治的数亿人 98% 都是汉族和其他少数民族。统治者自知统治人口数量居于绝对劣势的现实情况下，是既无力量也没有可能强行推广使用统治集团原有的语言和文字的，聪明的做法是，继续沿袭历代王朝，使用汉语汉文。因此，元朝统治的一百多年，清朝统治的两百多年，除了在很短时间内朝廷内部曾用过一些蒙文和满文记录他们的胜利史外，其余基本上用汉语汉字。这不仅使汉语汉字继续得到发展，而且，使自夏朝以来数千年的中国历史仍然像一条直线那样继续向远方延伸，中间连一个“结”也没有。

出现这样的“奇迹”，功在汉族，功在中国独特的历史。因为自秦统一了六国，汉朝继秦业且发扬光大，经过400多年的精心管治，“人心归汉”的“向心力”将神州大地上的亿万人们凝聚成了一股摧之不裂的强大力量，不断推动中国历史滚滚向前。在人们的深层意识里，“以汉为荣”的社会群体基因一代传一代，任何力量都不可能将其随意改变，已自然而然地形成了社会思维基础。

因此，汉朝以后至今2000多年来，尽管中间出现了三国、南北朝、五代十国等不统一的分裂时期，但这只不过是历史潮流的几段杂音插曲而已，它们最终都被彻底湮没在滚滚向前的中国历史长河之中，中国大一统的总趋势并没有改变。

元、清两朝的统治者，他们虽不是汉人，但他们的祖先数千年来也一直都生息在美丽富饶的神州大地上，同样受过汉朝近500年的统治，因此，在其深层意识里，同样可能受到“以汉为荣”的感染，潜藏着“以汉人为榜样”的思想。所以，他们统治神州以后，不仅沿袭了汉朝的治国方略，拓疆垦域，强力维持神州的大统一，而且，对内大力提倡用汉字、封汉官，尽量消除民族间的隔阂，创造和睦、和谐的稳定社会，从而，出现了“康（熙）、乾（隆）盛世”这样具有中国特色的历史奇迹。元、清统治者的母语——蒙古语和满语，也随着他们的统治岁月，慢慢地被湮没在汉语的汪洋波涛中，至今满语仅东北很少人使用，成为濒危的语言。这是因为语言的生命在于运用，使用的人数越多，生命力就越强，就越不容易被他族语言融合而消亡。

孙中山高瞻远瞩，顺应历史发展潮流，领导辛亥革命，彻底推翻绵延了数千年的封建社会制度，开创了共和国的新纪元，为中国人民迈向现代化的康庄大道奠定了坚实美好的基础。近100年来，神州大地已发生了天翻地覆的巨大变化。可以肯定，以汉族为主体民族的中

国各族人民，在未来若干世纪，一定能够为世界人民作出更多更大的贡献。因为中国这个拥有13亿人口，91.59%都是汉族的大国，虽然她是世界上人口最多的国家，但是，她将一如既往地遵循民族固有美德，与人为善，睦邻扶弱，永不称霸。因为以汉族为主体的中华民族，自古就懂得一条颠扑不破的真理：以强凌弱，弱肉强食，贫富不均，是永远都不可能达到世界大同的！

四、结论

综上所述，世界上人口最多、居住地域最广、进入人类文明最早、历史最悠久、对世界贡献最大的伟大中华民族，是东亚大地上百分之百的“土著”民族。现代的中华民族是经过了千百万年的不断自我演化（包含分化→统一→再分化→再统一）而逐渐形成的“一干多支”，枝繁叶茂的伟大民族。中华民族在过去漫长的历史长河中，已经为人类的进步繁荣和发展作出了巨大的贡献，在可以预见的将来，也一定能继续为世界的高度文明作出更多更大的贡献！

（一）中华民族的主体是“土著”，不是“外来”

中华民族的主体是“土著”不是“外来”的结论，决不是无稽之谈，更不是毫无根据的胡言，而是有数不清的考古资料，提供了铁一样的事实根据。

且不说四川巫山（今重庆巫山）人（巫山县庙宇镇龙骨坡），只说元谋人（云南元谋县那蚌村）。他们不但已经能够打制粗陋的石器，而且已经学会用火取暖和烹制熟食。中华民族最早的祖先，应该可以说是从元谋人算起，因为“没有一只猿手曾经制造过哪怕是最粗笨的石刀”（《马克思恩格斯选集》卷3，第509页）。

此后，河北阳原人遗址的出土，带来了数量众多的石制工具，正式向世人宣示：中国的“旧石器时代”已经在这里早早开始！接着，陕西蓝田人、北京周口店人、江苏南京人、辽宁金牛山人、山东沂源人、安徽和县人，等等，上百处古人类活动遗址遗物，有力地证明了广袤的神州大地，早已有众多的人类在那里绵延不断地生息。

除此之外，广西的柳江人、湖北长阳人、广东马坝人、陕西大荔人、山西许家窑人和丁村人，等等，他们的活动遗物，也明确地告诉人们：中国的“旧石器时代”已进入了中期。他们已有较高的智商，已懂得利用集体的智慧和集体的力量开办石器制造工场（许家窑遗址），制造出众多的石器工具，甚至有的是工序比较复杂、工艺要求较高的球形工具。

5 万年前，神州大地上的古人类基本上完成了作为“智人”的新人阶段，中国历史随之也进入了“旧石器时代”的晚期。这个时期各类石制工具种类繁多，砍斫器、刮削器、尖状器，大小粗精兼备，细小的骨针，既尖且滑，已是缝制衣裳不可缺的实用精制工具。

山西峙峪文化遗址出土的石质箭镞，说明约在 3 万年前开始，中国历史便进入了“新石器时代”。那时，人们狩猎，除了使用木石，还学会了使用弓箭，解决了较长距离的射杀问题，从而增加了猎物的数量，大大提高了生产力。

中国的新石器时代，可以说是中国古人类在神州大地上创造中国史前的古代文明，为中华民族奠定坚实发展基础的重要时代。据统计，在全国各地已发现 7000 多处新石器时代文化遗址出土的各类石器，数量之多，堪称世界之冠。

一万多年以前，我们的祖先为了更好地加工谷物类的熟食及应日常生活所需而发明创造了陶器。而制陶技术的传播和陶器的普遍使用，不仅孕育并催生了青铜器时代的到来，而且也为这个时代的到来积累了丰富的经验。

中国的青铜器时代，是人们在烧制陶器过程中，从窑壁发现铜矿石熔化物（青铜）开始的。人们为了烧制陶器，无意中用了一些铜矿石来砌陶窑，后来在出陶时，发现经过高温而熔化了的青铜竟然比用泥土烧成的陶坚韧百倍，可以用它来制成器皿代替易碎的陶。这个惊人的发现，不但把中华民族的发展史推上了一个新台阶，开创了一个辉煌的新纪元，使中华民族在人类进步发展史上又作出一项伟大的贡献。而且可以毫不夸张地说，正是由于青铜的发现，才使人类有机会能够最终彻底告别流传使用了数百万年沉重粗陋的石头器具，大幅地加速了人类发展史的进程。

中华民族能够有今天，来得并不容易。祖先们经过了一百多万年漫长的缓慢发展，持续不断地与大自然进行艰苦卓绝的斗争，好不容

易才成为主宰神州大地的主人。这段历史长河，如果用百分比来估量，其比例的差距是何等的不可思议！元谋人用了整整160万年时间来不断演化和完善自己，才使自己成为真正的“智人”，才使自己真正有意识地进入以“族外婚”为特点的氏族社会。然而，有谁可曾想过，160万是170万的95%！如果按照一般历史学家的观点和人类发展史将其分为蒙昧、野蛮和文明三个阶段，那么，我们的祖先在这170万年漫长的岁月里，就有160万年生活在蒙昧时期。假如以一万多年前“新石器时代”作为文明时期的开始，那我们的祖先也只有不到2%的时间生活在这个阶段。

不过，我们也绝不可以小看这不到2%的一万多年时间。这一万多年，可正是我们的祖先在广阔的神州大地上，为人类文明作出最早最多最大贡献的时代。那时，世界大部分地方可能还是一片蒙昧，可是我们祖先却早已知道培植野生稻谷、果类，驯养野生的动物，家养野蚕抽丝，已知道建造房屋，知道用竹捆扎成能漂河海的“方舟”，大大地解决了人类生存发展的衣、食、住、行四大难题。

发现青铜之后，冶炼青铜又为冶炼钢铁积累了丰富的经验。因此，到了商代，便已能够造出相当精良的铁刃铜器——铜骹铁叶矛、铜銎铁锛、铜柄铁削、玉柄铁剑和铜内铁援戈等兵器和用具。

铜器和铁器的普遍使用，极大地促进了生产力的发展，加速了中华文明和世界文明的历史进程。

之后，我们祖先创造了适合中华民族使用的风格独特的文字，打开了现代文明的历史大门。从此，中华民族就昂首挺胸，站在世界民族前列，走上人类文明史的康庄大道，不断向前迈进。

上述铁证，归结到一点，充分说明中华民族的来源，90%以上都是“土著”，不是“外来”。

（二）现代的中华民族是“一干多支”的伟大民族

所谓“现代的中华民族”，当然是在中华大地上，从古代民族（氏族、部落、部族）发展到近代和现代，根据现代“民族”的定义，确定为具有自己鲜明特点、与其他民族有明显区别的独立的现代民族。然而，由于历史的和地缘的关系，这个“现代的中华民族”内部又形成以汉民族为主干，另外包括55个其他兄弟民族，在当今世界上，以“一干多支”统一的中华民族名义屹立于世界民族之林的一个现代民族。

当然，所谓“主干民族”的汉民族，也并非数万年前就有的。而是从数千年前开始，在某一个古代民族（例如“濮”）的基础上，不断融合其他周边民族，经过漫长岁月的交融才逐渐发展演变形成的。

历史唯物论告诉我们，任何民族都是在一定的历史条件下产生，在一定的历史条件下发展，最终也会在一定的历史条件下消亡。现在生息在中华大地上，包括汉族在内的数十个兄弟民族，都是在一定的历史条件下产生的。但是，由于它们也是客观事物，一切的客观事物都不是永恒不变的，而是每分每秒都逐渐地发生变化。汉民族以它强大的经济和先进文化优势，以及它正处于欣欣向荣、蓬勃发展的强劲阶段，所以，在数十年乃至数百数千年之内，它会像一座熔炉那样，继续与一些周边的小民族熔为更大更先进的民族。然而，即便是把现有的50多个少数民族都彻底融合，汉民族成了中华大地独一无二的民族，它也不可能永恒不变、永远存在、永不消亡。因为事物的发生、发展和消亡，是宇宙的永恒定律，是任何力量都改变不了的。汉民族也不可能例外。不过，到了没有民族的时代，世界也一定比今天美好千百万倍了。

中华民族从古到今，由古代民族发展成为现代民族，并经常被人在它前面冠上“伟大”二字，说她是“伟大的中华民族”，这崇高的赞誉，是对我们祖先数千年来为人类作出了许许多多辉煌卓绝的巨大贡献最衷心真诚的赞美。下面略举数例就足以证明。

天文历法　早在一万年前，我们祖先就已经知道根据物候与天象相结合制定历法。伏羲氏首创了物候与天象结合，用阴阳爻把一年分为冬、夏两季，再用阴、阳爻组成八卦，代表八个节气。神农氏沿用八个节气，但将一年划分为春、夏、秋、冬四季，称之为“四时八节”。蚩尤氏则进一步发展了伏羲氏的天象制历原理，利用星空定季节，以北斗七星为基点，将星空划分为二十八区，名为“二十八宿”，为划分四季提供了坚实的天文学原理基础。黄帝则在蚩尤历的基础上，制成了《调历》，比蚩尤历更加实用。颛顼即位后，命组专门班子，研究整理历代历法，充分肯定了天象与四时的密切关系（“裁时

以象天”），基本确立了农历二十四节气的历法，流传至今已有数千年，因而被尊奉为“历宗”。

从伏羲至尧，时间流逝了数千年。历法经过了历代实践的检验，尧发现颛顼历仍有许多不足的地方，于是就命羲氏与和氏，派出专人到东、西、南、北观测日月星辰运行的规律，测定日月星辰升沉的时刻，明确制定出一年 366 天，另加“三年一闰月”进行调节的中国农历。

后来，这个历法被传到了巴比伦，当地苏美尔天文学者经过认真核对之后，将其修正为 365.2425 日，与现代天文学家准确测定的 365.2422 日，相差仅是数十秒。可见远在数千年前，我们祖先对天象的观测和推算的技术已是何等的高超！我国古代气象科学的辉煌成果，对人类生产生活作出了巨大的贡献。著名华裔物理学家李政道博士，曾专文考证了尧帝时代的天文仪器——浑天仪和星象仪“璇玑玉衡”，认为世界上没有哪个国家和民族在四五千年前，就已经能够发明创造出如此准确观测天象的科学仪器。

农业　中国是世界上最早以农立国的国家。中华民族的祖先，早在一万多年以前就已经知道如何培植水稻，如何培植瓜果菜疏，如何养蚕织布，解决了衣食问题。

造船　横渡江河湖泊、漂洋过海的轻舟，也是中华民族的祖先在一万多年前最先发明和使用的。浙江河姆渡出土的七八千年前的船桨和大量鲸鲨骨骸，充分证明了这一点。我们祖先造的船，并不是非洲常见的独木舟，而是用大楠竹做成的筏（俗称“竹簰”），这种筏浮力大，任凭狂风大浪吹袭也不易沉没。《圣经》传说中所谓的“诺亚方舟”，就是这样做成的，因为用楠竹扎的竹簰不是长方形就是正方形状。楠竹的“楠”，拼音是 nan，故事传到了西方，写《圣经》的人用拼音文字写的《圣经》，再把《圣经》传入中国，当初的中文译音（北方人，因普通话区已无 -m 韵尾），把 nam 译音写成“诺亚”的中文字，与“楠”字音相近，是无可非议的。由于《圣经》是“舶来货”，一经译定，后来人就只知道“诺亚方舟”是外国货，而完全不知道它是源于中国的用楠竹扎成的方舟。

除此之外，中华民族祖先对人类作出的卓越贡献还有很多。现在欧洲的农业、造船、天文历法、造纸、印刷、酿酒、采油、大炮、多级火箭、降落伞、蒸汽机、算盘及十进位数学，甚至是足球，等等，都是由中国人最先发明，传入欧洲，再被欧洲人改良的。

数千年前，有的甚至是上万年前，就已经发现、发明、创造并使用上述种种对改变和改善人类生产生活作出巨大贡献的中华民族祖先们，难道不能被赞誉为伟大吗？伟大的发明，伟大的创造，伟大的贡献，因而也成就了伟大的民族。

当然，在这万多年来的历史长河中，中华民族的历史发展进程，也并非是一帆风顺，直线向前的，而是道路崎岖，遇到不少艰难险阻，有高山、平原也有深渊河谷。不过，当她彻底克服了一切前进道路上的障碍，以巨人的雄姿，踏上 21 世纪康庄大道之后，定会以强大的力量，高速度勇往直前，去夺取新纪元之冠。

可以肯定，中华民族的祖先，在已经过去了的岁月里，既然已经能够为全人类作出那么多的非凡贡献，在已经来临的 21 世纪和未来的世纪里，也一定能够继续为人类的幸福，为世界的文明进步作出更多更大的贡献。

注释

①浙江省文管会，浙江省博物馆《河姆渡发现原始社会重要遗址》，载《文物》1976 年 8 期。

②侯红光《贾湖遗址契刻符号早于甲骨卜辞》，载《光明日报》1987 年 12 月 17 日；河南文物研究所《河南舞阳贾湖新石器时代遗址第二至第六次发掘报告》，载《文物》1989 年 1 期。

黄翔鹏《舞阳贾湖骨笛的测音研究》，载《文物》1989 年 1 期。

唐建《贾湖遗址新石器时代甲骨契刻符号的重大考古理论意义》，载《新华文摘》1992 年 8 月。

③“干栏”是古濮越语 kun　la:n “上面住家”的汉字译音。数千年前在还没
上面　家
有发明用砖瓦建造房屋时，濮越人世世代代都生息在“干栏”里。这种用原木做成的房子，一般都是上面住人，下面是猪圈、牛栏，饲养牲畜家禽。这种住房的好处是：安全、干净、舒适。猪、牛、羊、家禽不怕被豺狼虎豹伤害，人住楼上也安全、干爽、舒适。“干栏”这个译音词，一些唐、宋时期的史籍已有之，但一般人只看汉字则难明其义，故史学家也只好世代相互传抄，今仍如此。

④“甲骨文”是我国古代先人刻在龟甲和兽骨上，用来占卜吉凶的早期文

字，一般认为是商代遗物，实则应是夏代之前已有，只是到了商代逐渐成熟而进入应用期。它是1898年（清光绪二十四年）以前，由河南安阳小屯村农民发现。中药铺把它当做“龙骨”，研末给人治病。潍县古董商人范寿轩无意中发现并购得部分，将其带到天津，请王襄、孟定生鉴定，并初步定名为“古简”。

清代金石学家、国子监祭酒王懿荣，以每字二两银高价购得1000余片。王死后，家人将其全部卖给刘鹗，之后，刘又收购到3000多片，并将其分类拓印编成书，名为《铁云藏龟》。

1908年，考古学家罗振玉根据文献记载，结合安阳乃殷商时代后期首都，明确推断，认为甲骨卜辞，乃是“殷室王朝遗物。”从而，为甲骨文的使用年代作了定论。

⑤王忠恕《汉字纵横谈》，宗教文化出版社，1997年2月，北京第1版。

⑥李锦芳《中国稻作起源问题的语言学新证》，载《民族语文》1999年3期。

梁庭望《栽培稻起源研究新证》，载《广西民族研究》1998年2期。

⑦广州日报《高州发现罕见“水鬼禾”》，2000年7月22日。

⑧江光亚《国父孙中山先生遗教全书·同盟会宣言》第743页，台湾：瑞成书局，1984年12月。

⑨参阅选引摘自民族出版社出版的《中国少数民族语言简志丛书》“概况”部分，以及金春子、王建民《中国跨界民族》，民族出版社，1994年9月版。

韦庆德、覃国生《壮语简志》1980年7月；喻翠容《布依语简志》1980年7月；喻翠容、罗美珍《傣语简志》1980年8月；梁敏《侗语简志》1980年8月；张均如《水语简志》1980年11月；王均、郑国乔《仫佬语简志》1980年11月；梁敏《毛南语简志》1980年12月；欧阳觉亚、郑贻青《黎语简志》1980年12月；贺嘉善《仡佬语简志》1983年2月；王辅世《苗语简志》1985年5月；毛宗武、蒙朝吉、郑宗泽《瑶族语言简志》1982年4月；蒋炳钊《畲族史稿》厦门大学出版社，1988年9月。

⑩屈大均：《广东新语》卷七，《人语》。

⑪参阅选引摘自民族出版社出版的《中国少数民族语言简志丛书》“概况”部分。

欧阳觉亚、程方、喻翠容《京语简志》1984年11月；金鹏《藏语简志》1983年6月；孙宏开《羌语简志》1981年7月；陆绍尊《错那门巴语简志》1986年5月；孙宏开、陆绍尊、张济川、欧阳觉亚《门巴、珞巴、僜人的语言》1980年12月；张济川《仓洛门巴语》1986年9月；欧阳觉亚《珞巴族语言简志》1985年12月；陈士林、边仕明、李秀清《彝语简志》1985年7月；李永燧、王尔松《哈尼语简志》1986年6月；和即仁、姜竹仪《纳西语简志》1985

年10月；中国科学院少数民族语言研究所《傈僳语语法纲要》1959年；常竑恩《拉祜语简志》1986年9月；刘璐《景颇语简志》1984年6月；戴庆厦、崔志超《阿昌语简志》1985年12月；盖兴之《基诺语简志》1986年8月；陆绍尊《普米语简志》1983年8月；孙宏开《独龙语简志》1982年9月；孙宏开、刘璐《怒族语言简志》1986年3月；田德生等《土家语简志》1986年10月；周植志、颜其香《佤语简志》1984年2月；李道勇、聂锡珍、邱锷锋《布朗语简志》1986年6月；陈相木、王敬骝、赖永良《德昂语简志》1986年6月；徐琳、赵衍荪《白语简志》1983年12月；仲素纯《达斡尔语简志》1982年1月；照那斯图《土族语简志》1981年10月；刘照雄《东乡语简志》1981年10月；布和、刘照雄《保安语简志》1982年1月；陈宗振、雷选春《西部裕固语简志》1985年10月；赵杰《现代满语研究》1989年；胡增益、朝克《鄂温克语简志》1989年9月；李树兰、仲谦《锡伯语简志》1986年2月；安俊《赫哲语简志》1986年8月；胡增益《鄂伦春语简志》1986年8月；何汝芬、曾思奇等《高山族语言简志》1986年4月；赵相如、朱志宁《维吾尔语简志》1985年3月；耿世民、李增祥《哈萨克语简志》1985年12月；胡振华《柯尔克孜语简志》1986年4月；程适良、阿不都热合曼《乌孜别克语简志》1987年8月；陈宗振、伊里千《塔塔尔语简志》1986年9月；林莲云《撒拉语简志》1985年10月。

⑫江光亚《国父孙中山先生遗教全书》第746页，台北：瑞成书局，1984年12月。

⑬黄世强《人类之祖——东非远古智人·湖岛裸水猿》，民族出版社，2000年1月北京。

⑭吴汝康、吴新智《中国古人类遗址》，上海科技教育出版社，1999年10月。

⑮吴汝康等《中国古人类遗址》。

⑯、⑱见澳大利亚悉尼《星岛日报》和《自立快报》1999年10月26日报导。

⑰陈致平著《中华通史》，台湾黎明文化事业公司出版社，1974年4月初版，1986年12月修订版。

⑲见香港《苹果日报》《炎黄子孙是非洲人之后》1998年9月30日。

⑳、㉑斯大林《民族问题和列宁主义》，《斯大林全集》第11卷。

㉒斯大林《马克思主义和民族问题》，《斯大林选集》上卷，第64页。

㉓赵昭炳《台湾海峡演变的初步研究》，载《台湾海峡》第1卷第1期（1982年7月）；林观得《台湾海峡底地貌的探讨》，载《台湾海峡》第1卷第2期（1982年12月）。

㉔司马迁《史记·越王勾践世家》，台海出版社，1997年10月。

㉕、㉗徐松石《粤江流域人民史》,《徐松石民族学研究著作五种（上)》,广东人民出版社，1993 年 8 月。

㉖何光岳《百越源流史》第 57 页，江西教育出版社，1989 年 12 月。

㉘章太炎《太炎文录初稿》上海书店出版社，1991 年 12 月。

㉙林惠祥《中国民族史》（上、下册)，商务印书馆，1939 年 11 月。

㉚范文澜《中国通史简编》，人民出版社，1949 年 9 月，北京。

㉛司马迁《史记》，台海出版社，1997 年 10 月，北京。

㉜班固《汉书·武帝纪》，中州古籍出版社，1996 年 10 月，郑州。

㉝何光岳《汉源流史》第 40～43 页，江西教育出版社，1996 年 12 月。

第一章 “濮”与“华夏”

“濮”是中华大地上最古老、人数最多、分布地域最广、活动时间最长，曾经创造过灿烂辉煌的中华古代文明，对中华历史文化贡献最大的古代民族。她早在数千年前，就已为伟大中华民族的发展作出了功不可没的伟大贡献。可以十分肯定地说，她与整个中华民族历史的发展息息相关。

但是，对于“濮”的这种最基本的评价，无论是从司马迁写的《史记》里，还是从2000年来众多的各种史籍（“通史”、“专史”和“野史”）里都是没有过多叙述的。

那么，是什么原因把曾经对中华民族的发展作出过巨大贡献的“濮”人的历史功勋深深地掩埋殆尽呢？我们又是凭什么说，“濮”人对中华民族历史的发展作出过功不可没的伟大贡献呢？

“兽过留迹，鸟过留声”，“濮”人既然曾经长期在中华大地上生息，必然也会留下许许多多的遗址、遗物让我们可以追寻，让我们可以通过历史的（包括史籍记载的零星资料和考古活动）、地理的（包括地名）、语言的和文化等方面的古今信息，一点一滴地去发现、了解、鉴别和肯定，从而令人信服地承认“濮”人曾经对中华民族的发展的确是作出过功不可没的伟大贡献。

例如，我们通过被誉为是“活化石”的语言，从“濮”人后裔的壮侗语里，可以追寻到2000多年来各种史籍辗转传抄的有关古代许多民族名称，以及国名、人名、山川名，等等。它们都是根据当时“濮”人的语言音译而流传下来的。这些音译名词，所用的是当时唯一可用的汉字来标音，即用读音与“濮”人语言相同的汉字来记录“濮”人的语音，因此，其汉字音并不代表和反映字义。所以，几千年来，人们对这些“专有名词”都只知其音而不知其义。可是有些史学家，在转抄这些音译名词时，却望文生义地胡乱解释一通，以致弄出了许多笑话。

如“濮”、“僚”（不同时代还有娄、挹娄、豆莫类、贺楼、劳、土僚、鸠僚、仫佬、哀牢、洛、骆等多种写法）与“凿齿”，本是同一民族在不同时代的译称或他称（前两者“濮”与“僚”是根据本族语某些词的音译，后者“凿齿”则是根据民族有凿齿习俗而给予的他称）。但是，历代的一些史学家却充分发挥他们的想象力，望文生义，把有凿齿习俗的民族，形容成为天地间的怪物。郭璞、高诱等人就是如此。《山海经·大荒南经》本来只有一句话说：“大荒之中……有人曰凿齿，羿杀之。”郭璞却以目睹者的口吻说“凿齿亦人也，齿如凿，长五六尺，因以名云。”《淮南子·本经训》载：“尧乃使异诛凿齿于畴华之野……”高诱注曰：“凿齿，兽名，齿长三尺，其状如凿，上彻颔下。”

诸如此类的还有很多很多。如檀萃《说蛮》说“鼻夷僚族，鼻如垂钩……间出市盐，与之酒，鼻饮辄尽”，把僚人形容成大象（其实“鼻”并非指“鼻子”，而是“濮”的异译，“鼻夷”即“濮夷”，pi是pu的历史地域音变）。章怀太子注引《舆地志》关于“交趾郡”地名的来由，说“其夷足大，指开坼，两足并立，指则相交”。郑玄注《礼记·王制》也说，“交趾者，足相向也。”

此外，“莫徭”本应是说“濮”语的人对“徭人”的称呼（即$^{m}pu^{35}$濮 ja:u^{33}徭即“徭人”）。后经《隋书·地理志》作者望文生义的曲解，说成“长沙郡又杂有夷蜒，名莫徭，自云其先祖有功，常免徭役，故以为名”。这里明明是作者“想当然”的杜撰，却把罪名巧妙地用“自云”二字，强加在徭人的头上。而且更可笑的是，他不仅望文生义地把“莫”字乱解释一通（即“不需要”），还把以捕鱼为生，以船为家，被称为蜒民的水上居民与主要在山地生活的徭人混为一谈。此后，千多年来，人们均以讹传讹，直到现在，有些民族史学家仍沿袭此说，并常引以为据，却不知实为谬也！

由于语言不是断代的产物，它与人类社会如影随形。它随着社会的产生而产生，随着社会的发展而发展。如果社会一旦分化，由原来一个社会分化成为几个社会，语言也随之慢慢分化，在几个不同的社会环境中，逐渐增加一些适应新环境的新语词，并在积累到一定的临界状态时，显示出不同于原母语的特点。这时，语言就由分化前的一种语言演变成为有“亲缘关系”的几种语言。但是，如果由于某种原因（如战争等），将几个讲不同语言的社会统一成为一个社会，语言也必然随之而慢慢统一成为共同语。

然而，不管是分化后的语言，或是已统一了的语言，其发展演变的结果，表面看来，似乎与原来的语言早已差之千里，面目全非。但是，正是由于语言不是断代的产物，由社会约定俗成后的一些基本词汇，则可以代代相传，千百年不变或少变。所以，让我们可以追寻到“亲属语言”之间的同源词。通过这些同源词我们不仅可以了解“亲属语言”的“亲缘”关系，而且还可以进一步追寻现代民族与古代民族之间的相承关系，知道现代民族是由哪些古代民族发展演变而来的。正是如此，才使我们可以非常清晰地了解“濮”与中华民族非同寻常的密切关系。

现在我们从各种各样的史籍中，都可以看到一大堆古代积留下来的既难解释又难理解的名词，其中有很多其实是历代用汉字音译记录下来的“濮”人语言。例如：

人人都会读的“华夏”二字，“华”与“夏”如何解释？为什么“华”与“夏”相结合？其真正的含义是什么？

民族名称中，“蛮”、“夷”、“濮”、“僚”（土僚、主僚、鸠僚）、“越”（百越）、“乌浒”等是什么意思？“蛮”是否说明该民族就一定很野蛮、很原始、很蒙昧？“濮”与“越”（百越）有何关系？

国家名称中，“哀牢”、“夜郎”、“劳浸”、“浑目”、“吐谷浑”、“文郎”（在越南境内）、“寮”（老挝）、“夫余”、“高句丽”等又是什么意思？

《山海经》记有那么多山山水水的怪名，什么“不周山”、“濮勾山”、“鹿吴山”、“发爽山”、“崇吾山”、“罢谷山”、“英鞮山”，等等，它们与“濮”到底有何关系？

至于现有的许许多多的山名，如昆仑山、长白山（古称“不咸山”）、武夷山、武陵山、九嶷山、军都山、高黎贡山、哀牢山、大娄山、怒山、巫山、乌蒙山、乌鞘岭、勾漏山、劳（崂）山，等等，它们的原意是什么？还有许多水名，如涪江、嘉陵江、怒江、滹沱河、滏阳河、湄公河、浑河、洛河、涡河、沁河、姚河、赣江，等等，它们的原意又是什么？

古代传说中的“三皇五帝”[①]——伏羲、神农、女娲、黄帝、颛顼、尧、舜、帝喾，与“濮”有何关系？

“濮”与汉民族及其他现代民族有何渊源关系？

“濮”与东南亚及太平洋群岛的一些民族有何关系？现在东南亚的“寮”国（现称“老挝”）与中国辽宁省的“辽”仅仅只是同音吗？它们与“濮”有无渊源关系？印度尼西亚的“婆罗洲”，菲律宾的“霍洛岛”，以及“沙捞越”等众多太平洋中的岛屿名称，与“濮”人的关系到底如何？

此外，在古老的中华大地上，从云南、四川、陕西、贵州、湖北、湖南、广西、广东、江西、福建、安徽、浙江到宝岛台湾，都有绵延了数千年的悬棺葬习俗，这是出自哪个民族的风俗习惯？它与“濮”到底有何关系？

上述提及的这些问题，我们将从这一章起，用“濮”人后裔壮侗语族语言，对历史积留下来数以千计的专有名词，逐一进行详细对照解释，以揭示“濮”与中华民族的密切关系。

当然，这些名词是几千年来不同时代的积淀，而且肯定不是出自同一个人的音译，而是在不同时代，由很多地方的、很多不同层次、不同文化修养的人所记所译。何况经历了数千年，原来的“濮”语已发生了根本变化，古代的“濮”民族已发展演变为现代的许多民族，而“濮”语也经过分化与融合，已发展演变为很多种不同的语言。仅目前的壮侗语族，就有一二十种。那么，是否因此就不能做如此艰巨的“追踪”工程了呢？一些传统的语言学家因此而望洋却步。因为他们会认为，都几千年了，“濮”语的本来面目是什么样子，无人可知。没有任何历史语言资料用来比较，不能以“语音对应”的手段来加以证实，怎么能够进行如此艰巨浩大的工程呢？

但是，通过综览和研究整个中华历史以及中华大地上近百种现代语言，尤其是通过深入对比研究近 20 种 80 多个调查点的壮侗语族和 50 多个调查点的藏缅语族语言，我们可以清楚地掌握它们的发展演变规律，即任何语言在长期分化并已发展演变成为多种不同语言之后，其“亲属语言”之间同源词的声母和声调，即使已变得面目全非，但其韵母则变得最慢，保留的时间最长；如果韵母有塞音或鼻音韵尾，则塞音韵尾最先演变消失，鼻音韵尾保留的时间则最长，消失得最慢。所以，即使有些变化，但从整体来看，还是足以使我们能够溯本求源，知道它们原来的真实面貌。

我们正是用这样一把钥匙，从历史语言入手，打开这座充满神秘色彩的中华历史迷宫的。

也许有人认为，史籍遗留下来的那些名词，都是不同时代、不同地区的产物，更何况从古至今，各民族的语言都已发生根本性的变化，没有人能清楚知道各民族古代语言的状况，无法用古今音进行对比，找不出任何古今音发展演变过程的对应规律，那么，凭什么去认定它们之间的内在联系，从而确定它们的古今关系呢?

不错，如果谁固执到一定要用什么古今音的对应规律来解决问题，那必定是徒劳的。因为语音对应规律的应用，是语言静态研究的手段，是通过截取某个历史阶段的某种语言或某几种估计可能是有“亲属关系”语言的语音来作比较，从而得出异同程度的结论。用这种手段企图解决数千年来不断发展演变的语言问题是根本不可能的，因为大前提是不可能知道数千年前某些语言的语音状况。就如0与1永远都不可能比出什么名堂。

如此说来，我们主要是凭着“语言不是断代的产物，它的某些基本词汇（特别是一些名词）往往是千百年不变或少变”这个事实，通过对语词中变化得最慢、保留的时间最长的韵母部分进行追踪，找出不同历史时代、不同名词之间千丝万缕的内在联系，从而确定它们之间的古今关系。

所以，我们将逐一深入揭示“濮”与中华民族历史发展的密切关系，为它“正名”，把它遭到歪曲的、被历史尘垢密实厚封了几千年的本来面目昭示天下，还历史一个公道。

当然，不可否认，数千年来，中华大地上古代民族的不断融合与迁移，使地名也不断发生变化，有的增多了，有的被更改或淹没了。但是，不可否认的事实是，绝大多数地名都一层迭一层（时代积留的层次）较完好地保留下来了。因为地名是语言的积淀，它跟语言一样，不是断代的产物。它跟人们日常交际关系密切，人们没有必要也不可能经常去更换它，经常用新的去代换旧的。因为它跟语言一样，都是由社会约定俗成的。所不同的是，语言是“活动的因素”，而地名则是由语言因素“凝固”成专有名词之后，“粘贴”在地面（山

川、平地）上，并永远作为标记保留、流传后世。由于语言总是随着社会的发展而不断发展，而地名被语言凝固“粘贴”在地面上之后，就往往千百年不变或少变，从而成为人们常说的所谓“活化石”。我们正是通过这些“活化石”来追寻“濮越”先民曾经创造过中华古代文明的辉煌历史。

一、“濮”的称谓来源及意义

史籍上为什么以“濮”作为一个古代民族的名称？几千年来，一般的人是不可能得知的。除了第一个用译音方法把 pu（或^{m}pu）译为“濮”而使用此名称的人之外，从来没有人去深入考究过，原因可能是根本无法考究的，所以就只好辗转传抄，把它作为一个专有名词而代代相传了。

“濮”作为古代地名和民族名称最先见于的史籍，是《左传》和《今本竹书纪年》。《左传·隐公四年》载：“九月，卫人杀州吁于濮。”《今本竹书纪年》在记述黄帝世系情况时也说了一句简短的话：“帝颛顼高阳氏，元年，帝即位居濮。”这是史籍最早记载的“濮”。

但是，“濮”这个名称是怎么来的呢，为什么叫作“濮”，《左传》、《今本竹书纪年》中没有任何说明，几千年来的所有史书也都没有说明。这也许是因为无法说明或认为无需说明的缘故吧。

其实，古往今来，任何事物名称的出现，都是有其根由的。它既不会平白无故地产生，也不会平白无故地消逝。民族名称当然也不会例外。数千年来，人类社会先后出现过成千上万个不同的社会群体，或氏族，或部落，或部族，或今天通称的“民族”，他们用于相互区别的名称，其来源都不外是自称和他称两种。

所谓“自称”，就是一个社会群体的成员，他们基于对本社会特点的自然共识，和对本社会群体的认同，从而形成一种代代相传的潜在内聚意识形态，在与其他社会群体成员接触交往的时候，任何社会成员无需事前指点，都会说出自己是属于哪个社会（名称）的。当这些自称的词语的部分或全部的语音被其他某一社会群体成员译成文字，记载下来并发表出来之后，这个社会群体的名称就被传扬开去，永久地成为其他社会群体成员指称他们的固定专有名词。

所谓“他称”，是指某一群体社会，由于其社会生活的某些特点十分显著，与其他群体社会的区别特别明显，因而被其他群体社会以其中最有代表性的某个特点来指称他们。这样，某种社会生活的特点，就成了该群体社会的代名词而被其他群体社会成员所指称。久而久之，该群体社会的成员，也默认并接纳这个强加于他们的外来命名。

“濮”的名称，主要属于后者，属于被其他社会群体某一成员，根据听来的某一个词语的部分语音译成的音译词而强加给某一古代民族而成为“专有名词”的。它本身并不是民族“自称”的全称词（全自称是 pu tsoːŋ 或 pu soːŋ“种田人”，今壮人仍如此说），而只是一个量词[②]，即现代壮语、布依语、仫佬语里仍普遍必用于“人”的专用量词 pu 是“位”或“个”的意思。

当然，对于数千年前“濮”语的全貌，我们不得而知。但是，我们从作为“濮”人后裔最大的分支——壮人的语言里，对照数千年前根据“濮”人语词译音而流传下来的众多历史名词（如人名、地名、国名和山川名），至少可以知些概略，可以确切地肯定他们之间的历史渊源关系。因此，下文对所有历史名词的注音和释义，均以现代壮侗语族语言为主，参以其他有关语言作旁证，这样可能更恰当，更能说明问题。

我们可以肯定地说，“濮”只是一个量词“位”或“个”的译音词，它原来并不是名词。这是根据我们考查了许多史籍记载的所有有关历史名词之后才这样说的。例如，记录中华大地山川民情最早的巨著《山海经·大荒东经》所载的“有柔仆民，是维嬴土之国”和“王亥托于有易、河伯、服牛”。《尔雅·释地》：“南至濮铅。”《广韵》：“獛铅，南极之夷。”《左传》：“宁武子与卫人盟于宛濮。”《清一统志·卷九六》的《太原府篇》：“步浑水，在交城县西北，源出狐突山南步浑谷，流经县西，又东南入汾。”

上述的“仆民”、“服牛”、“濮（獛）铅”（“獛”是旧时用来对某少数民族蔑称，如“僚”也写成“獠”，即不当人类）、“宛濮”、“步浑”等词语中的“仆”、“服”、“濮”、“獛”、“步”实际上都是 pu 的同音异译字。其中“服”字今音已变为 fu，但清人钱大昕发现“古无轻唇音”，所以，“服”所代表的译音应是 pu。

时光虽然不停地流逝了数千年，但是上述词语用现代壮侗语族的语言进行逐一对照，原有面目还是十分明晰的。

“柔仆民”——拟（古）音为klau ^{m}pu ^{m}ba:n。意思是我们村夫
我们 位,个 村
或我们是村里人。语言分化发展演变之后，与现代一些壮侗语对照，情况如下：

“柔”（我们）——布依语 zau^{11}；壮语（南部方言）lau^{33}，壮语（北部方言）ɣau^{21}；仫佬语 hɣa:u^{42}；临高话 hau^{55}。

“仆”（位、个）——壮语（南）pu^{35}，壮语（北）pou^{42}；布依语 pu^{31}；临高话 hu^{55}；傣（德宏方言）语 pʻu^{13}；仫佬语 mu^{11}。

“民”（村）——这个音译字与同书《山海经·西山经》所载的“蛮蛮”以及甲骨文中的“䜌（蛮）”字是同音异译字，是所谓“南蛮”中“蛮”字的字音来源，其原义本为“村”，但数千年来，却被望文生义地加上了人为的感情色彩，请看现代壮侗语的语音分化情况就十分清楚了。

“民”（村）——壮语 ba:n^{55}，布依语 ba:n^{31}，傣（西）ba:n^{13}，傣语（德）ma:n^{31}，仫佬语 ma:n^{53}，水语 ^{ʔ}ba:n^{33}，毛南语 ba:n^{24}。傣语（德）、仫佬语被不同时代的始译者用汉字音译写作“蛮”、“晚”、“曼”，壮语、布依语、傣语（西）、水族语、毛南语等的 ba:n 则译写作“板”、“版”、“畈”而被载入不同史籍流传。

上述“柔仆民”这个古代译音词与现代壮侗语一些语言的语音对比，非常清楚地告诉了我们两条十分可贵的讯息：

一是现代壮侗语各语言中，尽管同一个词的声母各自发生了面目全非的变化，但韵母却相对保留得比较完整，变化较少。

二是语言分化并不是杂乱无章的，而是有明晰的轨迹可寻。例如“仆（濮）”古音应该是^{m}pu，分化后，仫佬语保留声母 m，而壮语、布依语则丢弃 m 而保留 p；临高话则仅保留傣语（德）声母的送气音 h。“民（蛮）”也如此。壮、布依、傣（西）、水、毛南等语言，都丢弃了古音^{m}ba:n 中的 m，只保留 b，傣语（德）和仫佬语则相反，保留 m 而丢弃 b。

“服牛”——拟音为^{m}pu klau“我们”之意。这个“服牛”的音
位 我们
译词跟现代壮语（北）的 pou^{42} ɣau^{21} 的音仍然非常贴近，可以说差别

甚微。

“濮铅”——拟音^{*m}pu zun “人”的意思。古今对照，壮语
位 人
（南）pu^{35} von^{33}，壮语（北）pou^{42} vun^{21}；布依语 pu^{31} hun^{11}；临高话 hun^{55}；傣语（德）p‘u^{13} kon^{55}；侗语 mu^{33} ȵən^{11}；仫佬语 mu^{11} çən^{42}；水语^{ʔ}ai^{13} zən^{13}；毛南语^{ʔ}ai^{42} zən^{42}。

“宛濮”——拟音为von ^{m}pu，这是“濮宛” ^{m}pu von的倒装。古
人 位 位 人
今对照意义与“濮铅”相同。

“步浑”——拟音为^{*m}pu von，“人”的意思。
位 人

可见，上例的“仆”、“服”、“濮”、“步”都是^{m}pu的同音异译字，它本身只是专用于“人”的必带量词。所谓“必带”，就是当说到“人”的时候，一般都要在前面加上量词 pu，而不单独说“人”，而是说“个人”。这是语言本身的特点所决定的。即使时至今日，仍然如此。只要是这个系统的语言，皇帝的名称也不例外。例如属于壮侗语族（国外有的称侗泰语族）的泰语，泰国皇帝的名字前面，仍然也还用 pu“蒲（濮）”字，称为“蒲××”。这个“蒲”就是“人”的专用量词“位”的意思。最初将^{m}pu译为“濮（仆、服、步……）”的音译者，只译了^{m}pu vun“人”这个词的前一音节，以致使量词变成了名词。现在当我们知道了“濮”的本来面目之后，就应该给它正名，还历史一个本来的面目。

当然，我们说“濮”只是由专用量词 pu 的音译而成为一个古代民族的专称，这仅仅是从它的来由方面说的，并不否定它能够代表一个伟大民族，更丝毫没有影响这个伟大民族在中华古代文明历史进程中作出的卓越贡献的光辉形象。因为古往今来，世界上一切事物的名称，都是由人们通过语言约定俗成的。人们给某一事物起名，目的仅仅是使它能与其他事物容易相互区别。因此，并没有谁预先去硬性规定一定要用现代语法中的名词一类给事物来命名。就好比当你发现一种新事物的时候，可以任意用“A”或“S”给它命名，然后推介给社会，这样，一传十，十传百，全社会也就必然称它为“A”或“S”了，因为事物的名字，只是人们交际、交流思想过程中相互传递的一个信息符号，使用什么样的符号，无关紧要，只要能达到相互识别，

使交际、交流思想的双方都互相了解的目的就可以了。

所以，“濮”这个词，虽然来自一个古代民族语言某一量词的译音，但它却被用来称呼一个伟大民族，永久地载入了伟大中华的史册，流传万代。

既然如此，“濮”作为历史上一个代表既定民族及其语言的专有名词，它当然就如影随形，与该民族及其语言在整个历史发展演变进程中紧密联系在一起。通过它，我们就可以解开许多历史之谜，可以找到许多被视为难题的答案，甚至可以看清大部分中华民族数千年来历史发展的概貌。它，是引导我们走进异彩纷呈的中华历史殿堂的一盏明灯。

二、“濮”在中华大地

在广袤的中华大地上，古代的“濮”人主要分布在什么地方，史籍没有太多明确的记载。不过，根据中国科学院主办的《中国历史地图册》[③]（卷一）所载，直到秦、汉，仍可以在东起湖北、湖南，西至缅甸东部，南至桂、粤两省，西北至陕西汉中，这片包括滇、川、黔、陕、鄂、湘、桂、粤等省的广大地区，找到濮人的记载。如卷一第55页至56页的《东汉益州刺史南部图》，于云南南部、西部及缅甸东部，仍清楚标明“濮部”（在今云南沧源佤族自治县一带）和“闽濮部”（在今孟连傣族拉祜族佤族自治县一带）。

商、周两朝立国主要在中原，统治范围也主要在黄河与长江中下游地区，其余地区不在其势力范围之内。尽管如此，《商、周时期全图》（卷一第11~12页，第15~16页）也都明确标明，汉水流域和长江中游的湖北、湖南及以南以西的广大地区是濮人的生息之地。

但是，如果我们把“濮”跟后来又被音译为“僚”（寮、辽、娄、楼、劳、牢、卢、泸、洛、骆、乐、罗、佬……）和“越”（夷、伊、衣、依、余、裔、禺、禹、榆……）的字联系起来，然后再打开地图看看与他们有关的地名（包括古国名、城镇名及山川名）分布，就必然会看到，西边的缅甸东部、西藏南部、云南和四川西部，有一个面积很大的“哀牢古国”，以及位于四川东部、以贵州为中心的“夜郎国”，辽宁、吉林、黑龙江那里也有一个名叫“夫余”（实际也是^{m}pu ji 或^{m}pu jui，^{m}pu jai，“濮夷”或“濮越”的音译）的古国。

此外，还会看到许多“濮”（蒲、莆、浦、埔、博、铺、舗、補、普、步、扶、夫、服、浮、阜……而与“濮”关系密切的“僚”、“越”因内容太多，下面将各自详述）的地名，散布在广阔的中华大地上④。如：

四川的“蒲（濮）江”、“涪（濮）江”、“涪（濮）陵”［pu^{35} laŋ^{51}（“后面的人”或“后来人”）］。
后面

云南的“蒲（濮）缥”、“普（濮）洱”［即pu^{35} ȵi^{31}（“小辈”之意）］，“博（濮）尚”［即 pu^{35} sa:ŋ^{51}（“种稻人”）］，“待補（濮）”（即“大濮”），“特補”［即“tak^{31} pu^{35}（“男人”）］。
位 小

贵州的“蒲（濮）老场”［即 pu^{35}lau^{33}（“我们”之意）］，“播（濮）尧”［即 pu^{35}jau^{33}（“我们”之意）］，“新蒲（濮）”［即 sen pu（“讲濮人话”）］，“補（濮）郎”［即 pu^{35} laŋ^{51}（即“后来者”之意）］，“普（濮）定”［即 pu^{35}de:ŋ^{31}（“濮人的地方”）］，“卡蒲（濮）”［即 ka:k^{31} pu^{35}（“濮人自己”）］。
我们 我们 地方

陕西的“蒲（濮）城”。

山西的“蒲（濮）县”及现今的永济县，唐代称“蒲（濮）州”。

河北的“博（濮）野”，即 pu^{35}jai^{55}（“越人”）。
越人

河南的“濮阳”pu^{35}ja:ŋ^{51}（“种粟人”）。《韵会小補》载：“粟为陆种之首，米之有甲者。”
粟

山东的“博（濮）兴”、“泰薄（濮）顶”［即dɑ:i^{51} pu^{35} de:ŋ^{31}（“濮人的山”）］、“锱博（濮）”［即pu tsi（“耕田人”的倒装）］。“墨崂山”［实际是^{m}pu^{35} lau^{33}山（“我们的山”）］，“蒲汪”［即 pu^{35} vaŋ^{33}（“痴人、傻瓜”）］、泊（濮）里［即 pu^{35} lei^{31}（“山地人”）］。
山 （音濮） 地方 位 犁 濮 我们

辽宁的“步（濮）云山”［即$pu^{35}von^{33}$ 人（“濮人山”的译音）］。

吉林的“大蒲（濮）”［即do:i 山 pu（音濮）（“濮人山”）］。

江苏的“浦（濮）口”［即$pu^{35}kau^{33}$ 我（“我”）］，“浒（wu^{35} 咱们）浦（濮）”［即$pu^{35}wu^{35}$ 咱们（“咱们”）］，“江浦（濮）”［即pu koŋ“祖宗”］，“青溥（濮）”［即pu siŋ“自由自在的人”］。

浙江的“濮院”［即pu^{35}zən 人（“人”之意，现代水族语、毛南语仍读此音，“人”读zən；布依语、临高话则读$pu^{35}hun^{24}$ 人）］，“浦（濮）江”，“澧浦（濮）”。

安徽的“阜（濮）阳”（与河南的“濮阳”是同音异写）。

江西的“莆（濮）田”［即pu^{35} de:n^{31} 地方（地方为de:n，盆地为de:ŋ，“濮人的地方”）］，“蒲（濮）亭”［即pu^{35} de:ŋ^{31} 地方（也是“濮人的地方”）］。

福建的“莆（濮）田”［与江西的相同，原称“莆（濮）口”，即$pu^{35}kau^{33}$（“我”之意）］，“蒲（濮）户”［即$pu^{35}wu^{35}$ 咱们（“咱们”之意）］，“浦（濮）城”，“霞浦（濮）”［即pu jo（ja）“本领高强的人”］，“浦（濮）口”［即pu hau“我们”（与“莆口”同）］，“浦（濮）南”［即$pu^{35}nam^{55}$ 水（“濮人”之意）］，“南浦（濮）”（与“浦南”同），“章浦（濮）”［即pu tso:ŋ（“种田人”）］，“蒲（濮）岭”［即pu yaŋ（“后来者”）］，“潘（濮）渡”［即pu tau（“我们”）］，“蒲（濮）边”［即pu pe:ŋ（“邻居”）］。

甘肃的“博（濮）峪”［即$pu^{35}jok^{31}$ 外边（“外边的人，外人”之意）］。

湖北的“蒲（濮）圻”［即pu^{35} ji^{55} 越；夷（“越人”）］。

湖南的“浦（濮）市”，“播（濮）阳”（与河南的“濮阳”同），“大埔（濮）”［即tak^{35} pu^{31}（“男人”）］，“铺（濮）严塘”［即pu^{35} jam^{31} 共同，一样 doŋ^{33} 相同（“同是濮人”）］，“扶（濮）罗”［即$pu^{35}lau^{33}$ 我们

（“我们”）]，“城步（濮）”（即“濮人的城市”）。

广东的“大埔（濮）”（与湖南的“大浦”同），“播（濮）阳”（与河南“濮阳”同），“普（濮）宁[即 pu ^{n}de:ŋ（“濮人地方”）]，“扶（濮）溪[即 pu k‘əi（“耕田人”，今侗语“犁”仍读此音）]，“云浮（濮）”[即 pu^{35}von^{33} 人（“人”之意）的倒装]。

广西的“合浦（濮）”[即 ka:p^{55} 合在一起 pu^{35}（“合在一起的人”）]，“博（濮）白”[即 pu^{35} bak^{31}（“兄长”之意）]，“蒲（濮）庙”，“荔浦（濮）”[即 li^{31} 山地（“山地人”）]。

此外，广西境内以“布（濮）”为古今地名的村庄、城镇则不胜枚举。如“布武”[即pu 位 wu 咱们（“咱们的人”）]，“布文岩”[即 pu^{35} von^{33}岩（“人岩”）]，“布尧”或“布要”[即 pu^{35} jau^{33}（“我们”）]，“布楼”或“布露”[即 pu^{35}lau^{33} 我们（“我们”）]，“布音”pu^{35} jam^{31} 共同、一样（相同、一样的人），“布凌”或“布良”[即 pu^{35}laŋ^{5}1（“后来的人”）]，“布黎”或“布利”[即 pu^{35} lei^{31}（“山地人”）]，“布农”[即 pu^{35} nuŋ^{35}（“弟弟”）]等。

海南省的“博（濮）鳌”[即pu 位 ^{ʔ}a:u 人（“人”，现代黎语称“人”为^{ʔ}a:u^{53}）]，“博（濮）厚”[即pu 位 hau 我们（“我们”，现代临高人称“我们”为 hau，用汉字译音为“厚”、“后”）]，“抱（濮）由”[即pou 位 jau 我们（“我们”）]。

台湾省的“埔（濮）心”[即pu 位 sam 共同（“同样、一样、一起”）]、“田埔（濮）”[即de:n 地方 pu（“濮人的地方”）]、“埔（濮）里”[即 pu lei 山地（“山地人”）]、“大埔（濮）”[即 ta pu（“人”）]。

上述与“濮”有关的地名，仅仅是历史遗留下来的极少数，而且我们只择些许以举例。但是，我们相信，所有研究中国历史的史学家、考古学家和民族学家们，在详细看过中华大地上布满了用濮、僚、越[实际上是同一古代民族在不同时代的不同译称，他们对外常

自称为“濮僚”pu lau（“我们”之意），或“濮越”pu ji（jai）（“种田人”之意）］语言命名的山川城镇地名之后，一定会目瞪口呆，并情不自禁地惊呼：“原来他们才是这片广大土地的真正主人！”

我们 犁、耕种

一点也不错，他们是最早生息在这片土地，并且是最早开发这片广袤土地的主人！今天全国人口最多的汉民族，也都是在他们的基础上发展壮大，逐渐形成的。

（一）“濮”与“华夏”

屹立在东亚大地上已有数千年历史的中国，因她对人类作出的巨大贡献而受世人尊敬，每个生活在这样一个伟大国度里的人都感到无比自豪。但是，自周朝以后，除了“中国”一名以外，还有“华夏”之称，而且一直沿用至今。如澳大利亚《星岛日报》2003 年 10 月 17 日第 8 版中对中国“神舟五号”载人飞船发射成功的报导，就用了“‘华夏英雄’杨利伟圆国人飞天梦”的大标题，而不是“中国英雄”之称。2003 年 10 月 18 日人民网亦非撰文载：“‘神舟五号’载人飞船发射成功，作为中国首位探索太空的勇士，杨利伟的名字响彻华夏，惊动世界。”也是用的“华夏”，而不用“中国”。

“华夏”之名，最早见于《周书·武成》：“华夏蛮貊，罔不率俾”[⑤]。但将“华夏”与“中国”齐名，最先明确解释“华夏”即“中国”，“中国”即“华夏”，二名联为一体的则是《左传》：“‘裔不谋夏，夷不乱华’是中国为华夏也。”[⑥]

那么，这个“华夏”从何而来呢？是来自中国最早的王朝夏朝吗？如果是，为何“夏”字之前加“华”字呢？如果不是，“华”是什么意思？“夏”又是什么意思？“华夏”为什么可以用来指称“中国”？

也许正是由于“华夏”二字的由来不明，令人百思不得其解，所以，几千年来，人们虽然乐于使用，但不少人为了要辨明真义而各立其说，至今仍然莫衷一是。

2000 多年前，中国最早解释词义的专著《尔雅·释诂》对“夏”字的解释为“大也”。宋代邢昺疏曰：“自关而西，秦晋之间，凡物之壮大而爱伟之谓之夏。”[⑦]从此之后，许多人就依此做文章，各白解释。

如《左传》载："中国有礼仪之大，故称夏；有服章之美，谓之华。"《说文解字》则将"夏"解释为"中国之人，从夊从页，从"𦥑"，页为首，𦥑为两手，夊两足"。段玉裁注："谓以别于北方狄，东方貉，南方蛮、闽，西方羌，西南僬侥，东方夷也。"真是胡扯！他还对"华"字作解释："木谓之华，草谓之荣。引申之为曲礼'削瓜为国君华之'之字，又为'光华''华夏'字。"[⑧]（《说文解字》注卷六）

章太炎认为"华夏"是因"华山"与"夏水"得名，他在《太炎文录初稿·中华民国解》里说："诸华之名，因其民族初至之地而为言。……神灵之胄自西方来，以雍、梁二州为根本。……就华山以定限，名其国土曰华，则缘起如是也。……华本国名，非种族之号，然今世已为通语。"又说："质以史书，夏之为名，实因夏水而得。是水或谓之夏，或谓之汉，或谓之漾，或谓之沔，凡皆小别互名。本出武都，至汉中而始盛。地在雍、梁之际，因水以为族名。犹生姬水者之氏姬，生姜水者之氏姜也。夏本族名，非邦国之号，是故得言诸夏。"[⑨]

有人讽刺章太炎此说是孙悟空用毫毛当大棍。华山在五岳中，比泰山矮小得多，中国人往往以泰山而自豪（如有"重如泰山，轻如鸿毛"之句），而极少有人以华山为荣的，更不用说以它为族名、国名了。夏水也是如此，它只不过是浩瀚长江众多支流中的一条小支流，有什么理由能膺此殊荣?！所以，陈登原在《中国文化史》里说："就华山以定限者，未如就日月光华之义以定吾种族之名也。"[⑩]

近代民族史学家林惠祥在《中国民族史》（上册）里，除同意《说文解字》把"夏"解释为"中国人"外，还认为"华"实则"花"字，是以植物图腾作族名。他说："原始民族之取名，因其文化之低常为具体浅陋之语而非抽象高深之辞。……最常者或由图腾信仰，以为其族系出自某种自然物，因拜其物为祖，并取其物之名以名其族。如美洲印第安人有狼族、熊族、蛇族等，皆取动物之名……我族之称'华'似亦为图腾。盖'华'即'花'之古字，'华族'即'花族'也。"又说："按原始民族常自称己族为'人'。……此种风俗系由于自尊己族之意，为原始时代之惯例。故所谓'夏'者，如《说文》所训无误，则此字实即我族自称之语，其意即为'人'……

我族虽已有‘花族’之称，然彼为图腾族名，与‘夏’字之自称可并用而不相冲突也。……‘华’为图腾名称，意即‘花族’。‘华’为自称之语，意为‘人’。”⑪

此外，徐松石、顾颉刚、范文澜、翦伯赞等，也都各有解释，但一个共同之点是都把“夏”与“夏朝”相联系，认为“夏”主要得名于夏代。

徐松石在《粤江流域人民史》里说：“华字在中国史录上，首先于伏羲的母亲华胥。相传燧人氏之世，有大人迹出于雷泽，华胥踏了而生伏羲。又考华胥氏之所以得名，是居于华胥之水。这华胥之水在什么地方呢？据路史，华胥水即四川阆中县的俞水。可见伏羲的母亲生于西蜀，而华字最初出处也在西蜀蛮地。”至于“夏”字，“夏族得名于夏禹。”⑫

顾颉刚在《夏与中国》一文里说：“在古老传说中，夏是最早的一个朝代，文化最高，影响也最大，在中国古史上留下了不可磨灭的一页。今天的山西汾水流域，古称‘夏墟’，古代‘夏’就休息生养于这个地方。……由于‘夏’字的频繁使用，渐渐与‘华’字结合了起来。‘华’字古音敷，‘夏’字古音虎，声音相近，可以通用。古汉语中有一条规律：音同音近字可在一定条件下组成双音节词。‘华’、‘夏’音近，是就结合到一块，共同担当起位居中央，文化发达，冕服采章等褒扬的称颂、美号来。”⑬

范文澜在《中国通史简编》第一册里说：“中国西部地区称为夏。……东方齐鲁等国，本从西方迁来，所以东方诸国称东夏，西方诸国称西夏，东西合称诸夏。周朝又崇尚赤色，大祭祀时常用骍牛（赤色牛）。晋国大夫羊舌赤，字伯华，孔子弟子公西华，名赤，都说明‘华’含有赤的意思。凡遵守周礼崇尚赤色的人和族，称为华人和华族，通称为诸华。华夏这个名称，最基本的含义还在于文化。文化高的地区即周礼地区称为夏，文化高的人或族称为华，华夏合起来称为中国。而对文化低、不遵守周礼的人或族按其方位称为东夷、南蛮、西戎、北狄。秦汉时期，各族文化的交流十分频繁。随着‘中国’范围的扩大，华夏文化也随着发展、扩大，凡接受华夏文化的各族，大体上都纳入了华夏族的范畴。华夏，遂成为中华民族的称号。”⑭

翦伯赞在《中国史论集·夏族的起源与史前的鄂尔多斯》一文里

说："甘肃、河南、山西之新石器时代的文化遗物，皆为夏族所遗留。在新的旧石器时代遗址发现以前，鄂尔多斯实为夏族人种的孕育、出发之地。后来因为自然环境的变迁，为了求得更好的生存环境，夏族不得不舍弃故乡，去寻找新的根据地。它的迁徙是多方向的，同时也不是尽族而行。除转移到甘肃及中原以外，还有一部分夏族始终停留在鄂尔多斯高原上（在黄土高原北部河套附近）。其东徙中原的，后来称为东夏，又称华夏；其西移甘肃的，称为西夏，又称蛮夏；其始终生活在原根据地的，后来称为大夏。东夏者，所以区别于西夏；华夏者，所以区别于蛮夏；而大夏者，又是用来区别于东夏与西夏的称号，是夏族的美称，也是夏族的总称。"[15]

上述这些对"华夏"二字的种种解释，为何延续了2000多年仍然不清不楚，仍然不断有人企图继续去探索，难道这两个字的意义真的如此深奥得不可解吗？用几千年时间去解释两个字的字义，这在60 000多个方块汉字中，可以说是绝无仅有的。"中国"为什么又称为"华夏"？林惠祥一语中的，道出了关键。他在《中国民族史》（上册）里说："何以有'华夏'之名称，则原意已久失传，（故）后人推测之辞甚多。"[16]

"华夏"二字真正的含义，历代史学家们花了九牛二虎之力去解释，仍然不能令人满意，原因到底在哪里？

其实，"华夏"二字跟"濮"字一样，都是用汉字写就的音译词，是用汉字记下"濮"人的语音而流传下来的。因此，它的意义跟"华"字、"夏"字的一般通用意义当然就会格格不入了。因为无论"花"也好，"华"（华丽、华美、中华）也好，"夏天"、"夏代"也好，把两个字组合起来之后，怎么解释都会觉得很勉强，很别扭，不容易为人们所接受。

音译字所蕴涵的意义与用来作音译的字它本身所代表的意义，往往是风马牛不相及，所以，不管你怎么说都不可能说中要害，因为它们（音译字与本字）之间的关系就如戴假面具一样，从表面看起来，面具也有眼耳口鼻，甚至笑容可掬，有男也有女，但与戴它的人的真实面孔根本是两码事。

"华夏"二字当然也是如此，由于它是"濮"人语言的音译字，所以，不管怎样去从字面进行解释、揣度，都注定行不通！因为它并

不是真正代表汉语的汉字，而只是利用了汉字的语音外壳，没有汉义的灵魂。

前面我们说过，“华夏”二字，最早见于《周书·武成》：“华夏蛮貊，罔不率俾。”但是，这句话中的“华夏”，已经不是音译时的原型。它早期音译的原型是《尚书·尧典》里的“蛮夷猾夏”句中的“猾夏”二字。可能有人单从这两个音译字的表面字义看，觉得不太好，因为汉字的“猾”是“狡猾”之意。如果从这句话的汉义来说，即是“夷人野蛮，夏人狡猾”，两者都不是好东西。这不等于骂了“蛮夷”也骂了自己的祖宗吗？所以，一些“有识之士”就利用“猾”与“华”同音（古音，“猾”为入声），把“猾夏”改成了“华夏”。这样自认为高人一等的一众汉族，就皆大欢喜，乐用不疲了。于是“华夏”二字就被作为与“蛮夷”相对的意义而流传了数千年。

有不少注释家将“猾”解释为“扰乱”，将“夏”解释为“中原”。因舜时还无夏朝，如果扰乱夏朝讲不通，故将“夏”解作“中原”，这是一种牵强附会的辩解。《尚书》“蛮夷猾夏，寇贼奸宄”全句意思并不是说“蛮夷扰乱抢掠中原”，而是将“蛮夷”当作“坏人”（奸宄），是“本领高强的蛮夷，像盗贼那样坏”的意思。“猾”从古至今，都无“扰乱”之义。

那么，凭什么可以如此肯定地说，“蛮夷猾夏”这句话只是用汉字记录“濮”人语言的音译词，而不是汉语的书面语呢？理由很简单。第一，因为无论是“猾夏”也好，“华夏”也好，从字面的汉义都很难解释得通，很难做到自圆其说。第二，在“濮”人后裔的现代壮侗语里，至今仍然是一句很平凡的话。按现代壮语（南），这句话的读音应该是：

^{m}ba:n^{35}	ji^{55}	wu^{35}(wa)	ja^{35} (jo)
村	（音夷越）	咱们	能干，能耐，强，有本领

^{m}ba:n 是“村庄”，在古濮越语历史发展中分化为 ma:n 和 ba:n。今傣语（德宏）、仫佬语读 ma:n，用汉字译音，史籍写作“蛮”、“曼”、“满”［地域音变后，有的地方因 ma:n 的韵尾 -n 消亡而拼入 -ŋ，由 -ŋ 临时代替，使 ma:n（“村庄”）改读为 ma:ŋ，因而又被人们用汉字译音写作“孟”、“勐”、“猛”等］。壮、布依、水、毛南等

语读 ba:n，史籍汉字译写作板、阪、畈等。黎语变读作 fa:n，史籍汉字译写作“番”。

ji 是“犁、耕”之义，史籍汉字译音写作夷、伊、依、余、榆、俞、渝等。所谓濮夷、布依、布越、濮越、百越是耕田者、种田人的意思。

wu（wa）是“咱们”，汉字译音可写作华、胡、吴、浒……

ja（jo）是能干，很强，有本领，或本领高强的意思，用汉字译音可写作夏、雅等。

ᵐba:n（ma:n、ba:n）ji 合起来，意思是村夫，或乡下种田人。整句ᵐba:n ji wu ja 用汉字译写作“蛮夷华夏”，意思是咱们乡下种田人本领高强。这句极平常的话，被历代统治者人为地歪曲并割裂对立开来，成为划分贵与贱，高尚文明与低等野蛮两种不同的人群而讹传了几千年。

至于“猾”字，古本入声（wat），与“华”不同，但在还没有发明国际音标，不是严格记音的情况下，用“猾”记下 wa 或 wu 也是无可非议的。

正是由于数千年前，神州大地以氏族为基础的酋邦林立，为抢夺生活资料而发生的战争频繁不绝。而当时被别人称为“濮”的酋邦，人口众多，势力强大，经济、文化较先进发达，在他们战胜、兼并了许多弱小酋邦之后，相信自己的社会群体是最能干、最强、最有本事的。因此，他们在东亚大地上建立了中国史前时期，也是中国历史上第一个王朝——夏（ja）朝，开创了中国真正的历史。

“夏”既然是濮人语言 ja（或 jo）的音译字，意思并不是夏天，而是能干、很强、有本事，即本领高强之意。那么，只从汉义本身去寻找答案无论如何也不可能了。有人把“夏”同“夏朝”联系起来，认为“夏”来源于“夏朝”，所以，“夏”代表中国人和中国。这只能说是沾了一点边。因为可以强辩说，“夏”是中国历史上第一个王朝，所以可以用来代表中国人或中国。然而“夏”字本身并无“中国人”或“中国”之义。不过，现在绝大多数的中国人都以自己是“华夏”的子孙而感到无比自豪和骄傲，这是自然的。因为数千年来，我们的国家和民族，的确为人类的文明进步作出过许许多多卓越的贡献，将来肯定还要继续作出更大的贡献。

只是最具讽刺意味的是，历代那些自认为对中国历史最熟悉最了解的史学家，在他们呕心沥血写成的大作里，偏偏把“蛮夷”与“华夏”清清楚楚地区分开来，对立起来，甚至十分卖力地为历代统治者镇压“蛮夷”大唱赞歌。却不知“蛮夷猾（华）夏”［ᵐba:m ji wu（wa）ja（jo）］实为一体，且“蛮夷”实则是“华夏”的祖宗。

由于夏代文字尚未普遍使用，所以，夏王朝存在四五百年的具体活动史实我们不得而知。但是，现代高科技与考古学相结合，则可以清楚地告诉我们：夏代已经是我们伟大中华民族逐渐摆脱“石器时代文明”开始进入“青铜器时代文明”的一个重要历史阶段。

1959 年和 1978 年，考古学家们先后在河南偃师二里头以及山西襄汾陶寺村发现了两个夏代文化遗址，出土了许多珍贵文物，为我们提供了了解夏代文明历史进程的实物根据。2004 年河南新密刘寨镇又出土了 1500 平方米夏代王侯城址，及青铜器、夔龙纹陶器等众多文物，使我们能够确实知道夏代人的生活概貌及活动的准确信息，“夏”是中华民族历史发展进程中，为中华民族的古代文明作出过卓越贡献的活生生的历史实体，绝非虚构的历史传说。

（二）“濮”与“禹”

中国历史上第一个王朝夏朝，虽然在中华大地上绵延了四五百年，但它的历史由于当时文字尚未被作为重要的记载和传播工具而普遍应用，所以没有记录流传下来。直到汉代司马迁作《史记》，才根据《尚书》、《左传》等历史史籍和民间口头传说，以及他的帝皇正统思想（皇帝是“天子”，高于一切，大于一切，强于一切，所以，要统治一切；皇帝是“龙种”，龙必生龙，非龙种则不能称皇称帝），编撰出一篇明显具有他本人编造痕迹的所谓夏代故事的《夏本纪》，正式为夏王朝立了“传”，为 2000 多年来，历代史学家们引经据典奠定了基础。

夏朝始于禹，最早见于《左传》。但成书于周、秦间的《山海经·中山经》和《山海经·海内经》中却只有禹之名，而无夏的国号。

正式宣称夏的国号为“夏后”的是《史记·夏本纪》，司马迁说：“帝舜荐禹于天，为嗣。十七年而帝舜崩。三年丧毕，禹辞，辟舜之子商均于阳城。天下诸侯皆去商均而朝禹。禹于是遂即天子位，南面朝天下。国号曰夏后，姓姒氏。”[17]

夏朝的国号为什么称“夏后”？这个“后”字究竟是什么意思？还有舜帝的儿子真的叫“商均”吗？司马迁到底凭什么连千多年前的传说人物——舜的儿子的名字都知道得这么清楚？这些问题，一般人可能是不会去深究的，因为不管是“夏后”也好，“商均”也好，不过是区区一个名称嘛，有什么值得深究的呢？然而，正是这两个看来十分普通的名称，使我们看到了司马迁在撰写这部传世之作时，除写作需要不得不编造一些合乎情理的故事之外，在处理口头传说资料的时候，治学态度还是严谨的，因而在不知觉的情况下，给我们留下了无数极其珍贵的濮语译音词，为破解许多千古之谜提供了史料。

例如这个“夏后”的“后”字，按照现代汉语的意思，只能理解为“夏国以后”或“夏国的皇后”。可是这两种解释完全错了，完全背离了原义。千百年来，一些对濮语不了解的史学家，绞尽脑汁去解释，总也解不通，因而感到万分迷惑与无奈。

顾颉刚就是典型的代表。他在《古史论文集·后稷的实在怎样》一文里，对“后”字的解释就感到十分迷惘。他说“后稷的‘后’字本是国王之义；周人因为推他做古代的国王，所以称他为后稷。至于在虞廷上，他乃是天子之臣，那能复称为后！‘群后’之称指四方的国君是讲得通的。但是朝廷的职官以‘后’为名是讲不通的。若说为了后稷是有国之君，故官名定为后稷，则他去职之后，假使没有封地的人接任，这‘后’字要否摘去？若说为了尊重天子之官，看他们与‘群后’一样，则禹何不称后司空，契何不称后司徒，皋陶何不称后士，益何不称后虞？他们也是天子之官，也是有国之君，又何以都不称后，单单称稷官为后？”[18]

历代史学家们对“夏后”、“群后”和“后稷”等词中的“后”字之所以解释不通，并对它们的用法不理解是情有可原的。因为“夏后”和“后稷”都是百分之百的濮语译音词，保持了“原汁原味”。“夏后”的原读音是ja^{35}（或 jo^{35}）hau^{21}，意思是**我们最能干，最有本领，最强**。在现代壮侗语族语言里，“我们”这个词，海南临高话仍然读 hau^{55}，仫佬语读 hɤa:u^{42}，壮语（北）读 ɤau^{21}，壮语（南）读

有本领，能干，　我们

lau^{33}，布依语读 zau^{11}，侗语和水语发生了些许变化，侗语读 ȶiu^{55}，水语读 djeu^{13}。

至于舜之子名叫“商均”，肯定也是讹传。因为即使是英雄名人的传说，不可能连他的儿子、亲人的名字都能一起准确地流传下去。据《史记》载：“舜，冀州之人也。”古冀州，包括现在的山东西南地区，是东夷人的生息之地。所以，舜是东夷人。而商代是东夷人建立的王朝。东夷俗称“人”的读音为 zen（现代水语和毛南语仍然读 zən），所以，史籍称东夷人为“殷”，称商代为“商殷”（即“商人”）。“商均”同样也是“商人”（商朝的人）的意思。现代西双版纳和德宏傣语称“人”的读音仍是 kun 或 kon，用汉字译音即是“均”。由于舜是东夷人，商是东夷人建立的国家，所以，经辗转流传，舜当然也就是“商人”了。但由于舜是传说中的一代英豪，家喻户晓，传来传去，司马迁也弄不清“商均”是什么意思，编《夏本纪》时，因故事情节需要，就将“商均”当做舜的儿子，做个合乎情理的交待，好让故事可以继续往下写，反正无人跟他争是非。

诸如此类的情况还有很多很多。如《史记·夏本纪》开宗明义就说：“夏禹，名曰文命。禹之父曰鲧。”在这句短短的话里，就有“夏禹”、“文命”、“鲧”三个濮语的译音词。“夏禹”的读音是 ja（或 jo） ji（或 jyi），意思是“能干，有本领的越人”。“禹”实
能干,有本领　越人
际上与“夷”同，都是 ji（或 jyi）的译音。

“文命”真的是禹的名字吗？他既已名为“禹”，为何还另有一名字“文命”呢？难道在古代人在名之外，还另有一个字吗？非也！这里的所谓“文命”，其实是濮语“人名”的意思。现代壮语称“人”，读音仍是 vun^{21}，称“名字”是 me:ŋ^{33}（布依语是 miŋ^{11}，仫佬语是 me:ŋ^{121}，黎语是 pʻe:ŋ^{51}），合起来 vun^{21} me:ŋ^{33} 即是“人名”，用
人　名
汉字译音就是“文命”。

“鲧”，现代汉语各种字（词）典都注音为 gǔn，国际音标是 kǔn，仅有的义项是“古人名”。其实它也是濮语“人”的译音，现代傣语“人”的读音仍然是 kun^{51}。

当然，上述《夏本纪》开头的这句话，如果只从汉语的角度看，是无懈可击的。但从其本质意义看，则可以清楚地看出，这是司马迁

根据当时的传说进行了相当艰苦的编撰。因为他一方面既要遵循汉语的文理，另一方面又要尽量小心保留传说中使用的一些语词，以求忠于原意。

那么，禹是否真的是夏朝的开山始祖呢？在没有文字记载，只有传说的情况下，后来的一些史籍之言是不足为凭的。正因为如此，一些善于思考的史学家，对此始终都抱怀疑的态度。顾颉刚先生在《古史论文集·禹与夏有没有关系》一文中就曾作过深入的考证。

他先以《诗经》和《尚书》作依据，认为"《诗》，《书》中言禹的9条，完全没有连及'夏'字"[19]，而"《诗》、《书》中言'夏'的……也是全没有提供'夏'与'禹'的关系"[20]。又说《多士》、《多方》并言夏、殷，言殷必举成汤，言夏则从不举禹。这是什么道理？试再看《立政》：

> 古之人迪惟有夏，乃有室大竞，吁俊尊上帝，迪知忱恂于九德之行……桀德，惟乃弗作往任，是惟暴德，罔后。
>
> 亦越成汤，陟丕釐上帝之耿命……克用三宅三俊。……呜呼，其惟受德暋，惟羞刑暴德之人同于厥邦！

这一段是把夏与商对举的，都是说夏、商起先的时候如何好，后来又如何坏。但何以在商则举出创业的成汤与亡国的受，而在夏则只举出亡国的桀而不举出创业的禹？写《立政》的人并不是不知道禹的……他何以不把禹和汤并举呢？又何以在篇末却又单举了禹呢？……

读《閟宫篇》可知在春秋时的鲁国禹为人王的身份就已经确定了。但禹与夏的关系，《诗经》、《尚书》上没说，《论语》上也没说，直至战国中期方始大盛，《左传》、《墨子》、《孟子》等书，即因此而有"夏禹"的记载。……禹与夏没有关系，是敢判定的。……周始于后稷，商始于契，是有明文的；独夏代则只知有末王而不知有首王。为称说"三代圣王"便利计，有补足的需要。《论语》中以夏、商为"三代"，又单言尧、舜、禹。以尧、舜、禹置于夏、商之上，则禹与夏最为近，故有合一的趋势。……寻求禹和夏……所以发生关系之故，以为这是战国的伪史家维持信用的长技。[21]

顾颉刚先生以独到的慧眼，深入考证禹和夏的关系，断言禹并非夏的"首王"，可以说确是"入木七分"的。他虽然也同一些史学家

那样无法清楚解释史籍上所写的“夏后”中的“后”字，但却有足够的胆识舌战群儒，力排众议，宣称禹非夏之“首王”，有力地挑战了司马迁，挑战了《史记》，挑战了2000多年来一切没有独立见解，只会辗转传抄、人云亦云的史学家，挑战了那些看似神圣不可侵犯，实则充斥穿凿附会、凭空编造的伪史，给我们撩开了重重的历史迷蒙，从而能更清楚地看到真实的历史殿堂。

禹非夏之“首王”，更非真实的历史人物。这结论无疑是十分正确的。

因为各种证据都充分表明，禹是商代有了文字并普遍使用以后，周代的一些文人和一些伪史作者，根据某些民间故事传说塑造出来妄图填补这段历史空白的一尊偶像并强加给夏代的。在尚未发明并使用文字记事的“史前期”，人类社会的每个具体组织，他们有多少成员，怎样生产生活，如何居住迁移，领袖人物的名字、样貌及领导才能等等，可以说，我们永远都是不得而知的。夏朝正是处在尚未普遍使用文字记事的准“史前期”，未完全普及的文字，只在极少数人手里使用。所以，夏之“首王”的名字是不可能找到文字记载的。即便是口耳相传，也不可能保证辗转传说数千年而不走样。然而，不知夏之“首王”之名，丝毫都不影响夏朝的确实存在。因为不知“首王”之名，并不等于没有“首王”。任何政权的产生，都必然是由强有力的领袖人物带领广大的人民群众经过较长时间群策群力、艰苦奋斗的结果。夏朝不可能是例外。

那么，既然夏朝有领袖，有“首王”，但不是禹，而是某个没有能够留下真实姓名的英雄，那么，禹则可能是后人根据这位没有留下真实姓名的英雄的故事传说而杜撰出来的假名，作为他的化身。这样说并非毫无根据的。我们不是历史的虚无主义者，我们并不否认“禹”这个名字背后确有某个英雄人物的真实存在。我们不同意某些人所说的禹只不过是“一条虫”，具体说是“一条蜥蜴”，这其实是先民对男权和男根的崇拜。也不同意说禹所治的洪水，并非真正的洪水，“而是男女关系方面的‘滛水’”的观点。㉒

我们认为，即便是杜撰的历史英雄人物的英雄事迹，也绝不是毫无根据的，绝不至于将“男根”、“女阴”这样一些东西堂而皇之地升华成为一个伟人的英雄人物和英雄事迹的背景而大肆炫耀。就算是文学创作，也绝不会无稽到如此地步！

当然，从分散在各种不同史籍中关于禹的记述的矛盾，我们可以肯定，禹这一名字确实是一个杜撰，但人物并非完全虚构。他广阔的历史背景明确地告诉了我们这一点。

1. 禹是何方神圣。

《史记·夏本纪》载："禹之父曰鲧，鲧之父曰帝颛顼，颛顼之父曰昌意，昌意之父曰黄帝。禹者，黄帝之玄孙而帝颛顼之孙也。"

禹既然是黄帝的玄孙，那么，黄帝又是何许人也？《史记·五帝本纪》载："黄帝轩辕之丘（大部分在今青藏高原，是比夏代稍前的古轩辕之国），而娶于西陵（四川）之女，是为嫘祖。嫘祖为黄帝正妃，生二子，其后皆有天下：其一玄嚣，是为青阳，青阳降居江水；二曰昌意，降居若水。昌意娶蜀山（四川岷山）氏女，曰昌濮，生高阳。"

所以《青城记》说，禹的祖先是高阳汶山（岷山），他则生于石纽（村），长于西夷。故《帝王世纪》说他是西夷人。《蜀王本纪》则说他是汶山郡广柔县人。

上述记载，明确地告诉人们，禹是黄帝之玄孙，是生于汶山地区的西夷人。但是，禹真的是黄帝的玄孙，真的是汶山西夷人吗？我们从《史记·夏本纪》所描述的关于禹治水的历史背景——会诸侯于涂山，致群神于会稽，以及封禅和死后都葬于会稽等这些活动场所与禹的出生地相隔数千公里，这一空间矛盾怀疑并否定了上面的观点！

我们且不说《史记·夏本纪》所记述的禹治水所经的那些"××州"的地名都是秦、汉时期的行政建制（当然不排除之前也有一些），只要看看所涉及的山川州县的范围就可以得出其是否真实，是否符合历史的肯定结论。

禹治水的范围有多大，时间有多长呢？

《史记·夏本纪》根据《尚书·禹贡》篇这样记述的："禹行自冀州始。"经冀州、兖州、青州、徐州、扬州、荆州、豫州、梁州、雍州等，即所谓九州。

整治的山岳则无数，著名的就有：太岳（泰山）、太行、太华（华山）、桐柏山、荆山、大别山、衡山，等等。

治水的范围，是疏三江，导五湖，几遍整个神州。它们是：

> 道九川：弱水至于合黎，余波入于流沙。道黑水，至于三危，入于南海。道河积石，至于龙门，南至华阴，东至砥柱。又东至盟津，东过洛汭，至于大邳。北遇降水，至于大陆，北播为九河，同为逆河，入于海。嶓冢道漾，东流为汉，又东为苍浪之水，过三澨，入于大别，南入于江，东汇泽为彭蠡，东为北江，入于海。汶山道江，东别为沱，又东至于醴，过九江，至于东陵，东迤北汇于江，东为中江，入于海。道沇水，东为济，入于河。泆为荥，东出陶丘北，又东至于荷，又东北会于汶，又东北入于海。道淮自桐柏，东会于泗、沂，东入于海。道渭自鸟鼠洞穴，东汇于沣，又东北至于泾，东过漆、沮，入于河。道洛自熊耳，东北会于涧、瀍，又东会于伊，东北入于河。（《史记·夏本纪》）

治水所用的时间：“居外十三年，过家门不敢入。”（《史记·夏本纪》）

众所周知，我国开元史的第一个王朝夏所处的时代，正是处在“新石器时代”末期、“青铜器时代”刚开始这一新旧交替的时期。这个时期生产工具还很落后（大多数人仍以石器为主），中华大地上人口也不太多㉓，且居住分散，人民生活仍处于半温饱的极度贫困状态。加上交通不便，除了水上可以用些舟楫外，陆上则以步行为主。尽管过了数千年之后，司马迁写《史记》时，还是这样描述：“陆行乘车，水行乘船，泥行乘橇，山行乘檋。”但在夏代有这个可能吗？

从司马迁写《史记》到现在，时间又匆匆过了2000多年，中国的历史也随着世界文明史大步地跨入了21世纪。中华大地上的人口也已发展到了13亿。生产工具除那些沿用了数千年的锄、锹、铲、凿、锤、刀、斧、钻之外，已发明创造了更高效能的铲、挖、压、推土机，隧道、沟渠开凿机，小、中、重型运输车，以及开山炸石的雷管炸药，等等。加上现代国家行政管理完善，可以在短时间内调动千军万马，筹集足够的人力、物力、财力来完成任何一项伟大的工程。然而，手拿石刀、石斧（充其量是青铜刀、青铜斧）的禹有此能耐吗？他能一呼百应地调动成千上万的人，筹集成千上万吨的财物供他支使吗？他从北到南，从东到西，纵横数千公里，就凭他那把石刀、石斧，即能劈山斩岸，疏导黄河、长江、淮水、济水、洛水、汭水、伊水、沅水、荥水、泗水、沂水、泾水、渭水、汉水、沱水和苍浪之水，就能疏导洞庭湖、鄱阳湖和洪泽湖?!如果他真的是人，即最最非凡的人，能够做得到吗？人类历史上绝不可能有只凭独力就可以翻江倒海的人！

因此，被人们千古传颂的所谓“大禹治水”的伟大功勋，实质是人们饱受洪灾之后，企求出现“治水英雄”的美梦，而大禹是走在某些局部真实的基础上，经过某些人的精心杜撰而逐渐被传颂并逐渐完美的“理想英雄”。

如果说，禹是一个完全由某些人杜撰出来而没有一点事实根据的人，这也是完全不符合历史事实的。因为在人类漫长的发展过程中，尤其是到了近1万年来，我们的祖先已经懂得了如何战胜洪水，懂得了筑堤和疏导。因而当洪水为患的时候，当某一群人的住地无法往高处或别处迁移的时候，就会群起捍卫自己的家园，进行筑堤和导流。由于将成千上万的人的智慧拧成一股绳，因而产生了一股战无不胜的巨大而不可抵挡的力量，战胜了局部发生的洪灾。这成功的范例，很自然就被当作喜讯而迅速传播。于是，原来屈服于自然，对洪灾一筹莫展的人们，看到了团结力量的伟大，看到了充满希望的未来。在辗转传颂的过程中，人们将希望寄托于英雄，希望有一位超人的英雄来带领群众战胜洪灾。这样一代接一代地口耳相传，渐渐地，英雄就在人们的传颂中由若隐若现，到渐见雏形，以至后来无比伟大，成为深受景仰的盖世英雄。禹就是这样被塑造出来的。

当禹成为传说中神州大地上家喻户晓的盖世英豪之后，那些正统的史学家们为了让禹有个非凡的“根底”，证明“龙必生龙，凤必生凤”，于是，到司马迁写《史记》的时候，他也只能根据周朝以后的历代传说和记述，堂而皇之地写道：“禹者，黄帝之玄孙而帝颛顼之孙也。”禹从此登入正史殿堂，成为中华民族人人敬仰的古代英雄。

由于黄帝的根基是在四川岷山地区，禹既然是“黄帝之玄孙”，他当然是四川岷山地区的人。所以《青城记》和《蜀王本纪》都说他是岷山人，还有根有据地说，他生于石纽村。

这当然是正统史学家们的有意附会，或者说是有意让禹这个由神话传说塑造出来的“盖世英豪”去“趋炎附势”，去皈依正统。

我们这样说的理由是：

第一，《史记》所说禹治水的范围是秦统一中国后的秦、汉统治范围，夏禹时代以氏族和部落为基础的方国林立，各自为政，禹不可能有此广阔胸怀和眼光去“救治”众多的方国，也不可能有此本领和时间去经过“外交”途径，逐一说服各方国酋长组织人力物力供他随时调配使用。禹既非众方国之君，能管众方国之事吗？于情于理，故事都不能服人。

第二，禹治水的范围，南北东西，纵横数千公里（《广雅》载：“东西二万八千里，南北三万六千里”），当时人们主要靠那健壮有力的双腿爬山越岭。禹单凭双腿和一把原始的石斧、石刀就能完成如此广阔范围，如此浩大的治水工程?!

第三，禹治水活动，疏三江，导五湖，足迹几乎遍布中华大地，但大本营主要在东方，政治舞台及其最终归宿也是在东方。具体说，他娶妻、会诸侯于涂山（安徽怀远县东南八里淮河东岸），致群神于会稽（浙江绍兴），封禅也在会稽，死后更是葬于会稽。因此，禹不可能是四川岷山石纽村人，而只可能是出生于历史上最著名的越人家乡、越国的首都会稽。换句话说，禹是越人，是越人大群体中的英雄。或者更真切地说，禹是后人根据某个越人的小群体治水成功的经验，被逐渐塑造出来的，并被鼓吹膨胀再扩及全中国而成为治水大英豪。

禹是越人（正确地讲是越人的化身），是东夷人而不是西夷人。这并非随意说的。

2. 禹与鲧并非真人。

《史记·夏本纪》载：“禹之父曰鲧，鲧之父曰帝颛顼。”这里十分清楚地告诉我们，鲧是禹之父。但是，根据神话传说，禹是没有母亲的。《天问》载：“伯禹腹鲧。”就是说，禹是从他父亲肚里生出来的。

我们暂且不说男人可以生孩子，这是有悖常理的事，只说“伯禹腹鲧”句中，何以在禹之前冠以“伯”字？

众所周知，所有的史籍均把禹称为夏朝的开国元勋，他是国王，而不是伯爵。周朝以后的封建社会，才把王以下分为公、侯、伯、子、男五个等级。夏代还没有这些等级。那么，这个“伯”字，难道是“伯（老大）、仲（老二）、季（老三）”中的“伯”吗？非也。因为禹是由他父亲腹生的唯一孩子，而没有其他兄弟姐妹，谈不上什么老大、老二、老三。战国时代成书的《天问》，根据当时民间传说记录下来的“伯禹”，其中“伯”字的含义，既不是指官衔，也不是雅称老大，而是濮人语言里濮字的近似译音。“伯禹”即“濮禹”，标音为pu^{35} jyi^{55}“种田人”。jyi（ji）战国时期用汉字译音写作“越”，
位 犁、耕
从此流传于史籍数千年。

至于禹之父名“鲧”，《说文解字》的解释是：“鲧，鱼也。”汉代许慎著的《说文解字》，对每个字的解释，主要是从结构和意义两方面进行。这种解释的好处是，可以让人知道每个汉字的来源及其原始意义。但由于他采用的是拆字法，对由两部分的意义各自进行解释，因而不可避免有些想当然，从而出现许多牵强附会的东西。不过，总的来说，多数还是有一定道理，还是可以参考的。

《新华字典》注明，“鲧”这个字的古字是“鮌”，释义：“①古书上说的一种大鱼；②古人名，传说是夏禹的父亲。”读音为“gǔn”（国际音标转写是 kǔn）。

“鲧，鱼也。”《说文解字》的这个解释，基本上是正确的。至于它是什么鱼，许慎没有说，可能他也说不清楚。“鲧”的古字是“鮌”，由“鱼”和“玄”两字合成。前者在濮人后裔壮人语言里读pla^{24}（“鱼”也），后者在壮语北里读 vun^{21}，壮（南）有些土语和傣语（西双版纳话）读 kun^{51}（“人”也）。“鱼”与“玄”两字分别读为pla^{24} kun^{51}（“人鱼”）。现代壮语（南）里读这两个音所指的是专
鱼 人
吃草类的青鱼（又称草鱼）。这种鱼形体粗壮成圆筒状，主要生活在水的中下层，猎食时才浮出水面。但如果天气闷热，要下大雨，则在下雨之前一天傍晚或早上，成群浮出水面，故能预报天气。可是，当大暴雨来临却又下沉水底。

汉语的“青鱼”，壮语里叫作pla^{24} kun^{51}。这当然是由于不同的民
鱼 人
族语言对同一客观事物的称呼由各自社会约定俗成的结果。不过，壮语对“青鱼”的这种称呼，在壮族的一些地区，至今还流传着一个悲壮动人的故事：

很久很久以前，有一个大力士，名叫濮夷（pu^{35} ji^{55}）。他身

高九丈九尺九寸，力大无穷。他那把特制的双箭弓，弯弓可以射到十万八千里，而且箭无虚发，百发百中。那时，天上忽然出来了十个太阳，把大地上所有的东西都晒枯、晒死了，连海水也都快被晒滚晒干。于是海龙王和土地神就求他把所有太阳都射下来。他也觉得有理，就跑上最高的山，瞄准最大的太阳，拉满弓，射了九箭才把它射下来。他本想一口气把它们全部射掉，但是任凭他怎么努力，每天也只能射掉一个。

这样，他在山上住了九天，只射下了九个太阳。第十天，他本想一早等太阳出来就把它射掉，让它跌进海里。但当他正要拉弓的时候，忽然想到海龙王的王宫正是在东方，如果把火热的太阳射落海里，海龙王不是会被它烫死吗？海龙宫不是会被彻底毁灭吗？于是他想等到太阳偏西时，再将它射落到西山山谷里。

到了傍晚时分，他已经又饿又累，忽然看见西山山坳上有一只梅花鹿，边吃边警觉地抬头四处观望，看看有无天敌来侵害。他喜出望外，心想，这只鹿已足够他吃餐饱的了。于是搭箭拉弓，朝着鹿儿射去。岂知机灵的鹿儿一听到箭飞来的嗖嗖风声，早已飞快地朝西山谷里跑得无影无踪了。而那两支已射出的利箭则以雷霆万钧之力，越过西山山坳直向西天门西王母娘娘的瑶池飞去，射穿了西天门，射穿了瑶池。顷刻间，洪水决堤般汹涌澎湃，自天而下，淹没了所有的高山和平地。

这时，他才知道自己闯了大祸。回头一看，他的家乡、他的父母兄弟姐妹、乡亲邻里全被洪水冲走了。他哭成了泪人。哭着哭着，忽然想到要变成一条大鱼，追踪洪水把他们都找回来。

下水之后，他又想，要把所有的人都从水里救出来，就必须把他们都放在自己的背上。于是，他越变越大，越变越长。从远处看，他的背脊像一条绵亘百里的山脉。

他在水里找了三天三夜，找不到一个人，又继续找了九天九夜，还是找不到一个人。他没有气馁，咬紧牙关，继续往前冲，四处去找。忽然，他感到好像被什么东西卡住，让他进退维艰。他想以他那无敌的力量冲破障碍，于是，吸满一口气，用力往前冲。然而，这无济于事，反而被卡得更紧了，他动弹不得，直喘粗气。在这紧要关头，他本可以变回人，但他想，亲人和乡亲一个都还没有找到，变回孤零零的一个人有什么意思？于是，他想休息一会儿，等恢复了体力再往前冲，继续找。

谁知他太累了，不觉浑浑噩噩睡了九天九夜。醒来后，他思来想去，觉得再找可能也没多大希望了，但心里还是不甘。这时，他已意识到，这洪水卷走了所有的人，即便有朝一日水退了，这地上恐怕也不会再有人了。由于九天九夜没有吃过东西，他的肚子已饿得慌，可周围除了一些青草和泥沙之外并没有什么可吃的。无奈之下，他只好顺势吞了几口泥沙。

说也奇怪，这些泥沙下肚之后，沾上了胃液，竟变成了一颗颗晶莹透亮的卵子，并且在肚里不断膨胀，从而使他的身体更加臃肿，被卡得更紧，更加动弹不得了。他百思不得其解。过去，论力气，他是天下无敌，现在，却一筹莫展，听天由命。

他不知道，原来卡住他的两扇石壁，正是神州大地上消洪去水的龙门。龙门被堵，霎时就水浸天门。玉皇大帝火眼金睛往下一看，见到一条非同小可的大鱼，堵住了出水闸，大吃一惊，如再不处置，就会水浸天宫。于是，玉帝命令雷公带着利斧和兵将，务必将它劈成九段，以疏通龙门。

雷公遵命，不敢怠慢，带着利斧和兵将，打开天门，大吼一声，冲将下来，举斧对准大鱼拦腰斩去。只听见“轰”的一声，大鱼的腰即时被斩开了一条大裂口，一股鲜血像龙卷风那样冲天喷出。此时，大鱼的魂魄也随即变成一只巨大的鸟，傍着血柱扶摇直上九万里。它展开的双翅，遮天蔽日；扇起的狂风，倒海翻江。雷公把大鱼的躯体斩成九段，肚里的卵，跌进水里的，就变成青鱼（pla^{24} kun^{51} “人鱼”），随着躯体甩上陆上的，则躯体变
鱼 人
成大山，卵子变成人。九段躯体变成了九座大山，大山周围霎时又布满了人群。

有一天，天气晴朗，万里无云。西王母娘娘[24]到后花园观赏那正盛开的万紫千红的鲜花。忽然她遥望远处，看见天底下到处都有一群群的人，各忙各事，生活井井有条，其乐融融。她忍不住天宫的寂寞，决定下凡走一走。她从西向东，由北向南地走，每到一处，就停下来看一看，问一问。

当她来到西边高山脚下，看到一群穿着五彩缤纷服饰的人群时，就问他们是什么人，为什么如此欢乐。为首的见到这位鹤发童颜，拄着鹤首拐杖的老婆婆，就躬身一揖，很有礼貌地答道：“老奶奶，我们叫 pu^{35}do:i^{51}（译音‘濮岱’，意译即‘山里人’），
山
我们住的这地方，山清水秀，鸟语花香，生活悠然自得，与世无争，我们自然是无比欢乐。”西王母娘娘点点头，继续乘鹤东去。

当她来到西南，看到一条条山脉中一个似群龙夺珠的地方，也有一群衣着同样艳丽无比的人群。他们耕田种地，粮食满仓，六畜满栏，欢乐无忧地生活。她不禁又停下来问，他们是什么人，为何如此高兴，这些山山水水是不是他们居住的地方。

为首的也很有礼貌地回答：“老奶奶，我们叫 pu^{35}çai^{24}［‘拿
犁
犁头（种田）的人’，各地语音发生演变之后，çai 就有许多不同的读音，如 jai 音‘越’、joi 也音‘越’、jyi 音‘禹’、ji 音‘夷’，等等］。”他转身扬手在空中划了半个圈，然后对着几条山脉说：“wu^{35} laŋ^{51}（译音为‘武陵’，意译是‘咱们后面’）、
咱们　后面
lɯk^{31}çiao^{35}（译音为‘罗霄’，意译是‘用藤编成犁田时用在轭
粗绳
与犁之间的粗绳’）这些都是 klau^{33}（译音为‘勾漏’、‘革佬’、‘仡佬’，等等，意译是‘我们’。当今的‘武陵山’、‘罗霄山’、‘勾漏山’等名称是否源于此，不得而知。但可以肯定，它们都是源于濮人语言的音译词）住的地方。”西王母娘娘点点头，又继续朝前走。

来到东南，她又看见一座奇秀的山峰，溪流有九曲十八弯。山里人的村舍在林中错落有致，翠绿丛中相互辉映，鸡犬之声相闻。牧歌唱晚，牛羊悠游地踏上归途。她不禁心动了一下。啊，原来人间竟然还有如此仙境！于是，西王母娘娘停下来拦住牛背上的牧童问，这是何人住的地方？牧童爽朗地回答：“这是wu^{35}
咱们
ji^{55}（译音为‘武夷’，意译是‘咱们越人’）的地方。”她点点
越人
头，感慨地自言自语道：“真是人间天堂啊！”说完又乘鹤走了。

她又来到了北方，在万里冰封的土地上，看到一群穿着皮

衣、戴着皮帽、踏着皮靴的人们，他们追赶着鹿群，从一座山到另一座山。她不禁好奇地又停下来问：他们是什么人，为什么要追赶仙鹿？

为首的也十分有礼貌地回答：“老奶奶，我们叫 pu^{35} jyi^{55}（译音为‘濮禹’或‘濮余’，古无轻唇音，史籍上曾写成‘夫余’。意译是‘拿犁头的人’）。春天，我们种田种地，冬天冰雪封山，我们只好出来打些鹿来吃。”她说：“哎呀，那是仙鹿，可打不得呀！”为首的说：“听说以前这些鹿确是从天山上下来的，但现在已经太多了，如果我们冬天不打它们，到了春天，它们就出来把我们的庄稼都吃光了。”她不再辩驳，只好快快不乐地走了。

在回天宫的路上，她回想这次到凡间的所见所闻。她从西到东，从北到南，问那里的人们是什么人，得到的回答，都是同一个答案，就是 pu^{35} ji^{55}（“种田人”）或 $wu^{35}ji^{55}$（“咱们越人”）。他们都是同一种人，就是种田、种地的人。她想，既然这些人生活在地上，自己有吃有穿，也就没有必要再理他们了。

这个故事讲到了濮夷（pu^{35} ji^{55}）射日，讲到了后来他变成大鱼，被雷公劈死之后，他的灵魂又变成了大鸟，他肚里的卵一部分变成了鱼，一部分变成了人。从此，神州大地上才又有了很多很多的人。他们自给自足，生活无忧无虑。

中国是神话故事的王国。史籍上有很多很多的神话故事都是非常感人的，常常能给人一种无穷的鼓舞力量，去战胜现实的困难。

史籍上“后羿射日”、庄子《逍遥游》里关于“鲲化为鹏”，以及《楚辞·天问》里“伯禹腹鲧”等流传了几千年的动人故事传说的来源和出处我们将永远都不得而知。我们不是历史考证学家，既无能力也无资料逐一对它们进行深入的考证。我们更不敢说，这个故事很可能是它们的源头，或者不是。因为历史经验告诉我们，历史故事传说，是人类文化宝库中最古老、最晶莹剔透的瑰宝，是全人类共同拥有的财富。它折射出来的光芒，无国界、民族界或种族界之分，可以涵盖全人类。每个民族，每个种族，可以认为这些故事是他们的，也可以认为不完全是他们的。当今众多民族流行着相同或相近的故事（例如《圣经》上有关洪水及人类起源的描述）都充分说明了这一点。

但是，壮人至今流传的故事，与“后羿射日”、《庄子·逍遥游》、《天问·伯禹腹鲧》等故事之间的内在联系，却是很值得我们研究探讨的。

（1）后羿是真有其人吗？是谁知道他的名字叫“后羿”呢？他是何许人氏？

根据壮语的读音，我们有根据认为，“后羿射日”的故事，与壮人讲的这个故事基本相同，最初可能是源于濮人的传说，有文字后被记录下来流传至今。贵州黄平县仡佬族关于“武丁射日”的故事传说，与上述壮族地区“濮夷射日”的故事传说只是大同小异，射日的英雄都是濮越先民中的英雄。

“后羿”实际上是壮语ɣau^{21}（我们） ji^{55}（越人）、临高话hau^{55}（我们） ji^{55}（越人）、仫佬语hɣa:u^{42}（我们） ji^{55}（越人）等这些濮人后裔语言的汉字译音，现在这些语言，除临高话外，其他多少都已发生了一些语音变化，但从韵母我们可以十分清楚地肯定，“后羿”二字，是根据几千年前濮语语音直译而成的。

“后羿”并不是具体某一个人的真实名字，而是由濮人故事传说中 hau^{55} ji^{55}“我们越人”（即“我们拿犁耕地的种田人”），这个集体自称变成的。几千年来，可以说没有人知道它的这个来由。因而，也就从来没有人怀疑过它的真实性，以为它真的是一个伟人的名字。

“后羿”是越人，一些史籍也有过记载。如《楚辞·天问》就有“帝降夷羿，革孽夏民”之句。明白地说，他就是越（夷）人。当今贵州黄平一带的仡佬人，神台奉弓箭，头饰戴“武丁射日”也足以证明。

（2）庄子《逍遥游》关于“鲲化为鹏”的神话中，明白无误地说，鲲是一条大鱼，大到不知有几千里长。禹的父亲，名字也叫鲧（音 kǔn，与“鲲”同音），是“古书上说的一种大鱼”。那么，这两个字所指的是不是同一种鱼？或换个角度说，这两个字是不是同音同义的异译字？关于“鲲”与“鲧”的神话是巧合，还是有共同的源头？这是很值得研究探讨的。

我们根据“鲲”与“鲧”这两个字的壮、傣语读音都是“kun”，而且神话内容与目前仍在壮族一些地区流传的神话故事相吻合，因此，可以认为，尽管庄子的《逍遥游》和有关大禹治水的故事，以及《史记》等，都是不同时代、不同人写的，但是，所根据的，应该都是同一个古老的神话传说，也就是前面我们讲述的神话故事。因为个人杜撰是不可能那么巧合的。

庄子虽然是古代的大学问家，但他的《逍遥游》一定是根据某一特定的神话故事写成的。否则“鲲”（kun）之名不可能那么巧合地杜撰出来，“鲲化为鹏”也不可能与其他流传的故事内容那么一致。

（3）战国时代，《天问·伯禹腹鲧》的传说，虽然由于时代的局限，文字写得简单，但“伯禹”（pu^{35}jyi^{55}越、pu^{35}ji^{55}越）和“鲧”［kun《山海经》注，引佚书《开筮》也称“伯鲧”（pu音译“濮” kun人），“伯鲧”仍以息石息根，以填洪水。］之名，也并非杜撰的巧合。

众所周知，楚与濮关系密切，3000 年前，楚地是濮人生息的地方。因此，《楚辞》的作者屈原肯定知道上述的神话传说。他很有可能也是濮人后裔，懂濮语，所以能用汉字把神话故事中一些濮语的读音如实地记录并直译出来，成为“伯禹”（pu^{35}jyi^{55}越）和“鲧”（kun）。从而为我们保存了无比珍贵的历史语言资料。

根据神话传说，禹与鲧是父子关系。禹是从他父亲鲧的肚子里生出来的。这与上述传说中，天底下所有的种田人（pu^{35} ji^{55}“越人”）都是鱼肚子里的卵变成的完全吻合。“伯禹腹鲧”的根据应该是出自此。

然而，有趣的是，《史记·五帝本纪》却以正史的口吻肯定了这种传说，公然承认 pu^{35} ji^{55}“濮夷”是由鲧变出来的。“殛鲧于羽山，以变东夷”这句话，清楚明白地告诉人们鲧与夷的亲密关系。“殛”，雷劈死，也是杀之意。“羽山”即“夷山”（“夷人的地方”），是始作者故意避讳而已。“东夷”是 pu^{35} ji^{55}“濮夷”的一部分，亦即后来所称的越人。但是 2000 多年来，从来没有人敢于承认这种关系。所有的史学家，包括最权威的那些史学家，他们从来都是把禹当做汉民族的古代英雄。然而，在铁的事实面前，连司马迁也不得不出来说实话，“禹”即是“夷”的化身！

综上所述，禹和鲧都不是某一个真人的名字，而是由濮语的 pu^{35} ji^{55}、pu^{35}jyi^{55}（“拿犁头的种田人”）和 kun（“人”）经过多个年代塑造而成的。当然，从积极意义来说，几千年来，人们精心塑造禹，歌颂禹，把他当英雄偶像，实质上也就是歌颂了人民，歌颂那些数千年

来以农耕为本，不畏艰难险阻，与天斗，与地斗，创造了辉煌的古代中华文明的伟大人民！只是很不幸，他被打上了千古帝王的烙印，只能永远和帝王们一起，根据统治阶级所需，永远为统治阶级服务，永远成为头罩光环、外表华丽、威武无比的统治者，被抬上中华历史殿堂的最高宝座，供人们世世代代永远永远地膜拜。

因此，可以说，禹是中华民族历史上统治阶级行列中，一位“不是真人”却又永远成为真人的首位帝王。他已成为永远改变不了的历史！

三、夏是濮人建立的王朝

中国历史上第一个王朝——夏朝，究竟是由谁建立的，由哪一个民族建立的呢？历代史学家从来没有人提出过这个问题。这也许是由于中国历史上“最最权威的”史学家司马迁写了《史记》，所以，2000多年来，所有的史学家都以“有史可依”而深信夏朝的建立者必是汉族无疑吧！

然而，真的是汉族人建立夏朝的吗？在广袤的神州大地上，夏王朝建立的时候，所谓的“汉民族”究竟在哪里？汉民族的“汉”字，究竟出现于何时何地？这有谁能够说得清楚呢？

由于夏代正处在文字的萌芽时期，文字尚未得到普遍应用，因而夏朝的人文活动史未能用文字真实地记录并流传下来，给我们了解夏朝的真实历史蒙上了厚厚的面纱。其中有许许多多的问题甚至是千古不解之谜，成为中华瑰丽历史殿堂中小小遗憾的一角。以后是否能解开这些历史的千古谜，唯有寄望于“铲子底下的奇迹”了。

现在我们只能根据“人过留名，鸟过留声”的自然真理，对历史沉积下来至今仍留存在地面上的一些“活化石”——地名，逐个去考察，逐个抽丝剥茧，进行仔细鉴别。找到一些顺理成章的依据，拨开层层面纱。虽不可能彻底了解真相，但至少可以看清轮廓，“验明正身”。

地名是历史的沉淀。古往今来，神州大地上的地名，随着时代的变迁和政权的交替而在每个时代沉积，一层叠一层，一片盖着一片，让人眼花缭乱。然而，由于地名与一切事物名称一样，只是人们交际过程中的符号，或者说是人们给大自然的一个记号。它与人们的生活没有太多实质性的切身关系，因此，历代以来，人们对于它们的来源和涵义并不关心。浩瀚的史籍里，直至100年前，也找不到一本专门谈有关地名来源和意义的论著。即便被称为世界第一本地理巨著的《山海经》，也不过只是罗列了许多古代的山水之名，并没有注明这些山水之名的来源和意义。

但是，历史沉淀下来的地名，往往又是历史最真实最可靠的见证。有许多地名往往千万年不变。它们任由历史岁月流淌，像中流砥柱，岿然不动。甚至向人们暗示，只要有人类存在，它们便将是永恒的。因为人们绝不会无缘无故地去任意更改他们。

地名既然是历史的沉淀，那么它从何而来？是谁给那些本无名字的山川命名？回答很简单，就是最早在那里生息的“初民”。是他们为了方便交际而用自己的语言给活动范围内的几乎所有山川和村落居所，都安上名字以便指称。以后，社会虽然不断向前发展了，“初民”也不断发生了变化，有的已他迁，有的可能因其他民族的融入而变成了第三种民族。但是，“初民”早已习惯指称的地名，因没有必要更改而一代代地流传了下来。现在只要能破解“初民”的语言，就能知道各种地名的含义，从而也就可以在一定程度上解开部分历史之谜。

当然，除此之外，还有与地名相类似的古籍上一些古代人名。它们也都是“初民”通过故事传说流传下来的历史积淀。通过它们也能帮助我们接近历史，了解历史和印证历史。

夏代的历史之谜，在完全找不到用文字记录的史料的情况下，从存留在地面上的一些“活化石”——地名，以及史籍里残存的一些古人名，是不是就能够基本上解开呢？我们认为是可以的。因为我们所探索和要解决的，仅仅是一个最基本的大问题——夏代究竟是由哪一个民族建立的王朝，而不是要解决有关夏代的所有问题，那是根本不可能的。因为历史问题，尤其是有关朝代的历史问题是错综复杂的，它牵涉到方方面面，不可能只从某一方面着手就使它迎刃而解。但是，地名之所以对解决历史问题有帮助，甚至是很大的帮助，主要是因为民族的居留迁徙或演变，都可以从地名沉积的层次上找到一些确实的踪影。因而，在一定意义上，可以说它是一把能够打开历史之门的钥匙，当然不是万能之匙。下面我们就从地名和古代的一些人名来追溯和探讨夏代的一些基本历史。

（一）夏都及地名

夏代的都城在哪里？《史记》里没有任何明确的记载。但许多史籍都认为是在山西省的南部与陕、豫毗邻的安邑（古地名），并把汾水流域称为“夏圩”。在现代地图上，与安邑毗邻的县城称为“夏县”。但夏县是否是夏代的都城所在地呢？

近年，考古工作者在河南洛阳平原，洛河与伊河交汇处的偃师市二里头，发现了夏王朝的都城遗址——二里头遗址。从遗址发掘出来的文物，不仅有种类繁多、制作精美的陶器、骨器、玉器和青铜器，而且，还有数量众多的常用生产工具石刀、石斧、石铲和石箭镞等兵器。此外，还有规模宏伟，面积近20 000平方米的宫殿建筑群，以及分布在周围不远处的各类手工艺专业作坊。

所以说，夏代的都城在河南偃师二里头，而不是在山西的夏县。这是考古学家们比较一致的结论。

这的确是一个伟大的发现！不过，根据《史记》所载“天子之国以外五百里甸服”，“甸服外五百里侯服”，“先王之制，邦内甸服，邦外侯服”的行政区划原则，山西的夏县和夏圩，仍属京畿范围之内，在尚未发现二里头遗址之前，以往一些史籍所说的还是基本正确的。夏朝的势力范围，即使是以现在所知的以二里头为京畿中心，向外伸延，大致是北至山西、河北，东至山东，西至陕西这几省的大部，南至河南南部。

在这个不算太大的范围里，让我们先看看晋、冀、陕、豫、鲁这几个省目前仍保留的众多古地名，它们在古濮语里的含义究竟是什么。从而可以探究建立夏王朝的民族究竟是什么民族。

我们就从“夏圩”这个名称开始吧。

《现代汉语词典》[25]对“圩”字的解释是“湘、赣、闽、粤等地区称集市（古书中作“虚”）谓之圩，如圩市、楚圩（按：赶集）、圩镇”。众所周知，湘、赣、闽、粤是战国时代被称为“百越民族”的聚居区，百越民族称集市为“圩”已有数千年甚至上万年的历史了。《现代汉语词典》对“圩”字的解释，是针对近代以来，有商品交易的集散地——市集来说的。其实古代的百越民族并不一定只称有商品交易之地才叫作“圩”，而是有众多的人群聚集交往之地使叫作

"圩"。直至现在百越民族的后裔壮族人，每年三月，青年男女在约定的山野之地对唱山歌，人数可以多达上万人，故称为"歌圩"。广东人对于妇女相聚时，彼此谈得投契，话语较多，通常讥之为"三个女人成个圩"。可见所谓"圩"并不一定是有商店的集市。

"圩"是古代濮语的音译词。现在濮人后裔的壮语仍读为 haɯ^{24}，布依语读为 hɯ^{24}，临高话读 hə^{212}，毛南语读 hɯ^{42}，粤语读 høy^{55}。

正是由于"圩"是古代濮语的音译词，濮人是神州大地的主人。因此，以"圩"字为名的地名比比皆是。且不说史谓舜帝微时（即小时候）"债于传虚（圩）"，只说现今仍见于各省地图上的就有诸多地名，如发现大量中国古文字甲骨文之地——河南安阳的殷墟，江苏的八圩港，湖南的[illegible]亭圩、梅花圩、大圩、方元圩、太和圩、唐村圩、毛俊圩、太平圩，江西的汪家圩、银坑圩、江背圩、高兴圩，广东的宝圩，福建的车圩，云南的底圩，广西的心圩、刘圩、芦圩（宾阳）、苏圩、檀圩、寨圩、桥圩、新圩、白圩、邹圩、榜圩、阳圩、魁圩、龙圩（梧村），等等。

近代著名民族史学家徐松石在其名著《粤江流域人民史》里，对"圩"字地名已十分关注，他指出："今日江西省南昌以南，和福建省的西南部，并湖南省的中部与南部，一律用这个'圩'字。"不过，"今日南昌附近地方，圩字渐渐改为市字街字镇字，或渐渐的于圩字之下加上一个市字或街字。"[26]徐先生的慧眼，道破了由于商品交易而产生了城市，从而引起了"圩"字含义的改变并逐渐被具有明确交易意义的"市"字或"街"字所代替。可见，"圩"字地名能保留到今天多么不易啊！

晋、冀、陕、豫、鲁既然是夏代活动的历史舞台，必然就会留下许多古代濮语地名。这些地名，数千年来虽然经过不断更改，其中包括改为同音或近音字。但是，只要不是用新名代替旧名，进行彻底更换，我们还是可以通过那些同音或近音字，找到古代濮语地名的原始含义，从而找到夏代的一些基本历史情况。

下面我们就从夏都安邑开始，用濮人后裔壮侗语族语言对夏代境内部分地名[27]进行对照解释，力求基本上合乎情理。（按：以下区划资料来自中国地图出版社 1996 年版之地图册。部分地区划分现在已有变化）

1. 山西（晋）

安邑，濮语（下同）应该是hun^{33} jam^{31}（"同样，一起的人"）。前
人 同样,一样,相同,一起,一齐
面说过，现代壮语（北）称"人"为vun^{21}，壮语（南）有的读vun^{33}，有的读hun^{33}或fun^{33}，布依语、临高话均读hun^{1}，傣语（西双版纳）读kun^{51}，傣语（德宏）读kon^{55}，称小孩则读$^{ʔ}ɒn^{35}$。声母都发生了变化，但韵母则基本不变。译音者选用近似音"安"字来表明是无可非议的。[如有不解，请参阅拙作《语言演变论·从壮侗语族同源词看语音的稳定和发展（三）》]

运城，即vun^{21}城，表明是濮人的城池。
人

三娄，即sam^{31}（jam^{31}）lau^{33}"我们一起"。
同样,相同,一起 我们

蒲州（永济市），即pu^{35}濮州，濮人的州城。蒲县的意义与此同。

栲栳，即$klau^{33}$"我们"。现译为"仡佬"（民族名）。
我们

虞乡，即ji^{55}，音译是"夷乡"，"夷"前面已说明原义。这里有可能是用近音，也有可能是避讳用"夷"。

姚暹（渠名），即jau^{33} sam^{31}"我们大家"。
我们 一齐,一起

临猗，即lam^{31}（jam^{31}）ji^{55}。"猗"与"夷"同音，意思是"同是
同样,一样
夷人"。

夏县，"夏"即ja^{35}或jo^{35}，"有本领的人"。

皋落，与"栲栳"同，即$klau^{33}$"我们"。

垣曲，即vun^{21} ku^{33}"我（们）的人"。
人 我

曲沃，即$kɯ^{33}wu^{35}$"咱们"。
咱们

管头，即kun^{33} tau^{35}"我们的人"。这里的"管头"即《史记》
人 我们
载的所谓"驩兜"。现代仡佬语称"我们"为tau^{35}。

临汾，即lam^{31} fun^{33}"一样，同样的人"。
一样 人

娄烦，即lau^{33} fun^{33}"我们的人"。
我们 人

繁峙，即fun^{33} ji（或tsi）"种田人"。"汾"、"烦"、"繁"是同
人 犁

音异写。

蒲掌，即pu^{35} ja:ŋ^{51}“种粟人”。壮语（南）称“种粟人”为pu^{35} ja:ŋ^{51}。
位 粟

演礼，即jam^{31} lo:i^{51}“共同的山”。
同样 山

高都，是 tu^{33} kou^{33}的倒装，即是“我”。
只(位) 我

夺火，即 tu^{33} wu^{35}“咱们”。“都”与“夺”是同音异写。
只(位) 咱们

潞城，即lau^{33}城“我们的城。”
我们

荫城，即 jam^{33} 城“共同的城”。
同样，共同

余吾，即ji^{55} wu^{35}“咱们种田人”。
犁 咱们

沁源，即sam^{31} zen^{33}“共同语言”。
共同 语言

古县，即ku^{33}县“我的”县。故城中的“故”与“古”是同音异写。
我

浮山，即 pu^{35}山“濮人的山”。

沁县、沁河，即 sam^{31}“共同”之意，即“共同的”县，“共同的”河。西汉置县称为“铜鞮”是濮越语doŋ di“共同、一样好”的意思。明代改为沁州，从民国开始为沁县。
同 好

交城，即kau^{33}城，“我的”城。
我

三交，即sam^{31} kau^{33}“同我一起”。
共同 我

文水，即vun^{33} sa:i^{51}“男人”。
人 男

文峪，即vun^{33} jo:k^{31}“外人”。
人 外面

云周，即vun^{33} tsau^{33}“我们的人”。
人 我们

留誉，即lau^{33} ji^{55}“我们种田人”。
我们 犁

兔坂，即 tu^{33} ba:n^{35}“村夫”。
只(位) 村

嘉乐，即klau^{33}“我们”。嘉乐与梈栳是同音异写。
我们

扒楼沟，即 pu^{35} lau^{33} “我们的沟”。

岚漪河，即lam^{31} ji^{55} 河，“同是种田人的河”。
共同　犁(音译为夷)

楼板寨，即lau^{33} ba:n^{35}寨，“我们村”，“寨”与“村”同义。
我们　村

豆罗，即 tu^{33} lau^{33} “我们”。
只(位)　我们

盂县，即wu^{35}县，“咱们”县。
咱们

滹沱河，即wu^{35} da^{31}（或 do^{31}）“咱们的河”，“河”与“沱”本
咱们　河
是同义，但汉人不知道“沱”即是“河”，所以译音后，为了使人明白而后加的。

吴城，即wu^{35}城，“咱们”城。武、吴、滹都是同音异写。
咱

浑源，即vun^{33} zen^{33} “人（的）语言”。意思是“同是濮人语言”
人　语言
之地。浑、云、文、运、温、允、衮等都是vun^{33}的同音异写。
人

望狐，即maŋ^{33} wu^{35} “咱们村”。濮越语“村”，原读^{m}ba:n，但因
村　咱们
地域历史音变，韵尾 -n 消失而由 -ŋ 代替，今傣语均读 maŋ，汉文写作“孟”。

罗文皂，即lau^{33} vun^{33} tsau^{33} “我们自己人”。
我们　人　自己的

阳高，即ja:ŋ^{42} kau^{33} “我的粟米”。
粟　我

朔县，西汉置县时，称为“马邑”，即是濮越语^{m}pu ji
位　种田人，音夷
“种田人”之意；南北朝改称“招远”，也是濮越语tsau^{33} jen^{33} “（讲）
我们　语言
我们语言”的译音；隋代又改称为“鄯阳”，即濮越语的sen^{33} ja:ŋ^{51}
语言　粟
“（讲）种田人语言（的人）”。

忻县，即ji^{55}县，“种田人”的地方。南北朝称“秀容”，即sau^{33}
我们
joŋ^{33} “我们种粟人”。joŋ、juŋ、ja:ŋ 都是“粟”在不同历史地域的变音。史籍将 joŋ 译作“戎”。

代县，西汉置县时称为“广武”，即濮越语的koŋ^{33} wu^{35} “咱们”
（助）　咱们

（的地方）；元代称为“代州”，即dɔ:i^{51}“山州”。
山

五台，即wu^{35} dɔ:i^{51}“咱们山”之意。西汉置县时，称“虑虎”，
咱们 山
即lɔ:i wu“咱们山”；南北朝改称“驴夷”，即lɔ:i^{51} ji^{55}“种田
山 咱们 山 种田人，音夷
人的山”；元代称“台州”，即dɔ:i州；明代至今称为“五台”。
山

岢岚，即濮越语klum^{33}“坑”的译音；唐代称“岚谷”；明代称“岢岚州”；民国以后称“岢岚县”沿用至今。

寿阳，即sau^{33} ja:ŋ^{51}“我们种粟人”之意。隋代译为“受阳”，
我们
唐代改为今名沿用至今。

盂县，即wu^{35}县，“咱们”县之意。
咱们

和顺，即wu^{35} sen^{33}“（讲）咱们语言（的人）”，隋代置县，沿用
咱们 语言
至今。

介休，即kɯ jau^{33}“我们”。西汉置县“界休”，隋代写作“介
（助）我们
休”，沿用至今。

平遥，西汉置县，原称为“景陵”，是濮越语 kieŋ laŋ
美丽、漂亮 庄稼的花
“美丽的庄稼之花”。南北朝时改称“平遥”沿用至今。

屯留，西汉置县，沿用至今。“屯留”是濮越语de:n lau“我们地
地方 我们
方”的汉字译音。

武乡，即wu^{35} ja:ŋ^{51}“咱们种粟人”的译音，与“武阳”是同音
咱们 粟
异译。唐代沿用至今。

黎城，即lɔ:i^{51}城，“山城”的译音。西汉置县，称为“潞县”，
山
是濮越语lau的译音。隋代改称“黎城”沿用至今。
我们

壶关，即wu^{35} kun^{33}“咱们人”的译音。南北朝置县，沿用至今。
咱们 人

翼城，即ji^{55}城，“种田人”的城池。隋代置县，沿用至今。

隰县，西汉置县，称“蒲子”县，即濮越语pu^{35} ɕai^{51}“种田人”
位 犁
的译音。隋代改为“隰川”县，明代称“隰州”，民国称“隰县”，

并沿用至今。

临县，即lam^{31}县，“共同”的县（地方），唐代称“临泉”，元代
共同
称“临州”，明代称“临县”，并沿用至今。“岚县”与“临县”是 lam 的同音异译，意义全同。

汾阳，即fun^{33} ja:ŋ^{51} “种粟人”的译音，明代始用此名，沿用至
人　粟
今。

孝义，即hau^{33} ji^{55} “我们种田人”的译音。
我们　种田人

石楼，西汉置县，称为“土军”县，是濮越语 tu^{33} kun^{33} “人”
（只）　人
的译音。南北朝时写作“吐京”，隋代改为“石楼”，并沿用至今。

破鲁，即pu^{35} lau^{33} “我们”。“破、濮、布、不”等是同音异写。
位　我们

威鲁，即wai^{55} lau^{33} “我们的市集”。
市集　我们

上述地名，仅仅是从现代地图册里能够找到的较大地方的名称。而不见于地图册的较小地方的地名，有些往往更古老，更原始，更接近“初民”的语言，因历代官府实在无暇顾及，黎民百姓则永远都不会随意去更改。但是，我们很难得到这些地名，除非发起浩大的调查工程。现在只能按图索骥，能找到多少是多少了。

2. 河北（冀）

聊城，即lau^{33}城“我们的”城。
我们

冠县，即kun^{51} “人”县，意思是濮人的地方。
人

馆陶，即kun^{33} tau^{35} “我们的人”。与山西的“管头”，史籍的
人　我们
“驩兜”是同音异写。

北皋，即 pu^{35}kau^{33} “我”。
我

丘县，即jau^{33}县，“我们”的县（地方）。
我们

武安，即wu^{35} hun^{33} “咱们的人”。
咱们　人

更乐，即kaŋ^{51} lo:k^{31} “后面那边”。
后　外

邢台，即he:n^{55} do:i^{51}“光山、秃山”。
光,秃　山

任县，即jam^{31}县，“共同”的县（地方）。
共同

尧城，即jau^{33}城，“我们”的城池，“我们的地方”。
我们

内丘，即nai^{55} jau^{33}“这里是我们（的地方）”。
这里　我们

巨鹿，即 kɯ^{33}lo:k^{31}“外边”。
外边

武城，即 wu^{35}城，“咱们”的城池。

武官寨，即wu^{35} kun^{33}寨，“咱们村”。“武官”是濮越语译音词，
咱们　人
“寨”是后加的。

武邑，即wu^{35} jam^{31}“咱们一起”。
咱们　共同

故城，即ku^{51}城，“我”的城池。
我

景县，即kieŋ^{51}“美丽”的地方。
美丽

阜城，即 pu^{35}城，“濮人的”城池。

泊头，即 pu^{35}tau^{33}“我们”。阜、泊、博、濮都是同音异译。
我们

大满庄，即 tu^{33} ^{m}ba:n^{35}庄，“村夫”。“大满”是濮越语译音词，
只(位)　村
“庄”是后加的。

姚官屯，即jau^{33} kun^{33}“我们人”的译音，“屯”是后加的汉义
我们　人
字。

饶阳，即jau^{33} ja:ŋ^{51}“我们种粟人”的音译。姚、饶是同音异
我们　粟
译。

任丘，即jam^{31} jau^{33}“我们共同、我们一样、我们一起”的译音。
共同　我们

密云，即mi^{31} vun^{33}“母亲”。南北朝置县，明代称“密云州”，
母　人
清代称“密云县”，并沿用至今。

武清，西汉置县，称为“雍奴”，即lau^{33} joŋ^{51}“我们种粟人”的
粟　我们
倒装。唐代改为“武清”，并沿用至今。

无极，即wu^{35} ji^{55}“咱们种田人”。西汉置县，称“毋极”，唐代
咱们
改写为“无极”，并沿用至今。

灵寿，即 le:ŋ^{31} sau^{33}“我们的地方”。西汉置县，并沿用至今。
处(地方) 我们

迁安，即sam^{31} hun^{33}“同样的人，在一起的人”。宋代置县，并
共同　人
沿用至今。

抚宁，即wu^{35} ne:ŋ^{31}“咱们的地方”。唐代置县，并沿用至今。
咱们　地方

卢龙，即lau^{33} luŋ^{31}“我们同村”。南北朝置县称“新昌”，隋改
我们
称“卢龙”，并沿用至今。luŋ 是指同在一个大村中由若干家自然形成的聚居点，是后来汉语“弄堂”中“弄”的来源。

冉庄，即jam^{31}庄，“同村”。
共同

深县，即 sam^{31} 县，“同县”。西汉置县，称“下博”，濮越语
共同
ja^{35}（或 jo）pu^{35}“有本领的濮人”。“博”与“濮”是同音异译
有本领
（写）。冉、任、深也是同音（近音）异写。

流村，即lau^{33}村，“我们村”。
我们

定兴县，西汉置县称为“范阳”，是濮越语fun^{33} ja:ŋ^{51}“种粟人”
人　粟
的译音。隋代改称“遒县”，即 jau 县，“我们”县。宋代改称“定
我们
兴”，是濮越语de:ŋ^{51} hun^{33}“（濮）人”的译音。
地方　人

雄县，西汉置县，称为“易”，即濮越语 ji（音“夷”）“种田人”的译音。西晋称“易城”，唐代改称“归义”，宋代称“归信”，明代改称“雄州”，民国称“雄县”，并沿用至今。

高阳，西汉置县，沿用至今。“高阳”是kau ja:ŋ“我种粟人”的
我　粟
译音。

博野，西汉置县，称为“陆成”；东汉改称“博陵”，是濮越语
pu laŋ“后来者或后面（的人）”的译音。三国时称“博陆”，即 pu
(位)后来
luk“儿子”的译音。南北朝改称“博野”，即 pu jai“种田人”。jai
儿子

与 ji 是有少许音变的同义字。

定县，西汉置县称“卢奴”，是 lau no“我们田”的译音。南北
我们 田
朝改称“安喜”，是 hun hi（ji）“种田人”的译音。隋代改称“鲜
人 种田人
虞”即 sen ji “（讲）种田人语言（的人）”的译音。明代改称
语言 种田人
“定州”，民国称“定县”并沿用至今。

易县，西汉置县称“故安”，是濮越语 kau hun“我（们）的人”
我 人
的译音。隋代改称“易县”，是 ji“种田人”的译音，沿用至今。

涞水，西汉置县称为“遒县”，是濮越语 jau “我们”的译音。
我们
隋代改称为“涞水”，沿用至今。

留各庄，即 lau^{33} ka:k^{31} 庄，“我们自己”的村庄。
我们 自己

苟各庄，即 kau^{33} ka:k^{31} 庄，“我自己”的村庄。
我 自己

独流，即 tu^{33} lau^{33}“我们”。
只(位) 我们

汉沟，即 hun^{33} kau^{33}“我的人”。汉沽、汉沟均是同音异译
人 我
（写）。

望都，即 tu^{33} maŋ“乡下人”的倒装。
只 村

温圹，即 vun^{33} do:ŋ^{33}“相同、一样的人”。
人 同

满城，即 ^{m}ba:n^{35} 城，“村庄”，原是“村庄”的地方。
村庄

保定，即 pu^{35} de:ŋ^{31}“濮人的地方”。
地方

步古沟，即 pu^{35} ku^{51} 沟，“我的”沟。
我

白沟，即 pu kau“我”。
我

波罗诺，即 pu^{35} lau^{33} nai^{55}“这是我们的”地方。步、白、波是同
我们 这里
音异译（写）。

固安，即 ku^{33} hun^{33}“我的人”。
我 人

夏垫，即 ja^{35}（或 jo）de:n^{31}“有本领人的地方”。
有本领 地方

宽城，即kun^{33}城，“人”的地方。
人

干沟，即kun^{33} kau^{33} “我的人”。宽、干均是同音异译（写）。
人 我

芦台，即lau^{33} do:i^{51} “我们的山”。
我们 山

宝坻，即 pu^{35}tei^{31} “种地人”。
旱地

沟河，即kau^{33}河，“我的河”。
我

3. 陕西（陕）

孤山，即ku^{33}山，“我”的山。
我

府各，初名应为“府峪”，即 pu^{35}jo:k^{31} “外边的人”。
外

碛塄，即 tsɯ^{33} laŋ^{51} “后面”。
（助词）后面

大柳塔，即tu^{33}lau^{33}塔，“我们”的塔。
只 我们

瑶镇，即jau^{33}镇，“我们”的镇（地方）。
我们

朱官寨，即tsau^{33} kun^{33}寨，“我们的人”。全寨都是我们的人。
我们 人

波罗堡，即 pu^{35}lau^{33} “我们的”村庄（地方）。
我们

榆林，即 ji^{55} lam^{31} “同是种田人”。
（音夷）共同

鱼河堡，即 ji^{55}wu^{35} “咱们种田人”的村庄。
咱们

武镇，即wu^{35}镇，“咱们”的镇（地方）。
咱们

高镇，即kau^{33}镇，“我的”镇（地方）。
我

吴堡，即wu^{35}堡，“咱们”的村庄。宋代置县，沿用至今。
咱们

老君殿，即lau^{33} kun^{33} de:n^{31} “我们人的地方”。
我们 人 地方(近指)

安定，即hun^{33} de:ŋ^{31} “（濮）人的地方”。
人 地方(泛指)

保安，即 pu^{35}hun^{33} “濮人”。
人

安沟，即hun^{33} kau^{33} “我的人”。
人 我

劳山，即lau^{33}山，“我们的山”。
我们

姚店，即jau^{33} 店，“我们”的地方。
我们

苟池，即kau^{33} tsi^{55} “我种田人”。
我 犁

宜罗镇，即 kɯ lau^{33}镇，“我们”村镇。
(助) 我们

富县，即 pu^{35}县，濮人的县。隋代置县，称“洛交”，即 lak^{31}
(助，儿子)
kau^{33} “我”。元代改称“鄜州”，民国称“鄜县”。
我

洛川，即lau^{33} sen^{33} “（讲）我们话”。南北朝置县，沿用至今。
我们 话

宜君，即 ji^{55} kun^{33} “种田人”。南北朝置县，沿用至今。
种田人 人

叱干，即kɯ^{33} kun^{33} “人”。
(助) 人

乾佑，即kun^{33} jau^{33} “我们的人”。
人 我们

乾县，即 kun^{33}县“（濮）人”的县。秦以前称“好畤”，即ɤau
我们
ji“我们种田人”。唐代称“奉天”，元代改称“乾州”，民国称“乾县”。君、干、乾是同音异译（写）字。

汉阴，即hun^{33} jam^{31} “一样的人，一起的。”三国时称“安
人 一样的，一起的
阳”，即hun ja:ŋ “种粟人”。西晋称“安康”，唐称“宁都”，宋改称
人 粟
“汉阴”，并沿用至今。

汉水，即hun^{33}水，“（濮）人的河”。
人

韩城，即hun^{33}城，“（濮）人”的城池。秦以前称“夏阳”，即
人
ja（jo）ja:ŋ “有本领的种田人。”隋代改称“韩城”，沿用至今。
有本领 粟

旬邑，即sen^{33} jam^{31} “一样的、同样的语言”。
语言 同样

三原，即sam^{31} jen^{33} “一样的语言”。
一样 话

蒲城，即 pu^{35}城，“濮人”的城池。隋代置县称“蒲城”，唐代改称为“奉先”，宋代袭隋并沿用至今。

耀县，即jau^{33}县，“我们”县。
我们

乐店，即lo:k^{31}店，“外面”的店址（或店址在……之外）。
外面

高陵，即kou^{33} laŋ^{51} “我的后边”或“我后来”。
我　后面

罗敷，即 pu lau “我们”的倒装。
我们

洛南，即lau nam“我们的河”（当然也可解为“洛河南边”，是
我们　水
现代解法）。

武关，即 wu kun“咱们的人”。
咱们　人

板岩镇，即ba:n岩镇，“岩村镇”。
村庄

饶峰，即 jau 峰“我们的山”。
我们

罗镇，即 lau 镇，“我们的镇”。饶、罗是不同时代、不同人对 lau 的近音译写。

城固，是濮越语“城kau”的原音译写，即现代汉语“我的城池”
我
之意。西汉置县，沿用至今。有人认为古汉语有许多倒装词句，其实，多数都是古濮越语译写的遗留。

褒水、褒城，即 pu 水，“濮人”的河，“濮人”的城。

老城、留坝，即 lau 城、lau 坝，“我们的城”，“我们的坝子”。
我们　我们
老、留、罗、饶、佑、耀等均为同音异译（写）。

武功，即wu^{35} koŋ^{51} “咱们祖先”。
咱们　先祖

普集，即 pu 集，“濮人”市集。

招贤，即tsau^{33} jen^{33} “（讲）我们话”的人。
我们　话

麟游，即lan^{33} jau^{33} “我们家”。西汉置县，称“杜阳”，即 tu
家　我们　（只）
ja:ŋ “种粟人”。隋代改称“麟遊”，沿用至今。
粟

眉县，即mi^{31}县，“母亲”之地。秦以前称“郿”，南北朝改称
母
“平阳”，即pe:ŋ^{35} ja:ŋ^{51} “半种田人”。隋代沿用“郿”至今。
半　粟

咸阳，即ham^{31} ja:ŋ^{51} “同是种粟人”。秦以前置县，称“咸阳”，
同是　粟

西汉改称“长陵”，西晋又改称“安陵”，唐代重称“咸阳”，并沿用至今。

户县，即wu^{35}县，“咱们”的县（地方）。

礼泉，西汉置县，称“谷口”；南北朝改称“宁夷”，即ne:ŋ^{31} ji^{55} “（夷人）种田人的地方”；隋代称“礼泉”，沿用
地方 （音夷，种田人）
至今。

绥德，西汉置县，称“肤施”，即 pu^{35} çai^{51} “种田人”；唐代改
（位） 犁
称“龙泉”；宋代称为“绥德军”；民国称“绥德县”并沿用至今。

华阴，秦以前置县，称“宁泰”，即ne:ŋ^{31} da:i^{51} “山地”。西汉改
地 山
称“华阴”，即wu^{35} jam^{31} “咱们一样，咱们同样，咱们一起”，沿用
咱们 共同
至今。

陇县，西汉置县，称为“汧”，即 sam^{31} “共同，一样”之意。南北朝改称“汧阴”，都是“一样，共同”。隋代称“汧源”，即sam^{31}
共同
jen^{33} “同样、一样语言”。明代改称“陇州”，民国称“陇县”，沿用
话
至今。

延安，西汉置县，称为“高奴”，即kau^{33} no，“我的田”；南北朝
我 田
改称为“东夏州偏”；隋代改称“肤施”，即 pu^{35} çai^{51} “种田人”；民
犁
国又改称为“延安”，并沿用至今。

4. 河南（豫）

濮城，即 pu^{35}城，“濮人”的城池。

濮阳，即 pu^{35}ja:ŋ^{51} “种粟人”之地。
粟

古干城，即kau^{33} kun^{33}城，“我们人”的城池。
我 人

滑县，即wu^{35}县，“咱们”的县。隋代置县，称“滑州”，明代称
咱们
“滑县”并沿用至今。

南乐，即nam^{55} lo:k^{31} “外河”。
水 外

潦河，即lau^{33}河，“我们”的河。
我们

瓦店，即 wu^{33}店，“咱们”的地方。

白秋，即pu^{35} tsau^{33}“我们”。
位　我们

新野，即sen^{33} ji^{55} “（讲）夷语”。西汉置县，并沿用至今。
话　(音夷)

构林，即kau^{33} lam^{31}“和我一起的，与我一样的”。
我　一起

林扒，即 lam^{31} pu^{35}“都是濮人”。
共同，一样

文渠，即vun^{33} kei^{31} “（濮）人”的地方。
人　(助)

厚坡，即hau^{33}坡，“（生）稻谷”的地方。
稻谷

侯集，即hau^{33}集，“稻谷”市集。厚、侯同音异写。
稻谷

芦医庙，即lau^{33} ji^{55} 庙，“我们夷人（种田人）”的庙。
我们　种田人(音夷)

老城，即lau^{33}城，“我们”的城。
我们

夏馆，即ja^{35}（或 jo^{35}）kun^{33}“有本领的人”。
有本领　人

板山坪，即^{m}ba:n^{35}山坪，“山坪村”。
村

往流，即hoŋ^{33} lau^{33}“我们”。
(助)　我们

灌河，即kun^{33}河，“（濮）人的河。”
人

固始，即kau^{33} ɕai^{51}“我种田人”。固县和固庙中的“固”，意义相同，都是“我”。南北朝置县，并沿用至今。
我　犁

传流，即sen^{33} lau^{33}“（讲）我们的话”。
话　我们

仁和，即jen^{33} wu^{35} “（讲）咱们话”的人。
话　咱们

泼陂河，即pu^{35} bo^{35}河，“哑巴”河。
位　哑巴

浒湾，即wu^{35}湾，“咱们”的湾（地方）。
咱们

周党畈，即tsau^{33} daŋ^{33} ^{m}ba:n^{35}“我们（先）来到的村庄”。
我们　来到　村

陌陂，即pu^{35} bo^{35}“哑巴”。泼、陌同音异写。
位　哑巴

饶良，即jau^{33} laŋ^{51} “我们是后来者”（仅指此地当时的人）。
我们 后面

博望，即pu^{35} maŋ^{33} “村夫，乡下人”。
位 村

安皋，即hun^{33} kau^{33} “我的人”。
人 我

伏牛山，即pu^{35} ɣau^{33} “我们”的山。
位 我们

卢氏，即lau^{33} ji^{55} “我们夷人（种田人）。”西汉置县，并沿用至今。
我们 种田人(音夷)

文峪，即vun^{33} jo:k^{31} “外边的人”。
人 外

故县，即kau^{33}县，“我”的地方。故、固同音。
我

冠文山，即kun^{33} man^{35}山，“乡下人”的山。
人 村

峭耳山，即ɣau^{33} ji^{55} 山“我们夷人（种田人）”的山。
我们（音夷）

五原村，即wu^{35} jen^{33}村，“（讲）咱们话”的村。
咱们 话

顺和集，即sen^{33} wu^{35}集，“（讲）咱们话的人”的市集。
话 咱们

玄武，即jen^{33} wu^{35} “咱们的话”。
话 咱们

吴台庙，即wu^{35} do:i^{51}庙，“咱们山庙”。
咱们 山

沈丘，即 sam^{31} jau^{33} “我们一起”。唐代置县，并沿用至今。
同样,一起 我们

逊母，即sen^{33} wu^{35} “咱们（讲一样的）话。”“母”应为“毋”。
话 咱们

扶沟，即 pu^{35}kau^{33} “我”。固城中的“固”和扶沟中的“沟”为同音异写，西汉置县，并沿用至今。
我

繁城，即fun^{33}城“（濮）人”的城。
人

临颍，即lam^{31} vun^{33} “同样、一起的人”。西汉置县，并沿用至今。
同样 人

漯河，即lau^{33}河，“我们”的河。
我们

吴城，即wu^{35} 城，“咱们”的城。
咱们

舞阳，即wu^{35} ja:ŋ^{51}“咱们种粟人”。吴、舞为同音异写。西汉置
咱们　粟
县，并沿用至今。

诸市，即tsau^{33}市，“我们”的市。
我们

板桥，即^{m}ba:n^{35}桥，“桥村”。
村

贾楼，即klau^{33}“我们”。
我们

老君庙，即lau^{33} kun^{33}庙，“我们人”的庙。
我们　人

任店，即jam^{31} de:n“共同的地方”。
共同　地方

三官庙，即 sam^{31} kun^{33}庙，“（濮人）大家”的庙（地方）。
共同，一起　人

陡沟，即 tu^{33} kau^{33}“我”。
只(位)　我

罗山，即lau^{33}山，“我们”的山。
我们

济源，即tsi^{55} jen^{33}“（讲）耕田人话”。隋代置县，并沿用至今。
犁　话

延秋，即jen^{33} tsau^{31}“（讲）我们话的人”。
话　我们

洛阳，即lau^{33} ja:ŋ^{51}“我们种粟人”的地方。西汉置县，并沿用
我们　粟
至今。

偃师，即jen^{33} ɕai^{55}“（讲）种田人话”。源、延、偃为同音异写。
话　犁
西汉置县，并沿用至今。

伊川，即 ji^{55} sen^{33}“夷人（或种田人）的话”。
（音夷）　话

君召，即kun^{33} tsau^{31}“我们的人”。
人　我们

陆浑，即luk^{31} vun^{33}“小孩子”。
儿子　人

鸣皋，即^{m}be:ŋ^{35} kau^{33}“我的一半”或“这一半是我的”。
一半　我

寄料街，即kɯ^{55} lau^{33}“我们”的街。
（助）我们

禹州，即 jyi^{55}（ji^{55}） tsau^{33}“种田人”。
犁，引申为“种田人”　我们

神垕，即sen^{33} hau^{33}“（讲）我们话的人”。
话　我们

洧川，即jau^{33} sen^{33}“我们的话”。
我们　话

陈留，即sen^{33} lau^{33}“（讲）我们话的人”。神、陈同音异写。
话　我们

通许，即toŋ^{33} wu^{33}“和我们一样”。元代置县，并沿用至今。
同　咱们

傅集，即 pu^{35}集，“濮人的市集”。

高贤集，即kau^{33} jen^{33}“我的语言”。
我　话

高辛集，与“高贤”同音异写。“辛”是 sen^{33}，也是“话”的意思。

虞城，即 ji^{55}城，“夷人（种田人）”的城。西汉置县，称“虞”，并沿用至今。

夏邑，即 ja^{35}（jo^{35}）ji^{55}“有本领的种田人”。“邑”有时是 ji“犁”，有时是 jam“共同”的译音。
有本领的人

庆祖，即hun^{33} tsau^{33}“我们的人”的译音。
人　我们

宜沟，即 ji^{55} kau^{33}“我种田人”。
（音夷）　我

林州，即 lam^{31} tsau^{33}“我们一起的”。西汉置县，称“隆虑”，即loŋ lɔ:i“山岼”；东汉改称“林虑”，即lam lɔ:i“同山”；明代只用“林”，并沿用至今。
同样，一起　我们
岼　山　　共同　山

安阳，即hun^{33} ja:ŋ^{51}“种粟人”。西晋置县，并沿用至今。
人

汤阴，即 to^{33} jam^{31}“共同”。西汉置县，称“荡阴”；隋称“汤阴”，并沿用至今。
（单独无意义）　共同

姚村，即jau^{33}村，“我们”村。
我们

要街，即jau^{33} kai^{31}“我们的”。姚、要同音异写。
我们的

薄壁，即 pu^{35}bik^{13}“兄长、大老”。
大

辉县，即fai^{33}（或 vai^{55}）县，“市集”县。西汉置县，称“共”县；隋称“共”城；元代称“辉”州，“辉”沿用至今。
市集

卫辉，即vai^{55} fai^{33}“炭市”。
火炭　市

吴村，即wu^{35} 村，“咱们”村。
咱们

修武，即sou^{33} wu^{35} “咱们和你们”的地方。南北朝置县，并沿用
你们 咱们
至今。

武陟，即wu^{35} tsai “咱们耕田人”。
咱们 犁

原武，即jen^{33} wu^{35} “（讲）咱们话”的人。
话 咱们

陡门，即 tu^{33} man^{33} “村夫，乡下人”。
只(位) 村

温县，即vun^{33}县“（濮）人”的县（地方）。西汉置县，沿用至
人
今。

孟县，即maŋ^{33}县，“村庄”县（地方）。这种以“孟”为名的地
村庄
方，傣（泰）族地区最多。

承留，即sen^{33} lau^{33} “（讲）我们话”的人。
话 我们

原阳，西汉置县，称“原武”，濮越语jen wu “（讲）咱们语
话 咱们
言”。隋代改称“阳武”，即 ja:ŋ wu “咱们种粟人”之意。民国又改
咱们
称“博浪”县。“博浪”即 pu laŋ，“后来者”之意。

密县，即mi 县，“母亲”县。西汉置县，并沿用至今。
母

确山，西汉置县，称“朗陵”（lɔ:ŋ laŋ），“背后，后边”之意。
背后
南北朝改称“安昌”；隋代称“朗山”，即laŋ山，“后山”；宋改为今
背后
名“确山”，即ka:k山，“独山”。
独

南阳，即nam ja:ŋ “粟河”之意。西汉置县，称为“宛”，即vun
水 粟 人
“（濮）人”；隋代改称“南阳”，至今沿用。

临汝，南北朝置县，称“汝原”，即lau jen “（讲）我们语言”；
我们 话
明代称为“汝州”；民国称“临汝”，沿用至今。“临汝”即lam lau
同 我们
“同是我们”的汉字译音。

郾城，西汉置县，称“郾”，即jen “语言”；隋称“郾城”，沿用
话

至今。

临颍，即lam vun“一样的人”。西汉置县，沿用至今。
同样 人

叶县，西汉置县，称“昆阳”，即kun ja:ŋ“种粟人”；隋代改称
人 粟
“汝坟”，即lau fun“我们人”；元代沿用汉称；明代改称“叶县”，
我们 人
叶是jam“共同”之意。

鲁山，西汉置县，称“鲁阳”，即lau ja:ŋ“我们种粟人”；南北
我们 粟
朝改称“北山”；隋代又改称“鲁山”，即lau山“我们的山”，并沿
我们
用至今。

贾鲁河，即klau（或kɯ lau）河，“我们的”河。
我们 （助）我们

白露河，即pu lau河，“我们的”河。与“潦河”lau（“我们”
我们 我
的）河同音异译。

涡河，即wu河，“咱们”的河。
咱们

5. 山东（鲁）

单县，“单”不读“简单”的“单”（ta:n），而是读sam^{31}，“共同的、同样的、一样的”意思。秦以前置县，称“单父”，即sam pu“同是濮人”。明代沿用。

曹县，即tsau^{33}“我们”。

成武，即seŋ^{31} wu^{35}“全是咱们”。
全是 咱们

冉堌集，即jam^{31} kau^{33}“同我一起的。”
同 我(一起)

定陶，即de:ŋ^{31} tau^{33}“我们的地方”。秦以前置县并沿用至今。
地方 我们

临濮集，即lam^{31} pu^{35}“同是濮人”。
同 濮

鱼台，即ji^{35} do:i^{51}“越（夷）人山”。唐代置县并沿用
(音夷)越(夷)人 山
至今。

巨野，即kɯ jai^{55}“越人，种田人”。西汉置县至今。
(助词) 越

郓城，即vun^{33}城，“人”的城池。隋代置县并沿用至今。
人

邹城，即tsau^{33}城，“我们”的城池。西汉置县，称“驺”。
我们

兖州，与“郓”同，即 vun 州，“人”的地方。

于集，“于”即wu^{35}，“咱们”的市镇。
咱们

顾官屯，即ku^{33} kun^{33}“我们人”的村庄。
我 人

冠县，即kun^{33}。“冠”与“官”实则同音异译（写）。
人

北馆陶，即pu^{35} kun^{33} tau^{33}“我们的人”。
位 人 我们

博平，即pu^{35} be:ŋ^{35}“邻居（的人）”。
位 旁边

武城，即wu^{35}城，“咱们”的城池。
咱们

苏留庄，即sau^{33} lau^{33}“你们和我们”的村。
你们 我们

禹城，即jyi^{55}城，“越人”的城池，唐代置县，沿用至今。
越人

陵县，即 laŋ^{51} 县，“后面，背后”的县城。西汉置县，称“安
后面，背后
德”，即hun de:k“（濮）人的地方”；明代改称“陵”，沿用至今。
人 地

乐陵市，即lɔ:k^{31} laŋ^{51}“背后”，西汉置县，沿用至今。与“乐浪”同音异译（写）。

无棣，即wu^{35} dei^{51}“咱们好”。隋代置县，明代曾称“海丰”；
咱们 好
民国袭隋称并沿用至今。

沾城，即tsam^{31}城，“共同的、大家的”城池。
共同的

沾化，即tsam^{31} wu^{35}“咱们一样的、同样的”。
共同 咱们

垦利，即kun^{33} lei^{31}“种地人”。
人 旱地

博兴，即pu^{35} hon^{33}“人”。五代置县，沿用至今。
位 人

桓台，即von^{33} do:i^{51}“山里人”。元代改称“新城”，民国置县并
人 山
沿用今名。

广饶，即kuŋ^{31} jau^{33}“我们祖先”。
祖 我们

淄博，即tsi^{33} pu^{35}是pu tsi“耕田人”音译（写）后的倒装。
犁　　　　位 犁

朱刘店，即 tsu^{33} lau^{33}“我们”的地方。
只(位)　店

临朐，即lam^{31} kau^{33}“同我一起”。西汉置县，沿用至今。
共同　我

郚部，即toŋ^{33} wu^{35}“和咱们一样”。
相同　咱们

冶源，即jai^{55} zen^{33}“（讲）越人语言”。沂源，与“冶源”同义，是同音异写（译）。
越　语言

沂山，即 ji^{55}山，“越人”之山。

穆陵关，即^{m}pu^{35} laŋ^{51} kun^{33}“后来人（的关口）”。
位　后面　人

夏丘堡，即 jo^{35}（ja^{35}）jau^{33}堡，“我们能干人的村庄”。
能干,有本领,强　我们

夏甸，即 jo^{35} de:n^{31}“能干人的地方”。与“夏店”同义。
能干人　地方

泰薄顶，即ta:i^{31}pu^{35} de:ŋ^{31}“濮人的地方”。
山　位　地方(泛指)

文登市，即von^{33} da:ŋ^{31}市，“仰卧”。南北朝置县。
人　仰(卧)

莫邪岛，即^{m}pu^{35} ja^{31}“妻子”岛。
位　妻子

招远市，即tsau^{33} zen^{33}“（讲）我们语言”。
我们　语言

泊头，即pu^{35} tau^{33}“我们”。
位　我们

夏口，即jo^{35}（ja^{35}）hau^{33}“我们有本领”。
能干　　我们

斗虎屯，即 tu^{33} wu^{35}屯，“咱们”的村。
只(位) 咱们

潘溪渡，“潘”不读 phan，而读 pu^{35}；“溪”不读 xi，而读k‘ əi，即pu^{35} k‘ əi“种田人”。今侗语“犁”，仍读 k‘ əi。
位　犁

武安集，即wu^{35} hun^{33}集，“咱们的人”。
咱们　人

夏官屯，即jo^{35}（ja^{35}）kun^{33}“有本领的人”。
能干　　人

泊里，即pu^{35} lei^{31}“山地人”。
位　山地

寒亭，即hun^{33} de:ŋ^{31}“别人的地方”。
人　地方

友林，即ju^{13} lam^{31}“乘凉”之地。
住 阴凉

赵官店，即tsau^{33} kun^{33}店，“我们人”的地方。
我们 人

湖屯，即wu^{35}屯，“咱们”村。
咱们

欢城，即hun^{33}城，“人”城。
人

鲁山，即lau^{33}山，“我们的”山。
我们

莱芜市，即lo:i^{51} wu^{35}“咱们的山”。
山 咱们

徂徕山，即 tsɯ lo:i^{51}山，“山”。
（助词） 山

道朗，即 tu^{33} laŋ^{51}“后来人”。
（只、个，助词） 后面

羊流店，即ja:ŋ^{51} lau^{33}店，“我们种粟人”的地方。
粟 我们

楼德，即lau^{33} di^{31}“我们地方”。
我们 地方

蒙阴，即maŋ^{33} jam^{31}“同村”。西汉置县。
村 一起，同

孟良崮，即maŋ^{33} laŋ^{51}崮，“村后面的山”。
村 后面

抱犊崮，即pu^{35} duk^{31}崮，“单身汉”。
位 独

临沂市，lam^{31} ji^{55}市，“同是越人”。西汉置县。
同是 越人

板泉，即ba:n^{35} sen“（讲）乡下话”。
村 话

蒲汪，即pu^{35} vaŋ^{33}“痴人，傻瓜”。
位 痴

管帅，即kun^{33} sa:i^{51}“男子汉”。
人 男子

诸城，即tsau^{33}城，“我们的”城池。
我们

高密市，即kau^{33} mi^{31}“我母亲”的市镇（地方），西汉置县。
我 母亲

高、胶同音异写（译）。

姚哥庄，即jau^{33} ke^{13}庄，“我们父辈（住的地方）”。
我们 父

崂山，即lau^{33}山，“我们山”。
我们

阳信，西汉置县，沿用至今。“阳信”即ja:ŋ sen（粟 话）“种粟人讲的话”的汉字译音。

即墨，西汉置县，称“不其”，即 pu ji“种田人”。隋代改称“即墨”，实际上是ᵐpu ji“不其”的倒装。“其”与“即”，“不”与“墨”是同（近）音异译（写）。

掖县，即 ji 县“（夷人）种田人”。西汉置县。

平度，西汉置县，称“郁秩”，即jɔ:k ji（外（音夷））“外夷（种田人）”。东汉改称为“胶东”，南北朝称“长广”，隋代称“胶水”，明代称“平度州”，民国称“平度县。”

蓬莱，即 puŋ lɔ:i（休闲安静的 山）“休闲山”或“清静的山”（仙境）。壮语（南）称“卧室”为 puŋ la:n（休闲安静的 屋）。

安丘，即hun jau（人 我们）“我们的人”。西汉置县，南北朝改称“昌安”；隋和五代都称“安邱”；唐代改称为“辅唐”。

郯城，即jam（共同）城，“共同的、一起的、同样的”。西汉置县，沿用至今。

菏泽，西汉置县时称“句阳”，即kau ja:ŋ（我 粟）“我种粟人”。南北朝称“乘氏”，宋代称“济阴”，元代称“曹州”，清代称“菏泽”并沿用至今。

泰安，西汉置县，称“博”，即 pu“濮人”的地方。隋代称“博城”；唐代称“乾封”；宋代称“奉符”；明、清称“泰安”。“泰安”是do:i hun（山 人）“山地人”的汉字译音。

聊城，即 lau（我们）城，“我们”之城。西汉置县，沿用至今。与“曲阜”县（西汉置县时称“鲁”，即 lau“我们”）是同音同义而异译的字。

也许有人看过上述晋、冀、陕、豫、鲁的地名之后，会提出这样问题：为何众多的地名都离不开“我、我们、咱们、你、你们、（濮）人、夷（ji^{55}即犁，意思是拿犁的种田人）、一样、一起、共同的”等这些十分有限的语词，而没有更多的语词呢？难道地名的命名用词就

那么贫乏吗？仅仅这么几个有限的语词，怎么能衍化出成千上万个布满神州大地的地名呢？

不错，这的确是一个十分有趣而必须回答的问题，否则，中国历史上的这个千古之谜就无法得到解释。迷雾就将永远笼罩这块古老而神秘的大地，成为真正的万古之谜！

众所周知，现在我们所能看到的世界版图上的所有地名，包括国名、山水、城镇、村庄名，都是从有了各种文字之后，经过千百年来历代人们逐渐记录积累而成的。每个最初记录地名的人，一般都是根据当地人的口语语音（即便是本民族的人也如此），按照自己听觉所能理解的而选用自己最熟悉的同音或近音词来记录和表达。记录人如果不是本民族的人，且又不懂当地语言，在询问当地人“这地方叫什么名字”的时候，当地人在语言沟通不顺的情况下，往往答非所问，且常以警惕的眼光和自我保护的心理回答“这是我（或我们）的地方”、“我们（讲）同样的语言”、“我们都是一起的（或都是一样的）”，等等。记录人因不懂本义，就把音记录下来当作地名，时间久了，便成了历史，成了几近永恒的专有名词。

由于地名都是由不同年代、不同层次的人记录积累而成的。其中如果牵涉到两种不同的语言，则因多数只译音不译义，音义分离，由此就造成了许多同音同义，或近音同义的各种有趣地名。尤其是方块汉字，同音不同笔画写法的字很多，更是给那些本是同义的地名增添了异彩。上述的“我、我们、咱们、你、你们、人”等，虽然只是几个基本语词，但它们却像几种颜色的丝线，在不同工匠的手里，编织出最新最美的画图。现以河北、山东两地的 ke 音为例。河北用“各”译音，山东则有“格”、”哥”、”戈”三个不同的字。如河北的杨各庄、胡各庄、柏各庄、留各庄，山东则用程戈庄、赵戈庄（鲁中）、姚哥庄、王哥庄、院格庄（鲁东北）等。

当然，在历史长河中，不免要发生民族的变迁、更替和语言的发展演变。地名也跟其他事物一样，不会一成不变，但是一般变动较少。因为它只是语言中的一个专有符号，地表的一个标记。人们在相互交往过程中，需要时用到它，不需要时则将其撇在一旁。它与社会生产生活虽然不能说没有任何关系，但关系并不密切。因此，即便社会在不断变迁，不断发展变化，人们却无必要去改变它，甚至废弃它。如果有个别或少数的地名，因具有特别历史意义而被更改，那也只不过是千分之一、万分之一的概率而已。至于一些因从汉字表面意义去理解觉得庸俗不堪，而用同音或近音去替换的（如香港新界有个地方叫“吊颈岭”，后改为“调景岭”）也仅是少数。多数的地名都是从定名之后，虽历数千年而不变的。人们正是利用它的这一特点来追寻历史，探求历史的。

然而，中华大地上的众多地名既然都是由一些古代民族语言的译音而来，音义脱节，且经过了数千年语言的发展演变，现在却以语言为主线进行追溯印证，能靠得住吗？会不会出现同一个地名，用现代几种不同系属的语言来释义又都可以讲得通，因而出现“公说公有理，婆说婆有理”的纠缠不清的局面呢？

这种情况是极有可能的。因为如果我们把世界上的任何几种不同系属语言的词汇逐一进行对照，都会发现极少数意义完全相同，但又完全可以肯定它们仅仅是一种偶合而并非“借词”。（排除它们是因“词汇扩散”的结果。）例如，壮语（南）“大”的读音是bik[13]，与英语“大”的读音 big 完全一样。壮族人在西方文化未传到中国之前，至少已用了上万年，难道说，它是从英国传过来的吗？

孤例不为证。语言是一个结构严密的科学系统。语音、语法、词汇都如此。一个民族在一个地域里长期生活，用他们的语言命名的地名，绝不是只有一个或几个，而是成批成片，覆盖着他们生产生活足迹所到的地方，包括他们的迁徙地。因此，如果用一种或几种可以确定与古代某一民族的确是有渊源关系的现代民族语言，合情合理地解释成批成片大面积地名的来龙去脉、它的内在涵义，并吻合历史，这不仅是完全靠得住的，而且，在无史料可考的情况下，是唯一可行，且行之有效的最好方法。

这是因为语言不是断代的产物。语言词汇中的一些基本词汇，是语言最稳固的基础。它往往经历数千年不变或少变。古代民族随着社会的不断进步，可能已发展演变成为现代的某个或某几个有渊源关系的兄弟民族，但古代民族语言（通常被称为“母语”，与分化后的语言相区别）的一些基本词汇则作为分化后语言的“同源词”保留下来继续使用。因此，通过这些语词，就能追寻流逝了的历史。这也就是一些学者把这些虽经历数千上万年不变或少变的基本词汇称为语言

"活化石"的缘由。

(二)《史记·夏本纪》中的人名及地名

司马迁根据当时的一些历史传说和他的天才杜撰出来的《史记·夏本纪》，虽然破绽百出，但作为中国有文字以来，用文字把汉代以前以及秦、汉历代帝王的功绩记录在案的史籍，它真正成为中华民族第一部有系统的史册，并被后来的史学家们奉为经典。司马迁作为中国史学的开山祖，确是功垂千古。

当然，我们不可能以有限的篇幅对《史记》作全面的评论，只根据论题"濮"与"华夏"对《夏本纪》作适当的剖析。

《夏本纪》中的人名、国名、民族名（严格地说应是氏族名）和山川之名很多。且不说一些人名的真假，但他根据传说和当时零散的史料将它们集中起来，不能不说是一个伟大的贡献！举例如下：

人名　除了前面我们曾经论述过的夏后、禹、鲧之外，还有契、后稷、伯夷、皋陶、益、驩兜、启、义、和、太康、中康、少康、予、槐、芒、泄、不降、扃、廑、孔甲、刘累、皋、发、履癸、桀、汤等等。

国名、民族名——有扈氏、有男氏（古籍里许多"有×氏"，"有"是 zau"我们"的译音）、斟寻氏、彤城氏、褒氏、费氏、杞氏、缯氏、辛氏、冥氏、斟氏、戈氏，以及鸟夷、嵎夷、莱夷、淮夷、岛夷、和夷、三苗等。

地名——除了冀、沇（衮）、青、徐、扬、荆、豫、梁、雍等九州之外，还有都野、三危、昆仑、鸟鼠、华阴、大别、桐柏、负尾、衡山、敷浅原、陶丘等众多的山名和水名。

此外，还圈出了所谓甸服、侯服、绥服、要服、荒服等五服作为夏朝统治的范围。

我们当然不可能也没必要对所有的这些人名、国名和地名逐一进行论述考证，但对其中一部分是不能不说个明白的，否则，就将辜负历史给我们的责任。下面就分别对一些名词进行阐述。

1. 后稷

这是几千年来在各种史籍和神话传说里，除帝王之外，影响十分深远的古代英雄人物的名字。由于他善种百谷，"予众庶难得之食”，因而受到万民世代传颂。可能正因如此，所以，连司马迁在杜撰周王朝历史的时候，也把它作为首王之名，并慷慨笔墨，十分崇敬。

周代以后，人们对后稷的赞颂，更是屡见于各种典籍。如《诗·生民》就对他的出生及长大后在种植上的贡献进行了歌颂：

厥初生民，时维姜嫄。生民如何？克禋克祀，以弗无子。履帝武敏歆，介攸介止，载震载夙，载生载育，时维后稷。

诞弥厥月，先生如达。不坼不副，无菑无害。以赫厥灵。上帝不宁，不康禋祀，居然生子！

诞寘之隘巷，牛羊腓字之。诞寘之平林，会伐平林。诞寘之寒冰，鸟覆翼之。鸟乃去矣，后稷呱矣。实覃实讦，厥声载路。

诞寘匍匐，克岐克嶷，以就口食。蓺之荏菽，荏菽旆旆；禾役穟穟；麻麦幪幪；瓜瓞唪唪。

诞后稷之穑，有相之道。茀厥丰草，种之黄茂。实方实苞，实种实褎，实发实秀，实坚实好，实颖实栗。

…… ……

黎民阻饥，汝后稷，播时百谷。(《尚书·尧典》)

是生后稷，降之百福，黍稷重穋，植稺菽麦。皇皇后帝，皇祖后稷，享以骍牺，是飨是宜。(《鲁颂·闷宫》)

暨稷播奏庶艰食鲜食，懋迁有无化居，烝民乃粒，万邦作乂。(《书·皋陶谟》)

旱既太甚，蕴龙虫虫，不殄禋祀，自郊徂宫；上下奠瘗，靡神不宗。后稷不克，上帝不临。(《大雅·云汉》)

思文后稷，克配彼天；立我烝民，莫非尔极。贻我来牟，帝命率育。(《周颂·思文》)

史籍上歌颂后稷的当然不止这些，但由此已可见一斑。

然而，后稷果真是一个现实中的人名吗？非也！他只不过是由于古代人出自对谷物的崇敬而虚拟出来的人名。周代以后，文人墨客更是以各种或诗或文的形式来歌颂后稷。

其实，所谓后稷就是被称为“百谷之王”的糯米。它是古代濮语hau tsik的汉字译音。现代壮语里仍称糯米为 hau^{42} çit^{33} （古汉语
(音后)稻米 软而黏

可能是 hau tsit 或 hau tsik，现代壮语已无 ts 声母）。

由于糯米的特性远比其他谷物优越，除可蒸可煮之外，将它磨粉，蒸成糍粑团，即使在南方也能搁置半月而不霉。如浸在清水之中，更可以保鲜数月，何时需要再取出加热食用。古人更是发现了糯米黏性的特殊功能，将糯米熬成稀粥，混入石灰，捣成灰泥，用来封口，可防渗水、漏气，虽经千年仍坚硬如钢。用来和土筑墙，不仅能经风雨不易倒塌，还能防穿墙盗贼。在混凝土、水泥尚未发明应用之前，有些贵族的陵墓，更是用它混黄土逐层夯成，据说有人用现代手榴弹和一般炸药也难炸开。如果糯粥放得多，建筑往往能经千年的风雨侵蚀，保存良好。可能正因如此，古人对它才如此崇敬，才赋予它光彩照人的血肉之躯，将它奉为能“予众庶难得之食”的伟人和神，成为天帝以下，能为“黎民阻饥”带来福祉的最大英雄。

2. 伯夷、益、羲、予

《夏本纪》中，伯夷、益、羲、予等都是活生生的不同人的名字。但是，有谁知道他们竟然都是司马迁笔下的音译词和他杜撰的人物呢？

在史籍里，秦代以前，有许多人名的首字均冠以“伯”字。如禹称“伯禹”，他的父亲称“伯鲧”。晋郭璞注《山海经·提要》：“《山海经》十八卷……上奏称为伯益所作。”《周本纪》载：“穆王……乃命伯羿申诫太仆国之政”，“幽王嬖爱褒姒，褒姒生子伯服……以伯服为太子”，“幽王二年，西州三川皆震。伯阳甫曰：“周将亡矣。”等等。

前面说过，这里的“伯”不是官衔，而是 pu^{35} 的音译，与“濮”是同音异写字。由于濮语的结构特点是，名词一般不单独使用，而是必带量词。称人一定要带专用量词 pu^{35}“位”，读作 pu^{35} vun^{33}（hun，kun，kon）“人”。动物一定要带 tu^{33}“只”，如tu^{33}（只） pet^{55}（鸭）“鸭子”，tu^{33}（只） wa:i^{33}（牛）“牛”等。由中原中古汉语与百越语融合后形成的第三种语言——粤语（百越语是濮语的继承者），至今对动物的称谓，仍保留很多百越语的特点，如称鸡、鸭、牛、狗、猪等，都仍然在前面带量词，说成只鸡、只鸭、只牛、只狗等。

因此，“伯夷”即 pu^{55} ji^{55} 的译音，意思是“（拿犁者）种田人”。

而益（有的古籍写作“伯益或伯翳”）、羲、予等，实际也是ji^{55}的同音异写字，却被司马迁等人分别当做几个人名，搬上夏朝的历史舞台。当然，濮语的一些译音词被当做堂堂正正的人名载入史册的，远不止这些。如周幽王的妃子褒姒和她生的儿子伯服也都如此。褒姒不是正宫（大老婆），而是妃子（小老婆）。现代壮侗语里，称人家的小老婆叫作pu^{35} sai^{35}（壮语北）、pu^{35} si^{453}（侗语）、pu^{35} se^{44}（毛南
位　细
语）。可见，褒姒是濮语“小老婆”这个词的译音。至于她的儿子伯服也不是什么真名。现代壮侗语里，凡是“公的、雄性的”都叫作pau（壮语北）、pu^{31}（壮南、布依、傣语）。pu^{35} pu^{31}　即是
位　公的、雄性的
“儿子”。泛指某人的父母亲，通常都用pu^{31} mɛ^{31} man^{33}“他的父母”
父　母　他
这样来称谓。所以，用“伯服”这两个汉字来译音，不能不说是相当准确的，因“古无轻唇音”，“服”的古声母是p，而不是现代的f。当然，“服”也可能是buk“大”的意思。pu buk是“老大、大儿子”之义。用汉字“伯服”来译音pu buk也是贴切的。

3. 皋陶与驩兜

皋陶与驩兜这两个词也并非真人名字，而是濮语“我们”一词的不同音译词。前者有些史籍写作“仡兜”，是现代汉语中“仡佬族”的他称之词。仡佬语现在对“我们”一词仍读作kɯ tau^{35}。2000多年
（助）我们
前，用汉字把它译成“皋陶”，音准程度是无可非议的。现代汉语中“陶”字读作yáo，“皋陶”读作gāo yáo，用国际音标转写是kao jao，现代壮语仍是“我们”的意思。

“驩兜”前面已经说过，它是hun^{33} tau^{35}“我们的人”的译音，也
人　我们
是相当准确的。《山海经·海外南经》写作“讙头”或“讙朱”。如“讙头国在其南……如曰讙朱国”。但在同书的《大荒南经》和《大荒北经》里则写成“欢头”。如“大荒之中，有人名曰欢头。鲧妻士敬，士敬子曰炎融，生欢头。”（《大荒南经》）。“颛顼生欢头，欢头生苗民。”（《大荒北经》）。《北山经》里又写成“臛疏”，如“有兽焉……其名曰臛疏”。晋郭璞对这些不同的写法，注曰“臛音欢”。《史记·殷本纪》则写作“卷陶”。如“汤归至于泰卷陶，中垒作诰”。（也有写作“舘陶”的）

可见，驩兜、讙头、讙朱、卷陶（舘陶）等，实则都是濮语 hun（kun）tau“我们的人”这组词的同音异写。

《山海经》除了把 hun 的音译写作“驩、讙、臛、欢”外，还写作“灌”。如《南山经》：“有鸟焉……名曰灌灌。”“又东五百里，曰灌湘之山。”《西山经》：“又西六十里……灌水出焉，而北流注于禺水。”《北山经》：“又北三百二十里，曰灌题之山。”“又北四百里，曰姑灌之山，无草木。”“又北三百八十里，曰湖灌之山……湖灌之水出焉。”《中山经》：“又西三百五十里，曰灌举之山。”kun 也是“人”的地域变音。

由于濮是神州大地上最古老、活动力最强、影响最深远的古代民族，因此，濮语的 hun tau（“我们的人”）被音译为“驩兜”（欢头）之后，就被历代的史学家、准史学家、民族学家和一些涉史的文人雅士，在完全不了解其含义的情况下，有的把它当做人名，有的把它当做民族（氏族）名或国家名而广为传播，以致直到今天仍以讹传讹，充斥于各种史籍之中。

《山海经》就是把“驩兜”既当人名（“颛顼生驩兜”——《大荒北经》），也当民族名（“驩兜生苗民”——《大荒北经》。“苗民”是民族名。此句意思是：苗族是驩兜族发展演化而来的）和国家名（“驩兜国在其南”——《海外南经》）。

司马迁在写《史记》时，虽然未将“驩兜”当做国名，但仍把它（“驩兜”）当人名，也当民族名。更甚的是，《史记》不像《山海经》那样含糊其辞地将两者混淆，一带而过，而是十分清楚地让人名衍生为民族名。司马迁在《史记》第一篇《五帝本纪》里，先借尧帝的话，肯定“驩兜”是人名，是一位尧帝身边的司徒官。但是，由于与尧的观点不合，不为尧所重用。到了舜帝继位，就被罢黜贬为庶民，流放深山。驩兜的子子孙孙后来便逐渐发展成为一个势力强大的民族群体——南蛮。司马迁是这样写的：

> 尧又曰：“谁可者？”驩兜曰：“共工旁聚布功，可用。”尧曰：“共工善言，其用僻，似恭漫天，不可。……”驩兜进言共工，尧曰：“不可。”而试之工师，共工果淫僻。……于是舜归而言于帝，请流共工于幽陵，以变北狄；放驩兜于崇山，以变南蛮（此句载自《大戴礼记·五帝德》：“放驩兜于崇山，以变南

蛮”)；迁三苗于三危，以变西戎；殛鲧于羽山，以变东夷。

笔者认为这是违背事实而编造历史和篡改历史，因为神州大地上众多的古代民族（氏族）的由来，绝非到了数千年前由舜把某几个人放逐之后才繁衍出来的。而是200多万年前，由共同祖先巫山人、元谋人逐渐繁衍演化成为众多的智人和新人群体之后，再进一步发展完善成为现代人模样的人群，这些具有现代人模样的人已有数万年的历史。一句话，以氏族为基础并不断相互融合而成为一个个较大的古代民族，这种古代民族至少在新石器时代晚期就已经存在，并为创造中华民族古代文明作出了卓越的贡献。

可是，历代以来，不少史学家却把司马迁的话奉若金科玉律，不惜花大力气去追寻考证那个普通名词“崇山”之所在，“三危”、“羽山”之今址。

如王夫之在《四书稗疏》中就十分肯定地说：“崇山在唐驩州境内（按：广西凌云县为唐时驩州，附近又确有‘崇山’），牂柯江，亦曰‘驩水’，自曲靖注田州入南浔府。州曰驩州，水曰驩水，皆以驩兜得名，则驩兜所放之崇山，在交广之间，泗城之南审矣。”

童书业《说驩兜所放之崇山》[28]却认为：“疑驩兜传说中之崇山本系河南之崇（嵩）山。……鲧，夏祖，炎融……驩兜为炎融所出，故亦放于崇山之传说也。”

蒋廷锡《尚书地理今释》则说：“崇山在今湖广永定卫西，大庸所东。”

明万历《慈利县志》卷十二：“驩兜墓在崇山，舜放驩兜于此，后死，遂葬于山下。”

顾祖禹《读史方舆纪要·岳州府》卷七十七载：“崇山，（慈利）县西三十里，相传即舜放驩兜处。”

还有一些史籍如《尚书蔡传》、《通史》、《太平寰宇记》等，皆引盛弘之《荆州记》，认为“崇山在澧县南七十五里”。

此外，张华《博物志》还有“驩兜民常捕海岛中……去南国万六千里”的说法。

综上所引，历代史学家们所追寻考证的“崇山”，从河南、湖南、湖北、广西一直到南海之中的海岛，到处是“崇山”林立。每个人都振振有词地认为，自己所考证的“崇山”，即是当年舜帝放逐驩兜的

地方。有的甚至言之凿凿地说驩兜之墓即葬于其考证之“崇山”！

由于考证的范围方圆达数千公里，而以“崇山”为名的地方又多得令人眼花缭乱。因此，一些史学家唯有用“民族迁移将‘老地名’带到新住地”这条“放诸四海而皆准”的法宝来摆脱困境了。

当然，不可否认，自从人类与猿猴分道扬镳之后，一部人类艰难的发展史实际上是一部人类不断迁移的血汗史。尤其是在古代尚未有国家之前，人类为了寻找生活资料，总是必须不停地从一个地方辗转迁移到另一个地方。

迁移总不免会伴随着眷恋。因此，民族迁移将老地名带到新住地的情况是可能有的，但只能是个别。因为地名是社会约定俗成的产物。当一群人到达一个新地域之后，新的环境、新的事物、新的情况必然与旧地不同，人们必须根据新的地貌环境进行重新约定，在新的活动范围内，定出一系列新的地名，才能满足日常所需。

但是，地名又是离不开语言的。当一个有统一语言的社会群体，或全体或部分迁移到新地域的时候，如果遇到与原来旧地貌相差无几的新地貌时，由于对比联想和习惯，也为了省时省事，就可能约定用曾住地的旧地名来称呼新地貌。这样就形成了由于民族迁移而将老地名带到新住地的事实。许多不同地域的相同地名，其中有部分就是这样形成的。但这仅仅是事实的一个方面。还有更重要的方面，就是如果一个民族的人数众多，居住的地域广阔，生活资料来源丰富，不必迁移也能保证丰衣足食，过着稳定的安乐生活。那么，他们居住区域范围内的地名，除了绝大多数是为了满足民族内部相互交际需要而约定，因而具有本民族语言特点的，一定还有少部分是外族根据他们语言译音而成为他称的地名。这些他称的地名，久而久之，也同自称的地名融为一体，就连本族人也分不清孰是孰非。

例如，soŋ^{33}濮语是“站立”的意思，高耸陡峭如人站立之形的山，称为do:i^{51} soŋ^{33}（山 站立），用汉语构词的语序写出来就是“崇山”，“崇”是音译字，“山”是意译。正是由于“高耸陡峭”如人站立之状的山才叫“崇山”，所以，能和它组合的就只有“峻岭”，配成“崇山峻岭”的形容词组，用来形容山势的险峻。

嵩山，在河南称得上是“高耸陡峭”如人站立之形的高山，所

以，其始名应该叫作“崇山”，即do:i^{51} soŋ^{33}，但后来由于有了“崇山
山　站立
峻岭”这个固定词组之后，才不得不改为“山大而高”的“嵩”字，以示区别并成为专用。

正是由于山势陡峭高耸，令人敬畏，可即而不可及，因而才有由“崇”字衍生出来的“崇敬”、“崇拜”、“推崇”等合成词。

湖南、湖北和广西等地，高山林立，不像河南那样只有一个嵩山最突出，而历代生息在这里的濮人，凡在他们生活环境里有高耸陡峭如人站立之形的山，他们很自然地把山就叫作“崇山”do:i^{51} soŋ^{33}（即“站立之山”）。这样的山名，民间不知有多少，只有一些特点较鲜明才会为人所知。湖南、湖北和广西那么多的“崇山”，都是这样来的。

还有那个“驩”字，濮语的读音本是hun（或kun，是“人”的意思），自从被译成驩或臛、讙、鄻、灌、欢、郓、鲧之后，尤其是被《大戴礼记·五帝德》“放驩兜于崇山，以变南蛮”之句所渲染之后，神州大地上的人名和地名，如灌婴、灌夫、讙举山、讙亭、灌水、灌丘县、驩州、咸驩县、怀驩县，等等，被中外一些史学家认为是“驩兜”人不断迁移的结果。这当然不是完全没有道理，但是，追寻历史不能只循一条思路，而是应该放眼看清全部历史背景。

众所周知，至少在春秋战国时代，被史书称为百越（pu^{35} jai^{55}或pu^{35} ji^{55}）的古代民族，是神州大地上人口众多的大民族，其分布从江淮沿海一直延伸到中南半岛，绵延七八千里。百越和濮是对讲同一种语言的同一个民族在不同历史时期的不同译称。在濮（百越）人居住的地方，濮人每天同他人（外族人）谈话时，用hun^{33} tau（用方块字音译为“驩兜”）“我们的人”这组词作交谈内容的何止一人？于是，在不同地方、不同时间，被不同的外族人音译成为驩、讙、灌、鄻、欢、郓或驩兜，并由于音译者不懂濮语的含义而记录成为地名，散布在濮人生息的广大地区，这是很自然的，不一定是民族迁移的结果。因为濮人即使是迁移至某一个新地域，也绝不会用hun^{33} tau（音译为“驩兜”）“我们人”或“我们的人”这组本是与外人谈话时表示与他人相区别的语词来作地名，因为这不合情理，那种认为只有民族迁移才有那么多相同地名分布的说法，至少犯了一个分辨不清地名性质和

来源的错误，也分辨不清什么是自称，什么是他称这两个民族学研究首要的基本理论知识。

4．启、康（太康、仲康、少康）、予（杼、纾、伃）、槐、芒（荒）、泄（世）、不降、皋（皋苟）、发、履癸（桀）

《史记·夏本纪》编了一个夏代传世世系帝王名表载入史册，至今2000多年，没有人提出过异议，历代史学家们均引以为据。然而，夏代没有文字记载，司马迁又凭什么言之凿凿，能如此清楚地列出这样的人名呢？这当然，主要是根据传说和自己的编撰天才。正是由于传说大量地保留了濮语的部分读音，才使我们能够看到这些本来就不是人名的“人名”。它们都是濮语的音译词（字）。

启是世系表里夏代的首王。前面我们说过，禹并非真人，何来的启呢?！众所周知，“启”的含义是“开也，始也”。由于夏朝是中国历史上第一个王朝，是中华民族正式立国的开始，是“承前（传说中的尧、舜）启后”的里程碑。因此，聪明的司马迁在编撰帝王世系表的时候，就想出了一个不能不令人叹服的、堪称高明绝顶的帝王名字——启，以开启夏代之门，开启大中华历史之门。

但是，历史不是随意可以杜撰的，历史是客观事物发生、发展演变的事实。它像一条日夜奔流不息的大河，汇集无数涓涓细流，经过高山，穿过平地，时而奔腾咆哮，时而无声地缓缓流淌。因此，司马迁在《夏本纪》里，高明地杜撰出夏代首王——启之后，其余的帝王名字，基本上都是根据汉代仍普遍流传的有关夏代的历史传说，截取一些他听不懂的濮语词编造而成的。

当然，有关夏代的历史传说，在相隔了2000多年后的今天，它的原貌我们已不得而知，但是，从夏世系表里那些所谓帝王名字系列的顺序来看，无疑是濮人的传世故事。故事的大致梗概是：我们的祖先勤劳勇敢，艰苦奋斗，好不容易才开辟出一片新天地。但是，后来生了个“败家子”，把祖先的产业全毁了。

下面是夏代帝王名字的含义：

康———启之后是康，有太康、仲康和少康三代。康之后是予（杼、纾、伃）。在现代壮侗语里，hoŋ^{33} lau^{33}（壮语南）、hoŋ^{33} ɣau^{21}（壮语北）、hoŋ^{33} zau^{11}（布依语）、hoŋ^{33} hau^{55}（临高话）、hoŋ^{33} hɣa:u^{42}（仫佬语）、hoŋ^{33} djeu^{13}（水语）、hoŋ^{33} tsau、hoŋ^{33} tau（仡佬语）等，

都是“我们”的意思。“我们”的声母都已变得各不相同，但韵母 au 基本不变。

hoŋ^{33}用汉字译音写作“康”，读音与粤语相同，是专用于代词前面表示排他性的助语词。如 hoŋ^{33} kau^{33}（或 ku、kou）是“我自己”的意思。2000 多年前的始译者，因听不懂濮语，所以只抓住了 hoŋ^{33} 这个音而译为“康”。

夏代的君王，第二、三、五代，其名字都叫作“康”——太康、仲康、少康。按中国历史形成的习惯，“伯、仲、季（少）”主要用来指称三兄弟，老大用“伯”，老二用“仲”，老三用“季（少）”。《夏本纪》载：“太康失国，昆弟五人，须于洛汭，作《五子之歌》。”这段记载，说明有兄弟五人，分别居住在洛汭流域，也就是夏都的周围。既然是亲兄弟，当然可以用“伯、仲、季（少）”来称谓。但是，世系表里，第三代“仲康”是第五代“少康”的祖父，祖孙也可以用“仲、季（少）”来称呼吗？这里姑且不论。“昆弟五人，须于洛汭……”这句话的内容，明白地告诉了我们：濮人强大的势力在洛汭流域，是夏朝立国的基础。“五人”不一定就是五个真人，五个亲兄弟，而很可能是多个强有力的氏族或支系。由于基本语言相通，每个氏族或支系与外人交谈时，都讲hoŋ^{33} lau^{33}“我们”（音译为“康”）如何如何，或 hoŋ^{33} tsau“我们”又如何如何。或者流传到秦汉之间，有关夏代的故事传说里，开头的很长一段，有多处重复讲到“我们（hoŋ^{33}lau^{33}或 hoŋ^{33}tsau）的祖先如何如何，我们的祖先怎样怎样……”结果不懂濮语的听者把听来的这段故事内容用来编史时，就将“我们”的濮语译音写为“康”及其他。

予——不读 ji^{55}（音夷），而是读 tsau^{33}，常在前面加助词 hoŋ^{33}，读作 hoŋ^{33} tsau^{33}，音译成汉字，写作“康抒”，“我们”的意思。“予”在一些史籍里写作“抒”、“纾”或“伫”。《史记·夏本纪》把“我们”的音译字“康抒”分别作为两代帝王的名字“康（少康）”与（其子）“予”。

槐——读 wa:i^{33}，现代壮语是“牛”的意思。

芒（荒）——现代壮语 huŋ^{51}，是“荒地”或“垦荒”的意思。

泄（世）——现代壮语pu^{35} sa:i^{51}“男子汉”（音译“濮世”）。

不降——现代壮语（南）pu^{35} klaŋ^{51} “后来者”或“最末的
位 后来,后面
人”。俗语“幺儿子”也是 pu^{35} klaŋ^{51}，用汉字音译写作“不降”。

皋——现代壮语 kau^{33}或 kou、ku，是“我”的意思。用语音相近的汉字译音，不同史籍有不同的写法，常见的有交、姑、孤、固、古、鸠、九、苟、勾、句……

发——不是现代汉语常读的 fa^{55}，而是古汉语读的 pu^{35}，与“濮”是同音异写。现在我们常用的“拨”、“泼”二字右边的“发”，正是用的古音表声，左边的“扌”和“氵”是形旁，表示用手和水。

履癸（桀）——据《夏本纪》称，这是夏朝末帝之名。司马迁综合史料（包括传说）编造出来的夏代世系表里，一共有 14 位帝王，唯有桀除正名（桀）之外，还有别名（中国人习惯称之为“乳名”）。我们暂不说“履癸（桀）”这个名字是否是夏朝末帝的真实姓名，而是先考察这个名字在现代壮侗语读音中的含义，就可以判明事实和夏朝灭亡的原因。同时，也可以间接证实司马迁确是根据汉代尚存的传说来写《史记》的。

在现代壮侗语里，与“履癸”同音或音相近的很多，但能与“桀”拉上关系的，就只有傣语（德）luk^{53} kɒi^{33} “小儿子”，用汉字译音写为“履癸”相当贴切。

壮语“懒惰”一词，南部方言读 klek^{13}，北部方言读 kjik^{55}；侗水语支部分语言塞音韵尾－k 已发生演化，变成了－t，故水语、毛南语均读为 khət^{55}；侗语读为 khwət。用汉语“桀”来译音，与水语、毛南语、侗语的读音最接近，也最贴切。

把假设是濮语（现代壮侗语是承袭濮语而来的）的 luk^{53} kɒi^{33} khət^{55}用汉字译音写成“履癸（桀）”，只要是稍有点语言文字知识，恐怕是没有多少人说不可以的。“履癸（桀）”在壮侗语里，是“懒惰不成器的小子”的意思。

在壮侗系民族的社会意识和社会认知范畴里，懒惰是最受社会鄙视的，它是“败家子”的同义词。败家子好吃懒做，嫖赌淫乱，最后倾家荡产，因而为社会所不齿。

夏朝末帝，是亡国之君。在因无文字记载，不知末帝确切真名的情况下，传说里将他称为“履癸（桀）”（懒惰不成器的小子），较好地保存了濮语的音译词及其所蕴含的意义。夏桀亡国的故事也正好说明和印证了这一点。

从上述可见，所谓夏代世系表里的人名，全都是一些从濮语日常生活最惯用的有关人的代词、名词和形容词中拾零而来的。它虽然源于有关夏代的历史传说，但由于语言的双向交融，使历史传说中保留了许多濮语的成分，以至直到今天，人们通过这些微小的历史缝隙仍能清楚地看到以往大致的全貌。

5. 有扈氏、斟寻氏、褒氏、斟氏、戈氏

有扈氏——为什么秦、汉以前的古籍里，经常都可以看到在一些名词之前，有一个“有”字与名词紧密相连用而成为“有×”这样的名词结构？这个“有”字，它的含义是不是通常人们所认为的“有无”的“有”字呢？例如：

> 昔者禹征有苗，汤伐桀，武王伐纣，此皆立为圣王。（《墨子·非攻下》）
>
> 蠢兹有苗，用天之罚；若予既率尔群封诸君以征有苗。（《禹誓》）
>
> 汤御登恒有登氏。（《路史》）
>
> 黄帝为有熊……帝尧为陶唐，帝舜为有虞。（《史记·五帝本纪》）

史籍上以“有”为冠词的专有名词当然不止这些，这里只略举数例而已。但是，我们从“有苗”、“有登”、“有熊”、“有虞”这几个以“有”字为冠的专有名词里，就可以充分肯定，这里的“有”字，绝不是“有无”的“有”。那么，这个“有”的含义是什么呢？苗人为什么叫“有苗”，登人为何叫“有登”，黄帝为什么叫“有熊”，帝舜又为什么叫“有虞”呢？这难道仅仅是取名上的一种偶合吗？非也！

与名词紧密结合的这个“有”字，它是被用来作濮语 jau 的译音字。濮语 jau 是“我们”的意思。因此，“有苗”是“我们苗人”，“有登氏”是“我们登氏”，“有熊氏”是“我们熊氏”，“有虞”是“我们虞氏”。由于始译者不通濮语，不知道 jau 是什么意思，所以，听到 jau miu（或 miau）这个苗人自称就照译照用，并由此讹传，至今仍为古史学家们引用。

有扈——即 jau（我们）“我们自己”，具有排他性的意义。有扈氏方国在今陕西户县和西安市辖区一带。“扈”是尾音 u 的汉字译音。

斟寻氏——tsam sen（同样 语言）“同语言”的氏族。斟寻方国在今河南偃师市东北。

褒氏——pu（音“濮”）氏。

斟氏——tsam（同样）“相同，一起”的氏族。斟氏方国在今河南登封以北泌阳市一带。

戈氏——kou（我）“我”氏。

（三）《左传》：“夏民以代夏政”的传说

司马迁写《史记·夏本纪》帝王世系传替时，可能出于简明的考虑，只写了父传子、子传孙的世代关系，而没有写世代之间的“大事记”。因此，没有其他史籍里所谓“夏中兴”的记述。有关“夏中兴”的传说，最早见于《春秋左传》襄公四年：

> 昔有夏之方衰也，后羿自鉏迁于穷石，因夏民以代夏政。恃其射也，不修民事，而淫于原兽，弃武罗、伯困、熊髡、龙圉，而用寒浞。寒浞，伯明氏之谗子弟也。伯明后寒弃之，夷羿收之，信而使之，以为己相。浞行媚于内，而施赂于外，愚弄其民，而虞羿于田。树之诈慝，以取其国家，外内咸服。羿犹不悛，将归自田，家众杀而烹之，以食其子，其子不忍食诸，死于穷门。靡奔有鬲氏。浞因羿室，生浇及豷；恃其谗慝诈伪，而不德于民，使浇用师，灭斟灌及斟寻氏。处浇于过，豷于戈。靡自有鬲氏，收二国之烬，以灭浞而立少康。少康灭浇于过，后杼灭豷于戈，有穷由是遂亡。㉙

这段话后来被《竹书纪年》、《帝王世纪》、《潜夫论·五帝德》、《史记·五帝本纪·索隐·正义》以及《史记·吴太伯世家》等史籍均当做史实而引述转载。

夏朝究竟有没有过这段史实？因当时尚无文字记载，我们不得而知，左丘明写《春秋左传》是在夏亡1000多年之后，根据民间传说写的。由于夏朝是百越先民濮人建立的王朝，因此，从这段被史学界定义为“夏中兴”的传说中保存有许多濮越语词的情况来看，似乎是可信的。因为故事传说，凡能够永久流传，具有较强生命力的，一是有一定的事实根据，二是有教育和经验借鉴的意义，其中包括大众对故事传说中主人公的无限崇敬或无限憎恶的深刻思想感情，两者缺一都不可能经久流传。

那么，上述所引《左传》的文句里，哪些是濮越语词呢？现列举如下：

有夏——濮越语 zau　jo　“我们有本领（的人）”的汉字译音。
我们　有本领
现代布依语里，“我们”仍读 zau^{11}。史籍把 jo“有本领”音译为“夏”之后，已固定成为千古流传的夏王朝专名。

后羿——濮越语 hau ji“我们种（犁）田人”的汉字译音。ji 也
我们 犁
有音译为“夷”的。现代海南临高话“我们”仍读为 hau^{55}，仫佬语读 hɣa:u^{42}。有的史籍从字的汉字意义上去理解，认为“后”即“君王”或“酋长”，这是不正确的。周朝以后，最初用文字记录这位射箭英雄的故事的人，之所以把他的名字写作“后羿”，是因为“羿”用象形文字来表达是一弓两箭（𢏚），能够一弓同时射两箭的，当然是了不起的英雄。

有穷——濮越语 zau koŋ“我们射箭人”。许多史籍把“有穷”与
我们 弓
“后羿”连在一起，成为“有穷后羿”（如《左传》），认为“后羿”是“有穷氏”人。其实，所谓“有穷”即是“射手”。

穷石——濮越语 koŋ si“射箭”的汉字译音。
弓 射

武罗——濮越语 wu　lo　“咱们”的汉字译音。
我们（语尾）

伯困——濮越语 pu kun“人”的汉字译音。《左传》写作“伯
位 人
因”，阮刻本作“伯困”是对的。现从阮本。当然，“伯因”也没错。因为现代侗水语支的语言，侗语称“人”是 ȵən^{11}，仫佬语是 çən^{42}，水语是 zən^{13}，毛南语也是 zən^{42}。左丘明根据什么地域的语音来源用的字，我们不得而知。

熊髡——濮越语 hoŋ kun“人”的汉字译音。“髡”，《说文解字》
（助） 人
载：“剔发也，从髟兀声，苦昆切”。现代西双版纳傣语称“人”仍

读 kun^{51}，德宏傣语读 kon^{55}。

龙囷——濮越语loŋ　ji　“高大的种田人”的汉字译音。现
　　　　　　　　高大　犁(音夷)
代傣语和黎语称“高大”或“大”仍读 loŋ。

寒浞——濮越语hun so:k“外人”的汉字译音。所谓“外人”，通
　　　　　　　　人　外
常是指血缘关系之外或社会群体之外，甚至包括非同心同德者的任何人的泛称。现代布依语、临高话称“人”仍是 hun^{55}，布依语是 hun^{11}，用汉字译音写作“寒”是相当贴切的。许多史籍都写作“寒”或“汗”、“韩”等。《说文解字》载：“浞，濡也，从水足声，士角切。”即读音为so:k。
　　　　　　外

伯明——濮越语pu me:ŋ“旁边、相邻的人”的汉字译音。
　　　　　　　　位　边

后寒——濮越语hau hun“我们的人”的汉字译音。
　　　　　　　　我们　人

夷（虞）羿——濮越语 ji 的同音异写。两个字实则是一个意思，一个音写作两个字，令人以为是两个不同的概念。从汉字字面理解，很容易认为是“夷人的后羿”。事实上也是如此，羿是夷人，能使用一弓两箭，是十分了不起的夷（越）人。

靡——濮越语 mi“母亲”的汉字译音。史籍有许多同音异译，如媚、湄、眉、芈等。

有鬲——濮越语 zau lɛk“我们儿子”的汉字译音，可引申为
　　　　　　　　　我们 儿子
“我们的亲属”或“我们后代”。

浇——濮越语 zau“我们”的汉字译音。

豷——濮越语ˀi“小”的汉字译音。《说文解字》载：“豷，豕息也，从豕壹声。《春秋左传》曰，生敖及豷。许利切。”可见“浇”不读现代汉语的 tɕiau^{55}，而是读如现代壮语（北）的 ɣau^{21}“我们”，用汉字译音可写作“敖”。所以《左传》说：“生敖”。

斟灌——濮越语tsam kun“同样，相同的人”的汉字译音。所谓
　　　　　　　　同样　人
“相同、同样”就是指语言、风俗习惯等都一样的人。

后杼——濮越语 hau tsau“我们”的汉字译音。常快读为 hoŋ tsau“我们大家”。

可能在春秋时代，还有较多有关夏朝的濮越语传说，所以《春秋

左传》里“夏民以代夏政”的这段传说，虽然只有213个字，但却有20个是由濮越语译音而成的专有名词，占了近10%。正是由于它们的存在，给了我们铁一样的证据，有力地证实了夏王朝的的确确是由濮越先民建立起来的中国历史上第一个王朝。虽然这些语词并没有像石刻碑文那样说得明白直接，但是，从整段传说融入的濮越语词所传达的信息看，有的东西还是十分清楚的。

这段故事传说的梗概是：

从前，我们夏朝，有一段时间，君王软弱无能，管理不了国家。这时，我们的射箭英雄羿就从鉏搬到了射场（koŋ si 译音为“穷石”）这地方。因为他是夏朝人，凭着他是射箭英雄而代理夏的朝政。可是，他同样不理朝政，每天只沉浸在狩猎之中。他不用咱们自己的兄弟而任用外人。那个外人是相邻氏族的坏成员。我们相邻氏族都不要他，而羿不但要他，还把他当做知己，让他做自己的谋臣，当国家的宰相。

这个外人掌权之后，“行媚于内，而施赂于外，愚弄其民”。一方面，千方百计怂恿羿在田猎中取乐度日；另一方面，却又暗中以诈术来欺骗举国上下，笼络民心，为夺取羿的政权做准备。终于有一日，当羿刚田猎归来，在毫无防备的情况下，就被早已让那个外人收买了的“家丁”杀害。更残忍的是，还将他的尸体煮熟了强迫他的儿子吃。他儿子不肯吃，就被吊死在国门外。他母亲没有办法只好投奔到其他儿子那里去了。

那个外人杀羿之后，还霸占了他的妻室，生了两个儿子，一个叫浇，一个叫豷。过了若干年，他们长大了。仗着势力强盛，他又指使其儿子浇兴师灭了夏朝的“斟灌”（“相同的人”）和“斟寻”（“相同语言”）两个小国（《竹书纪年》载：“相居斟灌。”即是夏相帝的家乡。“斟灌”在今山东省范县北观城镇。“斟寻”在河南偃师市东北。）由于兴师“有功”，封浇于过，封豷于戈。

羿的母亲叫他另外那几个儿子暗中串连“斟灌”和“斟寻”两国的人民起来打败那个外（坏）人，然后推举少康为国君，于是，少康兴师灭浇于过，灭豷于戈。从此，射箭人（“有穷”）羿的政权才灭亡。

“后羿”之名，几千年来之所以家喻户晓，并不是由于他曾经“因夏民以代夏政”，而是因为神话“后羿射日”，神话里的后羿是一位力大无穷、天下无人可以匹敌的射箭英雄。《左传》所记述的这段传说，除了古史学家和一些历史爱好者外，鲜为人知。

那么，大名鼎鼎、充斥于各种史籍的后羿究竟是何许人呢？《帝王世纪》有一段记述，说：“帝羿有穷氏，未闻其先何姓。帝喾以上，世掌射正。至喾赐以彤弓、素矢，封之于鉏，为帝司射。历虞、夏。及夏之衰，自鉏迁于穷石，因夏民以代夏政。”

这段话里的“未闻其先何姓”，是一句自叹欲穷未果却又无可奈何的千古憾言，因为永远都不可能再有结果。因为“羿”本来就不是一个真的名字，而是濮越语ji“犁”的汉字译音，与“夷”是同音异译字。它的来源是pu ji“（犁）种田人”，最初被译为“蛮夷”（见
位 犁
前），后来不知什么人又把“夷”写作“羿”作人名，它与后来史籍上写的“濮越”、“百越”中的“越”同源同义。

“帝羿有穷氏”是始作史者把濮越语的pu ji zau koŋ“我们（种田
位 犁 我们 弓
人）射手”这几个音译为汉字后，把他当做有名有姓的历史人物来写的。他不是真人，当然谁都不可能知道“其先何姓”了。

“帝喾以上，世掌射正……为帝司射。历虞、夏。”这里面有个问题：难道教人射箭的官也是世袭的吗？

这里的所谓“射正”，是上古时代的官名，即教人射箭的教练官，兼管有关弓箭制作事宜。众所周知，如果“射正”是只指管理弓箭制作技术的官，当然可以世袭。但是，如果也指教练官，那就不能用“世掌”二字了。用了，则杜撰的马脚就暴露无遗了。因为不管是爷爷或爸爸的射箭技术如何了得，百步穿杨也好，高空穿鸟也好，儿子、孙子不一定对射箭有兴趣，即使有兴趣，其技术也不能保证代代都是“超人”，所以，技艺不可能世袭。就如鲁迅是大文豪，他儿子就不一定是大文豪，一样的道理。

既然教练官不是世袭的，而是能者为之。那么，自“帝喾以上”直至虞、夏，数百上千年，其间换了多少人呢？在未有文字的原始社会里，他们连名字都不可能被记下，何来其先人的姓氏呢？况且，历史摆明，夏之前，还没有“家天下”的国家，还没有世袭制，所谓

“帝喾以上，世掌射正”之说，实在难以让人信服。

既然“羿”不是真人的名字，“有穷”更非他的姓氏，那么，所谓“羿”，“因夏民以代夏政”的传说如何理解呢？为何会有这样的传说？它到底说明了什么？这是必须弄清楚的。

历史唯物论告诉我们：能够永久流传的故事传说，它往往都是包含着一定的真实历史。所以，我们认为：

1. 羿不是真人

前面说过，夏朝的“夏”是濮越语 jo（或 ja）“有本领之人”的汉字译音。建立夏朝的是最有本领的人、最有本领的民族，人民群众塑造的羿也是最有本领人的化身。他力大无穷，弯弓能射日，是民族的英雄，民族的骄傲。人民群众塑造羿，是对民族精神的一种寄托，一种希望，一种崇敬与赞扬。在没有文字记载那些在历史上确实很有本领，甚至有超人的本领的先人英雄人物的情况下，由缅怀英雄，到塑造英雄，是精神的一种寄托，是一种无限的景仰。

当然，我们同样永远也不得而知，创造过夏以前（包括夏）辉煌史前文明的濮越先民，他们曾经有何高超的本领，有何值得后人为他们而骄傲与自豪的。但是，从民间塑造的“禹”和“羿”（同音异写字）两个英雄人物的故事传说来看，足以说明他们确是本领高强，无与伦比的。禹治水，疏三江，导五湖，三过家门而不入，除了有超人的本领，他还一心为公，品德高尚，是世人学习的好榜样。羿射日，力大无穷，无人可以匹敌。当万民被十个烈日晒得无水无粮、无处藏身，坐以待毙的关键时刻，他挺身而出，勇敢地对天宣战，射落天上的九个太阳，拯救了万民，拯救了整个世界，赢得了万民的欢呼和崇敬。

这样的盖世英豪，难道只是出于某一个人一时心血来潮的主观臆造吗？当然不是。虽然不可否认，文字创作（包括故事传说）与个人灵感、修养等因素有关，但是，即使是再夸张的文学作品，其创作也离不开现实生活的基础。因此，禹和羿绝不是凭空可以杜撰出来的人物。他们与原始社会人们与天斗、与地斗的现实有密切的关系。

在靠天吃饭的原始农业社会里，人们最害怕的是什么？是水、旱二灾。当它肆虐人间的时候，人们要付出多少代价，牺牲多少宝贵的生命？禹治水和羿射日的民间传说，不就是因应这水、旱二灾而塑造

出来的吗？他们是人们心灵深处一种沉重的寄托与希望。在科学尚未发达，人们种田种地主要还靠个人的力量，靠使用粗陋的石铲、石犁和削（磨）尖的木棍等原始落后的工具，以及农作物的生长完全依赖天然雨水的情况下，人们总希望有一个具超人本领的超级救世英雄降临人间，为普罗大众排灾解难，拯救人类于水火。禹和羿就是这样的超级救世英雄，因而，千百年来为人们不断地广为传颂，所以，一些史学家也信以为真地把他们当做真人而继续大做传颂的文章，糊里糊涂地参与了传讹的行列。

禹是否真有其人，治水是否真有其事，前面已详述。至于羿是否是真人，射日是否真有其事呢？答案当然也是否定的。

当人类发明了弓矢，并把它作为狩猎最锐利的远程杀伤武器，它的威力足以令人肃然起敬。但是，弓矢的原动力主要是人，力气大箭镞才能飞得快，射得远，一矢中的。因此，掌握使用这种武器的人，谁的力气最大，射程最远、最准，谁就是英雄。从古至今，这样的英雄当然不少，只不过没有也不可能一一留下他们的英名而已。可以想象，在夏代数百年的历史长河中，一定有很多这样的英雄。羿只不过是人们塑造出来的众多英雄中的代表而已。

在现实世界中，任何一个人，包括那些被称为英雄人物的人，他本身所能发出的“力量”（物理能量）都是有一定限度的，所谓“无穷的力量”或“力大无穷”只不过是一种夸张的说法，是文学语言，而不是科学语词。羿被夸张描绘成为能射落太阳的盖世英豪，实际上是深刻地反映了原始社会人们对旱灾肆虐的无奈以及由此而自然产生的一种超常期望。

众所周知，原始社会还不可能大面积地进行农业生产，因而也不可能有丰富的盈余，但是，人们从长期实践中，知道粮食是延续生命所必需的“食物链”中十分重要的一环，只要有了粮食，就无需辛苦地去渔猎和采集，也不再怕因天寒地冻、大雪封山而饥肠辘辘。所以，尽管种植只是因地制宜、一小块一小块面积地进行，然而，收获的却是救命的灵丹。因此，如果天公不作美，不幸发生大旱灾，以致颗粒无收，就会威胁着广大人民的生命，于是人们渴望有一位“救世主”能够拯救世人，这是最合乎情理不过的了。

然而，哪里来的“救世主”呢？在人类历史发展的长河中，人们从来都是通过自己的双手创造奇迹，自己救自己的。因此，在普通民众中，如果有哪一位能出好主意，组织或告诉人们用什么方法能抗旱，保证粮食有收成，他就被人们认为是射日的英雄而一传十，十传百，广为传颂了。这样的英雄，在逝去的漫长岁月中，肯定就不止一两个，而是无数。他们都有名有姓，是生活在广大人民群众中的真人，只是尚无文字将他们的事迹记载并流传下来而已。但是，人们为了纪念他们的丰功伟绩，唯一的办法就只有靠世代口耳相传了。禹和羿就是这样逐渐塑造出来的。

2.“羿代夏政”是警世恒言

世界发展史，实际上是一部由弱肉强食、优胜劣汰这条永恒定律支配的历史。动物如此，人类也是如此，古今概莫能外。

由濮越（夷）先民建立起来的中国历史上第一个王朝——夏王朝，绝不是也不可能是自然而然地建立起来的，而是用武力强行征服其他部落或部落联盟打出来的。当然，夏朝到底是如何建立的，具体情况我们永远都不可能得知。但是，从“夏”这个由濮越（夷）语 jo（或 ja）“有本领（的人）”译音而来的王朝命名，至少可以充分证明，当时濮越（夷）先民是一个强势的部落或部落联盟。因为濮越（夷）语的 jo“有本领（的人）”除了褒义之外，还含有令人感到有威慑力的意义，即“霸道”的意义。

夏朝是一个尚未成熟的“家天下”，或者说是“试行家天下”的政权。在王朝创建之初，主要是由民族（部落）英豪者当政，能者为王。但首要条件必须是夏民，如果不是则绝不能“代夏政”，这是十分清楚的。

羿因为是射日英雄，受到万民尊敬和爱戴。他在旱灾肆虐，人民挣扎在死亡边缘的关键时刻，挺身而出，凭着自己高强的本领和智慧，拯救了广大苦难的人民，所以，他被当成了“救世主”，是夏民的骄傲。

《左传》关于“羿代夏政”的传说，十分清楚地说明，他之所以能够“代夏政”，是因为具备了两个必需的重要条件，即英雄与夏民，两者缺一不可。只是英雄而不是夏民，或只是夏民却不是英雄，都不可能“代夏政”的。这是不难理解的，因为人类有史以来，所有打出来的政权，哪一个不是由打江山的英雄们执掌呢？“羿代夏政”的故

事传说，正好有力地间接证明，夏朝初叶还不是“家天下”，而是能者为王。羿能执政，既非“禅让”，也不是“世袭”，而是源自他本身的条件——能者（射日英雄），甚至可以说是超级的能者（超级英雄）。这样的超级英雄做国家的最高统治者，当然是足以令“万民敬服”而无憾矣。

但是，故事写羿做了夏朝的最高统治者之后，其结局却十分悲惨，被人谋害杀死之后还被“烹尸”，“食（饲）其子”。这样惨绝人寰的暴举，不能不令人听后毛骨悚然。盖世英豪，万民拥戴的羿，为何落得如此下场？故事的寓意是十分深刻明白的。

第一，政权存在的目的是为人民谋福祉，当权者时刻都应该想人民之所想，忧人民之所忧。政坛不是个人享乐的圣地，因而，当政者必须兢兢业业、竭尽所能为人民服务，才为人民所拥戴。

第二，要全力维护辛苦打来的江山，要任人唯贤，要组织好与自己同心同德，能顺利推行政令的精英队伍，绝不能轻易让大权旁落，危害江山，危害人民。

第三，要时刻警惕那些善于“行媚于内，施贿于外”的两面派野心家。他们是政权内部最危险的敌人，一定要彻底清除，免留后患。

历史的经验值得借鉴。凡违背此三条者，其结局都是可想而知的。羿的错误，是“代夏政”之后，居功骄傲，不理朝政，把政坛当做自己享乐的天堂，用人则弃贤用恶，以致大权旁落在“外人”手中，最后不但亡国、亡家，而且还亡命。

因此，“羿代夏政”的故事，实际上是不可多得的治国的警世恒言！羿被烹尸这个血淋淋的历史教训，给后来延续数千年的“家天下”统治无疑是个非同凡响的警告。

（四）妹喜及其他

汉代刘向《烈女传·夏桀》[30]里，讲述了夏桀亡国的一个主要原因，是沉迷酒色而无心问政，“昏乱失道”，以致“诸侯大叛”。所以，文章一开头，便点出了“末（妹）喜”这个美女之名，并对她的人品进行了定论，认为她是中国历史上第一位引起国破家亡、罪该万死的妖女，因而应该被万代人们所不齿并引以为戒。以下是刘向原文中的一段：

末（妹）喜者，夏桀之妃也。美于色，薄于德，乱孽无道，女子行，丈夫心，佩剑带冠。桀既弃礼义，滛于妇，求美女，积之于后宫。收倡（娼）优、侏儒、狎徒能为奇伟、戏者，聚之于旁，造烂漫之乐，日夜与末（妹）喜及宫女饮酒，无有休时。置末（妹）喜于膝上，听用其言，昏乱失道，骄奢自姿。为酒池，可以运舟，一鼓而牛饮者三千人，鞽（倚）其头而饮之于酒池，醉而溺死者，末（妹）喜笑之，以为乐。龙逢进谏曰："君无道，必亡矣！"桀曰："日有亡乎？日亡而我亡"。不听，以为妖言而杀之。造琼室瑶台以临云雨，殚财尽币，意尚不厌。召汤，囚之于夏台，已而释之，诸侯大叛。于是，汤受命而伐之，战于鸣条，桀师不战，汤遂放桀，与末（妹）喜，嬖妾同舟，流于海，死于南巢之山。……

1．"妹喜"的称谓

刘向和司马迁，同是汉代的史学家，为中华民族编史著史立下了不可磨灭的汗马功劳。那时，关于夏朝的历史传说里，还较多地保留濮越先民语言的词汇，因此，刘向轻而易举地真实记录到"末（妹）喜"这个词。

"妹喜"这个词，看似没有什么特别，但是，熟悉现代汉语的人听起来就觉得十分别扭。因为在现代汉语构词法里没有这种结构。在现代汉语里，凡称姐、妹、姑、嫂、婆、妈一类的字，一律都要放在名词后面，称为如"×姐"、"×妹"。所以，《列女传》里这个"末（妹）喜"，在现代汉语里只能称为"喜妹"。但是，濮语就不同了，它的构词顺序正好相反，称为"妹喜"这种情况，直到今天，壮侗语族语言仍然如此。汉语称"刘三姐"、"小明妈"，壮语称"姐三"、"妈小明"。所以，"末（妹）喜"这样的称呼绝对是濮人的语言无疑。

2．"妹喜"的由来

"妹喜"从何而来？她是怎样成为夏桀之妃的呢？《列女传》里没有说。周朝以后的许多史籍上都没有记载。只是到了战国以后，才从《国语》里寥寥两句话里找到了根据，知道她来自"有施"方国，是农民的女儿。

《国语》载："昔夏桀伐有施[31]，有施人以妹喜女焉。"这两句话

虽然只有十来字，但却十分明白地告诉我们：夏桀以强大的武力征服了有施，虏得了貌美如花的妹喜。“有施人以妹喜女焉。”这只不过是一粉饰之句。在奴隶社会里，发动战争的目的是掠夺。战败者是没有资格谈“和亲”的。何况妹喜并非任人摆布的弱女子，而是一个“女子行，丈夫心，佩剑带冠”不让须眉的女中豪杰。她在夏桀攻打“有施”国时，与夏桀对战，只因力不敌强而被夏桀俘虏。夏桀是个力大无比的人。《淮南子》说他是“力制觡伸钩……水杀鼋鼍，陆捕熊罴”。这样的人，一个女子怎么可能是他的对手呢？夏桀虏得这样貌美如花却又善战沙场的女子，怎能不宠爱有加，如痴如醉呢？由于妹喜并非一般市井粉黛，所以，后来留在中国历史上的故事必然就相当精彩了。

3. 妹喜不是亡夏的妖女

刘向的《列女传》，把妹喜当成中国历史上第一位引致败国亡家的妖女来写，让后来的统治者引以为戒，其用心不能不谓十分良苦。可惜他写得并不成功。然而，2000 多年来，许多史学家却不明辨是非，不问青红皂白，硬是鹦鹉学舌跟着指责妹喜，并把她列为“祸国红颜”的榜首，使她蒙受了千古奇冤。

妹喜果真是亡夏的罪魁祸首吗？非也！只要认真读过这篇《列女传》的人，就不难得出自己的正确结论：妹喜只不过是夏朝这座金碧辉煌大厦倾倒过程中，千万女性中一个无辜的殉葬品，真正亡夏的罪魁祸首只能是履癸（桀）。他沉迷酒色，无心问政，不听善意的谏言，滥杀忠良，以致弄得众叛亲离，群起而伐之。

不错，妹喜被桀俘虏以后，由于年轻貌美，加上武艺超群，确实曾得到桀的宠爱。但是，荒淫无度的桀，“弃礼义，淫于妇，求美女，积之于后宫”，还嫌不够。据《绎史》载，他玩弄妹喜一段时间以后，由于妹喜的美貌并非倾国倾城，所以，他又想虏来更多美女，供他玩乐。于是，又“命扁伐岷山”，虏得岷山二女琬和琰，转而就“爱二女……而弃其元妃于洛曰妹喜氏”。可见，妹喜也只不过是和其他宫女一样，被桀玩弄厌倦之后，就被弃如敝屣。这样一位弱女子，2000 多年来，却一直被刘向给扣上妖姬的千古恶名，遭人不齿，何其冤哉！

然而，妹喜虽是农家女儿，但生来就有男人志，自幼喜爱舞剑弄枪，常扮男子相，自认不让须眉。所以，后来在与桀交锋的战争中，虽因力不敌桀，而被桀所虏，但并不像其他女子那样，听天由命，任人摆布宰割，而是充分利用自己的天生丽质，尽量博取桀的欢心，以“听用其言”，彻底改变为奴的地位，然后随机应变，等待时机。及至为桀所弃，她随即暗中与伊尹（成汤心腹，后助成汤灭桀）往来，通风报信，为成汤灭桀的内应，使桀彻底灭亡，从而，不仅报了桀灭“有施”方国的仇，也雪了自己被虏为奴的耻与恨。

2000 多年来，人们对妺喜的评论，总的来说，反面的多，正面的少。大致来说，一些受三纲五常封建思想教育的人，不辨是非，跟着刘向对她进行不切实际的攻击，认为她是百分之百的祸国罪人。他们觉得，妺喜既然已贵为王妃，享尽荣华，已是既得利益者，虽然与桀谈不上是两情相悦而结合，但人是有感情的动物，朝夕相处，日久天长，必生情愫，即便桀当政不得民心，她也应该从一而终，不应该背叛，危损妇德。

从封建思想的立场来看妺喜，她当然是天地不能容，罪该万死。但是他们不知道，人类自开天辟地以来，从集体采集，生活资料平均分配共享，到经济发展，生活资料稍有余存（或找到更多生活资料来源），一部分人由萌生占有欲以致发生掠夺战争而产生了奴隶社会，人与物都成了少数奴隶主的私有财产。在这个制度下，任何人，包括被俘虏来以及被圈在奴隶主领土内的原居民，在奴隶主眼里，和他拥有的猪、马、牛、羊没有任何区别。奴隶主可以随心所欲，随时宰杀或肆虐，决不仁慈手软。

妺喜既是桀在战场上俘虏得的奴隶，除了无可奈何地被桀随心所欲地玩弄之外，她当然十分清楚自己最后可悲的下场。因此，她尽管被桀封为妃，和桀在王宫里生活，享受荣华，但决不会对桀产生自由社会里的那种爱情，或哪怕是一丝亲人的情感。因为，爱情，是自由社会里，在一定时间，一定环境条件下，成年男女之间，因兴趣爱好、理想相投，择偶心理条件相若而迸发并延续彼此深深相互关怀爱慕的内在特有感情。

妺喜和桀，除了舞枪弄刀这个爱好相同外，其余则和“爱情”定义里的所有条件因素都风马牛不相及，所以，根本谈不上有什么爱情。何况，千百年来，在奴隶社会和封建社会里，成年男女之间，哪

有什么真正意义上自由的爱情?!可想而知，妺喜在当时的情况下只有恨，没有爱，哪怕一丝一毫也没有，有的只是时刻盘算着如何逃出魔掌，甚至杀死对方。

当她知道伊尹和汤密谋推翻桀的暴政后，便情不自禁喜上心头，暗中与他们联络，通风报信做内应，最后雪了国耻家仇!

4．酒池、瑶台

自古史籍对君王失国的描述记载，不是沉迷酒色便是暴戾不仁。刘向《列女传》描述的夏桀则两者兼而有之。他先将妺喜写成败国亡家的祸国红颜，然后特别着墨写桀的骄奢淫逸、滥杀无辜。为了能激起群情民愤，他以最夸张的手法描绘了可以行舟的酒池，以及一座由千万颗价值连城、琳琅满目的珠宝建成的瑶台琼室，以供云雨。

这样写，刘向凭的是什么?是事实还是传说加自己的主观创造?显然是后者。因为据近年的考古发现，在夏代的都城（二里头遗址），在近两万平方米的宫殿周围，并没有发现可以行舟的酒池。只有众多的直径为3米~5米的民居遗址。它们有的是半地穴式，有的是窑洞式，有的是地面建筑，星罗棋布地环绕着那座当时算是宏伟的宫殿。

在生产生活仍以石器为主，青铜器尚未大量普遍使用的夏代奴隶社会里，尽管稻粟生产早已是生活所必需，但生产力低下，不可能有大量多余的粮食可酿制成酒，填满“可以行舟”的酒池。更何况当时只能用手造出一般粗糙简单的碗罐之类的小陶器，尚未发明能用于蒸气造酒的大型器皿，加上筑酒池需要防漏技术，人工筑成“可以行舟”的酒池，只能是天方夜谭。因此，刘向的所谓酒池可以运舟的历史故事，只能蒙骗三岁孩童。然而，2000多年来，却大有人信以为真，尤其是一些史籍，竟然也直接或间接地引述，以讹传讹。

至于“瑶台琼室”之说，当然更是夸张地“想当然”，是以汉代的可能所有，强加在夏代的所无。二里头遗址出土的文物，最宝贵的是玉琮（玉块如“粽”形），它虽证明夏代确已知玉的珍贵，但由于仍处在新石器时代晚期，还没有找到硬度比玉还硬得多的加工工具，将更多的玉石切削研磨，使成为小巧玲珑的饰物供人鉴赏玩弄。所以，“瑶台”之说，只不过是作为“酒池”谎言的陪衬而已。它是否真实存在，不需花气力去作无谓的考证。

总之，从上述众多的地名、方国之名和人名完全可以证实“濮”

是建立“夏”这个中国历史上第一个王朝的古代民族。后面的篇章将继续从不同方面，用大量的历史语言及其他有关资料逐一证明，“濮”这个古代伟大民族对中华文明的巨大贡献。

四、夏初并非“家天下”

2000多年来，不少史学家，包括最著名、最伟大的史学家司马迁，都把夏代长达数百年的历史，当做是“父传子，子传孙，孙传曾孙”的“家天下”王朝而大书特书，使人坚信不疑地认为，夏代从一开始就已经是一个早已酝酿成熟、完美无缺的奴隶制的王朝，是一个“家天下”统治的国家。其实，这只不过是史学家们编撰出来强加给历史的“戏折”而已。

不可否认，人类社会发展史告诉我们：由于生产力的发展，生活资料有了剩余，促使了私有财产的出现，因而孕育出了奴隶和奴隶主，即被剥削、被压迫者与剥削者、压迫者这样两相对立的阶级，并由此产生了维护奴隶主阶级既得利益的奴隶主专制的国家。

夏代，我国社会历史发展进入了新石器时代晚期与青铜器时代前期。这个时期的特点：一方面，生产生活上仍然大量地使用经过一定改良改进的石器，并学会了烧土制陶，以弥补石器之不足；另一方面，在烧制陶器过程中，人们在窑壁无意中发现了用来砌窑的石块上有熔解了的青铜，它比石器柔韧锐利得多。于是，人们非常艰难地寻找铜矿石来冶炼出数量极其有限的青铜器具。

石器的改良和改进，如石犁和有肩石锛、石斧的出现，使一部分自然条件较好的地区生产力有了很大的发展，生活资料有了较多的剩余。先富起来的这些氏族，尝到了甜头，知道只要有人用这些工具去进行劳动生产，就一定会得到更多的剩余财富来满足人们生活之所需。于是，这些氏族（或部落）在自己劳力不足的情况下，发动侵略战争，去攻打弱势氏族（或部落），将他们虏为奴隶，并强迫他们为自己无条件地进行劳动生产。人类从此从自由自在生活的原始社会，转变并发展进入强者统治奴役剥削弱者的奴隶社会。

夏代正是这样被载入中国史册而成中国历史上第一个王朝的。

然而，夏朝的初期由于统治经验不足，所以，并不是“家天下”

的王朝，而是一个由强者集团强制统治弱者集团的松散的王朝。统治集团中的首领，是强者之中的最强者，英雄之中的英雄。他是由强者氏族（或部落）根据他的能力和众望由人民群众拥戴推举的，具有极其鲜明的原始民主性质。但是，当新的突发事件（一般指天灾、人祸）发生，在处理这事件的过程中，又出现新的能者，新的英雄，更能为广大人民群众所拥戴。这样，新的首领必然理所当然地代替旧的首领，带领群众迈上新的历史里程。下面两点，就是很好的证明。

（一）禹和羿都是被虚拟为君的英雄的化身

前面说过，禹和羿并非真人的名字，因当时文字尚处在草创时期，尚未被广大人民群众普遍应用，尚未进入被用来广泛记事的实用阶段，更谈不上是“语言的书面代用品”和“反映传递语言的无声工具了”。所以，根本无法写出“禹”和“羿”这样的人名流传给后代。禹和羿作为人名，并且是作为中华民族历史上受亿万人崇敬的超级英雄之名世代流传，是在商、周时代，文字已逐渐被广泛应用以后。人们根据口头历史传说，把本是濮越语的 ji（jy）（本义为“犁”，引申为“耕种”，在不同历史时期被用汉字译音为“夷”、“越”，等等）分别用汉字写作“禹”和“羿”，之后，这两个名字被定型并流传开来。

由于夏代初年仍处在新石器时代晚期和青铜器时代前期的历史转折期，虽然早已存在以氏族为基础的社会集团，以及由多个氏族组合成的较大部落，但人们的生产、生活工具都仍以石器为主，人口数量还不是很多，生产力仍极端低下，产品还不可能有较多的剩余来满足人们一旦遭受自然灾害时的需要，当然更谈不上氏族或部落之间，在遭受水、旱大灾而哀鸿遍野的时候，彼此会伸出援助之手，互相调拨粮食救援。因为社会还没有发展到这样的阶段，一切都仍处在听天由命的原始无为状态之中。

在这样的历史条件下，对于突如其来的自然灾害，人们是无法，也还没有足够的智慧和力量来抗拒的。不过，人既然被称为“万物之灵”，是有思想的高等动物，面对眼前的生活、生存环境状况，必然会不断地思考，力求用自己的力量，包括集体的力量去战胜困难，战胜灾害，开辟出一片无限美好的生存新天地。即使在已想尽办法，却仍然力不能及的时候，无止境的思想也绝不会就此停下来善罢甘休。相反，它会更加伸展出想象的翅膀，冀望着有一股强大无比的“超自然”魔力——一个由神仙化身的超人英雄降临人间，以雷霆万钧之力翻江倒海，将所有的灾害一扫而光，从而给人类带来一个永乐太平的人间天堂。

禹和羿正是在人们遇到特大的水、旱二灾而无力抗拒之后，通过想象逐渐塑造出来，并在辗转流传的漫长岁月里，经过千百万人不断加工而赋予丰满形象的“超人英雄”。所以，本质上他们是人们在无奈境况下愿望的化身，也是人们在与自然艰苦卓绝的斗争中，崇高美好的心灵寄托。

英雄，真正的英雄，是会永远受到人们的赞扬、羡慕、崇拜和无限敬仰的。因为他为社会、为人民群众的长远利益作出了惊天动地的非凡贡献。

几千年来，史籍记载的“超人英雄”禹和羿，其塑造的痕迹是十分清楚的。他们都是由现在仍在部分壮族地区流传的《青鱼的故事》经过辗转流传后形成的。在《青鱼的故事》里，我们不仅可以看见羿威武、忠义的高大形象，同时也十分清晰地看到禹诞生的环境（所谓“伯禹腹鲧”，即濮越人，也就“种田人”是从大鱼肚子里生出来的，“伯禹”其实是濮越语 pu ji 或 pu jyi“种田人”的汉字译音）及其身影。

人们塑造英雄，是因为崇拜英雄，敬仰英雄，希望自己的亲属或群体里未来也会出现这样类似的英雄，能为自己的群体甚至更多的人排灾解难，创造出更加美好的未来。史籍记载的禹和羿，经过数千年的广泛传颂，尤其是经过司马迁的史笔，把禹捧上夏代王朝的“首王”宝座，名正言顺地成为中华民族的最早统治者之后，他的英雄气概无形中已凝成了一股无坚不摧、战无不胜、攻无不克的力量，鼓舞着亿万人民奋勇前进。这是不难理解的。因为中华民族的历史，自古以来就是一部人民群众艰苦卓绝的斗争史。

然而，禹和羿只不过是濮越人的代名词和化身，要正确认识他们，就必须正确了解濮越人与他们之间的内在关系，以及濮越人在中国历史上所作出的伟大贡献。濮越先民缔造的夏王朝，为瑰丽辉煌的中国历史殿堂奠定了坚实的基础，开创了崭新的历史纪元，使中华民

族从此走上了前程无量的人类文明的历史征途。

人们根据濮越语的口头历史传说，将濮越语的 ji（或 jyi）译音为汉字的禹和羿之后，塑造出不是真人但胜似真人的超人英雄并将其捧上夏王朝的统治者宝座。这个过程的本身，事实上是正好反映了“夏王朝”这段不是真实但却又真实的历史。即统治者（君王）的名字并非真人的名字，但创建夏王朝的族群是真实的濮越先民。

众所周知，任何政权的产生，都是由某一个或几个强势的社会集团，经过集体力量共同努力的结果。但是，任何社会集团又都是由首领和人民群众两部分组成的。社会集团是政权统治者的根基。政权统治者如果没有强势的社会集团的有力支持，政权就很难存在。但是，掌握政权的统治者，却又必须是由极少数人组成的统治集团，而且其中只能有一个主导者，由他发号施令。社会集团只作为他或他们的坚强后盾。

濮越先民开创了夏代王朝，掌握政权的统治者当然有“首工”、“二王”、“三王”等传世的具体统治者（首领、君王），但是，由于当时尚未有文字将他们的真名记录下来。直至商周以后，尤其是春秋战国时代，文字广泛流行了，人们才根据口头历史传说，将古濮越先民语言里的某些被认为可能是人名的语词，用古汉语音译下来，并流传开去。结果，到了汉代司马迁作《史记》时，就正式写成了流传至今并被众多史学家们信以为真的“夏代帝王世系表”，记录了中国历史上第一个王朝的历代君王。

其实，正如我们前面所述，那些君王的名字都不是真实的人名，而是由史学家们根据濮越语的口头历史传说，捕捉一些被他们主观判断认为可能是人名的音节，构拟杜撰成为有血有肉的人名而载入史册，讹传至今，但客观上却起到了填补夏代这段历史空白的作用，使后人少了一点遗憾。

但是，俗话说，真的假不了，假的则永远也不可能变成真。夏朝历代君王的名字也不例外。后人为了填补夏代历史空白而塑造的英雄君王，他们身上留下的两条烙印是十分明显的，尤其是禹和羿。

首先，塑造者们把禹塑造为治水的大英雄，把羿塑造为抗旱的大英雄，是与当时人们尚无能力抗拒自然大灾害，但已初步认识到人只要有一种“超自然”的能力，就一定可以战胜大自然的超前观念分不开的。其次，既然是能战天斗地的英雄，也必然是能够带领广大人民群众奔向美好生活的“王者”。因此，他们在夏代不仅是英雄，而且还是君王，其美名万古流芳。

下面让我们看看禹和羿是怎样被塑造出来并被捧上夏代至高无上的君王宝座的。

1. 治水英雄——禹

洪水，是威胁人类生存的最大灾难。数千年来，世界各地区各民族有关洪水为患以及人类如何为之作斗争的可歌可泣的事迹层出不穷。这就充分说明，史前人类，的确曾经遭受过无数次洪水大灾，死伤无数，所以人们把洪水与猛兽联系在一起，将其看成是生命的最大威胁。

但是，在石器时代，人类尚处在各自为解除饥饿威胁而奔波的状态下，尚无意识，也尚无能力和条件组织起来一种化个体为巨大的集体力量去战胜洪灾，也就只能祈求从什么地方冒出一个“超人”的大英雄，来替人们排灾解难。禹就是这种祈求的化身。

然而，被看作中国历史上了不起的大英雄禹，在《山海经》的最初记载里，他头上既没有英雄的光环，更还没有顶戴什么夏朝国君的王冠，而只不过是一位随时听从差使的普通朝廷官吏（《山海经·海内经》载：“帝乃命禹卒布土以定九洲”）。《墨子·鲁问篇》载：“禹、汤、文、武，百里之诸侯也，说忠行义取天下。”这句话，清楚地说明禹本来只不过是“百里之诸侯”，是一个小国或部落的首领，如此而已。

对禹出身的这种定位是比较贴切的。因为人们塑造出来的“超人英雄”，他的原型不可能是一个默默无闻的老百姓，然后一步登天，变为英雄，成为天子。他肯定先是濮越先民某一部落或部落联盟的首领，在某一次大洪灾中，率领小部分人，在一个小范围内取得了抗洪成功的一些经验，因而受到了人们的颂扬，由此，逐渐传播开去，他的形象和英雄事迹就像滚雪球那样，越滚越大，最后就成了中华大地上一位了不起的治水“超人英雄”。

当然，这个过程是要用漫长的岁月来完成的。事实也正是如此。商周以后，文字逐渐被广泛使用，一些有心人就把濮越人的历史传说简要地记录下来（当时尚未发明纸，多数都只能刻写在甲骨、竹简或

兽皮上），然后缓慢地传扬开去。其中以春秋战国时代，各国的史巫们所作的贡献最大。现在我们看到能反映商周时代一些真实历史资料的甲骨文，就是被当时一些史巫们刻写流传下来的。

禹由一个"百里之诸侯"，摇身一变而成为一位能"导三江，疏五湖，足迹踏遍九洲"的治水大英雄，是与春秋战国时代的史巫及儒、墨、孟等诸子百家的宣扬分不开的。众所周知，春秋战国时代，狼烟四起，诸侯割据，相互攻杀。这个时代的特点，一方面是战火纷飞，民不聊生；另一方面是，由于文字的使用，形成了"百花齐放，百家争鸣"的文化春天。

正是在这个大时代里，被喻为博大精深、璀璨辉煌的中华文化基石的诗（《诗经》）、书（《尚书》）、礼、易（《易经》）、春秋面世了，儒、墨、孟等诸子百家的学说以各自全新的面孔登上了历史舞台。

被赞为治水大英雄的禹，由一个"百里之诸侯"的小小"芝麻官"，一夜之间变成了玉带环腰的"超人大英雄"，就是在这个时期被儒、墨、孟诸子们宣扬并杜撰达到了登峰造极的程度而家喻户晓的。从《尚书》的《尧典》、《皋陶谟》到《禹贡》这几篇文章里，我们可以十分清楚地看到禹是怎样从扁平到膨胀至"完美"的全过程。

在《尧典》里，舜与四方诸侯对话时，禹也在其中，舜对他说："禹啊，你去平治水土吧，希望你能努力工作！"禹稽首下拜，谦让于稷、契和皋陶。但是，舜还是坚持让他去，说："还是你去吧！"这时的禹，仍然只不过是"百里之诸侯"，一位极普通的"官吏"（因当时尚未有正式的"国家"，所以，一般只能认为是部落或部落联盟的首领或酋长，所谓"百里之诸侯"，是后来奴隶制、封建制国家出现以后，一些文人墨客给戴上的官场等级帽子而已）。

到了《皋陶谟》，杜撰者通过禹本人之口进行自我标榜宣扬，讲自己如何疏通九州洪水，如何与稷一起教民耕种，如何将粮食和肉类分给民众，又如何教民众互通有无，让民众得以安居乐业。不仅如此，竟然还以帝师的口吻，告诫舜："要谨慎地对待你的帝位，要时刻冷静地思考你的举止和天下的安危。这样，大臣们和天下人才顺服你，你才能以美德接受天命，而天帝才会赐福给你。"还说："对于各邦国的贤人，你要根据其言行和功德考察和表彰他们，不能好坏不分地乱用，那样是难以建功立业的。"

为了进一步表明禹“一心为公、为民谋幸福”的高尚品德情操，杜撰者们更是挖空心思从伦理亲情和国家社稷孰轻孰重方面，通过禹本人进行最高层次的标榜，从而使他成为人人敬仰的最伟大的英雄。

禹对舜说：“我娶了涂山氏的女儿为妻，刚结了婚四天，就去治水了。儿子启出生的时候，我也没有回来，因为治水实在太忙，脱不开身。为了京畿的安全，我设置了‘五服’（指甸服、侯服、绥服、要服、荒服），周延五千里。并且重新将全国划分为十二州，疆域扩至四海，每五个诸侯国设一位统率的君长统管他们。现在他们都已各司其职，并取得了成效，只是三苗未服，请你时刻记住。”帝舜说：“天下人都能服从于我，全靠了你的功劳。”

至此，禹的治水英雄及治国能力的“君王金身”已塑造得八九不离十了。当然，还不是十分完美。因此，还需要再补一篇，于是《禹贡》就以全面歌功颂德的脸孔粉墨登场。

篇名为“禹贡”，贡者，贡献，贡品是也。很明白，不须解释，已十分清楚表明，内容讲的是“禹”的治水功绩和贡献。

这篇文章，详尽地列举了禹治水所到之处，范围遍及冀、兖、青、徐、扬、荆、豫、梁、雍等九州的山山水水，一句话，几乎等于现在的全中国。

众所周知，夏代的版图主要在山西、陕西、河北、河南和山东这几省的范围之内，就算禹已拥有一把当时已是十分先进的高科技青铜斧、青铜刀，也不可能在十三年内“随山刊（砍）木，奠（定）高山大川”，跑遍近1000万平方公里的神州大地，何况还要花费大量的时间和力气治山治水呢！这只要看一看《禹贡》开列的所谓禹治水的功绩清单，就知道到底需要多少时间和有多大难度了。

（1）治水：从黄河壶口开始，先后疏导治理了漳水、恒水、卫水、大陆泽、潍河、沮河、雷夏泽、济河、漯河、潍河、淄河、汶水、淮河、沂水、大野泽、泗水、彭蠡、震泽、长江、汉水、洞庭湖、沱水、潜水、云梦泽、洛水、伊水、瀍水、涧水、荥播、菏泽、孟猪泽、黑水、沔水、渭水、弱水、泾水、漆水、沮水、沣水、野猪泽、降水、沧浪水、三澨水、孟津、北江、澧水、中江、沇水、荥泽等。

（2）治山治地治州府：从冀州开始，治梁山、岐山、太原、岳

阳、覃怀、兖州、青州、泰山、嵎夷、莱夷、徐州、蒙山、羽山、东原、峄山、淮夷、扬州、荆州、荆山、衡山、豫州、梁州、岷山、嶓山、蔡山、和夷、西倾山、雍州、终南山、惇物山、鸟鼠山、三危山、积石山、龙门山、昆仑山、析支、渠搜、西戎、岍山、壶口山、雷首山、太岳山、砥柱山、析城山、王屋山、太行山、恒山、碣石山、朱圉山、太华山、熊耳山、外方山、桐柏山、陪尾山、嶓冢山、内方山、大别山、庐山、合黎山、华山、太伾山、漾山、陶丘等。

（3）修路：修通了从岍山经岐山至荆山的道路，又修通了从壶口山经雷首山至太岳山的道路；修通了从砥柱山经析城山至王屋山的道路，接着又修通了从太行山经恒山至东边傍海的碣石山的道路；修通了从西倾山经朱圉山、鸟鼠山至太华山的道路，又修通了从熊耳山经外方山、桐柏山直至陪尾山的道路；修通了嶓冢山至荆山的道路，又修通了内方山直至大别山的道路；修通了从四川岷山经南岳衡山，越九江至庐山的道路。

从上列的山、水、州府城池，可以清楚地看到，所谓禹治水（包括治山）的足迹，范围之广，实难以令人置信。《禹贡》中说：“东渐于海，西被于流沙。”南北东西，纵横数千公里，如此浩大的工程，禹真的有这样的本领去完成吗？

《尚书》里《皋陶谟》和《禹贡》的作者，虽然像江湖卖膏药那样费尽心机地拼命将禹塑造成千古英雄，但还没有把他捧上君王的宝座，将他推上统治者的舞台。

禹为人王，跟墨子的吹捧有关。墨子在他的书中，曾多次把禹跟尧、舜、汤、文、武等历代君王相提并论，认为他们都是明君圣王。例如，他在《墨子·法仪篇》里说：“昔之圣王禹、汤、文、武，兼爱天下之百姓。”在《墨子·尚贤篇》又说：“若昔者三代圣王尧、舜、禹、汤、文、武是也。”所以，可以认为曾是孔子门徒的墨翟是最早认禹为人王的鼓吹者。当然，他的这些说法，虽然并没有明确称禹是夏代的首王，但是，却为后来司马迁作《史记》提供了重要依据。有了这些依据，司马迁在《史记》中再杜撰夏朝其他帝王的世系时不但名正言顺得多，而且也会得心应手得多。

司马迁根据《禹贡》杜撰禹治水伟大功绩而写成的《夏本纪》，第一次正式将禹捧上夏朝首王的宝座。《夏本纪》这样写道：

> 帝舜荐禹于天，为嗣。十七年而帝舜崩。三年丧毕，禹辞，辟舜之子商均于阳城。天下诸侯皆去商均而朝禹。禹于是遂即天子位，南面朝天下。国号曰夏后，姓姒氏。

司马迁先将儒家“禅让”旧衣钵拿来作虚晃，然后将禹扶上帝王宝座。从此，禹就不仅是夏朝的首王，而且更是中华民族历史上功德无量的首王，受到万民万代无上敬仰。以至直到今天，一般人根本就不知道禹不过是被极力夸大了的夏代某一濮越先民英雄的化身，却被司马迁等虚拟为君而捧上政治舞台，成了一个虚假君王。

2. 抗旱英雄——后羿

旱灾，虽然没有洪水那样来势汹汹，不会在瞬息之间造成大量的人畜伤亡。但是，由于长久烈日当空，造成赤地千里，畜无水草人无粮，哀鸿遍野，其惨状又岂是一般水灾所能比！因此，在人们尚无能力抗拒旱灾的情况下，人们唯一的希望是从天上降下，或者从海中冒出，又或者哪位传奇的母亲一夜之间能够生出一位“超人英雄”，来为人们消除旱灾，救万民于水火。史籍和民间流传至今的“后羿射日”故事就是在这样的背景下产生并逐渐广泛而久远地流传下来的。

前面说过，后羿是濮越先民语言hau ji（jai）（我们犁（种田人））“我们种田人”或“我们越（夷）人”（因ji可以用汉字音译为“越”或“夷”）的汉字译音。“羿”是象形字，即“[illegible]”，意思是“一弓两箭”。古代弓箭，从最初发明用磨尖的硬木棍作箭，到发现有更大杀伤力的箭镞，这时就必须在箭尾装上羽毛，才能保证射出的箭既保持平衡又射得更远。。“[illegible]”这个象形字，就是在弓箭已装上羽毛之后造出来的，并且可以十分肯定地说，是在前面所说的《青鱼的故事》已广泛流传之后，根据那位能够一弓同时射两箭的超级英雄造出来并作为他的名字的。

在《后羿射日》的故事里，说当时天上有十个太阳，被后羿射下来九个。近代有些史学家对于这个故事里“十日”的解释，认为所谓“十日”，实际上是“十个部落”，十个部落被后羿打败了九个，云云。这是一种想当然的简单推论，与射日故事的背景来由是风马牛不相及的。后羿并非沙场上的杀敌英雄，他从来就没有参加过或者是单独地东征西讨。他射日主要是帮助人们解除旱情，拯救人民，使其免

受干旱之苦。故事里所谓“十日”（十个太阳），只不过是一种夸张的描绘，其含义实际上相当于“十分炽热的太阳”。由于天旱得实在是太厉害了，就好像天上有十个太阳那样炽热，晒得人们几乎无法生存。故事只不过是把旱情加以夸张，完全与氏族部落间的掠夺战争无关。

后羿射日的故事，由于没有更多的背景和想象空间，所以除了说他是力大无穷的射箭英雄外，对他的塑造就没有像禹那样，有广阔的神州大地可以任他自由驰骋。

由于禹和羿都是“超人英雄”，禹是治水英雄，羿是抗旱英雄。既然禹已被精心塑造并捧上君王宝座，那么，羿是否也应该像禹那样，成为君王呢？如果不是，岂不是太不公平？也许正因如此吧，所以，左丘明作《左传》时，在《因夏民以代夏政》一节里，就非常巧妙地以寓言故事的形式，为羿安排了一个短命的王位。这样，两位“超人英雄”在夏朝的历史上也就都由英雄变成了统治者，成为像后来“家天下”的历代统治者那样的“真正”君王。

然而，从禹和羿这两位由史学家们根据历史故事传说精心塑造并虚拟出来的君王，我们清楚地看到了夏朝初叶并不像《史记》里所说的，从一开始就已经是成熟的“家天下”王朝，而是先经历过一个“能者（英雄）为王”的较长过程，在积累了许多成功与失败、欢乐与痛苦的统治经验和教训之后，统治者们才逐渐总结并悟出一条维护既得利益的“真理”——唯有父传子，子传孙，孙传曾孙，直至久远，才能使既得利益不会旁落丧失。这时，“家天下”才有可能出现。

夏代“家天下”出现的时间，是史籍所谓“夏中兴”以后，也即是夏代中期，说得具体一点，就是《左传》所说的由后羿“因夏民而代夏政”失败被寒浞杀死烹尸之后（具体年代当然不可考），统治者从中汲取了残酷而痛苦的教训，醒悟到大权一旦旁落的严重后果。从此以后，真正的“父传子，子传孙”的“家天下”王朝才真正出现。

在此之前，一方面，由于私有财产尚未普遍大量形成，部落或部落联盟的最大财富主要集中体现在少数奴隶主所拥有的奴隶及其牲畜家财上，广大人民除了追求温饱，根本谈不上什么财富。另一方面，与原始社会发展相适应的原始民主意识还有广泛的社会基础，“能者为王”这种连动物都如此的“物竞天择”定律，在广大人民群众的潜在意识中还十分根深蒂固。因此，夏朝初年，不可能如司马迁《史记》里所说，从一开始就是“父传子，子传孙”的“家天下”，而是要经过若干代的“能者为王”之后，随着社会生产力的不断发展，社会私有财产已逐渐积累在一部分人手中，形成了一个较大的私有财产占有阶层，这时，为维护既得利益的“家天下”才有了较稳固的社会基础，从而才得以应势而生。这在羿的《因夏民以代夏政》的寓言故事里，是说得再清楚不过的了。可以肯定，羿不是真人，但《因夏民以代夏政》的故事里的已失传的主角一定是真有其人。因为凡是“历史的经验”都不是凭空捏造出来的，不是真人真事的历史传说，不会有强大的生命力并流传久远。

（二）“华夏”是集体英雄的代名词

“华夏”是古濮越语 wu jo（ja）的汉字译音，意思是“咱们本领
咱们 本领高强
高强”。这个词的含义本身就明确表示它是一个集体英雄的代名词。因为 wu（用汉字译音写作“华”）“咱们”是一个排他性的集体代名词。它与《史记·夏本纪》所说的“夏后”中的“后”（濮越语 hau
我们
“我们”的汉字译音）同义。只是“后”在濮越语里所指的是“包容性”的“我们”。众所周知，“咱们”与“我们”，无论是汉语或濮越语，所指的都是集体的代名词。

4000 多年前，当一群本领高强的濮越先民英雄们，以他们集体的强势，以 wu jo（ja）“咱们本领高强”作号召，凝聚了成千上万骁勇者组成濮越强势社会集团之后，就呼啸着以排山倒海之势，征服了众多的其他社会集团，建立了中国历史上第一个国家政权——夏（jo 或 ja）王朝。从此，jo“夏”或 wu jo“华夏”这个名词的丰富内涵，就成了濮越先民及其绵远流长的后裔感到自豪的最美的名字。至今，神州大地上所有的炎黄子孙，没有哪一个不因自己是“华夏”的一员而感到无比骄傲与自豪。

“华夏”既然是一群自称为“咱们本领高强”，很了不起的集体英雄，而不是个体豪杰。因此，可以想象，夏朝建立之初，必定是由一群英雄集体领导（当然不排除其中有一位首领，英雄中的英雄作统

治集团的协调人)，而不像《史记·夏本纪》所说的，仅仅是由禹一个人“南面朝天下”，称王称霸。

当然，这个集体领导的统治集团，究竟延续了多少代，因无文字记载，更无实物可考，故不得而知。但是，历史唯物论告诉我们，统治经验跟人类一切活动经验一样，都是实践的总结。人类建立国家之初，国家机构如何建立，国家机器如何运转，统治者如何指挥，统治集团内部个人之间如何协调，等等，都是毫无经验可言的。因为一切经验都只能来源于实践，没有实践的经验是永远不存在的。

因此，可以肯定，夏朝建立之初，是既没有由英雄们集体领导的经验，更不可能有由某一个英雄人物单独领导的经验。根据一般认知的规律，应该是最初阶段，由多位英雄人物共同组成领导集团，然后在实践的过程中逐渐摸索积累统治经验。

然而，社会发展史也告诉我们，当社会发展还处在较低阶段，各种社会制度的建立还十分粗陋，十分不健全，尤其是还不可能建立各种严密的监督制度，连法制观念都尚未出现。在这种情况下，由英雄人物共同组成的统治集团，由于意见分歧不容易得到统一，个人行为不容易得到有效约束等致命因素，无形中伤害和削弱了统治力量，造成内部的严重分裂和统治危机，酿成了难以想象的恶果。所以，夏初由英雄人物集体统治承袭的时期一定不会太长，很可能是经一两代之后，觉得很不容易，便转为由集体（部落或部落联盟首领）举荐某一英雄中的英雄（或最有威望者)，由他以“个人意志”发号施令，指使其他英雄协助，推行政令。

但是，人无完人，一个英雄可能在某一方面有杰出的能力和胆识，然而在另一方面，例如组织领导方面，却表现出优柔寡断、畏首畏尾或其他的弱点，因而不能很好地领导一个国家。这时，就很可能需要由部落联盟酋长们出来共议，推举另外的英雄来接替。史籍上称为“夏中兴”。传说中的后羿《因夏民以代夏政》的故事，其真实的历史背景可能如此。

传说中的后羿是位万人敬仰的大英雄，但是他并不知道如何去领导一个国家，管理一个国家。人们推举他去代理夏的朝政，是以为他既然是“超人英雄”，就一定也有能力管理好国家。岂知他做了王却不理朝政，天天沉迷于狩猎玩乐之中，以致大权旁落在他人手里，最终落个被烹尸的下场。

也许正是这个血淋淋的教训，当时夏朝的统治者们由此悟出了一条“家天下”的统治真理，即统治大权必须牢牢地掌握在自家人手里，并且要世代相传，这样，大权才不会旁落，不会被人谋害。从此，就开创了“家天下”的历史，并在中华大地上绵延了数千年。夏朝的统治者此时也就由原来的 wu“咱们”（用汉字译音写作“华”）改称为 ku“我” （用汉字译音写作“孤”，现在布依语、傣语称“我”仍读作 ku^{1}，壮语读作 kou^{1}），ku jo（ja）“我本领高强”。
我 本领高强

我们在秦汉以前一些古籍里偶尔看到一些王者自称为“孤”，或者在古装戏里，一些王者自称为“孤”。这“孤”字就是从夏代流传下来的。由于夏、商、周时代，神州大地上濮越人的部落还比较多，酋长们（部落的王者）对外常称“孤（我)部落”如何如何，但外人对“孤”的含义不了解，所以，《礼·玉藻篇》说：“凡自称小国之君曰孤。”这是对“孤”的一种误解。

商、周对部落小国的频繁讨伐，加上春秋战国时代的战乱不休，濮越人为避战乱四处流徙迁移，很少有酋长对外称“孤”了。所以，秦汉以后，大国的皇帝的确再也没有人对自己称“孤”。因而，“孤”只不过是濮越先民留下的一个历史陈迹。

“华夏”就大不相同了，自从它由 wu jo（ja）被音译为“华夏”而载入史册之后，史学家们就将它与“中国”划了等号，写明“华夏＝中国”，“中国＝华夏”。从此，只要是炎黄子孙，不论他们对“华夏”二字的真正含义了解不了解，了解多少，甚至可以在完全不了解的情况下，千百年来，世世代代，都从心底里深深感到，能够作为“华夏”一员，真是无比骄傲与自豪。

华夏——“咱们本领高强”。这个名称闪耀着无限智慧与力量。一万多年来，我们的祖先，不仅在广袤的神州大地领先为人类文明创造了许多万古不灭的辉煌，而且，也为世界的发展进步作出了许多伟大的贡献。

因此，我们可以自豪地说：我们的祖先是“华夏”（“咱们本领高强”），我们现在当然也是“华夏”，我们的子子孙孙毫无疑问，一样都是“华夏”。有谁不以自己是“华夏”的一员而感到无比的骄傲

与自豪呢?!

注释

①五帝：传说中的上古帝王。时在三皇之后，夏代以前。最早见于《荀子·非相》。有五种说法：a. 伏羲（太昊）、神农（炎帝）、黄帝、唐尧、虞舜（《易·系辞下》）；b. 黄帝、颛顼、帝喾、唐尧、虞舜（《大戴礼记·五帝德》、《史记·五帝本纪》；c. 太皞、炎帝、黄帝、少皞、颛顼（《礼记·月令》）；d. 少昊（皞）、颛顼、高辛（帝喾）、唐尧、虞舜（《帝王世纪》）；e. 黄帝、少皞、帝喾、帝挚、帝尧（《道藏·洞神部·谱录类·混元圣纪》引梁武帝说）。他们都是原始社会末期部落或部落联盟的领袖。（《辞海》第六版）

②见《壮侗语族语言词汇集》，中央民族学院出版社，1985 年版，第 163 页。壮语南部方言和布依语均是 pu^{35}，壮语北部方言是 pou^{35}；海南临高话是 hu^{55}；仫佬语是 mu^{31}。根据这几种语言的现代读音，可知古代先民对于“位”（或“个”）这个词的读音应该是^{m}phu。这种带鼻冠音的声母，现在仍然可以在同语族的毛南语里找到大量例子。如：^{m}ba:n^{13}（村寨），^{n}da^{42}（眼睛），ɳdiŋ^{44}（山坳），^{ŋ}ga:ŋ^{42}（下巴）。这些词都带同部位的鼻冠音。将语音分化，就可能如上几例（“村寨”这个词，有的语言或方言可能是 ma:n，有的则可能是 ba:n，其余可类推）。

③《中国历史地图集》，中华地图学社，1974 年版。

④《最新实用中国地图册》，中国地图出版社，1995 年版。

⑤《尚书》，台湾古籍出版社，1996 年版。

⑥《左传》，台湾古籍出版社，1996 年版。

⑦《尔雅译注》，上海古籍出版社，1999 年版。

⑧《说文解字注》，上海古籍出版社，1988 年 2 月。

⑨章太炎：《太炎文录初编·中华民国解》。

⑩陈登原：《中国文化史·图名诠释》。

⑪林惠祥：《中国民族史》（上、下册），商务印书馆，1939 年版。

⑫徐松石：《民族学研究著作五种·粤江流域人民史》（上、下册）广东人民出版社，1993 年版。

⑬顾颉刚：《夏与中国》。

⑭、⑯范文澜：《中国通史简编》，人民出版社，1949 年版。

⑮翦伯赞：《中国史论集·夏族的起源与史前的鄂尔多斯》。

⑰司马迁：《史记·夏本纪》，台海出版社，1997 年版。

⑱、⑲、⑳、㉑顾颉刚：《古史论文集》，中华书局，1988 年版。

㉒启良：《中国文明史》，花城出版社，2001 年版，第 56～63 页。

㉓关于夏禹时代的人口，由于缺乏可靠的资料记载，历代史学家多靠猜测，故众说纷纭。现引《后汉书》一段供参考。

《后汉书·郡国志一》刘昭补注引《帝王世纪》："及禹平水土，还为九州……民口千三百五十五万三千九百二十三人。"

这段话，如果说夏国当时就有1300多万人口则不可信，因夏国的版图比商还小，但是如果说是"九州"（即大半个中国的版图）则可以参考。不过，那时还没有所谓"九州"。

㉔在中国这片古老而辽阔的土地上，数千年来流传着数不清的各种神话传说故事，西王母娘娘可以说是其中一位不是英雄却胜似英雄，最广为人知、最受人崇敬的天上女神仙。她在天宫里，悠游自在，与世无争。她那副慈祥的面孔和慈善为怀的菩萨心肠是凡人们心中的楷模。几千年来，全国各族人民都有意无意地把她当做自己最慈祥的"老祖宗"顶礼膜拜。然而，历史唯物论告诉我们，许多神话故事，不管其情节内容多么离奇古怪，多么令人难以置信，都是人类现实生活中七彩光芒的多重折射产物，都能在人类丰富多彩的现实生活中找到它们源头的蛛丝马迹。因而，那些能够经得起岁月时光的冲洗而久远流传，广为人们乐于辗转传颂的神话故事，其主角人物一般都较接近现实。因此，可以这样说，经得起时光考验的好的神话故事，其来源一般都是"半是真实半想象"的。

西王母的神话故事当然也是如此。西王母跟唐宋以后被民间传说为"八仙过海，各显神通"的"八仙"一样，在历史上是确有其人。当然，姓甚名谁则无法考究。但是，根据现在南疆部分地区仍流传的有关传说，说她（西王母）是那里很久很久以前一位最受人尊敬的女王，这是可信的。故事是这样的：很久很久以前，有一个"西母"女人国，那里没有男子，全部都是女人。国王不但年轻漂亮，而且非常聪明能干，凡是男人能干的事，从种地、放牧到日常家庭琐事，她不仅样样干得出色，而且还能歌善舞，善于纺纱织布。她甜美的歌声，能使南来北往的雁鸟停飞；婀娜变幻的舞姿，使嫦娥看了也自愧不如。春天，她放牧南山，播种百谷；夏天，她策马驰骋，天池浴泳；秋天，她割麦收棉，整栏修舍；冬天，她酿葡萄美酒，教子民歌舞。所以，直至今天，天山南北，羊肥马壮，麦浪金黄，棉花似朵朵白云，葡萄美酒遍地，人人能歌善舞，家家其乐融融。这是西王母给我们留下来的好地方。

这个故事十分清楚地告诉我们：西王母并不是人们凭空杜撰的天上神仙，而是确有其人。她是新疆南部母系社会时代"西母"国的国王。"西母"即是后来用汉字译音写作"且末"（ts' ai mu 或 ts' i mu）古国的地方。由于她极受人们崇敬，所以，她生前的事迹被代代辗转传颂而成为神话故事。众所周知，故事从来是无国界、民族界和种族界的。当这个故事由新疆逐渐扩散传播到整个神州大地的时候，由于新疆的位置本来就在中国的西边，"西母"女人国的女王就逐渐演

变成为西天王母娘娘，“天池”也就变为“瑶池”，是她浴泳的场地。因为琼台、玉宇、瑶池是天仙们生活的地方。这样经过几千年的反复辗转传播，“西母”国女王就变成了十足的神仙而流传久远。

㉕《现代汉语词典》，商务印书馆，1995 年版，第 1299 页。

㉖徐松石：《民族学研究著作五种》（上），广东人民出版社，1993 年版，第 54 页。

㉗《最新实用中国地图册》，中国地图出版社，1996 年版。

㉘童书业：《说驩兜所放之崇山》，见《禹贡半月刊》，第 4 卷 5 期。

㉙杨伯峻：《春秋左传注》，中华书局，1990 年版。

㉚（汉）刘向：《列女传·夏桀》，见车吉心主编《中国野史》，泰山出版社。

㉛“有施”国是古濮（百）越先民的一个部落小方国。“有施”，濮语是
jau　çai（sai、si）“我们种田人”的汉字译音，现代壮语仍然这样说。但是，
我们 犁、耕
由于历史地域发生音变，不同地域的方言、土语对“我们”这个词的读音，各地的声母都不完全相同。大致有：lau、jau、zau、ɣau、ɬsau、tau 等。

a. lau　史籍记载，不同时代、不同地域、不同文化层次的始译者，他们以各自熟悉认知的方块汉字作为译音工具，因而写出了许多同音近音的汉字译音词（字），混入文章留在不同的史籍里。这些译音词因它们只是披着汉字的外衣，表示的并不是汉义，所以，后人既猜不透，也读不懂，只能把它当做“怪”名词，囫囵而过，就连司马迁写《史记》时，也无可奈何地说，对这些“怪”名词“不敢言”。晋代大注释家郭璞在《山海经·序》里更是坦率地说：“难以言。”

由于几千年前始译者只译音不译义，使这些濮语的汉字译音词蒙上了一层厚实的历史面纱，给史籍罩上了一层迷雾，以致历代史学家，尤其是古史学家（包括民族史学家），即便是穷尽毕生精力，也弄不清它们的真面目。

据我们的不完全发现，史籍及地名遗留下来对古濮越语 lau“我们”的同音近音汉字译音词（字）有：

僚——对南方部分百越人的指称（有些史籍，蔑称写作“獠”），古吴国一君王。

潦（河）——豫、赣境内，同名。

寮——寮国，今称老挝。台湾有“贡寮”kuŋ lau“我们祖先”，“麦寮”mat lau“我们的”；“高寮”klau“我们”；“新寮”sen lau“（讲）我们话”；“内寮”nei lau“这里是我们的”；“田寮”de:n lau“我们地方”；“大寮”tu lau“我们”；“番子寮”pu tsai lau“我们种田人”，“番”读 pu 不读 fa:n。湖北有“板寮”ba:n
村
lau“我们村”。广东大埔县有“湖寮”wu lau“咱大家”。香港有寮肚 lau tu，是
咱

tu lau“我们”的倒装；田寮de:n lau“我们地方”；博寮（海峡）；谷寮ka:k lau
只　　　　　　　　　　地方　　　　　　　　　　　　　　　　单独
“独自我们”。

辽——辽国。中国唐、宋时期在今辽宁、吉林、黑龙江、内蒙东部由少数民族建立的国家；辽宁。

牢——哀牢古国，是古濮（百）越先民建立的国家。“哀”是ˀai“个、位”的汉字译音，今水族语仍如此说。

劳、涝、崂——劳（涝、崂）山（陕）；大涝tu lau“我们”（新疆）；崂山（鲁）。

娄——娄底，lau di“我们地方”（湘）；大娄山tu lau“我们”（黔）。
　　　　　　　　地

溇——溇水（湘）。

蒌——冲蒌so:ŋ lau“我们种稻人”（粤）。
　　　　稻穗

楼——楼兰，lau la:n“我们家园”，古国名；楼烦，lau fun“我们人”；楼
　　　　　　我们家园　　　　　　　　　　　　　　人
板寨，lau ba:n“我们村”；扒楼沟，pu lau“我们”沟（晋）；楼德，lau di“我
　　　　　村　　　　　　　　　　位我们
们地方”（鲁）；楼街（吉）；鹿楼luk lau“我们儿女”；宋楼so:ŋ lau“我们种稻
　　　　　　　　　　　　　　　儿　　　　　　　　　　稻穗
人”；田楼，de:n lau“我们地方”；楼下，lau jo“我们本领高强”（苏）；祖
　　　　　地方　　　　　　　　　　　有本领
楼tsu lau“我们”（皖）；罗楼、那楼，no lau“我们田”（桂）；者楼，tsɯ lau
　只　　　　　　　　　　　　　　　田我们　　　　　　　　（词头）
（黔）；保家楼，pu klau“我们”，“家楼”与“仡佬”同音异译（川）；古楼
　　　　　　　位我们
klau也是“仡佬”的同音异字（台）；龙楼是loŋ lau“我们”，“龙”是后
　　　　　　　　　　　　　　　　后头、后面
改（琼）；贡巴楼，kuŋ pu lau“我们祖先”（藏）；波楼，pu lau“我们”（香
　　　　　　　　祖　位　　　　　　　　　　　　　位
港）。

漏——勾漏（山），klau“我们”，与“仡佬”是同音异译。今壮语仍有复辅音kl-。

流——北流，pu lau“我们”（桂）；流村；独流tu lau“我们”（冀）；传
　　　　　位我们　　　　　　　　　　　（只）
流，sen lau“（讲）我们话”（豫）；羊流店，ja:ŋ lau“我们种粟人”（鲁）；激流
　　话　　　　　　　　　　　　　　　　　粟
河，是klau“我们”河（内蒙古）；高流，klau（苏）；霞流，ha lau“我
　　　　　　　　　　　　　　　　　　　　　　　　　（词头）
们”（湘）；安流，hun lau“我们人”（粤）；流渡，是tu lau的倒装；流长，lau
　　　　　　　　人
so:ŋ“种稻人”（黔）；长流，so:ŋ lau“我们种稻人”（琼）；北流仔，pu lau tsai
稻穗　　　　　　　　　　稻穗　　　　　　　　　　　　　　　　位我们　犁
“我们耕田人”；流坑（香港）；往流，hoŋ lau（豫）。
　　　　　　　　　　　　　　（词头）

路、潞、露——官路kun lau“我们人”；步路pu“我们”（浙）；路灌 lau
人 我们　位
kun“我们人”；雄路 hoŋ lau“我们”（皖）；客路 klau“我们”（粤）；番路 pu
人
lau“我们”；丹路ta:n lau“我们种稻人”（台）；大路 tu lau“我们”（琼）；
白米我们　（只）
潞城 lau 城（晋、桂）；露（lau）圩（桂）。

鲁——鲁国，今山东省的简称。破鲁pu lau“我们”；威鲁 wai lau“我们市
位　市集
集”（晋）；贾鲁（河），klau（豫）；鲁垛 tu lau“我们”的倒装（苏）；滷汀河
lau de:ŋ“我们地方”（苏）。
我们 地方

罗——波罗堡，pu lau 堡（陕）；波罗诺，pu lau nei“这是我们的”（冀）；
位我们 这
罗敷，是 pu lau“我们”的倒装（陕）；罗文皂 lau vun tsau“我们自己人”
我们 人 自己的
（晋）；罗山（豫）；大罗 tu lau“我们”；罗密 lau mi“我们母亲”；波罗 pu lau
母
“我们”（吉）；罗城，罗洼；罗川（宁）；罗集；罗昌河 lau sa:ŋ“我们种稻人”
稻穗
（皖）；罗源 lau jen“（讲）我们话”；罗坊（闽）；罗田 lau de:n“我们的地方”；
话　地方
高罗 klau（鄂）；汨罗mi lau“我们母亲”；扶罗 pu lau；罗伊溪，lau ji“我们越
母
人”；罗洪是 hoŋ lau“我们”的倒装（湘）；罗浮是 pu lau 的倒装；博罗 pu lau；
波罗坑 pu lau 坑；罗定 lau de:ŋ“我们地方”；罗镜 lau ke:ŋ“我们山岭”；外罗，
地方　岭
vai lau“我们圩市”（粤）；罗锦，lau kam“我们一起，同样”；富罗 pu lau，罗
圩市　同
富是 pu lau 的倒装；维罗 vai lau“我们圩市”；罗运 lau von“我们人”（桂）；罗
人
甸 lau de:n“我们地方”；罗困，lau kun“我们人”；呢罗，ni lau“这是我们的”
地方　人
（黔）；碧罗 pi（pu）lau（镇）；罗文坝，lau von“我们人”；罗江；米亚罗，mi
人　母
a lau“我们母亲”；擦罗，tsɯ lau（川）；罗布，是 pu lau 的倒装（疆）；那
（词头）
罗no lau“我们田”；嘉罗山，klau 山（台）；抱罗pou（pu）lau；三更罗，sam
田　位　同
klau“同是我们”；罗葵，lau kui“我们的牛”；南罗，nam lau“我们河”；罗带，
牛　水
lau da:i“我们的山”（琼）。
山

洛、骆、落——～川，lau sen“（讲）我们话”；～南，lau nam“我们河”
话　水
（陕）；～阳，lau ja:ŋ“我们种粟人”（豫）；骆越，lau ji（jyi）“我们种稻人”；
粟

臯落，栲栳，都是 klau“我们”的同音异译（写）字；～龙 lau laŋ“我们后来”
后
（黔）。

留——留誉，lau ji“我们耕田人”；屯留，de:n lau“我们地方”（晋）；留
地方
各庄，lau ka:k“我们独自村庄”（冀）；承留，sen lau“（讲）我们话”（豫）；
独自　话
苏留庄，sou lau“你们和我们”的村（鲁）；留驾，lau ko“我们的”（鄂）。
你们　的

老、佬——周老是 tsu lau“我们”的汉字译音，史籍同音异译（写）有焦
（只）
尧、谯饶（鄂）；老莱，lao lo:i“我们山”（黑）；老岭（吉）；老山（越南）；老
山
村（赣）；老君山，lau kun“我们人”（鄂）；德高老 tu klau“我们”（台）；老
人
君殿，lau kun de:n“我们人的地方”；老城（陕、豫）；仫佬、仡佬。
人 地方

漏——勾漏（山），klau“我们”。

b. jau 布依语读 zau。史籍用汉字作译音工具，同近音异译字有：

有——有熊（氏） jau ho:ŋ“我们做工（劳动者）”；有虞（氏）
我们 工
jau ji（jyi）“我们种田”；有施（氏）jau gai（sai、si）“我们耕田人”。史籍里
犁、耕　犁
例子很多。

尧—jau，古五帝之一；尧城（冀）；尧市（湘）；播尧 pu jau（黔）；

饶——饶阳 jau ja:ŋ“我们种粟人”（冀）；饶店；饶峰（陕）；饶良（豫）；
粟
广饶kuŋ jau“我们祖先”（鲁）；富饶 pu jau；饶河（黑）；古饶镇（皖）；上饶；
祖
饶桥（赣）；三饶sam jau“同是我们”；饶平 jau pe:ŋ“我们邻居”（粤）；安饶
同　我们 邻居
hun jau“我们人”（藏）。

绕——绕阳（辽），与河北饶阳是同音异译。绕二，jau ji“我们越（夷）人”（赣）。

姚——姚官屯 jau kun“我们人”（冀）；姚哥庄 jau ke“我们父辈”（鲁）。
人

洮——临洮，lam jau“同（是）我们”（甘）；洮村（豫）。
同

遥——平遥 pe:ŋ jau“我们邻居”（晋）。

邮、游——高邮， kul jau“我们”（苏）；邮亭，jau de:ŋ“我们地方”
（词头）　地方
（湘）；邮亭铺（川）；麟游，la:n jau“我们家园”（陕）；游洋，jau ja:ŋ“我们
家 我们　粟
种粟人”（赣）；仙游，sen jau“（讲）我们话”（闽）；安游，hun jau“我们人”
话　人

（琼）。

丘、酉、柔、耀——商丘（豫）；任丘，jam(同) jau“我们一样”；内丘，nai jau“这里是我们（的地方）”（冀）；夏丘，jo(有本领) jau“我们能干”（鲁）；沉丘（豫）；柔仆民，jau pu ma:n(村)“我们村里（乡下）人”；柔远，jau jen(话)“（讲）我们话”（甘）；柔远堡（宁）；耀县（陕）；跃锦，jau kam“我们一起”（琼）。酉阳，jau ja:ŋ(粟)“我们种粟人”（川）。

要、腰——高要，kɯ(词头) jau“我们”（粤）；腰铺 pu jau“我们”的倒装（皖）；腰屯（黑）；腰泉，jau sen(话)“（讲）我们话”（甘）。

c. ɣau　今壮语仍读此音。史籍和地名记载有：

牛——伏牛（山），pu ɣau（豫），古无轻唇音，故“伏”不读 fu 而读 pu。

鳌、敖——博鳌，与“伏牛”是同音异译（琼）；敖阳，ɣau ja:ŋ“我们种粟人”（赣）；驾鳌，kɯ(词头) ɣau“我们”；鳌市（黔）；鳌磡，ɣau ham(同)“我们一起”。

d. tsau　史籍和地名记载有：

周——不周山；周口店（冀）；云周 vun(人) tsau“我们的人”（晋）；周党畈，周 daŋ(来到) ᵐba:n(村)“我们（先）来到的村庄”（豫）；雅周，ja（jo）(有本领) tsau“我们有本领”（苏）；周庄（苏）；周宁，tsau ⁿde:ŋ(地方)“我们地方”（闽）；周覃，tsau sam(同，一样)“我们一样”（黔）；林周，lam(同) tsau“同我们”（藏）。

《中国历史年代简表》里，周朝的前十位君王是只有名字没有在位年月的，而君王之名，都是后人编造的。如“发”是 pu 的汉字译音，“诵”是 soŋ“稻穗”（种稻人）的汉字译音，与今壮族人的自称相同，其余八位，全都可以用濮越语还原。至于《史记·周本纪》写的周代首王“后稷”，也是司马迁的编造。“后稷”是濮越语 hau sit（tsik）“糯米”的汉字译音。而糯米是“百谷之王”，司马迁借用来填充历史记载的空白。

朝、超——朝歌（山）；超山。

e. tau　史籍和地名记载有：

兜——驩（讙、灌）兜，kun tau“我们人”，古兜，kɯ(词头) tau“我们”（粤新会地名，古兜温泉）。

陶——卷陶、舘陶，kun(人) tau“我们人”（冀地名，与“驩兜”是同音异译）；

定陶，de:ŋ tau “我们地方”；北舘陶，pu kun tau “我们人”（鲁）。
地方 位 人

头——管头（晋），与“驩兜”、“卷陶、舘陶”是同音异译。泊头，pu tau “我们”（冀）；琯头，kun tau（浙）；琯头（赣）；高砌头，kɯ çai tau “我们种田人”（湘）；步头，pu tau；源头，jen tau “（讲）我们话”（桂）；包头，pu（pou） tau “我们”（内蒙古）；根头，kun tau “我们人”（香港）。
位 （词头） 犁 话 位 人

上述古濮越语里的“我们”一词，由于不同时代、不同地域、不同文化层次的始译者，用不同的方块汉字译音，以致造成了人为的巨大差异，不仅害苦了千百年来的史学家们以及读史者，而且无意中自然地变成了千古之谜。

第二章 “濮”与“百越”

一、“濮”和“百越”是同一民族在不同历史时代的不同译称

“濮”和“百越”是讲同一种语言的同一古代民族。他们在夏、商、周时被译称为“濮”，春秋战国时被译称为“越”或“百越”。“百越”也就是“濮越”，都是根据pu jyi（ᵐpu jai、pu jui、pu joi、pu ji等）音译而来的。pu jyi（犁(耕种)）是“种田人”的意思。夏、商、周时只译了前一个pu，故称为“濮”，到了春秋战国才被全音译为“百越”。

由于“百越”民族人数众多，分布的地域广大，各地的地理环境条件各不相同，因而随着历史的发展而形成各个社会群体的大小规模情况各异。语言除了共同母语的基本词汇仍保留不变或少变之外，也各自增添了不少自己的地域特点，因而产生了一定程度的差异，有的甚至是较显著的差异。所以，历代以来，历史学家和民族学家认为“百越”是对“越”族分支繁多的概称，“百”是“很多”之意。其实，这只是望文生义的一种巧合。从汉字的字面意思来说，越族因支系繁多，故称为“百越”，道理是完全说得过去的，也符合历史发展的事实。但是最初把pu jyi音译为“百越”时，只不过是音近的汉字而已，并无“多”的意思。

“濮”和“百越”既然是讲同一种语言的同一民族，为什么到了春秋战国时期才被称为“越”或“百越”呢？道理很简单，因为夏、商、周时已被译称为“濮”，以“濮”来代表“百越”的民族之名，所以“越”之名就被隐没了。其实所谓“濮”，全称应该是“濮越”（pu jyi），“越”是名词（正名），“濮”只是专用于人的量词“位”而已。但在夏、商、周时期已把它当做名词用，当然就不会再用“越”了，除非始译者当时就把pu jyi中的jyi也译出来成为“濮越”

而流行于世，否则就只能有“濮”而没有“越”。这是简单的道理。

然而，没有把“越”音译出来，并不等于“百越（濮越）”民族不存在。它早在夏王朝诞生之前不知多少世纪，就已生息在神州大地的广阔地域上了。只不过到了春秋战国时代，群雄割据，周亡以后，越王勾践也利用越族世代生息的地盘割据一方，建立了比较强大的国家，人们根据民族自称，把他的国名音译为“越”。从此，“越”和“百越”之名才广泛流传于世。

《史记·越王勾践世家》开头一段虽然有很多不真实的记述，但却确认了有“越”民族的真实存在。

> 越王勾践，其先禹之苗裔，而夏后帝少康之庶子也。封于会稽，以奉守禹之祀。文身断发，披草莱而邑焉。后二十余世，至于允常。允常之时，与吴王阖庐战而相怨伐。允常卒，子勾践立，是为越王。[①]

这段话中，除了“越王勾践”外，其余都是杜撰出来的。说越王勾践的先祖是大禹的子孙，是夏代帝王少康妃子的儿子（这里没说出名字），他被封在会稽守大禹陵墓，并负责祭祀。这是完全不可信的。首先，因为历史上的所谓禹并无其人，而是周朝以后一些文人墨客，根据部分“百越”先民治水的传说，加工塑造出来的英雄。所以，“百越”民族不但不是所谓禹的后裔，相反，禹之所以被塑造和杜撰，是由于“百越”民族的先民在治水方面作出了可歌可泣的伟大贡献，在历史上逐渐成为值得人民传颂的故事之后，才产生了禹的传奇。因此，所谓禹，实则是指“越”。他是部分“百越”先民的化身。夏代始于禹，实质也就是始于“越”。

其次，所谓“后二十余世，至于允常……允常卒，子勾践立，是为越王”。这更是编造得离谱。夏、商、周三代共计1800多年。据东汉以后成书的《吴越春秋·越王无余外传》所述，夏帝少康妃子的儿子，名叫无余，是被封于会稽的越国第一代君王。之后，传了二十余代，就到越王勾践。按常规计算，平均以二十多年为一代，从无余到勾践，也只不过五六百年。

无余是少康妃子的儿子，而据世系表，少康是夏朝的第六代君王，以每代平均25年计，已是在夏朝开国以后100多年。就算是150年吧，离夏朝亡国还有320多年，加上商朝500多年，周朝近800年

（越亡后99年周才亡），共计1600多年。如果按《史记》的说法，这1600多年的时间，只传了“二十余世”吗？倒过来说，从无余到勾践，“二十余世”就用了1600多年，平均每位君王在位70多年，这符合历史事实吗？

不过，《史记》这段话里所说的一些人名，除了禹和少康，还有越王勾践、允常、吴王阖闾（《左传》写作阖庐）以及《吴越春秋》点明无余就是夏后帝少康之庶子等。这些历史名人都在无意中进一步为我们证实了夏朝的确是由“百越”先民“濮”建立起来的中国历史上第一个王朝。

（一）无余、允常、吴王僚、阖闾等并非真名

无余、允常、勾践、阖闾，这些人名全都是百越（濮越）语的音译词。

1. 无余

“无余”这组词在现代壮语里仍读 wu ji，是“咱们种田人”之
咱们 犁

意。在不同的历史时代，被音译为“武夷”、“吾余”、“吴旗”、“武陟”等同音异译（写）词。《史记》说“无余”是“夏后帝少康之庶子也”。这就明白地告诉后人，夏与“百越（濮越）”有密不可分的“血缘关系”。司马迁是位文字功底深厚的史学家，他在这句话里，选用了“庶”字。众所周知，“庶”的基本含义是“众多也”，其次才是“旁支”。即使从传说里知道夏是由“濮越”人建立的国家，他的大汉族正统思想使他也不敢在《史记》里白纸黑字地承认。所以，就高明地选用了一个“庶”字。

当然，也许他并不知道“无余”的真正含义是“咱们种田人”，但也有可能从当时仍大量流传的关于夏与“濮越”密切关系的传说里，知其梗概，因而用“其先，禹之苗裔”这样含糊的语句一笔带过。

在“英雄创造历史”的传统观念里，由“咱们种田人”建立的夏朝，在任何人的眼里都是不可思议，不能接受的。但是，历史传说里的那些有血有肉活生生的人名和事迹，是不容许也不可能被抹杀或一笔勾销的。抹杀了，勾销了，历史传说也就不复存在了。因此，

《史记》也好，其他史籍也好，要想它还有“史”的灵魂，就必须如实地保存一些真正属于“史”的东西，哪怕只是传说中的人名、地名以及人们活动过程中的历史事实。“无余”（“咱们种田人”）在夏代无疑是一股势力强大、举足轻重的社会群体，因此，与夏代紧密联系在一起是必然的。它在夏代的传说中一定是非常有分量的内容。

由于“无余”［wu ji “咱们种田人”——这组词实际上是
咱们 犁(耕种)
wu pu ji 的缩写］是“百越（濮越）”人对外的自称而被音译
咱们 位 犁(种田人)
作为民族的名称，因此，被后来的史学家当作越国的第一代君王而载入中华民族的史册就不足为奇了。

2．允常、僚、阖闾、夫差

“允常”这组语音在百越语里读作van so:ŋ，现代壮语（南）里只
人 稻穗
是前一个音节的 a 变成了 o，读作von^{33} so:ŋ^{51}，“种稻人”即是“种田
人 稻穗
人”。古人未发明镰刀时，种稻收获只摘取稻穗。1950 年以前，海南黎人仍是如此。“允”现代的粤语读作 wen^{35}，与 van、von 语音十分相近，甚至可以说基本相同。

《史记》记载：“允常之时，与吴王阖闾战而相怨伐。”越国和吴国，地域相连，原是讲同一种语言的同一个大民族，后因利益冲突而分裂为两个不同的社会集团，并各自成立了国家。所以，《吴越春秋·夫差内传》载：“吴与越同音共律。”《吕氏春秋·知化》中记载，吴与越“言语通”，习惯同。

由于吴与越讲的是同一种语言，所以，史籍里有关吴的许多名词，只要用百越语去诠释就能明白。例如“吴”在百越语里是 wu（“咱们”）的译音，“吴国”就是 wu 国，“咱们的国家”。在吴国历代君王里，“阖闾”在百越语里读为 ke lɔu，是“长辈”之意。“吴
父辈 老
王阖闾” wu ke lɔu即“咱们太公”的意思。还有被称为“夫差”
咱们 父辈 老
（pu sa:i“男子汉、英雄好汉”——由于古无轻唇音 f，所以，“夫”
位 男子
古音本是pu。这里被音译为“夫”，是语言发展后，发生音变的结果）和“僚”的几代王。“僚”是 lau（“我们”）的译音，前面应该还有一个必带的专用量词 pu，即pu lau“我们”。有的史籍音译写作
位 我们

“濮僚”。

在有关吴、越恩怨的历史传说里，“允常”、“阖闾”、“夫差”、“僚”等，他们一定都各有真名，但是，由于历史传说在没有被用文字记录下来之前，靠的只是口耳相传。被传说的人物，如果有什么明显的外貌特征或年龄层次的差别，在被人们辗转传说之后，他们的真名很可能就被逐渐隐没，只留下给人印象最深刻、最容易记住的部分并被广泛流传。“允常”和“吴王阖闾”就是这样被人们把他们的某一明显特征和年龄层次的译音当作人名而记录流传下来的。因为在吴、越的历史传说里，说越国的“种稻人”——农民，同吴国的老太公打仗，总比说越国的某某同吴国的某某打仗，更容易使人们留下深刻印象，再进行传播时，就不必死记那些枯燥的名字。

“允常”、“阖闾”、“僚”、“夫差”这些被史籍确定的历史人名，虽然全部是被人音译的他称之词，但他人全都是根据吴、越语言音译——吴、越人与外人说话时，自称为 van so:ŋ、ke lɔ:u、pu lau 和 pu sa:i。其中 pu lau 和 pu sa:i 中的 pu，在不同时代的不同史籍中，常被音译成“不”字。例如：

《山海经·西山经》：“又西北三百七十里，曰不周之山。”

《山海经·海外南经》：“不死民在其东，其为人黑色，寿，不死。”

《山海经·大荒南经》：“大荒之中，有不姜之山，黑水穷焉。”“南海渚中，有神，人面……曰不廷胡余。”

《史记·夏本纪》：“帝泄崩，子帝不降立。帝不降崩，弟帝扃立。”

《史记·封禅书·集解》：“狸一名不来。”

史籍里把百越语的 pu 音译为“不”的例子还有很多，这里数例已可说明。由于音译之后，人们已不知其真正含义，所以历代以来，造成了不少人对这些“不”字胡乱解释一通的现象。

例如，汉代校订的《山海经·海外南经》中的“不死民”，被解释为“寿，不死”，就是望文生义的解释。其实《山海经》里所说的所谓“不死民”（还有“不死国”）是百越（濮越）语里pu sa:i（位 男人）“男子汉”（或 pu çai（犁）“种田人”）的音译词，亦即前面所说的被译为“吴王夫差”中“夫差”的同音同义词。“不死国”就是 pu sa:i 国，也就是“男人”国，或者是 pu çai 国“种田人”之国的意思。

《史记·封禅书·集解》，对于一些史籍里称某些南方的民族为“俚”（蔑称为“狸”）的解释中说“狸一名不来”。为何“俚”人的别名又称为“不来”呢？那些惯于望文生义且自以为是的人，恐怕也会束手无策而无法“生义”也。其实，这里的所谓“不来”，也是百越（濮越）语$\underset{\text{位}}{\text{pu}}$ $\underset{\text{山}}{\text{lɔ:i}}$“山里人”的音译。“俚”是当今壮侗语族的一些民族，因被历代统治者压迫而逃入深山，故常对外人自称为“山里人”。现代壮侗族仍有很多人自称为 pu^{35}$\underset{\text{山}}{\text{lɔ:i}}$^{51} （或$\underset{\text{山}}{\text{do:i}}$ ） 或 pu^{35}$\underset{\text{村}}{\text{ba:n}}$^{35}，即“山里人”或“村里人”。pu lɔ:i 用方块汉字音译为“不来”，pu ba:n 音译为“不板”，其音准是无可非议的。由此可见，难道可以将“不板”解释为“没有板”或“不用板”吗？

可惜的是，由于历史上的这些音译词，被掺进用方块汉字写成的各种史籍之后，几千年来，从未有人去逐一鉴别诠释，以便明义，使后来人清楚地知道他们的庐山真面目。一直到现在，还有一些史学家不断重拾前人的“牙慧”，陷入望文生义的泥淖而不能自拔。例如，近年出版的《千古之谜·越王勾践是否夏禹的后代?》[②]，作者就是这样说的：“越王名号都没有什么意义，是谐音字拼凑而成。如勾践的谥号叫‘菼执’，意义不明；勾践的孙子名‘不寿’，那是‘寿命不长，要夭折的意思’。”他把“不寿”之名，望文生义地理解为“寿命不长，要夭折的意思”。这当然就使自己跌入云雾笼罩的深渊之中，永远不见光明了。其实这里的“不”跟前面的解释一样，只是称人的专用量词 pu“位”而已。“不寿”是百越语$\underset{\text{位}}{\text{pu}}$ $\underset{\text{我们}}{\text{tsau}}$“我们人”的汉字译音，它与汉义的“寿命不长”根本是风马牛不相及。

3. 勾践

“勾践”的“勾”在百越（濮越）语里，是 kau（“我”之意）的音译字。由于历史的变迁和地域的不同而稍有音变。所以，一些史籍里就有姑、孤、固、古、九、鸠等各种不同的写法。以往有许多帝王称自己为“孤”（我），就是由此而来的。“勾践”就是“我（阿）

践”或“我（阿）俭”（kau tsen），也就是与现代人常称的“我某人
我 勤俭
（自己的名字）”是一样的。除“勾践”外，史籍上常见的还有“勾吴（勾无）”。这个“勾”与“勾践”的“勾”是不完全相同的，它只是近音的同体字。“勾吴”的读音是 kɯ wu （“咱们”），kɯ 只是
咱们
wu 的前缀，本身没有什么意义。而 kau（“我”）是独立的词。它们之间只是由于发音相近似，而方块汉字又找不到更贴切的字来译音，就只好用“勾”了。在百越语里，是没有 kau（“我”）wu（“咱们”）这样的组合词的，因为“我咱们”意义上讲不通。kau 读不同声调则是“稻米”之意。

“勾吴”和“勾践”的不同，还在于“勾吴”本来并不是名词，而被音译之后，和“勾践”一样成为名词。“吴”也是如此。wu（“咱们”）被音译为“吴”之后，成了春秋战国时代的国名而载入了历史。

但是，越王勾践的“勾”并不是他的姓，尽管 kau（“我”）和 wu（“咱们”）两者都是代词，而且后者 wu 被音译为“吴”而成为国名之后，吴亡又以国为姓，现在的吴姓已在中国的《百家姓》中，而“勾”自古以来就不是姓，《百家姓》中无“勾”这个姓。那么，越王勾践姓什么呢？

（二）越王勾践并非姓“芈”

一些史籍认为越国国君是“芈”姓，如《国语·郑语》载：“芈姓夔，越不足命也。”《世本》认为，越与“楚同祖”。既然同祖，所以楚国国君当然也是“芈”姓了。《史记·楚世家》明白地证实了这一点。说：“陆终生了六人……一曰昆吾，二曰参胡……六曰季连，芈姓，楚其后也。”又说（楚）熊绎当周成王之时，“举文、武勤劳之后嗣，而封熊绎于楚蛮，封以子男之田，姓芈氏，居丹阳。”

但是，2000 多年来，许多史学家在考证越、楚是否同祖时争论不休。其中认为不同祖的最大理由，就是根据《说苑·善说篇》所记载的，楚国鄂君子晰泛舟江上，听到越人船工引吭高歌：“滥兮抃，草滥予。昌撞译予，昌州州。湛州焉乎，秦胥胥。缦予乎，昭澶秦踰。渗湜随何湖。”他听不懂，需要找人译成楚语，才知道意思是：“今夕

何夕兮，搴舟中流。今日何日兮，得与王子同舟。蒙羞被好兮，不訾诟耻。心几烦而不绝兮，得知王子。山有木兮木有枝，心悦君兮君不知。”认为越、楚如果同祖，语言为何不通？可见越、楚并非同祖也。既非同祖，“芈”姓只不过是偶合罢了。

其实，生息在神州大地上四五千年前的一些古代民族（氏族和部落），哪一个不是同祖呢？哪一个不是由远代始祖“元谋人”（或“巫山人”）发展而来的呢？所以，司马迁都把他们列为黄帝的子子孙孙，并不是没有道理的。例如说：“楚之先祖出自帝颛顼高阳。高阳者，黄帝之孙，昌意之子也。”（《史记·楚世家》）。又说：“越王勾践，其先禹之苗裔，而夏后帝少康之庶子也。”（《史记·越王勾践世家》）而禹又是何许人呢？他在《史记·夏本纪》第一段就非常清楚明白地说：“夏禹，名曰文命。禹之父曰鲧，鲧之父曰帝颛顼，颛顼之父曰昌意，昌意之父曰黄帝。禹者，黄帝之玄孙而帝颛顼之孙也。”

由此可见，楚、越的先祖都出自黄帝，这难道不是同祖吗？还有什么值得争论的呢？因此，司马迁在《史记》里的这些说法，大原则是没有错的。但是，经过了漫长岁月的发展之后，中华民族已是枝繁叶茂，各枝叶之间错综复杂，到他撰写《史记》时，由于受到历史的局限和资料的局限，又岂是他可以说得清楚的呢？这又另当别论了。

例如，《史记·楚世家》记述楚王熊渠“兴兵伐庸，扬粤（越），至于鄂”之后，熊渠自称“我蛮夷也，不与中国之号谥”。到了熊通继承王位后，伐随时，也说：“我蛮夷也。今诸侯皆为叛，相侵或相杀。我有敝甲，欲以观中国之政，请王室尊吾号。”“乃自立为武王，与随人盟而去。于是，始开濮地而有之。”

这段话记述了楚的几代君王都自称“我蛮夷也”。而楚的主要地盘正是濮人人数众多、长期生息活动的地方。公元前736年，楚王熊通“始开濮地而有之”，只不过是统治范围进一步扩大而已。楚王自称“蛮夷”，而“濮”则一贯被称为“蛮夷”。“濮”是“濮越”的前称，或者说是简称。这就说明楚与越都是“蛮夷”，照理说，同是“蛮夷”，语言应该相通。但是，现实则不一定如此。因为如果社会已分化，且时间已很长，语言随着社会的分化而分化成

为特点鲜明的语言（地域词汇比原语言多），与原始语言差别很大，甚至发展成为彼此通话都有一定困难的两种“亲属语言”。楚、越语是否如此，鄂君子晰听不懂越船工的歌词的情况也是否如此，因目前还找不到更多的历史语言资料，无法考证。但它们都是从同一个古代的民族分化而成为两个较大的社会集团，并早已各有首领，甚至建立了各自的国家，各有统治范围（势力范围），这是可以肯定，且有史为证的。不过，史籍认为他们都是“芈”姓，这又如何解释呢？

1．“芈”姓的由来

自从《国语·郑语》载：“芈姓夔，越不足命也。”之后，各种史籍就纷纷引证，说越国国君姓“芈”。2000 多年来，人们一直对此深信不疑。然而，这是以讹传讹，是不正确的。“芈”在百越（濮越）语里是 mi（或 me）“母”（雌性）的译音词，在壮侗语族中至今仍基本如此。壮语是 me^{33}，布依语也是 me^{33}，傣语 mɛ^{33}，仫佬语 mai^{24}，水语、毛南语是 mu^{35}。例如“母猪”：壮语mou^{24} me^{33}，布依
猪 母
语mu^{24} me^{33}，傣语mu^{55} mɛ^{33}，仫佬语mu^{44} mai^{24}。
猪 母 猪 母 猪 母

对于一般小昆虫（包括飞虫和爬虫），不容易分清雌雄者，一般在名词之前加 me^{33}。如壮语（南）称“蚊子”为 me^{33} ȵuŋ^{33}，“蚂蚁”me^{31} mut^{31}，“蚂蟥”me^{31} pliŋ^{51}。这里的 me 并不一定表明它们都是雌性。

上引《国语·郑语》载：“芈姓夔，越不足命也。”从字面看，历史上的小方国夔国和越国都是“芈”姓。但是，“夔”和“芈”、“越”一样，也都是百越（濮越）语的音译词。现代壮侗语族侗水语支以及傣语，称“水牛”为“夔”，如侗语是 kwe^{55}，水语 kui^{31}，毛南语 kwi^{231}，仫佬语 khwi^{121}（或 hwi^{121}），傣语 kwa:i^{33}。这与一些史籍上记述的所谓“夔牛”是一致的。“夔”是百越（濮越）语“牛”的译音。所以，实际上“夔”即是“牛”，“牛”即是“夔”，两者完全等同，仅仅是不同语言之间音译和意义的差别而已。一些史籍把“夔牛”解释为古代一种体形庞大的牛是完全错的，是后人不知道它们两者是因通过译音而变成了前音后义，是“越”、“汉”两个民族的语言相互注解的凑合体而已。

长江三峡中的瞿塘峡，又称“夔峡”，就是因为峡口江心有块大黑石名叫“滟滪堆”，远望如牛卧水而得名。“夔峡”，百越（濮越）语意思就是“牛峡”。四川古夔州之名，也是由此而来的。

由于那里住的是古百越（濮越）民族，“夔”是百越（濮越）语“牛”的译音，所以一些史籍又称生息在那里的百越（濮越）民族为“夔越”（或“夔夷”）。罗香林《中夏系统中之百越》里就是这样说的：“夔越亦古代越族之一支，其居地以今日湖北秭归以至四川奉节一带为中心，或称归夷，或称为濮。”其实，如果把它还原为汉义是讲不通的，“夔”是“牛”，“越”是“犁”，“越”的意义已引申为“种田人”。“夔越”二字是“牛”和“种田人”，合起来成为“牛种田人”。这组词的内容，除了说明是两种不同的事物之外，是不可能用来代表一种人或一个民族的。

用方块汉字音译为“芈夔”，现代壮侗语里读为$\underset{\text{母}}{\text{me}}$（或 mi）$\underset{\text{牛}}{\text{kui}}$，或者倒过来读$\underset{\text{牛}}{\text{kui}}$ $\underset{\text{母}}{\text{me}}$，音译为“夔芈”，都是“母牛”的意思。

我们当然无法得知《国语·郑语》为什么把“芈”跟“夔”、“越”连在一起，为什么认为“芈”是“夔”和“越”的姓。但是，从“芈夔”是百越（濮越）语$\underset{\text{母}}{\text{me}}$（mi）$\underset{\text{牛}}{\text{kui}}$的译音词，是汉义“母牛”的意思，就可以肯定，“芈”（me 或 mi）绝不是“越王勾践”的姓，他（或越国）决非姓“母”！“芈”只不过是 me（mi）音译之后的讹传。楚王的“芈”姓，当亦如此。

那么，既然越、楚都不姓“芈”，他们该是何姓呢？

还有另一种解释，所谓“楚国姓芈”，是源于楚国的君王姓“熊”（熊通、熊绎等）。因为“熊”，古濮越语称为 me。现代壮侗语族各语言还可以证明：壮语称 mɯi^{1}，布依语称 mɯ:i^{1}，临高话称 mo^{1} hui^{1}，傣语称 mi^{1}，侗语称 me^{1}，水语称$^{?}$mje^{1}，毛南语称 moi^{1}，黎语称 mui^{1}，谟语称 mo:i^{1}。古濮越语所称的“熊”，被始译者用汉字音译写作“芈”之后，也许是他，也许是另外某个濮越先民的知识分子，将楚君“熊通”的“熊”认为是姓“芈”而被辗转载入史册，广泛流传。这种可能，应该说还是比较有道理的。

2.“勾”与“高”

百越（濮越）语的 kau（“我”）被音译为“勾”始于何时？因无记载，不得而知。但自周代开始文字被逐渐使用以后，春秋时代用文字记述的“越王勾践”，虽无证据证明是首译，但至少可以充分说明这音译至今已有 2500 多年。此后，神州大地就有了许许多多以“勾”字起首的地名，并陆续被记载于各种史籍之中。2000 多年来，由于汉字随着历史的发展，由篆变棣，再变楷，以及印刷术的发明进步，现在除了“越王勾践”的“勾”仍保留原音译字之外，秦汉以后众多的史籍中，原是以“勾”起首的地名，基本上都写成了“句”字。如句章、句亶、句容、句余、句卢、句町、朐衍、朐忍、仆句、宛句，等等。史籍里所有这些“句”，都不是现代汉语“一句话”中的“句”字，所以不能读为 tɕy[51]，只能读“勾”，因为它只是古濮越语 kau（“我”）的译音词。

“句章”应读为“勾章”。现浙江慈溪市，西汉时称“句章”。“句章”是古濮越语 kau tsoŋ（tsaŋ）“我种稻人”的汉字译音。tsoŋ 后来音变为 soŋ。今壮（僮）族之名，当来源于此。《史记·楚世家》有一段与“句章”有关的记载：“当周夷王之时，王室微，诸侯或不朝，相伐。熊渠甚得江汉间民和，乃兴兵伐庸、扬粤、至于鄂。熊渠曰：‘我蛮夷也，不与中国之号谥’。乃立其长子康为句亶王，中子红为鄂王，少子执疵为越章王。”“越章”地区原为百越（濮越）民族生息之地，在今湖北的南章，安陆的章山、章水一带。“越章”后又被译写为“豫章”。春秋战国动乱，一部分越章人被迫南迁，因而江西、福建一带就出现了以“章”取名的山水地名群，如章水、漳江、漳州、漳浦、漳平、句章。

“句亶”，古百越（濮越）语kau ta:n的音译，“我是亶人（种稻
我　亶
米之人）”的意思。它是夏、商时期的方国，在今江汉平原盛产稻米的地方，周代又称为“灌檀”，即kun ta:n的音译，意为“亶人”
人　亶
（“种稻米之人”）。

史籍对“亶”有各种不同的写法。《世本》“句亶”写作“句祖”。《正字通》载：“亶，与襢、袒通。”《正韵》写作“但”，“徒亶切，音但”，被《淮南子·说林训》引用：“使但吹竽，使氏厌窍，

虽中节而不可听。”《集韵》写作“蜑”，“蜑，蛮属，或从虫”。《说文新附》也如此记载：“蜑，南方夷也，从虫蜑声。”《桂海虞衡志》：“蜑，海上水居蛮也。”《太平寰宇记·卷一二〇》：“巴子兄弟五人流入五溪，各为一溪之长，一说五溪皆盘瓠子孙，自为统长，故有五溪之号。古谓之蛮、蜑部落。”《华阳国志·巴志》：“奴獽夷蜑之民。”《隋出·南蛮传》：“南蛮杂类，与华人错居，曰蜑、曰儴、曰俚、曰僚、曰㐌。”宋代陈师道《后山谈丛》：“舟居谓之蜑人，岛上谓之黎人。”陶宗仪《辍耕录》：“广东采珠之人，悬絙于腰，沉入海中得珠，良久得珠撼其絙，舶上人絜出之，葬于鼋鼍蛟龙之腹者，比比。有司名乌蜑户。”“乌蜑”是古百越（濮越）语 wu ta:n的译音，意为“咱
咱们 蜑
们蜑人”（“咱种稻米之人”）。被史籍称为“蜑人”的水上居民，都是濮越人到水上找生活资源的人。

依据“句亶”（kau ta:n）和“乌蜑”（wu ta:n）分别是古百越
我 亶 咱们 蜑
（濮越）语“我亶人”和“咱们蜑人”的自称音译词，就可以肯定地证实，“亶人”、“蜑人”都是古百越（濮越）民族的一支。

“亶人”为什么被称为“亶”呢？是自称还是他称？它的含义是什么？许慎著的《说文解字》的解释是：“亶，多谷也。”这是符合历史事实的。因为众多考古资料证实，古百越（濮越）先民，是最早发现并发明种植谷物的古代民族。“亶人”是古百越（濮越）民族的一支，他们在夏、商时代已是吃米的民族，古百越（濮越）语称“米”为hau ta:n（“白米”），现代仫佬语称“米”仍然是 hu^{53} ta:n^{42}
饭 米
（壮语、布依语是 hau^{42} sa:n^{24}，傣语是 xau^{13} sa:n^{55}，侗语是 qəu^{31} sa:n^{35}，毛南语是 hu^{24} sa:n^{42}。古壮人用方块字造出“籼”字，表示“米”，后被收入“字书”一类典籍，现已成为汉语通用字。）在还没有发明用国际音标来记录语言的时代，用同音的方块汉字“亶”来作为ta:n的
米
译音是最贴切不过的了。

由于“亶人”是历史上最早吃米的民族，所以这名称的来源，最初很可能是他称，后来发展为自称，称自己为“句亶”（ka:n ta:n
我 米
“我是吃米人”）。

夏、商时代，“亶人”的生息地在什么地方？因无记载，无法确

知。但根据春秋战国以后一些零散的历史资料，大致可以勾勒出他们生息的中心地带及后来迁徙的概略。

夏代是濮越人建立的王朝，而“亶人”是古濮越民族的一支，他们生息的地方离夏都京畿不太远，一些地名中跟“亶”字有关的山水地区，是他们曾经生息过的地方。因此，河南濮阳东南的古澶水（早已干涸淤塞变为田园）应该是“亶人”早期生息之地。现存一些带“屯”字的地名，如宜沟屯子（濮越语）ji kau ta:n是“我种田吃米
犁 我 米
人”之意。李源屯、牛市屯等，均在濮阳西南。“屯”字今已有“村庄”之义，但它的原始义是指“亶人聚居的地方”。“屯”是“亶”的同音异写，“屯田”就是亶（ta:n）田，种植积存很多粮食以备军需的田地。由此而引申出“屯聚”的意义，又派生出屯粮、屯兵、屯（囤）货等合成词。

夏亡之后，由于商朝统治者的压迫与威胁，部分古濮越人，包括“亶人”被迫东迁至山东临沂的亶丘（今名梁丘）。这个地名又进一步证实了“亶人”确是百越（濮越）民族的一支。因为“亶丘”是百越（濮越）语ta:n jau（“我们吃米人”）的音译。与此同时，有一
米 我们
部分“亶人”又渡海到了日本九州，并称那里为“亶州”。因而，直至今天，日本语尽管已融合了许多当地的古代民族语言，并早已发展成为一种具有自己特点色彩的独立语言，但在它基本词汇的底层，却仍保留有少数古百越（濮越）语词。如“眼泪”一词，现代壮语（南）[3]nam^{55} ta^{51}，布依语 zam^{31} ta^{24}，临高话 nam^{21} da^{213}，傣语 nam^{11} ta^{35}，侗语 nam^{31} ta^{55}，水语 nam^{33} da^{13}，毛南语 nam^{51} ^{n}da^{42}，黎语 nom^{11} tsha^{53}，日本语 namta。

还有“地方”一词，现代壮语（南）叫 de:ŋ^{31}，古汉语音译为“町”，日本语也读 de:ŋ，写作“町”。

秦始皇为了能使自己长生不老，永远称王，听信佞言，派徐福带领三千童男童女入海到亶州求仙以求取不老药。《括地志》载：“亶州在东海中，秦始皇使徐福将童男女入海求仙人，止在此州，共数万家，至今洲上人有至会稽市易者。”

由于“亶”是古百越（濮越）“稻米”ta:n 的译音。所以，“句亶”一定是盛产稻米的地方，人们才会自称为“句亶”（kau ta:n“我
我 米

吃米人”)。这跟一些史籍的记载是相符的。如《史记·楚世家·集解》张莹说：句亶王地在今江陵。(宋)罗泌《路史·国名纪丙》也说，句亶在“今江陵”。江陵在长江中游湖北境内江汉平原的西部。江汉平原与湖南洞庭湖周边平原一起被称为“中国第一粮仓”，自古就有“两湖熟，天下足”的美誉。这样得天独厚、膏腴富足的鱼米之乡，古人骄傲地自称为“句亶”(kau ta:n“我吃米人”)是合情合理的。因为从朝不保夕的渔猎经济，到确保常年温饱的农业经济，是人类由野蛮走向文明的历史。神州大地上的稻作农业，是全世界人类最早的农业。而我们的祖先，早在世界许多地方的人们还过着逐水草而居的渔猎或游牧生活的时候，就能十分骄傲地自称为“吃米人”，这难道不是中华文明史的骄傲吗?

“亶人”被称为“吃米人”，本来是不同语言为达到互相了解而通过音译手段，以求得认知方面的平衡，从而达到透彻理解的目的。但是，由于当时只有汉字，没有音素音标，不能用音素符号来标明音节，而每个汉字，绝大多数都是由几个不同音素组成的一个音节，所以，汉字可以说是音节文字。然而，由几个音素组成的音节，往往都是代表一定意义的。每个汉字代表一个音节，所以，每个汉字除虚词外，一般都有一定的意义。

于是，由于每个汉字本身都代表着一定的意义，用汉字去记录他种语言的译音，就不可避免地把人引入认知领域的歧途，因而有可能造成许多不必要的混乱甚至笑话。正因为如此，2000多年来，各种史籍对“亶人”的记述五花八门。其中之一，就是把分布在神州大地上，凡与“亶”同音异写的山水地名和姓氏(如澶、檀、襢、壇、嬗、鳣，甚至音近的但、黕、蛆、鉏、蜒、疍、瞫、潭、谭，等等)，从北到南，从东到西，纵的横的都串在一起，编撰出所谓“亶人”的迁徙概略，好像神州大地纵横数千里，凡是与“亶”同音近音的山水地名和姓氏，全都是“亶人”迁徙居留的结果。

不可否认，人类发展史，自古以来就是一部血泪斑斑的迁移史，尤其是在天灾人祸的特殊历史条件下，人们总是被迫或小批或大群地离开原住地，迁移到可以安居乐业，生产生活资源比较丰富的地方再定居下来，继续有规律地从事生产活动。但是，作为古史研究工作者，在没有确切史料佐证的情况下，是不能靠猜而得出“想必然如

此”的结论的。

神州大地上，之所以有那么多与“亶”音近的山水地名和姓氏名，并不一定都是由于古代住在河南濮阳附近的“亶人”不断地迁徙蔓延，溯长江，到达云、贵、川，越五岭，抵南粤大地和中南半岛甚至海上而成为今日之“疍（蜑）民”（水上居民）的。而是由于古百越（濮越）民族在神州大地上，人口众多，分布广阔，是他们的祖先最早发现并发明稻作农耕技术及加工和熟食稻米。他们的语言称“稻米”为ta:n，而被用汉字音译为“亶”。

在漫长的历史长河中，不同地域、不同历史时期，古百越（濮越）语与“亶”同音或近音词，被不同时代不同的人用汉字译音为同音或近音词（字）是常理之中的事情，不能据此就认为是古“亶人”迁徙而留下的足迹。一些古史学家，由于不懂百越（濮越）语而犯了主观臆断的错误，把一些与“亶”同音近音的古译音词（字）串联起来，自以为是地乱加解释，造成了讹传和误导。例如：古“蟺”字，本是百越（濮越）语“蚯蚓”的汉字译音，现代仫佬语称“蚯蚓”仍读 tan^{24}［壮语读 $dɯ:n^{24}$，布依语读 $di:n^{24}$，傣（西）语读 $dɤn^{55}$，傣（德）语读 $lən^{33}$，侗语读 san^{31}，水语读 han^{53}，毛南语读 zan^{24}］。“蟺”与“亶”、“蜑”本来只是同音或近音而不同义的译音词，但却被一些史学家联系起来，认为“蜑人”是因为喜欢吃蚯蚓（古称“蟺”）和鲍鱼，所以才被称为“蜑”。他们这些“水居蛮”是“亶人”南迁的一支。

其实，“蜑人”并不是因为喜欢吃蚯蚓（蟺）和鲍鱼才叫“蜑”。“蜑”跟“亶”、“蟺”一样，也是百越（濮越）语的译音词。古百越（濮越）语称“楼上”为da:n。现代壮语（南）仍是如此说。“蜑人”都是以船为家的，他们世代浮家泛宅，居无定处，哪里容易捕获鱼虾就到哪里去。而船，即便是最简陋的船，都是分上下两层的，下层为仓，储存物品，上层住人，就像住在屋宇的楼上一样。所以，“蜑人”就是“住楼上的人”。

“蜑人”自古以来，都不是独立的民族，而是近水民族中的少部分下江湖河海以捕捞为生的人。所以，并不是“亶人”南迁或西迁、东迁之后变成那里的“蜑人”。“蜑人”实际上是百越（濮越）民族的一部分水上居民。近代民族史学家徐松石在《东南亚民族的中国血缘》[④]里正确指出："蜑（蜒）乃江南近水地的土著。……为吴越同族，是极端正确的论断。"

"句容"是濮越语kau joŋ"香藤"的汉字译音。这种野生藤现已
藤 香
濒临绝种。当然，也可以说是"我种粟人"。

"句余"是濮越语kau ji "我（是）种田人"的音译。
我 犁(耕种)

"句卢"是濮越语 klau"我们"的译音。有的史籍译为"仡佬"。现代民族称谓中的"仡佬"一词，就是沿袭此译音而来的。他们无论从语言或民俗等方面来寻根，都百分之百是古濮越民族后裔的一支，与组成壮侗语族的各民族之间，是有亲密渊源关系的兄弟民族。

"句町"是濮越语kau de:ŋ"我的地方"的译音。秦汉时"句町
我 地方
国"大概在今广西百色市至云南的富宁、广南、麻栗坡一带。现代壮语（南）称"地方"仍叫 de:ŋ[31]。日本有许多带"町"的地名，就是由古代的濮越民族传播过去的。台湾地区有的已改名为"汀"。

"朐衍"是濮越语kau jen（或 zen）"（讲）我语言（的人）"的
我 语言
译音。"朐"本应是"越王勾践"的"勾"。但后来因篆体字变楷体字等种种原因就写成了"句"。之后，又创造出"苟"、"枸"、"狗"、"佝"、"朐"、"岣（嵝）"、"笱"（竹制捕鱼器具）、"够"等字。汉字被进一步简化后，"溝"、"構"、"購"等又被简化为"沟"、"构"、"购"。

"朐忍"是"朐衍"的同音异译，意义相同。古时朐忍在今重庆云阳。

"临朐"是濮越语lam kau"同我（一样）"的译音。山东一县名。
同 我
西汉置县。

"仆句"是濮越语pu kau"我（们）"的译音。"仆"即是"濮"，
位 我
两者都是 pu 的同音异写（译）字。

"宛句"是濮越语vun（或 von）kau"我（们）的人"的译音。
人 我
宛句县即今山东曹县，西汉时置县。

"拘蒌密"（国）是濮越语klau mi"我们母亲"的译音。《唐会
我们 母亲

要》载：“拘蒌密国。拘蒌密在林邑之西。”拘蒌密国是今老挝的古代小国。“拘蒌”在不同史籍有不同的译写，例如句娄、勾漏、仡佬、革佬、柯劳等。“林邑”在今越南中部。现在越南境内的少数民族其中有一个被定名为“卡洛族”的，在广治中部山区，人口约3万~4万人。还有一个被称为“奇罗族”的，人口约3万人，他们实际上与现在中国境内的仡佬族群体是同一民族，唐代以后才陆续从广西等地迁入。

因此，拘蒌、句娄、勾漏以及越南史籍中称为卡露、卡洛、卡佬、奇罗的民族，实际上都是klan“仡佬”的同音异译，都是同一古代民族在不同历史时期和不同地域被不同人译出的不同称呼。他们都是古百越（濮越）民族的一支。

kau（“我”）被音译为“勾”，并讹写为“句”之后，由于方言音变或译音人听觉有别，又进一步变为“高”。典型例子是，周代以后至唐宗之前，史籍（及地图）都把朝鲜古国称为“高句丽”。这个名称的来源，本是濮越语kau kɯ lɔ:i的汉字译音，原意是“我山地
我（词头）山
人”。我们无法准确得知，从何时起，什么人，什么原因，将“句”（“勾”）字省去，成为“高丽国”流传于世。

现在中国境内一些带“高”的地名，可以说也都是来源于此。例如：

高邑（县）——河北省一县名。南北朝已有此名。它是濮越语kau ji “我种田人（越人）”的译音。
我（音夷）

高阳——河北省一县名，西汉时设县。它是濮越语kau ja:ŋ “我
我 粟
种粟人”的音译。

高密——山东省一县名，西汉时设县。它是濮越语kau mi “我母
我 母亲
亲”的音译。mi也就是史籍认为的“越王勾践”和楚王“芈”姓的来源（译音）。

高淳——江苏省一县名，西汉时设县，明代沿用。它是濮越语kau sen “（讲）我（们）语言”的译音。
我 语言

临高——海南省一县名，唐置县。它是濮越语lam kau “同我
同 我

（一样）”的译音。

此外，山西的交城、山东的胶州也都是濮越语 kau“我”的译音词。

云南腾冲县北的“高黎贡山”，原称“高良共山”，“高良”是濮越语kau laŋ“我后边”的译音。“共（贡）”是 kuŋ“红色”的译音。
我 后面
“高良共山”是“我背后红色的山”的意思，即由于表土崩塌后无植被的地方露出一块远看是红色的陡坡。这里是用山的部分特征来命山名的。后来不知何时，把“良”（即濮越语 laŋ 的译音）字去掉，直接用lɔ:i kuŋ“红色的山”（译音为“黎贡”）代替（濮越语语法是形
山 红
容词在名词之后），成为kau lɔ:i kuŋ“我（们）的红色山”，用方块
我 山 红色
汉字译音便成了“高黎贡山”。本来濮越语 lɔ:i 已是“山”之意，但汉字音译显示不出意义，所以，“高黎贡”之后还必须加一个“山”字，识汉字的人才明白所指的是什么。这种情况，许多语言凡是借词或译音都如此。如现代壮语借现代汉语“白菜”一词，前面就一定要加 $plak^{55}$“菜”，然后是“白菜”，成为$plak^{55}$“白菜”。壮语在“白
菜
菜”前面加 $plak^{55}$“菜”是为了使壮族人一听便知道后面借词“白菜”是什么意思。“高黎贡”这个濮越语译音词后面加“山”字，道理也是如此。

（三）九黎（高黎、高丽）

濮越语称“山”为 lɔ:i，用方块汉字音译为“黎”，至少已有3000 多年的历史了。所以，一些史籍早就把住在山地的濮越人的自称kau lɔ:i（“我山地人”）用方块字音译为“九黎”。但是，历代众多的
我 山
史学家由于不懂濮越语，因此，不但不知道“九黎”一词的来源，反而根据方块字“九”的汉义胡乱解释一通，或认为“九”是泛指多，或认为是九种黎人，并由此类推为“九夷”（九种夷人）。直到《太平寰宇记·儋州》[5]记述儋州风俗人情时，才清楚明白地告诉世人：儋州人“俗呼山岭为黎，人居其间，号曰生黎”。这里所谓“生黎”，是指生活在五指山区，仍保留有自己浓厚鲜明的民族特色，与当地汉族有很大区别，现今被定名为“黎族”的人民群体。

众所周知，据地质史研究，海南岛在大约12 000年前是和大陆相连的，是百越（濮越）先民生息之地。后因地壳变动，造成琼州海峡下陷，才和大陆分离成为孤岛。秦设朱崖、儋耳二郡之后，被划在儋耳郡的儋州人，不可否认是百越（濮越）先民的后裔，他们称"山"为lɔ:i。lɔ:i是百越（濮越）语的基本词，《太平寰宇记》用方块字音译为"黎"是贴切的，与早期史籍所音译的"九黎"和"黎"是一致的。

"九黎"并非是指在中华大地上有"九种黎人"，而是地道的古百越（濮越）语kau lɔ:i（"我山地人"）的译音，它与古称朝鲜为"高丽国"中的"高丽"［史籍也有将"高丽"译写作"高句丽"的，它是kau(kou)（我） kɯ（词头） lɔ:i（山）"我山地（山里）人"的译音，跟"高丽"意义全同］，以及云南"高黎贡山"中的"高黎"，实是同音异译字。

既然"九黎"并不是"九种黎人"的简称，而是部分古百越（濮越）人自称为kau lɔ:i"我（是）山地人"的译音，所以它也不像一些史籍上所说的那样是古代一个独立民族的名称，而是古百越（濮越）民族的一部分。但是，由于此译音的年代久远（早在夏、商之前，已有黄帝伐九黎，以及蚩尤国于黎的传说，之后载于史籍），且始译者没有同时注明并留下它的本来含义，致使历代史学家只是根据译音字的意义各说其"是"。于是，3000多年来，各种史籍对这个"黎"字进行了各种各样的解释，好不热闹。

例如，有的说，"黎"是"众多"的意思。（《尔雅·释诂》解释为"众"和"众庶"。《诗经·大雅·云汉》："周余黎民，靡非孑遗。"郑玄沿袭《尔雅》注为"众也"。）有的则说，"黎"是"黑色"的意思。（《广雅》："黎，黑也"。《释名》："土青曰黎。"《禹贡》也说："厥土青黎。"《史记黎旦注》索隐曰："黎，黑也，天未明而尚黑也。"）于是，史学家便根据前人的定论，围绕着这"众也"和"黑也"大做起文章来。他们充分发挥其"天才"的想象力，把一些与"黎"这个译音字同音或近音但意义却毫不相干的字词拉扯在一起，作为他们与众不同的文章立论的依据。这种情况，就连史学家郭沫若也不例外。他在《奴隶制时代》一书中说，黎民就是古籍中所说的人鬲、鬲或民仪，黎、鬲、仪是同音字，民与人同义。“鬲是后来的鼎锅，推想用鬲字来称呼这种‘自驭至于庶人’的原因，大概就是取其黑色。在日下劳作的人被太阳晒黑了，也就如鼎锅被火熏黑了一样”。[6]这里他用了“推想”和“大概”两词，说明他对“黎”字的解释心中也没有把握，只不过是人云亦云而已。

当然，不可否认，古濮越语 lɔ:i 被用方块汉字音译为“黎”之后，汉语的发展，已把“黎”的意义按照前人的解释沿袭并固定下来，成为众多低层的普通群众的代名词，称之为“黎民”或“黎民百姓”。现在一般人自然不会知道，也没有兴趣和必要去寻根究底，追溯其来源和意义了。但是，由于历史上自称为 $\underset{\text{我}}{\text{kau}}$ $\underset{\text{山}}{\text{lɔ:i}}$（“我山地人”）的人在神州大地上实在太多，因而在不同历史时期被不同的人将它译为同音异写或近音字，从而存留在各种史籍上的也实在太多太多，以致一些史学家被弄得晕头转向，搞不清它们的庐山真面目。

例如，众多史籍上记载的与“黎”同音或近音的所谓“俚（里、雷）人”、“犁羌”、“蒲犁”、“蒲类”、“莱（布来、不来）人”等，他们本是古百越（濮越）语 $\underset{\text{山}}{\text{lɔ:i}}$（“山”，音译为“黎”或“雷”）、$\underset{\text{山}}{\text{lɔ:i}}$ $\underset{\text{后}}{\text{kjaŋ}}$（“后面或后来的山地人”，音译为“黎羌”或“犁羌”）、$\underset{\text{位}}{\text{pu}}$ $\underset{\text{山}}{\text{lɔ:i}}$（“山地人”，音译为“蒲类”或“不来”、“布来”）等在不同历史时期的不同译音。但是，一些史学家由于不懂百越（濮越）语而硬把它们分别开来，认为它们和百越（濮越）民族是不同的民族。如《魏书·司马睿传》：“中原冠带呼江东之人，皆为貉子，若狐貉类云。巴、蜀、蛮、獠、溪、俚、楚、越，鸟声禽呼，猴蛇鱼鳖嗜欲皆异。”《南齐书·州郡志》：“广州镇南海……俚、獠猥杂。”《隋书·南蛮传》：“南蛮什类，与华人错居，曰蜒、曰獽、曰俚、曰獠、曰䢺，俱无君长，随山洞而居。”

不过，也有人把“俚”与“蛮”、“夷”等同起来。如《后汉书·南蛮传》李贤注：“里，蛮之别号，今呼为俚人。”根据李贤的解释，“蛮”即是“俚”，“俚”就是“蛮”，“蛮”和“俚”是对同一个古代民族的不同尊称。这与上引《魏书》所说的“蛮”、“俚”、

“越”是不同民族的说法是完全相悖的。

由于史籍常把“蛮”、“夷”放在一起相提并论，所以，张华在《博物志》里也说：“夷曰里（俚）子。”他和李贤一样，认为“蛮”即是“夷”，“夷”即是“蛮”。因而，李贤说“蛮”的别号叫作“俚”。张华就说“夷”叫作“俚”。

当然，不可否认，史籍上称为“南蛮”或“夷”的大群体里，“俚”自然是其中的一分子，因为他们是百越（濮越）民族中的“山地人”。李贤和张华把“蛮”、“夷”与“里（俚）”画上等号，以为是天才的发现，其实，他们也犯了也如前人把百越（濮越）语的^{m}ba:n（“村庄”）音译为“蛮”字之后，就将它作为南方所有非汉族的代表，这样以部分代整体，以偏概全的错误。他们永远也不知道，被用方块字音译为“蛮”，原意是百越（濮越）语的“村庄”；“夷”是“犁”，引申为“耕（种）田人”；“里（俚、黎、犁）”是“山地”的意思。这几个在百越（濮越）语里极普通的词，在百越（濮越）民族生活的地方，就随时都有听闻。因为“蛮”［一些史籍的同音异译（写）字有曼、晚、满、板，等等］和“里”（因用来指人，故被加上单人旁，即‘俚’字），所指的是“村庄”和“山地”，所以，凡是在百越（濮越）民族及其后裔生息过的地方，其遗留的地名、山水名就多得不胜枚举。百越（濮越）民族的后裔，现代傣族（德宏）和仫佬族仍称“村庄”为 ma:n，用方块汉字译音写作“蛮”，与古译同。但由于语音变化，壮、布依、水、毛南等民族已丢弃了古百越（濮越）语^{m}ba:n 的前鼻冠音 m，变为 ba:n，用方块汉字译音写作“板”；海南黎族语则进一步发展演变成为轻唇音 f，变为 fa:n，用汉字译音写作“番”，如“番茅”就是“茅村”。

《广西壮语地名选集》里，古译“蛮”字，现为“板”字（即“村庄”）起首的地名就收集了近 400 个。如“板磨”是壮语ba:n^{55}（村） mo^{24}（新）“新村”，“板劳”（“板鲁”、“板楼”）是壮语ba:n^{55}（村） lau^{42}（我们）“我们村”（《广西壮语地名选集》解释地名有许多是任意猜测，牵强附会，故不准确），“板岭”是壮语ba:n^{55}（村） leŋ^{24}（陡坡）“陡坡村”（指村庄地势陡斜，村址在陡坡上），等等。“里”字（即“山地”，除指“山”外，一般用来指称能种植农作物的所谓“畲地”）起头的地名，在壮族居住的村庄里（壮语称“田”为 na 或 no，用方块汉字译音，一般写作“那”或“纳”），数都数不清。如 lei^{21} sa^{42}，用方块汉字译音写作
畲地 沙
“里沙”，指的是沙质的畲地；lei^{21} pa:k^{35} nam^{55} 用方块汉字译音写作
畲地 口 水
“里百南”，指的是两水交叉处山上的畲地。

上述所谓“蛮”、“夷”、“俚”被当做古代不同民族名称用了几千年，其实它们只不过是百越（濮越）语里几个极普通的名词而已。现在是应该还其本来面目的时候了。因为只有当人们了解了它们的真正含义，才会真正了解历史，才会揭开了这层朦胧的、积了厚尘的历史面纱，真正了解中华民族的历史。

1．里、厘、俚、狸、黎、犁、利、历、雷、来、莱、倈、类

里、厘、俚、狸、黎、犁、利、历、雷、来、莱、倈、类等，这些在中国史籍上被认为是不同民族（氏族、部落）或方国的名称，令人眼花缭乱，并且几千年来，害苦了不少史学家。

这些看似复杂，其实却十分简单的字，只不过是古百越（濮越）语 lɔ:i（“山”）在不同历史时期，被不同地域不同的人，用同音或近音的方块汉字进行不同的译音异写罢了。

大约五六千年前，古百越（濮越）先民的语言称“山”本是复辅音 dlɔ:i［现代一些壮语地区仍保留少数古百越（濮越）语复辅音“pl－”，如 pla“鱼”、plak“菜”；“ml－”，如 mla:i“口水”；“kl－”，如 klep“鳞”等］。后来语音分化了，到夏代前后复辅音 d 与 l 分开，一部分语言保留 d，如现代壮语，称“山”为 do:i^{24}，傣语（西双版纳）为 dɒi^{55}；用汉字译音写作“台”（如“五台山”，是五座山，此名是濮越先民语与汉语结合体）或“岱”（“泰山”古称“岱”，也是由此而来的）。另一部分语言则丢弃了 d 而只保留 l，如现代傣语（德宏）称“山”为 lɒi^{33}，为了用方块汉字译音，不同地域、不同历史时代的不同人，根据他们的听音能力和理解力，就可以任意用上述的里、厘等字来译音。因而就造成了在众多史籍上出现上述本是同音却异写的字，人为地制造了历史迷雾，给历史蒙上了难以掀开的沉重面纱。

例如《左传·文公十八》[7]，左丘明为了把“孝敬”与“忠信”树立为高尚品德的标准，而编造出了所谓“高阳氏有才子八人”和“高辛氏有才子八人”，因品德高尚而受到“天下之民”赞扬，以及所谓“帝鸿氏”、“少皞氏”、“颛顼氏”和“缙云氏”有“不才子”因品德恶劣而受到“天下之民”所不齿。其中特别列出“高阳氏”和“高辛氏”才子八人的名字。

高阳氏才子八人是：苍舒、隤敳、祷戭、大临、龙降、庭坚、仲容、叔达。

高辛氏的才子八人是：伯奋、仲堪、叔献、季仲、伯虎、仲熊、叔豹、季狸。

这些人名其实很多都是根据当时尚存的濮越语传说串编而成的，不一定就是真实的人名。如高阳氏才子“隤敳”是濮越语 to ai“互
相互
相关怀爱护”之意；“祷戭”是 tau jen“亲切、和蔼的语言”之意；
温暖 话
“大临”即 ta jam“共同，大家一起”之意；“龙降”即pa:ŋ ho:ŋ“相
共同 帮 工作
互帮助”之意。高辛氏才子八人的名字，明眼人一看，编造的痕迹一览无遗。八个儿子，即使是按伯、仲、叔、季来排行，也不至于到第五、六、七、八这几个也要用“伯”、“仲”、“叔”、“季”来重复。如果这样，老五和老大究竟孰大孰小呢?

当然，我们并不否认，在现实生活中，确实也有一些人会用“虎”、“豹”、“熊”、“狸”这些兽名来给孩子命名。那是在一定的环境条件下，为了表示威猛无敌和智慧才这样用的，并且一般来说，多数都是用在头几个孩子。而这里却是用在第五个孩子以后，岂不是有点悖乎常理吗?

再说，老大名“伯奋”，老二名“仲堪”，老三名“叔献”，之后，到了老四便词穷了，很无奈地被迫重复用“仲”字，称为“季仲”。众所周知，“季”字表示“第四，或最小的”，“仲”字表示“第二”，把这两字用作人名，其含义是“末尾第二”，即是“倒数第二”，但这里却是用来指称“老四”，难道不令人费解吗?

其实，所谓老大、老二、老三的名字“奋”、“堪”、“献”也并不一定真实，它在濮越语里是fun sam jen“（讲）一样语言的人”的
人 一样 话

译音。用伯、仲、叔分别来配这三个音之后，第四个就空白了，没有了，只好胡乱拉来一个“仲”字填补。这样编造的痕迹很明显。

且不说这些了，只说高辛氏的末位才子“季狸”。这个“狸”字，按左丘明的说法，本是借兽作人名，与濮越语 lɔːi（或 lɒi、lei）“山”的汉字译音词黎、俚、厘、里、犁、利、历、雷、莱、类等完全无关。但是，2000 多年来，史学家、考据学家们，在各种史籍里，却根据同音字的原则把意义本无关的字，纵横拉扯，揉成一团理不清的乱麻。

例如，《山海经·大荒南经》：“帝俊生季厘，故曰季厘之国。”《山海经·大荒北经》：“颛顼生欢头（按：有的译为‘驩兜’），欢头生苗民，苗民厘姓。”这里就有问题了，《左传》明明说的是“高辛氏”，这里说的却是“帝俊”。《左传》对高辛氏八子用兽名“狸”作人名，这里却用“厘定”的“厘”。当然，不可否认，秦汉之间，汉字尚未完全因义定型，许多单音词都可以“同音假借”（或曰“同音通假”）而不妨碍对上下文的理解，不过却苦了许多后来人。

“狸”与“厘”，一是人名，一被认作姓氏，虽同音却不同义，原本并不存在问题。但是，一些自作聪明的考古学家，常常把一些同音不同义的词拉来凑热闹，使“水”变得更浑。如《国语·晋语》司空季子说黄帝之子十二姓中有僖姓，这僖与狸、厘，本来可以不相干，但是，他却说“僖、厘古字通用，厘即僖也”。这可能是因他看到《史记》把《左传》里的周僖公、晋僖公、齐僖公、鲁僖公均写作“釐公”，而许慎的《说文解字》对“僖”字和“釐”字的反切注音均同是“许其切”。然而，郝懿行却不知，“狸”、“厘”与“僖”自古不同声，“狸”和“厘”是“来（l）”母，“僖”是“晓（x）”母。更何况同音并不等于就是同义。“狸”是兽名，“厘”是度量单位和“整理确定”之义；“僖”，“乐也”，“釐”，“坼也”，或“果熟有味”。（《说文解字》）可见，把同音字或近音字扯来作考证是没有多大意义的，解决不了多少实质问题。

不过，很无奈，由于史前期的中国历史主要靠传说流传下来，直至商代以后，文字逐渐开始得到广泛使用，一些重要的传说才被零散地、片断地记录下来。史学家、考据学家、古史爱好者，由于受到时代的限制，对史前期的真实史料不可能比前人知道得更多更具体，因

而就只能依据前人记录的文字，根据个人的想象和理解，各自进行创作。

仅以黄帝为例。黄帝被认为是中国的人文始祖，在中国人的心目中，占有至高无上的地位。但是，有关黄帝传说的记载，除了与蚩尤之战描写得轰轰烈烈之外，其余则寥寥无几。《史记·五帝本纪》只用了90个字写他的出生地及其家庭，说“黄帝居轩辕之丘，而娶于西陵之女，是为嫘祖。……”

古轩辕之丘、古西陵在何处？“嫘祖”之名何来？这就够考据学家忙乎的了。据考证，古轩辕之丘在今甘肃南部天水市的轩辕丘一带。《史记正义》：“西陵，国名也。”西陵在今岷山东麓，与轩辕谷相距不远。

至于“嫘祖”，《史记索隐》：“一曰雷祖。”这是因“嫘”与“雷”同音。《世本》认为，嫘祖是发明养蚕缫丝的人，故称为“嫘祖”。其实，所谓“嫘祖”，并非真有其人，“嫘祖”二字更非人的名字。它跟《黄帝内经》一样，是后人的伪托，是强加给黄帝的美丽光环。

发明养蚕缫丝的人，她的名字为何叫“嫘”而不叫别的呢？这是因为它只是濮越语 lei“蚕茧”的译音。现代壮语（南）仍称“蚕茧”为 le^{31}，壮语北部方言为 $ɣe^{33}$。

由于濮越先民是中华大地上最先发现发明养蚕缫丝的民族，所以他们语言里有 lei“蚕茧”这个词，而被周代以后的人们用汉字译音为“嫘”，并被司马迁正式写入《史记》而广泛流传。“祖”是后来的历史学家加的。《说文解字》：“祖，始庙也。”由于“嫘”既然是第一个养蚕缫丝的人，所以，顺理成章地称为“嫘祖”了。然而，自从《山海经·海内经》把“嫘祖”写作“雷祖”（“黄帝妻雷祖，生昌意。”）后，史学界就更加热闹了，各种史籍纷纷围绕着这个“雷”字大做文章。

《通志·民族略》：“雷氏（按：指‘雷祖’），方雷氏之后，女为黄帝妃，生玄号（按：其他史籍所说的‘玄嚣’），盖古诸侯之国。”

《说文解字》：“靁，从雨，畾象回转形。”罗香林据此而对所谓“方雷氏”进行了牵强附会的解释：“崇拜雷图腾，故以雷为氏。方雷氏即因雷的图像回旋如方国形而名。”

《世本》："雷氏，方雷氏之后，为黄帝妃，生玄嚣，其后氏焉。"

何光岳《南蛮源流史》："雷与嫘同音，方雷为姓氏，则嫘祖乃雷人所奉之祖宗。"这里，有把"雷祖"的"雷"作为姓氏的；有对所谓"方雷氏"中的"雷"的来源进行"考证"的；也有将"嫘祖"的"祖"解释为"雷人祖宗"的。

当然，由于人们对雷电这种自然现象在还没有清楚认识之前，带着惧怕与崇敬的矛盾心理，道教的教徒根据黄帝之妻名"雷祖"，编造出黄帝轩辕氏得道升天而成为威力无比的"雷神"，称他为"九天应元雷声普化天尊"，神圣不可侵犯。

其实，"嫘"和"雷"在现代汉语里，虽同音，但其意义却不同。这是因为汉字本来都各有音有义，但是，一旦被用作濮越语的译音词之后，就引起了很多不必要的混乱了。一些不懂得该字已被用作译音词（字）的人，往往就从汉字的角度去理解，因而造成了许多望文生义的恶果。如"嫘"本是用作濮越语"蚕茧"的译音，"雷"是"山"的译音。但由于它们在汉语里是同音，就被许多人混淆了，从而产生了上述史籍里的不同解释。

汉字造字法，其中一种是根据会意造字。"嫘"是会意字，田家妇女养蚕缫丝，故田字之下有"丝"；原始的抽丝法是把蚕茧倒在滚水里脱胶，然后用小棍撩起丝头，把数根丝头绞成一根织用丝，然后用手摇轮边摇边卷。由于摇卷时，数根细丝成螺旋状绞合成一根丝，所以，又有"螺丝"一词。而"螺"字又因田螺身体部分卷曲成螺旋形而得名。

"雷"，汉义本指"雷电"，但由于《山海经·海内东经》有"雷泽中有雷神，龙身而人头，鼓其腹，在吴西"之句，于是，后来就有了"雷公"、"雷师"之词。

其实，"雷泽"一词也是濮越语lɔ:i tsɔ:k"山外之山"的音译
山 外边
词。古人缺乏对"雷电"成因的科学理解，居住地又常被高山阻隔，当雷暴在高山之外的天际发生时，就认为是"雷神"作怪。周代以后写《山海经》的人，根据传说，把早已被译音为"雷泽"之词的濮越语 lɔ:i tsɔ:k 信手拈来作为地名，写成似是真实的故事，流传后代。

由于“雷泽”是濮越语的译音词，所以，它跟其他濮越语译音地名一样，在神州大地上，在濮越先民生息过的地方，出现许多相同的地名“雷泽”，致使后来的史学家费了许多精力还始终弄不清楚，最后只能靠想当然，用“民族迁徙”这条“验方”来自我圆场。

至于说“雷神”是“人头龙身”，显然也是一种想象，是将闪电之形拟人又拟物。先把“雷神”想象为凶神恶煞，面目狰狞的样子，再将闪电之形想象为能够摆动自如的龙身；“雷神”在天际咤咤风云，发怒时，就绷腮鼓腹，奔腾咆哮，其万钧之力，足令山崩地裂，人畜毁灭。到了汉代，已有人将它塑造成人形广为传播，从而使人们对它更加敬畏。

例如，王充在《论衡·雷虚》里就如实记载了这种情况，而且对“雷神”神威的描写更加栩栩如生。他简练逼真地写道：“图画之工，图雷之状，累累如连鼓之形。又图一人，若力士之容，谓之雷公，使之左手引连鼓，右手推椎，若击之状。其意以为雷声隆隆者，连鼓相扣击之音也。其魄然若敝裂者，椎所击之声也。”又说：“盛夏之时，雷电迅疾，击折树木，坏败室屋，时犯杀人。世俗以为击折树木，坏败室屋者，天取龙；其犯杀人也，谓之有阴过。饮食人以不洁净，天怒，击而杀之。隆隆之声，天怒之音，若人之呴吁矣。世无愚智，莫谓不然。”

“嫘”与“雷”同音不同义，历代许多史学家们因不了解其意义的差别，当然就不可能将它们分清了。

值得一提的是，当代研究古代民族史的史学家何光岳先生，他花了数十年时间，收集研究了神州大地上与中华民族息息相关的数十个古代民族（包括氏族和部落、部族）的资料，写成了近1000万字的《中华民族源流史丛书》，为整理和研究中华民族璀璨的历史文化作出了杰出的贡献！

其中，《南蛮源流史》中的几个章节，企图将黎（包括九黎）、俚、狸、厘、里、离、漓、犁、利、历、雷、来、徕、莱、类、赖等与百越民族及其后裔壮、布依、傣、侗、水、毛南、仫佬、黎、仡佬等族联系起来，阐明它们是“一脉相承”的关系。这是一个十分了不起的发现和创举。只是由于他不懂得壮侗语族（古濮越语）语言，使他的论证受到了局限性，以致造成了许多不可避免的，像以往一些史学家那样或靠猜测，或是望文生义引起的失误。

例如，《百越源流史》第十七章第五节“徕人的分布”里，在引用《史记·封禅书·集解》“狸一名不来”这句话之后，就自以为是地解释说：“俚乃不来之急读音。今桂、滇有徕人自称‘布流’，即‘不来’之古音，实则古俚人之裔。如不周、不齐、不徒河等皆为发音词。后发展成‘布’、‘不’之义为人，如布依、布饶、布朗、布越、布僚、布侬等。布流先民徕人是由汉唐时代生活于今两广的俚人演化而成的。”

又如，原海南黎族自治州境内有一山名，现称为“黎母山”。他引用严如煜《洋防辑要·广东海防略下》其中的一句：“黎母山旧曰‘俚婺’。”之后，即望文生义地解释说：“黎母即由俚婺一音之转，意为黎人之祖母。”诸如此类，还有很多很多。

“狸”为何又称为“不来”？

“俚乃不来的急读音。”这是不对的。如果只说“来”和“狸”，由于它们声母相同，都是l，像他所常说的，是“一音之转”，这还差不多。“来”之前加了“不”字，“不”的声母是p，“不来”两个音节加在一起是pulɔ:i（或pula:i），这两个音节再怎么急读，也不可能把前一音节的p声母丢掉而只余下的l。“不来”绝不会读成“狸”。

其次，“今桂、滇有徕人自称‘布流’，即‘不来’之古音，实则古俚人之裔。如不周、不齐、不徒河等皆为发音词。后发展成‘布’、‘不’之义为人，如布依、布饶、布朗、布越、布僚、布侬等。布流先民徕人是由汉唐时代生活于今两广的俚人演化而成的。”这也是不正确的。

且不说同音的“布”和“不”（它们是同音异译字），只说“流”与“来”。何先生说“流”即“来”之古音。何先生可能不知道，这两个字在古韵书里是完全不同韵的。“流”字在“流摄”，力求切，韵母是au；“来”字在“蟹摄”，力该切，韵母是ai。怎能说“布流”即“不来”之古音呢？

“不周、不齐、不徒河”也并非只是“发音词”，“布”、“不”之义也并非“人”也。

我们在前面已不止一次地说过，不、布、蒲、埔、博、薄、婆、

普、蕃、波、濮、璞、仆、卜、步等被用在各种史籍里，指称某一个古代民族，其实都是古濮越语 pu（ᵐpu、pou）这个音在不同历史时代被不同的人进行不同的译写，它的意义相当于现代汉语中用于人的普通量词“位”或“个”，至今在壮侗语里仍然如此，并未发展为“人”。由于它只是指“人”所必带的量词，即说“人”时，一定要说pu vun，正如现代粤语因受古百越语的这种影响，称许多动物仍在
位 人
前面带“只”（如只猪、只牛、只鸡）一样。但如果将壮侗语译成汉语时，则按汉语习惯将 pu“位”省略了，使人看不到这种特点。所以，这可能就是何光岳先生及一些史学家们误认为 pu（译音字写作不、布、蒲……）只不过是发音词的缘故。

其实，“不周”是濮越语pu tsau“我们”的汉语译音。
位 我们

“不齐”是pu tsai（壮语北部方言已将塞擦音 ts 变为 ç，故读为
位 犁(田)
çai）“种田人”的汉语译音。
犁

“不徒河”即一些史籍所译的“布土”，是濮越语pu tho“本地
位 土
人、土著”的译音。

“布依”（pu ji）、“布越”（pu jai、pu jyi）与“不齐”（pu tsai、
位 犁　位 犁　位 犁　位 犁
pu tsi）意义完全相同，都是“（犁）种田人”的意思，只是由于不同
位 犁
时代、不同地域的语音发生了些许变化而被不同层次、不同汉语水平的人，进行了不同的译写而已。

“布流”、“布僚”（pu lau）和“布饶”（pu jau）的情况也是如
我们　我们
此，都是“我们”的意思。

“布朗”（pu laŋ）、“布侬”（pu naŋ、pu luŋ）“后
位 后面、山弄　位 后面、山弄　后面、山弄
来者或山弄里的人”。

至于何光岳先生的“布流先民徕人是由汉唐时代生活于今两广的俚人演化而成的”这个结论是完全错误的，只是想当然之谈。

讲壮侗语的人都知，所谓“布流”、“布僚”从古至今都是濮越（百越）民族及其后裔壮侗语各民族称“我们”pu lau 的汉字音译词。被他称为“徕”和“俚”的人，称“我们”也是pu lau，用汉字来译

音即“布流”或“布僚”。所以，“布流”并不是什么古代或现代民族的名称，被称为“俫”和“俚”的人更不是什么“布流”的先民。所谓的“布流”和“布僚”只不过是他们语言中“我们”这个人称代词被音译后，误认为是一个独立民族的名称而以讹传讹流传了几千年而已。

此外，还有说“黎母山”的“黎母”，是“意为黎人之祖母”。

其实，“黎母山”之得名，可以有两种解释：第一，是因为它山形似猪，古濮越语称此山为“猪山”。由于濮越语构词法与汉语正好相反，所以，汉语的“猪山”，濮越语则读为lɔ:i mu，用汉字来译音
山 猪
则是“黎母”（古籍有的写为“俚婺”）。汉语的“山猪”（即“野猪”），濮越语则又读为mu lɔ:i。现代壮侗语族许多民族语言称“猪”
猪 山
基本上都仍读为 mu。如壮语读 mou^{24}，布依语读 mu^{24}，临高话读 mo^{213}，傣语读 mu^{55}，仫佬语读 mu^{44}，水语读 mu^{35}，毛南语读 mu^{44}，黎语读 pou^{53}（从黎语声母是 p 而不是 m 来看，上古濮越语“猪”的读音应该是^{m}pou，语音分化后，同语族的多数语言保留了 m 作声母，唯有黎语丢弃了 m 而保留 p）。第二，是因为“濮越人之山”读音与“猪山”相同，也读 lɔ:i mu。所不同的只是 mu 读平声，是专用于“人”之前作量词“位”之意，用汉字译音写作濮、布、蒲、不、埔等；“猪” mu 则读去声。因此，两种解释均可成立，至于最初命名是由于哪一种就无法考证了。总之，“黎母山”之“黎母”，绝非如何光岳先生所说的那样，是“黎人之祖母”。它的名称来源，肯定与“黎人之祖母”毫不相干。

上述一些史籍里常见用来指称某古代民族的狸、厘、里、俚、雷、黎、犁、离、漓、豊、澧、历、利、来、俫、类等，实际上都是濮越民族山地居民在不同时代、不同地区与其他民族交往时，常自称为 pu lɔ:i（有些地区语音发生了部分变化，lɔ:i 变成了 lei 或 li）即“山里人”或“山地人”。而 pu lɔ:i 被人用汉字来译音，写作“不来、不俫或布来”。这就是前面所引“狸一名不来”的缘由所在。

但是，“狸”这个译音词本身并不等于“不来”这组译音词。“狸”的来源和意义是 lɔ:i“山”，它与“山里人”或“山地人”的

pu lɔ:i 仅仅是因为 lɔ:i “山”的关系。“山”并不等于“山里人”或“山地人”。所以“狸一名不来”这种说法是不通的。必须在“狸”之前加上特定的专有量词 pu 的译音，如布、蒲、濮等，成为“蒲狸一名不来”才是意义完整的句子。一些史籍虽然将译音词不来、蒲犁、蒲类等作为古代民族使用了，但并没有人真正了解它们的来源及含义，因此，往往不断重犯前面所说的错误。

2. 沈黎（孅犁）、蒲犁、蒲类与丹、犁

《史记正义》载：“丹、犁二戎号也，臣服于蜀。蜀相杀蜀侯，并丹、犁二国降秦。”这句话明确告诉我们，秦以前，在蜀国周边，有臣服于蜀的丹、犁两个小国，但具体在哪里，没有说明。董其祥在《巴史新考·古代的巴族》里说：“考丹、犁地望当在秦蜀之间，当今汉水上游汉中地带。丹即蜒，犁即里，似乎蜒、里二族曾居住过秦岭以南、大巴山以北的地方。秦汉之际，丹、犁南迁，居住在青衣江、大渡河之间，称为沈黎。汉元鼎六年置沈黎郡，治青衣，在今四川雅安。东汉改为蜀国都尉，分为二部，一主青衣，一主牦牛（今四川汉源县）。但风俗习惯多与氐羌同，故称青衣羌、牦牛羌是也；与越族颇不相类。但‘丹、犁’、‘沈（音耽）、犁’二戎名，与蜒、里（黎）相合，可能不是偶然的。”⑧

近年考古发现证实，古蜀国都城在今四川省广汉市三星堆的地方。古丹、犁二国在成都西南不远、大渡河以东的今雅安市和汉源县境内，因国小势弱，故“臣服于蜀”是不足为奇的。

但董其祥根据古称“沈黎”，汉元鼎六年在此置沈黎郡，就将“沈”与“丹”联系在一起，主观地认为“沈”应读为“耽”音，则是错误的。且不说“沈”、“耽”古音韵部不同，“沈”在深摄心部，“耽”是咸摄端部，从不相混，故也从未见有人把“沈”读成“耽”。

“沈黎”之名，实际来自濮越语 pu sam lɔ:i（sam 同样，lɔ:i 山）“同是山地人”的汉字译音。《逸周书·王会解》曾提出北狄有十三个不同的族群：“正北空洞、大夏、莎车、姑他、旦略、豹胡、代翟、匈奴、楼烦、月氏、孅犁、其龙、东胡”，其中的“孅犁”即是“沈黎”的同音异译。可见“沈”并不读“耽”，而是读“沈”，与“孅”同韵，韵尾都是 m（深摄）。

汉代初年，濮越族群中被称为“沈黎”（“山地人”）的一部分人，由大渡河沿岷山北麓向西北经甘肃逐渐到达新疆，并建立了“蒲犁国”（有的史籍写作“无雷国”），都城称卢城，在今新疆塔什库尔干塔吉克自治县。

“蒲犁”与“无雷”实际上都是古濮越语^{m}pu lɔ:i（位 山）“山地人”在不同时期被不同人译写的同音异译词。^{m}pu 语音分化而成为 pu 与 mu（现代仫佬语读此音），^{m}pu 用汉字译音则写为“无”，lɔ:i“山”，用汉字音译为“雷”。蒲犁（无雷）国都城叫“卢城”，也是濮越语 lau“我们”城的汉字译音。

近代史学家岑仲勉因不懂得濮越语，不知道“蒲犁”与“无雷”的亲密关系，就乱考证一番，结果将他人的错误引以为正，贻误后人。如他在《汉书西域传地理校释·无雷·蒲犁》里，认为无雷“即《高僧传》三《智猛传》之波沦国，宋云《家记》之钵卢勒，《魏书》一〇二之波路国，唐之钵露罗及小勃律，继业《行记》之布路州等，是也”。又说：“蒲犁，鱼豢《魏略》作满犁，蒲、满二字甚易转讹，如唐之金满之误金蒲，是也。”此外，还引用王念孙本来是错误之说的“卢城乃雷城之讹”⑨，以为这是绝对正确的。

岑仲勉上述的考证当然不正确。因为“无雷”这个译音词的含义是“山地人”。它与“波沦”、“钵卢勒”、“波路国”、“钵露罗”、“勃律”、“布路”等同是濮越语的汉字译音词，含义根本不同。虽然不可否认，“波”、“钵”、“勃”、“布”与“无”都是同样来自濮越语^{m}pu“位”这个音不同时期的异译字，但是，当这个专用于人的必带量词与其他音节结合用来指称人的时候，意义就发生了变化，派生出各不相同的词。例如：

波沦国，古濮越语^{m}pu len，是“老祖宗”的意思。现代傣语（德宏）称“曾祖父”仍叫 pu^{11} len^{35}，用汉字译音作“波沦”相当贴切。“波沦国”即是“祖宗（最老、最权威的宗主）国”，而不是“宗支国”。

卢、路、露都是古濮越语 lau“我们”在不同时期被不同人音译的字。所以，“钵卢勒”、“钵露罗”、“波路”、“布路”实际上都是

pu lau“我们”的同音异译。可见，“无雷”［^{m}pu lɔ:i（音变或作 lei、li）“山地人”］与“波沦”［pu len“祖宗（先）”］、“钵卢勒”、“钵露罗”［pu lau lo（勒、罗是语气助词 lo 的译音）］、“波路”、“布路”（pu lau“我们”），并非相同。至于“卢城”，濮越语是 lau“我们”城，也并非如王念孙和岑仲勉所说的那样，乃“雷城之讹”。

不过，我们也应该感谢岑仲勉，是他从分散在不同史籍里的古濮越语译音词“波沦”、“钵卢勒”、“钵露罗”、“波路”、“布路”等集中起来，让我们少花时间而能在此得到诠释。

蒲犁、蒲类实际上都是濮越语 pu lɔ:i（音变作 lei 或 li）“山地人”这个词在不同时代的同音异译。由于夏亡之后，建立夏朝的部分濮越先民为逃避商朝统治者的讨伐与压迫，不得不向东南西北四处迁移。其中一支自陕、甘逐渐移向新疆及南亚。由于他们长期都是在山地生息繁衍，所以自称为“山地人”pu lɔ:i，以区别生息于
位 山
平原河谷和水网地区的人。因此，不少史籍记载新疆古代的一些地名、国名、民族名的时候，都自然地留下了许多与“蒲”、“犁”、“类”有关的专有名词，为我们追寻历史提供了可信的真实足迹。例如：

“蒲犁”［pu lɔ:i（lei、li）“山地人”］，被史籍当做地名之后，古地名是指今新疆泽普县的色勒库尔一带。“泽普”本是濮越语的译音词，即 pu tso:k，“外人”之意。因当时此地除濮越人之外还有一些其他东亚人，所以濮越人就称他们为 pu tso:k“外人”。历史流逝了数千年，到了清代光绪年间，这里的人仍称此地为 pu lɔ:i，因而在此设置“蒲犁厅”。但由于民间有“蒲犁”（“山地人”）和“普泽”（“外人”）这两个音译词并存，所以，民国初年，才又将“普泽”改为“泽普”。

据《汉书·西域传》载：“蒲犁国，王治蒲犁谷，去长安九千五百五十里，户六百五十，口五千，胜兵二千人。东西至都护治所五千三百九十六里，东至莎车五百四十里，北至疏勒五百五十里，南与西夜、子合接，西至无雷五百四十里。寄田莎车，种俗与子合同。”《西域图志·卷十八》载：“自塞尔勒克以西，在叶尔羌西境外，于汉当为蒲犁国地。后汉无蒲犁而有德若，且云东与子合接；今塞尔勒克与裕勒阿里克、库克雅尔相接，知德若即蒲犁地矣。”

众所周知，地名同其他事物一样，是不可能一成不变的。古今许多地名都会随着历史的变迁而发生变化。上述这段文也正说明了这点。在新疆，汉代以前（包括汉代）塞尔勒克以西有蒲犁国，但是“后汉无蒲犁而有德若……知德若即蒲犁地矣”，这就告诉我们：汉代以后，“蒲犁”已改为“德若”了。

将“蒲犁”改为“德若”，从汉字的字面意义看，自然要比“蒲犁”好得多。因为“德”一般指的是“道德”或“品德”。然而，有谁知道，“德若”这两字竟然也来自濮越语tu（te）jau“我
个 我们
们”的汉字译音呢？可见蒲犁地区在秦汉以前直至汉以后，都仍然居住着数量不少的濮越先民。他们从最初自称为 pu lɔ:i（lei、li）“山地人”而被人用汉字译音为“蒲犁”。到汉以后，又被人根据他们与外人谈话时，自称“我们”这个词的语音 tu jau用汉字译音为
我们
“德若”，这就可以充分证明，这地方最早是属于濮越先民的。他们最早来到这个地方，开垦这个地方，在这里繁衍生息，因而留下了不可磨灭的历史足迹。

“蒲类”，其实也是“蒲犁”的同音异译，它同样来源于濮越语pu lɔ:i（lei、li）“山地人”的不同汉字译写。史籍记载有关“蒲类”（或写作“蒲离”）的很多。例如，《汉西域图考》载：“蒲类国在伊吾北，今为巴尔库勒泊，即蒲类海也；蒲类后国又在其北。”《汉书·西域传》载：“蒲类国，王治天山西疏榆谷，去长安八千三百六十里，户三百二十五，口二千三十二，胜兵七百九十九人。”《后汉书·西域传》载，蒲类人“庐帐而居，逐水草，国出好马。蒲类，本大国也，前西域属匈奴，而其王得罪单于，单于怒，徙蒲类人六千余口内之匈奴右部阿恶也，因号曰阿恶国，南去师车后部马行九十余日。人口贫羸，逃亡山谷间，故留为国云。……桓帝元嘉元年，呼衍王将三千余骑寇伊吾，伊吾司马毛恺遣吏兵五百人，于蒲类海东与呼衍王战，悉为所没，呼衍王遂攻伊吾屯城。夏，遣敦煌太守司马达救之，出塞至蒲类海，呼衍王闻而引去。”《后汉书·窦固传》：“窦固击呼衍王，追至蒲类海。”（注：“蒲类海今名巴里坤湖，在今巴里坤县西南。”）巴里坤是汉代置的县，唐代又改为蒲类县。

汉代以前（包括汉代）史籍有关“蒲类”的记载还有很多。如《通典》卷一七四“庭州篇”载：“蒲类海一名婆悉海，有天山，自伊吾郡界入。”《班超传》：“将兵别击伊吾，战于蒲类海。”《匈奴传》：“蒲类将军兵当与乌孙合击匈奴蒲类泽。”《汉书音义》：“蒲类，匈奴中海名，在敦煌北也。”《元和郡县志》卷四十：“蒲类县……因蒲类海为名。”

过去一些不懂语音学的文史学家，通常用“一音之转”来解释。其实，它们都是同指濮越先民中一部分自称为 pu lɔ:i（lei、li）“山地人”的译称。当然，“犁（离）”与“类”的语音差别，也有可能是由于历史的和地域的语音发展演变的结果，因为语音在人们使用的过程中，缓慢地发生变化。lɔ:i（“山”）可以变为 lei 或 li，用汉字译音就会写作“类”或“犁（离）”了。

由于“蒲类”、“蒲犁”、“蒲离”是濮越先民语言的汉字译音词，它们是从濮越先民语言中被误以为是民族自称而摘取译成的，因而在记述濮越先民的历史活动时，肯定不止这几个孤立的译音词，在历代众多的各种史籍中，只要我们认真去搜寻，就一定还会发现很多。例如，丹、犁、伊吾、阿恶、呼衍、窦固、婆悉、庭州等，它们也都是古濮越语的汉字译音词。其中有的是指濮越先民群体的分支，有的是指称其首领，有的只指居住地。下面就将罩住这些名词的“外衣”逐一剥开，看看它们在濮越语中本来的含义是什么，从而使我们进一步看清中华民族的真实历史。

(1)“丹”和“犁”。

这里的“丹”不是汉语表示红色的丹，而是濮越语 ta:n“白米”的汉字译音。“犁”也不是汉语表示用来耕田的犁，而是濮越语 lɔ:i（lei、li“山”）的汉字译音。

“丹”在各种史籍的同音异译字有亶、禫、袒、但、蜒等；“犁”的同音异译字就更多，前节所说的里、厘、俚、狸等均是。夏、商、周以后，秦代以前，分别居住在今四川雅安和汉源一带，曾被称为“丹”和“犁”的两个小国，其实只是从濮越先民大群体中离析出来的两个小分支、小部落。由于他们的先祖生活地不同，一个部落的祖先生活于种植稻米之乡，因而，生活于稻米之乡的人对外常常自称为 pu ta:n“吃米人”（或“种田人”），日久天长，就被人用汉字译音为“丹人”，并把他们居住的地方亦称为“丹国”。另一部落的先祖主要生活于山地。而生活于山地的人对外常常自称为 pu lɔ:i（lei、li）“山地人”，后来也被人用汉字译音为“犁人”，把他们居住的地方亦称为“犁国”。周以后，蜀国逐渐强大，战国末年，丹国和犁国才被蜀国兼并。故秦以后，丹、犁之名就只散见于一些古史籍了。

（2）“丹人”和“儋耳人”。

《百越源流史》第十七章《儋耳的来源和迁徙》里专用一节论述“丹人即西支儋耳人”。文章说：“秦之丹犁国即汉之沈犁郡。沈，不应读审音，与丹同音。沈犁郡为汉武帝元鼎六年（前 111）所设，天汉四年（前 97）才罢。……到晋代，丹犁人才南迁至云南华宁县一带，与郁水西迁的同族儋耳人汇合。……儋又作瞻，即耽，又转为丹、沈等。”⑩

把“沈”读作“耽”和“丹”是毫无根据的，因为它根本不存在同音假借，也不是错别字。“沈犁郡”的“沈犁”只是濮越语sam 同是 lɔ:i 山“同是山地人”的汉字译音。它丝毫没有 ta:n 或 ta:m 的影子，所以“沈”不读“耽”音，更不是“耽”字的别写。

如果从现代汉语看，“丹”、“儋”两字的读音的确相同。但 2000 年前它们的古音却不一样。“丹”是山摄寒部，端元切，国际音标写作 tɑn；“儋”是咸摄谈部，上古音是章母，盐韵，国际音标写作 tɕiam，中古音才变为端母，端谈切或都甘切，音标写作 tɑm。由于语音的发展变化，中古汉语的韵尾 m 在演化为现代汉语的过程中逐渐消失，由性质相同音质相近的鼻音韵尾 n 填位代替，最终才使“儋”与“丹”同音。

“儋耳”一词，最早见于史籍《山海经·大荒北经》：“有儋耳之国，任姓，禺号子，食谷。……有牛黎之国。有人无骨，儋耳之子。”《海外北经》还有译为“聂耳”的，说“聂耳之国在无肠国东，使两文虎，为人两手聂其耳”。其次，见于秦代成书的《吕氏春秋·恃君》：“雁门之北，鹰隼所鸷，须窥之国，饕餮，穷奇之地，叔逆之所，儋耳之居，多无君。”

《山海经》多次提到“儋耳之国”，其确切地域在哪里，已无可

考证。但据《吕氏春秋》所说是在“雁门之北”。由此可知，在秦代以前，“雁门之北”确实有过自称为“儋耳”的古代民族的社会群体在那里生息。秦始皇统一中国后，将全国划分为三十六郡，其中将海南岛分为珠崖、儋耳二郡。自此以后，人们就只知海南的“儋耳”而不知北方的“儋耳”了。

但是，秦划郡县之后，就没有北方的“儋耳”了。由于史籍有明确记载南北“儋耳”的史实，因此，一些研究古史的史学家，在回答这个问题的时候，就只好充分发挥他们天才的想象，用“民族迁徙”来解释，肯定地说“儋耳人由北向西再向南迁入海南岛”。

我们并不否认民族的迁移。我们从来都认为，中华民族有今天，神州大地有今天，全世界有今天，都是千百万年来人类各种不同的社会群体遵循着不断分裂、迁徙、融合，再分裂、再迁徙、再融合这条人类发展历史规律不断向前进步发展的结果。并且认为人类历史发展的每一步都不是直线进行，而是像河水奔腾那样，有相对平静的缓流，也有猛烈冲击的咆哮。但是，神州大地南北东西各有数千公里，若非有目的、有计划地迁移，而是上古时代的自然迁徙，需要多少漫长的岁月?!

然而，秦代成书的《吕氏春秋》所载“雁门之北”有“儋耳”，与秦始皇在海南岛置设“儋耳郡”，说明那时南北“儋耳”之民早已同时存在，而非南“儋耳”是北“儋耳”“由北向西再向南迁入海南岛”的结果。

秦始皇划分郡县之后300多年，东汉许慎著《说文解字》，将本来只是同音不同义的“儋”与“聸”混在一起进行解释，以致造成了至今仍在流传的许多千古笑谈。

“儋”，《说文解字》：“何也，从人詹声，都甘切。”“何”是“荷”的通假字。《国语·齐语》：“负任儋何?”《国语·齐语》注：“肩曰儋。”《说文解字》注：“从人詹声，以背曰负，以肩曰儋，字亦作担。”可见“儋”即“担”字异体，以肩挑物也。

“聸”，《说文解字》：“垂耳也，从耳詹声，南方聸耳之国。都甘切。”现代壮语里称事物“低垂下来”或“矮”叫tam[13]。

肩挑与双耳的耳坠低垂，其意义本来不同，但许慎把两个同音字拉扯在一起，把“儋”改作“聸”，“儋耳”变成了“聸耳”，这就让后来的史学家和注释家有“典”可据了。如《前汉书·武帝纪》中有“儋耳郡”，应劭注：“儋耳者，种大耳。渠率自谓王者耳尤缓，下肩三寸。”《山海经·大荒北经》郭璞注：“儋耳，其人耳大，下儋垂在肩上。”《后汉书·南蛮列传》：“珠崖、儋耳二郡，在海州上，东西千里，南北五百里。其渠帅贵长耳，皆穿而缒之，垂肩三寸。”唐代李冗发挥夸张得更离谱，他在《独异志》里说：“《山海经》有大耳国，其人寝，常以一耳为席，一耳为衾。”

《百越源流史》的作者，不加任何分析，完全承袭2000多年来古人无知的说法，说“儋耳即耳下垂至肩，让肩担挑着”，且不说无稽的所谓“一耳为席，一耳为衾”，只说“耳下垂至肩，让肩担挑着”。中华大地上有这样的人吗？如果真有，他们到底是人还是怪物？20世纪50年代初，我曾走遍海南。那时，五指山周围的黎族村寨，仍保留着原始公社末期残存的“合亩制”这种社会制度，他们没有任何私人财产，集体生产由村里至高无上的a:u ja“长老”统一指挥，收获
人 老
得来的生活资料由 a:u ja“长老”主持分配。不论男女都绣面文身，穿戴金属大耳环。由于金属的重力作用，有的人的耳垂的确被拉得较长，耳垂比较发达。但却从未见过一个人的耳朵长到垂至双肩，“让肩担挑着”。云南、贵州和新疆、西藏，那里也有数十种不同的民族，很多民族和黎族人一样喜爱戴金属大耳环，耳垂被金属拉长的情况也与黎族相同，但也从未见过有两耳垂肩，“让肩担挑着”的。可见，一些“史料”，是很不真实的。

为什么西南地区许多喜爱戴金属大耳环而令耳垂相对拉长的民族不叫作“儋耳”，而偏偏把海南的民族叫作“儋耳”呢？难道西南地区这些民族的风俗习惯不为人们所知吗？非也！在中华史籍文库里，详细记载西南民族丰富多彩的传统风俗习惯的史籍有很多，只是因为“儋耳”这个词的意义来源并非如一些人所说的那样是“长耳”——两耳长垂至双肩，“让肩担挑着”。所以，尽管西南有很多民族因喜戴大耳环而使耳垂拉长，但并不因此而称他们为“儋耳”。

“儋耳”同史籍中许多从汉字意义方面理解不通的词语一样，也是古濮越语的一个汉字译音词。“儋”，上古音是咸摄、章母、盐韵，音标是 tɕiæm。古濮越语的 tɕiæm 是“同是、同样、共同、相同、一

样、一起”的意思。“耳”，上古音是止摄，日母，之部，三等，音标是ȵie。但是，如果始译者是两广的当地汉人或通汉语的当地人，用古音去检验意义不大。因为译音词由于两种语言语音的差别而只能取其近似，而不能做到百分之百的贴切与准确。仅以现代英语译为中文为例，英语的 Naturals，精通英语的翻译家也只能用“乃琦斯”这样的汉字译音来表达。这几个汉字音，读起来同英语语音就有很大的差别。所以，“儋耳”的“耳”，我们认为应该是濮越语 ji（jyi、jai）“犁（田）、种田人”的译音。ji 最早被用汉字音译为“夷”，后来可能由于不同地域的音变又被音译为“越”。pu ji “种
位 犁
田人”这两个音被音译为“濮夷”，而pu jai “种田人”则被音译为
位 犁
“百越”。

“夷”，上古音与“耳”同在止摄，“夷”为脂韵，“耳”为之韵，韵母的基本元音都是 i。现代广东话，“耳”与“夷”声韵均相同，都是 ji，只是声调不同而已。

“儋耳”这个汉字译音词，还其濮越语的本来面目，应该是tɕiæm
同是
ji “同是种田人”，用汉语来表达，即“同是夷人”或“同是越人”。
犁
海南的早期居民，包括黎族，都是百越民族的分支。数千年后的今天，黎语和原“儋耳郡”内的临高话仍是壮侗语族里有亲缘关系的亲属语言，这就是最有力的证明。因此，“儋耳”一词的意思即是“同是越人”的结论是正确的，不可能再有其他的解释。

至于“雁门之北”的“儋耳”，意义当然也不例外。建立夏王朝的濮越先民，在夏朝灭亡之后，仍有部分在“雁门之北”继续繁衍生息。他们以农业为生，对外自称其社会群体为tɕiæm ji “同是种田人”
同是 犁
（“同是夷人或越人”），因而最早被人用汉字译音为“儋耳”，这是不足为奇的。

也许有人会说，南北相距数千公里，如果不是民族的迁移，其名称难道会如此巧合吗？请不要忘了，同一个民族的原始共同语，其语言的基本词汇是相同的。一个民族语言中的某些语词一旦被另一民族译音之后，译音的民族再碰到该音时，通常都只会照用原译，这是常理。因此，海南的“儋耳”并不一定就是“雁门之北”的“儋耳”

移民的后裔，而是南北都译自濮越先民语言中的同一个语词 tçiæm ji“同是种田人”（即“同是越人”）。

（3）“丹”与“亶”（“古公亶父”）。

前面说过，“丹”与“亶”都是古濮越语 ta:n“白米”的汉字同音异译。但是，司马迁在《史记》里，却塑造了一个人名——古公亶父，认为建立周朝君临天下的事业是从古公亶父开始的（“文王……追尊古公为太王……盖王瑞自太王兴”）。然而，这个“古公亶父”是否真的是周朝的首王？他为何叫“古公亶父”？

《史记·周本纪》记述相传帝王时，一般都是用“××卒，子××立”的句式来表达，很少有名字是三四个字的。但是，到了亚圉以后，就不同了，出现了三四字的人名。如：“亚圉卒，子公叔祖类立。公叔祖类卒，子古公亶父立。”“古公亶父复修后稷、公刘之业。”

同一王朝，同一祖先的帝位世袭，在没有特殊历史原因的情况下，帝王的名字为何一下子从两字变成三四个字呢？这是有悖常理的。可是，2000 多年来，古史学家却很少有人对此提出异议。

根据中国人的取名习惯，“古公亶父”中，“亶父”应是名，所以，《四书集注》等书说：“古公，太王之本号。”清代考据学家崔述经过多方考证，第一个出来否定了这个说法。他在《丰镐考信录》里说：“周自公季以前，未有号为某公者；微（唯）独周。即夏、商他诸侯亦无之，何以大王乃独有号？……古，犹昔也。‘古公亶父’者，犹言‘昔公亶父’也。‘公亶父’相连成文而冠之以‘古’，犹所谓公刘、公非、公叔娄者也。”

当代学者杨善群受崔述的启发，继续做了深入的考证，他在《周太王亶父号“古公”吗》一文中说：“检阅《史记》之前，先秦时期和汉初的许多典籍，未有称太王亶父为‘古公’者。如《穆天子传》卷二记：‘大王亶父之始作西土，封其元子吴太伯于东吴。’《穆传》是从战国魏襄王墓中出土的先秦时期的作品。《孟子·梁惠王下》一再陈述周太王的事迹云：‘昔者大王好色……昔者大王居邠……故大王事獯鬻’，从不称其为古公。”

那么，“古公”之名从何而来呢？难道是司马迁编造出来的吗？当代学者孙作云在《诗经与周代社会研究》里说，是司马迁引用资料

时考察不细致造成的。他说：“‘公亶父’不能称为‘古公亶父’或‘古公’。《诗经》四字一句，故在‘公亶父’前加一‘古’字，以足其文。司马迁不察，在《史记·周本纪》中，一再曰‘古公亶父’或‘古公’，这是不对的。”孙作云以《诗经》中众多的‘古’字为佐证，言之成理。

其实，细读《史记·周本纪》就会发现，司马迁在撰写这个王朝历史的时候，由于严重缺乏真实史料的记载，所以，除了求助于《左传》等典籍之外，就只能依靠神话传说了。

例如，《五帝本纪》说：“禹、皋陶、契、后稷、伯夷、夔、龙、倕、益、彭祖自尧时而皆举用。”然后，下文有“舜曰：‘弃，黎民始饥，汝后稷播时百谷。’”这里所指的“后稷”，显然是尧、舜时代的“后稷”无疑。

但是，令人不解的是，《周本纪》里开宗明义第一句就说：“周后稷，名弃。”怎么尧、舜时代的“后稷”，在1000多年之后，突然又投胎到周朝来了呢？如果说，其目的是说明周代是一个农耕社会，也绝无必要说“周后稷，名弃”这样令人莫名其妙的话。

“弃”之名来源于神话传说，毫无事实根据。因此，可以肯定，“弃”绝非周代之首王。既然如此，为何《周本纪》的第一句话就是“周后稷，名弃”这样与周世系无关的人名？！

又如果说，司马迁真的把“后稷”当成周代的首王，前面我们已清楚阐明，所谓“后稷”，实际是濮越语hau tsit或hau tsik“糯米”的
稻米 黏
早期汉字译音。糯米被称为“百谷之王”，在民间有许多与糯米有关的美丽传说。由于司马迁不懂得这是濮越语的汉字译音词，于是根据民间传说史料把它当做真名字载入《五帝本纪》和《周本纪》，这说明他根本就不知道谁是周代的首王。因此，只能以“后稷”这个“百谷之王”来充当周代的人王。

其实这一点也不奇怪，司马迁所处的汉代，他所能接触和看到的文字史料，其中有许多是早期用汉字译写濮越语的译音词。这些译音词被掺入汉语句子中使用之后，就像所有语言的外来词（包括译音词和借词）一样，一般人是不可能轻易察觉和辨认出来的，司马迁也不例外。因此，在《史记》里，他就为我们保存了很多古濮越语的译音

词，包括它们原有的构词方式。“古公亶父”这组词就是千百个濮越语译音词中典型的生动例子。

仅以《周本纪》为例。这篇记述周王朝大事及帝王世系纪年的著作中，以“公×”为构词形成的“合成词”（包括重复的词）共有14个（次）。如“公刘”、“公非”、“公季”、“公叔祖类”等。但是，以“×公”为形式的词（包括重复的词）则有66个（次）。如“召公”、“毕公”、“康公”、“荣公”、“桓公”、“穆公”、“惠公”等。两者的比例是1:5。

不同语言有不同的构词形式，濮越语亲属称谓词一般都是在人名前边。如阿明的妈叫“妈明”，阿明的爹则称“爹明”，阿明的爷爷则称“公明”，阿明的祖母则叫“婆明”。兄、叔、舅、姨均是如此称呼。汉语则刚好相反，叫“阿明奶”、“阿明爹”、“阿明爷爷”、“阿明婆婆”、“阿明的舅舅”、“阿明的姨”等。

据多方考查，方块汉字“公”用来作为对祖辈的尊称，是濮越语遗留下来的。汉语自形成以后，从来没有把“公”当做外祖父或爷爷讲。汉代许慎著的《说文解字》说：“公，平分也。从八从厶（音司）。八犹背也。韩非曰背厶为公，古红切。”“祖父”的“祖”也不叫“公”。《说文解字》：“祖，始庙也。从示且声，则古切。”可见，史籍和现代人在某些场合称一些被尊敬的人叫作“×公、××公”，这是受濮越语影响的结果。现代粤、闽、吴语区的人称祖父（外祖父）为“阿公”，这当然是濮越语的遗留。

因此，完全可以肯定，《史记·周本纪》里的“公×”、“公××”的称呼形式是濮越语在早期时被人译音记录在故事传说或其他文字作品之后为司马迁所引用。在现代壮语里，“公×”、“公××”的形式仍然是日常生活中称呼祖辈的形式。

把《诗经·大雅·绵》加上去的“古”字去掉之后，“古公亶父”就是“公亶父”。“公亶父”的濮越语读音是 koŋ（祖父、祖先） ta:n（白米） pu（位），但这并不是濮越语的词序，濮越语的词序应是 koŋ（祖父、祖先） pu（位） ta:n（白米），用方块汉字译音就是“公父亶”，意思是“种稻米的祖先”。其中pu的汉字译音，本来可以写作不、布、甫、浦、僕等许多音相近的，但始译者却选用了“父”。“父”的上古音不读fu，而是读pu。由于汉语的

“父”是“父亲”之意，而“公”又是对德高望重的祖辈的尊称，始译者可能从汉字意义方面考虑，觉得“公”与“父”连用在一起不容易被人们正确理解，于是就将“父”调到名词之后，成为“公亶父”。有了此先例，以后再遇到此种情况，就依样画葫芦，因而在《周本纪》里就出现了“石父”（“幽王以虢石父为卿”）、“尚父”（“武王使师尚父与百夫致师”、“师尚父牵牲”）等多个同类的人名。

周代是以农业为主的农耕社会。虽然早在数百年前的商代已开始使用甲骨文来记事，但那时的文字还正处于半象形阶段，而且数量较少，主要还是用来占卜吉凶，为统治者服务的，普通的老百姓并未认识、掌握和应用文字。到了周代中叶以后，文字才慢慢变为记事和相互交际、传递信息的工具。因此周代初期帝王活动的情况及帝王世系交替的情况是没有文字详细记录在案以流传后世的，人们只能靠口耳相传的形式来记录一些有关的英雄人物（包括帝王一类）的故事。

由于没有确凿的文字记载作依据，所以，司马迁写《史记·周本纪》时，对于谁是周代的首王确是无法知道的。他唯有从一些零散的文字资料和故事传说中，沙里淘金，寻找一些可用之材。他凭过人的聪明才智和努力，终于建立起一个令人信以为真的周代殿堂。一些濮越语故事传说中的人名，就这样被他作为帝王世系里的人名而绝妙地保留下来了。例如：

“庆节卒，子皇仆立。”——“皇仆”即“皇父”，濮越语pu（位） vuŋ（王）“做王的人”。

“皇仆卒，子差弗立。”——“差弗”即“差父”，濮越语pu（位） sa:i（男子）“男子”。

“差弗卒，子毁隃立。”——“毁隃”即濮越语 vi（男人）（或vun（人）） ji（犁）(jyi（犁）)“种田人”。用汉语说即“夷人”。“隃”与“夷”是同音ji（或jyi）异译字。

“公叔祖类卒，子古公亶父立。”——“祖类”即濮越语 tsu lɔ:i（山）“山地人”的汉字译音。后来，tsu 语音发展演变为 tu，意思是“只”或“位”，用于动物是“只”，用于人是“位”或“个”。“公叔”是

"叔祖父"之意。"公叔祖类卒，子古公亶父立"实际应该是"公叔祖类卒，子公亶父立"。这句话的意思是："种（山）地的先人叔祖父死了之后，（他那）种稻米的儿子继承了他的事业。"

这些语句，司马迁当然是并不知道其真正含义的，但他在无意中为中华民族保存了部分真实的历史。因为周代是以农业为主的社会，人们对发现和发明种植稻米的先人的无限崇敬之情，并不亚于那些被喻为"救世英雄"的皇帝。因此，"公亶父"（濮越语koŋ pu ta:n"种
先祖 位 白米
植稻米的先祖"）在人民心目中是至高无上的。司马迁在确实无法找到谁是周代首王的情况下，根据民间传说提供的信息和他敏锐的感知，通过对周文王的褒颂，确立了并非真实帝王的"公亶父"为周代的首王的地位（"文王……追尊古公为太王……盖王瑞自太王兴"）。这就等于明白地向世人宣称：周朝的天下，是从"发现并发明种植稻米的先人"开始的。用这样符合历史事实并为人民公认和热爱的无名英雄来当首王，要比凭空杜撰一个能够倒海翻江的盖世英雄来当首王，实在要强千万倍。

（4）伊吾、阿恶、呼衍、窦固、婆悉、庭州。

伊吾又作夷吾。如《左传·庄公二十八年》："晋公子重耳居蒲城，夷吾居屈。""伊"、"夷"都是濮越语 ji"犁"的同音异译字。"伊吾"、"夷吾"都是濮越语ji wu"咱们种田人"（或"咱们越
犁 咱们
人"）的汉字译音。在新疆，"伊"开头的地名还有伊犁、伊宁等。

伊犁，是濮越语 ji lɔ:i（lei、li）"夷人或越人的山"的译
（音夷或越） 山
音。

伊宁是濮越语 ji ⁿde:ŋ"越人的地方"的译音。
夷、越 地方

新疆的濮越语地名除此以外还有许多，仅见于现代地图上就有：

巴里坤，是濮越语pu lɔ:i（lei、li）kun"山地人"的译音。
位 山 人

奇台，是 kɯ dɔ:i"山"的译音。
（助词） 山

阜康，是pu ho:ŋ"做工的人"（劳动者）的译音。
位 做工

达坂城，是 ta ba:n"村里人"的译音。
（助词） 村

博乐，是pu lau“我们（的人）”的译音。
位 我们

富蕴，是pu von“濮人”的汉字译音。“富”古音读 pu。
位 人

巩留，是kuŋ lau“我们祖先”的汉字译音。
祖 我们

大涝坝，是 tu lau“我们”的译音。“留”、“涝”是同音异译字。
个只 我们

野云沟，是ji（jie、jiai）von kau“我越人”的汉字译音。
越 人 我

新和，是sen wu“（讲）咱们话（的人）”的译音。
话 咱们

温宿，是von so:k“外来人”的译音。
人 外

和田，是 wu de:n “咱们的地方”的译音。
咱们 地方(近指)

洛浦，是lau pu“我们”的译音，是 pu lau 的汉译倒装字。
我们 位

普鲁，是pu lau“我们（的人）”的译音。
位 我们

皮夏，是pu（音变为 pi） jo “有本领的人”的译音。
位 有本领

哈浪沟，是 ha laŋ “背后（沟）”的译音。
（助） 后面、背后

于阳，是 wu ja:ŋ“咱们种粟人”的译音。“于”不读 yu，古读 wu。
咱们 粟

前面论及“蒲犁”、“蒲类”时引述了一些史籍里提到的几个古部落名称和某些古地名，但由于过了2000多年，古代民族已为现代民族所代替。所以，一些古代部落形成的小国名称，不一定每个都淀积为地名，因而，在现代地图上不一定能够找到。但是，既然它们曾经留名青史，我们就有责任去弄清楚祖先们走过的足迹。

例如，《后汉书·西域传》记载的所谓阿恶国，写明“南去师车后部马行九十余日”。这个古代小国的确切地点何在？现代地图上是找不到的。

不过，国名为什么叫阿恶？难道是可恶到“十恶不赦”的地步吗？非也！它其实只不过是古濮越语 a wu “咱们”的译音。说明这小国是古濮越人的一个部落。
咱们

呼衍、窦固，同样也是古濮越人的小部落。部落名称也是根据濮越语译音而来的。呼衍是 wu jen“（讲）咱们话（的人）”的译音。
咱们 话
窦固是 tu kou“我”的译音，以“窦固”为部落名，可能是始译者
（助）我
同部落首领谈话时得来的译音。首领不断称部落是他的，始译者听不懂，就只有抓住 tu kou 这组音。

婆悉是pu çai“种田人”即“濮越”的译音。《后汉书·窦固传》
位 犁
注：“蒲类海今名婆悉海，在今庭州蒲昌县东南也。”前面已说过，蒲类是濮越语pu lɔ:i“山地人”或“种地人”的译音。婆悉是“种田
位 山
人”的译音。由于“种地人”、“种田人”都是濮越语 pu lɔ:i 和 pu çai 的译音。所以，不管是译为“蒲类”也好，“婆悉”也好，都说明这地名源于濮越人的语言。

庭州也是濮越语de:ŋ tsau“我们地方”的汉字译音。
地方 我们

二、史籍上众多百越支系名称的由来

几千年来，不同时代的史学家和历史爱好者，由于他们都不是始译者，对译后词语的真正含义大多一无所知。因此，在他们花尽毕生精力去研究中华民族古代史或百越民族史的时候，大都只能根据译音的汉字意义对百越民族进行分类。例如，宋人罗泌《路史·后记·高阳》就将百越民族分为南越、越裳（濮越语jai soŋ“种稻人”）、骆越
犁 稻穗
（濮越语 lau jai“我们种田人”）、瓯越（濮越语ɤau jai“我们种田
我们 犁　　　　我们 犁
人”）、瓯隑（濮越语ɤau kai“我们的”）、瓯人（濮越语ɤau“我
我们（助词）　　　　我们
们”）、且瓯（濮越语 tsɯ ɤau“我们”）、目深（濮越语 mu sam
（助）我们　　　　位 相同，同样
“一样的人”）、扶摧（濮越语pu çai“种田人”）、禽人（濮越语sam
位 犁　　　　相同
“一样的人”）、苍梧（濮越语soŋ wu“咱们种稻人”）、蛮扬（濮越语
稻穗咱们
ma:n ja:ŋ“种粟人村”）、扬越、桂国、西瓯、损子、产里、海葵、九
村 粟
菌［濮越语kau kun“我（的）人”］、稽余（濮越语 kɯ ji“种田
我 人　　　　（助）犁

人”)、濮句［濮越语pu kau“我（们）的人”］、比带（濮越语pi da:i
位 我　　　位 山
“山里人”)、区吴（濮越语^{ʔ}au wu “咱们的人”）等25支。其中的
咱们
“骆”、“区”、“瓯”都是“我们”（lau、ɤau）的同音异写，“裳”、“苍”是soŋ“稻穗”的同音异写，“深”、“禽”是sam“相同、一样”的同音异写，“目”、“濮”、“比”都是^{m}pu“位”的音变异体mu、pu、pi在不同时期的译音。

罗香林在《中夏系统中之百越》一书中则将百越民族分为于越、瓯越、闽越、东鳀、扬越、山越、南越、西呕（瓯）、骆越、越裳、掸国（濮越语ta:m“种稻米人”)、腾越、越嶲［濮越语jai ji“犁
白米　　　犁
（种）田人”］、僰国（濮越语pu“濮人”国）、夜郎、夔越等17支。

民族古史学家何光岳，穷半生精力，写就了《南蛮源流史》、《楚源流史》和《百越源流史》等多部民族古史专著，的确贡献突出。但是，被认为“突破了往昔民族史研究的局限”（魏嵩山《序》）的《百越源流史》，却基本上是以“民族迁移”为主线，以居住地域和他称为支系划分准则，将分布几乎遍及神州大地的百越民族，参照前人的框框也划分为干越、瓯越、闽越、于越、扬越、滇越、外越、山越、缥越、骆越、南越、越章、越嶲、越裳、交趾、儋耳、牂牁、乌浒、且人、令人、桂人、番人、兰人、畲人等24个分支。

可是，在《南蛮源流史》里，被列为“濮僚族系”的百越先民，却又仅以自称或他称的译名为依据，而细分为濮、僚、鸠僚、主僚、仡僚、仫佬（木棬）、哀牢、挹娄、娄、豆莫娄、楼烦、凿齿、俚（雷）、俫、羌犁、苍梧、良、不羹、夜郎、佷、文郎、白狼羌、东夷等数十个分支。⑪

当然，我们并不否认民族迁移。我们从来就认为，人类之所以有今天，世界之所以有今天，都是数百万年来不同地域的不同民族（包括氏族与部落、部族），经过不断迁移并相互交融的结果。我们并不否认，以居住地域或按自称、他称来称谓某一民族或民族分支，因为无论古今，不同民族的称谓都是或按居住地域，或按自称、他称来命名或称呼的。问题是，同一民族的不同支系（假如有），到底怎样称呼才更加合乎情理？能否一部分支系按地域来称，而另一部却又按自

称或他称这样几种不同的标准来称呼呢？这是值得讨论研究的。

《百越源流史》的体系正是如此。它既按居住地域来分支，称之为“×越”、“越×”等；又按自称或他称来分支，称之为“乌浒”、“且人”、“桂人”、“番人”、“兰夷”、“畲人”等。这个体系的形成，当然是因为作者对百越语毫不了解，以及对“百越”一词的来源和含义完全不知。由于年代久远，许多史学家都已不知道“百越”这个词是濮越语pu ji位犁（或jyi、jai、jui、joi）“种田人”的汉字译音，也不知道pu ji这组音，战国以前只译了前一音节pu，写作“濮”，战国时才将两个音节全译为“百越”。“百”并非“众多也”，而是与“濮”（pu）为同音异译字。正是由于译者以“百”代换了“濮”，才给后人带来了许多意想不到的麻烦。《百越源流史》正是从“百越”二字的汉字意义去猜度、理解，并千方百计地去搜寻证据来支持书中的观点。这只要看该书开头第一章第一段就十分清楚明白。该段原文：

> 越人是指使用一种石戉的人类群体的名称，后来不断加入了众多的来源不同的民族、部落集团，形成了许多互不统属的部落集团，被称为“百越”。⑫

这段话可以说是全书的指导思想和纲领。从这段话里，我们十分清楚地看出：

第一，他给“越人”所下的定义，是完全依据“百越”二字的汉字意义，甚至是从造字学的角度出发的。认为“越人”之所以被称为“越”，是因为他们是专门“使用一种石戉的人类群体”。根据这个定义，这个群体的名称来自石器时代；其次，这个群体即便是在石器时代，也是以使用石戉为特征的（这有可能吗？）。因此，要认识他们，了解他们的历史，就必须从考古学方面，借助近年考古的成果，从各地出土的石器去追寻，去论证。

第二，认为“百越”的“百”是“众多也”的意思。越人之所以“人多势众”，不是通过战争掠夺与兼并，而是有“众多的来源不同的氏族、部落集团”，他们以能够成为越人而感到骄傲与自豪，所以，纷纷心甘情愿地“不断加入”，从而“形成了许多互不统属的部落集团，被称为‘百越’”。

由此可见，作者跟以往许多史学家一样，根本不知道“百越”二

字的由来及意义，更无法辨认保存在众多史籍里的那些用方块汉字译音而成为专有名词的濮越词语，所以，也只能拾他人的谬误继续以讹传讹了。

例如，作者根据一些古典史籍，错将于、干、瓯、闽、骆、巂、裳、交趾、儋耳、牂牁、乌浒、香人等作为百越民族的支系而大书特书。其实，这只不过是百越民族语言里的一些极为普通的语词。

下面，我们不妨看看《百越源流史》（下文简称《源流史》）里所谓的“百越支系”究竟是什么东西，以及它们是怎么来的。

（一）于越

“于”是百越语 wu“咱们”的汉语译音。始译年代已不可考证，但《竹书纪年》已有“于越来宾”的记载。

何光岳虽然并不知道这个“于”字的来源及意义，但它的读音却没有弄错。他引《说文解字》段玉裁注：“亏，古文乌也。”并认为“于、於、乌古乃一字”。

可能由于“于越”在史籍里记载的年代久远，所以，他认为它是百越民族的“龙头”，因而在论述中一再用“以于越为首的百越人(族)”来强调这个“支系”的历史作用及影响。然而，由于他不知道“于”的意义，故而认为“于”与“越”是两种不同的人，而不是讲同一语言的同一民族。所以，第二章开头一句就说错了。他说：“于越，为于人与越人结合而成。”

“于”既然是百越语 wu“咱们”的汉字译音，怎么能够认为“咱们”这个代词是一种人，而“越”（ji“犁”）又是另一种人呢？如果把“于越”还原为百越语 wu ji“咱们犁（田的）”，引申为“咱们种田人”，而把“咱们”和“种田人”当做两种人，然后又把“咱们种田人”合起来当做百越民族的一个“支系”，这难道是正确的吗？

一些古史学家，由于他们对被音译为汉字“于越”的百越语的意义一无所知，所以，有的把它当做民族（部落或部族）名，有的把它当做国名甚至人名。如宋代罗泌《路史·国名纪丁》认为于越是国名。他说：“越，季扞国，姒姓罕也。一曰於越，处埤中，号无余。今会稽越州治，谓之勾践城，与南越异，爵不过子。”[13]在这段话里，“越”、“季扞”、“姒”、“罕”、“於越”、“无余”等，其实都是百

(濮）越语的汉字译音。

“季扞”是百越语 kɯ（助词） hun（人）“人”的汉字译音。“扞”，《说文解字》：“忮也，从手干声，侯旰切。”所谓“季扞国”即是百越语的“人国”的意思。

“姒”是百越语 sa:i“男子汉”的汉字译音。“褒姒”即 pu sai“妾，小老婆”，姒，只是译音字。

“罕”是百越语 hun“人”的汉字译音。“罕”、“扞”是同音异译字。

“无余”、“於越”、“于越”、“于夷”都是百越语 wu ji“咱们种田人”的同音异译。

罗泌从何处抄来这些百越语的汉字译音词，我们无需考证。但是，如果从汉字字面意义认真去理解这句话，则不免令人感到丈二和尚摸不着头脑。“季扞”是什么意思？为什么说“姒姓罕也”？“於越”与“无余”两者又是什么关系？为什么说“无余”是“於越”的名号呢？这些问题恐怕连罗泌也弄不清楚。

“於越，号曰无余”这个意思最早见于《吴越春秋》：“少康恐禹迹祭宗庙之绝，乃封其庶子於越，号曰无余。”从这句话上下文的意思看，“於越”的“於”应该是“在”的意思。即是说，少康怕禹的宗庙无人祭祀，就封他的小儿子在越这个地方。但是，这样理解的话，“号曰无余”就译不通了。因为，“无余”究竟是指少康的庶子，还是指“越”这个地方呢？

贺循作《会稽记》，引用这句话时，就十分明确地将“无余”去掉，只用“於越”，说：“少康封其少子，号曰於越，越国之称始此。”这显然是错误的。

自《吴越春秋》把“於越（于越）”当做人名之后，一些古史学家写越国史就有“据”可循。他们在无法得知越国君王世系的情况下，就把一个并非真人名字的所谓“无余”作为越国的首位君王。其实，“无余”与“於越”、“于越”、“于夷”、“武夷”都是濮越语 wu ji“咱们”的同音异译。

勾践之前，越国因无自己的文字来记录历代君王及国事活动情况，所以，历史记录只能是一片空白。东汉人作的《越绝书》毫不隐

讳这一点。该书卷八《越绝外传·记地传第十》说：“越王夫镡以上至无余，久远，世不可纪也。夫镡子无常，无常子勾践，大霸称王，徙瑯琊都也。”⑭

一千多年都没有文字专门记载，当然就没有什么世系可考证了。即便到了越王勾践，完成了春秋战国的霸业，其事迹也都是过了很久才由一些史学家根据零散资料与传说追述的。由于2000多年前有关越王勾践的故事传说还比较多，所以，无意中用译音记录下来的百越语词在史籍里比比皆是。就连越王勾践的父亲和祖父，因无文字确实记载，没有具体真实的姓名，所以，就只有由记录传说的人，以与汉字相近的译音名字来补足。

例如，上引《越绝书》那段话里的“越王勾践”的父亲“允常”及祖父“夫镡”，就不是真人姓名，而是记录传说的人或作者，用方块汉字把百越语van so:ŋ（引申为“种田人”）和pu sam（“一样
人 稻穗 位 共同、一样
的人”）音译之后强加给他们的。

“夫镡”是百越语pu sam“同样的、一样的人”的汉字译音。
位 共同、一样
这里的“夫”不读现代的fu音，而是读pu，是百越语专用于“人”的连带量词。凡是说“人”这个字时，一般都要带pu，读成pu von
位 人
“人”。“镡”也不是读“谭”音，而是读“寻”或“沉”音。《说文解字》：“镡，剑鼻也，从金覃声，徐林切。”

表示“种田人”（译音写作“允常”van so:ŋ）和“同样的、一起的人”（译音写作“夫镡”pu sam）之意的字（词），怎么能说是真人的名字呢？又怎么能说这就是“越王勾践”的父亲和祖父的名字呢？当然，如果说“越王勾践的父亲是种田人”，那又是另当别论了。

总之，把“于越（於越）” wu ji“咱们种田人”当做百越民族
咱们 犁
的支系，是历史造成的一种深沉的、难于改正的错误。它跟那些同样被当做百越民族支系的百越语译音词一样，在众多中华古典史籍里已被讹传了2000多年。

（二）干越

“干”是百越语kun或kon，即“人”的汉字译音。现在云南西

双版纳地区的傣语，人们还是这样讲的，西双版纳的读 kun，德宏的读 kon。

《源流史》说：“干越是干人从北方南迁到皖南和江西之后与越人结合而成。”[15]这是完全错误的观点。古百越语称“人”为 kun（kon），史籍里有的译作“干”，有的则译作“邗”、“赣”、“灌”、“驩”、“卷”、“痯”、“菌”、“群”、“均”、“昆”、“坤”、“欢”等（后详）。按照《源流史》的说法，皖南和江西的“越人”在“干人”未从北方迁来与他们结合之前，他们称“人”不叫 kun（译音为“干”），叫什么呢？只有天知道！

给“干越”下这么一个自以为无懈可击的“迁移论”的定义，当然是由于根本不知道百越语称“人”为 kun，否则一定不会这么说。因为“干越”还原为百越语，即是kun ji（jyi、jai、joi、jui 等）。
人 犁
这两个音，从汉语角度看，它是百越语固有的倒装语序。汉语语序是“犁（田）人”，引申为“种田人”。那么，“种田人”难道可以说是百越民族的一个支系吗？当然不是。如果按照从事行业的不同，把百越民族分为“种田人”、“经商人”、“工人”，等等，则又是另外一回事了。《源流史》说：“干越和于越，原是两个不同的部族，一般认为于越为越人的正宗，而干越则是百越的一支”。[16]如前所说，这当然也是完全错误的。因为“干越”是百越语“种田人”的意思，“于越”则是在“种田人”前面加了“咱们”，即“咱们种田人”之意。怎么能说他们是两个不同的部族呢？怎么能说加了“咱们”二字的“种田人”是“越人的正宗”，而没有加“咱们”二字的“种田人”却是“百越的一支”呢？

当然，错误的根源并不是出于任意杜撰，“干”和“于”这两个字的译音，商代的甲骨文、《春秋左传》、《尔雅》、《说文解字》等许多古典史籍里都早已有之，《源流史》只不过是详加引证并广作发挥而已。不过，公正而论，《源流史》集中的这些史料，使许多对中华民族古代史有兴趣的人，省了大量搜寻翻阅古籍的精力和时间，不能不说是件大好事。

（三）瓯（瓯越）

瓯是古百越语ˀau 或 ɣau“我们”的汉字译音。由于语音的发展演

变，百越民族后裔的几种兄弟民族语言里，现代口语“我们”一词，除韵母 au 之外，声母已各不相同或不完全相同。其中比较接近的是壮语（北）读 ɣau ^{21}，壮语（南）读 lau ^{33}，布依语读 zau^{11}，临高话读 hau ^{33}，仫佬语读 hɣa:u ^{41}，侗语读 ta:u ^{55}。

古百越语ˀau“我们”被用汉字译音写作“瓯”，并用作百越民族某一支系的名称，已有近 3000 年的历史。周人初辑，战国时期成书的《山海经·海内南经》里就已有“瓯居海中。闽在海中，其西北有山。一曰闽中山在海中”的记载。

瓯在一些史籍里又写作区、沤、貙、欧等。

罗泌《路史·国名纪丁·越沤》认为：“沤、欧、瓯、区通。”这是正确的。因为尽管字的外形不完全相同，但的确都是百越语ˀau“我们”这个词的同音异译字。认识了这一点，读史时就不会掉入云雾之中而不明所以。如《逸周书·王会解》记述百越先民给商周王朝进贡的物品是：“东越海蛤，欧（瓯）人蝉蛇……姑于越纳曰姑妹珍，且瓯文蜃，共人玄贝，海阳大蟹。……禽人菅，路人大竹，长沙鳖。其西鱼腹鼓钟钟牛，蛮扬之翟，苍吾（有史籍亦写作“梧”字）翡翠。……伊尹朝献商书，汤问伊尹曰……伊尹受命，于是为四方令曰：‘臣请正东符娄、仇州、伊虑（娄）、沤深、九夷、十蛮、越沤、剪发文身。……正南瓯、邓、桂国、损子、产里、百濮、九菌，贡献珠玑、玳瑁、象齿、文犀、翠羽、菌鹤、短狗……’”

这段话除了“东越”、“于越”之外，竟然还有十多个濮（百）越语普通词的译音被当做百越民族的支系名称：

“且瓯”是濮越语 tsɯ ˀau（(助) 我们）“我们”的汉字译音。《说文解字》：“且，荐也。子余切。”

“禽人”是濮越语 sam“共同、一样、一起”的汉字译音。

“路人”是濮越语 lau“我们”的汉字译音。

“蛮扬”是濮越语ma:n ja:ŋ（村 粟）“种粟人村”的汉字译音。ma:n，即“村庄”。

苍梧一词史籍有许多同音、近音的写法，如仓吾、牂柯、牂牁、苍舒等。《南蛮源流史》第十八章，专讲“苍梧族的来源与南迁”，但由于对“苍梧”这个由濮越语soŋ kau（穗 稻）“稻穗”而引申为“种稻人”

的含义一无所知，所以，唯有对译音后的汉字进行解释，因而，跟前面一样，必然导致错误的结果。例如书中说：“苍梧的含义即为‘青色的人’。”为了证明解释的正确，便大量地引经据典，如《山海经》、《尔雅》、《广雅》、《说文解字》、《内经素问》、《逸周书》、《孔子家语》，等等。尤其是引用《礼记·檀弓上》“舜葬于苍梧之野”，因为“舜以土德王，色尚青”（《孔子家语·五帝》）。

其实所谓苍梧，就是“壮族”一词的古代译音，来源于古濮越语 soŋ kau “咱们种稻（田）人”。一些古籍里的所谓“僮牯”或“僮
穗稻 我
牯佬”，也就是soŋ ku（kou、kau）“我种稻（田）人”，或是soŋ klau
稻穗 我　　　　　　　　　　　　　　　　　　　　　稻穗 我们
“我们种稻（田）人”的汉字译音。

史籍里有关壮族先民的故事传说和活动情况的记述有很多，只是因为不同时代、不同地域、不同层次的人，对壮族先民的译名称谓所用的汉字有所不同而已。有的写作“僮”，有的写作“苍（梧）”、“（越）裳”、“常”、“嫦（娥）”、“牂（牁）”等。

《南蛮源流史》在第十八章第二节，以“苍梧族南迁后又称沧浪”为标题，引证了许多史籍中有关“沧浪”的记述或考证，证明“苍为青色”，并有把握地下结论：“沧浪就是青黑色的氏族和黄色的氏族结成双胞族的部落联盟，这是古代部族间多采用之赖以互相通婚的结合方式。如斟与灌、寻结合后，就变为斟灌、斟寻氏了；暹与罗斛结合后就成为暹罗斛了。”

不用多说，明眼人一看就知道，这个结论也同前面所说一样，是从汉字字面意义出发去猜度的，因与事实不符，当然也就无信可言了。

由于认为“沧”即是“苍”，既同音，又同义，所以“沧”也是“青黑色”。经过考证之后，“认为浪字也即俍字，即古代的俍人，或良人。……‘良’字在壮语为黄”。因此，想当然，“沧浪就是青黑色的氏族与黄色的氏族结成双胞族的部族联盟”了。但是，百越先民究竟有没有这样的部族联盟呢？那就只有天知道了！

不错，壮语或者说古百越语的确称黄色为 le:ŋ（傣语为 ləŋ^{35}或 lɤŋ^{55}，临高话为 laŋ^{213}，黎语为 ze:ŋ^{53}），但是，“沧”绝不是指“青黑色”。“沧浪”二字在众多的古籍中出现以及作为中华大地上的山川

地名而流传千古，最初来源于濮越语soŋ laŋ“黄色稻穗”这两个音。
稻穗 黄
把 soŋ laŋ 用汉字译音为“沧浪”，有谁说译得不准呢？

壮族先民在许多史籍中之所以被译称为“僮牯佬”，主要是因为古濮越先民是神州大地上最早发现并发明种植稻谷的古代民族。他们自称为soŋ klau“我们是种稻人”。后来，随着社会的不断发展，文字
稻穗 我们
被发明创造并广泛使用以后，soŋ klau 才被音译为“僮牯佬”而作为民族的称谓广泛流传。因此，“僮牯”与“苍梧”、“牂柯”实际上都是同音异译词。

至于说斟与灌、寻，暹与罗斛，他们原都是不同的民族或部落，后来结合之后，才变为“斟灌”、“斟寻”、“暹罗斛”。这也都是由于不懂濮越语而想当然的猜度。“斟灌”和“斟寻”分别是濮越语tsam
同样
kun“同样的人”、tsam sen“同样的语言”的汉字译音。“暹”和
人 同样 话
“罗斛”也都是濮越语的汉字译音。“暹”濮越语读 sam，是“共同、同样”的意思。“罗斛”，是濮越语 lau ho “我们（的）”的汉字
我们（语气词）
译音。“暹罗斛”，是sam lau ho“同是我们的”之意。它们根本不存
同样 我们
在什么结不结合的问题。

符娄是濮越语pu lau“我们”的汉字译音。“符”不读 fu，而读
位 我们
pu。

仇（州）是濮越语 sou“你们”的汉字译音。现代壮语称“你们”仍然是读 sou^{24}，布依语是 su^{24}，傣语也是 su^{55}，侗语是 ça:u^{35}，仫佬语是 sa:u^{42}，水语也是 sa:u^{13}。

伊娄是濮越语ji lau“我们犁（种）田人”的汉字译音。“伊”、
犁 我们
“夷”、“越”是同音异译字。

沤深是濮越语ˀau sam “我们一起的”的汉字译音。
我们 同样、一起

九夷是濮越语kou ji“我（是）种田人”的汉字译音。所谓“十
我 犁
蛮”是作者不知道“九夷”的真正含义并不是九种夷人，因而行文时就顺势写出“十蛮”。

越沤是濮越语ji ʔau“我们种田人”的汉字译音。
犁 我们

所谓“损子”，实际上是四川方言里的疑问代词 san tsi“什么”的意思。《逸周书·王会解》的作者，竟然也将它作为濮越民族的一个支系，这难道不可笑吗？

九菌是濮越语kou kun“我（的）人”的汉字译音。
我 人

请看《逸周书·王会解》列出的十多个所谓百越民族的支系名称，其含义究竟是什么？

且瓯＝我们；禽人＝同样的人；路人＝我们；蛮扬＝种粟人村；苍梧＝咱们种稻（田）人；符娄＝我们；仇（州）＝你们；伊娄＝我们犁（种）田人；沤深＝我们（是）一样的、一起的；九夷＝我（是）种田人；越沤＝我们种田人；九菌＝我（的）人。

上述等号左边的语词，它们竟然被用作百越民族不同支系的名称。但是，几千年来，它们默默地承载着百越民族支系繁多的“沉重美誉”而流传千古。

（四）闽（闽越）

闽是濮越语^{m}ba:n“村庄、村寨”的汉字译音，与“蛮”是同音异译字。由于语音的发展演变，古濮（百）越语民族的后裔——现代壮侗语族各民族语言中，^{m}ba:n 的声母已分化为 m 和 b 两个不同的读音。傣语（德宏）和仫佬语“村庄”的声母为 m，即傣语（德）读 ma:n^{31}，仫佬语读 ma:n^{31}；而壮族、布依族、傣族（西）、水族、毛南族等则丢弃 m 而保留 b，即壮语读 ba:n^{55}，布依语读 ba:n^{31}，傣语（西）读 ban^{13}，水语读ʔba:n^{33}，毛南语读 ba:n^{24}，黎语则进一步发展演变为轻唇音 f，读音为 fa:n^{53}。

现代粤语读“闽”为 mɐn^{35}，读“蛮”为 man^{11}。

由于东汉许慎《说文解字》对“闽”字的解释是“闽，东南越，蛇种，从虫门声”。从此之后，各种史籍的作者便“有据可循”，“言之有典”了。

例如，颜师古在《汉书·高帝纪下》的注里，就完全拾许慎的“牙慧”，说“闽越……其人本蛇种，故其字从虫，如音是也”。颜师古由于历史的局限，从许慎之说，情有可原。可是，到了 20 世纪，

世界已大踏步进入了信息时代，中华大地上各民族的生息分布情况早已明示于天下，一些民族史学家对古人之说仍不加分辨，这就不对了。

如王新民在《越王勾践子孙移闽考》⑰里说："闽为山地，多虫蛇之类，故门下增虫字，以示其特性。"这种说法能服众吗？云、贵比闽山地更多，虫蛇之类也绝不比闽少，为何云、贵二字的旁边或上下却不"增虫字，以示其特性"呢？

何光岳本想另辟蹊径，从"图腾"和汉字造字意义等方面对"闽"字加以阐释，然而，却始终跳不出许慎的"蛇种"论，因而，不管他如何发挥，也让人看不明白。他断然说："闽人崇拜蛇，以蛇为图腾，后来作为部落的名称。"⑱又说："闽乃门内养蛇者。蛇能捕鼠，今湘、黔、闽、粤、桂等省有的人，如家里有无毒蛇，一般不准打死，就是因为蛇能捕鼠。……闽地因多毒蛇猛兽，于是驯养这种无毒大蛇来除鼠和防止毒蛇猛兽入屋。因这种家蛇一般都养于门内，这些特殊养蛇的人便叫作闽人。"

按照他的说法，凡在门内养蛇的人，"便叫作闽人"。那么，过去住在现称为"福建"这个地方的人是不是家家户户都在门内养蛇呢？福建这个地方数千年前真的有那么多老鼠为患，因而家家户户非得养蛇不可吗？云、贵地处温热带，那里也山多鼠多，也有不少的人们懂得在门内养蛇来捕鼠，难道也该称他们为"闽人"吗？

这些在门内养蛇而被称为"闽人"的人从何而来？他们是福建的土著吗？

《百越源流史》第四章《闽越的来源和迁徙》第一节里说，在"闽之前，又曾由蚊和鸟演化而来"。那么，蚊和鸟究竟怎样演化成为在"门内养蛇"的"闽人"呢？且看其高明的论据：

> 《夏小正》传曰："白鸟者，谓闽蚋也。"顾凤藻《夏小正经传集解》云："依字作蟁蜹。许慎曰：秦晋谓之蜹，楚谓之蟁。韩本八谓蚊蚋，脱也字，案蚊俗字。"看来闽系由蟁演变而来，而蟁为蚊的古体字。白鸟也可称闽蚋，这与闽人定居于闽中之后，和瓯人一样受了东夷的鸟图腾影响，或者系闽人曾有一段时期，与东夷人接近，而效夷俗有关。但徐世溥《夏小正解》则认为，白鸟即蚊，被丹鸟蝙蝠所食。据此，闽人在古代似为中原人

> 所鄙视，而被看作像蚊蚋一样令人讨厌。
>
> ……
>
> 闽既为蚊演变而来，而蚊与汶同音，亦即蟁与岷音同。……闽人当起源于岷山，与夏禹为同族。当夏人东迁至中原时，闽人也东迁至山东中部。

这里，他不仅由“闽”字扯出了蚊蚋、白鸟和岷山，还由白鸟扯到了所谓东夷崇拜“鸟图腾”，扯到了“与夏禹为同族”，因而得出“闽人当起源于岷山”的结论。

然而，单凭这些同音字作牵强附会的推论是不符合历史事实的。我们用事实来纠正一些历史的讹传和误解，还其本来的真面目。

例如，“《夏小正》传曰：‘白鸟者，谓闽蚋也’。”根据字面意义，这句话无论从什么角度解都是不通的。“闽蚋”按韩本作“蚊蚋”，“蚊”与“蚋”是同义词。《说文解字》：“蜹，秦晋谓之蜹，楚谓之蚊，从虫芮声，而锐切。”“白鸟”，即白色的鸟。白色的鸟怎么能说它是蚊子呢？反之，能否把蚊子称为“白鸟”呢？恐怕没有一个人会认同。

那么，这句话从何而来？如何解释？当然，我们不知《夏小正》的作者是何许人，也不知道他写“白鸟者，谓闽纳也”的目的和意义。但是，我们可以看出，《夏小正》传所记的是有关夏代的事，而夏朝是由古濮越先民建立的王朝，把“白鸟者，谓闽纳也”跟濮越语对照，句子的含义就出来了。原来这句话是濮越语pu lau（nau）“我
位 我们
们”，ma:n nei“这个村庄”，即“我们（是）这个村庄”的汉字译
村 这
音。由于首译者的母语可能 n、l 不分，也可能是凭听觉任意选用音近字而将 pu lau“我们”写作“白鸟”，ma:n nei“这个村庄”写作“闽蚋”。这几个汉字，最初本来只作为记录濮越语的语音外壳，但是，一段时间之后，人们就只能根据这些用来译音的汉字所代表的意义乱加解释了。

对于所谓“闽人”的来源，《源流史》一面引用朱维干、陈元煦在《闽越族的由来和北迁》[19]里的结论：“闽是福建的土著。”但另一方面，又从“闽”与“蚊”、“蟁”、“汶”、“岷”、“文”是同音的角度，毫无根据地猜断：“闽人当起源于岷山，与夏禹为同族。当夏人

东迁至中原时，闽人也东迁至山东中部。……到商灭夏时，闽人便从山东南逃，经苏南、浙江而进入福建……即今闽赣交界的武夷山……因武夷山系春秋之后起的名字，以前当叫文山，文山即汶山，与闽同音，亦即闽山，因七闽部落南迁至此而得名。”

由于史籍常有“闽越”之称，因而他又从《山海经·海内南经》里找到证据说：“《山海经》作于战国之前，故（只）有闽而无闽越连称。闽越是战国中期以后，一部分越人南迁入闽地，与闽人融合而成。”[20]

研究古代民族史，如果只凭猜断就可以得出符合史实的正确结论，实在是太容易了。然而，事实是否真的如此呢？不可否认，“闽”和“蛮”早在战国以前成书的《山海经》里就已有之，而“越”（或“百越”、“闽越”）却是战国中期以后才出现的名称，这确是事实。但这并不能说明“闽”和“越”是毫无关系的两个不同的民族，即一个是源于岷山， 个是源丁浙江越王勾践的后裔，后来流入福建闽中之地才结合在一起的。

前面我们说过，早在夏、商时代，一些人就已把百越先民的语言中某些本来极普通的语词，如自称为“种田人”pu jai（ji、joi、jyi）
位 梨
这两个音节中的前一音节，用汉字译音为“濮”，作为民族的称谓。同时，不同的人又把“村庄”ᵐba:n（或 ma:n）译为“蛮”或“闽”。战国中期以后，某些人才将 pu jai 用汉字全译为“百越”，此后才有“百越”之名流传于世。而所谓“闽越”实际上也就是ᵐba:n（或
村庄
ma:n）jai“种田人的村庄”的汉字译音，并非如《百越源流史》所
村庄 梨
说的那样，是“越人南迁入闽地，与闽人融合而成”。

至于“武夷山系春秋之后起的名字，以前当叫文山，文山即汶山，与闽同音，亦即闽山”这句话，前半部分是完全没错的，因为“武夷”、“吴越”都是战国中期以后濮越语 wu jai（ji）“咱们种田
咱们 梨
人”的汉字译音。“吴越”和“武夷”都是 wu jai（ji）的同音异译词，只不过将它们分开来，一用作国名，一用作山名而已。后半句认为武夷山“当叫文山”，然后说“亦即闽山”，是毫无根据的猜度。因此，所谓“古闽人的起源地与向东南迁徙”的种种说法，都只不过

是想当然而已。

不过战国末年，由越王勾践后裔“无诸”在闽中建立闽越国，并自立为王的史实是毋庸置疑的。因为所谓“无诸”，姓驺氏，也都是当时濮越（百越）语的汉字译音。“无诸”是 ^{m}pu tsau “我们”的译
位　我们
音，所谓“驺氏”也是 tsau “我们”的汉字译音。

可见，无论是“闽”、“闽越”、“吴越”，还是“武夷”、“无诸”等等，它们都只不过是濮越（百越）语的汉字译音。因此，认为“闽”与“越”是两个互不相干、来源不同的民族是不正确的。他们之所以被叫作不同的名称，是由于不同时代、不同地域、不同层次的人使用同音或近音的不同汉字进行译音的结果。因而，把“闽”或“闽越”当做百越民族的支系当然是完全不正确的。

（五）骆（骆越）

骆是濮越语 lau “我们”的汉字译音。它与不同时期史籍上所说的僚、寮、遼、仡僚、鸠僚（klau，复辅音声母 kl，意义不变，都是“我们”）、娄、溇、楼、缕、劳、涝、牢、老、佬、卢、泸、鲁、虏、罗、逻、洛、落、乐、螺、雒、漏、陋、留、潞、露、尧、娆、邮、留、柔等等，都是同音异译字。正如近代史学家、民族学家闻宥在《四川大学历史博物馆所藏古铜鼓考》一文里正确指出的那样：“骆，可以说是早期的译写，而僚字是较晚的译写。”

史籍上的所谓“骆（雒）越”，是濮越语 lau jai（ji）“我们种
我们 犁(耕种)
（犁）田人”的汉字译音。

可是，《百越源流史·骆越的来源和迁徙》里，用了大量的笔墨进行考证之后，又连用了好几个“可能”下结论：“骆人起初称骆，即为骆图腾氏族进化为部落方国。骆本来有骆驼、骆马和骆羊之分，三者在原始社会时往往容易混而为一。《诗·小雅·四牡》：‘啴啴骆马。’（注：‘白马黑鬣曰骆。’）《礼记·明堂位》云：‘夏后氏，骆如黑鬣。’骆马用（以）挽车，在轩辕氏时已有，而与骆人同族的任姓奚仲就发明了车，即马拉车。骆马用于转运故叫骆驿，后成为络绎不绝之词。而骆也可作络。说明骆人很早已用骆挽车或搬运东西。1966年湖北江陵县望山战国楚墓里出土青铜骆驼灯，可能与周代骆人南迁

至湖北有关。若然，则骆人亦以骆驼为图腾，很可能是最早驯服野骆驼的部落之一。”

之后，又根据一些地名推断骆和越是“两个不同的民族”，“骆人自黄河南迁到江南后，与早已先由黄河南迁到江南的越人群团中的一支结合，逐渐形成为骆越。骆人系出黄帝之后的任姓，越人则为夏禹之后”。又说，陕西岐山县之“南面周至西南有骆谷、骆谷水，正是骆人的发源地。那里还有洛阳宫、骆驼顶等地名，骆人正是以骆羊为图腾而得名。陕西的北洛河及河南的洛水，都是骆人东迁的地方。洛人曾在洛水建立洛伯国，当在夏代以前，称为有洛氏”。

上述所引的几段话，骆马、骆驼、驼羊全都说到了，而且一下说“骆人以骆驼为图腾”，一下又说“骆人正是以驼羊为图腾而得名”。这就真的让人丈二和尚摸不着头脑了。

当然，我们从来都不否认民族有迁移，尤其是中华大地幅员辽阔，民族众多，历史又那么悠久。古代数量众多、大小不一的人类集团，在各地域生活资料分布不均的情况下，或自然地，或为战争所迫，在不同历史时代，进行或多或少不同规模的民族迁移，因而造成不同民族的相互融合，成为新的集团，使人类历史不断向前发展。这是历史的必然，社会发展的必然，是不以人们的意志为转移的。

我们也从来都不否认，地名与民族活动有关。地名是某一民族在该地域相对较长期从事生产生活活动的结果，是民族成员之间因交际、交流思想的需要而共同约定的地标语言符号。通常都是先有民族的生息活动而后有地名。

因此，不管是陕西的骆谷、骆谷水、北骆河、洛阳宫，还是河南的洛水、洛邑，等等，都是因为古代濮（百）越先民长期在那里生息活动，在日常生活里常常自称为“我们”（lau）的山，“我们”的河（水），而被人把 lau“我们”用同音或近音汉字译音为“骆”或“洛”的，绝不是先有“骆”“洛”那些地名之后，才把那里的居民称之为“洛”或“骆人”。

濮越语的 lau“我们”被用汉字译音写作“骆”之后，在众多史籍里，与“越”时分时合，合时常连写作“骆越”。2000 多年来，研究中国古代民族史的史学家，绝大多数人都已不知道“骆”是译音词，更不知道它原来的意义，只能从汉字的字面意义去理解了。因此，自汉代以后，就已经有人不断地进行猜测。到了20世纪，更有人提出“骆与越是否同源”的论题，《源流史》就主张“骆与越不同源”。

“骆”与“越”关系本不存在问题，但自司马迁作《史记·东越列传》，头一句话说：“闽越王无诸及越东海王摇者，其先皆越王勾践之后也，姓驺氏。”徐广在《集解》里注曰：“驺，一作骆。”他认为越王勾践姓“驺（或骆）”，观点与《世本·氏姓篇》所说“越，芈姓也，与楚同祖”相矛盾。之后就热闹起来了，2000多年来，围绕着越国到底是姓芈还是姓驺（或骆）争论不休。近代学者，仍在著文争个不停。如民族史学家石钟健在《试证越与骆越出自同源》这篇重要论著里，虽然中心命题是充分肯定“越与骆越出自同源”，但是，跟以往所有史学家一样，由于始终不了解“骆越”一词是濮越语 lau
我们
jai（ji）“我们犁（种）田人”的汉字译音，所以，尽管花了大力气
犁（耕种）
去论证，结论虽比较正确，但是，仍然错误地认为“骆”是越人的姓。他说：“岭西的越人部落有称为‘骆越’者，这里‘骆越’一名，就是用‘骆’字作为姓氏冠在‘越’字之前，可以证明岭西的越人原来姓‘骆’。”

然而，越国辽阔土地上所分布的众多人口，难道都是姓芈、姓驺，或姓骆吗？有谁能够确切知道，他们一定都是姓芈或姓驺、姓骆呢？前面我们说过，“芈”只不过是濮越语 me“母亲”的汉字译音，“骆”是 lau“我们”的汉字译音，“驺”是 tsau“我们”的汉字译音。越国那么大，那么多人口，即便是在夏、商时代，也绝不可能就这么两个姓，猜测也不能离开常理。

要知道，姓氏早在母系社会时代就已经存在。它是不同血缘氏族相互区别的符号，是人类发展到认识血缘婚的危害之后，由氏族社会成员共同约定“同姓（同血缘氏族）不婚”而采取一种相互区别的氏族代表符号，即一个姓代表一个氏族。所以，“姓”字由“女”和“生”构成，意思是同一个母系所生，有血缘关系的一群人，彼此不能结婚。

越人分布地域辽阔，氏族群体众多，可想而知，当然绝不会仅仅

只有这么三两个姓。

"骆（雒）"既然是濮越语 lau"我们"的汉字译音，所以，尽管众多史籍2000 多年来都把它作为濮（百）越民族的支系来记载，以至一些当代的民族史学家仍然因有史可依而不以为错。然而，这确实是错的，哪有用"我们"来作民族支系之称呼的呢？

（六）巂（越巂）

巂这个字古今读音变化很大，始译者选用它来作濮越语的译音，其代表的原意是什么？我们必须根据古今音的演变情况逐一仔细推敲，才能尽可能做到解释得合情合理，得出贴近事实的结论。

据《现代汉语词典》所载，"巂"，普通话读作 xī。与西、昔、溪、锡等同音。粤语则有两种读法：一与"规"同，读作 k' wɐi[55]；一与"髓、绪、墅"同读作 søy[13]，《史记正义》中"巂"与一粤语读音相同，曰："巂音髓，今巂州也。"

《康熙字典》有"巂"和"嶲"两字，其意义不同。"巂"，释曰："《集韵》选委切，音瀡。越巂，郡名。本作巂。"而"嶲"字的解释是："《集韵》峻或作嶲，正字通同峻。"

"巂"，是春秋战国时期把发明种水稻并长期从事农耕，以农业为主要生活来源的濮越先民自称为pu jai（ji）"种田人"，用汉字音译为
位 犁(耕种)
"越"或"百越"之后，一些人又根据某地区、某部分濮（百）越先民也自称为"种田人"一词中的"犁"字的变音，由于不懂其义而用汉字记录其音时译写为"巂"（读音为 k' wai），并将其与"越"连用在一起，称为"巂越"（有的史籍写作"夔越"）或"越巂"。

现今，虽然时光已流逝了几千年，但是，我们从濮（百）越先民后裔的一些民族语言里，仍然可以十分清楚地看到这个用汉字"巂"译音记录下来的字，其意义所指的就是"犁"。

濮（百）越先民经过了几千年不断发展演变，其后裔已分化发展成为十多个不同的民族，但是，从他们的语言中，仍然可以十分清楚地看到源自同一母语［古濮（百）越语］的踪影。仅以"犁"为例。现代壮侗语族的侗水语支，读音几乎与2000 多年前用"巂"来记录"犁"的读音完全相同。请看：

犁，侗语读 kʻ əi^{35}，仫佬语读 kʻ ɤai^{42}，水语读 kwai^{13}，毛南语读 kwai^{42}。壮傣语支则由 kʻ- 先演变为 tɕʻ-，然后再分化发展演变为壮语和布依语读 ɕai^{24}，傣语读 tʻ ai^{55}，黎语则读为 lai^{53}。

可见，所谓“越巂”实际上都是濮越语jai（ji）kʻ wai“种田人”，
犁（耕种）　犁
在不同时代、不同地区被不同的人用汉字来译音的结果。那些认为“巂，或以蠵龟为图腾”的说法，只不过是无奈之中的胡乱猜测而已。

除“巂”之外，一些史籍还根据濮（百）越语某些方言对“犁”读音的语音演变为 ɕai（中古音为 siɛ）而用另外汉字译音为“徙”。如《史记·西南夷列传》：“巂、昆明，皆编发，随畜迁徙，毋常处，毋君长，地方可数千里。自巂以东北，君长以十数，徙、筰都最大。”这个“徙”字，实际上也是“犁”（音变读为 ɕai，中古读 siɛ）的汉字译音。“徙”和“巂”一样，几千年前已定名，所以，1957 年河南孟津县平乐邙山出土的商周青铜器就有“徙爵”、“徙斝”（音 tɕia）、“徙簋”等，可见，“徙”始译年代很早，而且这部分人除了善于农耕之外，还会制造日常生活使用的各种青铜器具。所以，何光岳说：“徙与巂早在商周时已通用。”这是一点都不错的。

“巂”和“徙”由于始译年代早，所以，汉代以后便大量以郡县名和山水名称载入史册，成为合法的濮（百）越民族支系的名称进入中华民族的历史殿堂而流传后世。如《史记·西南夷列传》记述汉武帝打败南越国后，接着又攻打西南夷各国，“诛且兰、邛君，并杀筰侯，冉駹皆震恐，请臣置吏。乃以邛都为越巂郡，筰都为沈犁郡，冉駹为汶山郡，广汉西白马为武都郡”。越巂郡在今四川越西（巂）县境内，隋代称巂州，北周称越巂县，明称为越巂卫。越巂县境内有一山名叫“巂山”，还有一条河古称“巂水”，今叫越西河。《隋书·地理志》及《元和郡县志》对这一山一水均有记载。《地理志》载：“邛部有巂山。”《郡县志》载：“山（即巂山）在邛部县西南九里，巂水出其下，州部得名以此。”

“徙”，《史记·大宛列传》载，张骞出使西域的路线，（帝）“今骞因蜀犍为发间使，四道并出：出駹，出冉，出徙，出邛、僰，皆各行一二千里。其北方闭氐、筰，南方闭巂、昆明”。《读史方舆纪要·雅州》卷七十三：“徙阳废县在州西。汉县，属蜀郡。徙音斯，或曰

徙榆，蛮也。亦曰榆。……后汉改属蜀郡属国都尉。晋曰徙阳县，属汉嘉郡。大宁初，越嶲斯叟攻城将任回，斯叟即徙之遗种也。”

这段话里的“徙榆”的“榆”，实际上是与“夷”及当今布依族的“依”是汉字的同音异译字，都是濮（百）越语ji（jai）“犁”的
犁
汉字译音。“徙榆”是古濮越语 çai ji 引申为“种田人”的汉字译音
犁(耕种)
词。

史籍所载的“徙县”，在今四川雅安市天全县境内。“徙”与“嶲”在史籍中之所以齐名，是因为它们都是以农耕为主而人口众多的部落联盟，地理位置又十分重要。所以，众多史籍里，有关它们的记载很多，这里不再赘举。“越嶲”，今写作“越西”。

然而，尽管史籍记载甚多，尽管它们是最早被译音为“嶲”和“徙”而作为濮（百）越民族支系的名称载入史册的，但是，把“种田人”作为民族支系名称永远都是不正确的。史籍记载的东西，不一定就是完全正确的东西。

（七）裳（越裳）

“裳”是濮越语 soŋ“稻穗”（傣语声母变为 h，读 hoŋ）的汉字译音。史籍常与“越”连用为“越裳”，作濮越民族支系的名称。如《竹书纪年》记周成王十年，“越裳氏来朝”。《尚书大传》卷五：“交趾之南，有越裳国。”

“越裳”是古濮越语jai（ji）soŋ 引申为“种稻人”的汉字译音。
犁(耕种)稻穗
《百越源流史》与以往许多民族史籍一样，由于作者不知道“越裳”是濮越语“种稻人”的汉字译音词，所以，在《百越源流史》第十四章《越裳的来源和迁徙》里，与前面其他章节一样，只能从译音后汉字的同音词去猜度。不过，在作为全章的“纲”的前言里，开头却说了一句正确的话：“越裳的历史很古老，但其源流却不清楚。”既然要讲“百越”的源流，要交代“越裳”的来龙去脉，也就不得不继续走旧路，求之于对同音字牵强附会的解释这条似是而非又绝不危险的捷径了。从所引的下文便可以看到一些十足的猜度之词：

> 据裳、常、嫦同音来看，裳人或出于常先、常娥之裔（着重点是笔者所加，下同），发源于山东常邑（？——笔者注，下

> 同），以后逐渐南迁至江南，与越人结合（?）而成为越裳氏部落。约当春秋时，又继续南迁至越南中部的越裳县，后被林邑所并，其种族多融入京族（?），一部分则迁至老挝、泰国而融入寮族、傣族。[21]

除了裳、常、嫦之外，还认为“常通裳、棠、尝”，也通“堂”，因而又引经据典，找出了一大堆例如“甘棠”、“赤棠”、“白棠”、“蕙棠”、“棠梨”、“棠邑”、“棠溪”和“堂阜”之类的词来证明，还不知根据什么得出“常人……其族树则为棠”这样的结论。

此外，还认为“裳”竟然可以通“蟾”。说“四川、云南，在晋唐时亦有蟾夷、裳人，当为越裳人由湘西迁至涪陵的一支，时当在东汉末年。《华阳国志·邑志》载：‘汉发县有盐井，县北有獽、蜑，又有蟾夷也。’蟾夷即裳夷（?）。以蟾蜍为图腾族名者，为越裳人的一个分支”。[22]

引用《华阳国志》载有“蟾夷”一词作论据，明眼人一看就知道，这是完完全全从汉字的字面意义去猜测，认为这些蟾夷人，一定是以蟾蜍为图腾作族名者。殊不知这里的所谓“蟾夷”，只不过也是濮（百）越语sam ji（jai）“同是种田人”的汉字译音。除了牵强附
同样 犁(耕种)
会之外，它与“裳”是决不相通的。

当然，由于不知道历史上记录有关古代民族及其所谓支系的名称，大都是一些用同音或近音汉字来译音的译音词，因而在无可奈何的情况下，利用同音或近音词来找“出路”的大有人在，国内有，国外也有。例如，越南古民族史学家陶维英在其所著《越南古代史》里，就因“越裳”、“越章”和“豫章”三个词语音相近，而认为“越裳即楚越章之地，亦即汉豫章郡也”。

正是因为“越裳”是古濮（百）越语ji（jai）soŋ“种田人（种
犁(耕种) 稻穗
稻人）”的汉字译音，而濮越先民在中华大地上又是人口众多的民族，在他们日常生活中，与外族人交谈时，常说自己是“种田人”ji（jai）soŋ（用汉字译音为“越裳”）来表明与他人相区别，正如现在我们经常听到一些人说自己是“乡下人”、“山里人”、“城里人”一样。而“乡下人”人口众多，所以，无论“城里人”走到哪里，听到最多、遇到最多的也是自称为“乡下人”的人。因此，自称为ji

(jai) soŋ“种田人”而被用汉字译音为“越裳”的濮越先民，在东亚大地上由于分布与迁移的地域广，历史长，所以，史籍上记载有关“越裳人”、“越裳郡”、“越裳县”或“越裳国”的就很多，例如：

在交趾（在今越南），《后汉书·南蛮西南夷传》根据《尚书大传》：“交趾之南，有越裳国。周公居摄六年，制礼作乐，天下和平。越裳以三象重译而献白雉。曰：‘道路悠远，山川阻深，音使不通，故重译而朝。’”

“交趾之南”只指出了方位，“越裳国”究竟具体在什么地方？《通典·边防·林邑》（卷一百八十八）明确指出：“林邑国，秦象郡林邑县地，汉为象林县，属日南郡，古越裳之界也。在交趾南。”林邑后被占城取代，故《明书·占城传》（卷一百六十五）载：“占城，古越裳，秦林邑，汉象林。汉末区连杀县令，自称林邑王，遂不入版图。”

在老挝，《清朝文献通考》（卷二百九十六）载：“南掌，占越裳氏地，本老挝部属。”

在缅甸，《滇南杂志》载：“缅甸就是古时的越裳地。”

在云南，《蛮书·名类》（卷四）载：“裳人，本汉人也。部落在铁桥北，不知迁徙年月。……贞元十年，南诏异牟寻领兵攻破吐蕃铁桥节度城，获裳人数千户，悉移于云南东北诸川。”铁桥，古地名，在今云南迪庆藏族自治州的中甸旧城。

在湖南，《百越源流史》认为“裳、棠”同音，所以说：“越裳于之得名，主要是常人自洛阳西面的甘棠、常烝山一带沿豫西、鄂西山区南迁至湘西山区的麻阳西南，时间当在商灭夏之时。唐于麻阳置常丰县。常人迁至常丰一带，与越人结合而成为越棠，其间曾经西平县西北百里之棠溪。《左传》定公五年，‘吴夫概奔楚为棠溪氏’。《战国策·韩策》：‘韩之剑戟，出于棠溪。’”这当然是不正确的。

记载有关所谓“裳人”的史籍很多，除上引述外，还有如《路史·国名纪丙》、《说苑·博物志》、《太平御览·舆地志》、《太平御览·抱朴子》、《水经注》、《汉书·平帝纪》、《后汉书·光武纪》、《后汉书·和帝纪》、《旧唐书·地理志》、《新唐书·南蛮传·汉裳蛮传》、《晋书·地理志》、《南齐书·州郡志》、《宋书·州郡志》、《元和郡县图志》（卷三十八）、《钦定越史通鉴目》、崔豹的《古今注》、马缟的《中华古今注》等，不胜枚举。国外近代较著名的还有越南吴士连的《大越史记全书》。

然而，尽管几千年来众多史籍都把濮越语 ji（jai） soŋ 的汉字译音“越裳”作为濮（百）越民族的支系名称流传于世，使众多不明底里的人信以为真。但这不过是一段漫长的历史误会而已，当真相大白之后，它便自然而然地成为历史。因为还有谁去相信“种田人”这样的词语竟然是某一民族的支系名称呢？

（八）交趾

“交趾”是古濮越语kau　tsai（音变为 tsi、çai、ji、jai，地域不
　　　　　　　　　　我　犁(耕种)
同稍有差别）“我种田人”的汉字译音。“犁”，现代壮语南部方言读 tsai 或 tsi，北部方言读 çai。“交趾”一词应该是根据古濮（百）越语南部方言 kau tsai 或 kau tsi 用汉字译音的词。如果按照春秋战国之后，把“犁”的读音 ji 或 jai 汉译为“越”，那么“交趾”一词即等于“我是越人”的意思。

据一些史籍记载，“交趾”的“趾”，初译时用的是“止”或“阯”。因为“止”、“阯”同音，所以《史记正义》说：“阯音止。”《韩非子·十过》：“昔者，尧有天下，其地南至交阯，北至幽都，东西至日月所出入者，莫不宾服。”《淮南子·主术》：“昔者，神农之治天下也，其他南至交阯，北至幽都，东至旸谷，西至三危，莫不听从。”这两段相互套用的话，所用的都是“交阯”。《史记·五帝本纪》记述高阳帝颛顼的疆域时说：“北至幽陵，南至交阯，西至流沙，东至蟠木。”用的也是“交阯”二字。东汉以后，“交阯”才改作“交趾”。自此以后，一些自认高明的史学家和注释家就弄出了不少贻笑千古的笑话。

例如，《礼记·王制》郑氏注：“交趾者，足相向也。其俗所生所习如此。”《太平御览·舆地志》：交趾，“其夷足大，指开坼，两足并立，指则相交”。这种完全根据汉字字面意义来充分发挥自己想象力的史学家和注释家，不能不令人佩服他们对待历史却如亲临其境、亲睹其容的卓越才能。

不过，这种望文生义的治学之道，古今中外都不乏其人，就连

“交趾”人的后裔也未必知道“交趾”一词的含义，因而也只能走望文生义的捷径。如近代越南著名的古民族史学家陶维英在其所著《越南古代史》里就坦言：“推敲交阯二字的含义，人们可以断定是汉族人看见住在此地的人自称为蛟龙族，因而称他们为蛟龙族或蛟龙人，把他们居住的地方叫作蛟龙人的地方，或蛟龙地即交阯。”㉓

濮越语 kau tsai（tsi）被用汉字译音为“交阯”的时间很早，约在夏、商时代就已被译，但由于那时文字刚进入实用记事的阶段不太久，正处于逐渐发展的过程中，字数还不太多，还不能完全满足语言中多音节的需要。同时，文字的载体也多是木、石、骨头等既粗糙又笨重的东西。所以，那时始译者只抓住了 kau tsai（tsi）（“我种田人”）这个双音词中的一个，有的将前一音节译为“交”（即“我”，因为这个“交”是用来指人，故甲骨文用“亻”旁，写作“佼”）。而有的则只抓住后一音节而译作“沚”或“止”［即“犁（耕种）”，甲骨文写作“沚”（或“彝”）］。直到春秋战国时代，文字随着被广泛地应用而大大地向前发展，字数随着社会交际的需要而不断增多，基本上能满足语言交际所需要的书面表达功能，原来被分开译的 kau tsai（tsi），这时便被完整地译成了“交阯”（交趾）。如《礼记》：“南方曰蛮，雕题、交阯。”现代粤语，“交趾”二字仍然读为 kau^{55} tsi^{35}。

据史籍记载，濮越语 kau tsai（tsi）被分别音译为“佼（交）”和“沚（阯、止）”之后，就被用来作为不同氏族的称谓，并把它们作为不同的氏族方国。如《左传·哀公二年》载：鲁“伐邾，将伐绞（交、佼）”。《左传·桓公十一年》载：“郧人军于蒲骚，将与随、绞、州、蓼伐楚师。”杜预注：“随、绞、州、蓼，四国名。”这里的“绞”是“交、佼”的同音异写。“蒲骚”，是濮越语 pu sa:u“姑娘”的汉字译音。现代壮语、布依语、傣语都仍读此音。“随”是 sai（çai）“犁、耕”的汉字译音。“绞”是 kau“我”的汉字译音。“蓼”是濮越语 lau“我们”的汉字译音。《集韵》：“蓼，鲁皓切，音老。”《左传·文公五年》载：“楚公子燮灭蓼。”杨伯峻注：“今河南固始县东北有蓼城冈，盖即古蓼国。”既然“薄骚”、“绞”、“蓼”均是古濮越语的汉字译音，可见他们都是濮越的先民。

甲骨文的“沚伯”，有的史学家认为是“公、侯、伯、子、男”

中属于“伯”级的国家，这实际上也是从汉字字面意义去理解。其实，“沚伯”也是濮越语 tsi pu 的汉字译音词，是pu（位）tsi（犁（耕种））“种田人”的倒装。不可否认，“沚”是商朝的一个氏族方国，国民是人口比较多的濮越先民，当时的农业和手工业已相当发达，所以，流传至今的青铜器上的“沚鬲”和“沚簋”的铭文可以为证。

由于历史上很早就将濮越语的 kau“我”用汉字译音为“佼（交）”，将 tsai（tsi）“犁（耕种）”译音为“沚、阯、止”，并称他们为“佼（交）人”或“止人”。所以，直到现在，中华大地上遗留着不少带“交”字（较多的则用其同音字“高、郊、蛟、胶、朐”等）或“止”字的地名。如山西交城、交口、古交、古郊、三交；陕西高陵、高镇、高滩、高塘；山东胶州、胶南、临朐、高岩、高唐；河北高邑、高阳、高寺台、高碑店；河南高贡集、高辛集、高营；湖北高乐山、高罗；湖南高桥、芷江；辽宁高台山、高坎；吉林蛟河市；江苏高淳、高塍、高邮、高作、高流；安徽高塘集、高塘埔、高亮集；浙江高楼、妙高；江西高安；广东高州、高要、高明、高良、址山、高陂；广西高尚田、望高；四川高登山；海南临高；台湾高雄等。

《百越源流史》的作者不知道“交（佼）”和“止”是古濮越语 kau tsai（tsi）“我（是）种田人”的汉字译音，就根据一些史籍的记载下结论说：“交趾乃交人与止人结合而成的一个古老部落，因为东夷族偃姓的分支，起初分布于山西、山东、河南一带，逐步南迁到湖北、湖南，再南迁到越南、老挝。”[24]

这是不正确的，是错误地将 kau tsai（tsi）“我（是）种田人”拆开来译为“交”和“止”两字之后的主观猜测。“交”和“止”并不是两种各自不同的独立社会群体，而是古濮越人对外的自称。他们是同一个社会群体，讲同一种语言，有相同的风俗习惯。他们是建立了中国历史上第一个王朝——夏朝的民族。所以，尽管历史时光已流逝了数千年，但至今山西、山东、河北、河南还保留较多带“交（高、郊、胶）”的地名，是完全符合历史事实的。我们并不否认濮越民族的历史迁移。几千年来，改朝换代对各民族（氏族、部落和部族）的无情冲击和压迫，其力量强度是难以想象的。在这股力量不断冲击

下，濮越民族当然不可能违背人类历史发展的规律停止不前，而是随着社会的发展，不断地分化、融合，再分化、再融合，不断地向各个方向逐渐漫延迁移，以至发展到今天，东亚大地上已经形成了许多跟它有密切渊源关系的民族。

但是，不管历史上古濮越民族如何分化，如何融合，在某种特定交际场合自称kau tsai（tsi）“我（是）种田人”而被用汉字译音为
我 犁(耕种)
“交趾”的濮越先民，决不会也从来没有分化成为什么“交”人和“止”人两个完全不同的社会群体，然后又在某段特定的历史时期里互相结合而成一个古老的部落，之后再将所谓“交”人和“止”人的名称结合起来，称之为“交趾”。

历史上将濮越语kau tsai（tsi）“我（是）种田人”这组词因无知
我 犁(耕种)
而被分别音译为“交”和“止”，并用来指称两种不同的人——“交人”和“止人”。这是不折不扣的历史的误会。谁把它当真了，谁就掉进了历史的陷阱而被深深地埋葬，成了无辜的历史殉葬品。

（九）牂柯（苍梧——僮古）

“牂柯”是濮（百）越语so:ŋ kau“稻穗”的汉字译音。现代壮
穗 稻米
人自称为 pu so:ŋ “种稻人”。用汉字译音则可写作“布壮”或“濮
位 穗
壮”（有的史籍写作“撞”或“僮”）。有的地区，壮人也自称为pu
位
jai 或 pu ji “种田人”，用汉字译音，常写作“布越”或“布
犁(耕种) 位 犁(耕种)
依”。（kau 不同声调区别不同意义。读高平是“稻米”，中平是“我”，高降是“藤蔓”等。）

so:ŋ kau 被用汉字译音为“牂柯”的时间也很早，战国时代大量见于各种史籍。但由于在较长的历史时期内，汉字还很不规范，所以，不同的写法很多，如牂牁、爿歌、戕戕、杙柯、桩戕、牂牁、牂柯、臧戕等等。《华阳国志》写作“牂牁”或“牂牱”；《史记》写作“牂柯”。以后才逐渐规范用“牂柯”。

其实，所谓“牂柯”，就是《山海经》里所说的“苍梧”。两者是同音异写。《山海经·海内南经》：“苍梧之山，帝舜葬于阳，帝丹

朱葬于阴。”《山海经·大荒南经》：“赤水之东，有苍梧之野，舜与叔均之所葬也。”又《竹书纪年》注：“鸣条有苍梧之山，帝崩，遂葬焉。”据《左传·哀公四年》：“楚右师军于苍野。”“苍野”即“苍梧之野”。杜预注：“苍野在上（商）洛县。”即今陕西商洛市，就是杜注中的“上洛”旧地。

陕西的商洛、西安、咸阳，山西汾水流域的临汾、运城，河南的洛阳、郑州、开封，这正是濮越先民建立夏朝的核心地区。所以，濮越语留下的地名比比皆是。（见第一章中“夏都及地名”，在此不赘述）“苍梧”只不过是成百上千个地名的其中之一而已。

由于“牂柯”和“苍梧”都是濮越语so:ŋ kau“稻穗”的汉字同
穗 稻
音异译词，历史上濮越先民人口众多，分布地域广阔，因此，可以肯定，在他们长期生息过的地方，被用汉字译音为“牂柯”或“苍梧”的地名一定不止一个。上引《山海经》、《竹书纪年》所说的“苍梧之山”与杜预所说的“苍梧之野”，所指的不一定就是同一地方、同一地名。事实也正是如此。《山海经》所说的“苍梧之山”，是帝舜南巡死后所葬之地。据司马迁《史记》载：帝舜“践帝位三十九年，南巡狩，崩于苍梧之野。葬于江南九疑，是为零陵”。帝舜葬于现今湖南宁远县南的九疑山，那么，九疑山是不是《山海经》所说的“苍梧之山”呢？《方舆胜览》载，九疑山亦名苍梧山，证实了与杜预所说的“苍梧之山”［在陕西上（商）洛］，是两座相隔千里之遥的不同的苍梧山。

其实，九疑山（亦作九嶷山）又名苍梧山是不难理解，也无需多加考证的。因为“九疑”之名，是濮越语kau ji “我种田人”的
我 犁(耕种)
汉字译音。它与一些史籍常见的所谓“九夷”、“十蛮”这类无稽之谈中的“九夷”，实际上是汉字的同音异译（写）。“九疑”既然是kau ji“我种田人”的汉字译音，“九疑山”即是“我种田人的山”。而“苍梧”则是so:ŋ kau “稻穗”的汉字译音。濮越人自称pu so:ŋ
穗 稻　位 穗
kau“种稻人”，所以“种田人的山”和“种稻人的山”，名称的含义
稻
是没有多大差别的。九疑山又名“苍梧山”，合情合理，一点都不出奇。

史籍除了记载“苍梧之山”外，还记载有“苍梧（苍吾、仓吾）之国”。《路史·国名纪丙》卷三，就明白地记载，在今粤、桂、湘、闽这片广阔的“百越”之地，古代有数十个氏族或部落国家，其中就有苍吾国。这些国家是骆越、瓯越、瓯隑［濮越语ʔau　kai
我们（语尾助词“的”）
“我们的”汉字译音］、瓯人、越裳、越徇［濮越语 jai 或 ji sen
犁（耕）　语言
“种田人语言”的汉字译音或用汉字译音为“越语”］、供人、海阳、目深（濮越语^{m}pu　sam　“相同、一样的人”的汉字译音）、扶摧
位　相同，一样
（濮越语pu　çai　“耕田人”的汉字译音，古无轻唇音，故“扶”不
位犁（耕）
读 fu，而是读 pu）、禽狄（濮越语　sam　te:k“同地方的人”的汉
相同，共同　土地
字译音）、蛮扬、杨越、西瓯、桂国、产里、损子（似是西南官话“甚子”，即“什么事”的谐音）、海葵、九菌［濮越语kou kun“我
我　人
（的）人”的汉字译音］、稽余（是濮越语 kɯ　jyi　“耕田人”的汉
（助）犁（耕）
字译音）、仆句（濮越语pu kau“种稻人”的汉字译音）、比带（濮
位　稻米
越语pu da:i“山地人”或“山里人”的汉字译音。但 pu 在有的地区
位　山
音变为 pi 而被用汉字译音为“比”）、区吴（濮越语ʔau“我们”的汉字译音）、苍吾。

苍吾国早在尧舜、夏、商时代已有之，所以《山海经》才有记载。汉武帝元鼎五年（公元前 112 年）平定南越国之后，将汉代版图分设九郡，其中之一就是在苍梧古国的基础上设立了苍梧郡，一些史籍写作“牂柯郡”。

据《镇安府志》载，汉代牂柯郡辖 17 县，郡治版图跨当今黔、滇、桂三省，以黔的面积最大，占黔西的大半部，其次是滇省东部和桂西北部。县名多数是据当时濮越语地名用汉字译音。经过 2000 多年来的斗转星移，现在基本上都改了新名。为了了解古今，了解历史，我们根据《中国历史地图册》西汉《益州刺史南部》[25]图示，对照《最新实用中国地图册》[26]逐一检索，力求尽可能做到准确无误。这 17 县是：

1. **苩兰**　今贵州麻江县。黔东南是苴兰侯古国辖地。

2. **鳖** 今贵州遵义市西南。

3. **平夷** 今贵州大方县。“夷”是濮越语 ji “种田人”的汉字译音。

4. **毋敛** 今贵州独山县。是濮越语 wu lam “咱们同样”的汉字
咱们 一样
译音。

5. **夜郎** 今贵州镇宁（布依族苗族自治县）、关岭（布依族苗族自治县）。是濮越语 jo laŋ “后夏（朝）”的汉字译音，“夜郎国”
有本领后面
即是“后夏国”之意。

6. **谈指** 今贵州贞丰县。是濮越语tam si “社庙塘”的汉字
塘 土地庙
译音。

7. **谈藁** 今云南富源县。是濮越语tam hau “干池塘”的汉字译
塘 干枯
音。

8. **漏卧** 今云南罗平县。是濮越语 lau “我们”的汉字译音。

9. **句町** 今广西百色地区。是濮越语kau de:ŋ “我的地方”的汉
我 地方
字译音。句町古国还辖滇东部分地区。

10. **漏江** 今云南泸西县。与“漏卧”同。

11. **同并** 今云南弥勒县。

12. **毋单** 今云南陆良县。是濮越语 wu tan “咱们种米人”的汉
咱们白米
字译音。tan，各种史籍有不同音译，有亶、蜑、疍、但、单等。

13. **宛温** 今云南丘北县。是濮越语 van “人”的汉字译音。

14. **谈封** 今云南开远市平远街。是濮越语tam foŋ “蓝色水塘”
塘 蓝色
的汉字译音。

15. **都梦** 今云南文山壮族苗族自治州。是濮越语tu muŋ “村里
位 村
人（乡下人）”的汉字译音。“梦”与“孟、勐、蒙”等是同音异译（写）字。

16. **西随** 今云南红河哈尼族彝族自治州元阳县。

17. **进桑** 今云南红河哈尼族彝族自治州屏边苗族自治县。是濮越语jen so:ŋ “（讲）种田人话”的汉字译音。
话 稻穗

近代著名民族史学家徐松石，治学态度严谨，作风踏实，曾数度深入桂、黔、川、滇等民族地区实地调查，然后对所得资料，以其渊博的知识进行多角度的透彻分析、对比综合研究，得出了正确的结论。他认为，今日的壮族，即是古代的“牂柯”、“苍梧”及唐宋以后一些史籍所称的“僮古”、“僮人”或“僮牯人”、“僮牯佬”。在他的名著《泰族僮族粤族考》里，第一章的标题就十分清楚地肯定，“苍梧—牂牁—僮古—泰”这四者实则是一脉相承，指的都是从古至今，同一个延续发展下来的民族群体。他说：“如今岭南和滇黔的土佬同胞，通常称为僮人（“僮”字音“撞”），或称僮佬或僮牯佬，也即是僮古佬。僮古得名于牂柯。牂柯得名于苍梧。苍梧族乃是他们的本名。”[27]徐松石又在《粤江流域人民史》第十一章《僮古考》里说：“僮人亦叫僮牯佬或僮古人。《广西通志》指僮为撞突的意义，说这些人的行为撞突，所以称之为僮人。其实这个解释绝对不正确。据作者考证所得，‘僮古佬’三字，乃是‘牂柯僚’二字的转译而已。……僮古之为牂柯，千余年来无人道破，可叹得很。”[28]

徐松石不是壮人，不懂壮语，但却能得出如此正确的结论，不得不让人对他的调查深入、研究精细、力求准稳的治学态度深深敬佩。当然，我们并不是说他在这几部名著里所说的每个结论都百分之百正确。这是不可能的，因为世上绝不会有十全十美的事物，十全十美的完人。所谓无所不知、无所不能的圣人，只不过是编造出来哄人顶礼膜拜的谎言而已，真正无所不知、无所不能的圣人，在世界上是没有的。徐松石只不过是一位知识渊博的学者，他做学问所得的每个结论，也不可能是完全正确的。例如，他说：“泰族这一个称谓，首创于我国西南部的土佬或土人。土就是泰，泰就是土；泰族即是土族，乃是一个与客族相对而用的名称。”[29]这个结论就不正确，是从“土”与“客”这两个汉字的字面意义去猜想而得出的。他压根儿就不知道，“土佬”一词也是濮越语 tu lau “我们”的汉字译音，它与一
只(位) 我们
些史籍上同音异译的“土僚”是完全相同的。

不可否认，泰族当然也是濮越先民的后裔，是濮越先民社会群体经过数千年不断发展演化而形成的一个独立分支，一个（近）现代独立的民族。“泰”的名称并非来源于“土佬”或“土”。“土”其实是

濮越语专用于动物名称前面的必带量词 tu“只”的汉字译音。它与专用于“人”之前的必带量词 pu“位”一样，是濮越语构词法的一个重要特点，即动物名词一般不像汉语那样可以单独使用，而是必须带一个专用量词。现代壮语称“鸡、牛、猪、马、鸟、虫、鱼”都是如此，即 tu^{21} kai^{35}（鸡），tu^{21} va:i^{21}（牛），tu^{21} mou^{24}（猪）、tu^{21} ma^{42}（马），tu^{21} ɣok^{33}（鸟，南壮、傣、临高、仫佬、水、毛南、黎等族读 nok），tu^{21} no:n^{24}（虫），tu^{21} pla^{24}（鱼）。受濮（百）越语影响很深的现代粤语也仍然如此。“鸡、猪、鸭、牛”之前都一定带“只”字，如“只鸡、只猪”等。

可见，“土”只不过是濮越语 tu“只”的汉字译音，它既非指“土著”，与客族相对，更不是什么民族（“土族”）的名称，怎么能说这个本是量词而被译音为“土”即是“泰”，“泰”即是“土”呢?

“泰”的名称，实际上是来源于濮越语 da:i“山”，是一部分在山区里长期生息的濮越先民在同山外人交际的过程中，常自称为pu da:i
位 山
“山里人”，因而被人用汉字译音为“濮泰”或“布泰”，简称则为“泰”。至今云南西双版纳（傣语sip^{55} soŋ^{55} ban^{13} na^{51}“十二村田”的汉
十 二 村 田
字译音）的傣语，仍称“山”为 doi^{1}，过去一些古籍称山东省境内的泰山为“岱山”。这个“岱”字就是濮越语 da:i“山”的汉字译音，它有力地证明在远古数千年前，确实曾经有过很多濮越先民在那里长期繁衍生息。现代壮（南）语里，也仍然称“山”为 do:i。不过，我们不能由此而得出结论说，壮族也可以叫作泰族，这也是错误的。因为尽管泰族和壮族都称“山”为 da:i 或 do:i，但是，它们各自的民族名称早已被历史根据他们居住地域的某些特点和自称约定俗成地公认了下来。把曾经长期生息在山区而自称为pu da:i“山里人”用汉字译
位 山
音称他们为“泰”。而把曾经长期生息在平原、丘陵和水网地区，从事稻麦农耕生产，而对外人常自称为pu so:ŋ kau“种稻人”用汉字译
位 穗 稻谷
音简称他们为“僮（音‘撞’）”。

经过 20 世纪 50 年代中国科学院组织大规模的民族识别调查后，各民族间相互区别的特点已相当清楚，因而经国务院审定的民族，在中华大地就有 50 多个，其中壮（僮）和傣是两个各有特点的独立民

族。

所以，徐松石说的“我国西南部的土佬或土人，土就是泰，泰就是土，泰族即是土族”的结论是错误的。因为濮越先民语言所说的 tu lau“我们”，在历史上被用汉字译音为“土僚”的社会群体里，虽然也包含了今日的傣族，但也包括了现今所有濮越先民的后裔壮族、布依族、侗族、水族、毛南族、仫佬族、黎族、仡佬族等不同的现代民族。按照徐松石的说法，难道也可以照此“公式”说“土（tu‘只’的译音）就是壮，壮就是土；壮族就是土族”或者“土就是黎，黎就是土；黎族就是土族”吗?!

不过，尽管如此，徐松石是自史籍载有“苍梧”、“牂柯”和“僮牯”以来2000多年里，众多史学家和民族学家，一代代倾尽毕生精力与心血去研究、考证，而始终都没能将这三者的关系弄清楚的情况下，他却能够做到众人皆醉我独醒。在经过几年艰苦深入的调查，又经数年的苦心研究之后，对壮族地区进行考察后，终于发觉今日的僮古佬即古代的“苍梧娆（僚）”，以非凡的智慧揭开了千古之谜，明白地告诉人们“苍梧、牂柯、僮古”以及“佬”、“僚”都是濮（百）越语用汉字译音的同音异译词。

然而，始译者们哪里知道，正是他们在无意中各自遗留下来的这些同音异译（写）词，2000多年来，竟然耗费了多少史学家们宝贵的时间和精力。

因此，徐松石来之不易的发现，对中华民族史的贡献是非同凡响的。他不仅揭开了千古之谜，更重要的是给后学者无价的启迪：相信历史（客观存在），但永远不盲从历史！

但是，很遗憾，在徐松石提出“‘苍梧’即‘牂柯’，亦即‘僮古（牯）’，‘佬’即‘僚’”这个正确结论半个多世纪以后，《百越源流史》虽然也曾引用过徐松石的这一论点，但由于不了解“牂柯”、“苍梧”、“僮古”，“佬”与“僚”等的内在含义及彼此的关系，所以，仍然把“牂柯”与“僚”，“壮”与“僚”分割开来，认为是两种不同的民族，对“牂柯”一词的解释，仍然走已娴熟了的“望文生义”的道路，仍然求之于“图腾”猜度的法宝。如在该书第八章《牂柯的来源和分布》里，跟以往其他章节一样，完全从汉字字面意义去寻求答案。认为：

> “牂柯是江水急流的两岸系舟及背纤的木桩，即为图腾柱崇拜，亦为男性生殖器崇拜，又叫阳桩（即男性生殖器）。”
>
> “牂柯原是从羊图腾分衍出来而以肥大绵羊为支图腾的部落，当以牂柯为是。后来又发展到信仰图腾柱，便保留‘羊’的偏旁，去牛旁而改为爿、木，因‘牂’与‘桩’同音，即木桩之意。柯训斧柄。木桩犹如大斧柄形的木柱。后建大木桩于河流两岸以系舟背纤，也可利用两岸的大木桩来系藤索桥、笮桥，故又改为牂柯。”[30]云云。

这种从汉字字面意义来虚构故事的想象力多么丰富，只可惜事实并非如此。

前面说过，“牂柯”和“僚（佬）”，本是濮（百）越语so:ŋ kau
穗 稻
“稻穗”和lau“我们”的汉字译音。“僮”和“牂”同是来源于so:ŋ“稻穗”的不同汉字译音，后来，由于对历史的误解被分别当做不同时代的民族名称而被载入中华史册，之后便以讹传讹。2000多年来，人们一直都把它们当作真正的古代民族之名，从不怀疑，毫无异议。直到今天，《百越源流史》和《南蛮源流史》等书仍然把“僚”（濮越语lau“我们”的汉字译音）和“牂柯”（濮越语so:ŋ kau“稻穗”
穗 稻
的汉字译音）当作两个不同的民族来立论。例如，《百越源流史》载：“到三国时，僚人兴起，且遍布于黔中及川、滇、湘、桂各省，也与牂柯人杂居……牂柯郡成为僚人的聚居中心，牂柯人多融入僚人集团，并受僚人统治。”[31]

这是十分清楚地把“僚人”和“牂柯人”当做两个不同民族的典型例子，是作者根本不知道所谓“僚人”与“牂柯人”自古以来就是同一民族的明证。因为他不知道所谓“僚人”只不过是“牂柯人”（濮越语so:ŋ kau“种稻人”的汉字译音）语言里lau“我们”一词的汉字译音。史籍里常见的所谓“牂柯僚”，只不过是濮越语里“我们（是）种田（稻）人”的汉字译音而已。

史籍里的所谓“僚人”真的是到三国时才兴起并遍布于黔中及川、滇、湘、桂各省的吗？非也！真正熟悉中华民族古代史的人都知道，濮越先民早在三国之前多少千年就已生息在黔中及川、滇、湘、桂广大地区，并创造了灿烂辉煌的中华古代文明，只不过他们当时的

名称不是被人译为“僚”，而是译作“濮”。秦、汉以后，“濮”逐渐被弃用而改译为“僚”罢了。所以，根本不存在兴起不兴起，更不存在三国以后才遍布的问题。

至于说“牂柯人多融入僚人集团，并受僚人统治”，更是历史常识的笑话，是凭主观猜度出来的子虚乌有的事情。因为“牂柯人”与“僚人”本来就是同一社会群体的人类集团而被人冠以不同的名称，根本就不存在谁融入谁、谁统治谁的问题。就像“太阳”和“日”一样，难道可以说“太阳”融入“日”，并受“日”的支配（统治）吗？

因此，所谓“牂柯”是建在“河流两岸系舟及背纤的木桩”，是“图腾柱崇拜，亦为男性生殖器崇拜”，是“羊图腾部落”等等说法，都只不过是些靠猜度而来的无稽之谈而已，与真实历史风马牛不相及！《百越源流史》的作者虽然也读过徐松石《泰族僮族粤族考》，并引用过“牂柯僚一名出于苍梧娆”之句，但是，并不承认“牂柯”与“苍梧”实则是同音异译（写）词。所以，何光岳在撰写的《南蛮源流史》和《百越源流史》这两部被认为是当代研究民族古史的权威专著里，仍然辟出专章，错误地把本是同一古代民族，只因是同音异译写成了不同汉字而当做两个不同的民族来大加论述。例如论述苍梧族的来源与南迁（《南蛮源流史》第十八章），论述牂柯的来源和分布（《百越源流史》第八章），对他们的来源、分布和迁徙，引经据典，广为考证，言之凿凿。

但是，不管如何引证，在上万字的专章里，对“苍梧”的解释，始终都离不开惯用的“汉字意义分解法”。例如，在《苍梧族的来源与南迁》第一节《苍梧族的起源》里，关于“苍梧”二字的解释。他说：

> 关于苍，《说文解字》释为“草色”。段注：“引申为凡青黑色之称。”《广雅·释器》云：“苍，青也。”《内经素问·阴阳应象大论》云：“在色为苍。”注：“谓薄青色。”[32]

由于“苍”是青色，所以又联想到染衣服的蓝靛和陕西蓝田名称的来源。说什么“苍梧的含义即为‘青色的人’。从舜帝所葬之地苍梧来看，‘舜以土德王，色尚青’。说明舜帝时衣服尚青，这时人们已知道用蓝靛来染衣服，成为青色，衣服不仅耐穿，而且不易玷污，与涂山密林中浓绿的树叶颜色相似，起着不易为敌人发觉的保护色的作用。如陕西蓝田县，就因有蓝田山，蓝山、蓝水而得名，古代曾是盛产蓝靛的地方。这个青色的人，当然不是皮肤为青色的人，而是穿着青色衣服的人之意”。[33]

此外，又将“苍舒”作“苍梧”。认为“舒亦含有吾、予和伸之义（按：舒有‘伸’之义，但却无‘吾’义——笔者）。所以，苍舒即苍梧，犹如荆楚芈姓，亦作你、弥；秦国嬴姓，亦作盈（比喻失当，不能相提并论——笔者）。后来以苍舒为首的部族便以苍梧为名了”。[34]

然而，以猜度之辞作论据不止于此。第二节以标题的形式宣称：苍梧族南迁后又称沧浪，十分肯定了“沧浪”即“苍梧”的别称，说：“苍梧之所以又叫沧浪，就是因为含有俍人的成分。”“苍梧族起初先迁到（湖北）均县及武当山一带，至今均县南还有一条浪河，河旁又有浪河店，这条浪河正是沧浪之水的所在地，可能因古代居住浪人而得名，浪人亦即俍人、狼人、良人。或因苍梧族的迁入，与浪人相结合，而成为沧浪族了。”[35]

“苍”，既然认为是“青黑色”之义，而“‘良’字在壮语为黄”。所以，他就由此猜想而得出结论说：“沧浪就是青黑色的民族与黄色的民族结成双胞族的部落联盟，这是古代部族间多采用之赖以互相通婚的结合方式。如斟与灌、寻结合后，就变成斟灌、斟寻氏了；暹与罗斛结合后就成为暹罗斛了。”[36]

这还不够，又牵强附会地引用了《逸周书·王会解》载“仓吾翡翠”，（原）注：“仓吾，亦蛮也。翠羽其色青，而有黄也。”于是就以为有据可依而信口想象发挥得出结论说：“可见仓吾这个部落擅长捕猎水鸟，取鸟羽为衣服，既有青色又有黄色，以象征青、黄两姓部族联合，所以苍梧又称沧浪，自有其中的意义了。”[37]

众所周知，翠鸟只有麻雀大，100 只鸟的羽毛也难做一件衣服。翠羽之所以成为贡品，其色质翠绿美观固然重要，但主要是稀有且奇异也，何来那么多翠羽做衣裳？至于所谓青色、黄色的象征意义，是青、黄两姓部族的联合，“所以苍梧又称沧浪”，其牵强难道不是已经十分清楚了吗？

当然，自从濮越语so:ŋ kau“稻穗”被用汉字译音为“苍梧（牂
穗　稻
柯、僮古）”之后，2000多年来，把“苍梧”的“苍”理解为青色并进行解读的并不止何光岳一人。《吕氏春秋·审时》载：“后时者弱苗而稌苍狼。”毕沅校正时就说：“案苍狼，青色也。在竹曰苍筤，在天曰仓浪，在水曰沧浪，字异而义皆同。”胡渭的《禹贡锥指》：“沧浪者，汉水之色也……汉童谣‘木门苍琅根’，字虽不同，而音义则一，皆言其色青也。”今人陈怀荃的《苍梧考释》更是发挥得莫名所以。他“谓苍天一碧无际之色的苍莽、苍茫，也是如此。由此推之，所谓苍梧，其本义当是指茫茫一片青深苍翠的高大林木。为此林木所覆盖的原野、山陵也就被称为苍梧之野、苍梧之山等等，这些地方也就统称为苍梧”。[38]

为什么从古至今，民族古史学家对“苍梧（牂柯）”的解释都只从汉字字面意义去寻求答案呢？道理很简单。其一是由于濮越语so:ŋ kau“稻穗”被用汉字译音为“苍梧（牂柯）”的时间太久远，一般人压根儿已不知道它是个译音词；其二是汉字源远流长，几千年来，绵延不断，各种典籍及日常书面交际均用汉字，在史学家及绝大多数人的观念里，根本不会去考虑在汉字的背后还会隐藏有别的什么东西，更不会平白无故地考虑在成千上万的汉语词汇里，竟然还有些是少数民族语言的音译词（濮越先民在神州大地上并不是少数民族而是大民族，以下各章有论述）。因此，一些史学家们在无计可施、无路可走的情况下，从汉字字面意义去找出路是完全可以理解的。条件的局限，知识的局限，他们也只能如此。

不过，在有其他路子可走的条件下，历史的本来面目是一定要弄清楚的，否则就对不住历史，对不住曾为人类文明、世界文明作出了伟大贡献、将来还会有更多更大贡献的伟大中华民族。

“苍”，不是汉字意义的“青色”或“青黑色”，它是濮越语so:ŋ“穗（稻穗、麦穗、高粱穗、小米穗）”的汉字译音。

“苍狼（苍筤、苍浪、沧浪、苍俍、苍良）”也不是毕沅、胡渭等所说的“青也”、“青色也”，更不是《百越源流史》所说的“是青黑色的氏族与黄色的氏族结成双胞族的部落联盟”以及“苍梧之所以又叫苍浪，就是因为含有俍人的成分”这类想当然的无稽之说。

“苍狼（沧浪）”是濮越语so:ŋ laŋ“黄色稻穗”的汉字译音。黄
穗 黄色
色，现代海南临高话仍读 laŋ^{213}，傣语读 lɤŋ，壮（南）语读 le:ŋ，黎语读 ze:ŋ。

《楚辞·渔父》载：“渔父……乃歌曰：‘沧浪之水清兮，可以濯我缨；沧浪之水浊兮，可以濯我足’。”楚地渔父讴歌里一再提及的这条“沧浪之水”，一定是在他所熟知的楚地无疑。但是，具体在哪里呢？弄清楚了，也就解开了“沧浪”这个千古之谜。

《百越源流史》说：“沧浪的浪，古往今来的学者也未作解答，均认为是波浪的浪。”㊴

古典史籍的确有不少关于“沧浪水”、“沧浪洲”的记载，但却没有对“沧浪”一词的含义进行过解释。

《史记·夏本纪·正义》引《汉水记》：“武当西四十里，汉水中有洲名沧浪洲也。”《荆州图经》也说：“武当县（古地名）西北四十里有沧浪洲，长四里，广十三里。《禹贡》称‘汉水东流为沧浪’，疑此洲是也。”又《水经·夏水注》引《永初山川记》：“夏水，古文以为沧浪，即渔父所歌也。”

汉水即古夏水，汉水流域，地处江汉平原，土地肥沃，气候温和，是农业生产的理想之地，是中国最大的粮仓之一。每到秋天，一望无垠的稻浪，金黄一片，随风起伏，令人赞叹。汉水之中，在武当县（古地名）西北四十里，有一个长四里，广十三里，由河水冲积而成的沙洲，因为土地肥美，每年秋收季节到来之前，全岛一片金黄，因而古濮越先民就给它约定俗成，取名为“沧浪（so:ŋ laŋ‘黄色稻
穗 黄
穗’）洲”，流经它身旁的汉水，也就称之为“沧浪水”。这是顺理成章，毋庸置疑的。

至于焦循《孟子正义》说“沧浪是夏水，本以清得名”是不正确的。这种说法，本质上仍然是以“苍（沧）者，青（清）也”为底蕴的。何光岳不理解，反驳说：“沧（苍）应训为黑色，怎么说是清呢？那么，‘沧浪之水浊兮，可以濯吾足’之句又怎么理解？沧浪水发源于武当山，水清见底（源头水一般都清澈见底——笔者），但水名却是青黑之色的意思，名实不相符。其实沧浪并非水清之名，而是苍梧部族曾移居于此而得名。”㊵

《百越源流史》里的这段话，只有后面一句说对了一半，那就是“沧浪”是苍梧（种稻）人起的名字，并非水清之名。至于苍梧部族是否曾移居于此呢，那就值得商榷了，因为湖北、湖南自古就是濮越先民生息之地。

流经江汉平原的沧浪之水，不像流经黄土高原的黄河那样常年都是黄浊之水，而是冬春无大雨季节水较清，夏秋暴雨季节则水较浊。一年之中，时清时浊。所以，渔父之歌才有“沧浪之水清兮，可以濯我缨；沧浪之水浊兮，可以濯我足”之句。这当然也反映了事实，因为只有用清水洗缨才干净，用浊水洗足就无所谓了。不过，这四句歌词讲求押韵，用“缨”与“清”押，“足”与“浊”押。这是不难理解的。它与沧浪之水清与浊的肯定或否定的结论无关。

总之，纵观《百越源流史》中《苍梧族的来源与南迁》及《牂柯的来源和分布》，不难发现，到处都可以见到想当然的论述和结论，到处都有些似是而非的句子。只是限丁篇幅，这里不可能一一详加点破，仅就一些最重要的、不点不足以揭开历史面纱的不确之词略加阐述，以正视听，免误后人。

前文中引述何氏的所谓“沧浪族”，历史上是没有的。因为“沧浪”在濮越语里指的是“金黄色的稻穗”（so:ŋ laŋ）。濮越人可以自
穗　黄
称为pu so:ŋ kau“种稻人”（被人用汉字译音为“苍梧”或“牂柯”、
位　穗　稻
“僮古”），但却不能自称为pu so:ŋ laŋ“金黄色稻穗的人”（被人用汉
位　穗　黄
字译音为“苍狼”或“沧浪”）。因此，何氏所谓“因苍梧族的迁入，与浪人相结合，而成为沧浪族”之说，只不过是想当然而已。（关于在该论著中一再提及并专章论述的所谓“浪人”、“俍人”、“良人”等，下面将另辟章节阐明。）

何氏的“氏族结合论”，是他在《南蛮源流史》与《百越源流史》两大著作中最拿手的杰作。他说：“沧浪就是青黑色的氏族与黄色的氏族结成双胞族的部落联盟……如斟与灌、寻结合后，就变成斟灌、斟寻氏了；暹与罗斛结合后就成为暹罗斛了。”

“沧浪”是否“青黑色”的意思，其含义在前面已阐明。关于“斟灌”与“斟寻”的含义，我们在第一章《濮与华夏》里，虽然已说清楚，但是，为了回答何氏所谓的“斟灌”、“斟寻”都是由两个

民族结合而成的问题，也只好多花点笔墨再说几句了。

我们不知道何氏所说的“斟与灌、寻结合后，就变成斟灌、斟寻氏”的根据何在，我们只知道，“斟”与“灌”、“寻”从来就不是什么单独的氏族，史籍记载的所谓“斟灌”和“斟寻”，以及“暹罗”等，都是濮越语的汉字译音，是强加给濮越民族的错误分类，是无知造成的错误历史。

“斟灌”是濮越语 tsam kun“相同、同样、一起的人”的汉字
相同，同样 人
译音，决不可以分开来认为“斟”tsam（“相同、同样”）是一个民族，“灌”kun（“人”）又是另外一个民族。春秋战国以前始译者也没有把它们分开，因为他压根儿不知道可不可以分开，他只知道用“斟灌”这两个汉字的音来记录（译出）濮越语里 tsam kun 这两个读音，并用来指称濮越民族中的一部分人，至于这组语音蕴含的意义，他就没有再进一步记录流传下来。直到今天，人们对它的原意仍一无所知了。

“斟寻”是濮越语 tsam sen“相同、同样语言”的汉字译音。
相同，同样 话
同“斟灌”一样，也是不可以分开的。分开了，说什么“斟”tsam（“相同”）是一个氏族，“寻”sen（“语言”）又是另一个氏族，这能讲得通吗？

“暹罗”是濮越语sam（siam）lau“我们一样”或“我们是一起
相同、一样 我们
的”的汉字译音。暹罗古国（现称“泰国”）是濮越先民的一分支在湄公河畔建立的国家。据《文献通考》载：“暹罗在（越南）占城极南，滨海，本暹与罗斛两国地。暹乃赤眉遗种，元至正年间（1341—1368 年）暹始降于罗斛，合为一国。”这里的所谓“罗斛”二字，实则是濮越语 lau“我们”的汉字译音。本该译为“罗”即可，但译者却把 lau 音节中“u”又单独写作“斛”，成为“罗斛”。“斛”现代汉语仍读为 hú，可以证明，“暹罗斛”是濮越语 sam lau 的汉字译音。

据濮越语组词成句的规则，sam（siam）lau 这个词组是不可以分开来各自单独成为氏族名或部落国名的，尤其是前者。但宋、元时代，由于始译者无知而将它作为氏族名载入了史册，变成了“暹”与“罗斛”之国。如宋史《诸蕃志》，就是最早载有所谓“罗斛国”，列为柬埔寨附属国。元史《类篇》又载有“暹国”之名，并言之凿凿，

说什么两国在元朝初年曾遣使入贡。

由于濮越先民先后到南亚的不同地域生息繁衍，建立了不同的国家，治理自己的事务，而他们对外常说的 lau “我们”，又被不同的人用汉字译音为“寮”，被称为“寮国”，当今又改称为“老挝”。其实，“寮”、“老挝”和“罗斛”都只不过是濮越语 lau “我们”的同音异译（写）而已。但是，正是由于这异写，害苦了后来的史学家，他们尽管如何勤奋，用了九牛二虎之力去考证，始终都弄不清所以。

例如，《文献通考》所谓“暹罗”本（是）暹与罗斛两国的说法是完全不正确的。因为它的作者不知道，“暹”与“罗”不可以分开。“暹罗”并不是由“暹”与“罗”合而为一的。它本来就是濮越语 sam（siam）lau “我们一样”（即既同语言，又同风俗习惯，同声同气）的汉字译音。《文献通考》的作者把濮越先民讲同一语言的两个氏族或部落社会集团分割开来，当成了两个国家，直到今天，一些史学家和民族学家还觉得有史可依而照抄不误。当然，《文献通考》的作者可能不知道，古往今来，氏族、部落纠纷以及村寨纠纷都在所难免。讲同一语言的濮越先民，两个村寨或氏族、部落之间因纠纷而不和，又因和解而合而为一。他们对外都自称这些村落、氏族、部落的社会群体为 sam lau 而被人用汉字译音为“暹罗”。始记述者，因没有深入调查，不了解底细，就误认为是不同的国家而载入史册，误导了后人。

其实，上述的“斟”与“暹”是近音同义字。之所以文字“外壳”不同，是由于不同时代、不同地域语音声母发生了演变的结果。这种情况，史籍记载还有一系列的汉字译音群。后面将另辟章节逐一阐明，还它们以本来面目。

（十）乌浒

“乌浒”是濮越语 wu “咱们”的汉字译音。至今壮（南）语称“咱们”仍是 wu^{35}。如 $\underset{\text{家、屋}}{la{:}n^{33}}$ wu^{35} “咱们家”；$\underset{\text{村}}{ba{:}n^{35}}$ wu^{35} “咱们村”；na^{33} wu^{35} “咱们（的）田”；等等。

继春秋战国将濮越写为“百越”之后，秦汉时期又出现了根据百越语 wu “咱们”的汉字译音词“乌浒”，并用来指称百越民族的一个分支，称他们为“乌浒人”、“乌浒蛮”或“乌武僚”。例如《后汉书·南蛮列传》载：“灵帝建宁三年，郁林太守谷永，以恩信招降乌浒人十余万内属，皆受冠带，开置七县。”《双书·灵帝纪》载：“光和元年，合溥、交趾乌浒蛮反，招引九真日南，攻没郡县。”《新唐书·南平僚传》：“乌武僚，地多瘴毒，中者不能饮药，故自凿齿。”这些均是想当然的说辞。

2000多年来，由于人们不知道“乌浒”的由来，所以，古史学家们研究古代民族史，除了乱加猜测，就只有从汉字字面意义这条捷径入手了。例如，著名民族史学家徐松石和当代人任乃强等就是如此。徐氏在《粤江流域人民史·僮古考》里说：“粤江流域古代乃乌浦或乌浒人所居。乌即是黑，浦即水滨。”[41]任氏在《羌族源流探索》里说：“后汉时‘乌浒蛮’之浒（xǔ），现在彝民自称‘洛苏’（luǒ sū）之苏音近。……乌与洛，皆黑色之义，在彝语又为尊贵之义。”[42]

按照徐氏的解释，乌浒当是住在黑水边的人，那么，粤江当然就应该称之为“黑水河”了，但为什么数千年来，却从来没有被称为“黑水河”呢？这就不得不令人思考再三了。

至于任氏说，“乌与洛，皆黑色之义”，就更是令人摸不着头脑。因为从汉字意义来说，“乌”为黑色，毫无疑问，但如果说“洛”是黑色，则查遍古今汉语字典词书都绝无此义。任氏此说，可能源自彝语 $nɔ^{55}$“黑”的汉字译音。因为在彝语的五大方言里，“黑色”，喜德方言读 a^{54} $nɔ^{55}$，用汉字译音可译作“阿诺”，“诺”与“洛”音相近；武定方言读 na^{2}，用汉字译音可译作“纳”；巍山方言读 ni^{55}；南华方言和撒尼方言均读 ne^{44-55}。把原意为“黑”的“乌”字，与原意不是“黑”的“洛”字硬扯来将它“抹黑”，岂不是令人费解并认为此“道”不可取吗?!

此外，近人江应梁在《傣族史》里还提出“乌浒”是“无余”或“于（读‘乌’音）越”的异写[43]的问题。结果，害得何光岳不知深浅，用了很大的篇幅和气力对它进行了详细的考证。但是，最后除了无可奈何地同意“徐氏谓乌浒属于黑氏族是对的”（按：其实是完全错的）这样结论之外，其余都是白费力气。

由于“乌浒”是百越语 wu“咱们”的汉字译音，而百越民族的先民数千年前是神州大地的主人，人口众多，分布地域广阔。所以，

凡是他们曾经长期生息过的地方，或多或少都遗留有 wu“咱们”为首的地名。而这些地名因为是不同时代、不同地域、不同文化层次的人用同音或近音汉字译音的，因此，表面看起来，同音不同字的就有很多，以至一般人根本弄不清它们的来源只有一个 wu。如乌、武、五、吴、浒、于、盂、湖、舞、无、芜、淤、壶、狐、婺、滑等。

例如：

乌 贵州有乌江、乌罗［wu lo “咱们（是）一样的”］；广
咱们(同)种类
东南雄有乌径，“番禺有乌埇圩”，广宁有乌山、大乌水，顺德有乌州，乳源有乌坑、乌石，河源有乌峒，新兴有乌围（wu wai“咱们
咱们 圩
圩”），阳春有那乌水［na wu“咱们（的）田”］，阳山有大乌山，长
田咱们
乐有乌坡，信宜有乌村；广西罗城有乌大，合浦有乌家圩，平南有大乌，宜山有乌峒，天河有乌山，昭平有乌水埠，都是乌浒僮人留下的名称；海南有乌坡、乌石；江西有寻乌（sam wu“同咱们一
相同、一样 咱们
样”）；浙江有乌镇、义乌（是“武义”的倒装异译）。

武 含“武”字的地名最多，分布也最广，从北到南十多省。例如：天津的武清，河北省的武安［wu hun“咱们（的）人”］、武邑
咱们 人
［此地名与福建的武夷、浙江的武义，实际上都是 wu ji “种田人”
咱们犁(耕)
的同音异译字］；山西的武乡；江苏的武进［wu zen“（讲）咱们语
咱们 话
言（的）人”］；安徽的武家岗、武店；福建的武平、武夷山、邵武（sou wu“你们与咱们”）、谟武（^{m}bu wu“咱们”）；江西的武宁
你们与咱们 位
（wu ^{n}de:ŋ“咱们地方”）、武功山；山东的武安寨（与河北的“武
咱们 地方
安”相同）、武城、成武（seŋ wu“咱们地方”）；河南的武陟
窝、地方 咱们
（wu zi 或 si “咱们社庙”）、修武（与福建的“邵武”是同音
咱们 社庙， 土地堂
异译字）、原武［zen wu“（讲）咱们语言（的）人”］、玄武（同
话 咱们
“原武”）；湖北武镇、武当山［此地名与云南“武定”、陕西“无定河”，实际上都是 wu de:ŋ“咱们地方”的同音异译（写）字］；湖南
咱们 地方

的武冈市、武陵山（wu laŋ“咱们后面”）；广西的武鸣［原叫“武
咱们 后面
缘”，wu zen“（讲）咱们话（的）人”］、武利（wu li“咱们山
咱们 话 咱们 山地
地”）；四川的平武（pi wu“咱们弟兄”）、武都（是tu wu“咱们”
兄 咱们 只 咱们
的倒装）、武隆［wu laŋ“咱们后面（来）”］。
咱们 后面

五 如安徽的五城（与山东的“武城”是同音异译字）、五河；山东的五莲；河南的五原村［是wu zen“（讲）咱们话”］；广东的五
咱们 话
华；浙江的五都（与四川的“武都”、江西的“于都”，实际上都是wu tu“咱们”的同音异译字。wu tu是 tu wu“咱们”的倒装。因
咱们 只（位）咱们
汉字“都五”、“都武”和“都于”表面意义不易被人接受和理解，故倒过来）。

吴 如吴国，江苏的吴县、吴江、吴淞。

浒 如江苏的浒浦（是pu wu“咱们”的倒装）、浒墅关；河南
位 咱们
的浒弯。

于 如江西的于都；浙江的于潜（wu siam “咱们一样”）。
咱们 相同，一样

盂、壶、狐 如山西的盂县、壶关、望狐（maːŋ wu“咱们村”。
村 咱们
云南许多村庄都叫“孟”或“勐”。山西汉语方言中，有些带－n韵尾的字发生音变而失落，改用同是鼻音韵尾的－ŋ暂时代替。所以，本是－n韵尾的濮越语maːn“村庄”就变成了maːŋ，用汉字译音则为
村庄
“勐”、“孟”或“望”）。

湖 如江苏的板湖［濮（百）越语“村庄”读baːn，用汉字译音译作“板”。“板湖”即baːn wu“咱们村”的汉字译音］、安徽的
村 咱们
湖沟；福建的湖山（都是没有湖泊的地名）；广西的里湖（li wu
旱地 咱们
“咱们的山地”）。湘西、鄂西也有很多带“湖”字但无湖泊的地名。

无、芜、舞、婺 如安徽的无为（wu wei“咱们圩市”）、芜湖
咱们 圩
（不是湖泊，实际上是“乌浒”的同音异译字，原意都是wu“咱们”）；河南的舞阳（wu jaːŋ“咱种粟人”）；江西的婺源［wu zen
咱们 粟 咱们 话

“（讲）咱话的人”]。

滑 如河南的滑县（是 wu 或 wo “咱”的汉字译音）。

上述这些遗留下来，分布在辽阔神州大地上的地名[44]，都是濮（百）越先民曾经生息过的地方。

勤劳勇敢、坚韧不拔的濮（百）越先民，经过了数千年漫长岁月的发展演化，已先后形成了许多不同的、有亲缘关系的近代独立民族，有的还成立了自己的国家，如老挝（寮）、泰国等。在中国境内，20 世纪中叶，经国务院审定为独立民族的除汉族外，还有壮、布依、侗、水、毛南、仫佬、黎、仡佬等民族。

这些少数民族，在两千多年来的各种史籍里，它们的名称被不同时代、不同地域、不同文化层次的人，根据它们语言中的个别词语，不明就里地译成同音汉字之后，就强加给它们，称它们为“濮”（pu “位”）、“僚”（lau “我们”）、“俚”（li、lei、lo:i “山”，汉字同音异译字有里、雷、来、犁、黎等）、“木佬”（^{m}pu 、mu lau “我们”、
位 位 我们
仫佬）、“虽干”[sa:i kun “（犁）种田人”。“虽”字在一些史籍里
犁（耕） 人
译作“徙”（见前）]、“俾佬、格佬、仡佬”（klau “我们”）等。

由于这些译名五花八门，又没有注明原意，这就给后人造成了因不明所以而陷入了挣不脱、解不开的尴尬困境，造成了一些民族古史研究者在无奈的情况下，只能从汉字的意义去猜度。然而，由于这些所谓民族名称的汉字，都仅仅是古濮（百）越语的译音，它们并不代表汉字的原意，因此，如果对濮（百）越语一无所知，那么，除了想当然的猜度之外，恐怕是真的一点门路也没有的。《百越源流史》洋洋数十万言，表面上似乎说得头头是道，用心血和汗水写出来不无辛苦，但是，在力图说清百越民族支系及所有古民族（包括氏族、部落和部族）名称或国名、州名、郡县名的时候，都只能是除了猜度还是猜度，实质问题真正解决了多少呢?

例如，贵州黔南的三都“水族”与布依族为邻，语言上既保留古百越语的系统特点，形成自己独特语言，又在一定程度上受布依语影响较深。由于何光岳对水族的语言和民族形成的真实历史知之甚微，所以，在论述的关键地方，只能用“可能”又“可能”。结果，当然只能由读者们凭自己的想象力去猜了。

如，他说：“水族……自称为‘虽’ sui^3 或‘任虽’ $zən^1$ sui^3［按：$zən^1$ 在现代水语是‘人’的汉语借词读音，水语已没有自己的读音，所以，‘任虽’意思就是‘水（族）人’；此外，如果认为 zən 是百越语，则是‘语言’之意，$zən^1$ sui 即‘水话’或‘水族人讲的
话

语言’、‘（讲）水话（的人）’］、‘哎虽’ ai^6 sui^3［按：ai^6是‘个’之意，量词。即‘水（族）人’］、‘布虽’ pu^6 sui^3（按：水语用在‘人’的专用量词是 ai^6，这里用 pu^6，很显然是受布依语pu ji 的影
位

响）。……当今贵州三都水族的组成，传说有三大支系，即‘虽闽’ sui^3 min^6、‘虽干’ sui^3 kam^1［按：kam^1 应该是 kun 的错写。kam^1 是侗族的自称，kun 是‘人’之意。sui^3 kun^5 即是‘水（族）人’］、
人

‘虽柳’ sui^3 liu^3。……‘虽闽’、‘虽柳’、‘虽干’可能指‘闽地的越人’、‘柳（州）地的越人’、‘赣地的越人’（‘赣’与‘干’同音）。”又说：“云南古代有闽濮，贵州有闽僚，据说乃由福建的闽越人西迁而来的，则‘虽闽’当也与闽僚有关。‘虽柳’即从柳州的柳江迁来的虽人。……‘虽干’则是由干越的一支从江西余干、赣州西迁而来，与虽（巂）人结合而成。”㊺

由于何氏与濮（百）越语无缘，所以，对于所谓“虽闽”、“虽柳”和“虽干”这些汉字译音词，只能从字面意义去猜度和推论，这是必然的，否则文章就无法写，“源流”也就无法“流”出来。

其实，所谓“虽闽”，并非什么“由福建的闽越人西迁而来”。前面我们说过，所谓“闽”只不过是濮（百）越语^{m}ba:n“村庄、村寨”的汉字译音。“虽闽”sui ^{m}ba:n（地域的历史音变可能是 ma:n、man、min 或 ba:n）是“水（人）村庄”的意思。同样，所谓“闽濮”是“濮（百）越人的村庄”的意思；“闽僚”即^m ba:n lau“我
村庄 我们

们的村庄”的意思。

所谓“虽柳”，也并非什么“从柳州的柳江迁来”，它是濮越语 lau“我们”因地域的历史音变而成为 liu^3，水语的水庆方言称“我们”是 $djeu^1$ 或 $da{:}u^1$，但三都水语因受布依语的影响读作 liu^3。“虽柳” sui^3 liu^3 是“我们水（族）人”的意思。“虽柳”的“柳”，除了同音外，与“柳州”、“柳江”风马牛不相及，一点关系都没有。

至于所谓“虽干”，当然也不是什么“从江西余干、赣州西迁而来”。“干”，前面我们说过，它是濮（百）越语kun“人”的汉字译音。“虽干”sui^3 kun^{4}即是“水（族）人”之意。把它说成是从江西余干西迁而来，只是想当然的主观猜测，决不能代替真实的历史。当然，不可否认，“干”与“赣”不仅同音，而且同义并同源。因为它们都是濮越语kun“人”的同音异译字。“余干”是濮越语 ji kun
犁(耕) 人
“种田人”的汉字译音。如果再进一步用汉字写明，就是史籍常见的“越人”二字，“余干”只不过是汉字译音罢了。

综上所述，把“乌浒”（wu“咱们”）当做是百越民族的支系，当然也是历史的“滑稽”。

（十一）番禺

“番禺”是濮（百）越语pu jyi（ji、jai）“种田人”（或全汉译
位 犁(耕)
为“越人”）的汉字译音。此译音，最早见于《山海经·海内经》：“帝俊生禺号，禺号生淫梁，淫梁生番禺，是始为舟。番禺生奚仲，奚仲生吉光，吉光是始以木为车。”[46]

《山海经》这段所谓“世系传替”的话，虽然并不是什么真实的父子世传记述，但人物与事实并非空穴来风、完全不可考的。如“帝俊”，多数史学家都认为是“帝舜”。舜是东夷人，“夷”是“越”（ji、jai）的同音异译字。“东夷”即居住在中华大地东边的种田人，也就是东边从事农业生产的广大农耕者。“禺号”即濮越语 jyi hau
犁(耕) 我们
“我们种田人”的汉字译音。“淫梁”是濮越语jam leːŋ“同地方”的
同 地方
汉字译音。濮越语maŋ ju leːŋ lai是“你住什么地方”的意思。“番禺
你 住 地方 哪里
是始为舟”，这是完全符合历史事实的。浙江河姆渡出土8000年前越人航海用的木桨和大量的鲸鱼骨、鲨鱼骨就是越人（即“种田人”）“始为舟”的铁证。越人既然能造舟船征服江河湖海，那么，“番禺……始以木为车”就更是易如反掌，是必然的情理之中的事了。

濮越先民发明舟车，创造了中华的古代文明，这一伟大贡献，无论是在司马迁的《史记》里，或是后来历朝历代的各种史籍里，都是不见只言片语的。如果不是《山海经·海内经》保存的这段无人读得

懂的神话，恐怕越人的这一伟大历史功绩就会像石沉大海那样，永远也不会再见天日。

2000多年来，从《史记》到历代的各种史籍，史学家们都对《山海经》的这段话里所说的人物，信以为真而辗转传抄，殊不知《山海经》的作者们，大多都是根据民间口头传说捕风捉影，加上自己丰富的想象力，虚虚实实，杜撰汇编出来的。所以，虽是同书，同是《山海经》，叙述同一个人物，却矛盾重重，令人无所适从，不知所以。

例如，关于“禺号”，上引这段话里，说他是人。但在《大荒东经》里，作者却有意把“號”写作“虢”，把“帝俊”改为“黄帝”，然后将他说成是“海神”。原文如下：

> 东海之渚中，有神，人面鸟身，珥两黄蛇，践两黄蛇，名曰禺虢。黄帝生禺虢，禺虢生禺京，禺京处北海，禺虢处东海，是为海神。郭璞注：“虢，一本作號。”按虢，《说文》、《玉篇》均无此字，疑即號之异文，《海内经》云“帝俊生禺號”是也。

《康熙字典》[47]引《海内经》：“东海有神，人面鸟身，珥两黄蛇，践两黄蛇，名禺虢。音未详。”《康熙字典》不敢证实“虢”即是“號”。但从濮越语的汉字译音看，郭璞说“虢”即“號”是正确的。

“番”不读作fa:n[55]，也不读作p‘a:n[55]，而是读作pu，用汉字译音，史籍则五花八门，有“濮、仆、不、布、蒲、亳、博”等数十同音或近音字。下文将另辟专节阐明。现只略引一二作证。

《战国策·赵策》：“苏秦曰：秦甲涉河逾漳，据番吾，则兵必战于邯郸之下。”《括地志》：“蒲吾城在恒州房山县东二十里也。”方以智《通雅》卷十六：“番吾即蒲吾。苏秦曰：‘秦甲渡河逾漳，据番吾，则兵必战于邯郸之下矣。’《括地志》：‘蒲吾故城，在恒州房山县东。’今之真定府平山县，即汉蒲吾也。番当音蒲，《史记》番君音婆，岭南番禺音潘。”

方以智说：“番当音蒲”，完全正确，但说现在广东番禺的“番”读“潘”，就只知其一，不知其二。现在“番禺”读“潘禺”，一点不错。但“番禺”之名最早得名是来源于濮越语pu（位） jyi（犁(耕)）（ji、jai）“种田人”的汉字译音。“种田人”亦即史籍里常见的所谓“越人”。

因为jai“犁（耕）”用汉字译音的近音字即“越”。

由于“番禺”一词来自濮（百）越先民pu jyi“种田人”的汉字译音，而濮越先民是建立夏王朝的先进民族，夏朝的版图主体在山西、陕西、河北、河南和山东。但是，濮越先民的分布却远不限于此。所以，史籍上有关“番（蕃）”的记载，不仅是在北方有，而且南方也有。这就给后来不懂濮（百）越语的古史学家和乐于做考证的考据学家们疲于奔命了。因为他们不懂得，只要有濮（百）越先民生息过的地方，就都可能遗留有pu，用汉字译音“番、蒲、濮、仆、不、布、亳”等做地名并不一定是民族流徙迁移的结果。不能看到南方有“番禺”的地名，就由此认定得出“一定是濮越人由北方千里迢迢迁移来”的结论。因为丰富的历史资料早已证实，数千年来，在辽阔的中华大地上到处都有濮越先民踏过的足迹，到处都有他们创造的光辉历史。岭南的“番禺”，只不过是濮（百）越先民遗留在中华大地上千百个地名其中之一而已。

“番禺”，既然只是濮越语pu jyi“种田人”的汉字译音，民族古史学家们却由于不知情而把它当做百越民族的支系而载入史册，是无意之中开了历史的玩笑。

“于越” ＝ 咱们种田人

史籍记载跟它同音异译的是，将 wu 和 ji 分别译作“吴”和
咱们 犁(耕)
“越”当作两个古代国名，并有时连用，如《吴越春秋》。另与“于”同音异译的还有前面“乌浒”一节所举的名字。

“干越” ＝ 种田人

由于不同时代、不同地域、不同文化层次的人，因语言的历史音变而使用不同的汉字译音，从而各种史籍就有许多源自濮越的同音或近音汉字，令后人堕入云雾中而不明所以。如邗、灌、驩、赣、寒、汗、换、温、浑、昆、鲲、混等。(后详)

“瓯” ＝ 我们

“闽” ＝ 村庄、村寨

“闽越” ＝ 种田人的村庄或村里人

史籍记载与“闽”同义的同音或近音汉译字有：蛮、曼、蔓、慢、满、瞒、民、岷、汶、棉、勉、孟、猛、勐、蒙、芒等。(后详)

“骆” ＝ 我们

“骆越” ＝ 我们种田人

史籍记载与“骆”同义的同音或近音汉译字有：雒、洛、渌、漉、路、潞、露、僚、寮、辽、鸟、佬、姥、劳、涝、泸、鲁、罗、牢、娄等。（后详）

“嶲” ＝ 犁（耕）

“越嶲”是“嶲越”的倒装 ＝ 耕田人，耕种者

“裳” ＝ 稻穗

“越裳”是“裳越”的倒装 ＝ 种稻人

史籍记载与“裳”同义的汉译同音或近音字有：常（常邑、常营、常羲、常宜、常仪）、嫦（嫦娥）、尚（尚仪、尚宜；实则同常羲、常仪、常宜）

“交趾” ＝ 我种田人

“儋耳” ＝ 同是种田人

史籍记载与“儋”同义的汉译同音或近音字有：聃、塌耳、阘耳、占、瞻、澹、瞻、憺、沈、深等。（后详）

“牂牁” ＝ 种稻人

史籍记载与“牂牁”同义的汉译同音或近音字有：戕戕、杙柯、桩戕、戕戕、仓吾、苍梧、僮古、潼牯等。

“乌浒” ＝ 咱们

“番禺” ＝ 种田人

上述所列，“咱们种田人”、“种田人”、“我们”、“村里人”、“我们种田人”、“耕田人”、“种稻人”、“我种田人”、“同是种田人”、“咱们”等，这些本来在濮（百）越语里是极其普通的、老百姓平常对外的自谦词，但被译成不同的、琳琅满目的汉字以后，就被罩上严实的面纱，使得人们千百年来只能望着这面纱徘徊、猜度、兴叹，而始终不明底里。现在该是我们彻底看清它们庐山真面目的时候了。

三、百越民族对中国历史的深远影响

自从春秋战国时代，把“百越”先民“濮越”pu ji（jai）译为

“百越（或‘越’）”之后，各种史籍就只见“越”而不见了活动在中华大地数千年、为中华史前文明立过汗马功劳的“濮”。公元前355年楚又灭了越。从此，这个中华大地上人口最多、历史最悠久、曾经建立过夏王朝及建立过“蜀”、“越”、“哀牢”、“夜郎”等国的濮（百）越先民，由于受到历代王朝的无理打击和压迫而分崩离析，在中国的历史舞台上隐去了昔日“伟人”的踪影。

2000多年来，古史学家们虽然怀着满腔热情，倾尽毕生精力，去研究中国古代史，但是，由于濮越先民在史前活动期间尚无文字记载，殷商至战国对它的记述也很少，所以一般人对于百越民族在中国历史上的地位及贡献是不了解的。即使是历史学家想把它［濮（百）越民族］的真实历史尽可能地写得全面、翔实，也因资料奇缺而徒叹奈何。

然而，濮越先民既然曾经长期生活在神州大地，而且活动的范围广，持续的时间长，即使在后来漫长的岁月里被迫改了“名”（被人译音为另外的称谓），换了“姓”，不再被称为“濮（百）越”了，但是，它的足迹是不可能被永远彻底埋没的。事实也是如此，只要我们认真仔细搜寻，就一定不难发现他们的足迹并用丰硕的收获来证明。

（一）百越民族活动的历史舞台

前面说过，百越民族是中华大地上人口最多、分布地域最广、历史最悠久、对中华古代文明贡献最大的古代民族。2000多年来，虽然史籍对它的记载很少，但是，由于它早在1万多年前就已生息在神州大地上，所以，直到今天，在广袤的中华大地上到处可见它们留下的足迹（据濮越语的汉字译音的地名）。

以下是除了山西、陕西、河北、河南、山东五省，即前面已列举之外的其他省、自治区的古代濮越人留下来的汉字译音地名。这些地名的特点是：小地名一般比较古老，保留的汉字译音比较接近濮越语的原音；大地名有一些是经过了历代官方修改，有点儿偏离了濮越语的原音，但因其只是稍加修改，“万变不离其宗”，所以，我们还是能够通过表象，看清它的本来真面目，指明其真意所在，以便人们了解百越民族先民活动的广阔历史舞台，或多或少能够弥补史籍记载的缺陷，更清楚地知道中华民族上古的主要民族的活动地域和历史。[48]

1．黑龙江

秦汉以前，黑龙江、吉林、辽宁至外兴安岭这块广袤的土地上，是史籍上被称为“夫余”或“无余”之地。“夫余”是不是有君王的国家，因缺史料记载，无从得知其详。但从名称上看，则可以肯定，这是濮（百）越先民在夏朝建立之前，就在这里长期生息繁衍的地方。因为所谓“夫余”或“无余”，就是濮越语的^{m}pu　ji（jyi）“种
位　犁(耕)
田人”的汉字译音。上古的^{m}pu（重唇音 p）到了商、周以后，逐渐演变为轻唇音 f，读为 fu，用汉字译音，就写作“夫”。至于有的史籍（或地图）写作“无”，则是根据^{m}pu，声母 m、p 发生了分化，从而有的地方读作 mu，有的地方则读作 pu。“无余”即是 mu ji（jyi）的汉字译音。现代仫佬语称一“位（个）”人仍读 mu^{11}，临高话读 $mɔ^{55}$。mu ji（jyi）即是“耕田者（种田人）”。由于现代的东北三省
位　犁(耕)
（黑、吉、辽）在秦以前，尚未被商、周纳入统治版图，所以《中国历史地图册》就只有“夫余”之国。至于在“夫余”东北，现为俄罗斯所属土地上，标写着所谓“肃顺”之国的名称，历史上是否真的也有这样的国家存在呢？在没有更多史料证实之前，也是很值得存疑的。

因为所谓“肃顺”这两个汉字反映出来的语音，它应该是濮越语 so:k sen（讲）“外人语言”的汉字译音。秦汉期间（或之前）的一些
外边 语言
史学家们根据濮越人称那些讲与他们不同语言的外人，叫作 so:k sen
外边 语言
“（讲）外人语言”的人，用汉字译音为“肃慎”来指称住在该地域的人，这是无可厚非而合情合理的。因为仅仅是从自己的角度来指称他人，而不是为他人记述真实的“身份”和历史。所以，“肃顺”之名即使与其真名不太相符，甚至完全不符，也无须负任何责任。正如过去一些史籍把印度译音为“身毒”或“天竺”一样，只是据我方的语言的近音译称，而无须得到国际的认同，更无须得到该国的认可，世界上许多来源于“他称”的民族名和国家名都是这样来的。至于这样的称呼与事物本身的内涵是否相符，反映是否真实，则另当别论了。

正是由于黑龙江、吉林、辽宁这些地方，秦代以前是濮越先民长期生息过的地方，所以，尽管时光已流逝了数千年，但是，由濮越语命名的各大大小小的地名，透过汉字译音的“外衣”仍然清晰可辨。例如：

鸥浦 是濮越语（下省略）ˀpu ˀau“我们”的倒装汉字译音。
位 我们

依西肯 是 ji çai kun“（耕）种田人”的汉字译音。
犁(耕) 犁 人

绥安 是çai hon“（犁）种田人”的汉字译音。kun、hon、hun
犁 人
都是“人”之意。这是不同时代、不同地域、不同层次的人对濮越语的不同译音。现代傣（西双版纳）语称“人”仍读 kun^{51}，布依语和临高话仍读 hun^{11}或 hon^{55}，傣（德宏）语读 kon^{55}。

呼源 是 wu zen（或 jen）“（讲）咱们语言”的汉字译音。
咱们 话

盘古 是pu kau “我们”的汉字译音。
位 我(我们)

罕达气 是hun ta（tu） ji “（耕）种田人”的汉字译音。
人 位 犁(耕)音夷

腰屯 是 jau“我们村”的汉字译音。由于不同时代、不同地域语音发生变化（一般是声母先变），所以，ɤau、lau、klau、jau、tau、tsau 等，在现代壮侗语族语言里，都是“我们”的意思。

孙吴 是zen wu “（讲）咱们语言”的汉字译音。
话 咱们

塔河 濮越语称“河”为 ta（或 da）。“河”是汉译为“塔”之后再加上去的，这是许多译音词的共同特点。如现代壮语里，“白菜”是汉语借词，但为了使壮人更加明白，就在“白菜”前边加上自己的固有词plak^{55}，成为plak^{55} pe:k^{31} tsʻ a:i^{13}，用来指称“白菜”。现在神州
菜 菜 白 菜
大地上有很多地方也都是如此。

科洛屯 是klau 屯“我们村”的汉字译音。
我们

老莱 是 lau lo:i“我们山”的汉字译音。
我们 山

沾河 是sam（tsam）河“共同的”河的汉字译音。
共同

木沟河 是^{m}pu kau“我们的河”的汉字译音。
位 我们

北安 是pu hun“人”的汉字译音。
位 人

乌伊　是wu　ji　“咱们种田人”的汉字译音。
咱们犁(耕)

富饶　是pu jau“我们”的汉字译音。古无轻唇音，故 fu 音
位 我们
“富”是由 pu 演变而来的，懂语音演变规律的人都明白此理。

嘉荫　是 kɯ jam“共同”的汉字译音。
共同

保兴　是pu kun“人”的汉字译音。
位　人

乌裕　是 wu ji“咱们种田人”的汉字译音。与“乌伊”是同音异译（写）。

依安　是　ji　hun“种田人”的汉字译音。
犁(耕)　人

富裕　是pu　ji　“种田人”的汉字译音。与“布依”是同音异
位 犁(耕)
译。

那吉　是na（或 no）kit，靠田的山上有很多蕨草，故以蕨为特征
田　　蕨
命名。

林甸　是lam de:n“同地方”的汉字译音。
同　地方

绥棱　是 çai laŋ“后来的种田人”的汉字译音。
耕者后来

绥化　是 çai wu“咱们种田人”的汉字译音。
耕者咱们

安肇　是hun tsau“我们（的）人”的汉字译音。
人　我们

大罗（镇）　是 ta（tu）lau“我们”的汉字译音。
我们

巴彦　是pa（pu）zen“濮人（的）语言”的汉字译音。
位　　话

呼兰　是 wu la:n“咱们家”的汉字译音。
咱们　家

昌五　是sa:ŋ（so:ŋ）wu“咱们种稻人”的汉字译音。
稻穗　　咱们

肇源　是tsau zen“（讲）我们语言”的汉字译音。
我们　话

泰来　是do:i lai“长山”的汉字译音。
山　长

乌吉密　是 wu kɯ mi“咱们母亲”的汉字译音。
咱们(的)母亲

榆林　是　ji　lam“同是种田人”的汉字译音。
犁(耕)共同

宁安 是de:ŋ hun“（别）人的地方”的汉字译音。
地方 人

温春 是von sen“（别）人的语言”的汉字译音。
人 语言

穆棱 是^{m}pu laŋ“后来人”的汉字译音。
位后面

绥芬 是 ɕai fun“种田人”的汉字译音。
犁（耕）人

勃利 是pu li （lei、lo:i）“山地人”的汉字译音。
位山地

罗密 是lau mi“我们母亲”的汉字译音。
我们母亲

高楞 是kau（kou） laŋ“我后来（或我后面）”的汉字译音。
我 后面

依兰 是 ji la:n“耕者之家”的汉字译音。
耕者 家

富锦 是pu kam“一样、一起的人”的汉字译音。
位 共同

肇兴 是tsau hun“我们（的）人”的汉宁译音。
我们 人

抚远 是pu zen“濮人语言”的汉字译音。与“巴彦”是同音异译。
位 话

饶（河） 是jau“我们”的汉字译音。
我们

完达（山） 是von ta “岳丈”山的汉字译音。
人 岳父

挠力（河） 是jau lak“我们儿子”的汉字译音。
我们儿子

2. 吉林

扶余 是pu ji “种田人”的汉字译音。今之扶余县是4000多年前，濮越先民聚居生息的“夫余”古国留下来的地名，“扶”是近代所用。古无轻唇f，“夫”读pu，用汉字译音也写作“濮”。“夫”“濮”“百”是同音异译（写）。
位犁、耕

那金 是na（no） kam“公田”的汉字译音。现代壮族仍称“田”为na（no）。两广地区数以百计以“那”冠首的地名，全都是“田”的意思。
田 共同

叉干挠 是ts‘a kun jau“我们母亲”的汉字译音。现代壮语中的“母亲”在不同的方言土语里，有的叫ts‘a，有的叫mi或me、ma。
母 人 我们

八郎　是pu laŋ“后来者”的汉字译音。
位 后面

乾安（站）　是 kun“人”的汉字译音。

安唱　是hun sa:ŋ“种稻（田）人”的汉字译音。
人 稻穗

瞻榆　是tsam ji“同是种田人”的汉字译音。
同是 犁

波罗　是pu lau“我们”的汉字译音。
位 我们

服先　是pu sen“（讲）濮人语言”的汉字译音。古无轻唇音，
位 话
故“服”读 pu，不读 fu。

辽源　是lau zen“（讲）我们语言”的汉字译音。
我们 话

柳、辽、楼、老、路、罗、卢等都是 lau“我们”的同音异译（写）字。

柳河　是 lau 河“我们”河的汉字译音。

楼街　是 lau 街“我们”街的汉字译音。

三源浦　是sam zen pu 是pu sam zen的倒装“（讲）同样语言”的
共同 话 位 同 话
汉字译音。

浑江　是von 江“人”江的汉字译音。
人

老岭　是 lau 岭“我们”山的汉字译音。

大路　是ta lau“我们”的汉字译音。
个 我们

抚松　是 wu so:ŋ“咱们种田人”的汉字译音。
咱们 稻穗

桦甸　是 wu de:n“咱们地方”的汉字译音。
咱们 地方

珲春　是hun sen“（濮）人语言”的汉字译音。《现代汉语词典》
人 话
正确指出，“珲”字有两种读音，一是读 hui，但“珲春”的“珲”则读 hun，保存了濮越语的原有读音。

大绥芬（河）　是ta（tu）ɕai fun“（耕）种田人”的汉字译
个 犁（耕） 人
音。

大蒲柴　是ta（tu）pu ɕai“种田人”的汉字译音。
个 位 犁

吉舒　是 kɯ sou“你们”的汉字译音。
（词头）你们

舒兰 是sou la:n“你们家园”的汉字译音。
你们 家

保寿 是pu sou“你们”的汉字译音。“寿”、“舒”是同音异译（写）字。

3. 辽宁

辽（河） 是lau“我们”的汉字译音。“辽宁”之名，虽然年代不太久远，但它基本上还是根据濮越语lau de:ŋ（“我们地方”）用
我们 地方
汉字译写而成的。

普兰 是pu la:n“家里人、一家人”的汉字译音。
位 家

复州 是pu tsau“我们”的汉字译音。古无轻唇音，“复”不读
位 我们
fu，而是读pu。

安波 是pu hun“人”的倒装。
位 人

吴姑 是wu ko“咱们的”的汉字译音。
咱们（的）

步云（山） 是pu vun“人”的汉字译音。
位 人

永甸 是vun de:n“（濮）人的地方”的汉字译音。
人 地方

宽甸 是kun de:n“（濮）人的地方”的汉字译音。
人 地方

灌水 是kun水“（濮）人的河”的汉字译音。

桓仁 是vun zen“（濮）人语言”的汉字译音。“永、云、宽、
人 话
灌、桓、安”是不同时代的人根据“人”这个词的声母演变而选用不同的汉字译写。而这些字背后的语音hun、vun、kun、k‘un在现代壮侗语族一些语言里都仍然照用不衰。

浑河 是pu vun“（濮）人的河”的汉字译音。
位 人

富源 是pu zen“（濮）人语言”的汉字译音。
位 话

昌图 是tu sa:ŋ“种稻人”的汉字译音。“昌图”是“图昌”
（个）稻穗
的倒装。

抚顺 是wu sen“（讲）咱们语言”的汉字译音。
咱们 话

蒲河 是pu河“濮人”河的汉字译音。

沈阳　是sam ja:ŋ“同是种粟人”的汉字译音。
同样　粟

饶阳　是jau ja:ŋ“我们种粟人”的汉字译音。
我们　粟

满都户　是^{m} ba:n tu wu “咱们村寨”的汉字译音。
村,寨　咱们

台安　是do:i hun“（濮）人的山”的汉字译音。
山　人

阜新　是 pu sen“濮人语言”的汉字译音。
话

余积　是ji tsik“犁背”的汉字译音。
犁　背

波罗赤　是 pu lau si “我们社堂”的汉字译音。
我们　社堂

建昌　是kun so:ŋ“种稻人”的汉字译音。
人　稻穗

宝国老　是pu klau“我们（的）人”的汉字译音。
位　我们

三宝　是sam pu“同是濮人”的汉字译音。原音应该是 sam pu
同是
lau“同是我们（的）人”。
我们

福兴　是 pu hun“（濮）人”的汉字译音。古无轻唇音，“福”
人
应读作 pu，而非读今音 fu。

喀喇沁　是klau sam“我们同样”、“同是我们”的汉字译音。
我们　同样

奎德素　是kwai dak sou“你们牛牯”的汉字译音。
牛　雄　你们

4. 内蒙古自治区

内蒙古自治区只有东部与黑龙江、吉林、辽宁三省相邻的地区保留少数古濮越语地名，因这部分地区历史上也是属于“夫（无）余”人生息之地。例如：

敖汉（旗）　是ɤau hun“我们人”的汉字译音。
我们　人

开鲁　是 klau“我们”的汉字译音。

昆都　是 tu kun“人”的倒装，汉字译音本应是“都昆”，但
（个）　人
初译之后，从汉字意义因素考虑，改为“昆都”比较符合汉语习惯。

罕庙　是 hun 庙“（濮）人”庙的汉字译音。

巨里和　是 kɯ li wu“咱们山地”的汉字译音。
（词头）山地咱们

白音胡硕 是pu jam wu sa:i“咱们同村寨”的汉字译音。
位 同、一起 咱们 寨

高力板 是kau lek ba:n“我村里人”，与“我乡下人”同义。
我 儿子 村

育军村 是jo:k kun“外人的村庄”的汉字译音。
外面 人

胡稍庙 是wu sou庙“咱们和你们（共同）”寺庙的汉字译音。
咱们 你们

乌奴耳 是wu ^{n}tu ji “咱们种田人”的汉字译音。
咱们 个 犁(耕)

根河 是kun河“（濮）人”的河的汉字译音。

奇乾 是 kɯ kun“人”的汉字译音。
（词头） 人

激流河 是klau河“我们”河的汉字译音。

伊穆河 是 ji ^{m}pu“耕田人”的河的汉字译音。
犁(耕) 位

奇雅河 是 kɯ ja（jo）“有本领人”的河的汉字译音。
（词头） 有本领

5. 甘肃

板桥 是ba:n桥“桥村”的汉字译音。高台县也有一个板桥，同音义。

柔远 是jau zen“（讲）我们语言”的汉字译音。
我们 话

环县 是van县“（濮）人”的县（地方）的汉字译音。
人

蒲河 是pu河“（濮）人”的河的汉字译音。

庆阳 是hun ja:ŋ“种粟的人”的汉字译音。
人 粟

崇信 是so:ŋ sen“种田人语言”的汉字译音。
稻穗 话

华亭 是wu de:ŋ“咱们地方”的汉字译音。
咱们 地方

秦安 是sen hun“（濮）人语言”的汉字译音。
话 人

云田 是vun de:n“（濮）人地方”的汉字译音。
人 地方

武山 是wu山“咱们山”的汉字译音。
咱们

伯阳 是pu ja:ŋ“种粟的人”的汉字译音。
粟

汉源 是hun zen“（濮）人语言”的汉字译音。
人 话

宕昌　是do:ŋ so:ŋ“稻根”的汉字译音。
根　稻穗

碧口　是pi（pu的音变）　kau　“我们”的汉字译音。
位　我(们)

横丹　是hun ta:n“吃米人、种稻人”的汉字译音。
人　白米

临洮　是lam jau“同我们（一样）”的汉字译音。
同　我们

阿干　是ˀai kun“人”的汉字译音。
个　人

临夏　是lam jo（ja）“一样有本领”的汉字译音。
同　有本领

拉卜楞　是lau pu laŋ“我们后来者”的汉字译音。
我们 位 后面

皋兰　是kau la:n“我（的）家园”的汉字译音。
我　家

白银（市）　是pu hun“（濮）人”的汉字译音。
位　人

芦阳　是lau ja:ŋ“我们种粟人”的汉字译音。
我们　粟

景泰　是kieŋ do:i（da:i）“美丽、漂亮的山”的汉字译音。
美丽　山

古浪　是kau laŋ“我后来”的汉字译音。
我 后面

武威　是wu wai“咱们市集”的汉字译音。
咱们 市集

永昌　是vun so:ŋ（sa:ŋ）“种稻（田）人”的汉字译音。
人　稻穗

金昌　是kam soŋ“同是种田人”的汉字译音。
同是 稻穗

张掖　是tso:ŋ（so:ŋ）　ji　“种稻（人）”的汉字译音。
稻穗　犁(耕)

蓼泉　是lau sen“（讲）我们话”的汉字译音。
我们　话

高台　是kau do:i“我（们）山里人”的汉字译音。
我　山

罗城　是lau城“我们”城的汉字译音。
我们

嘉峪　是 kɯ　jo:k“外面”的汉字译音。
(词头) 外面

腰泉　是jau sen“（讲）我们话”的汉字译音。“蓼”、“腰”只
我们　话
是因时代不同，声母发生了变化，故用了不同汉字。

合黎（山）　是ka:p do:i，从某角度看，是双重山，故名。“合
夹　山

黎”是汉字译音。

博罗　是pu lau“我们”的汉字译音。
位我们

6. 青海

濮越先民在青海遗留的地名很少，只在与四川、甘肃相邻的地区零星地散留一些，这是符合历史事实的。例如：

果洛（山）　是klau山“我们”山的汉字译音。
我们

久治　是kau tsai“我种田人”的汉字译音。
我 犁(耕)

优干宁　是jau kun ⁿde:ŋ“我们的地方”的汉字译音。
我们 人 地方

循化　是sen wu“（讲）咱们话”的汉字译音。
话 咱们

西宁　是 ɕai ⁿde:ŋ“（耕）种田人地方”的汉字译音。
犁(耕) 地方

舟群　是tsau kun“我们（的）人”的汉字译音。
我们 人

乌兰　是wu la:n“咱们家园”的汉字译音。
咱们 家

莫河　是ᵐpu河“（濮）人”河的汉字译音。

沟里　是kau li（lei）“我山地人”的汉字译音。
我 山地

秋智　是sau tsai“我们种田人”的汉字译音。
我们 犁

乌丽　是wu li（lei）“咱们山地人”的汉字译音。
咱们 山地

7. 宁夏

崇义（村）　是so:ŋ ji“种田人”村庄的汉字译音。
稻穗 犁(耕)

神林（铺）　是sen lam“同语言”的地方的汉字译音。
话 相同

观庄　是kun庄“（濮）人”村庄的汉字译音。
人

蒙宣　是maŋ sen“村话”的汉字译音。濮越语称“村”一般是
村 话
ᵐba:n或ba:n，用汉字写作“板”，但因历史音变，分化为ma:n或maŋ等，故史籍有的就写作“蛮”、“满”、“曼”、“孟（勐）”等。

孟塬　是maŋ zen“村（里）话”的汉字译音。
村 话

固原　是kau zen“我（们）的话”的汉字译音。
我 话

罗洼　是lau　wa　“我们”的汉字译音。
我们(语气词)

罗川　是lau sen“（讲）我们话”的汉字译音。
我们 话

罗泉（湾）　是lau sen“（讲）我们话”的汉字译音。“川”、
我们 话
“泉”是同音异译字。

宣和（堡）　是sen wu“（讲）咱们话”的汉字译音。
话 咱们

恩和（堡）　是an wu 堡“咱们（村）”的汉字译音。
个 咱们

柔远（堡）　是jau zen“（讲）我们语言”的汉字译音。
我们 话

干塘　是kun 塘“（濮）人”塘的汉字译音。
人

碗泉　是 vun sen“（濮）人语言”的汉字译音。
人 话

灵武　是de:ŋ wu“咱们地方”的汉字译音。
地方 咱们

临和（堡）　是lam wu“同咱们（一样）”的汉字译音。
同 咱们

姚伏（堡）　是pu jau“我们”（村）的倒装。“伏”不读fu，而
位 我们
是按古音读pu。

潮湖　是sou wu“你们与咱们”的汉字译音。
你们咱们

贺兰（山）　是 wu la:n“咱们家”的汉字译音。
咱们 家

8. 江苏

鹿楼　是luk lau“我们儿子”的汉字译音。
儿子我们

宋楼　是soŋ lau“我们种田人”的汉字译音。
稻穗我们

柳泉　是lau sen“（讲）我们话”的汉字译音。
我们 话

官湖　是kun wu“咱们（的）人”的汉字译音。
人 咱们

八义（集）　是pu　ji　“种田人”的汉字译音。
位 犁(耕)

高流　是klau“我们”的汉字译音。
我们

赣榆　是kun ji“种田人”的汉字译音。“榆”、“夷”是同音异
人 犁
译字。

云台（山） 是vun do:i“山里人”的汉字译音。
人 山

板浦 是pu ba:n“村里人”的倒装，与“乡下人”同义。
位 村

田楼 是de:n lau“我们地方”的汉字译音。
地方 我们

灌（河） 是kun 河“（濮）人”河的汉字译音。
人

徐溜 是 tu lau“我们”的汉字译音。“徐”本应是“涂”，后写为“徐”。
（个）我们

渔沟 是 ji kau“我种田人”的汉字译音。
犁（耕） 我

淮阴 是wa:i jam“公有牛”的汉字译音。
水牛 共同

淮安 是wa:i hun“别人（或人家）的牛”的汉字译音。
牛 人

板湖 是ba:n wu“咱们村”的汉字译音。
村 咱

楼下 是lau jo（ja）“我们有本领”、“我们本领高”的汉字译音。
我们 有本领

陶林 是 to lam“共同、共有”的汉字译音。
（词头）共同

古殿 是kau de:n“我（的）地方”的汉字译音。
我 地方

宝应 是pu hun“（濮）人”的汉字译音。
位 人

曹甸 是sou de:n“你们地方”的汉字译音。“曹”现已用作姓。
你们 地方

鲁垛 是tu lau“我们”的倒装汉字译音。
我们

兴化 是hun wu“咱们人”的汉字译音。
人 咱们

高良涧 是kau laŋ kun“我后来人”的汉字译音。
我 后来 人

盱（《集韵》：荒胡切，音呼）眙（《集韵》、《韵会》：盈之切，音怡）——是wu ji “咱们种田人”的汉字译音。
咱们 犁（耕）

老阁 是lau ka:k“我们单独、独自”的汉字译音。
我们 单独

车逻 是çai lau“我们耕田人”的汉字译音。
犁 我们

泰（县） 是do:i“山”的汉字译音。
山

根思　是kun ɕai“种田人”的汉字译音。
　　　　人　犁

雅周　是ja（jo）tsau“我们有本领”的汉字译音。
　　　　有本领　我们

弥港　是kieŋ港“美丽”、“漂亮”的海港的汉字译音。
　　　　美丽

白蒲　是pu po“父亲”、“长辈”的汉字译音。
　　　　位　雄

三余　是sam ji“同是种田人”的汉字译音。
　　　　同　犁

包（场）　是 pu 场“（濮）人”地方的汉字译音。

久隆　是kau loŋ“我是后来者”的汉字译音。
　　　　我　后

三阳　是sam ja:ŋ“同是种粟人”的汉字译音。
　　　　同　粟

苴镇　“苴”这个字，现代汉语读 tɕ‘u^{55}，与“枸”同音。但在中古汉语里则有许多不同的读法。《广韵》载“子余切，音诅（现代汉语读 tɕ‘u^{51}）”。《集韵》载“行余切，音蛆（tɕ‘u^{55}）”，及“侧下切，音鲊（tʂa^{214}）”。《正韵》则有三种读音：“宗苏切，音租（tsu^{55}）”；“将豫切，音怚（tɕu^{214}）”；“才野切，音炧（ɕie^{51}）”。《类篇》载“徐嗟切，音斜（ɕie^{35}）”。《五音集韵》载“子与切，音咀（tɕu^{214}）”。《群经音辨》也说读作咀。

《史记·张仪列传》：“苴蜀相攻击，各来告急于秦。”《索隐注》：“苴音巴，又读包。”《后汉书·徐广传注》：“谯周曰益州天苴读为苞黎之苞。”

由于江浙自古以来都是百（濮）越先民生息的地方，最初的地名，应该也都是源于百越语。因此，“苴镇”的“苴”应读作“巴”或“包”才比较切合历史事实。因为“巴”（pa）或“包”（pou）跟濮（百）越的“濮”（pu）语音十分相近。它有可能是 pu（汉字译音为“濮”）的地方音变，就如壮（南）读 po，壮（北）读 pou 一样，也有可能是始译者听音、捕捉语音的辨别能力有限，只好用近音汉字作标记。总之，不应读作 tɕu^{55}（音“拘”）。“苴镇”应该是 pu“濮”镇，是濮越人生息的地方。

北坎　是 pu ham“同是濮人”的汉字译音。
　　　　　　同样

如皋　是 ji kau“我（们）越人”的汉字译音。
　　　　　　我

高邮　是kɯ jau“我们”的汉字译音。
（助）我们

泰兴　是do:i hun“山地人”的汉字译音。
山　人

仪征　是ji zen“（讲）越人话”的汉字译音。
话

浦口　是pu hau“我们”的汉字译音。“浦镇”是“濮”的汉字译音。
我们

邗江　是hun江“（濮）人”的河的汉字译音。
人

丹徒　是tu ta:n“吃米人”的倒装汉字译音。
（只）米

邵伯　是pu sau“你们”的汉字译音。“邵伯”是“伯邵”的倒装。
你们

高资　是kau tsai“我耕田人”的汉字译音。
我　犁

谏壁　是kun bik“大人”的汉字译音。
人　大

武进　是wu zen“（讲）咱们话”的汉字译音。
咱们　话

后白墅　是hau pu çai“我们种田人”的汉字译音。
我们　位　犁

伴今　是pu kam“同是濮（越）人”的汉字译音。但由于后音节kam的声母是舌根音k-，所以，连读时，极易产生音变，由k-产生部位相同的ŋ，使始译者听起来不是清晰的pu，而是puŋ，pu kam听成puŋ kam。因而用语音相近的汉字写作“伴今”。
位　同样

虞山　是ji山“越（夷）人”山或“种田人”的山的汉字译音。

昆山　是kun山“（濮越）人”的山的汉字译音。
人

吴县　是wu县“咱们”的县的汉字译音。

芦圩　是lau圩“我们市集”的汉字译音。
我们

浒野关　是wu çai（jai）关“咱们越人（种田人）”的汉字译音。

宜兴　是ji hun“越人（或种田人）”的汉字译音。
（越）夷　人

官林　是kun lam“同样的（越）人”的汉字译音。
人　同样

句容　是kau joŋ“香藤”的汉字译音。它是一种有香味的野生
藤　香

藤，可作香料，现在已是濒临绝种的植物，山上已很难找到。当然，也有可能 joŋ 是 ja:ŋ“粟”的变音，kau 是“我”，kau joŋ 就是“我（是）种粟人”的汉字译音。

邑亭　是 pu（po）de:ŋ“（濮）人的地方”的汉字译音。
地方

高淳　是kau zen“（讲）我们话”的汉字译音。
我　话

陶吴　是 tu　wu“咱们”的汉字译音。
（只）咱们

秣陵　是ᵐpu laŋ“后来者”或“后面的人”的汉字译音。
位 后来

上兴　是so:ŋ hun“种稻人”的汉字译音。
稻穗　人

湖滏　是 wu　bo“咱们水井”的汉字译音。
咱们 水井

漕汀河　是 lau de:ŋ“我们地方”的汉字译音。
我们 地方

五汛　是 wu sen“（讲）咱们话”的汉字译音。
咱们 话

伊芦山　是 ji　lau 山“我们越（夷）人”的山的汉字译音。
越人 我们

白皂　是 pu tsau“我们”的汉字译音。
我们

钦工　是jam koŋ“同祖宗”的汉字译音。
同　祖

阜宁　是 pu ⁿde:ŋ“濮越人地方”的汉字译音。“阜”不读 fu，
地方

古无轻唇音，只读 pu。

千秋　是sen sau“（讲）我们话”的汉字译音。
话 我们

富安　是 pu kun“濮越人”的汉字译音。“富”不读轻唇 fu，而
人

是读 pu。

莫愁湖　是 mu　sau湖“我们”湖的汉字译音。
（位）我们

9. 浙江

干窑　是kun jau“我们的人”的汉字译音。
人 我们

乌镇　是 wu 镇“咱们”乡镇的汉字译音。

濮院　是pu zən“人”的汉字译音。与古籍上所载的“濮（獛）
位　人
铅”是同音异译（写），意义全同。

侮盐　原名称为“武原”，是濮越语 wu　zən“咱们话”的汉字译
咱们　话
音。“原”、“源”、“盐”等，有时是 jen（“语言”）的汉字译音。如陕西的“三原”sam　jen是“（讲）同样语言”之意。
同样、相同　语

莫干山　是ᵐpu kun山“人”或“濮人”的山的汉字译音。
位　人

报福　是pou bok“兄长”的汉字译音。
位　大

余杭　是　ji　hang“越人的歌圩”的汉字译音。
（音夷或越）歌圩

临安　是lam hon“同样的人”的汉字译音。
同样　人

临浦（濮）　是lam pu“同是濮越人”的汉字译音。
同样

浦阳、富阳　都是 pu jaŋ“种粟人”的汉字译音。“富”读 pu，
粟
因古无轻唇音，不读 fu。

上虞　是so:ŋ ji“种稻人”的汉字译音。
稻穗　犁、耕

上浦（濮）　是 so:ŋ pu 也是“种稻的濮越人”的汉字译音。

余姚　是　ji　jau“我们越人”的汉字译音。
（音夷或越）我们

岱山　是 do:i“山”的汉字译音。越人称“山”为 do:i，用汉字译音写作“岱”或“泰”。“泰山”二字是越、汉两种语言合成并相互注释的语词。

诸暨　是 tsu　tsai“耕田者”的汉字译音。
（只）　犁

深圳　是sam sen“（讲）一样语言”的汉字译音。
共同　话

力洋　是 lak　jaŋ“种粟人”的汉字译音。lak 本义是“儿子”，
（词头）粟
这里作词头，性质与汉语“儿”作词尾一样。

浬浦　是li（lei）pu“濮越人的山地”的汉字译音。与“澧浦”
山地
同义。

安华　是hon wu“咱们的人”的汉字译音。
人　咱们

义乌　是 ji　wu“咱们越人”的汉字译音。
(音夷或越)咱们

于潜　是wu sam“咱们一样的”、“相同的”、“一起的”的汉字
咱们 共同
译音。“于”不读yu，读wu。

文昌　是von so:ŋ“种稻（田）人”的汉字译音。
人 稻穗

富文　是pu von“人”或“濮人”的汉字译音。
人

淳安　是sen hon“别（人）的语言”的汉字译音。
话 人

永昌　是von so:ŋ“种稻人”的汉字译音。
人 稻穗

模环　是ᵐpu von“濮越人”的汉字译音。
人

金华　是sam wu“同咱们一样”的汉字译音。
同样 咱们

上华　是so:ŋ wu“咱们种稻人”的汉字译音。
稻穗咱们

武义　是wu　ji“咱们种田人”，半音译则是“咱们夷（或
咱们(音夷或越)
越）人”。

尚湖　是so:ŋ wu“咱们种（田）人”的汉字译音。这“湖”不
稻穗咱们
是指湖泊，此地没有湖。“湖岭”的“湖”同音同义。

壶镇　与“乌镇”是同音异译，都是wu“咱们”的汉字译音。

官路　不是“官人”的路，而是kun lau“我们的人”的汉字译
人 我们
音。

步路　是pu lau“我们”的汉字译音。
位 我们

温岑　是von岭“（濮）人”的山的汉字译音。与“温州”同义。
人

蒲（濮）岐　是pu çai“耕（种）田人”的汉字译音。
位 犁、耕

柳市　是lau“我们”的汉字译音。

琯头　是kun tau“我们的人”的汉字译音。与“官路”同。
人 我们

梧埏　是wu jen“（讲）咱们话”的汉字译音。
咱们语言

平阳　旧名昆阳，是kun jaŋ“种粟人”的汉字译音。
人 粟

高楼　是klau“我们”的汉字译音。现在所谓“仡佬族”就是根

据此音的汉字译音。

船寮 是zən lau “（讲）我们话”的汉字译音。
话 我们

云和 是von wu “咱们（的）人”的汉字译音。
人 咱们

景宁 是 kieŋ ^{n}de:ŋ“美丽的地方”的汉字译音。
美丽、漂亮 地方

招贤 是tsau jen “（讲）我们话”的汉字译音。
我们 话

百山祖 是pu sen tsau “（讲）我们话的人”的汉字译音。
位 话 我们

百丈漈 是pu so:ŋ tsai“种稻的人”的汉字译音。
位 稻穗 犁

宁波 是^{n}de:ŋ pou“濮人地方”的汉字译音。
地方 位(濮)

观城 是kun城“（濮）人”的城的汉字译音。
人

鄞县 是kun县“（濮越）人”县的汉字译音。
人

莼湖 是sen wu “（讲）咱们话”的汉字译音。
话 咱们

上湖 是so:ŋ wu“咱们种稻人”的汉字译音。
稻穗咱们

碧湖 是 pi（pu 的变音） wu “咱们濮越人”的汉字译音。
咱们

大隐 是 tu （ta） hun“（濮越）人”的汉字译音。
（只） 人

新昌 是sen so:ŋ“种田人讲的话”的汉字译音。
话 稻穗

章吴 是so:ŋ wu“咱们种田人”的汉字译音。
稻穗 咱

嘉兴 是 kɯ hun“（濮越）人”的汉字译音。
（助） 人

绍兴 是tsau hun“我们人”的汉字译音。
我们 人

长兴 是so:ŋ hun“种田人”的汉字译音。
稻穗 人

华埠 是 pu wu“咱们”的汉字译音，是倒装。
咱

大祭 是 tu （ta） tsi“耕田人”的汉字译音。
（只） 犁

建德 是kun dei“好人”的汉字译音。
人 好

葛畈 是kou ba:n“我（们）村”的汉字译音。
我 村

大冚　是 tu（ta、to）ham“共同”的汉字译音。
共同

崇福　是so:ŋ pu 即 pu so:ŋ“种田（稻）人”的汉字译音。“福”
稻穗
不读今音 fu，而是读 pu。

10. 安徽

亳（“濮”）州　是 pu“濮人”的汉字译音。

祖楼　是 tsu lau“我们”的汉字译音。
(助)我们

古饶集　是kɯ jau“我们”的汉字译音。lau、jau 都是“我们”
(助)我们
之意。因不同时代发生音变，l 变为 j-。

符离集　是pu li（lei）市镇“山地人”市镇的汉字译音。“符”
位　山地
不读 fu，古无轻唇音，只读 pu。

百善　是 pu sen“濮人语言”的汉字译音。
话

临涣　是lam hun“同样、相同的人”的汉字译音。
共同 人

高炉　是 klau“我们”的汉字译音。

涡阳　是 wu jaŋ“咱们种粟人”的汉字译音。
咱们 粟

原墙　是zen so:ŋ“种稻人”的汉字译音。
人 稻穗

界首　是 kɯ sou“你们”的汉字译音。
(助)你们

临泉　是lam sen“相同的话”的汉字译音。
共同 语言

滑集　是 wu 市镇“咱们”市镇的汉字译音。

阜阳　是pu jaŋ“种粟人”的汉字译音。
位 粟

蒙城　是muŋ“村寨”的汉字译音。
村

望町　是muŋ de:ŋ“村寨地方”的汉字译音。
村 地方

板桥　是ba:n kiu“桥村”的汉字译音。
村 桥

娄庄　是 lau 庄“我们”庄的汉字译音。

沱河集　濮越语称“河”为 da，用汉字译音译作“沱”，故“沱”与“河”实际是同义，指的都是河，只是前者来自濮越语，后者是汉语。

固镇　是 ku 镇“我”镇的汉字译音。

浮山　是 pu“濮”的汉字译音。“浮”古代不读 fau，而是读 pou，因古无轻唇音。

官沟　是kun kau“我（们）的人”的汉字译音。与“管”（店）
人　我
同义。

武店　是 wu de:n“咱们地方”的汉字译音。

腰铺　是jau pu，即pu jau“我们”的倒装。
我们　位我们

乌衣　是 wu ji“咱们种田人”或“咱们越（夷）人”
咱们犁(音夷或越)
的汉字译音。

全椒　是sen tsau“（讲）我们话”的汉字译音。
话　我们

定远　是de:ŋ zən“（讲）地方话”的汉字译音。
地方　话

和县　是 wu 县“咱们”（县）的汉字译音。

含山　是ham山“共同”的山的汉字译音。
共同

芜湖　是ᵐpu wu“咱们”的汉字译音。ᵐpu 音变丢掉了 p 而余下 mu“位”之意，用汉字译音译作“芜”。今仫佬语称一个人的“个”仍读为 mu，“仫佬”是 mu（即ᵐpu“位”、“个”）lau“我们”的汉
我们
字译音。“莫干山”、“莫角山”的“莫”都是 mu 的汉字译音。“莫角”是 mu ka:k“单身汉”的汉字译音。
（位）独

古楼岗　是kɯ lau（或 klau）岗“我们”的村寨的汉字译音。
（助）我们

罗集　是 lau 集“我们”（集镇）的汉字译音。

炎刘庙　是jam lau庙“我们共同”的庙宇的汉字译音。
共同我们

吴山　是 wu 山“咱们”（山）的汉字译音。“吴国”是 wu 国“咱们”国家。

官亭　是kun de:ŋ“（濮）人的地方”的汉字译音。“军铺”的
人　地方
“军”与“官”是同音作近音异译（写）。

舒城　是sou城“你们”城的汉字译音。
你们

六安　是lo:k hon“外人”的汉字译音。
外　人

大顾　是 ta kou“我”的汉字译音。
（助）我

白大畈　是pu do:i ba:n“山地人村庄”的汉字译音。
位 山 村

霍山　是hok（山）“麓”山的汉字译音。
麓

主薄源　是 tsu pu jen“（讲）濮话”的汉字译音。
（助） 话

末榜河　是lo:i paŋ（河）“山崩”（河）的汉字译音。
山 崩

庐江　是 lau“我们”的河的汉字译音。与“卢镇”的“卢”同音同义。

罗昌河　是lau soŋ河“我们种田人”的河的汉字译音。
我们 稻穗

路灌　是lau kun“我们（的）人”的汉字译音。
我们 人

黎痕　是li（lei）hun“别人的山地”的汉字译音。
山地 人

闪里　是sam li（lei）“同山地”的汉字译音。
共同 山地

碧阳（黟县）　是 pi（pu 的变音）jaŋ“种粟人”的汉字译音。
粟

寒亭　是hun de:ŋ“（濮）人的地方”的汉字译音。
人 地方

湾沚　是von tsai“耕田人”的汉字译音。
人 犁、耕

柏垫　是 pu de:n“（濮）人的地方”的汉字译音。de:n 是近指，de:ŋ 是泛指，都是“地方”之意。
地方

胡乐司　是 wu lak çai“咱们是耕田者”的汉字译音。lak çai 是“耕（犁）田者”。
咱们 儿子 犁

三宫殿　是sam kun de:n“同是（濮）人的地方”的汉字译音。
共同 人 地方

雄路　是hoŋ lau“我们”的汉字译音。
（助）我们

繁昌　fon so:ŋ“种稻人”的汉字译音。von、fon、hon 等都是“人”在不同地区、不同时代音变的结果。
人 稻穗

无为　是 wu wai“咱们市集”的汉字译音。
咱们 圩市

湾里　是von li（lei）“山地人”的汉字译音。
人 山地

休宁 是jau ^{n}de:ŋ“我们地方”的汉字译音。
我们 地方

复兴集 是pu hun集“濮人”的市集汉字译音。因古无轻唇音，
位 人
故“复”读pu而不读fu。

茂林 是^{m}pu lam“同为濮人”的汉字译音。
同

胡疃集 是wu ton集“我们住的地方”的汉字译音。“疃”本义
咱们音屯
是脚印，后来有了“屯”字指住的地方。但“屯”字源于“囤”，而“囤”又源于濮越语的ta:n“白米”。

高亮集 是kau le:ŋ集“黄色稻穗”的地方的汉字译音。
稻 黄

颍上 是von so:ŋ“种稻人”的汉字译音。
人 稻穗

11．江西

瑶里 是jau li“我们山地”的汉字译音。
我们 山地

婺源 是mu（pu）jen“濮人语言”的汉字译音。
话

浮梁 是pu laŋ“后来者”的汉字译音。
后来

游城 是jau（城）“我们”（城）的汉字译音。
我们

德兴 是tu hun“人”的汉字译音。
人

绕二 是jau ji“我们越（夷）人”的汉字译音。
我们(音夷或越)

葛源 是kou jen“我（们）的话”的汉字译音。
我 话

渎口 是tu hau“我们”的汉字译音。
(只)我们

上饶 是so:ŋ jau“我们种稻人”的汉字译音。
稻 我们

弋阳 是ji jaŋ“种粟人”的汉字译音。
犁 粟

湖坊 是wu坊“咱们”地方的汉字译音。

珠田 是tsau de:n“我们地方”的汉字译音。
我们 地方

余干 是ji kun“越（夷）人”的汉字译音。
(音夷或越) 人

珀玎 是pu kun“（濮越）人”的汉字译音。
人

饶桥　是jau桥“我们”桥的汉字译音。
我们

琅琚　是lo:ŋ kai“鸡笼”的汉字译音。
笼　鸡

浒湾　是wu von“咱们人”的汉字译音。
咱们　人

临川　是lam sen“（讲）同样话”的汉字译音。
同　话

抚河　是wu河“咱们”河的汉字译音。
咱们

鄱阳湖　是pu ja:ŋ“种粟人的湖”的汉字译音。
粟

幽兰　是jau la:n“我们家”的汉字译音。
我们　家

都昌　是tu sa:ŋ“种稻人”的汉字译音。
（只）稻穗

蛟塘　是kau塘“我的”池塘的汉字译音。
我

蒲（濮）亭　是pu de:ŋ“濮（越）人地方”的汉字译音。
地方

德安　是tu（te）hun“（濮）人”的汉字译音。
（只）　人

武宁　是wu ^{n}de:ŋ“咱们地方”的汉字译音。
咱们　地方

甫（濮）田　是pu de:n“濮（越）人地方”的汉字译音。
地方

高湖　是kɯ wu“咱们”的汉字译音。
（助）咱们

安义　是hun ji“越（夷）人”的汉字译音。
人（音夷或越）

潦河　是lau河“我们”河的汉字译音。
我们

干洲　是kun tsau“我们的人”的汉字译音。
人　我们

观前　是kun sen“（讲）（濮）人话”的汉字译音。
人　话

祥符观　是so:ŋ pu kun“种稻人”的汉字译音。“符”读pu而不
稻穗　位　人

读今音fu。

高安　是kau hun“我（们）的人”的汉字译音。
我　人

棠浦　是tuŋ pu“同是濮（越）人”的汉字译音。
同样

上高　是kau so:ŋ“我种稻人”的汉字译音。本应是“高上”，后
我　稻穗

倒装写为“上高”。“上富”也如此，本是pu sa:ŋ“种稻人”的汉字
位
译音。

同安 是tuŋ hun“同是濮（越）人”的汉字译音。
同 人

官山 是kun 山“（濮越）人”的山的汉字译音。
人

汗堂 是hun tuŋ“同是（濮）人”的汉字译音。
人 同

高岚 是kau lam“我（们）相同、同样”的汉字译音。
我 同

敖阳 是ɣau ja:ŋ“我们种粟”的汉字译音。
我们 粟

赣江 是kun江“（濮越）人”的江的汉字译音。
人

三湖 是sam wu“同咱们（一样）”的汉字译音。
同 咱们

新干 是sen kun“（讲）（濮越）人语言”的汉字译音。
话 人

新余 是sen ji “（讲）（濮越）人语言”的汉字译音。与
话（音夷或越）
“新干”同义。

分宜 是fun ji “越人”的汉字译音。这个“分”是“人”在
人（音越）
不同时代、不同地域，声母发生演变以后（大约在中古时期），有了轻唇音f才被始译的。至今我们记录到称“人”的读音有von、vun、kun、kon、hun、çan、ɲan、fun等。

宜春 是 ji sen“（讲）越话”的汉字译音。
（音越）话

绕市 是jau市“我们”市的汉字译音。
我们

安源 是hun zen“（讲）越人话”的汉字译音。
人 话

阜田 是 pu de:n“濮越人地方”的汉字译音。“阜”不读今音
地方
fu，而是读上古音pu。与“富田”同义。

安福 是hun buk“大人”的汉字译音。
人 大

吉安 是kɯ hun“（濮越）人”的汉字译音。
（助）人

万安 是^{m}ba:n hun“别人的村庄”的汉字译音。“万”与“板”、
村 人
“版”、“曼”、“满”、“晚”、“蛮”等均是同音异译字，都是指“村

庄”。

泰和　是do:i wu“咱们山”的汉字译音。
山 咱们

金田　是kam de:n“同地方”的汉字译音。
共同 地方

官田　是kun de:n“（濮越）人地方”的汉字译音。
人 地方

于田　是 wu　de:n“咱们地方”的汉字译音。“于”读 wu（音
咱们 地方
乌），不读 yu。

左安　是 tsu　hun“（濮）人”的汉字译音。
（只） 人

高兴圩　是kau hun圩“我（们）濮人”的圩市的汉字译音。
我 人

崇贤　是so:ŋ zen“种稻人（讲的）话”的汉字译音。与今被译
稻穗 话
为“壮族”的“壮”是同音异译（写）字。

高田　是kau de:n“我（的）地方”的汉字译音。
我 地方

固厚　是 kɯ　hau“我们”的汉字译音。
（助）我们

固村　是kau村“我（的）”村庄的汉字译音。
我

大猷　是tu（ta）jau“我们”的汉字译音。
（只） 地方

壬田　是jam de:n“同地方”的汉字译音。
共同 地方

高围　是kau vai“我（们）市集”的汉字译音。
我 市集

老村　是lau村“我们”村的汉字译音。
我们

武阳　是 wu　ja:ŋ“咱们种粟人”的汉字译音。
咱们 粟

于都　是 tu　wu“咱们”的汉字译音。“于都”是“都于”的倒
（只）咱们
装。

思顺　是（pu）ɕai sen“（濮）越话”的汉字译音。
越 话

崇义　是so:ŋ　ji　“种稻人”的汉字译音。
稻穗（音越）

大余　是tu（ta）ji“越人”的汉字译音。
（只） 越

赣州　是kun州“（濮越）人”的县的汉字译音。
人

大丘田 是 tu （ta）jau de:n“我们地方”的汉字译音。
（只） 我们 地方

寻乌 是sam wu“同咱们”的汉字译音。
同 咱们

乐安 是lau hun“我们（的）人”的汉字译音。
我们 人

崇仁 是so:ŋ jen“种稻人（讲）的话”的汉字译音。
稻穗 话

建昌 是kun so:ŋ“种稻人”的汉字译音。
人 稻穗

坜崌山 是 lak kai 山“鸡”山的汉字译音。
（词头）鸡

郁孤台 是 vat ku do:i“这是我的山”的汉字译音。
这些 我 山

12. 福建

福建 是 pu kun“濮（越）人”的汉字译音，“福”不读 fu，而读 pu。
人

武夷山 是 wu ji “咱们种田人”或“咱们越（夷）人”的山的汉字译音。
咱们 犁、耕(音夷或越)

九牧 是kau buk“我老大”的汉字译音。
我 大

浦（濮）城 是 pu 城“濮（越）人”的城镇的汉字译音。“富岭”中的“富”与“浦”是同音 pu 的异译，不读今音 fu。

观前 是kun sen“（讲）（濮越人）话”的汉字译音。
人 话

湛卢山 是sam lau 山“我们共同”的山的汉字译音。
同 我们

芹洋 是kun ja:ŋ“种粟人”的汉字译音。与“管阳”、“建阳”是同音异译（写）字，意义全同。
人 粟

福鼎 是 pu de:ŋ“濮越人的地方”的汉字译音。
地方

柘荣 是 tu von“（濮）人”的汉字译音。
（只）人

福安 是 pu hun“濮越人”的汉字译音。
人

白琳 是 pu lam“同是濮越人”的汉字译音。
同

柏洋 是 pu ja:ŋ“种粟人”的汉字译音。“穆阳”是同音同义异译（写），“穆”是^{m}pu 的汉字译音。

周宁　是tsau ^{n}de:ŋ“我们地方”的汉字译音。
我们 地方

甘棠　是kam so:ŋ“同是种稻人”的汉字译音。“棠”与“常”
同是 稻穗
同义。

咸村　是ham 村“同村”的汉字译音。
同

宁德　是^{n}de:ŋ dei“好地方”的汉字译音。
地方 好

罗源　是lau jen“（讲）我们话”的汉字译音。
我们 话

浦（濮）口　是 pu hau“我们”的汉字译音。
我们

琯头　是kun tau“我们（的）人”的汉字译音。lau、hau、tau
人 我们
是不同时代语音发展演变的结果，语音演变一般是声母先变。

福州　是 pu tsau“我们（濮人）”的汉字译音。
我们

闽侯　是^{m}ba:n（或 ma:n） hau“我们村”的汉字译音。
村 我们

古田　是ku de:n“我的地方”的汉字译音。
我 地方

建瓯　是kun ɤau“我们人”的汉字译音。
人 我们

游洋　是 jau ja:ŋ“我们种粟人”的汉字译音。
我们 粟

邵武　是sou wu“你们与咱们”的汉字译音。
你们 咱们

富文　是 pu von“濮越人”的汉字译音。
人

埔上　是 pu so:ŋ“种稻人”的汉字译音。
稻穗

万安　是ma:n hun“别人村庄”的汉字译音。
村 人

谟武　是 mu^{ʔ} wu“咱们的”的汉字译音。
属于 咱们

顺昌　是sen so:ŋ“（讲）种田人话”的汉字译音。
话 稻穗

大奄洋　是 to jam ja:ŋ“同是种粟人”的汉字译音。
（助） 同 粟

来舟　是lo:i tsau“我们的山”的汉字译音。
山 我们

西芹　是çai kun“种田人”的汉字译音。
犁 人

莆（濮）田　是 pu de:n“濮越人地方”的汉字译音。
　　地方

荻芦　是de:k lau“我们的地方”的汉字译音。
　　土地 我们

仙游　是sen jau“（讲）我们话”的汉字译音。
　　话 我们

郊尾　是kau mi“我母亲”的汉字译音。“湄”与“尾”是同音异译（写）字。
　　我 母亲

湖洋　是wu ja:ŋ“咱们种粟人”的汉字译音。
　　咱们 粟

湖源　是wu jen“（讲）咱们话”的汉字译音。
　　咱们 话

湖村　是 wu 村“咱们”村的汉字译音。“禾”与“湖”是同音异译（写）字。

罗坊　是 lau 坊“我们地方”的汉字译音。

姑田　是ku de:n“我的地方”的汉字译音。与“古田”是同音异译（写）字。
　　我 地方

蛟洋　是kau ja:ŋ“我种粟人”的汉字译音。
　　我 种粟

湖雷　是 wu lo:i“咱们山地人”的汉字译音。
　　咱们 山

灌口　是kun hau“我们的人”的汉字译音。
　　人 我们

同安　是tuŋ hun“同是（濮越）人”的汉字译音。
　　同 人

杜浔　是 tu sam“同是（濮越）人”的汉字译音。
　　（只）同

安厚　是hun hau“我们的人”的汉字译音。
　　人 我们

永定　是von ^{n}de:ŋ“（濮越）人的地方”的汉字译音。
　　人 地方

云霄　是von sau“我们人”的汉字译音。
　　人 我们

诏安　是tsau hun“我们人”的汉字译音，是“安诏”的倒装。
　　我们 人

佛县　是 pu ta:n“（吃）白米人”的汉字译音。“佛”不读今音fu。
　　白米

13. 湖北

白桑　是 pu so:ŋ“种稻人”的汉字译音。
　　稻穗

郧县　是von 县“（濮越）人”的地方的汉字译音。
人

三官殿　是sam kun de:n“同是濮人的地方”的汉字译音。
同　人　地方

军店　是kun de:n“（濮）人地方”的汉字译音。“殿”、“店”
人　地方
是同音异译（写）字。“官”、“军”亦是同音异译（写）字。

老君山　是lau kun 山“我们人”的山的汉字译音。
我们　人

高阳　是kau ja:ŋ“我种粟人”的汉字译音。
我　粟

建始　是kun çai“种田人”的汉字译音。
人　犁

沐抚　是^{m}pu wu“咱们”的汉字译音。
位　咱们

饱水　是 pu çai“种田人”的汉字译音。pou 是 pu 的变音。
犁

板寮　是ba:n lau“我们村”的汉字译音。
村　我们

高罗　是klau“我们”的汉字译音。与“仡佬”是同音异译
我们
（写）字。

漫水　是^{m}ba:n çai“越人村”的汉字译音。
村

留驾　是lau ka“我们的”的汉字译音。
我们　的

招来（河）　是tsau lo:i（河）“我们山”（河）的汉字译音。
我们　山

秭归　是tsi kuai“犁地牛”（“耕牛”）的汉字译音。
犁　牛

宜昌　是　ji　sa:ŋ“种稻的越人”的汉字译音。
（音夷或越）稻穗

白洋　是 pu ja:ŋ“种粟人”的汉字译音。
粟

资丘　是tsi jau“我们种田人”、“我们越人”的汉字译音。
犁　我们
“资”、“枝”是同音异译（写）。

渔洋（河）　是 ji ja:ŋ（河）“种粟越人”（河）的汉字译音。
粟

松滋　是so:ŋ tsi“种稻人”的汉字译音。
稻穗　犁

涴市　是von市“人”市的汉字译音。
人

普济　是 pu tsai “耕田人”的汉字译音。
犁

周老咀　是 tsu　lau “我们”的汉字译音。与古籍所载“谯侥”、
(助)我们
“焦尧”是同音异译（写）字。(“咀”是地形，如上海浦东有“陆家咀”。)

潜江　是sam（siam）（江）“共同”（江）的汉字译音。
共同

瓦庙　是wu庙“咱们”庙的汉字译音。
咱

永隆　是von laŋ “后来人”的汉字译音。
人 后来

烟垢　是jen kau “我（们）话”的汉字译音。
话　我

建阳　是kun ja:ŋ “种粟人”的汉字译音。
人　粟

江陵　是klaŋ “后面”、“后来”的汉字译音。
后面

远安　是jen hun “（讲）越人话”的汉字译音。
话　人

板桥　是ba:n桥“桥村”的汉字译音。
村

武镇　是wu（镇）“咱们”（镇）的汉字译音。
咱

宜城　是 ji 城“越（夷）人”地方的汉字译音。

官庄　是kun庄“（越）人”村庄的汉字译音。
人

白滚（河）　是 pu kun “濮越人”之河的汉字译音。
人

丹江　是ta:n（江）“白米”（江）的汉字译音。
白米

枣阳　是tsau ja:ŋ “我们种粟人”的汉字译音。
我们 粟

万和　是ᵐba:n wu “咱们村”的汉字译音。
村　咱们

吴山　是wu（山）“咱们”（山）的汉字译音。
咱

资山　是tsi（山）　“犁头”山的汉字译音。亦可解释为“越人山”。
犁

高城　是kau（城）“我（们）的（城）”的汉字译音。
我

洑水　是 pu çai “濮越”的汉字译音。“洑”不读今音 fu。
犁

宣化　是sen wu“（讲）咱们话”的汉字译音。
话　咱

大悟　是 tu　wu“咱们”的汉字译音。
（只）咱

福田　是 pu de:n“濮越人地方”的汉字译音。“福”不读今音
地方
fu。

罗田　是lau　de:n“我们地方”的汉字译音。
我们 地方

但店　是 pu ta:n de:n“种米人地方”的汉字译音。
白米 地方

武穴　是 wu　jai“咱们越人”的汉字译音。jai 本义是“犁”，
咱们 越人
可解释为“咱们种（耕）田人”。

武昌　是wu so:ŋ“咱们种稻人”的汉字译音。
咱　稻穗

隔蒲　是 ka:k　pu“独自濮越人（单身）”的汉字译音。
独，只是

蒲圻　是 pu çai“种田人”或“濮越人”的汉字译音。
犁

咸宁　是ham ^{n}de:ŋ“同地方”的汉字译音。
同　地方

14．湖南

新墙　是sen so:ŋ“（讲）种稻人语言”，即俗话说的“讲土语”
话　稻穗
的汉字译音。

汨罗　是 mi　lau“我们母亲”的汉字译音。
母亲 我们

浯口　是wu hau“咱们种稻人”的汉字译音。
咱　稻米

嘉义　是kɯ　　ji　　“越人”的汉字译音。
（助）（音夷或越）

福临　是 pu lam“同是濮越人”的汉字译音。
同样

泉交　是sen kau“（讲）我们话”的汉字译音。
话　我

益阳　是 ji ja:ŋ“种粟越人”的汉字译音。
粟

汉寿　是hun sou“你们人”的汉字译音。
人 你们

斗姆湖　是 tu　mou 湖“猪湖”的汉字译音。今壮语称“猪”
（只）　猪
仍读 mou，布依语、傣语、仫佬语、水语、毛南语等读 mu，临高话读

mo，黎语、谟语读 pou。此地原来可能是一个形状像猪的小湖泊，现在早已干涸成陆地而保存原名。

常德 是sa:ŋ dei "好收成"的汉字译音。sa:ŋ 是 so:ŋ 的地域变
稻穗 好
音，意义相同。

武陵 是 wu laŋ "咱们后边（后来）"的汉字译音。
咱们 后面

柏枝台 是pu tsai do:i "耕田人的山"的汉字译音。
位 犁、耕 山

三仙湖 是sam sen wu "咱们同语言"的汉字译音。
同 话 咱们

注滋口 是 tsu tsai hau "我们耕田人"的汉字译音。
（只）犁 我们

君山 是kun 山"（濮越）人的山"的汉字译音。
人

涔水 是sam 水"共同河"的汉字译音。
共同

澧县 是li（lei）"山地"县的汉字译音。
山地

皂市 是tsau（市）"我们"圩市的汉字译音。
我们

溇水 是 lau 水"我们（的）"河的汉字译音。
我们

桑植 是so:ŋ tsi "种稻人"的汉字译音。
稻穗 犁

召市 是tsau 市"我们"（市）的汉字译音。与"皂市"是同音
我们
异译（写）字。

塔卧 是 tu （ta） wu "咱们"的汉字译音。
（只） 咱们

古阳（古丈） 是kau ja:ŋ "我种粟人"的汉字译音。
我 粟

罗伊溪 是lau ji 溪"我们越人"的小河的汉字译音。
我们（音夷或越）

高砌头 是 kɯ çai tau "我们耕田人"的汉字译音。
（助）犁 我们

泸溪 是 lau 溪"我们"的小河的汉字译音。

浦（濮）市 是 pu 市"濮越人"市集的汉字译音。

尧市 是jau 市"我们"市集的汉字译音。
我们

泸阳 是lau ja:ŋ "我们种粟人"的汉字译音。
我们 粟

扶罗　是 pu lau “我们”的汉字译音。“扶”不读今音 fu，而读 pu。

我们

芷江　是tsi（tsai）江“犁田人”或“越人”的河的汉字译音。

犁、耕

排楼（坳）　是 pu lau 坳“我们坳”的汉字译音。

我们

黔阳　是kiam ja:ŋ“同是种粟人”的汉字译音。

同是　粟

武阳　是 wu ja:ŋ“咱们种粟人”的汉字译音。

咱们　粟

城步　是 pu 城的倒装，是“濮越人”的地方的汉字译音。

夫夷（水）　是 pu ji“越人”的河汉字译音。与今“布依族”的“布依”是同音异译。“夫”不读今音 fu，而读 pu。

邵阳　是sou ja:ŋ“你们种粟人”的汉字译音。

你们　粟

巨口（铺）　是 kɯ hau（铺）“我们”（铺）的汉字译音。

（助）我们

隆回　是laŋ wai“市集后面”的汉字译音。

后面 市集

田心　是de:n sam“同一地方”的汉字译音。

地方 共同

罗洪　是hoŋ lau“我们”的倒装汉字译音。

（助）我们

炉观　是lau kun“我们的人”的汉字译音。

我们　人

伏口　是 pu hau“我们”的汉字译音。

我们

壶天　是 wu de:n“咱们地方”的汉字译音。

咱们 地方

娄底　是lau di“我们地方”的汉字译音。

我们 地方

虞塘　是 ji 塘“越人”池塘的汉字译音。

普迹　是 pu tsi“耕田人”的汉字译音。

犁

攸县　是jau 县“我们”县的汉字译音。

我们

大浦　是tu（ta）pu“雄性”、“大丈夫”的汉字译音。

（只）

霞流　是 ha lau“我们”的汉字译音。

（助）　我们

涓水　是kun 水“（濮）人”的河的汉字译音。

人

白渔 是 pu ji “濮越人”的汉字译音。
（音夷或越）

永乐（江） 是von lau 江“我们濮越人”的河的汉字译音。
人 我们

沤水 是ɤau 水“我们（的）”河的汉字译音。
我们

演陂 是jen pu“濮人话”的汉字译音。
话

白地 是 pu di（dei）“好人”的汉字译音。
好

耒阳 是lo:i ja:ŋ“种粟的山地”的汉字译音。
山 粟

资兴 是tsi hun“种田人”或“越人”的汉字译音。
犁 人

万华 是^{m}ba:n wu“咱们村”的汉字译音。
村 咱们

太和 是do:i wu“咱们山”的汉字译音。
山 咱们

汾市 是fun市“（濮越）人”市集的汉字译音。
人

临武 是lam wu“同是咱们”的汉字译音。
同 咱们

嘉禾 是 kɯ wu“咱们”的汉字译音。
（助）咱们

常宁 是so:ŋ ^{n}de:ŋ“种稻人地方”的汉字译音。
稻穗 地方

板桥 是ba:n 桥“桥村”的汉字译音。
村

白水 是 pu ɕai“种田人”的汉字译音。
犁

白果市 是 pu kau市“我（们）”市集的汉字译音。
我

邮亭（圩） 是 jau de:ŋ“我们地方”的汉字译音。
我们 地方

九嶷（山） 是kau ji“我越（夷）人”的山的汉字译音。
我

永州 是von tsau“（我们）人”的汉字译音。
人 我们

白芒 是 pu muŋ“村里人（乡下人）”的汉字译音。
村

沱水 是da“河”的汉字译音。越人称“河”为 da，汉字写作“沱”。
河

荫田 是jam de:n“同地方”的汉字译音。
同 地方

15. 广东

文福　是von puk“大人”的汉字译音。“福”不读今音fuk，而
　　　　　人　大
读puk。

湖寮　是wu lau“咱们大家”的汉字译音。
　　　　咱们 我们

百侯　是pu hau“我们”（或hau“种稻人”）的汉字译音。
　　　　　我们　　　　稻米

三饶　是sam jau“同是我们”的汉字译音。
　　　　同　我们

浮山　是pu山“濮越人的山”的汉字译音。“浮”不读今音fu，而读pu。

饶平　是jau pe:ŋ“我们地方”的汉字译音。
　　　　我们　坪

意溪　是ji溪“越人”小河溪的汉字译音。

浮洋　是pu ja:ŋ“种粟人”的汉字译音。
　　　　　　粟

普宁　是pu ⁿde:ŋ“濮越人地方”的汉字译音。
　　　　　　地方

棉湖　是ᵐba:n wu“咱们村”的汉字译音。
　　　　村　咱们

惠来　是vai lai“长市集”的汉字译音。
　　　　市集　长

博美　是pu mi“母亲”的汉字译音。
　　　　　母

大安　是tu hun“（濮越）人”的汉字译音。
　　　（只）人

安流　是hun lau“我们人”的汉字译音。
　　　　人　我们

罗浮　是lau pu即pu lau的倒装“我们濮人”的汉字译音。
　　　　我们

兴宁　是hun ⁿde:ŋ“（濮）人的地方”的汉字译音。
　　　　人　地方

扶大　是pu dai“山地人”的汉字译音。
　　　　　山

长布　是so:ŋ pu即pu so:ŋ的倒装“种稻人”的汉字译音。
　　　　稻穗

华阳　是wu ja:ŋ“咱们种粟人”的汉字译音。
　　　　咱们　粟

九和　是kau wu“我们的稻谷”的汉字译音。
　　　　稻谷咱们

好义　是hau ji“我们越人（种田人）”的汉字译音。
　　　　我们　犁(音夷或越)

多祝 是 tu tso:k“外来人”的汉字译音。
（只）外面

巽寮 是tsen lau“（讲）我们话”的汉字译音。
话 我们

惠州 是vai 州“市集”的汉字译音。
市集

博罗 是 pu lau“我们”的汉字译音。
我们

泰美 是do:i mi“母亲山”的汉字译音。
山 母

埔前 是 pu sen“濮人话”的汉字译音。
话

三华 是sam wu“同咱们”的汉字译音。
同 咱们

始兴 是çai hun“种田人”的汉字译音。
犁 人

富竹 是 pu tso:k“外来人”的汉字译音。
外面

乌经 是wu kon“咱们的人”的汉字译音。
咱们 人

扶溪 是 pu k‘ əi“耕田人”的汉字译音。

乐昌 是lau so:ŋ“我们种稻人”的汉字译音。
我们 稻穗

仁化 是jen wu“（讲）咱们话”的汉字译音。
话 咱们

乳源 是 jai jen“越人话”的汉字译音。
（音越）话

鱼湾 是ji von“越人”的汉字译音。
人

波罗坑 是pu lau 坑“我们”坑（地方）的汉字译音。
我们

浛洸 是ham koŋ“同祖”的汉字译音。
同 祖

洛阳 是lau ja:ŋ“我们种粟人”的汉字译音。
我们 粟

永和 是vou wu“咱们人”的汉字译音。
人 咱们

福堂 是 pu so:ŋ“种稻人”的汉字译音。“福”不读今音 fu，而
稻穗
读 pu。“堂”不读 t‘ a:ŋ，而读 so:ŋ（音“常”）。

犁埠 是li（lei）pu“濮人的山地”的汉字译音。
山地

浸潭 是tsam da:m“公共池塘”的汉字译音。
共同 池塘

从化　是so:ŋ wu“咱们种稻人”的汉字译音。
稻穗 咱

番禺　是pu　ji　“濮越（夷）人”或“种田人”的汉字译音。
犁（音夷或越）

顺德　是sen di（dei）“好的语言”（“好话”）的汉字译音。
话 好

乾雾　是kun wu“咱们人”的汉字译音。
人 咱们

高栏　是kau la:n“我的家”的汉字译音。
我 家

都斛　是tu wu“咱们”的汉字译音。
只 咱们

冲蒌　是so:ŋ lau“我们种稻人”的汉字译音。
稻穗 我们

苍城　是so:ŋ 城“稻谷之城”的汉字译音。
稻穗

肇庆　是tsau kun“我们人”的汉字译音。
我们 人

播植　是pu tsi“濮越人”的汉字译音。
犁

高要　是kɯ jau“我们”的汉字译音。
（助）我们

禄步　是luk pau“男子”的汉字译音。
（词头） 男

高良　是kɯ laŋ“后来者”的汉字译音。
（助） 后

官圩　是kun 圩“（濮越）人”圩市的汉字译音。
人

渔涝　是ji　lau“我们越人”或“我们种田人”的汉字译音。
（音越） 我们

禾云　是wu von“咱们的人”的汉字译音。
咱们 人

木格　是ᵐpu ka:k“单身汉”的汉字译音。
独

永固　是von kau“我（们）人”的汉字译音。
人 我

德庆　是di（dei）hun“好人”的汉字译音。
好 人

簕竹　是lak tso:k“外来者”的汉字译音。
儿子（词头） 外

云浮　是von pu即pu von的倒装“濮越人”的汉字译音。
人

鼎湖　是de:ŋ wu“咱们地方”的汉字译音。
地方 咱们

罗定　是lau de:ŋ“我们地方”的汉字译音。
我们 地方

船步　是sen pu 即 pu sen 的倒装“濮越人讲的话”的汉字译音。
话

罗镜　是lau ke:ŋ“我们的山岭”的汉字译音。
我们 山冈

信宜　是sen ji “越人讲的话”的汉字译音。
话（音越）

播扬　是 pu ja:ŋ“种粟人”的汉字译音。与“鄱阳湖”的“鄱阳”是同音异译（写）字。
粟

宝圩　是 pu（pou）圩“濮越人市集”的汉字译音。

高州　是kau州“我”州的汉字译音。
我

化州　是 wu 州“咱们”州的汉字译音。
咱们

那霍　是na ha:k“官田”的汉字译音。
田 官

博贺　是 pu ho“穷人”的汉字译音。
贫

那扶　是na pu“濮人的田”的汉字译音。
田

雷州　是lo:i州“山地”的汉字译音。
山

客路　是klau“我们”的汉字译音。与“仡佬”是同音异译字。
我们

官昌　是kun so:ŋ“种稻人”的汉字译音。
人 稻穗

新寮　是sen lau“（讲）我们话”的汉字译音。
话 我们

外罗　是 vai lau“我们圩市”的汉字译音。
圩市 我们

台山　是do:i山“山”的汉字译音。do:i 原意已是“山”，但由于是越、汉两种语言的对译，为了使表达更清楚明白，所以，常出现两种语言“互注”构成新词的状况。例如：“滹沱河”（这种情况还有很多），“滹沱”本是濮越语wu da“咱们河”的汉字译音，但汉字“沱”不是“河”之义，故在“滹沱”之后再加“河”字，意义才明。
（山；咱 河）

白土　是 pu t‘o“土著人”的汉字译音。
　　　　　　土

怀集　是va:i集“牛市”的汉字译音。
　　　牛

韩江　是hun江“（濮）人”之江的汉字译音。
　　　人

鲤湖　是li（lei）wu“咱们山地”的汉字译音。
　　　山地　咱们

庵埠　是jam pu“同是濮越人”的汉字译音。
　　　同

漠阳（江）　是ᵐpu ja:ŋ（江）“种粟人”（江）的汉字译音。
　　　　　　　　　粟

16. 广西

布洛陀是pu lau ta“我们祖先、祖辈”的汉字译音。今百色敢
　　　位 我们 祖

(kam“共同”）山文化遗址，布洛陀被当地人认为是创世始祖。每年三月三日都有壮族大型歌圩活动。也有可能是 pu lau to“我们（是）土著”的汉字译音。

资源　是tsi jen“（讲）种田人话”的汉字译音。
　　　犁 话

灌阳　是kun ja:ŋ“种粟人”的汉字译音。
　　　人　粟

文市　是von 市“（濮越）人”市集的汉字译音。
　　　人

高尚田　是kau so:ŋ de:n“我种粟人的地方”的汉字译音。
　　　　我　粟　地方

罗锦　是 lau　kam　“我们相同”的汉字译音。
　　　我们　一起、同样

永福　是von pu 即 pu von“濮越人”的倒装的汉字译音。“福”
　　　人　　　　　人

不读今音 fu，而是读 pu。

保安　是 pu kun“濮越人”的汉字译音。
　　　　　人

古宜　是ku ji“我种田人”的汉字译音。
　　　我 犁

瓢里　是pou li（lei）“山地人”的汉字译音。
　　　位　山地

板榄　是ba:n lam“同村”的汉字译音。
　　　村　共同

泗顶　是çai de:ŋ“种田人地方”或“越人地方”的汉字译音。
　　　犁　地方

富禄　是 pu luk“儿子”的汉字译音。“富”不读今音 fu，而是
　　　　　儿子

读 pu。

滚贝 是kun po:i“种棉人”的汉字译音。
人 棉花

福利 是 pu li （lei）“山地人”的汉字译音。“福”不读今音 fu，
山地
而是读 pu。

富阳 是 pu ja:ŋ“种粟人”的汉字译音。
粟

同安 是tuŋ kun“同是濮越人”的汉字译音。
同 人

源头 是jen tau“（讲）我们话”的汉字译音。
话 我们

步头 是 pu tau “我们”的汉字译音。
我们

富罗 是 pu lau “我们”的汉字译音。“tau”与“lau”均是
我们
“我们”之意，只因不同时代声母发生了变音。现今不同地区的濮越人后裔仍分别读此音。如仡佬语读 tau，壮（南）语读 lau，壮（北）语读 ɣau 等。

蒲芦 与“富罗”是同音异译（写）字，都是 pu lau“我们”的汉字译音。

荔浦 是 pu li （lei）“山地人”的倒装的汉字译音。
山地

栗木 与“荔浦”是同音异译（写）字，“栗”与“荔”都是 li （lei）“山地”；“浦”与“木”都是专用于“人”前边的量词^{m}pu “位”，只是由于不同时代声母发生了变音而分化为 mu 与 pu，它们的意义不变。当今仫佬语称“一个人”的“个”仍读 mu，用汉字译音译作“木”无可非议。布依语则读作 pu，用汉字译音译作“浦”、“蒲”、“濮”、“布”、“不”、“步”等，也是完全在理的。史籍里及神州大地上众多以 pu 开头的地名，还有不少近音的其他异译（写）字，以致使得那些不懂濮越语的人们眼花缭乱，永远弄不清它们的真面目。

杜莫 是tu mo“新来的”的汉字译音。
位 新

金秀 是kam sou“同是你们”、“你们一起”的汉字译音。
同 你们

波寨 是 pu 寨“濮人”村寨的汉字译音。

洛埠　是 pu lau “我们”的倒装的汉字译音。
我们

洛满　是 lau ᵐba:n “我们乡下人”的汉字译音。
我们　村

柳州、罗城、流山、洛崖、永乐等地名中的“柳”、“罗”、“流”、“洛”、“乐”都是 lau “我们”的同音异译字。“永乐”是 von lau “我们人”的汉字译音。
人　我们

土博　是 tu pu “父亲”（动物指雄性）的汉字译音。
（只）雄性

里高　是 li（lei）kau “我的山地”的汉字译音。
山地　我

宜州　是 ji 州 “越人”州的汉字译音。古籍译作“夷”。
（音夷或越）

乔善　是 kau sen “（讲）我（们）的话”的汉字译音。
我　话

怀群　是 va:i kun “（别）人的牛”的汉字译音。
牛　人

板岭　是 ba:n leŋ “陡坡村”的汉字译音。
村　陡坡

大安　是 tu hun “（濮）人”的汉字译音。
（只）人

环江　是 von 江 “（濮）人”河的汉字译音。
人

思恩　是 çai hun “种田人”的汉字译音。
犁　人

普洛　是 pu lau “我们”的汉字译音。
我们

拔贡　是 pu kuŋ “祖父”的汉字译音。
公

里湖　是 li（lei）wu “咱们山地”的汉字译音。这里全是山，没有湖。
山地　咱

罗富　是 pu lau “我们”的倒装的汉字译音。
我们

板么　是 ba:n jau “我们村”的汉字译音。
村　我们

坡心　是 pu sam “同是濮越人”的汉字译音。
同

巴马　是 pu ma “父母”的汉字译音。
父　母

乔音　是 kau jam “我（们）一样”的汉字译音。
我　共同

布柳河　是 pu　lau 河“我们”河的汉字译音。
　　　　　　　　我们

幼里　是jau li（lei）“我们山地人”的汉字译音。
　　　　我们　山地

逻楼　是no lau“我们田”的汉字译音。
　　　　田　我们

波月　是pu　　jai　　“越（夷）人”的汉字译音。
　　　　位　犁(音夷或越)

嘉猷　是 kɯ jau“我们”的汉字译音。
　　　　(助)我们

板桃　是ba:n tau“我们村”的汉字译音。
　　　　村　我们

甘田　是kam de:n“同地方（人）”的汉字译音。
　　　　同　地方

潞城　是lau 城“我们”城的汉字译音。
　　　　我们

凌云　是laŋ von“后来人”的汉字译音。
　　　　后来　人

者保　是tsai pu 即 pu tsai“种田人”的汉字译音。
　　　　犁

革步　是ka:k pu“单身汉”的汉字译音。
　　　　独

古障　是kau tso:ŋ“我种田人”或半音译为“我僮人”的汉字译音。
　　　　我　稻穗

隆林　是laŋ nam“（河）水后面”的汉字译音。
　　　　后　水

隆或　是laŋ wu“咱们后面”的汉字译音。
　　　　后面　咱

那劳　是no lau“我们田”的汉字译音。
　　　　田我们

那比　是no bi“酒酿田”的汉字译音。
　　　　田酒酿

大楞　是 tu　laŋ“后来者”的汉字译音。
　　　　(只)　后来

那坡　是no pu“（濮）人田”的汉字译音。
　　　　田

那满　是no ^{m}ba:n“村里公田”的汉字译音。
　　　　田　村

古美　是ku mi“我母亲”的汉字译音。
　　　　我　母亲

安德　是hun dei“好人”的汉字译音。
　　　　人　好

巴头　是 pu tau“我们”的汉字译音。
　　　　　我们

荣华　是von wu“咱们人”的汉字译音。
人 咱们

足荣　是 tsu　von“（濮）人”的汉字译音。
（只） 人

朔良　是so:k laŋ“背后”的汉字译音。
外　后

思林　是çai lam即 lam çai“同是耕田人”的汉字译音。
犁　同

果化　是ko wa“花”的汉字译音。
棵 花

坡造　是 pu tsau“我们”的汉字译音。
我们

都结　是 tu　kit“野羊”的汉字译音。
（只）野羊

隆安　是laŋ hun“后边人”的汉字译音。
后　人

乔利　是kau　li“我山地人”的汉字译音。
我 山地

锣圩　是lau 圩“我们市集”的汉字译音。
我们

乔贤　是kau sen“（讲）我（们）话”的汉字译音。
我　话

那岭　是no le:ŋ“旱田”的汉字译音。
田 干旱

驮芦　是 tu　lau“我们”的汉字译音。
（只） 我们

渠黎　是 kɯ　lo:i“山”的汉字译音。
（词头） 山

维罗　是 vai　lau“我们市集”的汉字译音。
市集我们

扶绥　是pu çai“耕田人”的汉字译音。
位　犁

大陵　是tu　laŋ“后来者”的汉字译音。
只　后面

板利　是ba:n　li“山地村”的汉字译音。
村　山地

板棍　是ba:n kun“（濮越）人村庄”的汉字译音。
村　　人

那楠　是no nam“水田”的汉字译音。
田　水

那堪　是no jam“公田”的汉字译音。
田 共同

武德　是 wu　dei“咱们好”的汉字译音。
咱们 好

那哮　是no hau“稻田”的汉字译音。
田 稻米

百色 是 pa:k sak“米筒口”的汉字译音。
咀(口) 米筒

那琴 是no kam“公田”的汉字译音。
田 共同

百济 是pa:k tsai“犁咀”的汉字译音。
咀 犁

那楼 是no lau“我们田”的汉字译音。
田 我们

蒲庙 是 pu 庙“濮越人的”寺庙的汉字译音。

那丽 是no lai“长田”的汉字译音。
田 长

伯劳 是 pu lau“我们的人”的汉字译音。
我们

合浦 是ka:p pu“几伙人合在一起”的汉字译音。
合伙

武利 是 wu li“咱们山地人”的汉字译音。
咱们 山地

常乐 是so:ŋ lau“我们种稻（田）人”的汉字译音。
稻穗 我们

芦林、露圩中的“芦”、“露”均为 lau“我们”的同音异译（写）字。

北流 是 pu lau“我们的人”的汉字译音。与“伯劳”是同音
我们
异译（写）词。

文地 是von dei“好人”的汉字译音。
人 好

博白 是 pu buk“老大”、“长兄”的汉字译音。
大

乌石 是 wu ta:n“咱们种米人”的汉字译音。“石”不读今音
咱们 白米
ʂi，而读 ta:n，常用作“担”，“一石米”即“一担米”。

福绵 是 pu ^{m}ba:n“村里人”（与“乡下人”同义）的汉字译音。
村

校椅 是kau ji“我越人（种田人）”的汉字译音。
我 犁(音夷或越)

民乐 是^{m}ba:n lau“我们村”的汉字译音。
村 我们

蒲塘 是 pu to:ŋ“同是濮越人”的汉字译音。
同

岑溪 是sam çai“同是耕田人”的汉字译音。
同 犁

糯筒 是 no to:ŋ“公田”的汉字译音。
田 同

义昌　是　ji　so:ŋ，用汉字译音可译为“夷僮”，是“种
　　　　犁(音夷或越)　稻穗
稻人”的汉字译音。

布央　是 pu ja:ŋ “种粟人”的汉字译音。有一部分人自称为
　　　　　　粟
“布央”。

苍梧　是so:ŋ wu“咱们种稻人”的汉字译音。
　　　稻穗 咱们

筋竹　是kun tso:k “外来人”的汉字译音。
　　　人　外

三堡　是sam pu“同是濮越人”的汉字译音。
　　　同

浔江　是sam江“同是（濮越）人”的河的汉字译音。
　　　同

通挽　是to:ŋ von“同是（濮越）人”的汉字译音。
　　　同　人

罗运　是 lau von“我们人”的汉字译音。
　　　我们 人

武宣　是 wu sen“（讲）咱们话”的汉字译音。
　　　咱们 话

17. 贵州

洛龙　是 lau laŋ“我们是后来的”的汉字译音。
　　　我们 后

隆兴　是laŋ hun“后边的人”的汉字译音。
　　　后　人

格林　是klam“共同、相同”的汉字译音。
　　　共同

涪洋　是 pu ja:ŋ “种粟人”的汉字译音。
　　　　　粟

务川　是wu sen“（讲）咱们话”的汉字译音。
　　　咱　话

流渡　是 tu lau “我们”的倒装的汉字译音。
　　　　我们

官舟　是kun tsau“我们人”的汉字译音。
　　　人　我们

稳坪　是von 坪“（濮）人”的地方的汉字译音。
　　　人

板溪　是ba:n çai“耕田人村庄”的汉字译音。
　　　村　犁

潮底　是sou di“你们地方”的汉字译音。
　　　你们 地方

乌罗　是 wu lo“咱们的”的汉字译音。
　　　咱们（的）

普觉　是 pu kau“我的”的汉字译音。
　　　　　　我

缠溪　是sen çai“种田人讲的话”的汉字译音。
　　　　话　犁

驾鳌　是 kɯ ɣau“我们”的汉字译音。
　　　（词头）我们

无阳　是wu ja:ŋ“咱们种粟人”的汉字译音。
　　　咱们　粟

三穗　是sam çai“同是耕田人”的汉字译音。
　　　　同　犁

凯里　是 kɯ li（lei）“山地”的汉字译音。
　　　（词头）　山地

剑河　是kam河“共同”河的汉字译音。
　　　共同

磻溪　是 pu çai“耕田人”的汉字译音。“磻”不读 fan，读 pu。
　　　　　犁

同古　是tuŋ ku“跟我一样”的汉字译音。
　　　　同　我

鳌市　是ɣau市“我们集市”的汉字译音。
　　　我们

孟彦　是muŋ jen“（讲）村里（乡下）话”的汉字译音。
　　　　村　话

乐里　是lau li“我们山地”的汉字译音。
　　　我们 山地

永乐　是von lau“我们人”的汉字译音。
　　　　人 我们

寨蒿　是tsa:i hau“我们村”的汉字译音。
　　　　村　我们

黎平　是lo:i piŋ“平顶山”的汉字译音。
　　　　山　平

永从　是von so:ŋ“种稻人”的汉字译音。
　　　　人　稻穗

皮林　是 pu lam“同是濮人”的汉字译音。“皮”的译音 pi 是 pu
　　　　　同
的变音。

贯洞　是kun tuŋ“侗（族）人”的汉字译音。
　　　　人　侗

都柳　是 tu lau“我们”的汉字译音。
　　　（只）　我们

加鸠　是klau“我们”的汉字译音。
　　　我们

停洞　是de:ŋ tuŋ“侗人地方”的汉字译音。
　　　地方　侗

定威　是de:ŋ vai“市集的地方”的汉字译音。
　　　地方 圩市

荔波　是 li　pu“濮人山地”的汉字译音。
山地

播尧　是 pu　jau“我们”的汉字译音。
我们

甲良　是klaŋ“后面”的汉字译音。
后面

安底　是hun　di“好人”的汉字译音。
人　好

重新　是so:ŋ　sen“种田人讲的话”的汉字译音。
稻穗　话

谷里　是kuk　lo:i（li）“山谷”的汉字译音。
谷　山

修文　是sou　von“你们人”的汉字译音。
你们　人

都拉营　是 tu　lau　von“我们人”的汉字译音。
（只）我们　人

化起　是 wu　ɕai“咱们耕田人”的汉字译音。
咱们　犁

流长　是lau　so:ŋ“我们种稻人”或半音译“我们僮人”的汉字译音。
我们　稻穗

双堡　是so:ŋ　pu“两个人”的汉字译音。
两　位

长顺　是so:ŋ　sen“种稻人讲的话”或半音译为“僮话”的汉字译音。
稻穗　话

代化　是do:i　wu“咱们的山”的汉字译音。
山　咱们

罗甸　是lau　de:n“我们地方”的汉字译音。
我们　地方

罗困　是lau　kun“我们人”的汉字译音。
我们　人

桑郎　是so:ŋ　laŋ，半音译为“后来的僮人”。
稻穗　后

打易　是 tu（ta）　ji　“越（夷）人”的汉字译音。
（只）　（音夷或越）

望谟　是muŋ　mo“新村”的汉字译音。
村　新

者楼　是 tsɯ　lau“我们”的汉字译音。“者”有的译作“册”。
（词头）我们

呢罗　是ni（nei）lau“这是我们的”的汉字译音。
这　我们

卡蒲　是ka:ˀ pu“单身者”的汉字译音。
独自

三洞　是sam tuŋ “同是侗人”的汉字译音。

同　侗

周覃　是tsau sam　“我们一样”的汉字译音。

我们　共同一样

三都　是sam tu “同是（濮人）”的汉字译音。

同（只）

都匀　是 tu von “（濮越）人”的汉字译音。

（只）人

甘粑哨　是kam pu sau “同是我们人”的汉字译音。

同　位　我们

福泉　是 pu sen “（讲）濮人话”的汉字译音。

话

余庆　是　ji　hun “越（夷）人”的汉字译音。

（音夷或越）人

乌江　是 wu 江 “咱们”的河的汉字译音。

咱们

蒲老场　是 pu lau “我们地方”的汉字译音。

我们

高台　是kau do:i “我的山”的汉字译音。

我　山

敖溪　是ɣau k‘ai “我们耕田人”的汉字译音。

我们　犁

温水　是von ɕai “耕田人”的汉字译音。

人　犁

官店　是kun de:n “（濮）人地方”的汉字译音。

人　地方

复兴场　是 pu hun场 “濮人地方”的汉字译音。

人

元厚　是jen hau “（讲）我们话”的汉字译音。

话　我们

大娄山　是 tu　lau　山 “我们山”的汉字译音。

（只）我们

板桥　是ba:n 桥 “桥村”的汉字译音。

村

遵义　是tsun　ji “（讲）越人话”的汉字译音。

话语（音夷或越）

安龙　是hun laŋ “后来者”的汉字译音。

人　后

普坪　是 pu 坪 “濮越人”的地方的汉字译音。

顶效　是de:ŋ hau “我们地方”的汉字译音。

地方　我们

兴义　是hun ji，半音译是“夷人”或“布依人”的汉字译音。

人

兴仁　是hun jen “（濮）人话”的汉字译音。

人　话

普安　是 pu hun“濮越人”的汉字译音。
　　　　　　人

刘官屯　是 lau kun“我们人”的汉字译音。
　　　　　我们 人

碧痕营　是 pu hun 营“濮人”营的汉字译音。
　　　　　　　人

郎岱　是 laŋ do:i“后山”的汉字译音。
　　　　后 山

堕却　是 to kʻak“相互牵扯”的汉字译音。
　　　相互 拉扯

落别　是 lau pi“我们大哥”的汉字译音。
　　　我们 大哥

化处　是 wu çai“咱种田人”的汉字译音。
　　　咱们 犁

么铺　是 jau pu 即 pu jau“我们”的倒装的汉字译音。
　　　我们

安顺　是 hun sen“（濮）人话”的汉字译音。
　　　人 话

普定　是 pu de:ŋ“濮越人地方”的汉字译音。
　　　　　地方

补郎　是 pu laŋ“后来者”的汉字译音。
　　　　　后

吉兴　是 kɯ hun“（濮越）人”的汉字译音。
　　（词头） 人

滥坝　是 lam pu“同是濮越人”的汉字译音。
　　　同是

纳雍　是 no ^{ʔ}o:ŋ“（种）苧蔴田”的汉字译音。
　　　田 苧蔴

那架　是 no ka“杂草田”的汉字译音。
　　　田 茅草

乐治　是 lau tsai“我们越人（种田人）”的汉字译音。
　　　我们 犁

治昆　是 tsai kun“耕田人”的汉字译音。
　　　犁 人

妈姑　是 ma kau“我母亲”的汉字译音。
　　　母 我

威宁　是 vai ^{n}de:ŋ“集市地方”的汉字译音。
　　　圩市 地方

阴底　是 jam di“一样好”的汉字译音。
　　　同样 好

百纳　是 pu na“种田人”的汉字译音。
　　　　　田

鲁班　是 lau ba:n“我们村”的汉字译音。
　　　我们 村

林歹　是 lam da:i“同住下面”的汉字译音。
　　　同 下面

董架　是do:ŋ ka “茅根”的汉字译音。
根 茅草

18. 云南

普洱　是pu　ji　“濮越（夷）”的汉字译音。
（音夷或越）

鲁甸　是lau de:n “我们地方”的汉字译音。
我们 地方

富乐　是pu lau “我们”的汉字译音。
我们

富村　是pu村“濮越人”村的汉字译音。

富源　是pu jen “濮越话”的汉字译音。
话

寻甸　是sam de:n “同地方”的汉字译音。
同 地方

沾益　是tsam ji “同是越（夷）人”的汉字译音。
同

陆良　是 luk lanŋ “背后”的汉字译音。
（词头）后

宜良　是ji laŋ “后来的越（夷）人”的汉字译音。
后

弥勒　是mi lau “我们母亲”的汉字译音。
母 我们

丘北　是pu jau “我们”的倒装的汉字译音。
我们

剥隘　是pu o:i “种蔗人”的汉字译音。
甘蔗

者桑　是 tsɯ so:ŋ “稻穗”的汉字译音。
（词头）穗

富宁　是pu ^{n}de:ŋ “濮人地方”的汉字译音。
地方

都龙　是 tu laŋ “后来者”的汉字译音。
（只）后

文山　是von 山“（濮）人”山的汉字译音。
人

曼耗　是^{m}ba:n hau “我们村”的汉字译音。
村 我们

文澜　是von la:n “（濮）人的家园”的汉字译音。
人 家

元阳　是jen ja:ŋ “种粟人的话”的汉字译音。
话 粟

临安　是lam hun “一样人”的汉字译音。
同样 人

宝秀　是pu sou “你们”的汉字译音。
你们

华宁　是 wu　^{n}de:ŋ “咱们地方”的汉字译音。
咱们　地方

糯租　是no tsau “我们田”的汉字译音。
田　我们

普宁（昆阳）　是 pu ^{n}de:ŋ “濮人地方”的汉字译音，“昆阳”
地方

是kun ja:ŋ “种粟人”的汉字译音。
人　粟

安宁　是hun ^{n}de:ŋ “（濮）人地方”的汉字译音。
人　地方

嵩阳　是so:ŋ ja:ŋ “粟穗”的汉字译音。
稻穗　粟

永定　是von de:ŋ “（濮）人地方”的汉字译音。
人　地方

武定　是 wu　de:ŋ “咱们地方”的汉字译音。
咱们　地方

禄劝　是lo:k kun “外人”的汉字译音。
外　人

甸尾　是de:n mi “母亲地方”的汉字译音。
地方　母

宁蒗　是 ^{n}de:ŋ laŋ “后面地”的汉字译音。
地方　后

金棉　是kam ^{m}ba:n “同村”的汉字译音。
同　村

金官　是kam kun “一样、一起的人”的汉字译音。
同　人

三台　是sam do:i “共同的山”的汉字译音。
共同　山

大姚　是 tu　jau “我们”的汉字译音。
（只）我们

姚安　是jau hun “我们人”的汉字译音。
我们　人

牟定　是^{m}pu de:ŋ “濮人地方”的汉字译音。
地方

云龙　是von laŋ “后来人”的汉字译音。
人　后

妥甸　是t'o de:n “土著地方”的汉字译音。
土　地方

哀牢山　是^{ʔ}ai lau “我们”的汉字译音。当今水语、毛南语称
位　我们

“一个人”中的“个”、“位”仍读^{ʔ}ai。“哀牢山”即是“我们的山”。

云县　是von 县“（濮）人”县的汉字译音。
人

巍宝山　是 vai　pu 山“濮人市集”山的汉字译音。
市集

弥渡 是mi（渡）“母亲”（渡）的汉字译音。
母

按板 是$^{?}$an ba:n“村庄”的汉字译音。
（个） 村

杨武 是ja:ŋ wu“咱们的粟”的汉字译音。
粟 咱们

玖联 是kau lam“我相同、一起”的汉字译音。
我 同

临沧 是lam so:ŋ“同是种田人”的汉字译音。
同 穗

博尚 是 pu so:ŋ“种田人”的汉字译音。
稻穗

斗阁 是 tu ka:k“单身汉”的汉字译音。
（只） 独

勐班 是muŋ ba:n“村庄”的汉字译音。古濮越语“村庄”，原
村 村
读音是^{m}ba:n，后来语音分化，有的读 ma:n，用汉字译音译作“蛮”，如傣语（德宏方言）和佡佬语；有的读 ba:n，用汉字译音常译作“板”、“版”、“畈”等，如壮语、布依语、傣（西双版纳）语、水语、毛南语。后来又由于韵尾 - n 的消失而并入韵尾 - ŋ，故^{m}ba:n 分化为 ma:n 和 ba:n 之后，ma:n 又变为 ma:ŋ，用汉字译音常译作“孟”、“勐”、“猛”、“芒”、“望”等。今傣（西）语的“村庄”，最常见译作“勐”。

普文 是 pu von“濮越人”的汉字译音。
人

谦六 是kam lau“同我们”的汉字译音。
同 我们

澜沧 是la:n so:ŋ“种田人家”的汉字译音。又名“勐朗”，即
家 稻穗
是ma:ŋ laŋ“后村”的汉字译音。
村 后

勐往 是ma:ŋ wuŋ“黄村”的汉字译音。
村 黄

勐满 是ma:ŋ mun“饼村”的汉字译音。
村 饼

勐混 是ma:ŋ hun“（濮）人村”的汉字译音。
村 人

勐龙 是ma:ŋ laŋ“后村”的汉字译音。
村 后

打洛 是 tu lau“我们”的汉字译音。
我们

沧源 是 so:ŋ jen，半译音是“僮话”或“种田人的话”的汉字
话

译音。

勐库　是ma:ŋ kau“我村”的汉字译音。
村　我

永德　是von di“好人”的汉字译音。
人　好

畹町　是von de:ŋ“（濮）人地方”的汉字译音。
人　地方

曼允街　是ma:n von 街“（濮）人村”街市的汉字译音。“曼”
村　人
与“勐”虽然意义完全相同，但它们却是不同时代、不同人用不同汉字译音的结果。

古永　是kau von“我（的）人”的汉字译音。
我　人

蒲缥　是 pu　pau　“男子”的汉字译音。
男孩子

坝湾　是 pu von“（濮）人”的汉字译音。
人

右甸　是jau　de:n“我们地方”的汉字译音。
我们 我们

勐佑　是ma:ŋ jau“我们村”的汉字译音。
村　我们

怒江　是lau 江“我们”河的汉字译音。因川、滇有部分人常常
我们
n、l不分，所以“怒”和“路”是一样的。

大理　是 tu　li“山地人”的汉字译音。
（只）山地

泸水　是lau 水“我们”河的汉字译音。
我们

三湖　是sam wu“同是咱们”的汉字译音。
同　咱们

洱源　是　ji　jen“越（夷）人话”的汉字译音。
（音夷或越）话

金顶　是kam de:ŋ“同地方”的汉字译音。
同　地方

碧罗　是 pu（pi） lau　“我们”的汉字译音。
我们

金华（剑川）　是kam wu“同咱们”的汉字译音。
同　咱们

白汉　是 pu hun“濮人”的汉字译音。
人

德钦　是 to jam“共同”的汉字译音。
同

古浪　是ku（kau） laŋ“我后来”的汉字译音。
我　后

贡山 是kuŋ 山“红色”山的汉字译音。
红

岩瓦 是ɤam wu“同咱们”的汉字译音。
同 咱们

上允 是so:ŋ von，半音译为“僮人”（“种田人”）的汉字译音。
稻穗 人

富永 是 pu von“濮越人”的汉字译音。
人

募乃 是^{m}pu（mu） nei“这里的人”的汉字译音。
这里

基诺洛克 是 kɯ no lan kai“我们的田”的汉字译音。
（词头）田 我们 的

易武 是 ji wu“咱们夷（越）人（种田人）”的汉字译音。
犁（音夷或越） 咱们

益香 是ji ja:ŋ“种粟人”的汉字译音。
犁 粟

彝良 是 ji laŋ“后来夷（越）人（种田人）”的汉字译音。
后

祥云 是so:ŋ von，半音译为“僮人”，与“上允”是同音异译字。
稻穗 人

元谋 是jen mu （^{m}pu）“濮人话”的汉字译音。mu 是^{m}pu 的分化，前面已阐明。
话（音濮）

19. 四川

巫山 是 wu 山“咱们”山的汉字译音。
咱们

大昌 是 tu so:ŋ“种田人”（或音译为“僮人”）的汉字译音。
（只）稻穗

吐祥 是 tu so:ŋ“种田人”的汉字译音，与“大昌”是同音异译字。
稻穗

云阳 是von ja:ŋ“种粟人”的汉字译音。
人 粟

万县 是^{m}ba:n 县“村庄”的汉字译音。
村

万源 是^{m}ba:n jen“村话”的汉字译音。
村 话

固军 是ku kun“我（们）人”的汉字译音。
我 人

武陵 是 wu laŋ“咱们后面”的汉字译音。
咱们 后

马武　是ma^{ʔ} wu“咱们的”的汉字译音。
　　　　些　咱们

郁江　是jau 江“我们”河的汉字译音。
　　　　我们

保家楼　是 pu klau“我们”的汉字译音。“家楼”与“仡佬”是同音异译（写）字。
　　　　　　我们

汉葭（彭水）　是hun ja（jo）“本领高强的人”的汉字译音。
　　　　　　　　人　本领高强

酉阳　是jau ja:ŋ“我们种粟人”的汉字译音。
　　　　我们　粟

乌江　是 wu 江“咱们”河的汉字译音。“巫”、“武”、“乌”、“五”等都是 wu 的同音异译（写）字。
　　　　咱们

武隆　是 wu laŋ“咱们后来”的汉字译音。
　　　　咱们　后

涪陵　是 pu laŋ“后来者”的汉字译音。
　　　　　　后

长寿　是so:ŋ sou“你们种田人”的汉字译音。
　　　　稻穗　你们

重庆　是so:ŋ kun“种稻人”（或“僮人”）的汉字译音。
　　　　稻穗　人

洛碛　是 lau tsi“我们种田人”（或“我们越人”）的汉字译音。
　　　　我们　犁

铜罐驿　是tuŋ kun 驿“同人驿”的汉字译音。
　　　　　同　人

福宝　是 pu ba:u“男孩子”的汉字译音。
　　　　　　男孩

沿口　是jen hau“（讲）我们话”的汉字译音。
　　　　话　我们

拔山　是 pu 山“濮人”山的汉字译音。

任市　是jam 市“共同集市”的汉字译音。
　　　　共同

宣汉　是sen hun“（濮）人话”的汉字译音。
　　　　话　人

罗文坝　是 lau von 坝“我们人”的地方的汉字译音。
　　　　　我们　人

涪阳坝　是pu ja:ŋ“种粟人”地方的汉字译音。
　　　　　位　粟

千扶　是pu sen“濮人话”的倒装的汉字译音。
　　　　位　话

巴中　是pu tso:ŋ“种田人”（或音译为“濮僮”）的汉字译音。tso:ŋ 与 so:ŋ 都是“稻穗”声母 ts 和 s 的历史地域音变的结果，现在
　　　　位　稻穗

有的方言或土语都仍读此二音，故我们还原时，一般是“中”字用tso:ŋ，“长”、“昌”、“祥”等用so:ŋ。

阆中 是la:ŋ tso:ŋ“黄色的稻穗”的汉字译音。
黄 稻穗

仪陇 是 ji laŋ“后来的越（夷）人”的汉字译音。
（音夷或越）后

复兴 是pu hun“濮人”的汉字译音。
人

蓬安 是pu hun“濮人”的汉字译音。pu hun连读音变为puŋ hun，
人
意义不变。

古蔺 是ku lan“我家”的汉字译音。
我 家

德跃 是 tu jau“我们”的汉字译音。
（只）我们

叙永 是çai von“耕田人”的汉字译音。
犁 人

洛表 是lau bau“我们男人”的汉字译音。
我们 男孩

高县 是kau 县“我”县的汉字译音。
我

符江 是pu 江“濮人河”的汉字译音。“符”不读今音fu，而是读pu。

柏溪 是pu k‘əi“耕田人”的汉字译音。“柏”与“符”是不同时代的同音异译（写）字。

长宁 是so:ŋ ⁿde:ŋ“种稻地方”的汉字译音。
稻穗 地方

泸州 是lau 州“我们州”的汉字译音。
我们

福集 是pu 集“濮人市集”的汉字译音。

玄滩 是von t‘a:n“种米人”的汉字译音。
人 白米

荣昌 是von so:ŋ“种稻人”或半译音为“僮人”的汉字译音。
人 稻穗

邮亭铺 是jau de:ŋ“我们地方”的汉字译音。
我们 地方

富顺 是pu sen“（讲）濮人话”的汉字译音。
话

资中（重龙） 是tsi tso:ŋ“种稻人”的汉字译音。“重龙”即
犁 稻穗
tso:ŋ laŋ“后来种稻人”的汉字译音。
后

仁寿　是jen sou“（讲）你们话”的汉字译音。
　　话 你们

资阳　是tsi ja:ŋ“种粟人”的汉字译音。
　　犁 粟

简阳　是kun ja:ŋ“种粟人”的汉字译音。
　　人 粟

遂宁　是çai ^{n}de:ŋ“耕田人（越人）地方”的汉字译音。
　　犁 地方

金堂（即“金常”）　是kam so:ŋ“同是种稻人”的汉字译音。
　　同 稻穗

广汉　是 kuŋ　hun“男子汉”的汉字译音。
　　（男性） 人

德阳　是 tu　ja:ŋ“种粟人”的汉字译音。
　　（只） 粟

绵阳　是^{m}ba:n ja:ŋ“种粟人村庄”的汉字译音。
　　村 粟

罗江　是lau 江“我们河”的汉字译音。
　　我们

安昌　是hun so:ŋ“种稻人”或半音译为“僮人”的汉字译音，与“永昌”等是不同时代的同音异译字。
　　人 稻穗

魏城　是vai 城“圩市”城的汉字译音。
　　圩市

盐亭　是jam de:ŋ“同地方”的汉字译音。
　　同 地方

三台　是sam do:i“共同山”的汉字译音。
　　共同 山

南充　是nam so:ŋ“种稻人的河”的汉字译音。
　　水 稻穗

嘉陵江　是klaŋ 江“后边的河”的汉字译音。
　　后面

武都　是 tu　wu“咱们”的倒装的汉字译音。
　　（只） 咱们

剑阁（普安）　是kam kau“和我一样”的汉字译音。“普安”是 pu hun“濮越人”的汉字译音。
　　同 我　　人

豆叩　是 tu　kau“我”的汉字译音。
　　（只） 我

龙安　是laŋ hun“后来者”的汉字译音。
　　后 人

松潘　是pu so:ŋ“种稻人”（或半音译为“濮僮”）的倒装的汉字译音。
　　位 稻穗

米亚罗　是mi a lau“我们母亲”的汉字译音。
母　我们

威州　是vai tsau“我们市集”的汉字译音。
市　我们

温江　是von 江“（濮）人”河的汉字译音。
人

崇州　是so:ŋ 州“种稻人”的地方的汉字译音。
稻穗

临邛（邛崃）　是lam kuŋ“同祖”的汉字译音。“邛崃”是kuŋ lo:i
同　祖　　祖　山

“祖山”的汉字译音。

宝兴　是 pu hun“濮人”的汉字译音。
人

芦山　是lau 山“我们”山的汉字译音。
我们

蒲江　是 pu 江“濮人”河的汉字译音。

硗碛　是jau tsi“我们种田人”的汉字译音。
我们 犁

雅安　是ja（jo）hun“本领高强的人”的汉字译音。
本领高强　人

泸定　是lau de:ŋ“我们地方”的汉字译音。
我们 地方

得妥　是 ta t‘o“土著”的汉字译音。
（只）土

汉源　是hun jen“（讲）（濮）人话”的汉字译音。
人　话

乐山　是lau 山“我们”山的汉字译音。
我们

犍为　是kun vai“（濮）人圩市”的汉字译音。
人 圩市

擦罗　是 tsɯ lau“我们”的汉字译音。
（词头）我们

拖乌　是 tu wu“咱们”的汉字译音。
（只）咱们

甘洛　是kam lau“同我们”的汉字译音。
同　我们

泸宁　是lau ^{n}de:ŋ“我们地方”的汉字译音。
我们　地方

普雄　是 pu ho:ŋ“做工的人”的汉字译音。
做工

美姑　是mi ku“我母亲”的汉字译音。
母　我

雷波　是lo:i pu“濮人山”的汉字译音。
山

金阳　是kam ja:ŋ“同是种粟人”的汉字译音。
同　粟

布拖　是 pu tʻo“土著”的汉字译音。
土

普格　是 pu ka:k“单身汉”的汉字译音。
独

弯丘　是von jau“我们人”的汉字译音。
人 我们

米易　是mi　ji　“越（夷）人母亲”的汉字译音。
母（音夷或越）

会理　是 vai li “山地集市”的汉字译音。
市 山地

普威　是 pu vai “濮人圩市”的汉字译音。
圩市

盐源　是jam jen“同话”的汉字译音。
同　话

木里　是^{m}pu li “山地人”的汉字译音。
山地

得荣　是di von“好人”的汉字译音。
好 人

桑堆　是so:ŋ do:i“山稻”的汉字译音。
稻穗 山

波缅　是 pu ^{m}ba:n“村里人”的汉字译音。
村

乾宁　是kun ^{n}de:ŋ“（濮）人地方”的汉字译音。
人　地方

甘孜　是kam tsi“同是耕田人”的汉字译音。
同　犁

丹巴　是 pu ta:n“种米人”的倒装的汉字译音。
白米

道孚　是 tu pu “雄，父亲”的汉字译音。
（只） 雄性

金川　是kam sen“同话”的汉字译音。
同　话

安羌　是hun kiaŋ“羌人”的汉字译音。
人　羌

古洛　是klau“我们”的汉字译音。
我们

白玉　是 pu jok “外面人”的汉字译音。
外面

德格　是 tu ka:k“单身汉”的汉字译音。
（只） 独

竹庆　是tso:k hun“外人”的汉字译音。
外　人

普悟　是 pu wu “咱们”的汉字译音。
咱们

温波　是 pu von“濮人”的倒装汉字译音。
人

宜牛　是 ji ɣau“我们越（夷）人”的汉字译音。
我们

甲根桥　是ka:p kun 桥“合在一起的人”的汉字译音。
合　人

孜河　是tsi 河“耕田人”的河的汉字译音。
犁

西俄洛　是çai ho lau“我们耕田人”的汉字译音。
犁（助）我们

九龙　是kau laŋ“我后来”的汉字译音。
我　后

洼里　是 wu li　“咱们山地人”的汉字译音。
咱们　山地

20．新疆

伊吾　是ji wu　“咱越（夷）人”的汉字译音。
犁　咱们

巴里坤　是pu li　kun“山地人”的汉字译音。
位　山地　人

木垒　是mu（^{m}pu）lo:i“山里人”的汉字译音。
位　山

奇台　是 kɯ　do:i“山”的汉字译音。
（词头）　山

达坂　是 tu　ba:n“村里人”的汉字译音。
（只）　村

博格达　是pu ka:k　tu　“单身汉”的汉字译音。
位　独　（只）

阜康　是pu ho:ŋ“做工的”的汉字译音。
位　做工

吐鲁番　是 tu　lau　fun“我们人”的汉字译音。
（只）我们　人

富蕴　是 pu von“濮人”的汉字译音。
人

若羌　是lau kiaŋ“我们羌人”的汉字译音。
我们　羌

罗布　是lau　pu 即 pu lau“我们”的倒装的汉字译音。
我们

尉犁　是vai li“山地市集”的汉字译音。
市 山

乌鲁木齐市　是 ho　lau mu（^{m}pu）tsai“我们种田人”的汉字译音。
（助）我们 位　犁

野云沟　是jai von kau“我越（夷）人”的汉字译音。
越 人　我

且末 是ts'ai mu（^{m}pu）“耕田人”的汉字译音。
犁 位

大涝 是 tu lau“我们”的汉字译音。
（只）我们

高泉 是kau sen“（讲）我（们）话”的汉字译音。
我 话

吐拉 是 tu lau“我们”的汉字译音。
（只）我们

新和 是sen wu“（讲）咱们话”的汉字译音。
话 咱们

巩留 是kuŋ lau“我们祖先”的汉字译音。
祖 我们

伊宁 是 ji ^{n}de:ŋ“夷（越）人地方”的汉字译音。
地方

博乐 是 pu lau“我们”的汉字译音。
我们

托里 是 tu li“山地人”的汉字译音。
（只）山地

温宿 是von so:k“外来人”的汉字译音。
人 外

乌什 是 wu sam“同是咱们人”的汉字译音。
咱们 同

和田 是 wu de:n“咱们地方”的汉字译音。与“于田”是同音
咱们 地方
异译（写）字。

普鲁 是 pu lau“我们”的汉字译音。与“博乐”是同音异译
我们
（写）字。

达西曼 是 tu çai ^{m}ba:n（分化为 ma:n 和 ba:n）“耕田人的村庄”
（只）犁 村
的汉字译音。

洛浦 是 pu lau“我们”的倒装的汉字译音。
我们

皮夏 是pi（pu 的变音）jo（ja）“本领高强的人”的汉字译音。
位 本领高强

齐满 是tsai ma:n“耕田人的村庄”的汉字译音。与“其满”
犁 村
ts'i ^{m}ba:n 是不同时代、不同人对“耕田人村庄”的异译（写）词。

慕士山 是mu（^{m}pu）çai（çi）山“夷人”山的汉字译音。
位 犁

21. 台湾

“台湾”之名，本是濮越语von do:i，用汉字译音译（写）作“湾
人 山

台”，“山地人”的意思。可能是始译者觉得，从汉字字义和语法构词规则上考虑，不合汉语的常规而改作“台湾”（因汉语构词规则和词语组合规则，“湾”字一般都是放在后边，如“河湾”、“港湾”、“××湾”等）。

据海峡两岸考古专家最近合作展开的考古研究证实，3 万年前，台湾与大陆是相连的，直到第四次冰河后期，因地球气候转暖，冰雪融化造成海面回升，连接福建与台湾的陆地再次被淹没，才使台湾真的变成了海岛。至今从东山岛向东延伸到海峡中部，再经澎湖列岛至台湾西部，在海平面下 40 多米，最浅处仅 10 多米，还横亘着一条古陆桥。古人类和动物群就是从这条古陆桥自由迁徙到台湾的。当然，早在 8000 多年前就已经善于建造舟楫，能在海里捕捉到大量凶猛的鲸和鲨的濮（百）越先民，从福建自由往返于大陆和台湾已非难事，因而远在数千年前，台湾就已有数量不少的濮越先民。

正是由于台湾自古以来就是神州大地不可分割的一部分，同是濮（百）越先民活动的历史舞台。因此，在台湾的土地上，至今还保留着众多的濮（百）越先民语言积淀下来的各种地名，使我们能够清晰地看到缔造中华民族和璀璨夺目、瑰丽多姿的中华历史文化的祖先们留下的真实足迹和历史。

纵观台湾全岛，从北到南，从西到东，古濮越语遗留下来的地名比比皆是。下面是部分古濮越语地名的例子。[49]

野柳　是 ji　lau“我们越（夷）人”的汉字译音。
（音夷或越）我们

深澳　是sam ˀa:u“同是（濮）人”的汉字译音。ˀa:u“人”今
同　人
海南黎族仍读此音。

九份　是kau fun“我（的）人”的汉字译音。
我　人

澳底　是ˀa:u di“好人”的汉字译音。
人　好

盐寮　是jam lau“同是我们”的汉字译音。
同　我们

贡寮　是kuŋ lau“我们祖先”的汉字译音。
祖　我们

福隆　是 pu laŋ“后来者”的汉字译音。
后

三芝　是sam tsi“同是种田人”的汉字译音。
同是　犁

崁顶　是ham de:ŋ“同地方”的汉字译音。
同　地方

宝斗　是 pu　tau“我们”的汉字译音。
我们

板桥　是ba:n 桥“桥村”的汉字译音。
村

埔心　是pu sam“同是濮人”的汉字译音。全台湾地区有几处同
位　同
名。

北湖　是pu wu“咱们”的汉字译音。“湖”不是“湖泊”的
位 咱们
“湖”，那里没有湖泊。“湖口”、“大湖”均如此。“湖口”是 wu　hau
咱们 稻米
“咱们种稻人”的汉字译音；“大湖”是 tu　wu“咱们”的汉字译
（只）咱们
音。

大埔　是 tu　pu“濮人”的汉字译音。
（只）

库志　是ku tsi“我种田人”的汉字译音。
我 犁

高义　是kau ji“我越（夷）人”的汉字译音。
我

巴陵　是pu laŋ“后来者”的汉字译音。
位　后

田埔　是de:n pu“濮人地方”的汉字译音。
地方 位

那罗　是no lau“我们田”的汉字译音。
田 我们

深沟　是sam kau“同我”的汉字译音。
同　我

壮围　是tso:ŋ vai“种田人市集”的汉字译音。
稻穗　市

寒溪　是hun k‘ai“（耕）种田人”的汉字译音。
人

古鲁社　是klau　si　“我们土地庙”的汉字译音。
我们 土地庙

栖兰　是çai lan“犁屋”的汉字译音，也可认为是“耕田人的
犁　屋
家”。

嘉罗山　是klau 山“我们”山的汉字译音。
我们

奇莱　是 kɯ　lo:i“山”的汉字译音。
（词头）山

大禹岭　是 tu　ji　岭“越（夷）人”岭的汉字译音。
（只）(音夷或越)

昆阳　是kun ja:ŋ“种粟人”的汉字译音。
人　粟

突稜　是 tu　laŋ“后来者”的汉字译音。
(只) 后

鹿湖　是luk　wu“咱们儿子”的汉字译音。
儿子　咱们

卓兰　是tso:k la:n“外（人）屋”的汉字译音。
外　屋

丽阳　是 li　ja:ŋ“种粟的山地”的汉字译音。
山地　粟

里冷　是 li　laŋ“后面的山地”的汉字译音。
山地　后

白冷　是pu laŋ“后来人”的汉字译音。
位　后

乌来山　是 wu　lo:i“咱们山”的汉字译音。后一个“山”是注释性的。
咱们　山

眉冷山　是mi laŋ山“后母”山的汉字译音。
母　后

后里　是hau　li“我们山地人”的汉字译音。最初全称应该是hau pu　li，现在壮语中仍然如此说。
我们　山地
我们　位　山地

和美　是 wu　mi“咱们母亲”的汉字译音。
咱们　母

顶番　是de:ŋ pu“濮越人地方”的汉字译音。“番”读古音 pu，不读今音 fa:n。
地方

埔盐　是pu jam“同是濮越人”的汉字译音。
位　同是

员林　是jen lam“同话”的汉字译音。
话　同

原斗　是jen tau“（讲）我们话”的汉字译音。
话　我们

潭墘　是tom kun“（濮越）人池塘”的汉字译音。
池塘　人

麦寮　是　mat　lau“我们的”的汉字译音。
些、东西　我们

褒忠　是pu tso:ŋ“种稻（田）人”的汉字译音。如全音译是“濮僮（布壮）”。
位　稻穗

土库　是　tu　ku“我”的汉字译音。
(只) 我

斗六　是　tu　lau“我们”的汉字译音。
(只) 我们

林内　是lam nei“同是这里的”的汉字译音。
同 这里

九芎林　是 kau　soŋ lam“我（们）完全相同”［或“我（们）
我(们) 总 同
完全一样”］的汉字译音。

绿野　是lau jai“我们种田人”［或“我们越（夷）人”］的汉
我们 犁
字译音。

富兴　是 pu hun“濮（越）人”的汉字译音。
人

富民　是 pu ma:n“村里人”（与“乡下人”同义）的汉字译音。
村

富源　是 pu jen“（讲）濮越话”的汉字译音。“富”读古音 pu，
话
不读今音 fu。

观高　是kun kau“我（们）的人”的汉字译音。
人 我

观音　是kun jam“同是（濮越）人”的汉字译音。
人 同

大禹　是 tu　ji“种田人”（或“濮越人”）的汉字译音。
(只) 犁

高寮　是klau“我们”的汉字译音。
我们

宜湾　是ji von“种田人”［或“越（夷）人”］的汉字译音。
犁 人

瓦拉米　是 wu　la　mi“咱母亲”的汉字译音。
咱们 (词头) 母

富里　是 pu　li　“山地人”的汉字译音。
山地

新武　是sen wu“（讲）咱们话”的汉字译音。
话 咱们

德高　是 tu　kau“我”的汉字译音。
(只) 我

德高老　是 tu klau“我们”的汉字译音。
我们

都历　是 tu　lek“儿子”的汉字译音。
(只) 儿子

泰源　是do:i jen“（讲）山里话”的汉字译音。
山 话

嘉武　是 kɯ　wu“咱们”的汉字译音。
(词头) 咱们

鹿野　是 luk　jai“耕（种）田人”的汉字译音。
(词头) 犁

稻叶 是to jam“共有”的汉字译音。
同

永隆 是von laŋ“后来的人”的汉字译音。
人 后

新班鸠 是sen ba:n kau“（讲）我乡下话”的汉字译音。
话 村 我

泰安 是do:i hun“山里人”的汉字译音。
山 人

都兰 是 tu la:n“住在家里”的汉字译音。
（只）家

加路兰 是klau la:n“我们家”的汉字译音。
我们 家

礼观 是 li kun“山地人”的汉字译音。
山地 人

复兴 是 pu hun“濮（越）人”的汉字译音。
人

勤和 是kun wu“咱们人”的汉字译音。
人 咱们

大武 是 tu wu“咱们”的汉字译音。
（只）咱们

宝来 是pu lo:i“山里人”的汉字译音。
位 山

宝隆 是 pu laŋ“后来者”的汉字译音。
后

多纳 是 tu na“种田人”的汉字译音。
（只）田

新寮 是sen lau“我们话”的汉字译音。
话 我们

三降寮 是sam kuŋ lau“同祖先”的汉字译音。
同 祖 我们

内寮 是nei lau“这里是我们的”的汉字译音。
这里 我们

田寮 是de:n lau“我们地方”的汉字译音。
地方 我们

内湖 是nei wu“这里是咱们的”的汉字译音。
这里 咱们

番路 是 pu lau“我们”的汉字译音。“番”读 pu，不读 fa:n。
我们

鸟埔 是 pu lau的倒装，“番路”、“埔鸟”是同音异译（写）
我们
字，都是“我们”的汉字译音。“路”、“鸟”是l－、n－不分的结果，是不同时代、不同地域的始译者造成的差异。

好收 是 ho sou“你们”的汉字译音。
（词头）你们

金湖　是kam wu“同是咱们”的汉字译音。
同是 咱们

鳌鼓　是ˀa:u ku“我（们）的人”的汉字译音。
人 我

港尾寮　是ko:ŋ mai lau“我们的树”的汉字译音。
棵 树 我们

嘉义　是 kɯ ji“越（夷）人”（或“种田人”）的汉字译音。
（词头）犁（音夷或越）

布袋　是 pu do:i“山里人”的汉字译音。
山

新塭　是sen von“（讲）濮越人话”的汉字译音。
话 人

欢雅　是hun ja（jo）“本领高强的人”的汉字译音。
人 本领高强

太康　是 tu ho:ŋ“做工的人”的汉字译音。
（只）做工

果毅后　是 kɯ ji hau“我们种田人”的汉字译音。
（词头）犁 我们

北寮　是 pu lau“我们”的汉字译音。
我们

番子寮　是 pu tsai lau“我们种田人”的汉字译音。
犁、耕 我们

官田　是kun de:n“（濮越）人地方”的汉字译音。
人 地方

善化　是sen wu“（讲）咱们话”的汉字译音。
话 咱们

大湾　是 tu von“人”的汉字译音。
（只）人

梓官　是tsai kun“耕田人”的汉字译音。
犁 人

仁武　是jen wu“（讲）咱们话”的汉字译音。
话 咱们

盐埔　是jam pu“同是濮越人”的汉字译音。
同是

德文　是 tu von“人”的汉字译音。
（只）人

达来　是 tu lo:i“山里人”的汉字译音。
（只）山

雾台　是 wu do:i“咱们山”的汉字译音。
咱们 山

德和　是 tu wu“咱们”的汉字译音。
（只）咱们

乌松　是 lau so:ŋ“我们种田人”的汉字译音。
我们 稻穗

大寮　是 tu　lau“我们”的汉字译音。
（只）我们

义和　是ji　wu“咱们耕田人”的汉字译音。
犁 咱们

麟洛　是la:n lau“我们家”的汉字译音。
家 我们

万丹　是^{m}ba:n ta:n“（种）稻米村”的汉字译音。
村　白米

万安　是^{m}ba:n hon“（濮越）人村”的汉字译音。
村　人

万峦　是^{m}ba:n lun“园村”的汉字译音。
村　园

泰武　是do:i wu“咱们山”的汉字译音。
山 咱们

来义　是lo:i　ji　“越（夷）人山”的汉字译音。
山（音夷或越）

义林　是 ji lam“同是越（夷）人”的汉字译音。
同

白鹭　是 pu lau“我们”的汉字译音。
我们

古楼　是klau“我们”的汉字译音。
我们

旧力里　是kau　lek　li“我山地人”的汉字译音。
我（词头）山地

土文　是 tu　von“人”的汉字译音。
（只）人

丹路　是ta:n　lau“我们种稻人”的汉字译音。
白米 我们

保力　是 pu lek“儿子”的汉字译音。
儿子

历丘　是lek　jau“我们儿子”的汉字译音。
儿子 我们

大鸟　是 tu　lau“我们”的汉字译音。
（只）我们

尚武　是so:ŋ　wu“咱们种稻人”的汉字译音。
稻穗 咱们

安朔　是hun so:k“外人”的汉字译音。
人　外

垦丁　是hun de:ŋ“（濮越）人地方”的汉字译音。
人　地方

埔顶　是 pu de:ŋ“（濮越）人地方”的汉字译音。
地方

满州　是ma:n tsau“我们村”的汉字译音。
村　我们

双流　是so:ŋ lau“我们种稻人”或“我们僮人”的汉字译音。
稻穗 我们

牡丹　是ᵐpu（mu）ta:n“种稻米人”的汉字译音。
位　白米

乌龙　是wu laŋ“咱们后来”的汉字译音。
咱们 后

茂林　是mu lam“同是濮越人”的汉字译音。
位 共同

美浓　是 mi nuŋ“妹妹”的汉字译音。
雌性 弟、妹

安定　是hun de:ŋ“（濮越）人地方”的汉字译音。
人 地方

内叶翅　是 nei jam ɕai“这里同是耕田人”的汉字译音。
这里 同 犁

马西桑　是 me ɕai so:ŋ“种稻女人”的汉字译音。
雌、母 犁 稻穗

麻茬漏山　是me la:u lau 山“我们母亲”山的汉字译音。
母 老 我们

班喀　是ba:n ha:k“客家人村”的汉字译音。
村 客

22. 海南

长流　是so:ŋ lau“我们种稻人”（或“我们僮人”）的汉字
稻穗 我们
译音。

抱虎　是pu（pou）wu“咱们人”的汉字译音。
位　咱们

湖心　是 wu sam“咱们一起的”的汉字译音。
咱们 相同，一起

湖山　是 wu 山“咱们”山的汉字译音。
咱们

抱罗　是 pu lau“我们的人”的汉字译音。
我们

演海　是jam ha:i“同是靠海为生的人”的汉字译音。
同是 海

演丰　是jam foŋ“同是一房人（嫡系）”的汉字译音。
同 房

云龙　是von laŋ“后来人”的汉字译音。
人 后

文昌　是von so:ŋ“种稻人”的汉字译音。
人 稻穗

迈号　是ma:n hau“我们村”的汉字译音。
村 我们

头苑　是tau jen“（讲）我们话”的汉字译音。
我们 话

文教　是von kau“我（们）的人”的汉字译音。
人 我

龙楼 是 hoŋ lau “我们”的汉字译音。“龙”是后改用的。
(词头)我们

咸来 是ham lo:i “同一座山”的汉字译音。
同 山

重兴 是so:ŋ hun “种稻人”的汉字译音。
稻穗 人

大路 是 tu lau “我们人”的汉字译音。
我们

蓬莱 是 puŋ lo:i “仙山”的汉字译音。
闲静、休闲 山

福田 是 pu de:n “濮越人地方”的汉字译音。
地方

博鳌 是 pu ˀa:u “濮越人”的汉字译音。现代黎语称“人”仍
人

读ˀa:u。

文市 是von 市“(濮)人”市集的汉字译音。
人

龙滚 是laŋ kun “后来人”的汉字译音。
后 人

翰林 是hun lam “同是濮人”的汉字译音。
人 同

坡心 是 pu sam “同是濮人”的汉字译音。
一样,同

乌坡 是 pu wu “咱们人”的倒装的汉字译音。
咱们

富文 是 pu von “濮越人”的汉字译音。
人

新吴 是sen wu “(讲)咱们话”的汉字译音。
话 咱们

石浮 是pu ta:n “种稻米人”的汉字译音。“石”读 ta:n,音
位 白米

“担”、“单”不读 ʂl;“浮”读古音 pu,不读今音 fu。“石浮”是“浮石”的倒装。

定安 是de:ŋ hun “(濮)人地方”的汉字译音。
地方 人

仙沟 是sen kau “(讲)我(们)话”的汉字译音。
话 我

新民 是sen ma:n “(讲)村话(土话)”的汉字译音。
话 村

潭文 是tom von “(濮)人池塘”的汉字译音。
池塘 人

长安 是so:ŋ hun “种稻人”的汉字译音。
稻穗 人

美安　是mi hun“他人母亲”的汉字译音。
母　人

美亭　是mi de:ŋ“母亲（住的）地方”的汉字译音。
母　地方

永发　是pu von“濮越人”的倒装的汉字译音。“发”读 pu，跟“拨”古音相同，不读今音 fa。
位　人

乐来　是lau lo:i“我们山里人”的汉字译音。
我们　山

和乐　是 ho lau“我们”的汉字译音。
（词头）我们

后安　是hau hun“我们人”的汉字译音。
我们　人

万宁　是ma:n ⁿde:ŋ“村庄”的汉字译音。
村　地方

三更罗　是sam klau“同我们一起”的汉字译音。
同　我们

牛漏　是 kɯ lau“我们”的汉字译音。
（词头）我们

黎安　是 li （lo:i）hun“山地人”的汉字译音。
山地　人

文罗　是von lau“我们人”的汉字译音。
人　我们

军田　是kun de:n“（濮）人地方”的汉字译音。
人　地方

提蒙　是 ti muŋ“村里”的汉字译音。
内、里　村

榆林　是 ji lam“同是越（夷）人”的汉字译音。
（音夷或越）　同

安游　是hun jau“我们人”的汉字译音。
人　我们

田独　是de:n tu（lau）“我们地方”的汉字译音。
地方　我们

三道　是sam tau“同我们”的汉字译音。
同　我们

罗葵　是lau kui“我们的牛”的汉字译音。
我们　牛

保亭　是 pu de:ŋ“濮越人地方”的汉字译音。
地方

上安　是so:ŋ hun“种稻人”的汉字译音。
稻穗　人

毛阳、番阳　都是ᵐpu ja:ŋ“种粟人”在不同时代的同音异译（写）字。ᵐpu 语音分化后，分别为 mu 和 pu。mu 译作“毛”，“番”
位　粟

古音读 pu。

抱由 是pu（pou） jau “我们人”的汉字译音。
位 我们

板桥 是ba:n 桥“桥村”的汉字译音。
村

感城 是ham 城“同地方”的汉字译音。
同

罗带 是 lau da:i“我们的山”的汉字译音。
我们 山

抱板 是pu ba:n “村里人（乡下人）”的汉字译音。
位 村

昌化 是so:ŋ wu “咱们种稻人”的汉字译音。
稻穗 咱们

南罗 是nam lau “我们的河”的汉字译音。
水 我们

打安 是 tu hun“（濮越）人”的汉字译音。
（只） 人

阜龙 是pu laŋ“后来者”的汉字译音。
位 后

乌石 是 wu ta:n “咱们种稻米人”的汉字译音。
咱们 白米

湾岭 是von 岭“（濮越）人山”的汉字译音。
人

黎母山 是lo:i mu“（像）猪的山”的汉字译音。
山 猪

南坤 是nam kun“（濮）人的河溪”的汉字译音。
水 人

仁兴 是jen hun“（讲）（濮）人话”的汉字译音。
话 人

中兴 是so:ŋ hun“种稻人”的汉字译音。
稻穗 人

加乐 是klau“我们”的汉字译音。
我们

福山 是 pu 山“濮越人”山的汉字译音。

美夏 是 mi ja “本领高强的女人”的汉字译音。
雌，母 本领高强

美良 是 mi laŋ“后母”的汉字译音。
后

临高 是lam kau“同我一起的”的汉字译音。
同 我

博厚 是pu hau“我们人”的汉字译音。
位 我们

美台 是mi do:i“（住在）山里的女人”的汉字译音。
母 山

多文　是 tu　von“濮越人”的汉字译音。
（只）人

加来　是 kɯ　lo:i“山”的汉字译音。
（词头）山

跃锦　是 jau　kam“我们一起”的汉字译音。
我们 一起

和舍　是 wu　çai“咱们耕田人”的汉字译音。
咱们 犁

和庆　是 wu　hun“咱们（濮）人”的汉字译音。
咱们 人

儋州　是 tsam tsau“同是我们、我们一起”的汉字译音。
共同 我们

洛基　是 lau　kjai“我们耕田人”的汉字译音。
我们 犁

兰训　是 la:n fun“别人的家”的汉字译音。
家　人

峨蔓　是 ɣau ᵐba:n“我们村”的汉字译音。
我们　村

三都　是 sam　tu（lau）“同我们”的汉字译音。
同（只）我们

干冲　是 kun so:ŋ“种稻人”或半音译为“僮人”的汉字译音。
人　稻穗

白沙　是 pu sa:i“男子汉”的汉字译音。
位 男人

毛道　是 mu tau“我们人”的汉字译音。
位 我们

毛感　是 mu ham“同是（濮越）人”的汉字译音。
位　同

母送　是 mu so:ŋ“种稻人”的汉字译音。
位　稻穗

吊罗山　是 tu　lau 山“我们山”的汉字译音。
（只）我们

23. 西藏

西藏遗留下来的古濮越语地名相对来说不太多，主要集中在拉萨周围及与四川相邻的东部地区。这是不难理解的，因为这是古哀牢之地。濮越语 ai lau 是“我们人”之意，当今水族语、毛南语等称“我
我
们”仍读作 ai lau，用汉字译音，与古译“哀牢”完全一样，说明这个词组数千年来一直如此。下面是现今仍可分辨出来的一些古濮越语地名。

碧土　是 pi（pu 的变音）t‘o“土著”的汉字译音。

察隅　是 sa:i“男子汉”的汉字译音。

瓦弄　是wu laŋ“咱们后来”的汉字译音。
咱们 后面

然乌　是jen wu“（讲）咱们话”的汉字译音。
话 咱们

夏雅　是ja“有本领，本领高强”的汉字译音。

察雅　是sa:i ja“本领高强的男人”的汉字译音。
男人 有本领、本领高强

括热　是kou jai“我种田人”的汉字译音。
我 犁

昌都　是 tu so:ŋ“种稻人”的倒装的汉字译音。
只（位）稻穗

恩达　是 an da“河”的汉字译音。
河流

类乌齐　是lo:i wu tsai（tsi）“咱们种植的山地”的汉字译音。
山 咱们 犁

波密　是pu mi“母亲”的汉字译音。
位 母

墨脱　是pu（由‴pu 分化为 mu 和 pu）t'o“土著”的汉字译音。
位 土

米林　是mi lam“同宗”的汉字译音。
母 同

羌纳　是 kiaŋ na“羌人田”的汉字译音。
田

林芝　是lam tsi“同是种田人”的汉字译音。
同 犁

甘孜　是kam tsi“同是种田人”的汉字译音。lam 与 kam 是不同时代音变的结果，意义不变。
同 犁

白雄　是pu ho:ŋ“做工的（人）”的汉字译音。
位 做工的

嘉黎　是 kɯ li“山地”的汉字译音。
（词头）山地

安饶　是hun jau“我们人”的汉字译音。
人 我们

达孜　是 ta tsi“耕田人”的汉字译音。
只（位）犁

林周　是lam tsau“同是我们、我们一起”的汉字译音。
同 我们

德庆　是 te（tu 的变音）hun“人”的汉字译音。
人

保荣　是pu von“（濮）人”的汉字译音。
位 人

江孜　是 kuŋ tsi“耕田人”的汉字译音。
（男性）犁

塔荣　是 ta（tu 的变音）von（人）“（濮）人”的汉字译音。

乌郁　是wu（咱）　jyi（犁(音越)）　“咱耕田人（咱越人）”的汉字译音。

白朗　是pu（位） laŋ（后来）“后来者”的汉字译音。

汪丹　是von（人） ta:n（稻米）“种稻人”的汉字译音。

贡巴楼　是kuŋ（祖） pu（位） lau（我们）“我们祖宗”的汉字译音。

多不榨　是 tu pu（位） tso（低下）“低下人”的汉字译音。

拉孜　是lau（我们） tsi（犁）“咱们耕田人”的汉字译音。

德来　是 tu（只(位)） lɔ:i（山）“山里人”的汉字译音。

文部　是pu（位） von（人）“（濮）人”的倒装的汉字译音。

帕羊　是pu（位） ja:ŋ（粟）“种粟人”的汉字译音。

丁固　是de:ŋ（地方） kou（我）“我的地方”的汉字译音。

香孜　是hun（人） tsi（犁）“耕田人”的汉字译音。

永措　是von（人） so:k（外）“外人”的汉字译音。

八宿　是pu（位） so:k（外）“外人”的汉字译音，与“永措”同义。

24．香港

香港自 19 世纪变为英国殖民地并发展成为现代化都市后，许多古濮越语地名已被众多的英文地名和现代地名严实地覆盖，只有非繁华地区还保留一些。如：

罗湖　本是no（田） wu（咱们）“咱们田”的汉字译音，因粤 n、l 不分，no 读作 lo 而被用汉字译音译作“罗”；“湖”并非有什么湖泊之类的水域存在，而是 wu 的汉字译音。此类含“湖”字的地名，两湖、福建等地很多。

文锦（渡）　是von（人）　kam（同样、相同、一起）　“一样的人”的汉字译音。

古洞　是kou（我） tuŋ（同）“同我（一样）”的汉字译音。

吉澳　是 kɯ（(词头)） ɤau（我们）“我们”的汉字译音。

乌蛟腾　是wu kau daŋ “咱们（是）种黑糯米的人”的汉字译
咱们 稻 蓝黑
音。

流浮（山）　是pu lau “我们”（山）的倒装的汉字译音。“浮”
位 我们
不读 fou，读 pu。

锦田　是kam de:n “同地方”的汉字译音。
同 地方

大兰盖　是 to lam kai “共同的”的汉字译音。
共同 的

大老山　是 tu lau “我们”山的汉字译音。
只(位) 我们

交椅（洲）　是kou ji “我种田人”的（洲）的汉字译音。
我 犁

大澳　是 tu ɤau “我们”的汉字译音。
我们

分流　是fun lau “我们人”的汉字译音。
人 我们

薄扶林　是pa:k bo lam（nam）“水井（泉水）口”的汉字译音。
口 井 水

蒲飞路　是pa:k fai “街市口”的汉字译音。
口 市、圩

蒲台（岛）　是pu do:i “山里人”（岛）的汉字译音。
位 山

大罗口　是 tu lau “我们”的汉字译音。
只(位) 我们

波楼（路）　是pu lau “我们”（路）的汉字译音。
位 我们

高莆（埔）山　是pu kou山“我”的山的倒装的汉字译音。
位 我

鳌磡　是ɤau ham “我们相同”的汉字译音。
我们 同样

大埔　是 tu pu “雄性的、公的、父亲”的汉字译音。
(只) 雄

长莆　是pu so:ŋ “种稻者”的倒装的汉字译音。
位 稻穗

云枕山　是 pu von tsam “濮人共同的山”的汉字译音。
人 一起的、共同的

熨波洲　是tuŋ pu（洲）“同是濮人”（洲）的汉字译音。
同

万丈布　是^{m}ba:n pu so:ŋ “种稻人村庄”的汉字译音。本应译作
村 位 稻穗
“万布丈”，因始译者认为译作“万布丈”不符汉语习惯，故改作“万丈布”。

田夫仔　是de:n pu tsai“种田人（的）地方”的汉字译音。
地方 位 犁

汀九　是de:ŋ kau“我（的）地方”的汉字译音。de:ŋ 是泛指，
地方 我
de:n 是近指。

老围　是lau vai“我们市集”的汉字译音。
我们 市集

九肚　是 tu kau“我”的倒装的汉字译音。因始译者认为译
只(位) 我
作“肚九”不符汉语习惯，故改作“九肚”。

突破　是 tu pu“濮人”的汉字译音。

大兰寮　是 tu lam lau“同我们（一样）的人”的汉字译音。
同 我们

独孤（山）　是 tu kou“我”（的）（山）的汉字译音。
我

大浪　是 tu laŋ“后来者”的汉字译音。
后面

寮肚　是 tu lau“我们”的倒装的汉字译音。理由同“丈布”。
我们

兰田　是lam de:n“同地方”的汉字译音。
同 地方

田寮　是de:n lau“我们（的）地方”的汉字译音。
地方 我们

蛮窝　是^{m}ba:n wu“咱们村”的汉字译音。
村 咱们

大兰湖　是 tu lam wu“咱们一样”的汉字译音。
同 咱们

陂头　是 pu（变音为 pi） tau“我们人”的汉字译音。与“薄
我们
刀”同。

窝尾亭　是 wu mi de:ŋ“咱们母亲（的）地方”的汉字译音。
咱们 母亲 地方

莫遮奎（畬）　是mu（由^{m}pu 分化为 mu 和 pu） tsai ts‘e“耕田者
位 犁 山地
的山地”的汉字译音。

牛尾海　是ɣau mi 海“我们母亲（的）海”的汉字译音。
我们 母亲

禾上　是 wu so:ŋ“咱们种稻人”的汉字译音。
咱们 稻穗

根头（坳）　是kun tau“我们人”的汉字译音。
人 我们

狗伸地　是kau sen地“（讲）我（的）话”的地方的汉字译音。
我 话

鹿湖 是luk wu “咱们儿子”的汉字译音。
儿子 咱们

博寮（海峡） 是pu lau “我们的”海峡的汉字译音。
我们

北流仔 是pu lau tsai“我们耕田人”的汉字译音。
我们 犁

碧瑶（湾） 是pu（音变作 pi）jau “我们”的海湾的汉字译音。
我们

白田 是pu de:n“濮人（的）地方”的汉字译音。
地方

锦山 是kam 山“共同的山”的汉字译音。
共同

流坑 是lau 坑“我们”（的）坑（地方）的汉字译音。
我们

吐露（港） 是tu lau （港）“我们（的）港”的汉字译音。
我们

榖寮 是ka:k lau“我们自己”的汉字译音。
单独 我们

显田 是hun de:n“（濮）人地方”的汉字译音。
人 地方

宝林 是pu lam“同是濮人”的汉字译音。
同

兰巴勒（海峡） 是lam pu lau “我们共同”（的海峡）的汉字译音。
同 我们

也许有人认为，香港这弹丸之地，也值得去着墨研讨吗？错！虽然香港除了九龙半岛，的确只有一些面积很小的东南沿海岛屿，但由于它背靠祖国大陆，与九龙半岛筋骨相连，咫尺之间，唇齿相依，是神州大地不可分割的组成部分。数万年前，旧石器时代就已有先民在此生息繁衍。最近在西贡黄地峒发现的旧石器时代遗址，出土近 7000 件文物，经国家文物局和中科院古脊椎动物与古人类研究所专家鉴定，认为是4万年前古人类的遗物，各种旧石器，比福建、台湾、海南、浙江、江苏、河北、山东、安徽、江西、广东、广西等11个地方出土的总和多两倍，工艺也独一无二。（香港《太阳报》2006年1月11日A18）香港马湾东湾仔北遗址，被评为1997年全国十大考古新发现之一。至于4000～6000年前新石器时代中期的遗址就更多，大湾、深湾、西湾. 东湾、虎地湾、路湾、蟹地湾、大浪湾、过路湾、涌浪、铜鼓洲、龙鼓滩、春坎湾等海湾内的沙堤及山坡，古人遗留下来的各种陶器有罐、锅、杯、盘、碗、豆等，石器有锛、刀、石斧、硾、砧、杵及环、玦等装饰物，渔猎用的钩、镞等。2500 年前的青铜器、铁器等，在香港许多地方都有发现。

春秋战国以后，秦、汉、晋、隋、唐、宋、元、明、清，至 1841 年香港被英国殖民统治，每个朝代的文物都有在香港出土。如东湾仔出土不少汉代陶器、铁器、五铢钱、琉璃珠、汉砖等，砖块还有“大吉番禺”、“番禺大治历”等铭文。西贡沙下、铜鼓洲、港岛春坎湾等，还有大量唐代陶窑遗址；龙鼓上滩、稔树湾以及米埔、深湾等地，还发现大量宋代钱窖；赤鱲角虾螺湾出土十多座元代炼铁炉；大埔也发现清代制瓷碗窑。可见，香港的历史与悠久的中华文明发展史息息相关。它为中华古代文明和现代文明作出了不可磨灭的贡献。

香港是古南越之地，是千万年来古濮（百）越先民生息繁衍的地方。因此，自周秦以来，尽管物换星移，历史长河滚滚向前流淌了数千年，但是，濮越先民约定俗成的古山川地名仍比比皆是。这就不仅为我们认识香港、了解香港提供了重要史实基础，而且更为我们进一步研究香港未来发展与祖国发展的关系提供了重要的理论依据。香港离不开祖国，祖国也离不开香港。

（二）史籍没有濮(百)越语词便没有中国的历史

中国自商代文字被广泛应用于实际生活，成为记录和保存人们日常生产生活活动过程最好的工具以后，神州大地上许多古代民族的活动史，包括立国、战争、迁移等，就不同程度地被记载下来，它们或被刻画于甲骨、龟板上，或被书写于竹简、木片和纸、帛上。总之，自《山海经》、《尚书》、《左传》、诸子百家学说，到汉代司马迁的《史记》，继而魏、晋南北朝，唐、宋、元、明、清乃至民国，将近 4000 年来，历代写成的各种史籍，林林总总，数以千万计，汇成了中国史籍的汪洋。

濮越民族是神州大地上最古老、人口最多、分布地域最广、活动历史最长、为中华古代文明贡献最大的古代民族。因此，它的活动历程在各种史籍中留下许多足迹和标记。可是，由于历史发展的各种原因，濮越先民的一部分强势集团在与其他一些古代民族相互交融后，迅速发展壮大。在中华历史的发展过程中，尽管改朝换代无数，但神

州大地上，大多数的人都以汉为荣，称自己为“汉”（关于“汉”的来源，前面已有章节阐述）。近代，“民族”的概念逐渐流行以后，外国人以及国内其他民族就称生活在神州大地上的这部分人数众多的社会集团为“汉族”或“汉民族”。

由于汉族人数众多，且已有2000多年的历史，所以，他们往往以此感到自豪和骄傲。这当然是无可非议的。不过，也正因为自汉朝，尤其是司马迁撰写的《史记》成为中国“正史”的开宗以后，2000多年来，浩如烟海的中国各种史籍，包括断代史和所谓的“通史”，记录的几乎全是历代帝王将相，即统治者的历史。对于被错误地认为“非我族类（大汉族）”的其他少数民族，包括曾经建立过“夏商王朝”，在历史上曾经显赫一时，后来由于历史上种种原因而逐渐由强变弱，并慢慢从历史舞台上销声匿迹，但仍然绵延演变发展的一部分濮越民族的弱势集团，除历代统治者对他们压迫，遭到反抗后又进行残酷镇压，并把这种残酷镇压当做“统治有功”而记录在他们血腥的“功劳簿”上载入史册，才让我们有可能从中窥见他们以往活动的一点踪影，给我们间接透露出古今一些民族血脉相连的零星信息。至于这群弱势社会集团所创造的历史功绩，当然是不可能也绝不会堂而皇之地被载入“正史”的。因为，古今中外，所有人类的历史都是胜利者的历史，都是胜利者记录他们如何胜利及发展的历史。

但是，濮越民族既然是神州大地上最古老、人口最多、分布地域最广、活动历史最长的古代民族，它的存在，它的活动，尽管遭到历史的不公而被深深埋没，然而，是黄金就永远不会变为尘土，当沧海再变桑田的时候，终有一天会再露出它原有的本色——闪亮耀眼的金色光芒。

濮越先民的历史也正是如此。他们数千年前叱咤风云在神州大地上走过的足迹，他们呼啸呐喊的声音，他们双手劳动创造的成果，虽然不可能被大量记录，但一些像珍珠那样晶莹剔透、非常宝贵的、濮越先民固有的语言和真实历史，却被各种史籍（包括辗转传抄的）在无意之中记载保存了下来。从而，使我们今天能够从奇妙无比的历史沙丘里看到了无数虽仍被掩盖，但却能折射出特异光芒的“历史金沙”。也正是这些特异“金沙”，共同组成了中华民族源远流长、光彩夺目、瑰丽辉煌的历史。

那么，濮越先民留下的历史瑰宝，除了前面论述中列举的之外，在浩瀚的中华史籍中，究竟还有哪些也像其他异彩纷呈的历史瑰宝那样，被深埋在中华文化经典宝库之中呢？

这个问题，相信很多人，包括对中国历史也许能够倒背如流的最权威的历史学家，尽管他们对史籍中濮越先民留下的历史瑰宝早已耳熟能详（当然是只能从汉字字面意义上去苦心猜度和理解），但是，他们却无法看穿它们的庐山真面目。更不会想到，这些在史籍字里行间表面看来都同是汉字，但其意义则往往难于理解的数量众多而奇妙的“专有名词”的背后，竟深深隐藏着一个难以揭开的历史千古之谜！

其实，这个谜底之所以能留在史籍里数千年而不为人们识破，主要原因是没有遇到与它有亲缘关系的读史的真正有心人。现在该是揭开谜底的时候了。不过，由于各种史籍实在太多，且自夏朝以后，历史跨越的时间已数千年，语言的基本词汇虽然说具有很强的稳固性，但并不等于一成不变，有些在发展演变过程中被淘汰、消失了。当今濮越先民后裔的语言与古濮越语已有了很大的差别。因此，即使花很多的时间和精力去细心寻找，也未必能够将所有濮越先民留下来的语词百分之百地清理出来。有幸的是，由于它们的特点比较鲜明，认识它们比较容易，因而，绝大多数都较易被寻找出来了。

为了简明，我们将它们归纳集中，将同音或因分化后近音同义的归在一起，以便连锁认识，符合联想记忆的认知规律，为加深对中国悠久历史的认识和扫清读史障碍奠定基础。

根据我们摘录、归纳所得，历史史籍记录遗留下来的濮（百）越先民语词，从基本含义上看，虽然比较简单，词类数量也较少，但是由于汉字的同音、近音字数量众多，而记录濮越先民语词的又是不同时代、不同地域、不同文化层次的人。他们根据自己当时的听觉和对汉字的认知，用同音或近音汉字把濮越先民语词记录下来，之后，经历代史官和学者辑录成书，从而使濮越先民语词就像阿拉伯基本数字那样，可以变出奇妙无穷的数字迷宫。

濮越先民语词，正是这样被始译者用同音或近音的汉字译成数量众多、形体各异，而实质内涵意义相同，从而令人眼花缭乱、难辨其庐山真面目的各种“专有名词”，充斥在历代史籍的字里行间，人为

地造成了一个难于破解的历史千古之谜。

下面我们按史籍记录濮越先民语词出现的词类（不是按语法常规所分的名词、动词、形容词等的顺序）分成几部分，逐一揭开谜底。

1. 汉语量词“位”字，濮越语的读音是pu（ᵐpu），史籍用汉字译音写作“濮”，是专用在“人”前面的必带量词

至今壮语里称“人”，仍然说pu vun。
位 人

史籍里的同音或近音异译（写）字有：獛、仆、卜、不、匍、步、𧗝、布、蒲、薄、浦、甫、莆、埔、铺、缚、傅、髆、博、婆、波、夫、扶、符、浮、父、伏、俯、涪、普、富、破、钵、番、潘、播、鄱、藩、亳、勃、发、拨、白、伯、百、帕、被、鼻、匹、佩、排、莫、磨、摩、没、木、沐、狇、仫、姆、穆、牟、髦、宝、包、庖、匏、苞、枹、狍、剖、滏、盘、叭、巴、北等。

濮　史籍当做古代民族名和地名。如《尚书·牧誓》：“庸、蜀、羌、髳、微、卢、彭、濮人（注：着重号为笔者添注，下同），称尔戈，比尔干，立尔矛，予其誓。”这是“濮”作为古代民族名称的最早记载。《左传·昭公九年》：“武王克商，蒲姑、商奄，吾东土也。巴、濮、楚、邓，吾南土也。”《春秋》载：“庄公二十七年，公会齐侯于城濮。”“城濮”是“濮（人）城”的倒装。《左传·文公十六年》：“麇人率百濮聚于选。”《史记·楚世家》：“熊霜六年，卒，三弟争立。仲雪死；叔堪亡，避难于濮。”《今本竹书纪年》：“帝颛顼高阳氏，元年，帝即位居濮。”《国语·郑语》载：“楚蚡冒于是启濮。”《水经注》载：“濮水自酸枣县首受河东北注，经燕南城，盖与封邱之濮渠异源而同流也。”《华阳国志·蜀志》载：“堂狼县，故濮人邑，今有濮人冢。”

獛铅　是pu jen“（讲）濮人话”的汉字译音。《尔雅》、《说文
　　　　　　话
解字》都写作“濮”。例如《尔雅·释地》：“南至濮铅。”《说文解字》（徐铉校本）：“濮水出东郡濮阳南入钜野，从水仆声，博木切。”但到了宋代《广韵》，则改为带侮辱与歧视性的“犭”（犬）旁，注曰：“獛铅，南极之夷，尾高数寸，巢居山林，出《出海经》。”（按：查遍《山海经》并无此说）

濮夷（濮越）　是pu　ji　（jyi、jai、joi）“犁（耕）田人”的
位　犁(耕)

汉字译音。《史记·楚世家集解》引杜预注："建宁郡南有濮夷。"

由于ji（用汉字译音写作"夷"或"越"）和jai（tsai、çai）在濮越语不同时代、不同方言里都是"犁（耕）"之意。tsai或çai用汉字译音可译作"齐"，故作史的一些文人墨客，在追写历史的过程中，往往就根据离他们当时还比较近的濮越先民的故事传说，杜撰出好像确是真人的名字。如被史籍列为古代名人的"伯夷"和"叔齐"就是儒家为了树立"禅让"理论而塑造出来的虚拟人名。"伯夷"本是"濮夷"的同音异译字，但是，在并列流行的过程中，始译者因不知它们是同音异译字，杜撰禅让故事的人，从"伯夷"的汉字字面意义进行联想，以汉人兄弟排行习惯通用的"伯、仲（叔）、季"称谓来考虑故事的铺排，由于故事的主人公只有两个，所以只需要"伯、仲（叔）"即可。当然，"伯夷"禅让故事的作者，不排除他是濮夷（越）人的知识分子，所以，故事中用了"伯夷"马上联想到应该用"叔齐"来指称两兄弟（都是"种田人"）。如果不是，至少他也十分清楚知道ji和tsai、çai都是"种田人"的意思，否则，是不可能用得如此出神入化、天衣无缝了。

数千年来史籍里把史学家弄得莫名所以的濮夷、濮越、伯夷、扶夷、蒲衣、蒲野、蒲如、蒲奚、蒲圻、薄夷、扶彝、番夷、蕃夷、番须、拔曳、拔野、伏羲、伏牺，等等，它们之间到底有何关系？它们与中华人民共和国成立后，经国务院正式批准定名为"布依族（自称pu ji）"的民族和长期自称为pu jai "种田人"，用汉字译音为"濮
犁(耕)
（百）越"的壮族之间到底又有何关系？恐怕至今能清楚认识的人还不多，肯定它们是数千年甚至是上万年来一脉相承的当然更是少之又少。

濮僚 是pu lau"我们（的）人"的汉字译音。不同史籍还有译
位 我们
作濮佬、僕僚、仆僚、卜佬、卜楼、仆柔、甫老、布劳、布饶、布娄、布佬、布鲁、蒲罗、蒲落、蒲洛、蒲卢、蒲娄、符娄、扶娄、薄落、博罗、博落、博卢、博劳、缚娄、傅洛、婆罗、婆镂、播罗、普罗、拔卢、帕劳、耙劳、不劳、钵露罗、钵卢勒等同音或近音异译词。

仆句（读"勾"） 是pu kau（kou、ku）"我（的）人"的汉字

译音。不同史籍也有译作濮句、北朐、仆姑、仆固、发（读 pu，不读 fa）鸠、璞镤、白古、蒲古、蒲如、勃姑、亳姑、伯九等同音或近音异译词。

仆干　是 pu $\underset{\text{人}}{\text{kun}}$“人”的汉字译音。

仆兰　是 pu $\underset{\text{家}}{\text{la:n}}$“家里人”的汉字译音。有的史籍却把它误作姓氏，如《魏书·官氏志》载：“仆兰氏，后改为仆氏。”百家姓的“濮”、“仆”、“蒲”等姓，不可否认，当来源于 pu，但不一定如《魏书》所说，来源于“仆兰氏”。

仆讨　是$\underset{\text{位}}{\text{pu}}$ $\underset{\text{我们}}{\text{tau}}$“我们（的）人”的汉字译音。

仆牛　是 pu $\underset{\text{我们}}{\text{ɣa:u}}$“我们（的）人”的汉字译音。今壮语（北）“我们”仍读 ɣa:u，用汉字译音，正好与粤语“牛”ŋa:u 音近。“仆牛”是“僕牛”的同音异译。《山海经·大荒东经》：“王亥托于有易、河伯、仆牛。”“有易杀王亥，取僕牛。”有些史籍又译作“服牛”因古“及（服）”读 pu，不读今音 fu。如《世本·作》：“亥作服牛。”古“及（服）”、“仆”、“僕”、“濮”、“蒲”同音。今河南省境内的伏牛山，不少人从汉字意义出发，解释为“山形似伏牛”而得名。其实它与其相邻的崤山，都是由濮越语$\underset{\text{我们}}{\text{ɣa:u}}$“我们”或 pu $\underset{\text{我们}}{\text{ɣa:u}}$“我们（的）人”译音被命名的。

不来　是$\underset{\text{位}}{\text{pu}}$ $\underset{\text{山}}{\text{lɔ:i}}$“山里人”的汉字译音。《史记·封禅书·集解》：“狸一名不来。”濮越语$\underset{\text{山}}{\text{lɔ:i}}$是“山”，$\underset{\text{山地}}{\text{li（lei）}}$是“山地”之意。如果在 lɔ:i（有的方言土语是 dɔ:i，可能是由于古濮越语 dlo:i 分化演变的结果）和 li（lei）之前再加 pu“位”，成为$\underset{\text{位}}{\text{pu}}$ $\underset{\text{山}}{\text{lɔ:i}}$“山里人”和 pu li（lei）“山地人”，两者则基本同义。但如果只如上引，仅说 li（用汉字译音译作“狸”或“俚”、“里”），则仅指“山地”；而 pu lɔ:i（用汉字译音译作“不来”）“山里人”，则分别指两种不同的事物：一指“山地”，一指“人”，是两个不同的概念。《集解》的作者因不懂濮语，不知“狸一名不来”句子不通，便写了下来，为我们留下了一笔追寻历史踪迹的宝贵财富。

不齐　是 pu　tsai　“耕（种）田人”的汉字译音。《逸周书·殷
犁(耕)
祝解》载：“（夏）桀与其属五百人，南徙于里，止于不齐。”

不羹、破羌　都是 pu kaŋ“后来者”的汉字译音。
后面

不周山　是 pu tsau山“我们的山”的汉字译音。《山海经·西山
我们
经》载：“又西北三百七十里，曰不周之山。”

不姜山　是 pu kaŋ山“后来者之山”的汉字译音。《山海经·大
后面
荒南经》载：“大荒之中，有不姜之山，黑水穷焉。”

不句山　与上述“仆句”同，是 pu kau 山“我的山”的汉字译音。《山海经·大荒北经》：“大荒之中，有山名不句，海水（北）入焉。”

不狼山　是 pu　laŋ 山“后来者之山”的汉字译音。由于濮越语
后面
“后面”一词，通常都读作叠韵双音词 kaŋ、laŋ，所以，有时分开来用，意义不变。

不咸山　是 pu ham山“濮人共有的山”汉字译音。“不咸山”
共同
是春秋战国时代对“长白山”的称呼。汉代称其为“单单大岭”，“单”读 sam，也是“共同”之意。魏朝则称“盖马大山”；后魏改称“太白长山”。清代满人称“果勒敏商延阿林”，意即“长白山”。《山海经·大荒北经》：“有山名曰不咸。有肃慎氏之国”，正是指的此山。

不死民　是 pu　çai　“种田者”或 pu sa:i“男子汉”的汉字译
犁(耕)
音。《山海经·海外南经》载：“不死民在其东，其为人黑色，寿，不死。”（按：所谓“寿，不死”之说，是其作者望文生义，以致造成千古谜团）《山海经·大荒南经》载：“有不死之国，阿姓，甘木是食。”

胡不与　“胡不与”是 wu　pu　ji（jyi）“咱们种田人”的汉字译
咱们　犁
音。《山海经·大荒北经》载：“有胡不与之国，烈姓，黍食。”

不寿　是 pu sou“你们”的汉字译音。《史记·越王勾践世家》载：“勾践卒，子王鼫与立。王鼫与卒，子王不寿立。”

由于史学家不懂濮越语，不知道“不”只不过是濮越语 pu“位”

的汉字译音。所以，对史籍里的“不”，在无奈的情况下，只能凭自己的猜度，乱加解释。如《山海经》作者对“不死民”的解释就是“寿，（而）不死”。民族古史学家何光岳在《南蛮源流史》第十七章第五节里也是靠想当然来立论的。他说：

> 如不周、不齐、不徒河等，皆为发音词。后发展成“布”、“不”之义为人，如布依、布饶、布朗、布越、布僚、布侬等。布流先民俫人是由汉唐时代生活于今两广的俚人演化而成的。

这段话里，明确地说了三层意思：第一，“不”只是一个发音词，本身无任何意义；第二，“不”后来发展为“不”与“布”之后，才有了代表“人”之义；第三，所谓“俫人”是后来被称为“布流”的先民，是汉唐时代由生活于今两广的俚人演化而成的。

我们不知道他说这段话的由来和根据，我们只知道他在这段话里所说的“不”，并不是无任何意义的发音词，而是濮越语里代表“位”这个意义，其读音为 pu 的汉字译音，与汉语里表示否定的“不”是风马牛不相及。“不”后来也并没有发展为“布”，也从来没有“人”之义，“布”和“不”只不过是不同的译写而已。至于所谓“俫人”是“布流”的先民，是由生活于两广的俚人在汉唐时代演化而成的结论，作为民族古史学家，这样的乱解恐怕是要被人贻笑大方的。因为任何一位濮越人后裔，只要他还继承着濮越语的就都知道，所谓“俫人”是一部分“山里人”的自称，他们对外人常自称为 pu lɔ:i“山里人”。lɔ:i“山”，用汉字译音译作“俫”、
山
“来”或“倈”。“布流”则是濮越语pu lau“我们（的）人”的汉字
位 我们
译音。“山里人”（汉字译音为“俫人”）和“我们（的）人”（汉字译音为“布流”）是两个完全不相干的概念，何来“山里人”（“俫人”）是“我们（的）人”（“布流”）的先民呢？濮越人称“我们”为 pu lau（汉字译音为“布流”），称“山”为 lɔ:i（do:i）恐怕已不止一万年，怎么能说只是到了汉唐时代才由生活于今两广的俚人演化而成的呢?!

当然，不可否认，在濮越语里，lɔ:i（汉字译音为“俫”、“倈”）指的是“山”，li（汉字译音为“里”、“俚”等）指的是“山地”，两者有一定的连带关系，有山才有山地。但是，自称为 pu lɔ:i

（“布徕”）“山里人”的，和自称为pu li（“布俚”）“山地人”的，彼此不仅没有任何从属关系，而且根本也谈不上由谁演化出谁来的。它们仅仅是住在两个山地的濮越人的有些许差别的自称而已，岂有他哉！

匍山　是pu山“濮人（的）”山的汉字译音。《宜宾县志》：“州西北百二十里有真溪，源出匍山。”

步浑　是pu von“人”的汉字译音。《清一统志·太原府》：“步
位　人
浑水，在交城县西北，源出狐突山南步浑谷，流经县西，又东南入汾。”甲骨文中译作“銜”后，春秋战国时又译作“濮”。如《库方二氏藏甲骨卜辞》“甲戌卜散贞，王戎銜”。《龟甲兽骨文字·一·七·九》：“辛未卜，散贞王戎銜，亡尤。”

布朗　是pu luŋ“山弄人”的汉字译音。云南省一个山地少数民
山弄
族，20世纪50年代中期被国务院定名为“布朗族”。何光岳在《南蛮源流史·濮僚族系》里说：“濮又作布，转变为‘人’的意义。”这是一种误解，是由于pu“位”（汉字译音为“布”）是“人”的必带量词，因而就误以为是“人”的意思。如“布曼”pu ᵐba:n“村里
村
人”；“布土”（有的史籍里写作“布乇”、“布妥”）pu t‘o“土著人”；
土
“布缥”（“布标”）pu biau“我们”等。
我们

蒲骚　是pu sa:u“姑娘”的汉字译音。壮族、布依族、傣族（德）现在称未出嫁的年轻女孩仍叫pu sa:u。以“蒲骚”作地名，见《左传·桓公十一年》：“郧人军于蒲骚，将与随、绞、州、蓼代楚师。”

蒲与路（扶余路）　是pu ji（jyi）lau“我们种田人”的汉字译
犁　我们
音。

蒲鲜万奴　是pu sen ᵐba:n lau“讲我们村（乡下）话的人”的
话　村　我们
汉字译音。金朝宣抚使，曾据辽东独立，国号大真，自称“天王”，改元天泰。降蒙古后不久，再度叛蒙古独立，改称“东夏”。窝阔台汗五年九月，出兵攻打东夏，擒蒲鲜万奴，东夏遂亡。

蒲坂（蒲反）　是pu ba:n“村里（乡下）人”的汉字译音。春
村

秋战国魏置蒲反邑，东汉改为蒲坂县，北周置蒲州。何光岳从汉字字面意义出发，对“蒲坂”进行望文生义的猜度，乱加解释，在《百越源流史》第二十三章第六节里，认为“蒲坂”即是生蒲草的地方，说：“古代这里盛产蒲草（按：不知其根据何来），多用作蒲席及绳索，大约（按：这是十足的猜度之词）是蒲人迁此后，广泛利用蒲草而作此名，便由番、亳转变为蒲。”

与此相关联的，还有蒲山、蒲水、蒲川、蒲峪、蒲县、蒲州、蒲城、蒲邑、蒲国等。宋罗泌《路史·国名纪丁》：“蒲衣（pu ji“种田人”）之故国，河中之河东西二里蒲津关，即蒲邑。秦昭襄之蒲子，后周、唐为蒲州，亦祁之蒲阴。”

蒲阴 是pu $\underset{共同}{\text{jam}}$“同是蒲（濮）人”的汉字译音。

蒲类 是pu $\underset{山}{\text{lɔ:i}}$“山里人”的汉字译音。“蒲类海，唐代叫婆悉海，今叫巴里坤湖，在新疆巴里坤县西南。”“婆悉”即pu $\underset{犁}{\text{çai}}$“耕田人”的汉字译音。《后汉书·西域传》：“蒲类，本大国也，前西域属匈奴，而其王得罪单于，单于怒，徙蒲类人六千余口内之匈奴右部阿恶地，因号曰阿恶国，南去车师后部马行九十余日。人口贫羸，逃亡山谷间，故留为国云。”又说：蒲类国“庐帐而居，逐水草，国出好马”。《汉西域图考》：“蒲类国在伊吾北，今巴尔库勒泊，即蒲类海也；蒲类后国又在其北。”

蒲犁（蒲离、婆梨、婆离）是pu $\underset{山地}{\text{li}}$（lei）“山地人”的汉字译音。《汉书·西域传》载：“蒲犁国，王治蒲犁谷，去长安九千五百五十里，户六百五十，口五千，胜兵二千人。东北至都护治所五千三百九十六里，东至莎车五百四十里，北至疏勒五百五十里，南与西夜、子合接，西至无雷五百四十里。寄田莎车，种俗与子合同。”

一些民族古史学家惯于用望文生义的方法对古濮越先民的语言进行胡乱解释，如何光岳对“犁”的解释就是如此。他在《南蛮源流史》第十七章第五节里说：“越南西北部讲壮语的岱人（按：‘岱’是壮语do:i‘山’的汉字译音），自称为犁。……其自称为犁，即俚、徕之转音。俚人迁到越南后，成为当地最早用犁的农耕民族。而长江、珠江流域的石铲、石犁的发现，也正说明俚人最早用犁，且以自己的族名来称这种农具。犁是用于水稻生产的农具，所以徕人地区的高山梯田种水稻是较有名的。”这真是牵强附会得“精彩”！

薄姑（蒲姑、勃姑、步姑、亳姑、卜姑、镤镩、保姑、蒲古）是 pu kou（ku、kau）“我（的）人”的汉字译音。与“仆句”同。《左
我
传·昭公二十年》载：“昔爽鸠氏始居此地，季萴因之，有逢伯陵因之，蒲姑因之，而后太公（齐姜太公）因之。”《汉书·地理志》载：“殷末有薄姑氏，为诸侯。至周成王时，薄姑氏与四国共作乱，成王灭之，以封尚父，是为太公。”《括地志》：“薄姑城在青州博昌县东北六十里。”《春秋左传·昭公二十年》杨伯峻注：“蒲姑亦作薄姑。故城在今临淄西北五十里。”

由于一些史籍认为“薄姑”是所谓“东夷族鸟夷的一支”，而读音又与“布谷鸟”的“布谷”基本相同，所以，那些热衷于认为古人多为图腾崇拜的古史学家，就从以讹传讹的所谓“鸟夷”的“鸟”字做文章，肯定地认为，“蒲姑”就是以“布谷鸟为图腾”的部族之名。如何光岳就认为“布谷鸟正是鸟夷的一支蒲姑氏的图腾”。林剑鸣在《秦史稿》里也认为，“蒲姑氏……亦当为鸟图腾部落”。童书业更是以民族古史考证家的架势，花费了大量的时间、精力和心血，左考证，右考证，最后得出的结论，仍然逃不出历史讹传的所谓“鸟夷”的羁绊，掉进前人跌入的陷阱，说“蒲姑氏之蒲姑，亦鸟名”。[50]

其实，这个在史籍里讹传了数千年的所谓“鸟夷”，跟众多的汉字音译濮越语词一样，是濮越语 lau ji “我们种田人”或半
我们犁(音夷或越)
音译“我们夷（越）人”的汉字译音。因始译者可能是一位 l-、n-不分的某地域方言的使用者，在他讲的方言里，l-和 n-永远分辨不清，所以，当他听到 lau 这个读音时，便混作 nau，而用汉字译作“鸟”，正如长江下游很多地方 nan“男”、“南”和 lan“兰”（广州话则是 na:m“男”、“南”和 la:m“兰”）永远分不清一样，niao“鸟”和 liao“了”听起来也没有一点区别。

正是由于始译者将 lau“我们”用汉字译音译作了“鸟”，lau ji“我们夷（越）人”被译作了“鸟夷”，于是，本来是十分清楚的“我们（是）夷（越）人”（“我们种田人”）就莫名其妙、糊里糊涂

地变成了东夷民族的一支。

后来史学家由于无法解释所谓“鸟夷”之谜，而想到从“鸟图腾”的迷雾里找出路，并由此又联想到既然有“鸟图腾”，就必然也会有什么“蛇图腾”、“虎图腾”、“狗图腾”、“羊图腾”之类的东西。从而，各种图腾便成了古史学家摆脱难堪窘境的最好的一道护身符。

蒲奴里　是pu no li“耕田种地的人”的汉字译音。《辽史·部族
位 田地
表》载：“辽圣宗统和二十二年七月，蒲奴里、剖（蒲）阿里等部来贡。”“蒲奴里”故地在今松花江上游。

薄奚　是pu çai“耕（种）田人”的汉字译音。《魏书·官氏志》
位 犁
载：“薄奚氏改为薄氏。”

薄野　是pu jai“种田人”的汉字译音。《魏书》载：“代（岱）
位 犁
北有薄野氏。”

薄隧　是pu çai“种田人”的汉字译音。《春秋左传·昭公十六
位 犁
年》载：“齐师至于薄隧。”《日讲春秋解义》：“薄隧在江南虹县北，县即古取虑也。”

蒲察　是pu sa:i“扎腰带的人”的汉字译音，是专对北方穿长
位 腰带
衫、扎腰带的民族的泛称。后被史学家和统治者用来指称蒙古等北方民族。

“蒲察”又被译为婆察、仆散、布萨、孛散温（pu sa:i von“扎
腰带 人
腰带的人”）、富（读pu，不读fu）察、扑父等。何光岳《百越源流史》就将它们分别写在不同的章节里，认为它们所指的是不同的人类集团。“仆散”在该书第二十三章第三节《发人、北发人的迁徙》中；“蒲察”则在该章第七节《蒲姑氏的迁徙》里。

其实，何光岳所写的所谓“发人”，即“濮（蒲、薄、仆、亳、布、不、婆……）人”的同音异译。“发”古音读pu（po），不读fa，与现代的“拨（拨bō）”同音、近音。

《金史·高丽传》载：“乙离骨岭仆散部胡石来勃堇，居高丽、女真之间。”这句话前半句12个汉字中，有10个是濮越语的汉字译音。

"乙离骨"是jiat li（lei）kot"生满蕨草的山地用点播方式种植粮
点种 山地 蕨草
食"的汉字译音。"仆散"是pu sa:i"扎腰带的人"的汉字译音。
腰带
"胡石来"是wu tam（"石"读tam，不读si）lɔ:i"咱们同山里人"
同 山
的汉字译音。"勃堇"是pu kun"濮人"的汉字译音。"勃"是
人
"濮"、"蒲"、"布"、"不"等的同近音异译字。全句的意思是：住在长满蕨草的山地，用点种方式种植粮食，扎腰带的部落，说自己同是山里的人，（他们）是住在高丽与女真之间。

《宋史·高宗纪》载："绍兴十四年十二月，金遣孛散温来贺明年正旦。""孛散温"是pu sa:i von"扎腰带的人"的汉字译音。"孛"
位 腰带 人
与"勃"、"濮"、"蒲"等是同音异译字。

波路 是pu lau"我们（的人）"的汉字译音。不同时代、不同史籍还有译作布路、钵露罗（pu lau lo "我们"，"罗"有时是lau
（语尾）
"我们"的汉字译音，这里只作语尾词，无意义）等。《魏书·波路国》载："波路国，在阿钩羌西北，去代一万三千九百里。其地湿热，有蜀马，土平。物产国俗与阿钩羌同。"阿钩羌，是a kau kieŋ"我
我 羌人
（是）羌人"的汉字译音。

波密 是pu mi"母亲"的汉字译音。但在藏语、普米语里，mi
母
则是"人"的意思。由于藏人的祖先是古羌人，史籍称为"发羌"，"发"是"濮"、"蒲"、"婆"、"波"、"播"、"番"、"蕃"、"博"、"钵"、"苯"、"跋"等的同音异译字，所以，藏人也自称为bo（bu、pu、po、pø），用汉字译音，被始译者译为"番"（读po）。到了唐代，被译作"大蕃"。"大"在濮越语里是用在动物之前的专用量词"只"。在不是尊称的情况下，有时也用在"人"之前，称为tu（ta）
只
von。如《唐蕃会盟碑》载："今蕃汉二国所守见管州镇为界，已
人
（以）东皆属大唐封疆，已（以）西尽量大蕃境土。"以后，新旧《唐书·吐蕃传》将"大蕃"改为"吐蕃"之后，就基本定型，各种史籍从此多用"吐蕃"或"土波"、"秃八"。

至今，部分藏人仍自称bo pa，用汉字译音译作"博巴（波巴、

番巴）”。如藏人的一支被称为“墨脱门巴”的，就自称^{m}bo pa。所谓“墨脱”，就是古濮越语的^{m}pu to“土著人”。古濮越语因语音发展演变，^{m}pu 分化为 mu 和 pu。mu to 用汉字译音译作“墨脱”；^{m}bo pa 中
（位 土）
的^{m}bo 分化为 mo（或 mu）和 bo；mo pa 连音，产生连读音变成为 mom pa，用汉字译音译作“门巴”。

藏人与古濮人同宗同源，这个结论是千真万确的，除了有众多史籍记载之外，当今许多藏语方言仍称“藏人”为 pu（bu、bo）。如扎坝（藏语方言调查点，下同）自称为 pu^{15}；木雅自称为 pu^{24}（pu^{33}）pæ^{53}；史兴自称为 bu^{55}；吕苏自称为 phu^{53}；道孚自称为 bu ba；墨脱自称为 bo^{35} pa^{55}；阿力克自称为 po pæ；巴塘自称为 pø^{15} ri^{ʔ55}；拉萨自称为 phy^{15} ri^{53}；还有贵琼音变为 bi^{55}（用汉字译音通常译作“比”）。[52]

有些史籍可能是根据始译者记录到较古的藏人自称 pu pa（今墨脱藏语读作 bo^{35} pa^{55}），用汉字译音译作“博巴（波巴、番巴、播巴）”，就说藏人自称“博巴”。根据古濮越语，pu 是量词“位”，那么，pa 是什么意思呢？

在当今藏语里，pa 指称人体的一部分。以拉萨话和巴塘话为例。“手”是 lak^{13} pa^{55}；“额头”是 tho^{55} pa^{55}；“脑”是 lε^{55} pa^{55}；“腰”是 ke^{55} pa^{55}；“脚”是 kaŋ^{35} pa^{55}；“皮肤”是 pak^{55} pa^{55}。但也可以用来指特定的某些人（不是指泛称的“人”），如：

	病人	头人（首领）	猎人	和尚	女婿
拉萨	nε^{35} pa^{55}	ko^{15} pa^{55}	ŋø^{55} pa^{55}	tʂʻa^{13} pa^{55}	mak^{55} pa^{55}
巴塘	nε^{15} pa^{55}	ŋgu^{55} ba^{55}	ŋø^{15} ^{m}ba^{55}		
错那	na^{ʔ55} pa^{55}	dak^{55} po^{55}		tʂa^{55} pa^{55}	mak^{55} pa^{55}
墨脱	nat pa^{55}			dʒa pa^{55}	mak^{55} pa^{55}

由此可见，藏语 pa 是一个用来专指人体各部分和区分特定各种人称的构词成分，它专指人，但却不能单独完全地代表“人”的含义。然而，也不能把它看成后缀，因为它有“人”的实词意义，不是无意义的虚词。所以，pu pa 合起来，与濮越语 pu von
（位 人）

"人"的含义相同。所不同的是，濮越语的 von 可以单独代表"人"的含义，而藏语则必须将两个音节的意义合二为一才能表示"人"的含义。

高明的语言学家正是从语言这个"活化石"的考证里，发现藏语与古濮越语同源，认为远古时代，它们是从同一个母语分化出来的。世界著名语言学家、我国少数民族语言研究的始祖、中国科学院院士李方桂，在 20 世纪 30 年代，经过深入调查研究我国境内众多民族语言，并作了细致比较分析之后，于 1937 年向全世界明确提出了"汉藏语系"的全新概念，宣示在这片广袤辽阔的神州大地上，自古以来就是由操汉藏系语言为主体的先民们，在漫长的历史长河中创造了影响世界的伟大中华古代文明和现代文明。

这个非同凡响的发现，可以说是李方桂对中华民族的伟大贡献。因为他将由他发现并"挖掘"出来的一块具有超级凝聚粒子的重磅基石，牢牢地放在不断扩展加固的瑰丽辉煌的中华文化历史殿堂的基石群中，使这座人类历史殿堂永远矗在世界的巅峰。

婆罗洲 是 pu lau 洲"我们"洲的汉字译音。"洲"是四面环水
我们
的陆地。"婆罗洲"指当今印度尼西亚的加里曼丹岛。远在数千年前，可能是濮越先民最先抵达而命名。

前面说过，"婆"只不过是"濮"pu 的同音异译字。但在许多史籍里，由于始译者不了解 pu（"婆"）的含义，所以，"婆"在汉字译音的多音节词里，不一定都像"婆罗洲"那样放在前边，而是在它前面还有其他译音字，从而给古史学家带来更多的困惑及不解。如"阇婆"是 tu pu "雄性"的汉字译音；"苏婆"是sou pu "你们濮人"
（只）雄性 你们 濮
的汉字译音（壮语仍读 sou；布依语、傣语读 su；毛南语、仫佬语读 sa:u）；"瞻婆"是tsam（或 sam）pu"同是濮人"的汉字译音；"逻
同是
婆"是 lau pu 即 pu lau "我们（的）人"的倒装的汉字译音；"迦罗
我们
提婆"是klau di pu "我们是濮人"的汉字译音；"砖罗婆提"是tsun
我们 是 濮 话
lau pu di "（讲）我们话的人"的汉字译音。
我们 位

扶夷（夫夷、夫余、扶余）是pu ji "耕（种）田人"的汉字译
位 犁

音。“扶”不读今音 fu，而读古音 pu。与“布依族”的“布依”同音。

扶沟　是pu kau“我（的）人”的汉字译音。
位 我

扶摧　是pu çai“耕田人”的汉字译音。
位 犁

扶城　是 pu 城“濮人”（的）城池的汉字译音。史籍的“城濮”，今湖南的“城步县”，都是 pu 城的倒装。

浮来　是 pu lɔ:i“山里人”的汉字译音。《左传·隐公八年》载：
山

“公及莒人盟于浮来，以成纪好也。”杨伯峻注：今山东省莒县西有浮来山，山半有莒子陵，则浮来为莒邑。“浮”读 pu，不读今音 fu。《左传·哀公四年》载：“夏，楚人既克夷虎，乃谋北方。……单浮余围蛮氏，蛮氏溃。”这里的“单浮余”，有的史学家把它当做人名，即将领一类的人名，是楚昭王派遣他带兵去围攻蛮氏小国。其实，这个所谓“单浮余”只不过是当时一个群体的名称。它是sam pu ji
同是 位 犁(音夷)

“同是濮夷人（同是种田人）”的汉字译音。楚昭王招募士兵时，招了大批骁勇善战的濮夷人，并集中成军。由于他们全都是濮夷人，平时彼此交流讲的都是濮夷话，而他们与外人交谈介绍自己这个自成体系的军人集体时，用濮越语说是sam pu ji“同是种田人”，用汉字译
同是 位 犁

音译作“单浮余”或“沈（sam）濮夷”。

浮丘、浮游、薄丘　都是 pu jau“我们（的）人”的汉字译音。
我们

但因一些古史学家不懂其原意，故只从这些译音汉字望文生义地横加解释，甚至瞎编故事，误导后人。仅从何光岳《百越源流史》所引部分史籍及其本人认同的，就已十分“精彩”，足以说明。

如《百越源流史》第二十三章第八节《番禺人南迁》：“有谓广州陈家祠之右，古为浮丘，（清）道光间犹及见。《广东新语》说浮丘二山，一老一少，彼此扶挈而行。……浮丘与番禺一音之转。仇池石《羊城古钞》谓浮丘由东海浮来，（笔者按：下面何光岳进一步想象发挥）也暗示着番禺人由东海之滨的藩离（今江苏无锡）浮海而来到广州，时间当在商末周初，吴伯仲雍占领藩离时，番禺人被迫浮海南逃。因吴之南有强大的于越，是番禺人无法逾越的［笔者按：前面

已详述，所谓‘于越’，并非什么百越民族的一支，而是越人的自称：wu ji （jai）‘咱们越人’（或‘咱们种田人’），番禺人是越
咱们 犁(音夷或越)
人，是pu ji（jyi）的汉字译音，始译者将此二音不译作‘濮夷’，而是译作‘番禺’。既然于越与番禺人均同是越人，同族同语，有什么困难无法逾越的呢?!]，所以只得从东海顺冬季寒潮南下时（按：逼真得够精彩!）漂海来到广州定居。”

既然“浮丘”被一些古史学家认为是由东海浮来，而同属广东省的博罗县又有一座山名叫“罗浮山”，于是，这些古史学家就认为它一定是不知从哪里“浮”来的山了!

何光岳先引《罗浮记》云：“吴山之顶有桂，所谓贲禺之桂。贲，禺也，则又以罗山为番禺也。或曰罗浮之西麓为白云。番禺者，白云之南麓也。则白云、罗浮皆可名番禺也。”接着引经据典，阐明己见：“番禺之名出于黄帝之裔禺阳、禺号、番禺。博罗即博落，与北方的博落同名，且因罗浮山在县北，亦因番禺人迁此而得名。李调元《南越笔记》卷二罗浮：太古时浮山自东海浮来，与罗山合，《汉志》云，博罗有罗山，以浮山自会稽浮来传之，故名罗浮。陈梿《罗浮志》亦同。也隐示着番禺人自东海迁来广州、博罗一带。”作为民族史学家，竟然也人云亦云，懵然相信罗浮山真的是由东海浮来，山下的子民番禺人也来自东海。

其实，“罗浮”（山）与“博罗”（县），都是濮越语pu lau“我
我们
们（的）人”的汉字译音。博罗县因博（濮）罗山而得名。本来山名与县名同一未尝不可，这种情况并无违反汉语的使用习惯，如当今黄山市皆因黄山而得名。可是不知历史上的何种原因，将本来应该名为“浮罗（pu lau）山”的却倒装过来，变成了罗浮（lau pu）山，像史籍里本来应该称为“濮城”（pu城“濮人城池”）而写作“城濮”一样，把“浮罗”改成了“罗浮”（山），而县城名称也将“浮”改成了“博”。正是由于这一改，不知底里的人当然就不可能知道浮罗山与博罗县原本都是同名，都是源于濮越语pu lau“我们”
我们
的这个含义了。

至于《汲冢琐语》所载，晋平公与郑子产对话中，子产说：“昔者共工之卿浮游，败于颛顼，自沉于淮。”这句话里的“浮游”，是明

白无误地告诉人们，它是一个人名，是“共工之卿”的名字。然而，它实际上也是濮越语 pu jau（我们）“我们人”的汉字译音的讹传。可能是源于远古一个与“共工”有关的故事传说里，有濮越语 pu jau 这组词的译音，后来被记事者记述下来误作人名。

由于汉字的“丘”是“山丘（小山）”之义，所以，长期以来，出现在史籍里的这个“丘”字，除了少数真正表明是“山丘”之义外，许多字里行间出现的“×丘”，从上下文看，无论如何解释都无“山丘”之义。

例如，宋罗泌《路史·国名纪已》载：“薄姑，商诸侯，即薄丘，一曰薄姑，在青（州）之博兴。”这句话从整体看是比较难理解的。因为“薄姑”既可以理解为商诸侯——人名，也可理解为地名，因为后面有“薄丘”。不过，因为大前提《路史》所记述的是国名，所以，可以肯定，“薄姑”是商代的一个诸侯（级）国，不是做诸侯人之名。但是，为什么罗泌说“薄姑”即是“薄丘”呢？“姑”与“丘”到底有无关系？是什么关系？恐怕连罗泌也弄不清楚，不过，可能直到宋代，“薄丘”与“薄姑”同指一地的地名尚未完全消失，所以他还能用“即××”来作相互注释。

为什么罗泌说“薄姑”即“薄丘”呢？其实两者的意义并不相同。在濮越语里，“薄姑”pu ku（我）（kou）是“我”（或“我的人”）的意思；“薄丘”pu jau（我们）是“我们（的）人”的意思。但由于它们所指的是两个意思相近的含义（“我的人”和“我们的人”），所以，在不影响人们相互理解的情况下，说“薄姑”即“薄丘”并不碍大局。

至于说，“薄姑，在青（州）之博兴”。“博兴”也是地名，是濮越语pu（位）hun（人）“人”的汉字译音。

伏羲、伏牺、伏戏、宓戏、宓牺、宓羲、密戏、包牺、庖羲、庖牺、炮牺、密义　伏羲见《庄子·人间世篇》；伏牺见《淮南子·主术训》；伏戏见《庄子·胠箧篇》；宓戏见《汉书·律历志》；庖牺、包牺见《周易·系辞下》；炮牺见《汉书·世经》；宓羲见《尸子》；宓牺见《论衡·齐世篇》。

伏羲与女娲、神农，是中国历史传说中的三大神皇。伏羲之名实

际上也是濮越语 pu　çai（çi）“种田人”的汉字译音。由于商、周以
　　　　　　　　犁（耕）
后，文字广泛通行，有关“伏羲”pu çai（çi）的故事传说，在各种史籍里留下了上述各种同音或近音的不同汉字。至于有的史籍把所谓“濮嶲”误作为濮（百）越民族的分支，实际上“濮嶲”与“伏（濮）羲”是 pu çai（çi）的同音异译。

除了作人名的“伏羲”外，以“伏”作地名首字的在广西还有很多。例如：“伏罗”（伏六、伏廖）是pu lau“我们（的）人”的汉
　　　　　　　　　　　　　　　　位 我们
字译音；“伏甘”是pu kam“同是（我们）人”；“伏林”是 pu lam
　　　　　　　　位 同是　　　　　　　　　　　　　　　　相同
“同是（我们）人”的汉字译音；“伏占”是 pu　tsam　“同是（我
　　　　　　　　　　　　　　　　　　　一起，一样
们）人，我们是一起、一样的（人）”的汉字译音；“伏旦”是 pu ta:n“种稻米人”的汉字译音；“伏台”是 pu do:i“山里人”的汉字
米　　　　　　　　　　　　　　　　　　山
译音；“伏权”是 pu kun“濮人”的汉字译音；“伏驮”是 pu t‘o
　　　　　　　　　人　　　　　　　　　　　　　　　　土著
“土著人”的汉字译音；“伏周（伏洲）”是 pu tsau“我们（的）人”
　　　　　　　　　　　　　　　　　　　我们
的汉字译音；“伏桑”是 pu so:ŋ“种稻人”的汉字译音；“伏犁（伏
　　　　　　　　　　　　稻穗
蕾）”是 pu lo:i“山里人”的汉字译音；“伏酬”是 pu sou“你们人”
　　　　　山　　　　　　　　　　　　　　　　你们
的汉字译音；等等。[53]

帕劳　是 pu lau“我们人”的汉字译音。
　　　　　　我们

由于 pu 在历史上某个时期、某个地区语音发展演化为 pi，所以一些史籍就先后出现“比”、“卑”、“必”、“鼻”、“被”、“匹”、“疋”、“佩”等的汉字译音。

如《史记·殷本纪》载：“西伯滋大，纣由是稍失权重。王子比干谏，弗听。……比干曰：‘为人臣者，不得不以死争。’乃强谏纣。”这句话里的所谓“比干”，并非真名，而是 pi（pu）kun“濮人”的
　　　　　　　　　　　　　　　　　　　　　　人
汉字译音，是记录传说中的濮语语词。

比苏　是pi sou“你们人”的汉字译音。《汉书·地理志》载：
　　　　　位 你们
“土蛮凡八种：曰金齿、曰白夷……曰比苏。”

卑羽（雨）山　是 pi ji（jyi）即“濮夷（种田人）”的汉字译

音。

鼻夷　是pi ji也是“濮夷”（种田人）的汉字译音。檀萃《说
位犁
蛮》：“鼻夷僚族，鼻如垂钩（笔者按：这是十足的望文生义的猜度之说），隅目好杀，深明水脉，采猿臂、鳄牙为笛，吹作龙声。”

必际　是pi　tsai　（tsi）“耕田人”的汉字译音。《抬捕总录》
位　犁(耕)
载：“八番桑柘蛮与叛苗、仡僚、必际结连瓮槐、了江等处苗人作乱。”当今湘、鄂、川、黔土家族仍以此自称。

匹娄（疋娄、佩劳）　是 p‘i lau“我们人”的汉字译音。北魏
我们
姓氏之一。

被阳　是pi ja:ŋ“种粟人”的汉字译音。
位 粟

符娄、缚娄、帕劳、扶娄、无娄、牟娄　是 pu lau“我们（的）人”的汉字译音。至于“无”、“牟”则是由于古濮越语ᵐpu 分化为 mu 和 pu 之后，不同地域的人（即读 mu 地域的人译作“无”、“牟”，读 pu 地域的人译作“濮”、“仆”、“卜”、“蒲”、“符”等）的不同译写。

如《逸周书·王会角》载：“正东符娄、仇州、伊虑、沤、深、九夷、十蛮、越沤，剪发纹身。”这句话中，20 个汉字，有一半是濮越语的汉字译音字。“符娄”是 pu lau“我们（的）人”的汉字译音；“仇”是 sou“你们”的汉字译音；“伊虑”是 ji　li　“山地夷（越）
山地
人”的汉字译音；“沤”是 rau“我们”的汉字译音；“深”是 sam“共同、相同、同是、一起”的汉字译音；“夷”是 ji“犁（耕）”的汉字译音；“蛮”是ᵐba:n“村庄”的汉字译音；“越沤”是 ji　rau
我们
“我们夷（越）人”的汉字译音。许多史籍因作者不懂濮越语而相互辗转传抄，把这些都当成部落或国家或古濮越人的所谓“支系”而讹传了几千年。

俯齧　《说文》：“噬也，从齿韧声，五结切。”是濮越语pu　ŋit
位 驼背
“驼背人”的汉字译音。当今壮语，“驼背”仍读双声词 ŋau ŋit。“俯”读 pu，不读今音 fu。“俯齧”见《蛮书》卷二，“囊葱山在西洱河东隅，河流俯齧山根，面对宾居越析山”。“俯齧山”即驼背山。

涪（江） 是pu 江“濮人”河的汉字译音。“涪陵”是pu laŋ（后面）“后来者”的汉字译音。《说文》：“涪水出广汉刚邑道徼外，南入汉从水音声，缚牟切。”按《说文》反切，应写作pou，与今壮语的“位”相同（布依语读pu）。

普米 是pu mi（人）“人”的汉字译音。

普罗 是pu lau（我们）“我们人”的汉字译音。

破贺兰 是pu ho la:n（位 穷苦 家）“穷苦人家”的汉字译音。由于统治者和史作者都不懂濮越语而将它当做人名，如《魏书·楼伏莲传》：“楼伏莲，代人也，世为酋帅，年十三袭父爵部落。太祖初，从破贺兰部，又从平中山，以功赐安邑侯。”此句中的“楼伏莲，代人也”是lau（我们）pu len（位 孙）“我们的孙子或曾孙”，“代”是do:i“山”，此句意思是“我们的孙子，山里人”。由于他家里是“世为酋帅”，所以，“楼伏莲”这个汉字译音词，很可能是始译者听到老酋长的介绍这是他们孙子，因而用汉字译音为“楼伏莲”。至于“破贺兰”的来源当然也是如此。

破多罗 是pu tu lau（位（只）我们）“我们的人”的汉字译音。如《魏书·官氏志》载：“西方破多罗氏，后改为潘氏。”

破多兰 是pu tu la:n（位 家）“家里人”的汉字译音。《魏书·太祖纪》：“天兴四年十二月辛亥，诏常山王遵等率众五万，讨破多兰部木易干。五年二月，遵等至安定之高平，木易干率数千骑与卫辰、屈丐弃国遁走。”这句话里的所谓“破多兰部”指的是濮越人的一个以氏族为基础的部落（同姓氏为一家人，即同一个家族）；“木易干”是ᵐpu ji（位 犁）kun（人）“濮夷（依）人”的同音异写；而濮夷人（布依人）是“种田人”之意，前面已多次阐明。何光岳说：“破多罗之破多急读为潘，罗又译作兰，今闽南话与潮州话叫人为兰，乃系汉语古音，故破多兰，实即潘人部落。”这种牵强附会的说法是不正确的。“破多”再怎么急读也不会成为p'a:n，“破”之所以同“潘”有关系，皆因“潘”的古音“番”（读“鄱”）与“破”同为“歌”韵，“滂”母，音标

都同是p‘o（或不送气的 po）。“罗”与“兰”的古音，虽同是“来”母，但前者在“歌”部韵，后者在“元”部；“罗”从古至今都是无韵尾的“舒”韵，“兰”则是有韵尾 – n 的“闭”韵。所以，“罗”怎么又可以译作“兰”呢？实际也是如此。多数史籍里的“罗”，都是濮越语 lau“我们”的汉字译音，“兰”是 la:n“家”的汉字译音。从未见有“罗”译作“兰”或者相反的。

藩离、番丽、蒲离、婆离、婆梨　是pu li（lei）“山地人”的汉
位　山地
字译音。《世本·居》载：“吴熟哉居藩离，熟姑徙句吴。”

番阳、鄱阳　是 pu ja:ŋ“种粟人”的汉字译音。《集解》：“鄱音
粟
婆。”

番官、鄱官、婆官　是 pu kun“人”的汉字译音。
人

番须　是 pu çai“耕田人”的汉字译音。

番吾、番禾、蒲吾、鄱吾、般吾、蕃吾、亳吾、薄吾　是 pu wu“咱们人”的汉字译音。《平山县志》载：“嘉阳城距今（县）治十八里，即春秋之蒲邑也。汉于此置蒲吾县。”

番召、番酬　是 pu sou“你们（的）人”的汉字译音。1964 年，
你们
河南桐柏县左庄出土青铜器，上有“番尹”、“番君”、“潘□昶彶”等字样，说明这是濮越先民的遗物，因为两者都是濮越语的汉字译音。“番尹”是 pu von“濮人”的汉字译音；“番君”是 pu kun，同
人　人
样也是“濮人”的汉字译音。只是在青铜器铸模刻字的人是来自不同方言土语的人而已。一些史学家从汉字意义去理解，认为是番（濮）人的国君，这是不正确的。

番汗　是 pu hun“濮人”的汉字译音。von、kun、hun 在现代壮
人
侗语族的不同语言里，都是“人”的意思。

播朗、播陵　是 pu laŋ“后来者”的汉字译音。今四川珙县唐置
后面
播朗（浪）州，于宜宾市南置播陵州、播陵县，于泸州市置播罗（pu lau“我们人”）县，于雅州市置博卢（pu lau“我们人”，即“播罗”的同音异译）。

播阳（镇）　是 pu ja:ŋ“种粟人”的汉字译音。
粟

除此之外，发、拨、拔、亳、白、百、伯、帕都是pu（音变为po）的同音异译。《汉史·五帝本纪》载："北山戎、发、息慎、东长、鸟夷。四海之内，咸戴帝舜之功。"《新唐书·高仙芝传》载，唐将高仙芝，从甘肃安西经拨换（pu hun "濮人"的汉字译音）城去西征小勃律。《隋书·炀帝纪》："大业五年，帝至西平，大猎于拔延山[pu jen '（讲）濮人话'的汉字译音]。""拔延"与"獛铅"（见前文）是同音异译。《通典·州郡》载："商有三亳，成汤居两亳，此即一也。"《史记·殷本纪》载："自契至汤八迁。汤始居亳，从先王居。"王国维《观堂集林·说亳》，认为"以亳名者八九"。但据史学家多方考证，今河南偃师商城即成汤所居之亳。

拔野固（拔也古、拔曳固）　是pu jai kou "我种田人"的汉字译音。见《隋书·铁勒传》。

白老、白狼、卜楼、特浪　《尔雅》李巡注：六戎之中有所谓"白老"[pu lau "我们（的）人"，与众多史籍的所谓"濮僚"是同音异译]；《后汉书·西南夷传》："汉永平时，白狼、盘木、唐菆等百余国，户百三十余万，口六百万以上，举种奉贡，称为臣仆。"马端临《文献通考·白兰》载："特浪生羌卜楼大首领冻就率众来属，以其地为剑州。""卜楼"即pu lau "我们（的）人"的汉字译音。"特浪"即tu laŋ "后来者"的汉字译音。"白狼"即pu laŋ "后来者"的汉字译音。有些史籍把"后来的羌人"（部分）称为"白狼羌"，其实并不是一种蔑称，而是濮越语的汉字译音。史籍记载著名的"白狼歌"就是这部分羌人所唱的山歌。从上述所引《文献通考》"特浪生羌卜楼"这句话里，就十分清楚地告诉我们：所谓羌人，实际上也是古濮越人的一部分。因为"卜楼"一词是濮越语pu lau "我们（的）人"的汉字译音。所谓"特浪"是濮越语tu laŋ "后来者"的汉字译音，与所谓"白狼"pu laŋ "后来者"完全同义。再者，所谓"羌"，实际上也是濮越语kiaŋ "美丽、漂亮、色彩斑斓"的汉字译音。当然，经过数千年来民族的不断融合，现代的羌语，跟濮越人后

裔的现代壮侗语言已有很大的差别，已形成不同的、各有特点色彩的语族群体，但语系相同，都是由同是汉藏语系的一个原始母语分化发展演变出来的。如果认真仔细地把藏缅语族和壮侗语族进行深入的比较研究，一定不难发现有不少同源词。因此，决不能因今天语言差别而轻易否定羌与濮的渊源关系。

当然，不可否认，古今民族的变化，情况是很复杂的，有的民族因各种原因从原来的住地迁移了，旧住地被后来的其他民族占有。有的是几种民族因杂居而令语言相互融合成为新的第三种语言，民族本身也起了质的变化，成了新的民族。

伯夷 是pu ji“种田人”的汉字译音，与“布依”是同音异译字。《史记·伯夷列传》：“伯夷，叔齐，孤竹君之二子也。”所谓“孤竹君”是“伯夷”、“叔齐”父亲之名，实际上也只不过是濮越语kau tsu kun“我本人”的汉字译音。同样也不是真有其人。由于
我 只(的) 人
“夷（ji）”和“齐（tsai、tsi）”都是不同时代、不同地域濮越语称“犁（耕）”的汉字的不同译音，“夷（ji）”之前加pu“位”之后，就引申为“种田人”的意思。由于“pu ji”被始译者译为“伯夷”之后，编故事的儒者便由“伯”类推出“叔齐”，从而使人误信他们是两弟兄。其实，这句话在古濮越语里的含义仅仅是说：“种田人是我本人”（“伯夷”是pu ji“种田人”的汉字译音；“伯齐”是pu tsai
位 犁
“种田人”的汉字译音，“伯”被人改为“叔”；“孤竹君”是kau tsu
我 的
kun“我本人”的汉字译音），就这么简单，何来的什么父子关系呢？
人

当然，我们也知道，责任并不在于司马迁，而是在他之前的始译者。正是由于始译者将濮越语里的pu（pou、po）译作“伯”，使它混同于“公、侯、伯、子、男”中，从而使古史学家压根儿就搞不清楚两个“伯”之间的异同，以致几乎所有的古史研究者都把“伯”当成“诸侯”的称谓，或者认为是小国的“君”。

其实，“伯”是不是表示官爵或是濮越语表示“位”（pu）的汉字译音，从句中语序的位置是可以区别出来的。一般来说，汉语表官爵的“伯”，其语序是放在后面，即“×伯”；如果是濮越语“位”（pu）的汉字译音，其语序必定放在前面，即“伯×”。例如《史

记·周本纪》：“三年，幽王嬖爱褒姒，褒姒生子伯服，幽王欲废太子。”“太史伯阳曰：‘祸成矣，无可奈何！’”“伯服”是濮越语pu 位 bɯk 大（buk）“老大（大儿子）”的汉字译音。“伯阳”是pu 位 ja:ŋ 粟“种粟人”的汉字译音。

可能有不少人对此解释表示质疑，周幽王妃生子为何没有真名，而只用“老大”称呼？太史为何没有真名而只叫“种粟人”呢？这个问题，如果从今天的角度来看，的确令人费解。但在3000多年前的周代，文字作为用来记事的工具还未十分完善，大多还停留在占卜记事为主的阶段，到了春秋战国，竹简记事才较盛行。所以，诸子百家的论著才得以流行面世。周代约800年的历史，除了当时以甲骨作为文字记事的载体，零星而无系统的记载外，周代的历史，主要是由春秋战国时代的诸子百家作者们根据当时流行的故事传说编撰的。至于周代王者是何族属，讲的是什么语言，史籍没有记载，我们也不得而知。但从“褒姒”这个明显是濮越语 pu çai（çi）“小妾”的汉字译音来看，周幽王显然是懂得濮越语的，能够与褒姒沟通的。既然如此，褒姒得宠后，生出来的第一个儿子，尽管在幽王众多妃嫔早已生出来的许多同父异母的兄弟姐妹中排行可能并非第一，但由于最得宠，所以，褒姒仍然坚持按濮越人称第一个儿子为“长子”（pu bɯk，用汉字译作“伯服”），并要求周幽王立他为接替王位的太子。

由于具体名字难于广泛流传，而排行第一、第二或长子、幼子之说较易为人们传播（因不需记具体名字），所以，濮越语 pu bɯk“长子（老大）”就被始译者以“伯服”的汉字译音记录下来，流传于世。至于“太史伯阳”，道理也是如此。

史籍里把濮越语的 pu“位”用汉字译为“伯”的有许多。如“伯陵”是 pu laŋ 后面“后来者（后面的人）”的汉字译音。《路史·后纪四》载：“器生巨及伯陵、祝庸。”《国语·鲁语》载：“共工氏之伯九有。”《祭典》里写作“共工氏伯九域”，《小戴礼记》里写作“共工氏霸九州”。

其实，“伯九有”是pu 位 kɯ (助) jau 我们“我们人”的汉字译音。“伯九域”是pu 位 kɯ (助) wu 咱们“咱们人”的汉字译音，两者意思基本相同。至于“霸

九州”也是pu kɯ tsau“我们人”的汉字译音。三者最后音节的语音
位（助）我们
差异，主要是不同时代、不同地域、不同文化层次的始译者造成的。《百越源流史》作者对于“霸九州”望文生义，解释为“称霸九州”之意是完全错误的。“伯九有”有的史籍写作“伯休”或“甫休”，都是pu jau“我们人”的同音异译字，没有意义上的差别。“州”
位 我们
(tsau)、“休”、“有”、“丘”、“尤”（zau或jau）语音变异，声母不同，但都是“我们”之义。

百越 是pu ji（jai、joi）“种田人”的汉字译音。战国晚期成书
位 犁
的《吕氏春秋·恃君》已载有“杨汉之南，百越之际”的句子。“百”本是濮越语pu“位”的汉字译音，并无“众多”之义。但由于汉语的“百”，其扩展含义有“众多”之意，同濮越民族氏族、部落繁多正好巧合，因此，就被历代史学家们望文生义，顺理成章地解释为“支系繁多”之义，故称为“百越”。《汉书·地理志》卷二十八臣瓒注就是代表，他说：“自交趾至会稽，七八千里，百粤（越）杂处，各有种姓。”此后，2000年来，历代史学家都不疑有误，均沿此说。

百贯（村） 是pu kun“人”的汉字译音。同名的还有都安县、
位 人
凌云县的“百贯村”，乐业县一个村则用了同音异译字，写作“百干（村）”。

pu用汉字译音译作“百”的，在广西的地名中还有很多。如“百标”是pu piau“我们人”的汉字译音；“百俭（琴、敢）”是pu
我们 位
kam“同是（濮）人，同是我们人”的汉字译音；“百凌（朗）”是
同
pu laŋ“后来者”的汉字译音；“百晚（曼、满）”是pu ᵐba:n（ma:n）
后面 村
“村里（乡下）人”的汉字译音；“百寒”是pu hun“（濮）人”的
人
汉字译音；“百朝”是pu sou“你们人”的汉字译音；“百楼”是pu
你们
lau“我们人”的汉字译音；“百熬（豪）”是pu ɣau（hau）“我们
我们 我们
人”的汉字译音；等等，不胜枚举。

不过，广西很多用“百”作地名首字的，也不一定是pu“位”

的汉字译音，而是壮语 pa:k“口（嘴）”的粤语汉字译音，是较晚的地名。如“百龙”是pa:k luŋ“山弄口”的汉字译音，“百驮”是pa:k
口 弄
da“河口”的汉字译音，“百济”是pa:k tsai“犁嘴”的汉字译音，
河 口 犁
“百南（念、稔）”是pa:k nam“水（河）口”的汉字译音，“百都”
口 水
是pa:k tou“门口”的汉字译音，“百维”是pa:k wai“集市口”的汉
口 门 口 市
字译音，“百潭”是pa:k tum“池塘口”的汉字译音，“百雅”是pa:k
口 池塘 口
ja“刀口”的汉字译音，等等。
刀

辨别其实不难。由于 pu“位”是专用于“人”前面的必带量词，所以“人”的汉字译音“浑、温、文、运、寒、汗、干、贯、灌、欢、讙、郓、究、昆、旱、宛、匀、嫚、邗、赣、汉、军、痯、贲、昏、坤、换、尹、君、桓、群、菌、薰、勋、均、卷”等之前的“百”，一定是 pu“位”的汉字译音。另与“共同、同样、一起”的汉字译音“林、深、占、敛、临、暹、寻、音、噉、参、奄、三、任、阴、盐、禅、森、斟、甘、沈、潜、俭、蟾、炎、浸、猃、挹、单、孅、廪、聃”等之前的“百”，也一定是 pu“位”的汉字译音。如“百林”、“百临”是 pu lam “一起的人”的汉字译音。其余
共同、一起
都是“口”之意。

巴僚 是 po lau“我们人”的汉字译音。pu 音变作 po（或 pa）。
我们
《晋书·符志载记》载：“坚遣王统、朱彤寇蜀，晋梁州刺史杨亮率巴僚万余拒之。益州陷后，蜀人张育、杨光等起兵与巴僚相应，以叛于坚。育自号蜀王，与巴僚酋帅张重、尹万等进围成都。”

耙楼山 是 po lau“我们的山”的汉字译音。
我们

巴纳 是po na“种田人”的汉字译音。分布于越南西部长山的
位 田
民族。

巴俞（渝、夷）舞 是 po ji 即“濮夷”（种田人）的舞蹈。吴垌
犁
《五总志》载：“巴西阆中有俞（渝）水，僚人居其上，皆刚勇好剑舞，汉高祖募取以平三秦，后使乐府习之，名曰巴俞舞。”

叭真　是po真“濮真”（布真）人名，即相当于汉语的“阿真”。傣文《泐史》载：公元12世纪，傣族首领“叭（濮）真战胜此地各邦之后，兰那（la:n na“前村”）、猛交（maŋ kau“我（们）
家 面　　　　　　　　　　村 我
村”）、猛老（maŋ lau“我们村”）皆受统治”。叭真于1180年建立
村 我们
泐国，都景兰，今西双版纳傣族自治州景洪市。

苞满（蒲曼、蒲坂）　是po ᵐba:n（pu ᵐba:n、pu ba:n）“村里人
村
（乡下人）”的汉字译音。《史记·司马相如列传》：“因朝冉从駹，定笮存邛，略斯榆，举苞满，结轶还辕，东乡将报，至于蜀都。”

枹罕　是po（pu）hun“濮人”的汉字译音。《汉书·地理志》
人
载：“白石县有漓水出西塞外，东至枹罕入河。”

狍鸮　是pu hau“我们人”的汉字译音。《山海经·北山经》：“钩吾之山……有兽焉，其状羊身人面……名曰狍鸮，是食人。”

鲍丘　是po（pu）jau“我们人”的汉字译音。
我们

豹胡　是pou wu“咱们人”的汉字译音。《逸周书·王会解》：
咱们
“正北空同、大夏（ta jo‘本领高强的人’）、莎车、姑他（ku t‘o
有本领　　　　　　　　　　我 土著
‘我土著’）、旦略（ta:n lau‘我们种稻米人’）、豹胡（pu wu‘咱们
米 我们　　　　　　　　　　位 咱们
人’）、代翟、匈奴［hoŋ nau‘我们’］、楼烦（lau fun‘我们人’）、
（助）我们　　　　　　我们 人
月氏（jai）、孅犁（沈犁）［sam lɔ:i（li）‘同是山地人’］、其龙［kɯ luŋ‘山弄人’］、东胡（wu‘咱们’）等。”括号内的濮越语
（词头）弄
标音和释义均为笔者所加。下同。

剖阿里　是pou a li“山地人”的汉字译音。“剖”是“濮”、
山地
“蒲”的同音异译字。《辽史·部族表》：“辽圣宗统和二十二年七月，蒲奴里（pou no li“耕田种地人”）、剖阿里等部来贡。”
田 山地

盘余水　是po ji水“濮夷河”的汉字译音。《水经注·沔水》：“汉水出于二水之间，右会盘余水，水出南山巴岭上。”

北带　是pu da:i“山里人”的汉字译音。“北带”即“濮岱、濮
山
泰”，今日之傣族。见宋罗泌《路史·国名纪丙》列举的所谓“百

越”支系名称“越常、骆越……北带……区吴，是谓百越”。

莫音 是mu（由ᵐpu 分化为 mu 与 pu，意义仍是“位”） jam
位 同、一起
“同是濮人”的汉字译音。《新唐书·南蛮下》：“凡部落二百九十八，以名见者三十二：曰万公（ᵐba:n kuŋ‘祖村’）、曰充惹（有的写作
村 祖
‘允惹’，‘允’是 von‘人’的汉字译音。‘充惹’是so:ŋ jai‘种稻
稻穗 犁
人’的汉字译音。‘允惹’是von jai‘耕田人’的汉字译音）、曰罗君
人 犁
潜（lau kun sam‘同是我们人’）、曰弥绰（mi jo‘有本领的女
我们 人 相同 女性 有本领
人’）、曰道双［tu so:ŋ稻穗‘种稻人’］、曰道瓮（tu ho:ŋ‘做工的
（只） 做工
人’）、曰道勿［tu wu‘咱们人’］、曰夜半（jai pu‘耕田人’，即
（只） 咱们
pu jai 的倒装）、曰不恶夺（pu a tau‘我们人’）、曰莫音（mu jam
位 我们 同
‘同是濮人’）、曰伽龙睒（kluŋ jam‘同是山弄人’）、曰阿梨吉（a
弄 同
li kut‘穷山地人’）、曰阿梨阇（a li tou‘山地口’）、曰阿梨忙
山地 穷 山地 门口
（a li maŋ‘山地村’，‘忙’与‘孟’、‘勐’、‘芒’同音，都是ᵐba:n
‘村’的变音。）、曰达磨（ta mo‘新来的’）、曰求潘（kou pu
（只） 新 我 位
‘我’，即 pu kou 的倒装）、曰僧塔、曰提梨郎（tai li laŋ‘山地后
里面 山地 后面
面’）、曰望腾（ma:ŋ taŋ‘龙村’）、曰担泊（ta:n pu，即pu ta:n‘种
村 龙 位 稻米
稻人’的倒装）、曰禄乌（luk wu‘咱们’）、曰乏毛、曰僧迦、曰提
词头 咱们
追（tai tsai‘拿犁头的’）、曰阿末逻（a mu lau‘我们的人’）、曰逝
拿 犁 位 我们
越（çai ji‘耕田夷人’）、曰腾陵（taŋ laŋ‘后龙村’）、曰欧咩
犁（音夷） 龙 后面
（rau me‘我们母亲’）、曰砖罗婆提（tsun lau pu di［‘（讲）我们话
我们 母 话 我们 好
（的人）都是好人’］、曰禄羽［luk jyi‘夷人（种田人）’］、
儿子 犁（音夷）
曰陋蛮（lau ᵐba:n‘我们村、我们乡下人’）、曰磨地勃（mo te pu
我们 村 新
‘新来的濮人’）……骠王姓困没长，名摩罗惹，其相名曰摩诃思那。”

这句话最后罗列的所谓骠王及其宰相的名字“困没长”、“摩罗惹”、“摩诃思那”都不是真实的名字，而是濮越语kun mu so:ŋ “种
人 位 稻穗
稻人”（汉译音“困没长”）、mu lau jai “我们耕田人”（汉译音
位 我们犁(耕)
“摩罗惹”）、mu ɣo çai na “会犁田的人”（汉译音“摩诃思那”）。
位 会 犁 田

拿“种稻人”作为所谓“骠王”的姓，“我们耕田人”作为他的名，而以“会耕田人”作为所谓骠王宰相的名字，这岂不是令人啼笑皆非吗？但是，自唐代至今1000多年来，历代史学家们却都信以为真，从来没有人提出过异议。

莫邪（耶） 是mu ja“妻子”的汉字译音。《吴越春秋·阖闾内
位 妻
传》载：“请干将铸作名剑二枚。……一曰干将，二曰莫耶。莫耶，干将之妻也。”

莫干山 是mu kun山“（濮）人”（的）山的汉字译音。该山山
位 人
势巍峨，竹海茫茫。江庸的诗《别莫干山》，准确地描绘了莫干山的高山、流水、清风、竹林的自然美。诗曰：“南游迫盛暑，乘兴登莫干。竹径数十里，供我半日看。径狭不见日，舞层衣裳单。风来叶萧骚，和之以急湍。玲珑半山楼，掩映修篁间。”

莫愁湖 是mu sau“我们（的）湖”的汉字译音。

莫角山 是mu ka:k 山“单身汉”（的）山的汉字译音。
位 独

莫贺弗 是mu ho wu“咱穷人”的汉字译音。《此史·奚传》
位 穷苦咱们
载：“奚本名库莫奚（kou mu çai“我耕田人”的汉字译音），其先东
我 位 犁
胡宇文（jai von“耕田人”的汉字译音。“耕田人”，史籍惯用“越
犁 人
人”）之别种也……分为五部：一曰辱纥主［jau kɯ tsai“我们耕
我们(词头) 犁
田人”的汉字译音］，二曰莫贺弗，三曰契个［kɯ kou“我”的汉
(词头) 我
字译音］，四曰木昆（mu kun“濮人”的汉字译音），五曰宝得（pou
位 人 位
dei“好人”的汉字译音），每部一千人。”
好

豆莫娄 是tu mu lau“我们人”的汉字译音。《魏书·豆莫娄
位 我们

传》载："豆莫娄国，在勿吉国北千里，旧北夫余也。在失韦之东，东至于海，方二千里。"《魏书·勿吉传》载："勿吉之傍有大莫卢国。""大莫卢"是"豆莫娄"的同音异译。《新唐书·东夷传》又译作"达末娄"。"达末娄自言北夫余（pu ji）之裔，高丽灭其国，遗人渡那河（今嫩江），因居之。""豆莫娄"、"大莫娄"、"达末娄"都是 tu mu lau 的同音异译。

摩耶齐提　是 ^{m}pu（mu）　jai　tsai di"种田人（或越人）
位　犁（音夷或越）大家 好
大家都好"的汉字译音。"摩耶齐提"是柬埔寨一座宝塔之名。建此佛塔，目的在于让佛保佑"种田人（或越人）大家都平安"。

摩伊卡露　是 ^{m}pu ji klau"我们耕田人"的汉字译音。
位 犁 我们

摩伊固维　是 ^{m}pu ji ku wei"我种田人的市集"的汉字译音。但
位 犁 我 市集
在《南蛮源流史·仡僚人的分布》一节里说："'摩伊卡露'即'住在露山洞里的人'，或称'摩伊固维'，即'有尾巴的人'，指他们穿的兜裆带长长地垂在身后。"[51]

我真的不明白，klau"我们"的汉字译音"卡露"，与"住在露山洞里的人"有什么必然的联系。更不明白 ku wei"我的市集"的汉字译音"固维"，是否因为"维"与"尾"近音而被联想在一起，便违理地说他们是"有尾巴的人"，然后再用"兜裆长带垂在身后"为自己遮羞以求自圆其说呢？

虽然，他也说"卡露"一名即"卡佬"或"仡佬"的同音。但在同一节的前面，对"仡佬"的"仡"字，由于不知道是 k 的汉字译音，也是凭着横猜臆测乱说一通，说"仡佬即自认为乞姓羌人之后僚族的嫡系，以区别于种类繁多（？—笔者，下同）的其他僚族。所以，西南民族如苗、瑶等氐羌系（？）的民族，都自称本族名前冠以仡音，意为乞姓子孙（？！），如仡兜、仡隴、仡尤、仡颛、仡熊、仡徕、仡黎、仡偻、仡蒙、仡伶、仡佷、仡瑶、仡榄、仡越、仡旦等。又有将'仡'转音为'句'、'个'、'果'的。犹如百越族系的民族名称前总冠以'布'字音，实即'甫'字，意为父长之辈（？！），阿拉伯语也叫'阿布'"。（着重号为笔者所加）

由于这是牵涉到好几个现代民族和误导后人的不确之词，为了不

再重蹈史籍覆辙，任由谬说泛滥流传，不得不在此逐一加以辨明。

第一，史称所谓“僚人”是否是羌人之后，这个问题还是很值得深入探讨的。不错，远古的“羌”和“僚”同宗，这毫无疑问。但商、周以后，则已各自逐渐发展演变成不同风格的民族。何氏说僚族是羌人之后，恐怕是毫无根据的。说“仡佬即自认为乞姓羌人之后”，更是想当然而强加之。因为所谓仡佬人之所以被称为“仡佬”，是外族人根据他们语言里 klau“我们”这个词，用汉字译音译作“仡佬”而强加给他们，并用来作为称呼他们社会群体的名称。即使是仡佬人已认同这个他称作自称，也绝没有人认为自己的祖宗是姓“乞”的。因为他们人人都知道 klau 是“我们”的意思，而绝非什么姓“乞”。把根据濮越语 klau“我们”而用汉字译音译作“仡佬”的“仡”，跟所谓“乞姓羌人”的“乞”莫名其妙地拉扯在一起，硬说它们是源流关系，这样的所谓“源流史”，未免也太牵强了吧。

第二，史称所谓“僚”，是濮越语 lau“我们”（有些方言保留复辅音是 klau）的汉字译音。所谓种类繁多也是无知者任意强加上的。“僚”即是“我们”，根本就谈不上还有什么“类”。至于说仡佬是僚族的嫡系，那就更是荒谬绝伦了。因为它们并非父子，而是“佬”即是“僚”，“僚”即是“佬”，是濮越语 lau“我们”的同音异译。“仡佬”即是“仡僚”，哪有什么“嫡”不“嫡”的呢？

第三，苗、瑶是不是像何氏所说的那样，也属于氐羌系？他们真的也都自称“乞姓子孙”吗？这些问题不是用三言两语就可以说清楚的，故此先搁置不论。但是，我们只需将何氏认为是苗、瑶的“乞姓子孙”的15个“仡×”的例证逐一拆开，就可以清楚知道，这是睁眼盲人说什么了。

仡兜 是布央语 kɯ tau“我们”的汉字译音。布央属壮侗，不
（kɯ：词头；tau：我们）
属苗瑶。

仡䫻 是濮越语 kɯ kun“人”的汉字译音，也属壮侗，不属苗
（kun：人）
瑶。

仡尤 是濮越语 kɯ jau“我们”的汉字译音，属壮侗，不属苗
（jau：我们）
瑶。当然，他可以辩解，jau 即是“瑶”的汉字译音，因此，属苗瑶而不属壮侗。的确，从历史来源讲，“瑶”是来源于 jau 的译音，因

为瑶族源于汉代孝惠帝所封的闽君东海摇王。然而，它是濮（百）越先民的一支，史称东越，而并非如何氏所说，是什么氐羌系。

仡颛、仡熊　“颛”是濮越语tsun 话“语言”的汉字译音。“仡颛”是濮越语 kɯ tsun“语言”的汉字译音。“仡熊”是 kɯ ho:ŋ“东西”（物品）。

仡徕　是 kɯ lɔ:i 山“山”的汉字译音。现在广西隆林被称为“徕人”的，也属于壮侗，不属苗瑶。

仡黎　是 kɯ li（lei）山地“山地”的汉字译音。今海南被称为“黎族”的，也属于壮侗，不属苗瑶。

仡偻（仡佬、仡僚……）　是 klau“我们”的汉字译音，也属壮侗而非苗瑶。

仡蒙　是 kɯ muŋ 你或村庄“你”或“村庄”的汉字译音（云南傣族地区音译写作“勐”），也属壮侗，不属苗瑶。

仡伶、仡俍　是 kɯ laŋ 后面（klaŋ）“后面的”的汉字译音。史籍称的这所谓两种人（实则是同音异译字），属壮侗而不属苗瑶。

仡榄　“榄”是 lam“共同”的汉字译音。“仡榄”是生造词，濮越语里没有 kɯ lam 这个组合。

仡越　是 kɯ ji 犁“犁”或“犁头”的汉字译音，属壮侗而非苗瑶。

仡旦　是 kɯ ta:n 米“白米”的汉字译音。史籍称为“疍人”，或“但人”、“蜑人”的水上居民。徐松石在《粤江流域人民史》里说：“蜑族与壮族极有关系”，是壮族人中下水谋生的部分族人。

从上述何氏认为在“本族名前冠以仡音”，即“意为乞姓子孙”的这些作为论据的例子，非但没有一个是属于苗、瑶族，而且，从哪一点可以证明，它们有“氐羌系”、“乞姓子孙”的影子呢?！哪里是“源”，哪里是“流”？其源流关系何在?！

第四，百越民族名称前的“布”字（如“布依”、“布壮”、“布央”等），其含义并非如何氏武断臆测那样，是什么“父长之辈”，而是专用在“人”前边的必带量词，何来的什么“父长之辈”的意

义呢？

牟娄（无娄） 是mu lau“我们人”的汉字译音。《路史·国名
位 我们
纪丁》：“娄，楼也，本作偻，商所封，即牟娄，曹东之地，一曰无娄。密之诸城有娄乡，牟夷（^{m}pu ji“耕田人”的汉字译音）国也。”《左传·昭公五年》载：“夏，莒牟夷以牟娄及防、兹来奔。”《隐公四年》载：“四年春，王二月，莒人伐杞，取牟娄。”

异牟寻 是ji mu sam“同是种田人”（或“同是夷人”）的汉字
犁 位 同
译音。《元史·地理志》载：“唐南诏时，铁桥西北有施蛮者，贞观中为异牟寻所破，迁其种居之，号剑羌。”

墨累岛 是mu lɔ:i岛“山里人的岛屿”的汉字译音。
位 山

髦 是mu“位”的汉字译音。清代罗绕典《黔南职方纪略》载：“晋代邛笮间有山僚，盖即武王时髦人也。其种蔓延于今之黔、粤，诸蛮种多役属之，遂名其役属之蛮为仆僚（笔者按：十足的望文生义！其实所谓‘仆僚’是pu lau‘我们’的汉字译音，并非去做仆人的僚人），其僚人则谓之主僚（ tsu lau ‘我们人’的汉字译音。这
只(位) 我们
里‘主’只是tsu的译音字，并非‘主人’的‘主’）。”

毋敛 是mu lam“同是濮人”的汉字译音。
位 同是

无肠国 是mu so:ŋ“种稻人”之国的汉字译音。《山海经·海外
位 稻穗
北经》载：“无肠之国在深目东，其为人长而无肠。”本来是濮越语“种稻人”的汉字译音，竟然被无知者望文生义地解释为“没有肠子的人”，实在是跟历史与科学开玩笑，令人遗憾！

无诸 是^{m}pu tsau“我们人”的汉字译音。这里的“无”是^{m}pu
位 我们
“位”的译音。

无棣 是wu li“咱们山地人”的汉字译音。
咱们山地

无盐 是wu jam“咱们一样、一起”的汉字译音。“无敛”是
咱们 同、一起
wu lam的汉字译音，与“无盐”音近义同。
咱 同是

目深 是mu sam“同是濮人”的汉字译音。《山海经·海外北
位 相同

经》载："深目国在其东，为人举一手一目。"《大荒北经》载："有人方食鱼，名曰深目民之国，盼姓，食鱼。"［这里的"深目"是 mu sam 的倒装，意义相同。所谓"盼"姓，是mu（^{m}pu）ba:n"村里人
位 村
（乡下人）"之讹］。

木易干（木奕干、没奕干）　是mu ji kun"耕田人"的汉字译
位 犁 人
音。《高车传》载："牵屯山鲜卑别种破多兰［po tu la:n'家里人
位（只）家
（自己人）'的汉字译音］部，世传主部落，至木易干有武力壮勇，劫掠左右，西及金城，东侵安定，数年间，诸种患之。天兴二年，遣常山王遵讨之于高平，木易干将数千骑弃国遁走，尽徙其人于京师。余种分迸，其后为赫连屈丐所灭。"

此外，木老、木佬、狇佬、木娄、木骆、木陆、木僚、姆佬、穆佬、仆僚、濮僚、仫佬都是^{m}pu（音变而分化作 mu 和 pu）lau"我们
我们
人"的汉字译音。《余庆访册》载："余庆县，木老在城南里许，今仅十余户。"《贵州地理志》载："木佬为仆僚之讹（笔者按：这是同音异译字，不存在孰正孰讹），当晋时邛佬间有山僚。"徐家乾《苗疆见闻录稿》载："都匀府古西南夷地，其依山为险者则狇佬夷也。"《广西通志》载："宜山姆姥即僚人。"史籍记述关于 mu lau"我们人"的同近音异译很多，不胜枚举。1950 年以后，经过全国民族普查，国务院将濮越民族的这个支系，根据其历史发展的结果，认为其已具备独立民族特点色彩而将其定名为仫佬族。

2. 汉语量词"只"，濮越语读作 tu 或 tsu，史籍用汉字译作"杜"或"朱"

它们一般是专用于动物名称前面表示数量的量词，其含义是"只"。但在一般泛称的情况下，也可以用来称"人"。不过，用来称"人"则不像 pu"位"那样，含有尊称之意。

史籍里常见的同音异译字有杜、都、徒、突、图、秃、阇、投、吐、菟、督、土、多、哆、堕、豆、兜、朱、邾、柱、主等。

杜宇　是tu jyi（ji）"耕田人"的汉字译音。"蜀王杜宇，又名蒲
只 犁（耕）
卑（pu pi 即'兄长'）"。从这两个汉字译名看，应是濮越人无疑。《本蜀论》载："望帝者，杜宇也，从天下。女子朱利自江源出，为宇

妻，遂王于蜀，号曰望帝。”“朱利”是 tsu　li “山地人”的汉字译
（只）山地
音。但“朱利”并非当今姓氏一般所见的姓朱名利。《蜀王本纪》载：“后有一男子名曰杜宇，从天堕止。朱提有一女子名利，从江源地井中出，为杜宇妻。自立为蜀王，号曰望帝。治汶山下邑郫。”可见“朱利”并非姓朱名利，而是“朱提”地方一位名为“利”的女子。

由于“杜宇”是自天而降，“朱利”是自井中出，都是神话传说，非人所生，所以他们的名字，看似真人名，而并非真人名。考其来源本质，只是濮越语“耕田人”和“山地人”的汉字译音。这样的名字，是完全符合神话传说传播记忆规律的。（“濮与蜀”章节将另文论述）

都匀　是 tu　von“人”的汉字译音。今贵族都匀市，当是根据
（只）人
布（濮）依（夷）族语言命名。五代时称“都云蛮地”。

都卢　是 tu lau “我们人”的汉字译音。徐松石《粤江流域人民
我们
史·倒装辞研究》：“贵州贵定县北，唐时有多乐县。多乐与都卢向来通用，因为它们原是土语的译音。今日旧址仍然有都卢坪。”下列几个以“都”为首的地名，均引自徐松石同书，除标音和解释外，引文均为书中原文。

都关　是 tu kun “人”的汉字译音。“秦置都关县于今山东濮县
人
东南。史记绛侯世家说：‘周勃击秦军，追至濮阳，下鄄城，攻都关定陶。’”

都昌　是 tu so:ŋ“种稻人”的汉字译音。“春秋齐地。晏子春秋：
稻穗
‘齐景公封晏子以都昌，辞不受。’”

都阳　是 tu ja:ŋ“种粟人”的汉字译音。“汉立都阳侯国于山东，
粟
即今峄县西南境。”

都乡　与“都阳”是同音异译，意义相同。“汉立都乡侯国，地在今河北省南部。”

都亭　是 tu de:ŋ，即 tu von de:ŋ“濮人地方”的汉字译音。“湖
地方　　人　地方
北恩施县西北有都亭山，得名已久。通典谓都亭山乃夷水所出。水经

注‘夷水蛮水也’。两湖地区，古代都字地名不少，均是出于僚僮制作。”

都上　与“都昌”是同音异译，意义相同。“隋在今贵州石阡县西南置都上县。置县取名的原因，乃当地向为土人‘都集之所’（笔者按：错!）。古时那里的土人乃僚僮族。”

都梦　是 tu muŋ 村 “村里人（乡下人）”的汉字译音。“本系蛮部，汉置都梦县，即今云南文山县。”

都梁　是tu laŋ 后面 “后来者”的汉字译音。“汉代侯国，后汉立为县，故城在今湖南武冈县东北。城步县原属都梁县境。都梁、城步都是倒装。古代都梁地名不止一处。史谓女娲氏截取都梁之管，制为乐器。”

徐松石一生从事民族研究，二十世纪三四十年代，数度深入西南少数民族地区进行实地调查，研究成果颇丰，写出了几部影响深远的当代民族研究巨著，是当代中国最著名的民族史学家。他以研究中国南方（包括西南）民族为基点，追溯历史足迹，放眼东南亚、太平洋乃至美洲，所得结论，每每令人惊叹。不过，人无完人，每个人都有不足的地方，徐松石也不例外。由于他不是壮族人，不懂壮语，所以，有些结论不免也有不正确之处。例如，他认为凡是“都”字、“后”字冠首的名词都是倒装。这就错了。前面说过，pu（用汉字译音译作“濮”、“布”等）“位”是专用于“人”前面的必带量词，tu（用汉字译音译作“都”）“只”是专用于动物名词前面的必带量词。从古至今，濮越语里这两个量词的位置都没有变过，其构词形式都是“pu ×”和“tu ×”。所以，他说“都梁”、“城步”都是倒装，“女娲”、“娥陵”和“都良”（“都梁”的同音异译）也都是倒装，还有如后稷、后羿、后夷、女狄、巫恒、巫先等词。

“城步（濮）”是倒装没有错，但女娲、娥陵、都良以及后稷、后羿、后夷、女狄、巫恒、巫先等词都不是倒装。在濮越语里，“女娲”是 nuŋ ko（因 -ŋ 与 k 发音部位相同，都是舌根音。所以连读时就发生音变而丢掉 -ŋ，变为 nu ko）“妹妹”的汉字译音。“女娲”是“妹妹”，这就跟神话传说中所说的“伏羲”与“女娲”是兄妹关系完全相吻合。濮越语里，“妹妹”称 nuŋ ko，“弟弟”称 nuŋ a:u，

构词语序都不是倒装。

至于后稷、后羿、后夷中的“后”字，徐松石因不懂濮越语，所以，不免也步前人望文生义的后尘，先把“后”看作“皇后”之义，然后猜度解释为“君”，他说：“后即君，后夷即夷君，女狄即狄女，巫恒即恒巫，恒巫即大巫义。周礼司巫，谓国有大灾则帅巫而造巫恒。汉书郊祀志注谓巫先乃巫之最先也。”

其实，濮越语的“后”，其意义既非“皇后”，更非“君”，而是“我们”和“饭”。“后稷”是 hau tsik（çit）“糯米”的汉字译音；
稻、饭 糯
“后夷”是hau ji “我们耕田人（我们夷人）”的汉字译音。可
我们 犁（音夷）
见“后”只不过是 hau 的汉字译音，其构词词序在濮越语里从来就不是倒装，一旦倒装，意义即起变化，成为表示领属关系的词，如la:n
家
hau“我们的家”。
我们

阇黎 是 tu li “山地人”的汉字译音。据〔越〕黎崱《安
只（位）山地
南志略》所说，“阇黎”，又称“阇黎江”，越南古县名，接占城界。“江”并非江河，而是县下面的属邑，通常称为“江”、“场”、“甲”、“社”等。如清化府，属邑就有“梁江”、“茶江”、“贡江”、“波龙江”、“文场”、“安暹场”、“古弘甲”等。

阇耶 是 tu jai “种田人”（即“越人”）的汉字译音，是越南
只（位）犁
占城国属下的十多个属邑之一。

突旻 即 tu von “人”的汉字译音。《新唐书·南蛮下》载：
只（位）人
骠（国），“在永昌南二千里，去京师万四千里。东邻真腊，西接东天竺（印度），西南堕和罗（tu ho lau‘我们穷人’的汉字译音），南
穷苦我们
属海，北南诏。地长三千里。广五千里……凡属国十八：曰迦罗提婆[kɯ lau di pu ‘我们濮人’的汉字译音]、曰摩利乌特（mu li
我们 是 濮（人） 位 山地
wu ta‘我们山地人’的汉字译音）、曰迦梨迦 [kɯ li ka
咱们 山地 的（语尾）
‘山地’的汉字译音]、曰半地（ba:n dei‘内村’的汉字译音）、曰
村 内
弥臣 [mi son‘教头’的汉字译音]、曰坤朗（kun laŋ‘后来者’
（词头）教 人 后面

的汉字译音）、曰偈奴（ ke no ‘种田人’的汉字译音）、曰罗聿
男性 田
（lau lo:t ‘我们最大’的汉字译音）、曰佛代（pu da:i ‘山里人’的汉
山
字译音）、曰渠论（kɯ lun ‘玉米棒’的汉字译音）、曰婆梨（pu li
山地
‘山地人’的汉字译音）、曰偈陀（ke t‘o ‘土著’的汉字译音）、曰
土著
多归［to kuei ‘共用（公用）牛’的汉字译音］、曰摩曳［mu jai
共 牛 位 犁
‘种田人（濮越人）’的汉字译音］、瞻婆（sam pu ‘同是濮人’的汉
同
字译音）、阇婆（tu pu ‘濮人’的汉字译音）”。

凡镇城九：曰道林王（to lam vuŋ “同是王者”的汉字译音）、曰
共同 王
悉利移（çai li ji “山地夷”的汉字译音）、曰三陀（sam t‘o “同是
耕 山地 夷 同是 土著
土著”的汉字译音）、曰弥诺道立［mi no tu lap “猎人的田”的汉
田 只(位) 猎
字译音］、曰突旻（tu von “人”的汉字译音）、曰帝偈（tɯ ke “长老”的汉字译音）、曰达梨谋（tu li mo “新山地人”的汉字译音）、
山地 新
曰乾唐（kun duŋ “久居此地之人”的汉字译音）、曰末浦（me pu
人 久的
“濮人”的汉字译音）。

此外，图佬、土佬、土僚、土罗、秃老、秃剌是 tu lau “我们
我们
人”的汉字译音。“图佬族”是越南安溪的一个少数民族。

图卢 与“图佬”是同音异译，意义相同。据《辽史》载，“图卢”是辽国的一个部落。

吐奚（达奚） 是 tu k‘əi “耕田人”的汉字译音。当今壮侗
只(位) 犁
语族侗水语支的侗语，称“犁”仍读 k‘əi，仫佬语读 k‘ɣai，水语读 kwai，毛南语也读 kwai。《北史·奚传》载：“奚本名库莫奚（ku mu
我 位
k‘əi ‘我种田人’的汉字译音），其先东胡宇文（ jyi von ‘越人’
犁 音夷或越 人
的汉字译音）之别种也，初为慕容皝所破，遗落者窜匿松漠之间。”《辽史·世系表》载：“契丹（kɯ ta:n ‘稻米’的汉字译音）与宇文
稻米
氏同出炎帝之裔，始祖葛乌菟（kɯ wu t‘o ‘咱们土著’的汉字译
咱们 土著

音），世雄朔陲，其后析部为三：曰宇文、曰葛乌菟、曰契丹。”从史籍记载的这些语词都是濮越语的汉字译音来看，史籍上弄不清的所谓契丹人，实际上也是濮人的一支。因后一章《“濮”与“东夷”、“东胡”》里还要论及，故此从略。

吐蕃　是 tu po（pu）“濮人”的汉字译音。《唐书·吐蕃传》载，当今的藏人，古称“吐蕃”，是古羌人的一支。历代古史学家对此无多异议。近人包寿南著《藏族族源考》[54]，在其检索诸多史籍资料后，也认为“今之藏族即古之羌人，部落繁多，约当东晋时（笔者按：?），其中一部名‘发’羌者统一诸部，建立大国。诸羌皆号‘发’族”。

“发”古读 po（pu 用汉字译作“濮”），而不读 fa。众多史籍中记述的所谓“发羌”即“濮羌”，“发”与“濮”是近音异译字，是不争的事实。清代著名古音韵学家段玉裁《说文解字注》：“发亦声，普活（切），滂母。癶读若拨，帮母。”用现代音标来说明，就是“发 = 拨 = po”。另一位清代著名音韵学家钱大昕也同样认为：古读“发”如“拨”。所以，“发羌”即“濮羌”，是濮人西边的一支。

由于众多史学家长期以来弄不清“濮”与“羌”，以及“濮”在中华大地与众多古代的和现代的民族的关系，认为“羌”是“羌”，“濮”是“濮”。“濮”指的是西南的一些民族，与“羌”无关。其实，在濮越语里，kiaŋ（“羌”）是“美丽、漂亮、色彩斑斓”的意思。pu kiaŋ 被用汉字译音为“发（濮）羌”，是用来专指古代早已生息在川、甘、藏地区，爱穿色彩斑斓衣物的羌、藏民族的先民。

至于包寿南说的“约当东晋时，其中一部名‘发羌’者统一诸部，建立大国”的说法，似乎根据不足。史籍很难找到证明这一说法的确凿记载。

据唐代杜佑《通典》记载，西藏吐蕃王朝，开拓得最有声色者是松赞干布，他当政后，数十年间，先后兼并了苏毗、孙波［sen pu
话　濮
“（讲）濮人话”的汉字译音］、羊同（ja:ŋ tuŋ“同是种粟者”的汉
粟　同
字译音）、东女、附国、党项、吐谷浑［tu jo:k von“外来者”的
只(位)　外　人
汉字译音］、羌人（kiaŋ 人，“漂亮、色彩斑斓”的人的汉字译音）等数以十计的部落，使疆域版图得到了空前的扩大，从而使吐蕃真正成了我国西部的一个大古国。而在他之前，他父亲在 6 世纪末叶至隋

开皇年间半个世纪，只在西藏山南琼结建立了王朝，版图尚没有当今西藏的一半。究竟是谁在东晋时建立了大国，包氏没有说清楚。

吐谷浑 是 tu jo:k von“外来者”的汉字译音。“谷”读如粤
只(位) 外 人
语的“浴”，不读如粤语的“谷”kok，更不是读现代普通话的 ku（汉语拼音写作 gu）。《宋书·鲜卑吐谷浑传》载，吐谷浑本是辽东鲜卑的一个部落。

土罗、土拉、土佬、土僚 都是 tu lau“我们人”的同音或近音
我们
异译字。

土兰 是 tu la:n“家居者”的汉字译音。
（只） 家

土蔑 是tu mit“带匕首者”的汉字译音，是战国晋大夫之名，
位 匕首
但未必是真人名，或是作史者根据传说用汉字记录其中的濮越语音而留存的代人名词。

土瓦 是 tu wo（wu）“咱们人”的汉字译音。《隋书·铁勒传》
咱们
载，在今俄罗斯联邦境内贝加尔湖沿岸至蒙古国北部一带，是原铁勒（ta lau“我们”的汉字译音）15 个部落生息繁衍的地方。其中包括
我们
吐蕃（都播、都波）部落，土瓦人是古都濮（tu pu）人的后裔，也即是古濮人的北支，夫余（pu ji）人之后。

菟和山 是 tu wu 山“咱们人”山的汉字译音。古缅甸南部有投
咱们
和国，“投和”与“菟和”是同近音异译字，意义相同。投和国又称“堕罗钵底”［tu lau pu di“我们濮人是好人”的汉字译音］国。
只(位) 我们 人 好

哆罗国 是 tu lau 国，“我们（濮人的）”国的汉字译音。黄叔
我们
璥《台海使槎录》载：“哆罗国社，成婚，男女俱折去上齿各二，彼此谨藏，以矢终身不易。”

突罗朱 是 tu lau zau“我们（濮人）”的汉字译音。今布依族
我们 我们
称“我们”仍读 zau。lau、zau 叠韵，两个音节的意思仍是“我们”，只是加重了语气，更具排他性。《新唐书·南蛮传》载：“骠，古朱波（tsu pu‘濮人’的汉字译音）也，自号突罗朱，阇婆（tu pu‘濮人’

的汉字译音）国人曰徒里拙［tu（只） li山地 tsau我们‘我们山地人’的汉字译音］。”

史籍用汉字译音，缅甸的所谓“骠人”或“骠国”，实际上是古濮越语pu lau“我们”（汉字译音作“濮僚”）连读快读的变音，被始译者记作piau，而用汉字译音作“骠”。“突罗”与“哆罗”都是濮越语tu lau“我们”的同音异译字。这说明他们都是古濮越人的一支。“子玉使斗勃请战，曰：‘请以君之戏，君冯轼而观之，得臣与寓目焉。’”杨伯竣注：“斗勃”是楚国大夫。其实，所谓“斗勃”并非真人名，而是把“濮人”的汉字译音当做人名来记述而已。

斗宜申 是tu ji音夷或越(宜) sen话“（讲）种田人（即越人或夷人）语言”的汉字译音。《左传·文公十年》载：“穆王闻之，五月，杀斗宜申及仲归。”同上，所谓“斗宜申”也并非真人名字，而是将濮人语言里“（讲）种田人语言”这组词的汉字译音当做人名来编造故事，充史实而已。

督扬 是tu ja:ŋ粟“种粟人”的汉字译音。《左传·成公十六年》载：“七月……我师次于督扬，不敢过郑。”

朱离 是tu li“山地人”的汉字译音。“朱”不读今音tsu，而读古音tu。今闽南话仍读“朱”为tu。《周礼·韎鞻氏》注：“四夷之乐，西方曰朱离。”

朱吾 是tu wu咱们“咱们人”的汉字译音。今越南广平省美丽乡，为汉代所置的朱吾县。“朱吾”，有些史籍又写作“朱吴”。《林邑记》载，日南郡有朱吴县。还有“邾娄”是tu lau“我们人”的汉字译音。

主僚 是tu（只） lau我们“我们人”的汉字译音。史籍将濮越先民的自称“我们”lau用汉字译音为“僚”之后，就莫名其妙地有数十种，如主僚、俚（li“山地”）僚、乌浒（wu“咱们”）僚、夷（ji“犁田”）僚、鸠僚（klau“我们”）、僮（sa:ŋ或so:ŋ稻穗“种稻人”）僚、滇僚、濮（pu“位”）僚、蛮（ᵐba:n“村、寨”）僚、黎（lo:i“山”）僚、俾佬（klau“我们”，同音异译有“仡佬”、“葛僚”、“仡僚”）、木（mu“位”，是^{m}pu 的分化）僚，等等。而“主僚”的“主”与“朱”是同音异译字。“主”不读今音 tsu，而读古音 tu，今闽南话仍读“主”为 tu，如“主人”读tu naŋ。
主 人

多友 是 tu jau “我们人”的汉字译音。西周青铜器多友鼎铭文
我们
载：“玁狁（ jam von “同样的人”的汉字译音）广伐京师……武公
同样的 人
命多友率公车羞追于师。癸未，戎伐荀、衣俘［pu ji‘种田人（越人）’的倒装的汉字译音］，多友西追。”

兜牟山 是 tu mou 山“猪山”（像猪形）的汉字译音。
猪

柱蒲关 是 tu pu 关，“濮人”关的汉字译音。《华阳国志·南中志》载：“且兰县，音诅。汉曰故且兰。有柱蒲关。”

3. 汉语名词的“人”字，濮越语读作 von、kon 或 hun，用汉字译作“温”、“干”、“汉”等

在浩瀚如海的中华史籍里，这些字比比皆是。濮越（夷）人的后裔，现代壮侗语族许多语言里，至今称“人”仍读这些用汉字译音基本相同的音。之所以说基本相同，是因为始译者在用汉字译音时，也只能用同音或近音汉字来译写。例如“温”，现代壮语，南壮称“人”仍读 von，北壮读 vun；“干”，现代傣语（德宏）称“人”仍读 kon，傣语（西双版纳）读 kun；“汉”，现代布依语和海南临高话称“人”仍读 hun。可见众多史籍里，用汉字译音记录下来的许许多多以“温”、“干”、“汉”及其同音或近音的历史、地理专有名词，都是古濮越（种田）人语言留在史籍里的中华瑰宝。它用铁一样的事实告诉人们：古老的神州大地，是濮人赖以生息的大舞台，千万年以来，从东到西，由北至南，到处都烙下了他们数不清的辛劳汗迹和踏过的脚印。

现在我们读史看到史籍里留下的有关濮越语称“人”而用汉字译音的同近音字有：

濮越语 von、vun，用汉字译音为温、蕴、文、旻、云、桓、丸、宛、碗、匀、尹、允、狁、郧、嬛、湾、混、浑等。

濮越语 kon、kun，用汉字译音为干、军、均、君、昆、郓、倱、群、菌、灌、殰、驩、臛、鄻、鄿、卷、痟（涓）等。

濮越语 hun，用汉字译音为汉、汗、寒、旱、犬、赣、勋、薰、獯等。

中古汉语出现轻唇音 f 以后，濮越有的方言称“人”读作 fun，于是随即有始译者将其音译作“烦”或“繁”、“汾”、“贲”等。

下面分别举例说明。

温　是 von“人”的汉字译音。河南省有温县，浙江省有温岭和温州市，黑龙江有温春（von sen“讲濮人话”）镇，四川有温波镇，
话
新疆有温宿（von so:k“外边人”）县和富蕴（pu von“濮人”）县，
外
台湾有新塭，都是古濮越人曾经生息过的地方。

文县　是von 县“（濮）人”县的汉字译音。在甘肃省南部，汉
人
时置县。

文郎国　是von laŋ国，“后来的濮人”（的）国的汉字译音。《越
人 后面
史略》载：“交趾……到周庄王时，嘉宁部有异人焉，能以幻术服诸落，自称雒王（骆王），都于文郎，号文郎国。”

文山　是von sa:n“种稻人”的汉字译音。文山县在今云南省，
人 稻米
汉置县。

文水县　是von çai“耕田人”的汉字译音。交城县西北 90 里有
人 犁
文山，文水县又有文谷水（文峪河），“谷”读如粤语的“浴”（jo:k，濮越语是“外面”的意思，“文峪河”中的“文峪”von jo:k 是“外
人 外面
来者”的意思）。

文齐　是von tsai（tsi）“耕田人”的汉字译音。“文齐”是越南
人 犁
西部长山山脉中的一个部族，本是古濮越的一支，东汉初年由云南濮水南迁。经过 2000 多年的发展，现在一部分被称为“巴纳”和“斯黎”。所谓“巴纳”，即濮越语pu na“种田人”的汉字译音。所谓
位 田
“斯黎”即濮越语 çai　lɔ:i“耕山的人”的汉字译音。
犁(耕) 山

文单　是von sam“同是濮越人”的汉字译音。“单”不读 ta:n，
人
读如粤语的“甚”sam。西汉时的“文单国”即现在的老挝。《汉

书·西南夷传》载："句町王禹、漏卧侯俞震恐，入粟千斛，牛羊劳士。""句町"是濮越语kau de:ŋ"我（的）地方"的汉字译音。"漏
我 地方
卧"是濮越语 lau wo "我们的"汉字译音，古译"漏卧"，今译
我们（的）
"老挝"，同音不同字而已。

文狼究 是von laŋ kau"比我后来的人"（"比我来得晚的人"）
人 后面 我
的汉字译音。

旻 是von"人"的汉字译音。见前面"突旻"条。
人

云 也是 von"人"的汉字译音。广西、广东以"云"字起首的地名很多，不胜枚举。如：

广西：上林县有云周（von tsau"我们人"的汉字译音）、云陆
人 我们
（von lo:k"外人"的汉字译音）、云姚（von jau"我们人"的汉字译
人 外 人 我们
音）、云莫（von mo"新来者"的汉字译音）、云陵（von laŋ"后来
人 新 人 后面
者"的汉字译音）；藤县有云野（von jai"耕田人"的汉字译音）；桂
人 犁
平有云兰（von la:n"家里人"的汉字译音）；防城县有云播（von pu
人 家 人
"濮越人"的汉字译音）。

广东："云浮"与"云播"是同音异译字。云浮县（今为云浮市），即von pu 县"濮越人"的县的汉字译音；罗定县（lau de:ŋ
人 我们 地方
"我们的地方"的汉字译音）有云罗（von lau"我们人"的汉字译
人 我们
音）；化州有云马（von mo"新来的"的汉字译音）；新兴县有云罗
人 新
（von lau"我们人"的汉字译音）；阳春有云霍（von ha:k"客家人"
人 我们 人 客
的汉字译音）；清远有云定（von de:ŋ"濮人地方"的汉字译音）；等
人 地方
等。

一些民族史学家和史学爱好者因不懂得濮越语 von"人"用汉字译音译作"云"的含义而望文生义。如《广东新语》的作者屈大均就是如此。他对广东新兴县有众多以"云"字冠首的地名，因不明来源和意义就牵强附会、信口开河地瞎说一通："盖新兴在万山之中，

其地多云，居人所见无非云（笔者按：十分可笑!）。云之静者为山，山之动者为云，云与山一也（?!）。地在山中，不以山名，而多以云名，从其动而能变者也。”

近代著名民族史学家徐松石，虽然曾深入壮人地区，作了许多调查研究，但在《粤江流域人民史》里，却得出错误的结论，认为“壮音地名的‘云’字，即是壮音地名的‘板’字、‘蔓’字、‘麻’字、‘斑’字、‘慢’字、‘晚’字。‘云’音 Waan，‘板’音 Baan 或 Waan 或 Bane。这些字都是壮语‘村’字的意思”。虽然这段话的最后说了一句“亦有时作‘人’字解”，但他并不确切知道，“云”只是“人”的汉字译音，并无“村”之义，说“云”是“村”，是没有深入调查了解的结果。

桓彝　是von ji“耕田人”（亦即“越人”）的汉字译音。“彝”
人 犁
与“夷”是同音异译字。“宜”亦是“夷”、“彝”的同音异译字。

丸　也是von“人”的汉字译音。《三国志·乌丸鲜卑东夷传》中
人
的“乌丸”是 wu von “咱们人”的汉字译音。“乌丸”又作“乌
咱们 人
桓”。(《后汉书·乌桓鲜卑传》:“光武初，乌桓与匈奴连兵为寇，代郡以东尤被其害。”

宛（碗）　也是 von“人”的汉字译音。《魏书·蛮传》载:“自刘石乱后，诸蛮无所忌惮，故其族类渐得北迁，陆浑以南，满于山谷，宛洛萧条，略为丘圩。”这句话中的“陆浑”是 luk von“人”的
人
汉字译音（luk 是词头，本义是“儿子”）。“宛洛”是von lau“我们
人
人”的汉字译音。还有“大宛国”即 tu von 国。《史记·大宛列传》:“大宛在匈奴西南，在汉正西，去汉可万里。其俗土著，耕田，田稻麦。有蒲陶酒。多善马，马汗血，其先天马子也。……其兵弓矛骑射。其北则康居，西则大月氏，西南则大夏，东北则乌孙，东则扜罙、于田。”

匀——都匀　是tu von“人”的汉字译音。今贵州都匀市。
只 人

尹——伊尹　是ji von“耕田人”的汉字译音。“伊”与“夷”
犁 人
是同音异译字。“伊尹”本是“夷人”或“越人”的意思。《史记·

殷本纪》说：“伊尹名阿衡。”但是，《尚书》、《墨子》、《孟子》、《楚辞》、《左传》、《吕氏春秋》等都把“伊尹”当做真人名字，当然也有注释家把“尹”当做官名的。

据不少古籍辗转传抄记载，伊尹本是夏朝末年有莘氏的家奴，因商汤娶有莘氏女而作为陪嫁家丁去商汤家。先被派作司厨，管些厨工。因颇富谋略，在侍候汤时，听到汤与谋臣商议国事，常忍不住在旁插嘴，汤赏识其才智而加以重用，委以国政，为其出谋划策。商灭夏时，于鸣条打败夏桀，立了大功。《史记·殷本纪》载：“伊尹摄行政当国，以朝诸侯。”《帝王世纪》载，伊尹一生共辅弼了商朝五代帝王，直到武丁时才寿终正寝，享年100多岁（?!），厚葬于亳。

由于灭夏辅商有功，所以，是中国历史上的著名人物。数千年来，各种史籍都把“伊尹”作为商代一位英雄高官的名字辗转传抄不疑。其实，“伊尹”只是濮越语ji von“耕田人”的汉字译音，并非
犁 人
真人名。古代有莘氏是东夷人，讲的是濮越语，因而，把ji von用汉字译作“伊尹”是无可非议的。现代粤语读“尹”仍是van。《史记·殷本纪》说：“伊尹名阿衡。”这是比较正确的。虽然司马迁在叙述中仍沿用其他古籍的说法，用“伊尹”如何如何，他本人也弄不清“伊尹”二字的真正含义，但他至少没有如某些史籍所说的认为“阿衡”是官名，而认为是人名，清楚地告诉人们：“伊尹”的名字叫“阿衡”。

有关“伊尹”的历史传说，版本不一。仅《史记·殷本纪》就记述有二：一是说“阿衡欲干汤而无由，乃为有莘氏媵臣（笔者按：陪嫁），负鼎俎，以滋味说汤，致于王道”。但另一种说法认为，他本来就是一位有谋略的人，所以，司马迁用了“或曰，伊尹处士，汤使人聘迎之，五反，然后肯往从汤，言素王及九主之事。汤举任以国政”。这两种说法，孰正孰误，已无可考，亦无须考。不过，有一点是必须要弄清楚的，就是“伊尹”是夏商交替时代的人。《史记·殷本纪》有一句话说“伊尹去汤适夏”，清楚说明他也曾为夏朝效过劳。“夏”是濮夷（伊、依、越）先民建立的王朝，官员讲的是濮夷（伊）语。“伊尹”阿衡是东夷人，讲的也正是濮夷（伊、越）语，同声同气，交流沟通当然没有问题。可见，所谓“伊尹”阿衡是濮夷

（伊、越）先民的一位治国能人。“伊尹”只不过是 ji von “耕田人”的汉字译音而已，“阿衡”才是他的真名。另“伊吾”是 ji wu “咱越（夷）人（种田人）”的汉字译音。《汉西域图考》载：“蒲类国（在今巴里坤）在伊吾北。”《班超传》载：“将兵别击伊吾，战于蒲类海。”

荤粥（薰鬻、獯粥、獯鬻） 是von tso:k “外人、外面的人”的
人 外
汉字译音。《孟子·梁惠王下》载：“文王事混夷（hun ji “耕田人”）
人 犁
……太王事獯鬻。”《史记·五帝本纪》载：“北逐荤粥，合符釜山，而邑于涿鹿之阿。”《索隐》注《史记·五帝本纪》“荤粥”曰：“匈奴别名也。唐虞以上曰山戎，亦曰熏粥，夏曰淳维，殷曰鬼方，周曰猃狁，汉曰匈奴。”《索隐》又引服虔曰：“尧时曰荤粥，周曰猃狁，秦曰匈奴。”

“荤粥”与《左传》“因夏民以代夏政”里的“寒浞” hun tso:k
人 外
“外人”是完全同义的近音汉译词。von 与 hun 是不同时代、不同地域历史音变的结果，都是“人”的意思。

郧县 是 von 县，“（濮）人”（的）县的汉字译音。

嬛依 是von ji “耕田人”的汉字译音。《史记·五帝本纪》载：
人 犁
“黄帝二十五子，其得姓者十四人。”《索隐》注计有姬、酉（jau “我们”）、祁、己、滕（taŋ “龙”）、箴（tsam “共同、一样、一起”）、任（jam “同”）、荀、僖（li “山地”）、姞、嬛依（von ji “耕田人”）等。

湾 也是 von “人”的汉字译音（见前“台湾”一节的解释）。今台湾高山族的一支po（pu）von “（濮）人”被一些历史学家、民族
位 人
学家用汉字译为“排湾”族或“百宛”族。

混 是van “人”的汉字译音。《琉璃宫史》载，约在（北）宋
人
太祖乾德（963—968 年）年间，缅甸蒲甘（pu kam “同样的人”）
同样
国，有位国王名叫“混修恭骠”。这个名字是濮越语van sau kuŋ piau
人 我们 阿 骠
“我们阿骠”的汉字译音。

浑 是 van “人”的汉字译音。“浑江”是 van 江“（濮）人”河

的汉字译音。又有“浑沌”（又写作“混沌”、“浑敦”、“倱伅”）之词。《辞海》注：“世谓无所知曰混沌。”《庄子·应帝王》注：“浑沌无孔窍也。”《史记·五帝本纪》载：“帝鸿氏有不才子……天下谓之浑沌。”“浑沌”、“浑敦”是否由古濮越语van ton“石头人”用汉字
人 石头
译音而来，因无记载，无从考证。但从《庄子·应帝王》所注及《辞海》的解释，似可证实。“无孔窍”、“无所知”与濮越语里骂人不开窍、很笨谓之“石头人”，意义及语音来源不谋而合，认为是源于古濮越语无疑。

干　是kun“人”的汉字译音。今傣族西双版纳语仍读此音（德
人
宏傣语则读作 kon）。

濮越语 kun“人”被始译者用汉音译作“干”以后，史料来源的记录者及后来人，包括史学家、民族学家著述史籍时，就用“干”组成了许多历史专有名词流传后世。如“干人”（是由濮越语 kun“人”与汉字“人”相互注释而成）、“干越”（是kun jai“耕田人”的汉字
人 犁
译音）、“干吴”（kun wu“咱们人”的汉字译音）、“干类”（kun lɔ:i
人 咱们　人 山
“山里人”的汉字译音。《路史》载：“青阳娶干类之女，生少皋。干类氏之后，有干氏、类氏。”）、“干隧（干遂、干队）”、“干国”（《说文解字》：“邗，国也。今在临淮。一曰邗本属吴。”）、“余干”（ji kun“耕田人”。）
犁 人

此外，还有“干将”。“干将”在濮越语里是kun tsiaŋ“丈夫”的
人 丈夫
汉字译音。自从《吴越春秋》记述吴王阖闾聘请干将、莫邪夫妇铸宝剑的故事以后，干将、莫邪就不仅成为阴阳剑的代名词，而且由于其举世无双、锋利无比而成为绝代英雄剑的代名词而广传于世。但是，直到今天，人们都不知道，原来所谓“干将”、“莫邪”并非什么真人的名字，而只不过是濮越语 kun tsiaŋ“丈夫”和 mu ja“妻子”的汉字译音。

由于始译者将古濮越语 kun“人”用汉音译作“干”，而“干”是古代的一种兵器，是在竹竿头上固定嵌入一把开叉的青铜钩刀，既可以用来打猎，也可以用来打仗，故甲骨文写作丫（象形）。周代以

后，文字广泛使用，于是，“干”与“戈”便经常被连用作为武器和战争的代名词。如《左传·昭公元年》：“昔高辛氏有二子，伯曰閈（阏）伯，季曰实沈，居于旷林，不相能也，日寻干戈，以相征讨。”《史记·五帝本纪》：“轩辕之时，神农氏世衰，诸侯相侵伐，暴虐百姓，而神农氏弗能征，于是轩辕乃习用干戈，以征不享，诸侯咸来宾服。”春秋战国时代，统治集团和一些政论家因不知道濮越先民的语言，而把语言相通、居住地不同的濮越先民各部落联盟分割开来，把住在江汉地区的称为“荆楚之民”，住在太湖周边地区的称为“越”或“百（濮）越”，住在临淮地区的称为“干人”，以南的则称为“南夷”。如《墨子·兼爱》：“南为江汉淮汝，东流注之五湖（笔者注：太湖）之处，以利荆楚、干、越与南夷之民。”

《管子·小问》、《淮南子·道应训》、《韩非子·难二》以及《说文解字》等，均认为自称为 pu kun“濮人”（汉译作“濮干”）的
　　　　　　　　　　　　　　　　人
“干人”部落联盟，在商、周时代曾立过国（?），称为“干国”。直至大约于公元前 7 世纪中叶，才为吴国所灭。

《百濮源流史》的作者因不懂得史籍里的所谓“干人”、“干越”、“干国”的“干”只不过是古濮越语 kun“人”的汉字译音，而把它与十足是汉语的“干戈”、“干支”以及也是濮越语kun la:n“上面住
　　　　　　　　　　　　　　　　　　　　　　　　　上面　家
家”的汉字译音——“干栏”等混同起来，然后想当然地加以解释，却不知它们原来是风马牛不相及。

在《百越源流史·干越来源和迁徙》第二节里说：“从甲骨文上看，干字正像战士拿着盾牌遮护着头部、身部，而露出脚部，盾上两角正是盾的上伸部分，可以防止戈从盾的两旁钩伤盾后的战士。……所以，干原义乃盾无疑。”“至于干支，即象征树木的主干和分支，当夏商时代历法昌明时，使用干支来记载年月日时，使长远的时间不致错乱。”“因此，我认为干国的名称即来自善于制盾和用盾，故用为族名和国名，其后裔也以干为姓（着重号是笔者所加）。加之干人擅长于建筑‘干栏’和爱居‘干栏’，即一种高脚楼，便以‘干栏’之音叫这种高脚楼，而别的部族也随之称为‘干栏’。”[55]

这些自以为是的解释，与濮越语 kun“人”用汉字译作“干”，除了语音外壳跟“干戈”、“干支”的“干”写法相同之外，我们实

在看不出在内涵上有任何丝毫的关系！

至于扯到濮越语 kun la:n“上面住家”，用汉字译音译作“干栏”中的“干”，与是否“善于制盾和用盾”就更是毫无因果关系的胡诌了。在濮越语里，“人”与“上面”是同音词，都是 kun，只是因声调不同，意义也不同，因而在使用上有点差别。单独称“人”的时候，前面一定要加 pu，变成pu kun 两个音节。单独说“上面”时，
位 人
情况也如此，前面一定要加 lap 作前缀，变为 lap^{33} kun^{33} 两个音节
上面
（“下面”是 lap^{33} ta:i^{55}）。如果在句子里，有上下文，其含义是永远不
底下
会相混的。

长期山居的濮越先民，建高脚楼，喜住高脚楼，是千万年来与大自然斗争的经验总结。这种建筑形式，人住在上面，饲养的牲畜在下面，是干净和生命安全的最大保障，与是否“善于制盾和用盾”根本无关！

赣 是 kun“人”的汉字译音。“赣榆”就是 kun ji “夷人
犁（音夷）
（耕田人）”的汉字译音。《姓氏解》：“齐有隐士赣娄子，著书五篇。”“赣娄”是 kun lau“我们人”的汉字译音。这里把它作人名，是完全符合故事传说为了便于易记易传而避开具体人名的原则的。

军宁 是kun ^{n}de:ŋ“（濮）人（的）地方”的汉字译音。《越史
人 地方
略》载，交趾部落有 10 多个，包括交趾（kau tsi“我种田人”）、武
我 犁
宁（wu ^{n}de:ŋ“咱地方”）、军宁［kun ^{n}de:ŋ“（濮）人地方”］、越裳
咱们 人 地方
（ji so:ŋ“种稻人”）、新昌［sen so:ŋ“（讲）种稻人的话”］、文郎
稻穗 话 稻穗
（von laŋ“后来者”）、九德（kau dei“我好人”）等。
人 后面 我 好

均县 是 kun“人”县的汉字译音。

昆吾 是kun wu“咱们人”的汉字译音。《史记·殷本纪》：“夏
人 咱们
桀为虐政淫荒，而诸侯昆吾氏为乱。汤乃兴师，率诸侯，伊尹从汤，汤自把钺以伐昆吾。”

昆嵩 是kun so:ŋ“种稻人”的汉字译音。
人 稻穗

昆池　是kun tsi“耕田人”的汉字译音。《蛮书》：“磨些蛮，亦
人 犁
乌蛮（wu ᵐba:n“咱们村里人”的汉字译音）种类也。铁桥上下及
咱们 村
大婆、小婆、三探览、昆池等川，皆其所居之地也。”

郓城　是kun城“（濮）人”（的）城的汉字译音。

群舒　是kun sau“我们人”的汉字译音。“群舒”是商代东夷的
人 我们
一个部族。

灌　是kun“人”的汉字译音。史籍里同音异写字有“彏”、“臛”、“讙”、“驩”、“鄯”、“鄞”等。如《山海经·西山经》载：“石脆之山……灌水出焉，西北流注于禺水。”《山海经·海外南经》载：“讙头国在其南。……或曰讙朱国。”“讙头”有的史籍又写作“驩兜”。如《史记·五帝本纪》载：“流共工于幽陵，以变北狄；放驩兜于崇山，以变南蛮。”“讙头”、“驩兜”（kun tau“我们人”）、
人 我们
“驩朱”（kun tsau“我们人”）都是“我们（的）人”的汉字译音。
我们

由于“灌”、“讙”、“驩”、“彏”、“臛”、“鄯”、“欢”、“鄞”等是“人”的汉字译音，史籍里的记载很多，不胜枚举。《春秋左传·定公十年》的记载就是如此：“十年春……齐人来归郓、讙（笔者按：有的转抄者写作‘鄯’）、龟阴田。”

这句话中的“郓”、“讙”都是濮越语kun“人”的汉字译音。但由于始译者是不同的人，用了不同的汉字，记述者又将它们用来代表不同的部落或部族，以致把“本是同根生”的“人”，当成了不同的“异类”，留下了这样的千古笑谈。“龟阴田”这个名词，也是濮越语kwai jam de:n“同地方种田人（耕种者）”的汉字译音。当今的水族、
犁 同 地方
毛南族、仫佬族语言，称“犁”仍然读kwai。

甲骨文记录的“鬼□”后来被一些史籍称作“鬼方”的所谓“方国”小邦，其实就是濮越（种田人）语kwai“犁”的最早汉字译音。所谓“鬼方”即是“耕田者”部落。后来出现的所谓“龟兹”的地名，其真正的含义亦即“耕田者”。

卷　是kun“人”的汉字译音。《史记·楚世家》载：“楚之先祖，出自帝颛顼高阳……高阳生称，称生卷章，卷章生重黎。”“卷

章”是kun tsoŋ（tsaŋ）“种稻人”的汉字译音。《庄子》：“卷娄者舜
人 稻穗
也。”“卷娄”是 kun lau “我们人”的汉字译音。这句话不能解释为
我们
“卷娄”是舜的名字，而是说“舜是我们的人”这个意思。因为舜是东夷人，东夷是濮越先民一部分，所以说“舜是我们的人”。

痯（涓）　也是 kun“人”的汉字译音。《毛伯班毁》铭文：“王令毛公以邦冢君土驭域人伐东或痯戎。”

汉、汗——可汗　“汉”是 hun“人”的汉字译音。“汗”是同音异译字。“可汗”是ko（kou、kau 的变音）hun“我本人”的汉字译
我 人
音，相当于以前皇帝自称为“孤”或“寡人”之意。“孤”的来由也是出自古濮越语 kou“我”的汉字译音。现在壮语称“我”仍读 kou 或 ku，用汉字可以译作“孤”、“菇”、“固”等。

寒（旱、韩）——寒浞　“寒”是 hun“人”的汉字译音。“寒浞”，史籍有的又写作“薰（獯）粥”、“熏鬻”，是hun tso:k“外人”
人 外
的汉字译音。《左传·襄公四年》：“寒浞，伯明氏之谗子弟也，伯明后寒弃之，夷羿收之，信而使之，以为己相。”（故事见前《“濮”与“华夏”》第一章）当然，古籍上的所谓“薰鬻（粥）”、“俨允（猃狁）”是用来专指长城以外的游牧部落之民，但这两个由汉字译音而来的词是源于古濮越语hun tso:k“外面的人”及jam von“同一种人，
人 外 同 人
相同的、一起的人”这两组词。由此可见在中国历史上，古濮越语的地位及其影响有多大、多么深远！“寒浞”与“薰鬻”这两个同音异译词，在不懂濮越语的史学家们看来，是无论如何都无法联系在一起的。

勋（薰）　是 hun“人”的汉字译音。《史记·五帝本纪》说，尧帝的名字叫“放勋”。“帝尧者，放勋。其仁如天，其知如神。就之如日，望之如云。富而不骄，贵而不舒。”所谓“放勋”，其实是濮越语 pu hun“濮人”的汉字译音。“放”不读今音 faŋ，而读如闽南话的 paŋ，是 pu hun（闽南话读 huŋ）连读的变音。

尧是历史传说人物，真名不可考。传说他是 5000 年前中华古代第一帝王，所以，不但其人的真名不可考，而且连“尧”这个名称也是来源于古濮越语里 jau“我们”这个词。它是由古濮越语故事传说

中“pu hun jau”（即“我们濮人如何如何”，“放勋如何如何”得来
濮 人 我们
的）。而在文字被广泛使用以后，被人记录下来而变成“尧”。所以，史籍记载的所谓“尧”和“舜”都与古濮越先民有关，是由古濮越语积淀而成的传说古帝王之名。

犬　也是hun“人”的汉字译音。只是始译者用了“犬”字，把“人”变成了畜生，致使后来人望文生义，不仅对人产生了歧视，而且还由此而编造了有悖常理的离奇故事来误导了后人。例如，本来濮越语的hun ja:ŋ 是“种粟人”之意，但被始译者把这两个音译为“犬
人 粟
戎”之后，就被统治者用来专指某地方的人类群体，并十分明显地带有歧视色彩。《史记·匈奴列传》载：“周道衰，而穆王伐犬戎得四白狼四白鹿以归。”“申侯怒而与犬戎共攻周幽王于骊山之下，遂取周之焦获，而居于泾、渭之间。”

这里的所谓“犬戎”，当然指的还是某一部分人，但字面意义已很自然地带有了贬义。然而，始译者所想不到的，正是由于他把hun“人”译作“犬”之后，竟被一些无聊的文人墨客编造出什么“人犬配”并“逃居南山石室，三年生下六男六女，自为夫妻，子孙号为蛮夷”之类的诽谤人格的鬼话。而瑶族记述祖宗来源的“过山榜”，竟然把这些无聊文人编造出来的所谓“盘瓠和龙犬”当真以为是自己的祖宗而顶礼膜拜。

当代最有贡献的著名民族史学家徐松石教授，在《粤江流域人民史·板傜榜牒研究》里，用了18条理由，彻底揭穿了所谓“盘瓠和龙犬”的故事，指其全属虚妄之说。他愤怒地指责晋代《搜神记》的作者干宝和《后汉书·蛮夷传》的作者范晔，指前者是“得于讹误传闻，而枝叶其说”，指后者是“拾取他人神话，列为正史。遂使后来愈传愈加荒唐，可怜亦复可笑”。

其实，所谓“傜（瑶、摇）”之名，本是古濮越语jau的汉字译音，与“尧”是同音异译字，是不同时代、不同始译者对jau“我们”用不同的汉字译音的结果。

“傜（瑶、摇）”之名，见于史籍是在汉高祖刘邦伐秦时，居于今浙南、闽北一带的一支骁勇善战自称为jau“我们”的越人，因参与伐秦有大功，汉孝惠帝二年（前196），封这支越人为闽君，圣旨

中就用其自称为 jau“我们”的汉字译音“摇”字，并立“摇”为东海王，都在东瓯，史称东瓯王，也称东越。

经过 2000 多年来的以讹传讹，到现在瑶族人对自己是闽君东海摇王的后裔，是古濮越民族的一支已无所知，但对世代相传的“榜牒”所讹载的所谓“盘瓠”（后来又演变为“盘古”）是自己的祖先（“犬之子”）却深信不疑，因而将其当神设祭侍奉。

其实，所谓“盘瓠”或“盘古”，并非自天而降，而是源于濮越语的汉字译音。这从“榜牒”的记载就非常清楚。榜文开头叙述盘瓠王与龙犬的故事里说，“东海盘护王早年娶了评王殿前的一个宫女为妻，后来又收养了刘家的龙犬……”这段话里的“盘护王”是什么意思呢？是具有“全盘护卫”这个意思的封号吗？非也！它是濮越语 pon wu 王，“咱们的王”（排他性的）的汉字译音。pon 没有独立意
咱们
义，必须与 wu“咱们”或 ku（kou、kau）“我”连用，成为 pon wu“咱们的”、pon ku（kou、kau）“我的”、pon muŋ（pɯŋ）“你的”才产生强调排他性的意义。pon 用汉字译音译作“盘”是贴切的。

“盘护王”是 pon wu 王，“咱们的王”的汉字译音。很明显，pon wu 被人译音为“盘护”之后，又被人另译为“盘瓠”，而 pon ku 则又被人译音为“盘古”。

由于“盘”是可装可盖的器皿，所以，《搜神记》的一段神话中，说高辛氏时，王室有一个老妇，忽患耳疾，医生从她耳朵里取出一个大如蚕茧的东西，置于瓠中，盖以大盘（笔者按：注意，这是编造者将“盘”、“瓠”两字结合的来源）。这东西竟然在里面演化为犬，云云。既然“盘”与“瓠”相盖，耳里取出的怪物可以化而为犬，那么“两盘”相盖，泥土岂不可以变成人？沿着这条思路，神话的编造者就用“盘古”这两个字，想象着由两盘相盖，里面漆黑一团的混沌状态，进而联想到天、地、人三者的关系。在尚无科学解释“人”的来源的状况下，编造出“盘古开天地”（揭开上盖，豁然开朗）的神话。

濮越语 hun“人”被用汉字译作“犬”的年代很早，至少已有 4000 年。比后来一些史籍上译作“干”、“汗”、“汉”、“寒”、“文”、“昆”等数十个同音或近音异译字早一两千年。因为甲骨、金文所记

录的卜辞，就已有很多“犬”字，而这“犬”字并不是指称“狗”，而是指称“人”。

现据郭沫若主编的《甲骨文合集》略举数例就足以证明。由于甲骨文、金文到商代已经是文字进入比较成熟的使用阶段，距文字的创造期已有数千年。因此，我们认为，把濮越语的 hun “人”用汉字译作“犬”，早在夏代已有之。甲骨文、金文并非只是殷商时期的“断代”产物。把它硬性定为商代的东西，是不符合文字发展史实的。

卜辞：己卯卜，允，贞令多子族比犬侯璞周，叶王事。五月。(《合集》6812 正)

这句话里有 8 个字是古濮越语的汉字译音：多子、比犬侯、璞周、叶。

“多子”是 tu tsai（tsi）“耕田者”的汉字译音。
（只）犁

“比犬侯”是pi（pu 的变音）hun hau“我们（的）人”的汉字译音。
位 人 我们

“璞周”是pu tsau“我们”的汉字译音。
位 我们

“叶”是jam“同”的汉字译音。
共同

全句卜辞的意思是：贞令耕田者族我们的人和我们共同为商王效力。

卜辞还有“犬自（师）”、“犬征”、“犬丘”、“犬方”、“犬（畎）夷”、“岱畎”、“羽畎”等等。

“犬自（师）”是hun çai “耕田人”的汉字译音；“犬征”是
人 犁(耕)
hun tsi“耕田人”的汉字译音；“犬丘”是hun jau“我们人”的汉字
人 犁 人 我们
译音；“犬（畎）夷”是hun ji“耕田人”的汉字译音；“岱畎”是
人 犁
hun do:i“山地人”的汉字倒装；至于“犬方”即是《山海经·海内
人 山
北经》所说的“犬封国曰犬戎国”；“羽畎”即是hun ji“耕田人”的
人 犁
汉字倒装。

几千年来，本是堂堂正正、气宇轩昂、对世界文明进步有着特殊贡献的人，却因始译者犯了不可饶恕的天大错误，把“人”变成了

“犬”，从而使这部分人白白蒙冤了数千年。现在是该把被颠倒的历史改正过来，扼制谬误流传，还其历史真面目的时候了。历史上的所谓“犬”，原来却是堂堂正正的“人”。

4．汉语名词“犁”字，古濮越语读作 ji、jyi、jai、joi、tsai、tsi、çai **等。史籍用汉字译作“夷”、“越”、“禹”等**

现代壮语、布依语以及不同方言土语仍是如此说。如布依族仍自称 pu ji；壮族自称 pu jai 或 pu joi。史籍记载所谓南蛮夷人，由于始译者不同，所以，译音汉字五花八门，都是与 ji 这个音同音或近音的字。如：

依、伊、猗、一、乙、夷、彝、移、嶷、宜、余、榆、犹、沂、虞、翼、予、庾、禺、羽、羿、与、羲、医、耳、耶、夜、掖、曳、野、也、越、支、矣等。

夷濮　是pu ji“耕田人”的倒装的汉字译音。《左传·昭公九年》
位 犁
载：“九年春……丹迁移父人于陈，以夷濮西田益之。”濮越语的习惯语序是量词 pu 在名词 ji（犁）之前。

夷僚　是lau　ji　“我们耕田人（我们越人）”的倒装的汉字
我们 犁(音越)
译音。《北史·僚传》载：“夷僚……着斑布，击铜鼓。”《宋史·蛮夷列传》载：“溪洞夷僚疾病，击铜鼓、沙罗以祀鬼神。”

依兰倭　是 pu ji la:n wu“咱家是越人（耕田人）”的汉字译音。
犁 家 咱
黑龙江依兰倭洞穴遗址是古濮越先民，被译称为所谓“挹娄”（jam
同是
lau“同是我们、我们相同、我们一起”的汉字译音）的部落在原始
我们
式或半原始式穴居中遗留下来的生活遗迹。

伊娄、伊虑、伊洛　都是lau ji“我们耕田人（我们越人）”的倒
我们
装汉字译音，是“夷僚”的同音异译。

北魏是夏亡之后，继续生息繁衍在北方的濮越先民建立的王朝（后面《“濮”与“东夷”、“东胡”》一章专门论述），所以《魏书·官氏志》里记载的姓氏，几乎可以全部用濮越语还原出来，说明5世纪魏王朝建立以后，濮越语仍广泛通行。那时，被称为“汉人”的汉族，早已从部分濮越先民中分离并迅速发展演变成为中华大地上强大

的先进民族，文字也由甲骨文蜕变为别具一格的方块形文字，并且其所代表和反映的音义是汉语，而与濮越语分道扬镳。北魏统治者要统治中国，不可能摒弃已有数千年历史、早已被亿万人熟习并广泛应用而积淀成亿万册浩瀚的文史海洋的方块汉字。像“改朝换代，一朝君子一朝臣”那样，重新创造并推广另一套文字，这是不可能的。所以，他们唯有沿用既省时省力又行之有效的汉字来推行一切政令及记录历史。

这样1000多年以后，我们才有可能从用方块汉字写成的《魏书·官氏志》里知道魏献文帝有七兄弟。为了使每个人都有统治地盘，献帝就把北魏的统治疆域分为七个分封国，并“赐姓命氏”（“至献帝时，七分国人，使诸兄弟各摄领之，乃分其民。自后兼并他国，各有本部，部中别族，为内姓焉”），于是：

“献帝以兄为纥骨氏，后改为胡氏。

次兄为拓跋（tu pat‘佛人’的汉字译音——笔者注，下同）氏，后改为长孙氏。

弟为达奚（ tu k‘əi‘耕田人’的汉字译音，今侗语称‘犁’
只(位) 犁
仍读k‘əi）氏，后改为奚氏。

次弟为伊娄（lau ji‘我们耕田人’的倒装汉字译音）氏，后改
我们 犁
为伊氏。

次弟为丘敦（jau ta:n‘我们种稻人’的汉字译音）氏，后改为
我们 稻米
丘氏。

次弟为侯（hau‘我们’的汉字译音。今海南临高话仍读此音）
我们
氏，后改为亥氏。

七族之兴，自此始也。”[56]

伊循 是sen ji“（讲）种田人话”的汉字译音。史籍记载，伊循
话 犁
是鄯善古国都城（在今新疆南部）。鄯善又作禅善。《水经注》载：“释氏《西域记》所谓二支北流，经屈茨，乌夷［wu ji‘咱们耕田
咱们 犁
人（咱们夷人）’的汉字译音］、禅善［sam sen‘同语言’的汉字译
同 话
音。可见所谓‘鄯善’，即是‘（讲）相同语言’的汉字译音］入牢

兰海（lau la:n‘我们大家的海’的汉字译音）也。”“牢兰”与“楼
我们 家
兰”是同音异译。

“禅善”译音虽然比“鄯善”贴切，但由于“鄯善”始译年代较早，各种史籍的传播应用已较定型，这就害苦了不少古史学家百思不得其解。如岑仲勉就是代表。他在《汉书西域传地理校释》（上册）里，就慨叹：“鄯为译音，但鄯、善音同，初时何以不作鄯鄯（《大慈恩传》）或善善（慧琳《一切经音义》）而偏作鄯善，此必有故。余尝思之，鄯字就是肖音，善字应是命意。……曰‘鄯’者，像当日城国之原称，曰‘善’者尤‘闻喜’、‘怀来’之易号（例如《车师传》有通善君、乡善君）。”

译音不贴切的原因有很多。如译者是本民族或其他民族，听音辨音能力以及文化修养水平等，都直接影响译音效果。如果译者是本民族，因熟习本族语语音，且文化修养较高，译音就一定比较贴切；反之，因其对被译语言的语音比较生疏，或他自己语言里没有该语音，他一定只能用相近似的近音字甚至用他自己的“方音”字来作译音词。“鄯”与“禅”就是如此。“鄯”的始译者母语里已没有－m韵尾（如北京话），而“禅”始译者母语里仍有－m韵尾，因而就能较贴切地译出古濮越语的原语音。

伊罗葛　是ji lau ko“我们耕田人的”的汉字译音。北美东部
梨 我们（的）
印第安人的一个部族，称为伊罗葛族。

伊戈禄　是klau ji“我们耕田人”的倒装的汉字译音。今菲律宾
我们 梨
的一个小岛民族。

翼城　是ji城，pu ji“耕田人”的城的汉字译音。
梨

豫章（又称“越章”）　是ji tso:ŋ（so:ŋ）“种稻人”的汉字译
梨 稻穗
音。在今湖北安陆（濮越语是hun luk“人家孩子”的汉字译音）市。
人 儿子
《明史·地理志》载：“安陆东有章山，即豫章山。”战国时代，楚熊渠曾在安陆分封建立越章王国。

庚岭　是ji岭，即pu ji岭“耕田人的山”的汉字译音。
梨

医巫闾　又作医无闾、医毋闾、于微闾、医无虑等。是ji wu lo:i
梨 咱们 山

“咱们种田人的山”的汉字译音。《读史方舆纪要·广宁右卫》载：“卫西五里有医巫闾山，舜封十有二山，此即幽州之镇山也。”记有此山名的史籍很多，不胜枚举。《周礼·夏官·职方》、《尔雅·释地》、《淮南子·坠形训》、《汉书·地理志》、《楚辞·远游》、《续汉郡国志》等均有记载。

倚亳城 是pu ji 城，“耕田人”（的）城的倒装的汉字译音。《水
位 犁
经注·河水》载：“河水东过平阴县北，清水从西北来注之。清水东流迳皋落（klau“我们”）城北。服虔曰：‘赤狄之都也，世谓之倚亳城。盖读音转，因失实也。’”

一那蒌氏（乙那娄氏） 是ji na lau“我们种田人”的汉字译
犁 田 我们
音。《魏书·官氏志》共记列146个姓氏，其中除了皇室10姓“百世不通婚”外，还有136姓。99姓分由七兄弟统辖，另有东南西北37姓名由部落首领统属，需“岁时朝贡”。在这37部落姓氏中，北方10姓有“一那蒌氏”，后改为“蒌氏”。

彝僚（是“夷僚”的同音异译） 是lau ji“我们种田人”的倒
我们 犁
装汉字译音。广东《信宜县志》载：“信宜县村落，彝僚杂居。”阮元《广东通志》载：“合浦北界，夷僚丛居。”其实，写志的这些人，虽然身居广东，但连自己都弄不清楚“夷（彝）”、“僚”是什么意思，就开口胡诌，误导后人。难道ji“耕田者”和lau“我们”是两种不同的人而“杂居”或“丛居”的吗?! 这种把“夷”和“僚”当做不同的种族而开了数千年历史玩笑的局面，是应该结束的时候了。“彝良”、“宜良”是ji laŋ“后来耕田者”的汉字译音。
犁后面

移交 是kau ji“我耕田人”的倒装的汉字译音。《后汉书·西域
我 犁
传》载：“前后部及东且弥（ts‘ai mi 是 mi ts‘ai，泛称‘女性种田
犁 母
人’的汉字译音）、卑陆（pi lo:k‘外人’的汉字译音。pi 是 pu 的变
外
音）、蒲类（pu lo:i‘山里人’的汉字译音）、移交（ji kau，是 kau ji
位 山 犁 我
“我耕田人”的倒装的汉字译音），是为车师六国。”

宜禾 实际是“伊吾”的同音异译字，是不同时代、不同人音译

的结果。是濮越语wu ji（咱 犁）“咱们耕田人”的倒装的汉字译音。《后汉书·班勇传》载：“东汉所设的西域都护、戊己校尉及其下属都尉宜禾都尉，都是为了统管西域三十六国。”

余干 是kun ji（人 犁）“耕田人”的汉字译音。史籍还有“余汗”，也是hun ji“耕田人”的汉字译音；“余靡”是ji mi（犁 母）泛称“女性种田人”的汉字译音；等等。

榆林 是lam ji（同是犁）“同是耕田人”的倒装的汉字译音。始译者译为“林榆”后，可能有人认为不合汉语习惯而倒装。但另有人将 lam 译作“临”，则被认可而成为今山西的临猗县。其实两者本来完全相同。

矣苴和 是ji pa（犁 位）（读“巴”，pu 的变音，意义不变）wu（咱们）“咱们耕田人”的汉字译音。樊绰《蛮书·六诏》载：施浪诏主施蒙欠被蒙归义打败后，退守矣苴和城，又被打败，只好率家属的一半西逃永昌。

掖县 是pu ji（犁）县“耕田人的县”的汉字译音。战国时称“夜邑”。如《战国策·齐策》载：“王益封安平君以夜邑万户。”汉代改称掖县。

上列 ji 的汉字译音字，因有些是在双音词的第二音节，所以这里没有列出例词。如“后羿”、“伏羲”，还有“拔野固”、“拔也古”、“薄耶姑”等均如此。“羿”、“羲”、“野”、“也”、“耶”都是 ji 的同音异译字。

5. 汉语代词“我”字。古濮越语的读音是 ku。现代的壮语读 kou^{1}；布依语、傣语（西）、布央语等读 ku^{1}；临高话读 hau^{1}；黎语读 hou^{1}；傣语（德）读 kau^{6}；侗语读 ja:u^{2}；仫佬语读^{ʔ}əi^{2} 或 həi^{2}；水语读 ju^{2}；毛南语读 he^{2}；谟语（海南）读 kɯ^{1}；拉基语读 k‘u^{43}

史籍用汉字译音的字有姑、孤、沽、牯、古、固、鼓、蛊、谷、高、交、绞、挍、洨、皋、句（勾）、朐、够、沟、鸠、九、求、扣、哥、戈、葛、阁、个、过、仡、巨、佉、倠、羯、盖、加、嘉、吉等。

姑越 是ku jai（我 犁（音越））“我耕田人（我越人）”的汉字译音。“姑余”

是ku ji，意义相同。

姑蔑 是ku mi“我母亲”的汉字译音。“姑昧”是ku mei“我母亲”的汉字译音，意义相同。
（ku 我 mi 母；ku 我 mei 母）

姑尤 是 kɯ ja:u“我”的汉字译音。“姑”在这里是作词头kɯ的汉字译音。
（kɯ （词头） ja:u 我）

姑苏 是 kɯ sou“你们”的汉字译音。
（kɯ （词头） sou 你们）

姑师 是ku çai“我耕田人”的汉字译音。《史记·大宛列传》载：“楼兰（lau la:n‘我们家园’的汉字译音）、姑师，邑有城郭，临盐泽。”
（ku 我 çai 犁；lau 我们 la:n 家）

孤竹君 是ku tsu kun“我本人”的汉字译音。《史记·伯夷列传》载：“伯夷、叔齐、孤竹君之二子也。父欲立叔齐，及父卒，叔齐让伯夷。伯夷曰：‘父命也’，遂逃去。叔齐也不肯立而逃之。”这个历史故事传说，是佛家为了宣扬“禅让”理念而由孔子记述，最后由司马迁在《史记》里再次肯定而流传了几千年。然而，它并不是真实的，它只是封建统治阶级理想主义的编造（见前“伯夷”条）。
（ku 我 tsu （只） kun 人）

牯佬 是 kɯ lau 或klau“我们”的汉字译音。徐松石《泰族僮族粤族考》载：“广西境内僮人最多……僮人亦称僮牯佬，或僮古佬，乃‘牂柯僚’三字的转译。”“牂柯僚一名等于‘苍梧娆’三字。”“今日的‘僮古佬’即是古代的‘苍梧娆’。”
（kɯ lau 我们；klau 我们）

古劳（县） 与“牯佬”是同音异译字。唐代在贵州曾设古劳县，又称“古州”。

古蒲 是 pu ku“我”的汉字译音。日本的竹村卓二《瑶族的历史和文化》载有一些瑶寨的名称，其中有“古浦（蒲）”、“罗丹”（lau ta:n“我们种稻人”的汉字译音）、“犬二”［hun ji “耕田人（越人）”的汉字译音］等。其实，这些地方都是古濮越人住过的地方，是濮越语遗留下来的地名。
（ku 我；lau 我们 ta:n 稻米；hun 人 ji 犁（音越））

古兜山 是 kɯ tau 山，“我们（的）山”的汉字译音。阮元《广东通志》载：“正德五年，新会近海古兜山，蛮僚聚焉。”
（kɯ tau 我们）

古浪 是ku laŋ（我 后面）“我后来”的汉字译音。“古浪”与“高郎”其实是同音异译字。

古来羌 是ku lɔ:i kiaŋ（我 山 漂亮）“我（是）山里漂亮的人（羌人）”的汉字译音。

瞽叟 是 kɯ sou（（词头）你们）“你们”的汉字译音。由于始译者数千年前用了“瞽叟”这两个字，结果被一些善于望文生义的人解释为“眼盲的老年人”。

到了春秋时代，儒家的文人墨客，为了宣传他们“忠、孝、仁、义”的理念，而以舜帝的家庭出身为背景，以“忠、孝、仁、义”为主线，把舜帝塑造（准确地说应该是“编造”）成为一位品德无比高尚，万民争相膜拜景仰的圣人。

这个本来是儒家有心编造出来的故事，后来竟然被司马迁当成了中华开国的“正史”，堂而皇之地载入了《史记》的“开山篇”——《五帝本纪》里，流芳百世。

为了说明这位忠孝仁义俱全、品德高尚，但却来自庶民的皇帝，其出身的历史背景并非一直都是“草根”，而是源于黄帝之后。司马迁费尽了苦心，从《山海经》和春秋战国时代的史籍里，为他收集拼凑了七代祖宗，上溯至黄帝之孙昌意。然而，殊不知这些被辗转以讹传讹，传颂了2000多年，人们都信以为真的人名，原来全都是来自古濮越语一些普通语词的汉字译音。例如：

“重华” 是so:ŋ wu（稻穗 咱们）“咱们种稻人”的汉字译音。《史记·五帝本纪》载：“虞舜者，名曰重华。”

“桥牛” 是 ke ɣau（父辈 我们）“我们父辈”的汉字译音。《史记·五帝本纪》载：“瞽叟父曰桥牛。”

“句望” 是 kɯ maŋ（（词头） 村）“村里”的汉字译音。《史记·五帝本纪》载：“桥牛父曰句望。”

“敬康” 是kiaŋ ho:ŋ（美丽 东西）“美丽的东西”的汉字译音。《史记·五帝本纪》载：“句望父曰敬康。”

“穷蝉” 是kuŋ sam（祖 共同）“同祖”的汉字译音。《史记·五帝本纪》

载：“敬康父曰穷蝉。”

“颛顼” 是tsun çai（话 犁）“（讲）种田人话”的汉字译音。《史记·五帝本纪》载：“穷蝉父曰颛顼。”

“昌意” 是sa:ŋ ji（稻穗 犁）“种稻人”的汉字译音。so:ŋ、sa:ŋ 语音有些变化，但意义相同，都是“稻穗”。

当然，如果把司马迁写的这些作为人名的濮越语的原意连起来，是非常可笑的。但他是抄来的，对于这些汉字译音词背后所隐藏的濮越语意义，他也是无知者。无知是可以原谅的。这些语词既然早已成为历史人名，看来也只好让它们继续成为历史了。

高夷 是kau ji（我 犁(耕)）“我耕田人”的汉字译音。与“姑越”是音近义同。

高离、高黎、高丽、高句丽 是kau li（lei）（我 山地）“我山地人”的汉字译音。“高句丽”是kau kɯ li（我（词头）山地）“我山地人”的汉字译音。多了前缀kɯ，意义不变。

高邮 是 kɯ jau（我们）“我们”的汉字译音。有人根据《扬州府志》载：“府西四十里有盘古庙，又有盘古山，山上有盘古墓”，就认为高邮是瑶族的故乡。当然，“邮”与“瑶（傜、摇）”语音基本相同。汉时封东海摇王（史籍也称东瓯或东越），管治中心主要在浙南、赣东和闽北一带，势力范围还达不到江苏高邮。不过，也不排除公元前2世纪汉景帝声讨东瓯时，有部分东越人移散到那里的可能。

高要 与“高邮”是同音异译字，意义相同。但高邮在江苏，高要则在广东，两地相隔数千公里。不过，都同是濮越语遗留下来的地名，这是毫无疑问的。因为史籍记载得很清楚：从会稽（今浙江绍兴）至西南檄外（即境外）七八千里，都是濮（百）越民族生息的地方，自然用濮越语命名所在地的山川村镇就理所当然，雷同就不足为奇了。

交趾（交阯、交沚）（见前文，在此不赘）

朐东（胶东、朐衍、朐忍县）（均见前文）

交城（校城）（见前文）

除此之外，**葛僚、僛僚、阁逻、仡僚、葛卢、鸠僚、盖楼、皋落、拘萎、佉卢、僙佬、仡佬** 都是kɯ $\underset{\text{我们}}{\text{lau}}$ 或$\underset{\text{我们}}{\text{klau}}$“我们”的汉字译音。几千年来，一些古史学家因不知道这些同音异译的汉字，其意义只是“我们”二字这么简单，而被其复杂的外表所迷惑，跌进十里迷雾的深渊不能自拔。至今仍然如此。如《南蛮源流史·僚人南迁》里说：“宋以后……遗留的僚人分为数十种，如以住地则分为北僚、南僚（这南、北的概念不知何指——笔者）、山僚、生僚、熟僚、峒僚、木笼僚等；以风俗习惯分为飞头僚、葛僚、姆僚、守宫僚等；和其他民族结合而称为主僚、鸠僚、夷僚、俚僚、瑶僚、乌浒僚、僮僚、蛮僚、滇僚、濮僚、黎僚等；又有作僙佬、仫佬、仡佬、仡僚、木佬、沐佬、僛僚、腊僚、僚子等；其分支有老挝、老龙、哀牢等族。可谓种类繁多。”

如果只是引用史料，当然无可非议，因为史籍已如此说，错亦在史。但这里是作为论著里的论述，以不知强以为知地步史讹的后尘，继续误导后人。例如，说：“守宫僚大约（这是十足的猜测！——笔者）系专擅于捕守宫而得名，是僚人的一个分支。”“守宫僚在东谢蛮之南，分布于今贵州省黔南布依族苗族自治州一带，与广西的天峨、南丹、河池、环江带县相接。这一带盛产蛤蚧，亦叫守宫，是一种壮阳补肾的动物药类。”云云。

好在没有对“飞头僚”、“葛僚”、“姆僚”作进一步的解释，像《赤雅》作者邝氏所作耸人听闻的描绘那样：“飞头僚头将飞去，先一曰颈有痕周如红线，及夜状如病，头忽飞去，须臾飞还，其腹自实，其觉如梦，虽僚不自知也。予尝入石袍山，涧中偶见二头，一食蟹，一食蚓，见人惊起，食蚓者尚含蚓而飞。蚓长尺许，双耳习习，如飞鸟之使翼也。”这样被人贻笑万年的千古笑谈，对于有现代知识的民族史学家来说，当然不会再这样胡言乱语了。

不过，既然称得上是现代民族史学家，头上顶着这光荣的帽子，在自己如此庄严的专著里，至少要调查研究清楚，古代的所谓“僚”实质是什么意思，它与当代一些民族到底有何关系等等，否则仍然如以往的史籍那样一团糟，这样的著作，还有什么价值呢？

其实，几千年来史学家弄不清楚的所谓“僚”，并非如《南蛮源

流史》所说的是种类繁多，而是只有一种！“僚”，只不过是濮（百）越语 lau“我们”的汉字译音。它更不是如《南蛮源流史》所说的那样，是和其他民族结合之后，才有那么几十种称呼。《南蛮源流史》所罗列出来的这数十种名称，除个别是强加之外，基本上都是濮越语的汉字译音。我们不妨将它们还原如下：

所谓“主僚”是 tsu lau“我们”的汉字译音。
（只）我们

“鸠僚”、“葛僚”、“[illegible]僚”、“俾佬”、“仡佬”都是 kɯ lau 或
（词头）我们
klau“我们”的汉字译音。
我们

“濮僚”、“姆僚”、“木佬”、“沐佬”、“仫佬”是pu lau 和mu lau
位 我们　位 我们
“我们”的汉字译音。“濮”和“姆”、“木”、“沐”、“仫”是古濮越语^{m}pu“位”由于历史语音的发展分化为 pu 和 mu 的结果，现代壮侗语族有的读 pu，有的读 mu，意思相同，就是很好的证明。

“夷僚”是 lau ji“我们耕田人”的汉字译音；“僮僚”是 lau
我们 犁　我们
tso:ŋ（so:ŋ）“我们种稻人”倒装的汉字译音。意思基本相同。
稻穗

“乌浒僚”是强加的。“乌浒”本是 wu“咱们”的汉字译音。
咱们
“僚”是 lau“我们”的汉字译音。意义差别只在于排他性和泛称。哪里有“咱们我们”连在一起的道理！

“蛮僚”是^{m}ba:n（语音分化为 ma:n 和 ba:n）lau“我们村寨”的
村　我们
汉字译音。

“俚僚”、“黎僚”是 li（lei）lau“我们山地（人）”的汉字译
山地　我们
音。

“瑶僚”是jau lau“我们瑶人”的汉字译音；“滇僚”是de:n lau
瑶 我们　地方 我们
“我们地方”的汉字译音。

从上可知，所谓数十种“僚”，只不过是“我们”的意思。如此而已，岂有他哉！

九夷　本是kou ji“我耕（种）田人”的汉字译音。但由
我 犁（音夷）
于始译者将 kou“我”用汉字“九”作译音之后，一些人就望文生义

地认为是“九种夷人”，并且真的挖空心思去拼凑出九种，名为“畎夷”（hun ji“耕田人”的汉字译音）、“于夷”（wu ji“咱们耕田人”
人 犁　　　　　　咱们
的汉字译音）、“方夷”，然后在无计可施时，用“黄、白、赤（红）、玄（黑）”以及“风”和“阳”等凑数。于是，数千年来被人争相辗转传抄而不以为讹，实在是开历史的玩笑！最初拼凑出“九种夷人”的，恐怕《竹书纪年》的作者避不了嫌，是始作俑者。

九黎　见前文。可能由于史籍已拼凑出了九种夷人来，如果再拼凑已无新意，所以，“九黎”没有再出现什么“九种黎人”之类的滑稽。

九嶷山　是kou ji 山“我耕田人（我夷人）的山”的汉字
我 黎(音夷)
译音。

[illegible]夷　是 kou ji“我耕田人（我夷人）”的汉字译音。与“九嶷”是同音异译字。史称云南腾冲（腾越土司旧地）地区的越人。“求”加“犭”旁是蔑称。

蛊尾山　是kou mi“我母亲山”的汉字译音。此山即是《山海
我 母
经·中山经》里说的“蛊尾之山，多厉石、赤铜。龙余之水出焉，而东南流注于洛”。吴镇峰《陕西地理沿革》载：“冢岭山，在洛南县西北与兰田、商县交界处。洛水发源于山北，东南流入洛南……其山异名甚多，计有元扈山［jen wu山‘（讲）咱们话（的）人的山’的
话 咱们
汉字译音］、阳虚山、讙举山（kun tsau‘我们人’的汉字译音）、获
人 我们
舆山［wu ji山，‘咱们耕田人（咱越人）的山’的汉字译音］、龙余
咱们犁
山［laŋ ji山，‘后来夷（越）人的山’的汉字译音］、蛊尾山等。”
后面犁

牯僮　是kou（ku）tso:ŋ（so:ŋ）“我种稻人（僮人）”的汉字译
我　稻穗
音。明清史籍，已多见“牯僮”或“僮牯佬”（tso:ŋ klau“我们种稻
稻穗 我们
人”的汉字译音）。

谷利　是ku li“我山地人”的汉字译音。唐贞观二十二年
我 山地
（648），在今四川阿坝藏族羌族自治州境内西南部，置当州，辖有和

利（wu li“咱山地人”的汉字译音）、谷利等县。史籍里不同时
咱们山地
代、不同人译的“犁”、“离”、“利”、“丽”、“里”、“俚”等等，都是li（lei）“山地”的汉字译音，是同音异译。

寇漫汗 是kau ^{m}ba:n hun“我村里人（我乡下人）”的汉字译音。
我 村 人

交 是kau“我”的汉字译音。“猛（勐）交”是ma:ŋ kau“我
村 我
村”的汉字译音。

6. 汉语代词“我们”，史籍用汉字译濮越语音作“僚”、“娄”、“佬”等

由于中国各种史籍的历史跨度，上下两三千年。加上古濮越语语音的自然发展演变，对濮越语进行汉字译音记录的始译者不同。因此，古濮越语的“我们”一词，在史籍里使用的汉字同音或近音字令人眼花缭乱。

下面就是“我们”一词在各种史籍里常见的不同汉字译音。为了清楚起见，我们尽可能把濮越语和相对应的汉字译音字列出，以明来源。濮越语共有7种不同的读音（例词可能与前面重复，但可加深印象和理解，故不避）。

lau“我们” 汉字译音译作僚、寮、辽、娄、蒌、楼、陵、耧、蓼、漏、陋、劳、涝、老、佬、姥、牢、留、柳、鸟、泸、卢、胪、鲁、洛、落、六、禄、路、潞、露、虏、罗、逻、乐、螺、骆、勒、拉等。今壮语（南）仍读此音。

zau“我们” 常见的汉字译音有尤、丘、由、尧、绕、娆、饶、傜、瑶、遥、邮、有、酉、姚、酋、休、右、泑、幽、柔、湭、郁等。今布依语仍读此音。

hau“我们” 常见的汉字译音有侯、猴、后、鸮等。今海南临高话仍读此音。

hɣa:u“我们” 常见的汉字译音有牛、峭、敖等。今仫佬语仍读此音。

ɣau“我们” 常见的汉字译音有沤、奥等。今壮语（北）仍读此音。

tau“我们” 常见的汉字译音有兜、蔸、头、讨等。今仡佬语和布央语仍读此音。

tsau“我们” 常见的汉字译音有周、焦、谯、诏、招等。仡佬和布央有些方言仍读此音。由 ts 变 t－，汉语许多方言都有此现象。

分别举例如下：

僚 本是濮越语 lau“我们”的汉字译音。濮越民族是神州大地上最古老、人口最多、分布最广的古代民族。因此，从商代有文字记载开始，就已把 lau“我们”用汉字译作“娄”，并将濮越先民的一部分人称为“娄人”，他们生息的地方也被叫“娄”或同音、近音的“敖”、“牢”、“落”、“丘”、“口”等。如《左传·隐公四年》载：“四年春，王二月，莒人伐杞，取牟娄（mu lau‘我们’的汉字译音）。”《桓公十一年》：“郧（von‘人’的汉字译音）人军于蒲骚（pu sou‘你们人’或‘姑娘’的汉字译音），将与随、绞（kau‘我’的汉字译音）、州（tsau‘我们’的汉字译音）、蓼（lau‘我们’的汉字译音）伐楚师。莫敖（mu ɣau‘我们人’的汉字译音）患之。……莫敖曰：‘盖请济师于王？’”《闵公二年》载：“晋侯使太子申生伐东山皋落（klau‘我们’的汉字译音）氏。”《襄公九年》载：“晋人不得志于郑……闰月戊寅，济于阴阪（jam ba:n‘同村’的汉字译音），侵郑，次于阴口［jam hau‘同我们（一样）’的汉字译音］而还。”《襄公十七年》载：“卫孙蒯田于曹遂，饮于重丘（so:ŋ jau‘我们种稻人’的汉字译音）”。

（注音：mu 位，lau 我们；pu 位，sou 你们；mu 位，ɣau 我们；jam 同，ba:n 村；jam 同，hau 我们；so:ŋ 稻穗，jau 我们）

宋罗泌《路史·国名纪丁》谓：“娄，楼也，本作偻，商所封，即牟娄，曹东之地，一曰无娄（‘牟娄’、‘无娄’同音异写，都是mu lau‘我们人’的汉字译音）。密之诸城有娄乡，牟夷（mu ji‘耕田人’的汉字译音）国也。”《山海经·中山经》也有：“娄涿之山……瞻水出其阳，而东流注于洛。”

（注音：mu 位，lau 我们；mu 位，ji 犁）

把濮越语 lau“我们”用汉字译作“僚”，并长期用来称呼濮越人为“僚人”直至近代。至于始译者是谁，我们无从考证。但晋代张华著的《博物志·异俗》，已有“僚子”之名。他说：“荆州极西南至蜀界诸民曰僚子……既长，皆拔去上齿牙各一，以为身饰。”这是由“娄”改译为“僚”的最早记载。以后，1000 多年来，史学家就多用

“僚”而很少再用“娄”，甚至很多人根本就不知道，“僚”与“娄”是不同时代的同音异译字，从而对上列众多的“僚”、“娄”、“佬”、“洛”、“罗”等等，它们是同音或近音异译定的关系弄得一团糟，永远也搞不清楚，因而在自己的著作里不得要领地乱说一通。

当代民族史《南蛮源流史·僚（娄）人的来源和迁徙》就是典型例子。为了说清楚问题，先抄录开头的一段开场白，因为这是全章的“总纲”。原文如下：

> 僚人之先乃娄人，为夏禹之裔东楼公的另一支后裔，一直处于迁徙农业经济状态，与其早已定居而高度文明的亲族——杞国相比，确有天壤之别。当商灭夏时，商汤封早已归顺于商的夏朝支族东楼公于杞，但东楼公的一支后裔则不愿归附于商，便逐渐由山东南迁至长江中下游，再进入川黔滇桂等省，吸收了一些濮、苗、瑶、扬越、巴、汉等族，形成了仡娄、仡僚、仫佬、毛南、哀牢、老挝、老龙等族。但大部分融入汉族，一部分则融入苗、瑶、侗、水、布依、壮、傣、土家等族。有一支北迁为楼烦、楼兰、鄯善，一支向东北迁为挹娄、豆莫娄。由于僚人是一个庞大而复杂的种族团体，他们有古代凿齿和东夷人，而部落统治者则为夏族东楼公之后的娄人。[57]

作为全章“总纲”的这段开场白，可以说它十分精练地高度概括了僚（娄）人的来源和迁徙。但是，很遗憾，作者所概括的，并非真实的历史，而是仅凭他想当然而猜度编造出来误导后人的似是而非的伪史！因为：

第一，他不知道“僚”与“娄”是不同历史时代的同音异译字，而错误地认为僚人的祖先是娄人。

第二，不知道“僚”、“娄”只不过是濮越先民（经过漫长历史的发展演变而成为当今壮、布依、傣、侗、水、毛南、仫佬、仡佬等族以及西南一些语言已发生了重大变化的其他民族，东南亚的某些民族）语言中 lau“我们”一词的汉字译音。

虽然在论述过程中，大量转引他人的论述时，也发现辽、娄、潦、缭、燎、寮、瞭、獠、劳、涝、佬、漏、缕、偻、蒌、篓、饶、娆、牢等“古同音”，但是，由于在根本上不知道这些不同写法的汉字都是不同时代、不同的始译者对濮越语 lau“我们”一词的译音字，因而仍然武断地得出“僚人与濮人、越人、骆越人并非同族”的错误结论。也正因如此，在长达数万言的《僚（娄）人的来源和迁徙》一章中，诸如“僚”（lau“我们”）与“鸠僚”（klau“我们”：klau中的kl－是复辅音，因而一些史籍用汉字译作“仡佬”、“倖佬”等），“僚”（lau“我们”）与“哀牢”（ai lau“我们人”）对立起来，
位
认为是不同的支系、不同的社会集团。名为《南蛮源流史》，实质只是大量转抄别人（有古有今）的许多讹论加上自己的一些想当然而继续以讹传讹，用来作为所谓“源流史”的立论依据。同时，把濮越先民生息过的地方所留下的有关“娄”（lau）的地名（“娄山”、“娄水”、“娄乡”等）一律认为是民族迁移的结果（当然，我们从来不否认民族有迁移）。

第三，正是由于不知道“娄”是lau“我们”的汉字译音，所以，对于论述中列出众多的所谓僚人的支系的部落统治者，子虚乌有地下结论说，他们都是“夏族东楼公之后的娄人”。

这样的所谓“源流史”，除了让人看到一堆漫无头绪的乱麻外，实在看不出哪里是“源”，哪里是“流”。因为最根本的所谓“蛮”的概念都说不清，仅从汉义出发，引经据典，继续以讹传讹，误导后人。例如“蛮”与“濮”，“驩兜”与“濮”，“黎（包括‘九黎’）”与“濮”，“僚（娄）、凿齿、楼烦、贺楼、匹楼、那蒌、楼兰、鄯善、豆莫娄、挹娄、鸠僚、主僚、土僚、劳人、仡僚、仫佬、哀牢、老挝、俚（雷）、俫、犁羌、苍梧、良、不羹、夜郎、白狼、文郎、侬人、巴人、廪君蛮、虎方、白虎夷、相人、冉、駹、田氏、句亶、蜒人、单氏、重族、东夷”等，它们与“濮”有无关系，什么关系？这些最基本的问题，都没能逐一向人们说清楚了，难道能称得上叫作《南蛮源流史》吗？

前面我们说过，“蛮”只不过是古濮越语^{m}ba:n“村庄”的汉字译音。至今广西许多壮族人及贵州布依族人都仍自称为pu（pou）ma:n
位　村
（古^{m}ba:n语音分化为ma:n和ba:n，都是“村庄”的意思）“村里人（乡下人）”，而并不认为自己是“野蛮”人。“濮”也只不过是pu“位”的汉字译音，数千年前的某位始译者，把听到濮（百）越先民讲的pu lau“我们（的）人”断章取义，截取了前一音节pu“位”，
位我们

并用汉字译作“濮”，用来指称濮越先民的社会集团，这是历史的大误会，造成了至今数千年来没有人说得清的恶果。

既然“蛮”不是“源”，“濮”也不是“流”，何来的什么“南蛮源流史”呢?!

僚、寮、潦、缭、辽、娄、蒌、楼、陵、耧、貗、蔞、漏、陋、劳、涝、牢、老、佬、姥、留、柳、鸟、卢、泸、胪、鲁、虏、六、禄、路、潞、露、洛、落、骆、罗、逻、乐、螺、勒、拉等都是古濮越语 lau“我们”的意思。它们是不同时代、不同地域、不同文化层次的人，用同音或近音的不同汉字进行译音的结果。由于每个始译者只译音不译义，日久天长，人们就只能读出汉字音而不明其濮越语原意。因此，积存在历代各种史籍里字里行间的这些本是濮越语 lau“我们”之义而被译成繁杂的同音或近音汉字，流传至今，人们就只能知其汉字音而完全不明其原意了。这就不免造成了一些治学态度不够严谨的注释家和古史学家（包括民族古史学家），在他们的论著里，或是望文生义，或是凭猜度想当然而贻害后人。

例如，晋代张华《博物志·异俗》中有一段关于濮越先民拔牙的记载：“荆州极西南至蜀界诸民曰僚子……既长，皆拔去上齿牙各一，以为身饰。”对于这种已延续了数千年的民间习俗，《山海经·海外南经》称其为“凿齿”，并以此名称呼濮越先民的这部分社会群体为“凿齿”之民。“羿与凿齿战于畴华之野……羿持弓矢，凿齿持盾。”《山海经·大荒南经》载：“有人曰凿齿，羿杀之。”晋代著名的注释家郭璞，在注释时，想当然地乱说一通，说什么“凿齿亦人也，齿如凿，长五六尺，因以名云”。

《淮南子·本经训》载：“尧之时……猰貐（kɯ ji犁“耕田人”的汉字译音）、凿齿、九婴、大风、封豕、修蛇皆为民害，尧乃使羿诛凿齿于畴华之野。”注释家高诱望文生义、想当然地作了一个不伦不类的注释，说“凿齿，兽名，齿长三尺，其状如凿，下彻颔下，而持戈盾”。常识告诉人们，除了人，一般兽类能持戈盾，岂不是天下奇谈?! 他在《坠形训》中关于“凿齿民”也一而再地作了同样的注释：“吐二齿出口下，长三尺也。”

除高诱、郭璞外，服虔也说“凿齿，齿长五尺，似凿，亦食人”。

也许正是由于这些注释大师们有悖常理的“杰作”，使后来汉语成语库里，又创造性地增添了“青面獠牙”这个形容面目狰狞、令人憎恶的成语，为丰富汉语的表达功能也算是作出了一点贡献。

然而，如果说两千多年前，由于历史的局限，使这些注释大师们不可能掌握古代众多不同民族的有关实际知识，那么，到了20世纪、21世纪通谙中国古今民族历史，掌握现代知识的当代民族史专家，就不应该再蹈前人的覆辙，在自己的著作里，仍然像上述那些古代大师们那样，说什么“从长牙也叫獠牙来说，正是出于獠人习性而得名的”[58]这样荒谬的结论。

人们不禁要问：所谓“獠人”（即濮越先民）的习性究竟指的是什么？是像野猪那样经常“吐二齿出口下，长三尺”吗？世界上如果真的有这样的人，难道还可以称之为人吗？很难相信，这样的语言，竟然出自一位当代民族史专家之口！

几千年来，濮越语里本来只是一个很普通的代名词 lau“我们”，被译成数十个不同的字，流传在不同的史籍或山川地名群里，确实给后人清楚了解或研究中国古代史带来巨大的困难，甚至是不可逾越的困难。例如，“楼勃”（《魏书·世祖纪》载，将军名“楼勃”）、“露宝”、“洛浦”。《元和郡县志·江南道六》载：“锦州洛浦县……东西各有石城一，甚险固。”）、“楼薄”［《西藏志》载：“东汉和帝永元十二年（公元100年），旄牛徼外白狼、楼薄蛮夷王唐缯等，遂率种人十七万口，义归内属”］。这四个历史名词都是 lau pu，即pu lau（位 我们）“我们（的）人”的倒装汉字的同音异译。不懂濮越语的古史学家，有谁会想到，它们竟然是同音异译呢？像这样的例子，史籍里多得不胜枚举。

例如，现在被称为“仡佬族”的“仡佬”，它本是古濮越语复辅音 klau“我们”这极简单而普通的代名词。但是，由于不同时代、不同人用不同的汉字去译写，所以，史籍里就留下了二三十种不同的写法，大致有：

仡佬　革佬　僙佬　佶佬　屈佬　葛佬　僪佬　古佬　阁佬
角佬　仡僚　仡偻　仡尤　仡瑶　仡兜　鸠僚　句娄　可娄
库娄　盖楼　峋嵝　句漏　拘蒌　稽落　奇罗　加罗　佉卢

加拉　加僚　古劳　卡洛　卡露　阖闾（庐）

这30多个同音或近音异译词，有些是国内史籍常见的，人们就可能比较熟悉，但有些濮越先民跨境生活在邻国，始译者根据当地语音的些许差别而选用了不同的近音汉字。于是，人们就更不知道它们的庐山真面目了。如一部分迁移至今越南中部和老挝中寮地区的古濮越先民，《唐会要》载：“拘蒌蜜国，拘蒌蜜在林邑之西。”现在越南译称的卡洛、奇罗族，以及过去曾被译称为“摩伊卡露”（mu ji klau
位 犁 我们
“我们耕田人”的汉字译音）人的云乔县山地人；印度普拉马普特拉河河曲与我国相邻的加罗山区的“加罗”人和“加拉”人等。

“拘蒌”、“卡洛”、“奇罗”、“卡露”、“加罗”、“加拉”这些形体不同、读音相近的汉字，有多少人，包括研究古今中外历史的史学家，能够清楚地肯定，它们是来源于古濮越语 klau“我们”这个普通语词的不同汉字译音呢？

正是由于这些汉字译音的历史已经很长，它们的原意，包括被称的民族本身的多数人对这些称谓都已无知，因此，至今的一些史学家，即使是著名的史学家，如果他们因私念而想被人赞为博学而任意解释，除了弄巧成拙之外，恐怕只能步某些古人的后尘，继续制造千古笑谈而已。

如上引《唐会要》中的“拘蒌蜜国”，“拘蒌蜜”这个汉字译音词，本是源于古濮越语klau mi“我们富人”的意思。但是《南蛮源
我们 富有
流史》作者不知从哪里打听来，知道当今壮语里 me（mi）是“母亲”之意。于是，就小心考证，大胆发挥，说什么“蜜与奶音同，古汉语称母亲为奶，而西南民族如彝、苗、瑶、崩龙、普米、布朗等族及柬埔寨、老挝、越南也叫母亲为奶。则拘蒌蜜即仡佬奶，乃由越南北部汉代的仡佬人南迁而建的国家”云云。

这段话堂而皇之地写在《南蛮源流史》里，作为史实的论证，到底有多少是真实的呢？我认为那是想当然而不负责任地乱写！

首先，他说“蜜与奶同音”。其实，无论是古与今，两者都不同音。先说上古，“蜜”是质韵，明母，入声，拟音为 miet；“奶”是之韵，泥母，上声，拟音为 nai。中古音，“蜜”是山摄山二开，明母，入声，拟音为 mæt；“奶”是蟹摄咍一开，泥母，拟音为 nɒi。今音，

“蜜”是mi，上声；“奶”是nai，去声。从古至今，两者有哪一点是相同的呢？

其次，说“西南民族如彝……越南也叫母亲为奶”。据我们所知（柬埔寨、老挝、越南这几个以国家名义出现的暂且不论，因这些国家都是多民族的国家，各民族的语言不一定相同），他列举的这些西南民族，没有一个是称母亲为“奶”的。彝族，喜德话是 a^{54} mo^{55}，巍山话是 a^{55}ma^{33}，南华话是 a^{55}mo^{53}，武定话是 a^{55}me^{53}，撒尼话是 l^{44} mɒ^{53}；苗族，黔东话是 mɛ^{13}；瑶族，勉话是 ma^{12}，崩龙（今称德昂族）话是 mɛ^{ʔ}，普米话是 ma^{55}，布朗话是 ma^{ʔ33}。完全没有叫母亲为“奶”的，至于他的根据来自何方，我无从考证。

《南蛮源流史》里想当然的结论当然不止这些，仅关于“仡佬”的，不妨再举一例。

《源流史·仡僚人的分布》一节里说：“仡佬族内部则有仡佬、葛佬、褒佬、哈佬、普伕、埃审、姥等若干自称。其中葛佬、哈佬系仡佬之转音；褒佬即巴佬，意为大佬；普伕即甫父，意为父辈或长者；埃审即娭婶，意为娭毑（湘、黔叫祖母为娭毑）、婶娘；克则为仡之转音，根则为荆，意为荆州人，即仡僚人起初分布之湘西属荆州范围。”云云。

这段话里，“望文生义”和“想当然”都兼而有之，是典型的“双料”货。

一般来讲，把“仡佬”、“葛佬”等当做自称不是大错。把“葛佬”认为是“仡佬”的转音，因不是讲严格的语音学知识，用“转音”一词来说明语音相近也毋庸非议。但“哈佬”却不是“仡佬”的转音，虽然意义相同，音节构成却有差别。“葛佬”、“仡佬”是复辅音 klau 的汉字译音，在古濮越里是单音节。而“哈佬”是由 ho 与 lau 构成的双音节词 ho[（单独无义）] lau[我们]“我们”（增加包容性意义）。“褒佬”是pou[位]（pu 的变音形式，有的土语读 pu，有的读 pou，还有的读 pa，用汉字译作“巴”）lau[我们]“我们人”的汉字译音，完全没有什么“大佬”之义，说“褒佬”是“大佬”只是想当然而已。至于说“普伕即甫父，意为父辈或长者；埃审即娭婶，意为‘娭毑’、‘婶娘’”；“根则为荆，即仡僚人起初分布之湘西属荆州范围”这种似乎言之凿

凿的说辞，则既是望文生义，又是想当然的“杰作”。

因为，“普伏”的意思并非什么“甫父”、“父辈或长者”，而是 pu bɯk“老大”，即兄弟姐妹排行中的大哥或大姐，不分性别。与父辈或长者（老年人）无关。“伏”不读今音 fu，而读古音 puk 或 buk（bɯk）。

“埃审”也并非什么祖母或“婶娘”，而是濮越语 ai sam
位 相同，一样
“（我们）一样的人”的汉字译音。这里的 ai 跟古籍里常见的“哀牢”的“哀”是一样的。所谓“哀牢”是古濮越语 ai lau“我们人”的汉
位 我们
字译音，当今毛南语和水语称“一个人”仍然读作 ai zən（借汉语）。

“根”则是濮越语 kun“人”的汉字译音，根本不是如《南蛮源流史》所说的什么“仡僚人起初分布之湘西属荆州范围”之类想当然的胡诌。众所周知，至少在夏、商、周以后，长江流域以南广大地区，包括湖南、湖北，都是濮越先民（后又被称为“僚”）生息繁衍的地方，何止是区区的湘西和荆州?! 所谓“仡僚”，只不过是汉晋以后，对濮越语 klau“我们”一词的汉字译音罢了。

上面指出“僚”、“寮”、“娄”等数十个同音或近音汉字，都只不过是古濮越语 lau“我们”的不同译音。其中可能最不易为人们理解的是“鸟”字，因为“鸟”自古以来都不是“来（l）”声母，而是“泥（n）”声母，怎么说“鸟（n）”也是“僚”、“娄（lau）”的同音异译字呢？这是一个必须解答的大问题，因为 2000 多年来，它不仅困惑了众多的人，更是困惑了不少古史学家，使他们掉进了所谓“鸟田”和“鸟夷”的深渊而不可自拔。

其实，无论古今，“鸟”和“僚”，除了声母，它们的韵母都完全相同，这是无须多加解释的。然而“僚”的数十个同音、近音异译字，全部都是“来（l）”声母，为什么唯有“鸟”字是“泥（n）”声母，但却又认定它是“僚”的同音、近音异译字群中的一员呢？这个问题，如果是长江流域下游几省的人，或是广州人，就不难理解了，因为在他们口语里，n 和 l（“鸟”和“僚”、“南”和“兰”）是分不清的。所以，可以肯定，造成数千年来史籍里由望文生义而遗下关于“鸟自动帮人耘田”这种无稽的千古笑谈（“鸟田”）的始译者，一定是口语里 n 和 l 不分的人。

那么，既然清楚知道了“鸟”、“僚”都是濮越语 lau“我们”的同音异译字，史学家弄不清楚的所谓“鸟田”、“鸟夷”等问题，就会迎刃而解了。

原来，“鸟田”并非什么“鸟来帮人耘田”，而是濮越语 lau ta:n
我们 稻米
“我们（是）种稻米人”的汉字译音。即一些史籍所称的“僚蜑（但、蜒、亶）”，简单来说是：

鸟田＝僚蜑（但、蜒、亶）

史籍最早记载“鸟田”一词的，是战国末期成书，后经汉代文人增补的《越绝书·越绝外传记地传第十》载：“大越海滨之民，独以鸟田，大小有差，进退有行，莫将自使，其故何也?”曰：“禹始也，忧民救水……无以报民功，教民鸟田，一盛一衰。”注：“莫将自使，无人看管，鸟却自动耘田。”后汉赵晔著的《吴越春秋·越王无余外传》拾《越绝书》之言，曰：“天美禹德，而劳其功，使百鸟还为民田，大小有差，进退有行，一盛一衰，往来有常。”又说：“少康恐禹祭之绝祀，乃封其庶子于越，号曰无余。余始受封，虽有鸟田之利，租贡才给宗庙祭祀之费。”《汉书·地理志·会稽郡》：“会稽山在南，上有禹冢、禹井，相传下有群鸟耘田也。”《水经注》作者进一步发挥想象，说“鸟为之耘，春拔草根，秋啄其秽也”。将一些与一般动物一样只会寻吃、繁殖后代的鸟类赋予了高度的人性化，称其有思想、有灵魂、有计划、有目的，为后来一些诚心引经据典的虔诚史学家提供了振振有词的依据。

由于春秋战国时代，古濮越语的 lau“我们”就已被某位母语里 n、l 不分的始译者，用汉字译作了“鸟”，因而，史籍里与“鸟”有关的故事传说，便以讹传讹流传了几千年。

例如，称山东以至东南沿海、长江以南的古濮越先民为“鸟夷”，商汤王的祖先是鸟夷人。

《史记·殷本纪》载：“殷契，母曰简狄，有娀氏之女，为帝喾次妃。三人行浴，见鸡堕其卵，简狄取吞之，因孕，生契。……自契至汤八迁。汤始居亳，从先王居，作《帝诰》。”

其实，所谓“鸟夷”，只不过是古濮越语 lau ji“我们耕田人”的
我们 犁
汉字译音。上引《史记·殷本纪》开头的这段话里，有四个名词也都

是古濮越语的汉字译音。

“简狄” 这个看似有名有姓的现代人名，其实是根据当时故事传说里，濮越语kun di“好人”的汉字译音。在殷商时代，中国的百
人 好
家姓尚未形成，何来的“简”姓呢？

“有娀” 也是濮越语zau jo:ŋ“我们种粟人”的汉字译音。zau
我们 粟
的声母z，在有的方言土语里是读得较轻的j。现代布依语里，“我们”一词仍读作zau。

“鳦” 是濮越语von lau“我们人”的汉字译音。所谓“鳦堕
人 我们
卵”之说，是由von lau被译音为“鳦”之后，由某些好编造故事者虚构出来的。此故事经《史记》载入“正史”之后，一些史学家（包括准史学家）及注释家又进一步解释说，“鳦”即“黑色的鸟”，亦即是“燕子”云云。好像言之凿凿，确实如此！

“亳” 是濮越语pu“位（人）”的汉字译音。史籍里同音而不同时代译作“濮”、“蒲”、“薄”、“卜”等数十个汉字，前面已详细论述，这里不再赘述。

从《史记》所载，认为商汤王的祖先是鸟夷人这条史料来看，尽管它是以故事传说的形式出现的，但所谓“鸟夷”是濮越语lau ji
我们 犁
“我们耕田人”的汉字译音。它明确地告诉了人们：商王的祖先是濮越人。夏、商同祖，是无人可以否认的。

几千年来史籍一直记载，商汤是东夷人（东边的夷人），也即是所谓鸟夷人。“鸟夷”是濮越语对外自谦称为lau ji“我们耕田人”的汉字译音。因此，商汤是濮越人，难道还有什么疑问吗？

“鸟田”和“鸟夷”在中国史籍里，以讹传讹了数千年，没有人能识破它的庐山真面目。直至20世纪30年代，民族史学家徐松石深入西南民族地区进行田野调查之后，在《百粤雄风岭南铜鼓》里才破天荒地第一次正确指出：“‘鸟田’和‘鸟但’（或‘鸟疍’）等词，又异译为‘獠蜑’或‘獠疍’，或简称为獠人、疍人。……印度支那半岛，还有一个獠国（即寮国）。其实‘獠’字就是‘鸟’字……史书又分‘疍’为木疍（mu ta:n‘种稻米人’的汉字译音）、蚝疍
位 稻米

(hau ta:n‘我们种稻人’的汉字译音)、鸟蛋 [lau ta:n‘我们种稻
我们 稻米　　　　　　　　　　　　　　　我们 稻米
人’的汉字译音。hau、lau 都是‘我们’，现海南临高话仍读 hau，壮语（南）读 lau]，而总称之为萝蛋（lau ta:n‘我们种稻人’的汉
我们 稻米
字译音），或蛋家獠，或水上人。萝蛋当然也是‘鸟田’和‘骆田’并‘獠蛋’的异译。”

此外，他更是对“僚”和“蜑”的关系作了深入的考证，然后得出结论：“蜑乃江南近水地的土著”，“蜑为与吴越同族的水居人”，“‘但’（蜑）族的名称又肇端于吴越地方”。

这无疑是非常正确的。从上述“蜑”人自称为“木蛋”、“蚝蛋”、“鸟蛋”、“萝蛋”等，均是濮越语言且可以证明，他们是到水上谋生的濮越人；“蜑”之名，也是由濮越语 pu（或 mu）ta:n“种稻人”的汉字译音得来的。当然，后来历史的发展，民族的不断分化融合，蛋人的语言也随之发生了很大的变化，不同地方已操不同的语言。

然而，可惜的是，徐松石对中国历史的这种破解千古之谜的重大贡献，并没有引起太多人的注意，直到现在，一些研究中国古代史的史学家，在他们的论著里，仍然弄不清楚所谓“鸟夷”、“鸟田”与“僚蜑”跟濮（百）越人的关系，仍然继续在自己的著作里以讹传讹。

当然，不可否认，由于徐松石不懂濮越语，所以，尽管他通过深入西南民族地区进行实地调查后，得出“鸟田”即“僚蜑”的正确结论，对中国历史贡献很大，但是，不懂濮越语的特点，使他与许多史学家那样，对于史籍里一些本是同音同义，却被始译者用近音汉字进行异译，译作近音词之后，就失去了鉴别的灵敏度，从而，也花大力气去进行考证，结果，不仅得不出正确的结论，反而将人们引向历史的迷雾之中，自己也跟着迷糊不知所以。例如：

“卢楯”、“卢亭”本是“僚蜑”的同音异译字，一句话就说清楚了。但是，由于他不懂濮越语，认同一些史籍里牵强附会造出来的什么“卢循（楯）”之类的东西，因而，迷糊地陷入前人踩过的泥淖，花气力去挣扎寻找出路。《卢亭乃海人义》一节，就是证明。

他说：“指蜑为卢循遗种，亦并非没有事实根据。因为‘卢循’、

‘卢亭’、‘卢余’原来是马来语‘海族’或‘海上人’或‘水上人’的译音。马来音乃‘奥郎卢楯’Orang Laoetan。奥郎即人，卢楯即‘海上的’。若单指海则为‘卢余’Laoe 或 Laoh。”

这段考证，并不完全正确。马来语的确有不少语词跟中国南方民族，尤其与濮越语和闽语同源，这是不可否认的。如 Orang 用汉字译音译作“奥郎”，指的是人，与闽语称“人”为 nang，很明显是同源的。但是，说“卢楯”是“海上（或水上）的”则未必正确。从所引“卢楯”的读音为 Laoetan 来看，分明与濮越语的Lau ta:n“我们种
　　　　　　　　　　　　　　　　　　　　　　　　我们 稻米
稻人”（与“山地人”对称）是同源，怎能说“卢楯”指的是“海上”或“水上”呢？至于“卢余”就更谈不上与“海上”或“水上”有什么关系，而是“僚蜑”（lau ta:n）人，即“我们种稻人”对外自称为lau　　ji　“我们耕田人”（或“我们夷人”）的汉字译音。
　　　　　我们犁(音夷)

虽然徐松石先生最后也正确认识到“‘蜑’字只是‘卢楯’或‘卢盾’的‘盾’字异译而已”，但却又认为“原始马来人分为三种。住水上的名为‘奥郎卢盾’Orang Laoetan；住山上的名为‘奥郎补吉盾’Orang Boekitan；住丛林的名为‘奥郎乌盾’Orang Oetan 或 Orang Hoetan。南中国原有的蜑人，显然就是乌盾部族（笔者按：这是想当然，因马来人与南中国人有关）。因为明陶宗仪《辍耕录》载有‘有司名曰乌疍’。而‘合浦郡土著的一部分称为乌浦蛮。（笔者按：又望文生义地说）乌浦人尚黑，属于岭南古代的黑族’。”云云。

我们不知道徐松石将马来人分为住水上的、山上的和丛林（笔者按：也是山上）的根据：“卢盾”、“补吉盾”和“乌盾”是他自己的猜测，还是从哪里来？我们只知道这几个来源于濮越语的词的本义，与所谓“水上”、“山上”、“丛林”毫无关系。

“卢盾”是濮越语lau　ta:n“我们种稻人”的汉字译音，亦即史籍
　　　　　　　　　我们 稻米
里的“僚蜑”。

“补吉盾”是濮越语pu　kɯ　ta:n“种稻人”的汉字译音。kɯ ta:n
　　　　　　　　　位(词头) 稻米
是“稻米”，pu 是量词“位”，这个词组本来应该是pu von（或 hun、
　　　　　　　　　　　　　　　　　　　　位　人
kun，均是“人”）kɯ ta:n“种稻米人”。但是口语里 von“人”一般
　　　　　　　　稻米

可以省略，因 pu“位”是专用于“人”前面的量词，所以，省略了 von“人”并不影响原意。

“乌盾”是濮越语 wu ta:n“咱们种稻人”的汉字译音。几千年
咱们 稻米
来，一些史学家望文生义，胡乱解释，说“乌”即“黑”也。徐松石也犯了同样的错误，说“乌浦人尚黑，属于岭南古代的黑族”这样无知的笑话！

其实，所谓“乌浦蛮”，只是濮越语 wu pu ^{m}ba:n“咱们（是）
咱们 位 村庄
村里人（乡下人）”的汉字译音。哪里是什么“黑族”“尚黑”呢?!

“僚浒”、“漏卧”、“老窝”、“老挝”这几个同音异译词，本来只是古濮越语 lau“我们”这个很简单的语音。但是，由于始译者在寻找相近同音汉字来译音时，把 lau 的尾音拖长，所以就把 u 译写成“浒”、“卧”、“窝”、“挝”而变为“僚浒”、“漏卧”、“老窝”、“老挝”等双音节汉译词了。

因为如果把“僚”、“漏”、“老”还原为 lau“我们”，把“浒”、“卧”、“窝”、“挝”还原为 wu“咱们”，无论是濮越语或是汉语（这两种语言，在远古同源）都绝没有，不可能有“我们咱们”这样深层同义词的组合的。

也许有人会问，史籍里常有“乌浒僚（乌武僚）”这样的组合词又该怎样解释呢？例如《新唐书·南平僚传》：“乌武僚，地多瘴毒”（《南蛮传》里，又写作“乌浒僚”）。

如果把它们还原，“乌浒”是 wu“咱们”的汉字译音，“僚”是 lau“我们”的汉字译音，“乌浒僚”是 wu lau，其意义的确是“咱们我们”之意。上面说，这样由两个深层同义词组合成合成词，无论是濮越语或是汉语都是不成立的。那么，史籍里的这个事实又是如何解释的呢？

其实，这是两个不同层次的问题。一是语义层次，二是译音层次。

从语言本身语义组合规则，无论是濮越语或是汉语，的确都不可能有“我们咱们”或“咱们我们”这样有碍语言交际功能的词义组合。因为作为人们相互交际、交流思想的工具，语义的表达，要求清晰简明、不含糊。而“我们咱们”或“咱们我们”这样含混不清的

语义，是影响他人理解的。

至于一些史籍里之所以出现“乌浒僚”这样从深层语义看是很不合逻辑的问题，主要是译音之后的问题。“乌浒”与“僚”是不同时代的汉字译音词，晋代出现的“僚”，代替了商代出现的“濮”，而“乌浒”是汉以后才出现的汉字译音。由于它们都是濮越语的汉字译音，被历代统治者及历史学者用来指称濮越先民的某一部分或全部。在神州大地上，濮越民族人口众多，分布地域广，到处都可以听到他们对外自称为 lau“我们”，所以“僚”便成了“濮”之后的总的代名词。而“乌”、“武”、“浒”、“乌浒”可能是被始译者最初用来指称南方的濮越先民，后来被一些史学家和文人墨客用来指称南方的某一部分濮越人为“乌浒人”、“乌浒僚”或“乌浒蛮”。如北宋乐史《太平寰宇记》（卷一六六）载：“贵州连山数百里，皆俚人（笔者按：前已论述，“俚”即 li“山地”的汉字译音，所谓“俚人”即“山地人”），即乌浒蛮。”可见，“乌浒”和“僚”是不同历史时期被音译后，用来指称濮越先民的部分人或是统称，再经过某些史学家和文人学者组合起来，把“乌浒”作为“僚”的一部分，“乌浒”成为“僚”的修饰语。因而，它跟“僚浒”是由 lau 慢读音译成两个汉字的性质，完全是两码事。不过，“乌浒”和“僚”的原意，虽然确是“咱们”和“我们”的意思，但在濮越语里，如果连用，后者的意义则变为“大家”。wu lau“乌浒僚”是“咱们大家”之意。

弱水、若水、涝水、卢水、泸水、娄江、漏江、泸江、泸州、卢戎、溇液水［《山海经·北山经》载：“皋涂之水出焉，而东流注于溇液水（lau ji水，‘我们耕田人’的河的汉字译音）。”］、潦河等，
我们犁
全都是古濮越语 lau“我们”的不同汉字译音。

六坤、洛坤、鲁驩　是lau kun“我们人”的汉字译音。“六坤”
我们 人
和“洛坤”这两个同音异译的地名，在今泰国境内、马来西亚半岛东北岸，现名为“那空是贪玛叻”。“鲁驩”则是神州大地上的古代小国名，属于濮越先民的部落小国，今地望无可考。据《路史·国名纪乙》载：“驩兜……今弘农有地名兜，志为驩兜都。然意驩为国（笔者按：大错！‘驩’是濮越语 kun‘人’的汉字译音，与‘国’意义无关）当如鲁驩，未必兜地，其后窜之崇山，则今澧之慈利也，有驩兜墓。然岭外驩州，图经记以为其窜所。乐史亦记驩州为所放处，则去崇山（笔者按：指河南嵩山，殊不知所谓‘崇山’也是古濮越语soŋ‘站立’的汉字译音。山形高耸，如直立之人就叫‘崇山’，凡濮越先民生息过的地方，‘崇山’之名不知凡举。罗泌不知，以为慈利的崇山离河南嵩山很远，不可理解）远矣。驩，隋为州，是为驩朱国（按：所谓‘驩朱’是古濮越语kun tsau‘我们（的）人’的汉字译
人 我们
音）。”

罗甸（古小国名）、罗定、罗浮（山）、罗斛（古国名）、罗君潜（古部落名），“罗”是古濮越语 lau“我们”的汉字译音。“罗甸”、“罗定”都是 lau de:n“我们（的）地方”的汉字译音。“罗斛”，见
地方
前文。“罗君潜”是 lau kun sam “我们（是）一样、一起
我们 人 相同、一样、一起
（的）人”的汉字译音。“罗”有时是 no“田”的汉字译音，如“罗饶”no lao是“我们的田”的汉字译音。
田 我们

尤夷、由余、有易、瑶夷 都是 jau（zau）ji“我们耕田人”的
我们 犁
同音异译汉字。

当今的爱斯基摩人，世界史学家公认是由亚洲迁移的古东亚人，他们现在仍自称为 zau jit（用汉字译作“尤夷特”），与古濮越人的自称完全相同，与中国史籍译称的“有易氏”、“由余人”、“瑶夷”也不谋而合，这是很有意思的。

有狸氏、遥里氏 是 zau li（lei）“我们山地人”的同音异译。
我们 山地
《世经》载：“帝尧之后有狸氏。”《金史·奚王回离保传》载：奚人的、“类族著姓有遥里氏、伯德（pu dei‘好人’的汉字译音）氏、
位 好
奥里（ɣau li 或 lei‘我们山地人’的汉字译音）氏、梅知［ me tsi
我们 （雌性）犁
‘女耕田者’的汉字译音］氏”。

洮河、酉水、湑水 都是 zau 河（或水）“我们的（河）”的汉字译音。

柔仆民 是zau pu ma:n“我们（是）乡下（种田）人”的汉字
我们 位 村庄
译音。《山海经·大荒东经》载：“柔仆民，是维嬴土之国。”（笔者

按：维，今山东潍水；嬴，土地肥沃）

柔利国 是 zau li（lei）国“我们山地人”的汉字译音。《山海经·海外北经》载：“柔利国……一云留利之国。”（笔者按：“柔”zau 和“留”lau 都是“我们”之义，两者声母不同，是语言历史发展演变的结果。《山海经》的作者为我们记录保留了几千年前真实的历史语言资料，确是难能可贵。）

饶洛、弱洛 是zau luk“我们（的）儿子”的汉字译音。
我们 孩子

尧（饶）戎 是 zau jo:ŋ“我们种粟人”的汉字译音。
粟

丘——灌丘（县名），是kun zau“我们（的）人”的汉字译音。
人 我们
此外，还有“寿丘”、“龚丘”的“丘”都不是指山丘，而是“我们”的汉译。

幽、邮、要、休、右、泑 都是 zau“我们”的汉字译音。如幽州、泑水，休与之山（《山海经》）是zau ji“我们种田人”的山的汉
我们 犁
字译音；高邮、高要是 kɯ zau“我们”的同音异译字；右山、饶山
（词头）
（《山海经》）是 zau“我们”的山的同音异译字。

后、侯、鯸 是 hau“我们”的同音异译字。如《史记·夏本纪》载：“国号曰夏后，姓姒氏。”所谓“夏后”是ja（jo）hau“我
本领高强 我们
们本领高强”的汉字译音；所谓“姒”姓，是 ɕai（sai、si）“犁”、“耕”或“小”、“细”之意，“耕田人”之姓。“夏”是“濮越（夷）”pu ji“种田人”建立的王朝，所以用“耕田人”为姓，是完全合乎情理的，只是用汉字“姒”译音之后，害得人们几千年来不知其义而代代相传，以为夏朝真的是姓“姒”。

《山海经·北山经》载：“潘侯之山，其上多松柏。”所谓“潘侯”即pu hau“我们（的）人”的汉字译音。“潘”读 pu，不读
位 我们
p‘a:n。

《山海经·东山经》载：“鯸氏之山，无草木，多金、玉。”所谓“鯸”氏之山，亦即 hau 山，“我们”的山。“侯”、“鯸”是同音异译。

牛、崤、敖、沤、瓯、狉、奥 都是 ɣau“我们”的汉字译音。

牛黎（之国） 是 ɣau li（lei）“我们山地人”的汉字译音。《山海经·大荒北经》：“有牛黎之国，有人无骨，儋耳之子。”

伏牛（山） 是 pu ɣau（山）“我们（的）人”的山的汉字译音。“崤山”的“崤”是“牛”的同音异译。两山脉相距不远。

莫敖 是mu ɣau“我们（的）人”的汉字译音。《左传·桓公十
位 我们
一年》：“莫敖曰：‘盖请济师于王？’”

当然，史籍里并不是所有“敖”都是 ɣau“我们”的汉字译音。尤其是“敖”作为姓氏以后，更是如此。尽管其来源本是 ɣau，但姓之后加上了名就另当别论了。

瓯（区、欧、沤）**越** 是ɣau jai（ji）“我们种田人”的汉字译
我们 犁
音。《山海经·海内南经》载：“瓯居海中。闽在海中，其西北有山。一曰闽中山在海中。”

瓯、沤、貙…… 是濮语 ɣau“我们”的汉字译音。《史记·五帝本纪》记述黄帝与炎帝作战的时候，就早已把濮先民部落据濮语 ɣau“我们”音译写作“貙”。“炎帝欲侵陵诸侯……轩辕乃修德振兵……教熊、罴、貔、貅、貙、虎，以与炎帝战于阪泉之野，三战，然后得其志。”

春秋战国以后，史籍关于“瓯（区、沤）”的记录很多。“瓯凯”是ɣau kai“我们的”汉字译音；“且瓯”是çai（çi）ɣau“我们耕田
我们(的) 犁 我们
人”的汉字译音。

“区吴”虽然也是ɣau wu“我们”、“咱们”的汉字译音，但是，
我们咱们
濮语里却没有这样的意义的组合，而是 wu“咱们”被译为“吴”，用来指称三国时代的吴国，之后，又被一些人把生活在吴地的濮人，据他们语言里的 ɣau“我们”译作“区”，作为“吴”的修饰语，意思是“吴地的区人”，亦即是“吴地的濮越人”。

欧咩 是ɣau me“我们母亲”的汉字译音。见前“莫音”条所
我们 母亲
引。

兜、莵、头、讨 都是 tau“我们”的汉字译音。当今布央语（壮侗语族的一支）“我们”一词仍读 tau。史籍记录的“驩兜”、“灌

兜"、"讙头"、"干讨"等等都是kun tau"我们（的）人"的汉字同
人 我们
音、近音译写词。

《史记·五帝本纪》载："尧又曰：'谁可者?'讙兜曰：'共工旁聚布功，可用。'"又"放驩兜于崇山，以变南蛮"。这里的"讙"、"驩"实为同音异译，音义全同。《山海经·海外南经》："讙头国在其南，其为人人面有翼，鸟喙，方捕鱼。一曰在毕方东，或曰讙朱国。""讙头"、"驩兜"都是kun tau的同音异译，"讙朱"是kun tsau
人 我们
"我们（的）人"的汉字译音。在部分壮语次方言（或土语）里，至今称"我们"仍读作tsau。但西双版纳傣语则用来称作"你"（to^{55}
位(只)
tsau^{13}），如称"你们"是su^{55} tsau^{13}，称"我们"则改为tu^{55} xa^{13}。而
你
壮语的"你"则读作sou，与傣语德宏话"你们"读作su基本相同。侗语、水语、仫佬语称"你"读作ṇa，称"你们"则读作ça:u或sa:u。

由此可见，古濮语的"我们"一词，早在数千年前，就已分化为lau、tau、tsau，因而被人分别用汉字译作"僚"、"兜"、"头"、"周"、"朱"等而被载入史籍。

周、邹、邾、诏、招等 都是tsau"我们"的汉字译音。

《山海经·西山经》："不周之山"。"不周"是pu tsau"我们
位 我们
（的）人"的汉字译音。

《汉语词典》载："周朝邹国本来叫邾。"可见，周朝也就是邾国人建立的王朝。邾国是古濮人的一个部落小国，因而，周朝实际上也是濮人建立的王朝。所以，在记录周代王朝活动史里，我们随便都可以找到许许多多古濮语遗留下来的语词，仅《史记·周本纪》就有上百。如后稷（见前文）、邰（do:i"山"）、薰育（獯、鬻，即vun zo:k
人 外
"外人"）、不窋（pu tat"住在山崖里的人、奇特的人"）、祖类
位 山崖
（tsu lɔ:i"山里人"）、布兹（pu tsi"耕田人"）、薄姑、蒲姑［pu
位(只) 山 位 犁
ku"我（的）人"］等等。

公元7—8世纪在云南由"濮泰"（pu do:i"山里人"）建立的南
位 山

诏国，国名“南诏”是lam tsau（同 我们）“同是我们人”的汉字译音。lam 本是“来”母字，但由于始译者是 n－、l－不分的人，所以 lam 译为“南”而不是译为“林”或“兰”。

南诏国建立之前，早在周代，洱海之西本有一个部落联盟的国家——“昆弥”（kun mi“母亲”）国，后来史籍改称“昆明”国。至今纳西语“弥”、“明”不分，均读 mĩ。

7. 汉语代词“咱们”，史籍用汉字译濮越语音译作“乌”、“胡”、“武”、“浒”等

汉语的“咱们”（或“咱”），在濮越语里读作 wu。这本来只是一个很简单的音节，它表达着“咱”这个排他性的、只可以用来泛指任何一个社会集团（无论大小，最小可以只有两三个人）内部成员及其一切活动范畴而包含着“我们集体”意义的专用代名词。但是，2000 多年来，有 30 多个同音、近音汉字载入的史册，使后来人至今都弄不清楚，它们原来不过是 wu“咱”这个词的不同化身。

大致有如下一些：

乌、邬、于、於、巫、沃、呼、无、沅、吾、吴、毋、滹、胡、湖、壶、狐、瓠、舞、武、浒、许、护、斛、卧、娲、挝、讹、和、获。

乌浒　《后汉书·南蛮西南夷列传》把濮越语的 wu“咱”用汉字译作“乌浒”。如：“灵帝建宁三年，玉林太守谷永以恩信招降乌浒人十余万内属，皆受冟带，开置七县。”“光和元年，交趾、合浦乌浒蛮反判，招诱九真、日南，合数万人，攻没郡县。”

《太平寰宇记·沅州潭阳郡风俗》载：“有乌浒之名，咬蛇鼠之肉。”又在《贵州》（笔者按：指今广西贵县，非贵州省）一节里说：“贵州连山数百里，皆俚人（笔者按：史籍所谓‘俚人’，即‘山地人’，濮越语称‘山地’为 li 或 lei，用汉字译作‘俚’、‘里’、‘黎’等），即乌浒蛮。女既嫁，便缺去前齿（笔者按：史籍所谓‘凿齿’之民）。”

《新唐书·南蛮传》则译作“乌武”。如“乌武僚……故自凿齿。”

由于 wu 被始译者译作“乌浒”、“浒”或“乌武”，但却没有注

明原意，致使2000多年来，史学家因不知原意而只能对着汉文望文生义、瞎猜乱写，徒劳考证。如近代民族史学家徐松石在《粤江流域人民史》里，虽然正确指出：“古代的南越人、西瓯人、骆越人、俚人、僚人、土民、蛮贼、乌浒蛮都指壮族”，但由于他不知道“乌浒”是古壮语wu“咱们”的汉字译音，因而也犯了望文生义的严重错误。在《壮古考》里，他解释说：“粤江流域古代乃乌浦（pu，史籍译作‘濮’）或乌浒人所居。乌即是黑，浦即水滨。”为了证明他这种解释是正确的，他又引经据典，作了许多考证（当然也不一定正确）。

他说：“粤江上游郁江即郁林江，因古郁林郡而得名。郁林的‘林’字乃译壮语‘黑’的意义。”其实，以“郁林江”来作证，以支持其释义有理有据，也都是只知其一，不知其二的想当然而已。

壮语和古濮越语lam这个音，因声调不同而有不同的意义。lam^{31}是“荫”之义，lam^{35}是“跌倒”之义；lam^{55}是“逗人喜爱”之义；lam^{51}是“烧焦”之义，因此有“黑”之义。壮语（南）“黑”读dam^{51}，“烧焦”读lam^{51}；壮语（北）将这两者合一，均读lam^{51}。

此外，由于历史音变，古濮越语本来读sam“同、共同、一样、一起”［《山海经》用汉字译作“深”，为“深目”sam mu“同是濮
同是 位
人”之义。壮语（北）读çam^{33}；壮语（南）读jam^{31}；临高话读hem^{21}；傣语德宏话读hom^{33}；侗语读ȵim^{35}；壮语（南）一部分土语读lam^{31}］和nam“水”［壮语（北）读ɣam^{42}，壮语（南）、临高话、傣语（西双版纳）、侗语、水语、毛南语、黎语读nam，傣语德宏话读lam^{53}）的，不同时代、不同地域都变成了与“荫、跌倒、逗人喜欢、烧焦、黑、水”等义同音的lam。而一些不知名的始译者，却都只用了同音的汉字“林”来将其译写而载入了史册。

徐松石曾多次深入壮侗语族地区实地调查，得知某一地方的壮语lam即“黑”之义。但由于他非壮族人，不知道除了“黑”之义外，lam还有许多不同的其他意义。所以，凡看到用汉字译写的由“林”字组成的名词或专有名词，他就认为全都是“黑”的意思。

例如，他用了许多篇幅证明粤江就是史籍里所指的黑水。他说：“粤江上游郁江即郁林江，因古郁林郡而得名。郁林的‘林’字乃译壮语‘黑’的意义。”又说：“秦始皇平百粤，且在岭外立南海

郡……可是，南海二字，却不能指为印度洋或暹罗湾或长江所入的东海。我们很有理由相信在夏禹王时，壮人早已散布于粤江流域，亦即黑水流域。”

由于他始终认为“林”即“黑”之义，所以，在《泰族壮族粤族考》里，又说：“林姓和覃（笔者按：他认为应读‘谭’，即壮语dam‘黑’之义）姓本土人亦出于黑族（徐松石称为‘乌壮族’）。”

徐松石除了只知道汉字译音字“林”有“黑”之义外，不知道它还有其他意义，所以，才弄出了“粤江即黑水”的无稽之谈。

其实，郁林的“林”并不是“黑”之义，而是“水”之义。古濮越语vat lam 是“水瓢”的意思。当然，最早的命名是否是根据山
瓢　水
形、水形、田形、地形已不得而知，总之，现今的郁林地区肯定是由原来一个水瓢形的小地方扩展而来的。经过千百年之后，却被徐松石将其范围扩大到粤江并称之为“黑水”。

史籍中记载的许多带“林”字的地名，也不一定都是反映“黑”和“水”之义，如古越南的“林邑”就是如此，它不是表示“黑邑”或“水邑”，而是古濮越语lam　ji　“同是越人”或“同是耕田
同是犁(音越或夷)
人”的汉字译音。《史记·匈奴列传》载：“晋北有林胡、楼烦之戎，燕北有东胡、山戎。”“林胡”的“林”，表示的也是“同、一样”的意义。“林胡”是lam wu“同是咱们人”的汉字译音。“东胡”指的
同是咱们
是“东边的胡 wu‘咱们’人”之意。

当代民族史学家任乃强跟徐松石一样，由于不知道“乌浒”是古濮越语 wu“咱”的汉字译音，所以也陷入了望文生义的泥潭。他在《羌族源流探索》（重庆出版社，1984 年 7 月）一书里，胡乱地将其与彝语的“黑”义扯在一起，进行所谓考证。

他说：“‘嶲’这个字，今音为 xǐ，古音不如此。颜师古《汉书注》云：‘音先蕊反’，张守节《史记正义》云：‘音髓’，皆当读 suí 音。与后汉时‘乌浒蛮’之‘浒’（xǔ），现在彝民自称‘洛苏’（luǒ sū）之‘苏’音近。嶲这一民族名称，自《西南夷传》外，更不复见。而‘乌浒’、‘倮倮’、‘洛苏’等族称，后汉以前亦未曾有，汉末以后则屡见。……‘嶲’到后汉时，乃被称为‘乌浒’。‘乌’与‘洛’，皆‘黑色’之义，在彝语又为‘尊贵’之义。‘嶲’与

‘浒’及‘苏’，彝语为‘群落’之义，合起来便为‘黑族’，一曰‘黑骨头’。在唐代，称为‘黑夷’，一曰‘乌蛮’。”

我们无须评论这段话里，“嶲”、“浒”、“苏”字音之间的关系是否正确，只需指出，“乌”与“洛”这两个汉字，它们本来就是代表两个不同意义的汉字译音，只因任氏知道彝语的“洛”是“黑”之义（其实，用“洛”来音译彝语的“黑”并不准确，因为彝语各方言，“黑”的声母都是 n－，而不是 l－，彝语喜德方言，“黑”的读音是 a^{54} nɔ^{55}，如用汉字译音，应该是“阿诺”；巍山读 ni^{55}；南华读 n$\underline{e}^{55}$；武定读 n$\underline{a}^{2}$；撒尼读 ne^{44}；哈尼读 n$\underline{a}^{53}$；墨江读 na^{55}——见黄布凡主编《藏缅语族语言词汇》，中央民族学院出版社，1992 年 12 月版。nɔ 用汉字“洛”来译音，始译者必定是 n－、l－不分的人），而不知道“乌”是古濮越语 wu“咱”的汉字译音，两者的意义本来是风马牛不相及，他却望文生义，把译音汉字“乌”当做汉字“乌黑”的本义，拿来跟彝语的“黑”（nɔ^{55}）等同起来，自以为是地做文章、发讹论，莫须有地造出什么“黑族”、“黑骨头”。为了要证实讹论的正确，更不惜假借历史，搬出什么唐代“黑夷（彝）”即“乌蛮”作论据，却不知“乌”并非“黑”之义。史籍记载，由古濮越语 wu
咱
^{m}ba:n 用汉字译音译作“乌蛮”，其原意是“咱村夫（或咱种田人）”，
村夫
完全没有丝毫“黑”的意思，哪来的什么“黑夷”?!

其实，这种情况在当代民族史学家中，并非任乃强一人如此。例如，在《百越源流史·乌浒人的来源和分布》里，何光岳除了完全同意“徐氏谓乌浒属于黑氏族是对的”之外，由于不知道“乌浒”wu 和“僚”lau 都是古濮越语“咱们”和“我们”，被不同时代、不同人用汉字译音后，用来作为对古濮越民族的称谓（他称，不是自称）。因而，把“乌浒”和“僚”当做两个不同的民族，大书特书，继续误导他人。

在《乌浒人的来源和分布》章节里，何氏说：“乌浒之见于史籍，始于东汉。……到南北朝隋唐时，僚人兴盛，遍及川黔滇湘鄂桂粤和越南、老挝等地，乌浒也和僚人杂居，被视为僚人的一种，故也称为乌浒僚。”

由于何氏根本不知道“乌浒”和“嶲”这两个音译汉字的来源

及其原意之间的关系，盲目地同意任乃强“乌浒即嶲人的演变，因浒与嶲音转”的观点。

史籍记载及中华大地上历史遗留下来的地名，以“乌”（wu）组成的专有名词数量很多，不胜枚举。现只略举数例还其原意，供古史学家研究参考。

乌镇　是 wu“咱们”镇的汉字译音，已有两三千年历史。

义乌　是 wu ji“咱种田人”的倒装的汉字译音。
咱们 犁

寻邬　是sam wu“同是咱们、咱一样”的汉字译音。
同是 咱们

乌石　是 wu ta:n“咱种米人”的汉字译音。
咱们 白米

乌丸（乌桓）　是 wu vun“咱们人”的汉字译音。
咱们 人

乌里、乌丽、武里　是 wu li（lei）“咱们山地人”的汉字译音。
咱们 山地

乌蜒　是 wu ta:n“咱种稻人”的汉字译音。
咱们 白米

乌孙　是 wu sen“（讲）咱们话的人”的汉字译音。
咱们 话

乌得　是 wu di“咱好人”的汉字译音。
咱们 好

乌夷、无余　是 wu ji“咱种田人”的汉字译音。
咱们 犁

乌路里　是 wu luk li（lei）“咱山地人”的汉字译音。
咱们(词头) 山地

乌武僚、乌浒僚　是濮越语 wu“咱们”和 lau“我们”的非正确组合词。

乌兰　是 wu la:n“咱家”的汉字译音。
咱们 家

于夷（乌夷）　是 wu ji“咱种田人”的汉字译音。“于越”是同音异译。
咱们 犁

于阗（和阗、和田）　是 wu de:n“咱地方”的汉字译音。
咱们 地方

于夷特　是 wu ji de“咱种田人的”的汉字译音。“特”是尾音，是始译者将尾音“的”加上去的。这里的“特”不是如英语音节中的尾音 t。
咱们 犁 的

于濮、乌浦　是同音异译。是 wu pu“咱濮人”的汉字译音。

於余、武予 是wu ji“咱耕田人”的汉字译音。“於”，《集韵》汪胡切，同“乌”，与“于夷”、“乌夷”、“武夷”、“无余”等是同音异译。

於陵、武陵 是wu laŋ“咱后来者”的汉字译音。
咱们后面

巫闾 是wu lo:i“咱山里人”的汉字译音。有的史籍译作“医
咱们 山
巫闾”，即ji wu lo:i“咱山里种地人”的汉字译音。由于译者不同，
犁咱们 山
史籍载的同音、近音异译字还有“医无闾”、“医毋闾”、“医无虑”、“于微闾”等。如《周礼·夏官、职方》载：“东北曰幽州，其山镇曰医无闾。”《淮南子·坠形训》高诱注：“医毋闾在辽东属国。”《续汉郡国志》载：“辽东属国无虑县有医无虑山。”《楚辞·远游》：“朝发轫于太仪兮，夕始临于微闾。”王逸注：“微闾，神话中的山名。”颜师古曰：“即所谓医巫闾。”王逸注：“且早趋驾于天庭，暮至东方之玉山也。”

巫闾、守捉 原是wu lo:i“咱山里人”与sou tso:k“你们外边
咱们山里 你们 外面
人”的汉字译音。是两个相互对称（咱们与你们）的代词。但是唐代以前，却被人将两者连在一起，到了唐代，便设置巫闾守捉城。

沃沮 是wu tsai“咱耕田人”的汉字译音。“沮”，现代汉语读
咱们 犁
jǔ（ts ỹ）；《广韵》、《集韵》、《正韵》：沮，将予切。读音与现代汉语基本相同。史籍载的“且侯（国）”是tsai hau“我们耕田人”的汉
犁 我们
字译音，与“且欧”tsai ɣau是近音同义字。“且瓯”是同音异译。
犁 我们

呼揭 是wu ke“咱们的”的汉字译音。现代粤语“嘅（的）”
咱们(的)
来源于此。

无余 是wu ji“咱耕田人”的汉字译音。与“於余”、“武予”、
咱们犁
“于夷”、“于越”等是同音异译字。

无庸 是wu jo:ŋ“咱种粟人”的汉字译音。由于历史语音的演
咱 粟
变，濮越语^{m}pu（位）分化为mu和pu后，有的语言用mu（如仫佬语），有的用pu（如布依语）。因此，有的史籍载“无（mu）”是

“位”之义，用汉字译音，“无庸”即mu jo:ŋ，也是“种粟人”之义。
位 粟

无诸 应是mu tsau“我们（的）人”的汉字译音。
位 我们

无棣 是mu di（dei）“好人”的汉字译音。
位 好

无盐 是mu jam“同是（我们）人”或“同是濮人”的汉字译
位 同是
音。

无敛 是mu lam，也是“同是濮人”的汉字译音，只是声母发生
位 同是
了演变而已。

无虑 是mu lo:i“山地人”的汉字译音。
位 山

无肠国 是mu so:ŋ（国）“种稻人”（国）的汉字译音。《山海
位 稻穗
经·大荒北经》：“有无肠之国，是任姓（笔者按：所谓‘任’姓，濮越语jam‘同、同是、一样’的汉字译音，原话应是jam mu so:ŋ
同是 位 稻穗
‘同是种稻人’。后被无知者将jam用汉字译音译作‘任’，并按中国姓氏排列习惯，把‘任’当做姓而流传，即‘任无肠’）。”

无疆 是mu kiaŋ“漂亮、美、好看的人”的汉字译音。史籍载
位 漂亮
的所谓“美人”，是同音异译字。

汙水（浒水） 是wu水，“咱们河”的汉字译音。

吾离 是wu li（lei）“咱山地人”的汉字译音。与“乌丽”、
咱们 山地
“乌里”、“武里”是同音异译。

史籍载，以“吾”组成的专有名词很多，不胜枚举。例如“伊吾”是wu ji“咱种田人”的汉字译音的倒装。《通典·庭州》载：
咱们 犁
“蒲类海一名婆悉海，有天山，自伊吾郡界入。”“蒲吾”、“番吾”、“蕃吾”、“鄱吾”、“般吾”是pu wu“咱（的）人”的汉字译音。
位 咱们
《平山县志》载：“嘉阳城距今治十八里即春秋之蒲邑也。汉于此置蒲吾县。”“昆吾”是kun wu“咱们人”的汉字译音。“允吾”是vun
人 咱们 人
（von）wu也是“咱们人”的汉字译音。“己吾”是kɯ wu“咱们”
咱们 （词头）咱们
的汉字译音。“朱吾”是tsu wu“咱们人”的汉字译音。汉置朱吾
位（只）咱们

县。

吴 是wu“咱们”的汉字译音。周代以后，有始译者把濮越语wu“咱们”用汉字译作“吴”，用来指称江东濮越先民建立的国家，叫“吴国”。“吴”与“越”同语言、同风俗，本是血缘兄弟。后因社会分化，成立了不同的国家。又因利益矛盾而兵戎相见，谱写了一曲中华历史旋律中悲壮萦回的千古绝响——《吴越春秋》。

史籍载，以“吴”字组成的专有名词（包括地名）不太多，较常见的有“句吴”、“盖吴”、“吴川”、“吴淞”等。“句吴”是 kɯ（词头）
wu（咱们）“咱们”的汉字译音。一些史籍将“句吴”既作地名，又作人名。如《世本·居》载：“吴孰哉居藩离，孰姑徙句吴。”宋忠注：“孰哉，仲雍字；藩离，今吴之余暨也。”《吴地记》载：“泰伯三让弟仲雍。仲雍立，号句吴。”“句吴”地名也有写作“故吴”的。如《吴越春秋·吴太伯传》载：“太伯起城，周三里二百步，外郭二百余里，在西北隅，名曰故吴（笔者按：这里的‘故’，非‘旧’之义）。”

盖吴 是ke（父） wu（咱们）“咱父辈、长辈”的汉字译音。“盖”在史籍出现较多的，见于《魏书》。《官氏志》载有“盖楼氏，后改为盖氏”。《世祖纪》载有“卢水胡盖吴，反于杏城”。“盖吴”与“盖楼”中的“盖”，虽然所用的汉字相同，但是它们所代表的原音却不一样。“盖楼”是klau“我们”的汉字译音，“盖”代表的是复辅音声母kl－中的k，其本身没有任何意义。而“盖吴”中的“盖”ke，其意义是父亲、父辈、长辈，具有独立意义。

吴哥 是wu（咱们） ko（的）“咱们的”的汉字译音。

毋敛 是wu（咱们） lam（同）“咱一起的、相同、一样的”的汉字译音。

毋丘俭 是mu（位） jau（我们） kam（同、一起）“我们一起”的汉字译音。这里的“毋”是^{m}pu“位”的变音，与“毋敛”的“毋”只是所用的汉字译音字相同。“毋丘俭”是北魏一位将领的名字。由于北魏是鲜卑人建立的国家，鲜卑是东夷人的一支，东夷人讲的是古濮越语，所以，“毋丘俭”的“毋丘”并非姓氏，而是“我们”之意，表示内外之别，对内具有凝聚力，对外具有排他性。此种情况，在《魏书》里比比皆是。其主要原因是，鲜卑人没有自己的文字，只靠掌握汉字的一些人用汉字来音译相同或相近的鲜卑语。因此，无意中也给我们保留了极其珍贵的鲜卑语历史语言资料，为我们研究鲜卑人历史提供了非常宝贵、难得的基本素材。

滹沱（河）　是wu da“咱河”的汉字译音。“滹沱河”这组词
咱们 河
中，“沱”da是汉字译音字，本义在濮越语里已是“河”之意。但是，它跟所有外来语译音词一样，进入后来的汉语词汇之后，因汉语的“河”读hə，不读da，所以要想汉族人明其义，就必须在“滹沱”之后加“河”字，就如壮语借汉语“白菜”paitsʻai，必须按壮语组词的内在规律，在“白菜”之前加上壮语的“菜”plak，组成plak
菜
pe:ktsʻa:i“菜白菜”这样的词，壮族人才能明白。
白菜

胡　是wu“咱”的汉字译音。由东夷分化出来的所谓“鲜卑”、“乌桓（丸）”人，他们称“咱”为wu，而被人用汉字译作“胡”。后来史籍就将“鲜卑”、“乌桓”叫作东胡人。一些撰史者，由于无知及历史局限性，又只好以类推的思维方式，将塞外的所有其他民族，不管是东北的、西北的，统统都称之为“胡人”。

史籍以“胡”组成的名词，如“羯胡”，本与“盖吴”（父辈、长辈之意，见前文）是同音异译，但由于撰史者的偏见与无知，将它指称为北方游牧的所谓胡人。因公羊曰羯便将牧羊的社会群体称为“羯胡”，其实，所谓“羯”是古濮越语ke“能干、强悍”的汉字译音。“豹胡”是pou wu“咱们濮人”的汉字译音。《逸周书·王会解》
位 咱
载：“正北空同、大夏……豹胡……东胡。”“胡良河”是wu laŋ“咱
咱 后面
们后面”的河的汉字译音。

湖　也是wu“咱”的汉字译音，并非汉语中“湖泊”之“湖”。史籍里除了载明神州大地上各大小不同的湖泊之名外，以“湖”字组成令人难以理解的名词不多，今越南莱州（lo:i tsau“我们的山”的
山 我们
汉字译音）省有“兴湖（hun wu‘咱们人’）”县，孟礤县有“湖奔
人 咱
（wu ba:n‘咱村’）”乡。然而，古濮越先民生息过的湘、鄂、桂等省
咱 村
的山区，千万年以来，完全没有湖泊，但以“湖”组成的小地名则不

胜枚举，尤其是湘、鄂西部，崇山峻岭无数，以“湖”组成的地名也无数，当地一些对地名起源感兴趣的人，因群山里没有湖泊却到处都以“湖×”或“×湖”为地名而感到莫名。

瓠、壶 也是wu“咱”的汉字译音。《括地志》载：“焦获薮，亦名瓠口，亦曰瓠中。”所谓“焦获薮”是古濮越语tsau“我们”、wu“咱”和sou“你们”的汉字译音。因始译者或撰记者不明它们各自的意义而将它们连在一起，当做一个专有名词误导后人。《春秋左传·襄公元年》载：“晋人以宋五大夫在彭城者归，寘诸瓠丘。”杨伯竣注：“瓠丘即壶丘，今山西垣曲县东南约五十里。”杜预注：“今垣曲县之胡里（wu li ‘咱山地’的汉字译音），又作壶丘、阳壶。”从
咱 山地
“胡里”又作“壶丘”，可见“壶”并非“茶壶”之类的“壶”义，而是濮越语wu“咱”的汉字译音。“丘”本也是濮越语jau“我们”的汉字译音。“壶”wu是“咱”，“丘”是“我们”，将“咱”与“我们”组合在一起，成为“咱我们”。这无论是在濮越语还是汉语里都是不成立的。但是，被音译成汉字后，两字的汉义都可以成立，因为从望文生义的角度看，可以理解为“壶形的山丘”。

狐突 是wu dat “咱（的）山崖”的汉字译音。《说文解
咱 山崖、峭壁
字》：“突，徒骨切。”《清一统志·太原府》载：“步浑（pu van‘濮
位 人
人’的汉字译音）水，在交（kou‘我’的汉字译音）城县西北，源出狐突山南步浑谷，流经县西，又东南入汾（‘汾’也是濮越语fun‘人’的汉字译音。因历史音变，声母变为f－）。”

舞阳 是wu ja:ŋ（jo:ŋ）“咱种粟”（人）的汉字译音。
咱 粟

武 也是wu“咱”的汉字译音。神州大地上，以“武”字组合的地名很多，仅地图集标明的就有数十个。例如，“武夷”、“武予”是wu ji“咱种田人”的汉字译音；“武陵”是wu laŋ“咱后来者”的
咱 犁 后面
汉字译音。“武功（山）”是wu koŋ“咱祖辈、祖先”（的山）的汉字
咱 祖
译音；“武当（山）”是wu ta:ŋ 山“咱分水岭”（的山）的汉字译
咱 分水，分隔
音。“武山”、“瓠山”是同音异译。“武山”在湘西泸溪县，“武都”、“于都”也是同音异译。“武都”是tu wu“咱们”的倒装汉字译音。
（只） 咱

“武定”是 wu de:ŋ“咱地方”的汉字译音。“杨武”是ja:ŋ wu“咱的
粟 咱
粟”的汉字译音。“武宣”是wu sen“（讲）咱们话”的汉字译音。
咱 话
“武鸣”，原称“武缘”，是wu jen，也是“（讲）咱话”的汉字译音。
咱 话
“武利”是wu li “咱山地人”的汉字译音。“武阳”是wu ja:ŋ“咱们
咱 山地 咱 粟
种粟人”的汉字译音。“武昌”是wu so:ŋ（so:ŋ）“咱种稻人”的汉字
咱 稻穗
译音。“武穴”是wu jai“咱越人”的汉字译音。“武镇”与“乌镇”
咱 越人
是同音异译。“武义”是wu ji“咱种田人”的汉字译音。“武进”是
咱 犁
wu zen“咱话”的汉字译音。“灵武”是de:ŋ wu“咱地方”的汉字译
咱 话 地方 咱
音。“武里”与“武利”是同音异译。“仁武”是jen wu“（讲）咱
话 咱
话”的汉字译音。“大武”是 tu wu“咱们”的汉字译音。“嘉武”是
只 咱
ka:k wu“只咱们”的汉字译音。
独 咱

漏卧、老挝、罗斛 本是同音异译字，后被分别用来作不同国家之名。后者先被改作“暹罗sam lau‘同是我们’”，近代又改称“泰
同 我们
do:i‘山岭’”国。

讹仆括 是wu pu kuak（kuat）“咱是拿锄头的人”的汉字译音。
咱 位 锄头

10世纪初，契丹人建立了辽（lau“我们”的汉字译音）国。契丹人是所谓东夷濮人的一支，讲古濮越语。原本的三大部族，一曰宇文ji von“耕田人”，二曰库莫奚kou mu tsʻi（tsai）“我耕田人”，三曰
犁 人 我 位 犁
契丹 kɯ ta:n“（种）稻米的人”。因此，其所管辖的部落也都是古
（词头）稻米
濮越人，讲古濮越语。如：

“图卢”是 tu lau“我们的人”的汉字译音。“涅离”是ȵɛp li
（只）我们 同 山地
“同是山地人”的汉字译音。今傣语（西双版纳）称“同”仍读ˀɛp或ȵɛp。侗语读作ȵim，用语音相近的汉字译音，写作“涅”是无可非议的。“奥畏”是ɣau vai“我们市集”的汉字译音。“撒里葛”是
我们 市集
sai li ko“种山地的”的汉字译音。“窈爪”是jou tsau“我们住地”
犁 山地 的 居住 我们

的汉字译音。“耨碗爪”是　ho　von tsau“我们的人”的汉字译音。
（词头）人　我们
“讹仆括”、“奚达剌”是tsʻi　tu　lau“我们耕田人”的汉字译音。
犁（只）我们

菟和（山）　是 tu　wu（山），“咱们人”（的山）的汉字译音。
（只）咱

高纲　是 kɯ　wu“咱们”的汉字译音。史籍《大载礼·帝系》
（词头）咱
载：“老童娶于竭水氏之子，谓之高纲氏，产重黎及吴回。”但《世本》谓：“老童娶于根水氏谓之骄福，生重及黎。”可见“竭水”与“根水”是同音异译。“高纲”与“骄福”也是同音异译。

许良　是wu laŋ“咱是后来的”的汉字译音。与“胡良”是同音
咱后面
异译。

虎夷　是wu ji“咱耕田人”的汉字译音。战国时淮河上游的越人
咱犁
部落。史籍也有称为“夷虎”的。

古濮越语 wu“咱”被用汉字译作“虎”，最早见于甲骨文。卜辞：“舆其途虎方，告于大甲，十一月。”在濮越语里，faŋ 是“很大块”之义，wu faŋ 用汉字译音“虎方”，是“咱们地方最大”的意
咱很大
思。《殷墟文字甲编》的多条卜辞证实，由于“虎方”是商代中期的南方大敌，所以每次征讨“虎方”之前，总要向其先王大（太）甲、祖乙、仲丁占卜祈祷，祈求胜利。史学家，因不明“方”的原意，故往往解释为“方国”，即地方上的小国。

“虎夷”、“夷虎”，如《左传·哀公四年》载：“夏，楚人既克夷虎，乃谋北方。”杜注：“夷虎，蛮夷叛楚者。”此注错误！所谓“夷虎”是古濮越语ji wu“咱耕田人”的汉字译音，他们是古濮越人的
犁咱
对外自称，并非“叛楚者”才自称为“咱耕田人”。无论是“虎夷”wu ji 还是“夷虎”ji wu，其意义都是“咱耕田人”。

由于古濮越先民的一部分人被音译为“虎夷”或“夷虎”，于是，在濮越人生息的地方，便被讹传并载入史籍中称为“虎山”、“虎水（涧）”、“虎×亭”、“虎×塘”或称为“白虎夷”、“白虎矶”、“白虎镇”、“白虎关”、“白虎庙”、“虎头山”、“虎尾洲”等等。再加上青铜器，包括兵器上，因人们崇敬虎的威猛形象而铸有虎头、虎纹等，而被一些文人胡乱附会编造，搅乱史实，误导后人。如《穆天

子传》载："天子射猎于郑圃。有虎在平葭中，天子将至。七萃之士高奔戎生捕而献之。天子命之为柙，畜之东虞，是为虎牢。"

其实，所谓"虎牢"只不过是古濮越语wu lau"咱们大家"的汉
咱 我们
字译音。它与"乌路"、"乌武僚"、"堕和罗（吐火罗）"等是同音异译。"乌路里"，陈鹤《明纪·明世宗嘉靖实录》载："平南乌路里，民（笔者按：指汉族）、瑶、俍（壮族）杂处。""乌武僚"（见前文，是 wu lau 的汉字译音。始译者将 wu 分别用汉字译音译作"乌 w"与"浒 u"）、"吐火罗"是 tu wu lau"咱们大家"的汉字译音。《新唐书
咱 我们
·南蛮下》载：骠国（由古濮越先民建立的国家。骠，也称"蒲骠"、"濮骠"、"骠越"。骠，是pu jau 的快速连读，被始译者听作
位 我们
pjau，因而用汉字译作"骠"。）"在永昌南二千里，去京师万四千里。东邻真腊，西接东天竺，西南堕和罗（吐火罗），南属海，北南诏。地长三千里，广五千里"。

至于上述《穆天子传》的引义中，所谓"七萃之士高奔戎生捕而献之"的生擒虎大力士高奔戎，这个名字实际上也是古濮越语kou
我
ban jo:ŋ"我大个子种粟人"的汉字译音。编造故事的作者，很可能
大块头 粟
是听过古濮越大力士双手擒虎的故事之后，把它当做真人名字移植过来的，因而基本上保留了古濮越语的原音。

获舆（山） 与"虎夷"是同音异译。

8. 汉语代词"你们"，史籍用汉字译濮越语音作"叟"、"寿"、"舒"、"首"等

汉语代词"你们"，濮越语（包括不同的支系）读 sou、sa:u、su、hɔ su、ɕa:u 等。因而，史籍里留下的历代汉字译音字有叟、瞍、搜、收、修、薮、寿、曹、疏、舒、速、索、酬、仇、守、首、召等。

叟夷 是sou ji"你们耕田人"的汉字译音。《三国志·蜀志·张
你们 犁
嶷传》载："越嶲郡自丞相亮讨高定kou de:ŋ'我的地方'的汉字译
我 地方
音）之后，叟夷数反，杀太守龚禄、焦璜。"

"叟夷"，在不同史籍里，又有叟人、渠叟［kɯ sou］、叟濮
（词头）

（pu sou“你们的人”的倒装汉字译字）、斯叟（çai sou“你们耕田
位　　　　　　　　　　　　　　　　　　　　犁
人”）等之称。《史记正义》载：“徙音斯。”《史记·西南夷列传》载：“巂，昆明，皆编发，随畜迁徙，毋常处，毋君长，地方数千里。自巂以东北，君长以十数，徙、筰都最大。”任乃强《华阳国志校补图注》载：“住于安宁河地区者，为越巂斯叟。”

鄋（搜、瞍、骚）**瞒**（满、蛮）是sou ᵐba:n“你们村庄”的汉
你们　村庄
字译音。

《左传·文公十一年》载：“鄋瞒侵齐，遂伐我。”又“初，宗武公之世，鄋瞒伐宋。司徒皇父帅师禦之”。许多注者认为“鄋瞒”是国名，其实是濮人的一个部落联盟。《方舆纪要》谓“鄋瞒”在今山东境内，正是古濮人生息之地。

蓐收　本来是两个不同意义的词，但由于始译者弄不清楚而硬把它们凑在一起，当做一个词使用。所谓“蓐”，本是hau“我们”的汉字译音，亦即是《史记·夏本纪》里译作“夏后”的“后”；“收”是sou“你们”的汉字译音。相信从古至今，没有哪个民族语言把“我们”和“你们”结合起来当做一个词来使用。然而，《国语》却根据历史传说，把所谓“少昊氏”之子叫作“蓐收”，并说什么“蓐收人面白毛虎爪执钺”此类荒唐话。因此，读史，尤其是读上古史，是一定要有科学的审视目光，决不能什么都“有史为据”。因为写史的古人，由于受到历史的局限性，有很多未必是正确的。不过，有些古地名，则偶尔有此类似的结合，则另当别论。

修水　是sou“你们”河的汉字译音。

混修恭骠　是vun sou kuŋ piau“你们人阿骠”的汉字译音。《琉
你们　阿　骠
璃宫史》载：“混修恭骠”是缅甸‘蒲甘’（pu kam‘相同的、一起
位　同，一起
的人’的汉字译音）国王的名字”。

修蛇　是sou çai“你们耕田人”的汉字译音。《淮南子·本经训》载：“猰貐……修蛇皆为民害。”

狼牙修国　是laŋ ja sou“你们本领高强的后来者”的汉字译
后面　本领高　你们
音。是马来西亚古代的濮人部落小国。

焦获薮　是tsau wu sou“我们、咱、你们”的汉字译音。这是陕
我们 咱 你们
西泾阳县境内西北角的一个古地名。由于它是古濮人聚居的几个小村落合成，且汉字译名也较特殊，所以，在史籍里也较有名。《括地志》载：“焦获薮，亦名瓠口，亦曰瓠中。”《元和郡县志》载：“焦获薮，亦名瓠口，即郑、白二渠也。”

独苏山　是 tu sou 山，“你们（的）”山的汉字译音。《山海
位(只) 你们
经·山经》：“独苏之山，无草木而多水。”

比苏　是 pi（pu“位”的变音）su“你们人”的汉字译音。《地理四》载：“土蛮［ tu ma:n‘村里（乡下）人’的汉字译音］凡
位(只) 村庄
八种：曰金齿，曰白夷［pu ji‘耕（种）田人’］、曰僰（pu 本义是‘位’，汉字译作‘濮’、‘蒲’、‘薄’等）、曰峨昌（a soŋ 或 saŋ
稻穗
‘种稻人’）、曰骠（piau 或 pu ɣau‘我们人’的连读变音）、曰缅（k·əi‘犁’，今侗语仍读此音）、曰渠罗［ kɯ lau‘我们’］、曰比
(词头) 我们
苏。”

绣山　是 sou 山，“你们（的）”山的汉字译音。《山海经·北山经》：“绣山，其上有玉、青碧。”

畴（寿）华之野　是sou wu（变音 wa）“你们与咱们”（的）郊
你们 咱
外地的汉字译音。《山海经·海外南经》载：“羿与凿齿战于畴（寿）华之野，羿射杀之。在昆仑圩东，羿持弓矢，凿齿持盾，一曰持戈。”

寿张　是sou tso:ŋ“你们种稻人”的汉字译音。tso:ŋ、so:ŋ 都是
你们 稻穗
“稻穗”；当今壮族不同的方言土语，有的读 tso:ŋ，有的读 so:ŋ，有的读 ço:ŋ 或 suŋ 等。意思都是“种稻人”，这名称可以进一步印证，壮侗语族的先民濮人是神州大地上最先发明种稻的民族。浙江河姆渡遗址、湖南通道、广西南宁等地考古发现 8000 多年前至 10 000 多年前稻谷遗物，都说明了这一点。

曹县　是 sou 县，“你们”县的汉字译音。

䑏疏　是kun sou“你们（的）人”的汉字译音。《山海经·北山
人 你们
经》载：“带山……有兽焉，其状如马，一角有错，其名曰䑏疏。”“䑏疏”本是濮语“你们（的）人”的汉字译音。但是，写《山海

经》的人，在杜撰怪兽的过程中，因其不知“驩疏”的原意，而信手拈来当做兽名。（这种情况，在《山海经》里比比皆是。）

群舒 本是“驩疏”的同音同义异译，但后来被一些古史学家望文生义，把“群”当做“众人”解，因而，把与本是他称的“舒”sou（“你们”）有关的名词集合起来，叫作“群舒”，并堂而皇之载入史册。如“舒庸”，本意是“你们庸人”；“舒龙”，本意是“你们后来者”sou laŋ；“舒鲍”sou pou，即pou sou“你们（的）人”；
你们后面　　　　　　　　位 你们
“舒龚”sou kuŋ“你们龚人”；“舒蓼”sou lau“你们和我们”；等等。

婆速、番酬、番召、蒲骚 都是pu sou“你们（的）人”的同音异译字。《金史》载，金朝建立后，曾设立“婆速府路”的行政管治机构。商周时代，湖北、湖南、江西以至两广，都是濮人聚居的地方，但有些史籍却把这个地区的某一部分濮人用同音的汉字译为“番”（读pu），并称某一部落联盟为“番国”。青铜器上常见的“番（濮）尹”是pu vun“人”的汉字译音。“番君”是pu kun“人”的
位 人
汉字译音。这里的“君”不是“君王”，而是“人”的汉字译音。“尹”vun和“君”kun都是“人”之意。

有的史学家以为“君”就是指“君王”，因而，认为青铜器上的铭文“番君祀”中的“祀”是番国国君，并认为1978年湖北当阳金家山出土的45号楚墓中的“番仲戈”，铭文中的“番仲”是“祀”的弟弟。其实，这是一种受汉语兄弟排行“伯、仲、季”影响的误会。“番仲”只不过是濮语pu so:ŋ（或suŋ）“种田人”的汉字译音，
位 稻穗
与现代壮族人的自称pu so:ŋ（suŋ），布依族人的自称（pu）so:ŋ ka，史籍用汉字音译作“仲家”是完全一致的。所谓“番仲戈”，
（语尾）
就是“壮人”（“种田人”）的意思。黄盛璋《当阳两戈铭文考》（《江汉考古》，1982年1月）里说：“番仲之子孙皆称番仲。”作者因不理解而无意一矢中的，说出了历史的真相。壮族、布依族的祖先，数千年前被误译称作“濮”，他们自称为pu so:ŋ“种田人”（后来有文字后，用汉字译作“番仲”）恐怕已有上万年。因为他们是神州大地上最早的“种田人”。“种田人”的子孙当然也自称“种田人”。

所以，史籍里的所谓“番祀”并不是什么“番国君王”，而是pu

so:ŋ“种稻人”的意思。“番酬”、“番召”pu sou是“你们”之意。当然，“番酬”、“番召”和“蒲骚”，由于汉字不是拼音文字，所以，它们有时也可能是pu sa:u“姑娘（未嫁年轻女子）”的汉字译音。至
位 姑娘
于何时指“你们”，何时指“姑娘”，就要看上下文了。

速古台、素可泰 是su kɯ do:i“你们的山”的汉字译音。今
你们(词头) 山
泰国北部古地名。13世纪，施利·英他沙罗铁打败了真腊国，占领了速古台（素可泰）城及周围地区，建立了暹国。

阿速坡 是a su pu“你们（的）人”的汉字译音。
你们 位

首阳 是sou ja:ŋ“你们种粟人”的汉字译音。今甘肃渭源县是
你们 粟
古首阳县所属。《山海经·中山经》的“丑阳山”是同音异译。

三首 是sam sou“同（是）你们”的汉字译音。《山海经·海外
同 你们
南经》载：“三首国在其东，其为人一身三首。”这是《山海经》作者望文生义的又一例子。

女丑尸 是 nuŋ sa:u çai “耕田姑娘”的汉字译音。《山海
弟弟、孩儿 姑娘 犁、耕
经·大荒西经》载：“有人衣青，以袂蔽面，名曰女丑之尸。”这也是《山海经》作者望文生义，想当然而杜撰出来的。

班超国 是ba:n sou国，“你们村”的国的汉字译音。七八世纪，
村庄 你们
泰国清迈地区有哈利班超国（ ha lei ba:n sou“你们山地”国）。
(词头)山地 村 你们

雷首 是lo:i sou“你们（的）山”的汉字译音。
山 你们

申首山 是sen sou 山，“（讲）你们话（的人）”的山的汉字译
话 你们
音。《山海经·西山经》载：“申首之山，无草木，冬夏有雪。”

仇州 是sou州，“你们”州县的汉字译音。“仇”非汉义的“仇恨、冤仇”。《逸周书·王会解》载：“正东符娄（pu lau‘我们的人’）、仇州、伊虑（ji lau‘我们种田人’）、沤（ɣau‘我们’）、深
犁 我们
（sam‘同、共同、一起’）、九夷、十蛮（‘九’、‘十’是作者随意杜撰的，‘多’之意，不是具体数目）、越沤（ji ɣau‘我们种田人’，
犁 我们
与‘伊虑’是同音异译），剪发文身。”

9. 汉语副词“同”、“共同”、“同样”、一起”，史籍用汉字译濮越语音译作“深”、“禅”、“单”、“覃”、“沈”等

汉语副词“同”、“共同”、“同样”、“一起”，濮语不同支系、不同时代、不同地区的读音有 sam、ɕam、jam、tsam、lam、hem、hom、ȵim、hwen 等。前五种读音，仍在当今壮语不同地区使用，海南临高话读 hem，傣语（德宏）读 hom，侗语读 ȵim，仫佬语读 hwen，傣语（西双版纳）读ˀɛp，也有的读 ȵɛp。

这种由于语音分化后的读音差异，就造成了不同时代、不同地域的人们用了许多同音、近音的不同汉字进行了不同的译音，写进了不同的史籍里，从而给史籍和史实罩上了一层朦胧而厚重、让人无法逾越的迷雾。史籍里常见的这些汉字译音字有：

深、森、寝、沈、寻、潜、孅、暹、蟾、禅、掸、单、镡、瞫、覃、蚕等，都是 sam 或 ɕam 的不同汉字译音；钦、任、阴、奄、盐、猃、炎（郯）等，都是 jam 的不同汉字译音；林、临、廪、敛等，都是 lam 的不同汉字译音；浸、占、湛、寝、斟、瞻等，都是 tsam 的不同汉字译音；“甘”是 kam 的汉字译音；“咸”是 hom 或 hem 的汉字译音；聂、讘、涅是 ȵɛp 的汉字译音。

深 《山海经·海外北经》载：“深目国在其东。”《大荒北经》载：“深目民之国，昐姓，食鱼。”《逸周书·王会解》载：“正东符娄、仇州、伊虑、沤、深、九夷、十蛮、越沤，剪发文身”。《史记·西南夷传》载：“元封二年，天子发巴蜀兵击灭劳浸、靡莫，以兵临滇。”《汉书·西南夷列传》将“劳浸”写作“劳深”。可见“深”、“浸”是同音的汉字异译字。

由于“深”是古濮语 sam（ɕam）的汉字译音、“浸”是 tsam 的汉字译音，始译者没有把它们的原意“共同、一样”同时译出来，以致后人只能望文生义，从汉字意义去理解。如许多史学家和读史者，在解读《山海经》时，把“深目”和“深目民”解释为“双目深陷”的人。这就大错特错，完全违背原来的意思了。因为“深目”是古濮语 sam mu（同是 濮人）“同是濮人”的意思，“深目民”则是 sam mu ma:n（同是 位 村庄）“同是村里（乡下）人”，引申为“同是乡下种田人”的意思。《大荒北经》里的所谓“昐姓”，“昐”即是 fun“人”的汉字译音。今河北的深县，汉代称深泽县，隋置深州。这些“深”都是 sam 的汉字译音。“深泽”并非汉字“很深的渊泽”，而是 sam tsai“同是耕田人”的汉字译音。

至于《史记·西南夷列传》里所说的“劳浸”，是古濮语 lau
我们
tsam“我们一样”的汉字译音。“靡莫”是mi（或 me）mo“新来的”
一样 母(作词头) 新
汉字译音。

森坤 是 sam kun“同样的人”的汉字译音。老挝北部琅勃拉邦
同样 人
森坤地区是克穆（克木、佤木）人聚居的地方。佤木（克穆、克木）（kɯ mu“濮人”的汉字译音）是仫佬人的一支，数百年前，由广西迁至老挝。

寝丘 是 sam jau“同是我们人”的汉字译音。《水经·汝水注》
同 我们
载：“汝水……东迳固始县故城北，《地理志》：县固寝也，寝丘在南，故藉丘名县矣。”这段话，说汝水流经河南固始县旧城北边。《地理志》解释固始县是因“丘”得县名。这是不正确的。据“县固寝也，寝丘在南”这句话里的“固寝”是濮语 ku（或 kou）sam“我（们）
我 同
相同”的汉字译音，“寝丘”是sam jam“同是我们人”的汉字译音，
同 我们
说明固始县最早的地名是“固寝”，南面不远处还有一个地方叫“寝丘”。这个“丘”不一定是山丘，固始是山区，如果都称“丘”，则不胜枚举。固始县如果真的是“藉丘名县”，则应称为“寝丘”县。“寝”汉义是“睡”，如果望文生义，“寝丘”即“睡丘”，像一个睡人的山丘。这种情况，除了像四川乐山大佛对面山脉真的像睡佛，可以叫作“卧佛山”外，地名只称为“睡山”或“卧山”是不符合中国人命名习惯的。因而，山丘被称作“寝丘”（什么动物“寝”呢?）是不成立的。当然，“固寝”从汉字意义也解不通。所以，“固寝”、“寝丘”是古濮语的汉字译音词是千真万确的。

至于东晋以后，设立的固始县，也是根据之前有人将濮语 ku（或 kou“我”）çai“我（是）种田的”用汉字译作“固始”这地名
犁
命作县名的。

沈黎（孅犁、彻里、车里、产里） 是 sam li（lei）“同是山地
同 山地

人”的汉字译音。汉元鼎六年（111），在今四川雅安置沈黎郡，东汉改为蜀国都尉。《左传·哀公十九年》载：“秋，楚沈诸梁（sam tsu laŋ“同是后来者”的汉字译音）伐东夷，三夷男女及楚
同 位(只) 后面
师盟于敖。”

寻罗 是 sam lau“同是我们（人）”的汉字译音。《蛮书》载：
同 我们
“贞元十年，南诏攻城邑，虏其王寻罗并宗族置于蒙舍城，养给之。”这里，显然是作者因不懂得“寻罗”原是濮人对外自称该社会群体“同是自己人”这个意思，而把这两个汉字译音当做该群体首领之名而载入史册。诸如此类的情况，在史籍里很多。

例如，史籍记载的所谓鲜卑族，本是东胡人的一个分支。《后汉书·乌桓鲜卑列传》载：“鲜卑者，亦东胡之支也，别依鲜卑山，故因号焉。”“东胡”即是东边的胡人。所谓“胡”是始译者根据古濮越（耕田者）语 wu“咱们”用汉字“胡”译写的译音字，用来指称生息在东边的古濮越先民。

“鲜卑”是古濮越语 sen pi（pu 的变音）“濮人语言（讲濮人
话
话）”的汉字译音。因这支人语言里，把原来 pu（位）“人”之意的 pu，历史音变读成了 pi，而被人用汉字译作“卑”，故被称作“鲜卑”。

《后汉书·鲜卑乌桓列传》载，这支东胡人，“汉初，亦为冒顿所破，远窜辽东塞外，与乌桓相接，未尝通中国焉”。说明这支东胡人是汉初被匈奴冒顿打散后，在长城外变成游牧民族的。他们本是濮越人，讲濮越语，常自称 vun jai 或 jai（yui）vun“种田人”，后被人用
人 犁
汉字译作“宇文”之后，史籍的作者因不明其义，就把它当做部落和首领之名辗转传抄载入史册。例如：

《晋书·载记》载：“时东胡宇文鲜卑、段部以庬威德日广，惧有吞并之计。”《十六国春秋·前燕录》载：“大安初，鲜卑宇文单于莫圭部强盛，遣其弟屈云寇边。”

有的纂史者，把“宇文”二字胡乱解释，将它当做“姓氏”或“国号”。如《周书》的作者令狐德棻在《帝纪第一》里，先是把“宇文”当姓，后又当国号。他开宗明义就说：“太祖文皇帝姓宇文

氏，讳泰（笔者按：宇文泰），字黑獭，代武川人也。”接着说：“其后曰普回……其俗谓天曰宇，谓君曰文，因号宇文国。”真是瞎猜乱写，贻害后人。鲜卑人既然是东胡人，东胡即濮越先民，濮越语里，无论古今都没有说“天”叫作“宇”，“君王”叫作“文”的。

异牟寻 是 ji mu sam “同是耕田人”的汉字译音。《正德云南
犁 位 同
志·北胜州建置沿革》载：“唐南诏时，铁桥西北有施蛮者，贞元中异牟寻始开其地，名北方赕，徙弥河白蛮及罗落（笔者按：彝族，史籍称‘倮倮’）、磨些诸蛮以实其地，号剑羌。”

异牢寻 是 ji lau sam “我们同是耕田人”的汉字译音。向达
犁 我们 同
《蛮书校注·名类注》载：“贞元前，施蛮本居铁桥西北，贞元时为南诏异牢寻所灭。”

寻甸 是 sam de:n “同地方”的汉字译音。
同 地方

寻乌 是 sam wu “同是咱们人”的汉字译音。
同 咱们

由于“寻”只是汉字译音字，在神州大地上，语言和方言种类繁多，不同的语言或方言对汉字“寻”的读音往往有很大的差异，所以，“寻”并不一定只用来作 sam “同、共同、一样、一起”的汉字译音字，有的时候，也用来作 sen “话、言语”的汉字译音字。如“斟寻”是 tsam sen “（讲）相同的话”的汉字译音。
同 话

潜——罗君潜 是 lau kun sam “我们（是）一样的人”的
我们 人 相同、一样
汉字译音。

潜江 是 sam 江，“共同的河”的汉字译音。史籍有“罗君潜”，是 lau kun sam “我们是一样的人”的汉字译音。《新唐书·南蛮下》
我们 人 共同
载：骠国，“凡部落二百九十八，以名见者三十二：曰万公，曰允惹，曰罗君潜……”。

孅犁（沉黎） 是 sam li “同是山地人”的汉字译音。《逸周
同是 山地
书·王会解》载：“正北空同、大夏、莎东、姑他、旦略、豹胡、代翟、匈奴、楼烦、月氏、孅犁、其龙、东胡。”

暹罗 是 sam lau “同是我们人”的汉字译音。今称“泰国”。
同 我们

蟾夷 是sam ji“同是耕田人”的汉字译音。《华阳国志·邑志》
同 犁
载:“汉发县有盐井，县北有獽、蜒（ta:n‘稻米’），又有蟾夷也。”

禅 是sam“同、相同、共同”的汉字译音。《水经注》载：释氏《西域记》所谓二支北流，经屈茨、乌夷（wu ji“咱耕田人”的
咱 犁
汉字译音）、禅善［sam sen“（讲）同样话”的汉字译音］入牢兰海
同 话
也。“禅善”，汉改作“鄯善”。《说文解字》载：“鄯善，西胡国也。”都城在伊循。ji sen“（讲）种田人的话”的汉字译音。
犁 话

掸 是sam“同、相同、共同”的汉字译音。《后汉书·和殇帝纪》载：“九年春正月，永昌徼外蛮夷及掸国重译奉贡。”《后汉书·安帝纪》载：“永宁元年……十二月，永昌徼外掸国遣使贡献。”

单 也是sam“同、相同、共同”的汉字译音。由于现（近）代汉语鼻音韵尾 m已消失，由－n代替，所以，今音“单”已读作sa:n。但《释文》：单音蝉，又音丹或音善。《韵会》：单，时连切，音蝉。粤语今音，“蝉”仍读鼻音韵尾sim。

单阏 是sam wu“同是咱们人”的汉字译音。《尔雅·释天》
同 咱
载：“太岁在卯曰单阏。”《史记·历书》载有“端蒙单阏。二年”、“强梧单阏。二年”、“祝犁单阏。二年”、“昭阳单阏。三年”、“尚章单阏。三年”、“端蒙单阏。永光元年”等。

文单 是von（vun）sam“一样的、相同的人”的汉字译音。漏
人 同
卧（老挝）人于汉成帝河平年间，建都于文单，曾被称为“文单国”。“文单”古城，今名万象。《新唐书·真腊传》载：“陆真腊或曰文单，曰婆镂。”“婆镂”史籍又写作“蒲娄”或“濮僚”（pu lau“我们人”的汉字译音）。

单浮余 是sam pu ji“同是种田人”的汉字译音。春秋末年，
同 位 犁
吴、越争霸，相互兵戎交恶连年。楚昭王于公元前491年，乘机派出由濮越人组成能征善战、强悍骁勇之师“单浮余”（sam pu ji“同是种田人或同是越人”的汉字译音），突袭并征服了淮河上游的“虎夷”部族，掠得了蛮、梁、霍等城池，扩大了统治疆域。

单浮罗 是sam pu lau“同是我们的人”的汉字译音。缅甸蒲甘
同 位 我们

(pu kam“相同、一样、一起的人”的汉字译音）的摩耶齐提
位 同
(mu jai tsi di“种田人或濮越人最好”）宝塔，前面有一石柱，四面分
位 犁 最 好
别刻有巴梨文、勐文、缅甸文和骠文。其中骠文记载了11世纪缅王开辛他即位于蒲甘城。他有一位宠妃是“单浮罗”部落的女子。由于当时女子地位低微，没有文化，没有能登大雅之堂的名字，所以，撰写的人，就只有以其部落之名作为她的称谓。由于所谓骠人是古濮越人的一个分支，所以，11世纪以后用中文记载的有关骠人的人名和地名，一般都是用汉字译音，现在只要用濮越语对照，大都可以把它们的音义还原。

参胡 是 sam wu“咱同样、一起”的汉字译音，是古参胡部族
同 咱
生息之地。

参卢 是 sam lau“我们同样、一起”的汉字译音。
同 我们

参狼 是 sam laŋ“同是后来者”的汉字译音。《后汉书·西羌
同 后面
传》载：“中元元年，武都参狼羌反，杀略吏人，太守与战不胜。陇西太守刘盱遣从事辛都、监军掾李苞，将五千人赴武都，与羌战，斩其酋豪，首虏千余人。”

瞫、覃 是 sam“同、共同、相同、一起”的汉字译音。始译时，被用来指称古濮越人聚居的部落，后被该部落的人用作姓，以区别其他部落。如《后汉书·南蛮传》载：“和帝永元四年冬，溇中、澧中蛮潭（覃）戎（笔者按：史籍对古濮越先民等的泛称）等反，燔烧邮亭，杀略吏民，郡兵击破降之。”

《说文解字》载：“瞫，时荏切。”“时”，古音读作 dʑie，今音读作 ʂí；“荏”，古音读作 ȵʑiem，今音读作 ʑěn。则“瞫”古音的声韵母组合应读作 dʑiem，今粤语读作 sam^{33}，与古濮越语“同、共同、相同、一起”的读音 sam 完全相同。说明用汉字“瞫”、“覃”来音译古濮越语的 sam“同、共同、相同”之义是相当准确的。

镡 也是 sam（义同上）的汉字译音。《说文解字》载：“镡，徐林切。”“徐”古音读 ziɔ；“林”古音读 liem。“徐林”粤语读作 $ts‘øy^{33}$ lam^{33}。据《说文解字》载，镡，应读作 ziem。粤语读作 $ts‘am^{33}$。今壮语（北）因无送气音声母，也无塞擦音 ts‘，凡他种语

言声母为ts‘者，壮语一般均读作s。故“镡”读作sam。

《越绝书·外传记地传》载：“越王夫镡以上至无余，久远，世不可纪也。夫镡子允常，允常子勾践，大霸称王，徙瑯琊都也。”“夫镡”是古濮越语pu sam“同是濮越人”的汉字译音。“夫”读pu，不读fu。由于古濮越人无文字，关于越王勾践先辈之名，只靠口头传说，无文字记载，因此，所谓“夫镡”pu sam是后人根据濮越语语音用汉字译音之后虚构的，并非真人名字。说得具体一点，所谓越王勾践的世系是不真实的，是造史者用古濮越语的一些语词任意拼构出来“填充”历史的空白，愚弄后人。

蚕丛　是sam so:ŋ“同是种稻人”的汉字译音。据一些史籍的零
同是 稻穗
星记载，所谓“蚕丛”是古蜀国最早的国王。蜀国的几代国王，分别是蚕丛、杜宇（杜主）、柏灌、鱼凫。其实，这些所谓国王的名字，都是古濮越语的译音汉字。杜宇（杜主）是 tu jai（或jyi）“耕田
位(只) 犁
人”的汉字译音；杜主即 tu tsai，也是“耕田人”之义。他还有
位(只) 犁
一个名字叫“蒲卑”（pu bi“兄长，同胞兄弟”的汉字译音）。柏灌即是pu kun“濮人”的汉字译音。鱼凫是jyi pu，即pu jyi“耕田人”
位 人　位 犁
的汉字译音。

从上述所谓蜀国四代国王的名字看，它们全都是古濮越语的汉字译音。可见，古蜀国是古濮越先民建立的国家无疑。

由于方块汉字是从甲骨文以来，在广袤的中华大地上各族人民数千年来相互交往通用的文字，所以，用汉字音译各民族语言的语词而载入史籍的不胜枚举。这些语词的音和义披上汉字的“外壳”之后，历经漫长的岁月沧桑，令人难以辨认。

例如，《史记·正义》引《谱记》载：“蚕丛国破，子孙居姚[jau hun‘我们（的）人’的汉字译音]、嶲（笔者按：古写作越
我们 人
嶲）等处。”“蚕丛”这个汉字译音词，被一些史学家望文生义解释为“最早发现并发明在山上放养野蚕的人”。后来又将野蚕变为家蚕。由于家蚕是需要一系列室内人工管理的。于是一些人又引经据典，把本来说“始居于岷山石室中”的“种田人”，说成是“养蚕人”。《古文苑》章樵注引《先蜀记》就是如此。《先蜀记》载：“蚕丛始居于

岷山石室中。”“蚕丛”本义是“同是种田人”的汉字译音。当然，古代的养蚕人大都是农耕者，但农耕者并不等于就是养蚕人，它们是两个不同的概念。史籍记载的所谓“蚕丛”并非一定就是最初发现和发明将野蚕变为家蚕的人，而只不过是一个汉字译音词而已。

钦 是jam“共同、相同、同样”的汉字译音。印度普拉玛普特拉河河曲南面和东边的加罗（klau“我们”的汉字译音）山区的南部，有一个叫“干钦”（kun jam“相同、一样的人”的汉字译音）
人 同
的少数民族，人数约四五万人。缅甸有“克钦”（kɯ jam“共同、
(词头)
相同、同样”的汉字译音）邦；城镇地名还有“钦比”（jam pi“同兄”的汉字译音）、“钦德韦马”（jam dei wai mo“同在新市镇”的汉
同 内 市 新
字译音）。此外，还有些少音变但意义全同的“坎”（ham），如“坎迪”[ham de:k“同地（方）”的汉字译音]、“南坎”（nam ham“同
同 地 水 同
江河”的汉字译音）、“萨坎莫”（sa:u ham mu“你们同样的人”的汉
你们 同 位
字译音）等。

阴 是jam“同、共同、同样”的汉字译音。史籍载有“阴阪”、“阴口”等地名。如《左传·襄公九年》载：“晋人不得志于郑……闰月戊寅，济于阴阪，侵郑，次于阴口而还。”“阴阪”是jam ba:n
同 村
“同村庄”的汉字译音；“阴口”是jam hau“同是我们”的汉字译
我们
音。山东省有蒙阴（mu jam“同是濮人”的汉字译音）县和蒙阴山
位 同
（简称“蒙山”）、蒙阴水。《山海经·中山经》载：“阴山，多砺石、文石。”

奄 也是jam的汉字译音。《广韵》、《集韵》、《韵会》均作衣检切；《集韵》又作於瞻切；《正韵》作於检切，又作於艳切。《左传·昭公九年》载：“武王克商，蒲姑[pu ku‘我（的）人’的汉字译
位 我
音。‘博兴’是pu hun‘濮人’的汉字译音]、商、奄，吾东土也。”
位 人
《竹书纪年》载：“（周）成王三年，伐奄，天薄姑；成王五年，王在奄，迁其君于薄姑。”

盐 也是jam的汉字译音。今河北省盐山县的“盐山”，并非因

此山产盐而得名，而是古濮越人曾生息过的地方。所谓“盐山”是jam山，“共同”的山的汉字译音。《读史方舆纪要》载：“（施州）卫东百七十里，吴沙渠县地，后周置盐水县。”所谓“盐水”是jam“共同”的河的汉字译音。

猃狁　是jam vun“一样、相同的人”的汉字译音。史籍有的写
同　人
作“猃狁”或“猃允”。如《汉书·匈奴传》载：“唐、虞以上有山戎、猃允、薰粥，居于北边，随草畜牧而转移。”这是一个古老的译名，至少已有4000年的历史。所谓“唐、虞以上”，说明早在夏代之前，古濮越先民就用他们的语言，或自称，或他称，以jam vun（商周以后，用汉字译作“猃狁”或“猃允”）指称那些早在塞外靠游牧维生的人群。由于这个社会群体，语言、风俗习惯都相同，所以，不论自称或他称，都说是jam vun“相同、一样的人”，汉人统治者及其御用文人用带有鄙视性质的汉字译作“猃狁”，将他们看作凶恶的、非人类的族类。

至于所谓“戎”，是joŋ“粟”的汉字译音。“山戎”即是“山地种粟人”。数千年来，各种史籍相互抄袭，把中原以外的不断被讨伐征服的周边民族，泛称为所谓“东夷”、“南蛮”、“西戎”、“北狄”。但是，从来没有哪一位史学家在自己精心研究的著作里清楚正确地说明“夷”、“蛮”、“戎”、“狄”的本义究竟是什么?！是不是他们的面目真的像猛兽那么狰狞，值得那些自认高人数等的御用文人们用“犭”旁去侮辱称呼他们呢?！

炎　也是jam的汉字译音。今布依语“共同、相同”都仍读此音。侗语则读ȵim^{35}，粤语读jim^{22}。《山海经·海内经》：“炎帝之妻，赤水之子听訞生炎居，炎居生节并，节并生戏器，戏器生祝融。”《汉志》载：“神农氏作，以火承木，故曰炎帝，教民耕种。”

在神州大地上，古老的传说很多。对原始人类首先发明钻木取火，从而改变茹毛饮血者，在文字发明并通行以后，用“燧人氏”称之。对发现并发明将野生谷物变为人工种植，从而保证充裕食物来源者，用“神农氏”称之。

“燧”是什么?《周礼·冬官考工记》注：“取火于日之器也。”“神”又是什么?《孔传》载：“圣无所不通，谓之神。”因而汉语词

汇里，就有“神圣”、“神通”等多个词。古往今来，在中国人的深层意识里，由于相信神是无所不通、无所不能和无所不在的，所以，对神是非常敬仰的。先人仙逝之后，大都在厅堂立神位，让后人共同纪念祖先，并祈求他们保佑平安、万事如意。如果祖先是对社会作出了突出贡献的伟人，后人更是感到无比的光荣、骄傲与自豪。

神农氏教民耕种，使生息在神州大地上的子孙们，千秋万代以来得以丰衣足食，源远流长，安居乐业地创造出影响世界、光辉灿烂的中华古代文明和现代文明。神州大地上最古老、人口最多、分布最广（从建立夏王朝的山西、陕西、河北、河南、山东，到后来的长江、珠江、横断山脉的三江，直至南亚印度的阿萨姆）、活动历史最长的濮越先民，是最早发明农耕的民族。这无论是从湖南通道、广西南宁还是浙江河姆渡遗址的考古发现，都证实了早在10 000多年以前濮越先民就已有较成熟的农业种植技术及加工技术，而他们的远祖就是古代传说中的所谓神农氏。

因此，他们从来都不认为农耕技术是外部传入的，而是他们的共同祖先神农氏发明创造并流传下来的。宋代罗泌《路史·后纪四·蚩尤传》载：蚩尤，是神农氏炎帝之臣，也是炎帝后裔。《尸子》载：“神农氏传十七世，其末帝曰参卢。蚩尤逐参卢而自立，仍称为炎帝。”

这两段史籍记载，一说神农氏与炎帝是同一人；一说神农氏十七世末帝之名叫参卢，蚩尤逐参卢之后，仍自称为炎帝。说明所谓“炎帝”并非像“黄帝”及其以后各朝代，是一人之称。

其实，“炎”和“参卢”都是古濮越语的汉字译音。“炎”是jam或ȵim，“参”是sam，都是“同、共同”之义。“参卢”是sam lau
同 我们
“我们共同”的汉字译音。始译者把“参卢”当做神农氏末帝之名载入史籍，无意中不仅给我们保存了古濮越语十分珍贵的语言资料，而且，通过它证明了古濮越先民是神州大地上最早的农耕民族。商、周以后，史籍中记载的所谓“神农氏”之类的名字，是后人根据古老传说虚拟出来的。古濮越先民从来都把这位虚拟出来的所谓“神农氏”认为是“我们共同的祖先”——“炎（参）卢”，即jam（sam）lau“我们共同的”。所谓“帝”也都是造史者加的。

当然，由于历史的发展，民族的不断融合演变，古濮越先民也随之不断变化，大部分演化成了汉族（“汉”之名，也是古濮越语 hun“人”的汉字译音，前面已有专论），其余也演化成了现在壮侗语族的许多独立民族，其中包括东南亚许多大小民族。所以，现在许多人，尤其是一些汉族的史学家、学者，他们不肯轻易相信古濮越人是他们的祖先。他们不会承认，古濮越人竟然会为中华古代文明作出过如此巨大的贡献，更不会相信古濮越人的语言竟然会在浩瀚的中华古代典籍的字里行间留下如此之多的汉字译音语汇。总之，古濮越先民不可能为中华文明史作出那么大的贡献。如果说有，只能是夸大其词。

的确，3000 多年以来，由于史籍记载的都是历代汉族统治者的历史（其实，商、周初期，并非有汉族，直至刘邦将早被始译者把古濮语 hun“人”译作“汉”用来做他王朝之名以后，才开始慢慢地逐渐发展成为“汉族”。而作为真正“民族”之名的，是近 100 多年来才有的），“濮”之名，只是大汉族“正史”里的“残留”而已。所以，汉族史学家因不了解而否认古濮越先民在中华民族文明史发展过程中的贡献及其历史地位，是可以理解的。因为数千年来，不论是史学家或是语言学家，都从来没有人发现并指出过，在众多经典古籍里保留有许许多多古濮越语的汉字译音词。它们是古濮越先民数千年乃至上万年来，活跃在神州大地上参与创造了辉煌灿烂的中华古代文明的铁的事实及佐证。

在纷繁的大千世界里，尤其是在中华民族这样源远流长，数千年纷繁的历史发展过程中，滚滚向前的历史长河，它的底层，除了厚厚的泥沙，肯定也会有不易被发现的金沙。

事实也正是如此。例如，我们中国人都以“炎黄子孙”自称并引以为荣。大家都承认“炎帝”和“黄帝”都是我们共同的祖先。前面说，“炎”是“共同”的汉字译音。那么，“黄帝”又是怎样的呢？

《周礼·春官小宗伯》载：“黄帝曰含枢纽，白帝白招拒，黑帝叶光纪。”这里的所谓“黄帝”，按一般史学家的解释，指的是古代生息在陕、甘黄土高原一带的一位部落联盟首领。“白帝”和“黑帝”姑且不论。至于所谓“含枢纽”、“白招拒”和“叶光纪”，三组词其实都是古濮越语的汉字译音。

含枢纽　是濮越语 hom　kɯ　lau“我们共同”的汉字译音。今
同　（词头）我们

傣语（德宏）“同、共同”仍读 hom。由于始译者 n－、l－不分，故将 lau 听作 nau 而译作“纽”。

白招拒　是濮越语pu tsau kai“我们的人”的汉字译音。
位 我们　的

叶光纪　是濮越语 ȵεp kuŋ kai“同祖的”汉字译音。今傣语
同　祖　的

（西双版纳）“同、共同”仍读 ȵεp 或ʔεp，用汉字译作“叶”。

全句的意思是：“黄帝叫作‘我们共同’，白帝叫作‘我们的人’，黑帝叫作‘同祖宗’。”之所以这样不合情理，是因为当时濮越语还较通行，原作者与濮越人有一定接触，因而用汉字记录了一些濮越语，但却又不甚明其本义，便在写作中囫囵吞枣地堆砌出来。后人虽然想从汉字意义来试图解释，但不得其门，只好作罢。于是没有再辗转传抄，至今知之甚少。

尽管如此，通过口头传说代代相传，“黄帝”跟“炎帝”都是“我们共同祖先”的意思准确地流传下来了。“炎帝”的 kuŋ sam
祖　同

（jam、ȵim）lau（始译者译作“参卢”）“我们共同祖先”和“黄帝”
我们

的 kuŋ hom kɯ　lau（始译者译作“含枢纽”）这两组词，在古濮越语
祖　同　　我们

里意义是完全一样的。

由于炎帝神农氏是教民耕种的始祖，所以，从古至今都有治史者乱编一些误导他人的似是而非的故事，说什么神农氏最初教人耕作是放火烧山、刀耕火种，所以称为“炎帝”云云。

从上述关于“炎帝（神农氏）”和“黄帝”两组古濮越语所表达的同一意义都是“我们共同祖先”来看，虽然始译的时间已不可考，但是，数千年后的今天，中华民族的每一分子都自豪地承认自己是炎黄子孙，说明“炎”、“黄”都是中华民族的共同祖先，是一点也不错的，没有任何人可以否认这一事实！

炎居　是 jam（ȵim）kwai“同是种田人”的汉字译音。今水族
同　　犁

语、毛南语的“犁”仍读 kwai，侗语、叙佬语读 khwai。始译者用汉字译作“居”。粤语“居”读作 køy^{44}，与古濮越语“犁”读作 kwai，音相近。

林 是 lam（古音 liem）"同、共同"的汉字译音。《史记·匈奴列传》载："晋北有林胡、楼烦之戎，燕北有东胡、山戎。""越武灵王亦变俗胡服，习骑射，北破林胡、楼烦。"这里的"林胡"，不能望文生义地认为是森林的胡人，因为他们是古濮越人的一支，他们对外称 lam wu "同是咱的人"，被始译者用汉字译作"林胡"而流传于
同 咱们
史籍。"楼烦"也是如此。它是古濮越语 lau fun "我们的人"的汉字
我们 人
译音。

所谓"林胡"和"楼烦"都是古濮越先民。夏亡之后，古濮越先民被无情地讨伐，有的被就地融合，有的则四处逃徙。留在山东、辽宁的，被统治者称为"东胡"，塞外的鲜卑、乌桓（见前文）等等被统称为"胡"（wu "咱"）。

临 与"林"同，都是 lam "同、共同"的汉字译音。在神州大地上，有许许多多以"临"字为首的地名，如"临汾"［lam fun "同
同 人
是（濮）人、同是（我们的）人"的汉字译音］、"临猗"（lam ji
同 犁
"同是耕田人"的汉字译音）、"临濮"（lam pu "同是濮人"的汉字
同 濮
译音。顾栋高《春秋大事表》载："濮州南七十里有临濮城，为卫城濮地"），"临朐"（lam kau "同我（一样）的人"的汉字译音）、"临
同 我
沂"（lam ji "同是耕田者"的汉字译音，与"临猗"以及"临榆"
同 犁
是同音异译字）等。

廪君 是 lam kun "同样、相同的人"的汉字译音。这里的
同 人
"君"并非"君王"。一些造史者望文生义，编造神话故事，硬是将"廪君"载上"王"帽，歪曲史实。如南宋范晔著的《后汉书·南蛮西南夷列传》，就将这类编造的故事作为史实载入史籍，误导后人至今已近千年。列传载：

> 巴郡南郡蛮，本有五姓：巴氏、樊氏、瞫氏、相氏、郑氏。皆出于武落钟离山。其中有赤黑二穴，巴氏之子生于赤穴，四姓之子皆生黑穴。未有君长，俱事鬼神，乃共掷剑于石穴，约能中者，奉以为君。巴氏子务相乃独中之，众皆叹。又令各乘土船，约能浮者，当以为君。余姓悉沉，唯务相独浮。因共立之，是为

> 廪君。乃乘土船，从夷水至盐阳。盐水有女神，谓廪君曰：“此地广大，鱼盐所出，愿留共居。”廪君不许。盐神暮辄来取宿，旦即化为虫，与诸虫群飞，掩蔽日光，天地晦冥。积十余日，廪君伺其便，因射杀之，天乃开明。廪示于是君于夷城，四姓皆臣之。廪君死，魂魄世为白虎。

为何叫作“廪君”？这段离奇的故事没有说明，但从“廪”（今音读作 lǐn）是古濮越语 lam“同、共同”的汉字译音来看，文中的“因共（同）立之，是为廪君”，却是不谋而合的，只是把“君”误作了“君王”，违背了原意。

汉代的所谓“廪君蛮”，本是巴人对外人称，这里 lam kun“同
同 人
（是我们的）人”被始译者用汉字译作“廪君”。可是由于始译者没有同时将“廪君”的原意说清楚，所以，直至今天，一些民族古史学家在自己的专著里仍望文生义地对它乱加解释。如《南蛮源流史·廪君蛮的迁徙》里就是这样说的：“廪即仓廪富有积蓄之意。因主要为蛮、蜒、虎夷（wu ji‘咱种田人’的汉字译音）、獽、共等蛮夷部
咱 犁
落，故被称为廪君蛮。”

敛盂 是 lam（古音 liem）wu“同咱”的汉字译音。《左传·宣
同 咱
公十七年》载：“齐侯使高固、晏弱、蔡朝、南郭偃会。及敛盂，高固逃归。”敛盂，卫国地名。

挹娄 是 jam lau“同是我们”的汉字译音。《后汉书·东夷列
同 我们
传》载：“挹娄，古肃慎之国也。在夫余（pu ji‘耕田人’的汉字译
位 犁
音，古濮越先民在大小兴安岭周围广大地区的生息之地）东北千余里，东滨大海，南与北沃沮（wu tsai‘咱种田人’的汉字译音）接，
咱 犁
不知其北所极。”

寝（浸、深） 是 sam（siem、tsam）“同、共同、相同、一样”的汉字译音。《地理志》载：“县固寝（kou sam‘同我（一样）’的
我 同
汉字译音）也，寝丘在南，故藉丘名县矣。”“寝丘”是 sam jau“同
同 我们
我们”的汉字译音。这句话中的“藉丘名县”，显然是对“丘”这个

音译字望文生义的解释，将它当做“山丘”。其实，今河南固始（kou çai“我种田人”的汉字译音）县，即楚之处士孙叔敖所封的寝
我　犁
丘，也是古番（潘，音 pu，不读 fa:n 或 p‘a:n）国所在地，楚封潘国子孙潘（pu）勑于此。“寝丘”并不是由“睡觉的山丘”而得名。

《史记·西南夷列传》载：（滇国）“东北有劳浸（笔者按：有的史籍写作‘劳深’）、靡莫，皆同姓相扶。”“劳浸（深）”即濮越语 lau sam“我们一起的”汉字译音。“靡莫”是pu mi mo“新来者”的
我们　同　　　　　　　　　　　　　　　位 母　新
汉字译音。mi 本是“母”之义，在此只作中性词头，如 mi ɲuŋ“蚊
　　　　　　　　　　　　　　　　　　　　　　　　　蚊
子”，mi puŋ ba“蝴蝶”，mi pleŋ“蚂蟥”，mi no:n“虫”等。
　　　　　　　　　　　　　　　　　　　虫

占　是 tsam“同、共同、相同、一样”的汉字译音。越南和柬埔寨的一部分地区为古真腊国。真腊，有的史籍又称“占腊”或“占不劳”（tsam pu lau“同是我们人”的汉字译音），或“占毕罗”［tsam
　　同　位 我们
pi（pu 的变音）lau“同是我们人”的汉字译音］。

斟灌　是 tsam kun“同是（一样）人”的汉字译音。《史记·夏
　　　　　　同　人
本纪》载：“禹为姒姓，其后分封，用国为姓，故有夏后氏……斟寻［tsam sen‘（讲）同样话’的汉字译音］氏……斟氏、戈（kou‘我’
同　话
的汉字译音）氏。”

瞻　也是 tsam 的汉字译音。《山海经·中山经》载：“瞻诸之山，其阳多金，其阴多文石。”“瞻诸”是 tsam tsau“同是我们”的汉字译音。《新唐书·南蛮下》载，骠国的属国有 18 个，其中之一有“瞻婆”（tsam pu“同是濮人”的汉字译音）国。

湛卢　是 tsam lau“同（是）我们”的汉字译音。《越绝书·外
　　　　　　同　我们
传记宝剑》载：“昔者，越王勾践有宝剑五，闻于天下。……一曰湛卢，二曰纯钧，三曰胜邪，四曰鱼肠，五曰巨阙。”“湛卢”与“参卢”是同音异译。

湛阪　是 tsam ba:n“同村”的汉字译音。《春秋左传·襄公十六
　　　　　　同　村庄
年》载：“楚公子格帅师及晋师战于湛阪，楚师改绩。”

甘　是 kam“同、共同、一样”的汉字译音。陕西有“甘亭”

（kam de:ŋ 地方 “同地方”的汉字译音）。越南有“甘露”［kam lau“同（是）我们”的汉字译音］。老挝有“甘蒙”，“蒙”与“孟”、“勐”是同音异译字，是“曼”、“蛮”、“棉”、“满”、“板”等的变音。古濮越语^{m}ba:n是“村庄”之义，历史语音经分化后，变成ma:n（丢弃b，用汉字译作“蛮”、“曼”、“满”、“棉”等）与ba:n（丢弃m，用汉字译作“板”、“阪”、“畈”等）。ma:n的韵尾发生演变，由-ŋ暂时填位代替（古汉语的韵尾-m、-n，闽语里通常也由-ŋ来填位代替），变为ma:ŋ。所以当今云南傣语地区，“村庄”的名称大都是用“孟”或“勐”来表示。“甘蒙”是古濮越语kam 同 ma:ŋ 村 “同村”的汉字译音，也可写作“甘孟（勐）”。

甘孛智（甘破蔗、柬埔寨）　是kam 同 pu 位 tsai 犁 “同是耕田者”的汉字译音。《明史·真腊传》载：“其国自称甘孛智，后误为甘破蔗，万历后又改为柬埔寨。”这里的“寨”并非“村寨”，而是tsai“犁”的汉字译音，不能望文生义。

上述的“斟灌”tsam kun，“瞻诸”tsam tsau，“湛卢”tsam lau与“甘孛智”一样，由于词义与“人”有密切关系，所以，中间都可以有pu“位”而意义不变，即tsam pu kun，tsam pu tsau，tsam pu lau。当然，作为社会交际工具的语言，以明了理解为目的，因此，只要达到这目的，就以尽可能简明为最基本原则，词语的简缩就是以此原则为依据的。

聶　是ȵɛp“同、共同、一样”的汉字译音。今云南傣语（西双版纳）“同、共同、一样”仍读此音。《山海经·海外北经》载：“有聶耳之国在无肠国东。”原著注者望文生义，将“聶”解作“握持”，“聶耳”就是“两手聶（握持）其耳”。“聂”，有的史籍写作“讘”或“涅”，如老挝的那涅（no 田 ȵɛp 共 “公田”的汉字译音）。

10. 汉语方位词“后、背后”，形容词“干旱”、“陡”、“黄色”，史籍用汉字译濮越语音译作“良”、“郎”、“狼”、“伶”等

汉语方位词“后、背后”，濮越语的读音是laŋ、kaŋ laŋ、lap laŋ、lo:k laŋ等。形容词“黄色”、“干旱”，濮越语读le:ŋ，声调高低不同，区别意义。“陡”，濮越语读leŋ。但是，不同时代、不同地域、

不同文化层次的始译者，根据他们的听音、辨音能力及对汉字的认知程度，分别用良、朗、郎、琅、浪、狼、俍、龙、隆、旕、梁、凉、陵、稜、羹（只译 kaŋ laŋ 的前音节）、令、伶、冷、能等汉字译音。由于只译音不译义，所以，载入史籍后，2000 多年来，史学家、历史爱好者和读史人大都只能根据汉字意义去理解。至于历史研究者，如果想进行探究，就很难越过“望文生义”和“想当然”的陷阱了。

现根据史籍中常见的一些普通人难以理解的“怪名词”（作史者将上述方位词和形容词当做名词使用），用濮越语释出原意，还其历史本来面目，以便人们真正了解历史。

良 是 laŋ“后、背后”的汉字译音。这个字始译的年代很早，商代甲骨文已有许多记载。如：“丁巳卜行贞，王其田，亡灾？在良（笔者按：地名）。”“王其步自良于宋？”“勿乎良往天口”。《山海经·中山经》载：“良余（laŋ ji‘后来的种田人’的汉字译音）之山，
后 犁
其上多谷（笔者按：稻谷）、柞，无石。余（ji）水出于其阴，而北流注于河。”《左传·哀公十五年》载：“夏，楚子西、子期伐吴，及桐汭，陈侯使公孙贞子吊焉，及良而卒。”“良”指良城。宋代罗泌《路史·国名纪己》载：“良，幽之良乡，汉之良县；又郓之寿张，宋之良邑，汉初之寿良。”“寿良”是 sou laŋ“你们（是）后来者”的
你们 后
汉字译音。

“良”读作高平调 le:ŋ，表示“干旱”之义的，前面一定带“那”字，因为它是濮越语 no（na）“田”的汉字译音。濮越语的构词规则是形容词在名词之后，即“名词 + 形容词”，例如la:n mo“新
房子 新
房子”。广西很多地方都有“那良”（no le:ŋ“旱田”的汉字译音）的地名。例如，百色、都安、乐业、河池、田东、大化、宁明、崇左、马山、邕宁、浦北、东兴等，都有以“那良”为名的地区。

“良”读作降升调 leŋ，表示“陡坡”之义的，一般都是指山岭、山坡或建在陡坡上的村庄，所以，后面一定带有“山岭”或“村庄”构成。例如广西的“良岭”；融安、柳城、象州、贵县、藤县、桂平、岑溪、平南、陆川、横县、龙州等县都有相同名称的村庄——“良村”。

广西、广东、云南等地有数不清的以“良”字为首的地名。但除

了表示“干旱”之义的 le:ŋ 和“陡坡”之义的 leŋ 外，其余基本上都是表示“后、背后”的意思。如邕宁的“良伟”（laŋ　wai　“集市背
后　集市、圩
后”的汉字译音），陆川的“大良”（　tu　laŋ“后来者”的汉字译
位(只)　后
音）、“文良”（von laŋ“后来人”的汉字译音），越南的“文郎”
人　后
（是“文良”的同音异译字）。

《南蛮源流史》的作者何光岳不知道“良”是濮越语“后、背后”的汉字译音，便根据古籍零星记载的史料，在《南蛮源流史》第十九章里，将“良人”与所谓“不羹”、“夜郎”和“俍人”集中在一起进行论述。当然，这些论述似是而非，如把“良”照《说文解字》解释为“善也”，把所谓“俍人（狼人）”继续引经据典，以讹传讹，但是，能够把“良人”与“不羹”、“夜郎”、“俍人”集中在一起论述，不能不说是对民族古史研究的一大贡献。因为在此之前，还没有人如此集中论述，史料都是零散的。

《南蛮源流史》第十九章开头两句话：“良人在夏商时已是一个分布于中原的部落，到周代曾建立过不羹国。不羹国后分为东不羹、西不羹，春秋时被楚所灭。”这两句话中所谓“良人”与“不羹”有什么必然的内在关系？为什么“良人”建立的部落小国不叫别的名称而叫“不羹”？不明真意的人，一般是很难理解的。

其实，史籍记载的所谓“良人”与“不羹”都是古濮越语“后、后面、后来者”的不同汉字译音。前面说过，所谓“良”，是 laŋ“后、后面”的汉字译音，“良人”是 pu laŋ“后来者”的汉字译音。所谓“不羹”，也是濮越语pu klaŋ（慢读是 kaŋ laŋ，由于濮越语有复
位　后面
辅音系统 pl－、ml－、kl－，所以本来是由叠韵的两个音节构成的 kaŋ laŋ 因韵母相同而变成复辅音声母 klaŋ，意义不变）“后来人”的汉字译音，两者意义全同。

由“后来者”（所谓“良人”）建立“后来人”（所谓“不羹”）的国家，这本来是天经地义、顺理成章、为人们最容易理解的事，但是，经过始译者用不同的汉字包装之后，就成了人们难于识破的千古之谜。

众所周知，方位分东西南北，物体分前后左右。在奔流不息的历

史长河中，任何一个人类社会群体的分裂（分化）、迁徙，自古至今，从来都不止一次。人们经过相对稳定的一段时期后，为了寻找更好的生存空间，社会群体就像细胞那样，分裂再分裂，迁徙再迁徙。在分裂、迁徙的过程中，时间就必然有先后之分，地域空间也必然有前后左右。因而，也就必然有所谓“先来”、“后到”之分。

对“后来者”，濮越语称为pu laŋ（位 后面）、pu kaŋ laŋ（位 后面）（快读 pu klaŋ）或von laŋ（人 后面）。始译者把前两组词用汉字译作“不羹”、“不狼”、“白狼”、“伏良”、“百郎”、“巴郎”、“巴良”、“富良”、“百浪”、“拔浪”等等；后一组词则用汉字译作“文良”、“文郎”、“文狼”等等。所以，在众多的史籍里和古濮越先民生息过的神州大地上，就留下了数不清的含有“良”、“郎”、“浪”、“朗”、“琅”、“狼”、“隆”、“龙”、“陵”等字的专有名词。例如：

良人 是von laŋ（人 后面）“后来者、后来人”的倒装的汉字译音，而不是“善良的人”或所谓“奉公守法的良民”。

良夷 是laŋ ji（后面 犁）“后边（来）的种田人”的汉字译音。《逸周书·王会解》载：“良夷在子，在子口身人首，脂其腹炙之，霍则鸣曰在子。”注：“良夷，乐浪之夷也。”“乐浪”，地名，在今朝鲜境内。这里的“良”指的是“后边”，朝鲜在中国东北东边的半岛，相对于中原来说，是“后边”之国。

良余 是“良夷”的同音异译字，与“良夷”同音同义。《山海经·中山经》载：“良余之山，其上多谷、柞，无名。余水出于其阴，而北流注于河；乳水出于其阳，而东南流注于洛。”由于后人对“良余”之名不理解，即便望文生义也解不通，所以《太平寰宇记》的作者只好从自己的良好意愿出发，将“良余山”擅自改为“余粮山”。许多历史地名都是这样被人将原有构词成分掉转的。如“都良”本是濮越语 tu laŋ（位(只) 后面）“后来者”的汉字译音。但汉字的“都”是“都市、都会、首都”之义（除用作副词的“都去”之类外），如果望文生义，“都良”当然可以理解为“都好、都善良”等，但作为古地名，却解不通。所以，一些人就把它改为“良都”，意思是“良好（或很好）的都城”，后来，史籍和地图都这样用了。

"宜良"、"夷浪"、"彝良"、"义良"与"良夷"、"良余"是同音异译，都是（pu）ji laŋ"后来种田人"的汉字译音。宜良、彝良、
犁 后面
夷浪又叫"浪夷"、"浪宋"。

胡良 是 wu laŋ"咱后来的"的汉字译音。
咱 后面

陆良（又作"陆梁"） 是lo:k laŋ"稍远一点的后面（背后）"
外 后面
的汉字译音。《史记·秦始皇本纪》载："三十三年，发诸尝逋亡人、赘壻、贾人略取陆梁地。"

富良（见前文） 是pu laŋ"后来者"的汉字译音。今越南的
位 后面
"富良江"，是 pu laŋ 江，"后来人"的河的汉字译音。

郎达 是 laŋ da"河后面"的汉字译音。唐代在四川宜宾置郎达
后面 河
县。

郎茫 是 laŋ ma:ŋ"村后"的汉字译音。唐代在安南（今越南）
后面 村庄
北部置郎茫州（相当于县）。

夜郎 是jo（ja）laŋ"本领高强的后人"的汉字译音。由于它是
本领高强 后
史籍里著名的古国名称，数千年来，人们只能通过始译者早已定名的"夜郎"用来指称位于当今贵州省中心的古国，而不知所谓"夜郎"实际上是"后夏"的意思。

3000 多年前，夏亡之后，商对建立夏朝的古濮越先民不断进行残酷的镇压、讨伐，致使濮越先民除了部分原地接受统治外，便四处逃徙。但由于神州大地上濮越人人数众多，北方的"夫余"（pu ji"种
位 犁
田人"的汉字译音，与今"布依"是同音异译字），东边的"东夷"，长江、珠江、澜沧江、湄公河流域的"濮"，纵横几百万平方公里，语言的基本词汇相同。所以，从夏朝（陕、晋、冀、鲁、豫境内）溃散出来的部分"夏民"，逃到贵州后，由于语言风俗基本相同，很快就与当地濮越人相融，变为一股强大的、具有"夏人"意识、以"夏人"后裔感到自豪的社会群体。于是，在春秋群雄割据时代，在某位首领带领下，群酋响应，揭竿而起，以 jo（ja）laŋ（用汉字译作"夜郎"）之名建立国家，疆域广及黔、滇、桂、湘、鄂、川（都不是全部），方圆数千里。

“夏朝”的“夏”，是古濮越语 jo（ja）“本领高强”的汉字译音。司马迁在《史记·夏本纪》里说：“禹于是遂即天子位，南面朝天下。国号曰夏后。”并在文章里先后七次使用“夏后”之名。

但是，《史记》里的“国号曰夏后”与夜郎国的实际国名是“后夏”，并非只是构成词词序的简单颠倒，“后夏”是“夏后”的历史继承。

近代，一些古史学家对“夏后”之名，从汉字意义上，说什么“后”是“王后”，与“君王”同，于是将“夏后”解释为“夏代君王”，即“夏王”。

司马迁不懂濮越语，但他以史学家尽可能忠于史实的高尚品德，保留了“夏后”jo（ja）hau 这个濮越语的汉字译音词，为我们留下了极其珍贵的历史语言资料，给我们今天利用这些语言资料来解开许多千古之谜提供了条件和可能。

其实，所谓“夏后”是古濮越语jo（ja）hau“我本领高强”的汉
本领高强 我
字译音（今海南临高话“我”仍读 hau，见前文）。司马迁根据当时的历史传说，写作“夏后”，至于谁是始译者，已无可考。

夏朝是濮越先民建立的中国历史上第一个王朝，这是毋庸置疑的。有些人因夏朝时尚无文字记载这段历史而疑惑不解，这当然是可以理解的。不过，如果对中国古代民族发展历史有较清楚的认识或研究，疑惑就一定会烟消云散而现出朗朗晴天。

商、周以后一些史籍，包括用文字记录的神话故事、传说零星记载，从公元前 21 世纪夏朝建立，至公元前 16 世纪，前后经历了 500 多年的夏王朝被商灭亡后 1900 多年，至春秋时代，它的后裔审时度势，利用特殊的历史条件，在公认为濮人生息之地的贵州又重新建立了名为“夜郎”jo（ja）laŋ 的“后夏”之国，先后又延续了数百年。至汉武帝元鼎六年（公元前 111 年），夜郎侯（王）被诱杀，不久才为楚所灭（见《后汉书·南蛮西南夷列传》载：“武帝元鼎六年，平南夷，为牂柯郡，夜郎侯迎降，天子赐其王印绶。后遂杀之……楚顷襄王时，遣将庄豪从沅水伐夜郎，军至且兰，椓船于岸而步战。□灭夜郎”）。

之后，916 年松花江流域濮人后裔“契丹”（kɯ ta:n“种稻米
稻米

者”的汉字译音）人建立了辽（lau“我们”的汉字译音），后自称为“蒲（濮）卢毛朵”［pu lau mu to“我们土人（土著）”的汉字译音］
位我们 位 土
和“蒲（濮）奴里”（pu no li“种田种地人”的汉字译音）两大部
位 田 地
落联盟，史籍称为“蒲鲜氏”，叛元独立，建立“东夏国”。

所谓“蒲鲜”，是濮越语 pu sen“（讲）濮语”的汉字译音。始
濮 话
译者因不知道“蒲（濮）鲜”是什么意思，所以，只好将“蒲鲜”用来称呼该部落联盟的首领或属下的小部落。如“蒲鲜万奴”是pu
位
sen ᵐba:n no“种田人讲的话”的汉字译音。“万奴”与当今云南
话 村 田
“西双版纳”（sip so:ŋ ba:n na“二十个村庄田地”）的汉字译音中的
十 二 村 田
“版纳”是同音异译。“蒲鲜群牧”是 pu sen kun ᵐbuk“（讲）濮
濮(位) 话 人 大
语的大人（官）”的汉字译音。“蒲古利氏”是pu ku li “耕种山地
位 做 山地
的人”的汉字译音。“蒲野氏”是pu jai“耕田人”的汉字译音，又写
位 犁
作“勃窣野氏”pu tsu jai（ji）或“蒲与”，与今“布依族”中的
位 犁
“布依”是同音异译字。蒲离氏、婆离氏、勃利氏，是 pu li“山地人”的汉字译音。被沙皇俄国霸占的“伯力”，即是史籍称的“婆离”、“勃利”。

郎岱 是 laŋ do:i“山后面”的汉字译音。清代撰写《安顺府
后面 山
志》的人，因不懂“郎”的真意，故认为“夜郎”由此得名，误导后人。《安顺府志》载：“郎岱、镇宁、永宁、归化之西垠，盖属夜郎。而郎岱即古之郎山，夜郎所由得名。夜山（笔者按：这里的‘夜’是ji‘犁’的汉字译音，应读‘伊’、‘衣’、‘依’，‘夜山’即‘种田人的山’），在普安（pu hun‘人’的汉字译音）厅、兴义
位 人
（hun ji‘种田人’的汉字译音）府界，为二盘之分山也。”
人 犁

郎陵 是lo:k laŋ“后边”的汉字译音。虽然有些汉字也有“声
外 后
旁”作读音标记，但因不是严格的拼音文字，所以，许多始译者用汉字作译音工具，译写其他古民族语言时，往往只能用他主观认为音调

较相近的字。因而，现存于史籍里许多本是同音同义的词，却被译成不同的汉字，给历史的真实性蒙上一层厚厚的面纱，令人难辨所以。例如：“陆良”（“陆梁”）、“朗浪”、“乐浪”、“郎陵”等地名，在神州大地上，虽然分布在东、西、中部，彼此相隔数千公里，但它们都曾经是古濮人的生息之地，都是古濮语lo:k laŋ“背后、后边”的同音异译汉字。这些同音异译汉字散布在不同或相同的史籍里数千年，有谁能认出它们的庐山真面目，或者曾怀疑过它们是同一来源呢？

似此情况，史籍里还有很多。如“高郎”、“古浪”、“中古浪”、“高塱”、“交良”、“古良”等，都是古濮语 kou（或 ku）laŋ“我后来”的不同汉字译音。

朗劳、陵僚　都是 laŋ lau “比我们后来的人”的汉字译音。“朗
后 我们
劳”在今泰国北部夜丰颂府。“陵僚”，据《资治通鉴·唐纪》载：“唐开元十四年，邕州封陵僚（puŋ laŋ lau ‘比我们后来的人’的汉
后 我们
字译音）梁大海等据宾（阳）、横州反，后被杨思勖所讨擒。”

吉朗　是 kɯ laŋ“后边”的汉字译音。
（词头） 后

朗午　是 laŋ wu“（在）咱后边”的汉字译音。
后 咱

武陵　是 wu laŋ“咱后来”的汉字译音。
咱 后

伯陵、播陵、播朗、播浪、白狼、不狼　都是pu laŋ“后来者
位 后
（人）”的同音异译字。《路史·后纪四》载：炎帝“器生钜及伯陵、祝庸”。唐代于今贵州遵义置播州，于今四川珙县置播朗州、播浪州，于今四川宜宾置播陵州、播陵县。《后汉书·西南夷列传》载：“（汉）永平中……白狼、槃木（pon muŋ“部分村庄”的汉字译音）、
部分 村
唐菆等百余国，户百三十余万，口六百万以上，举种奉贡，称为臣仆。”又“（汉）和帝永元十二年，旄牛徼外白狼、楼薄蛮夷（lau
我们
pu ma:n ji‘我们乡下种田人’的汉字译音）王唐缯等，遂率种人十
位 村 犁
七万口，归义内属”。《水经注·江水》载，鼈县有鼈水出自不狼山。史籍记载的所谓“白狼”、“不狼”，其实都是pu laŋ“后来者”的同
位 后
音异译字。何光岳不懂濮越语，如果让他回答“白狼”与“不狼”

是何关系，当然不可能。但是，由于他博览群书，善于综合考察分析史料，对比研究，所以，在《南蛮源流史》里能够正确地说出："不狼与不羹同音。"这是相当了不起的。因为他压根儿就不知道濮越语的 laŋ"后边"（用汉字译作"狼"、"浪"、"良"等）是由有复辅音的古濮越语 klaŋ"后边"（用汉字译作"羹"）演化而来的。现代壮语里，叠韵词 kaŋ laŋ 和 laŋ，意义相同。pu kaŋ laŋ 和 pu laŋ 都是"后来者"。

《华阳国志·南中志》里记载的所谓"竹王命作羹"的故事，是那些无知的文人墨客根据史籍记载的汉字译音词"不羹"（即没有羹），望文生义，编造出来糊弄后人的。那段"（竹）王与从人尝止大石上，命作羹，从者曰无水，王以剑击石，水出，今竹王水是也，破石存焉"，编造的痕迹是再明显不过了。

可是，至今不少治古史者真伪不辨，信手拈来，当做论据加以发挥，以致掉进了历史迷雾的深渊而不自知。

古良、交良、高郎、高塱、高浪、古浪、古郎 都是 kou（ku）laŋ"我后来（我是后来者）"的同音异译字。"古良"在广西都安；"交良"在广西田东县；"高郎"在河南太康县；"高塱"在广西贵港；"高浪"在广西罗城；"古浪"分别在贵州省和广西昭平、金秀。这些同音同义而用不同汉字译音的地名，都是古濮越人生息过的地方遗留下来的。

令、伶、泠 也都是 laŋ（leŋ）"后、后边、背后、后来"的汉字译音。史籍常见的所谓"仡伶"，是复辅音 klaŋ"后、后边、背后、后来"的汉字译音。

《百越源流史》第二十一章《令人、伶人的来源和迁徙》以专章的形式专论"令人"，全章的概要认为：

> 令人，又叫令支，即令氏。为西羌的一支，起源于青海大通河流域的令居，在夏代以前已逐渐东迁至黄河中下游，以后与商朝关系密切。周灭商时，令人有一支被迫迁至冀北，称为令支。令支与同族山戎为邻，但大部分成为华夏族。有一部分令支逐渐南迁，溯沅水流域而分布于湘西、黔东、黔南和桂北等地，形成唐代的仡伶人和伶人，后来演变为峒人、侗人，而成为侗族的主要成员，他们已融了大量的越人成分。还有的令支再远迁至今越

南红河下游的麋泠，与麋人结合。令支有一部分经朝鲜半岛迁入日本。

其实，所谓“令人”，是否“西羌的一支”？因找不到更多的史料（包括用汉字译音记录的历史语言资料）佐证，实不敢苟同。但从上引这段话中，“令支”、“仡伶”、“麋泠”等源于濮越语的汉字译音词，则可证实所谓“令支”是古濮越先民的一支。

所谓“令人”或“令支”、“令氏”的说法是不正确的。准确的说法应该是如《逸周书·王会解》所说的“不令支”，它是古濮越语 pu laŋ tsai（tsi）“后来的种田人”的汉字译音。青海大通河流域的
位 后 犁
古地名“令居”，实际上也是“令支”的同义近音，是不同时代、不同地域的汉字译音词。“支”与“居”都是古濮越不同时代、不同地域对“犁”的汉字译音。“令居”是pu laŋ kwai“后来的种田人”的
位 后 犁
汉字译音。当今水族语和毛南语称“犁”仍读作 kwai^{1}，用相近的汉字译音可译作“居”（壮语、布依语读作 çai^{1}，壮语南部有些方言土语读作 tsai、tsi；傣语读 thai^{1}；侗语读 khəi^{1}；仫佬语读 khɤai^{1}；黎语、谟语读 lai^{1}；拉基语读 thji）。

《百越源流史》所说“今越南红河下游的麋泠，（是令人）与麋人结合”，是想当然地认为古代有一种族人叫“麋人”。这是由于不懂古濮越语而猜出来的，似此情况，在同一著作里还有很多。其实，所谓“麋泠”是古濮越语 mi（或 me）laŋ“后来者”的汉字译音。在濮
母 后
越语里，mi（me）的本义是“母（雌性）”的意思。但在很多场合里，它只作词头或词缀，如现代壮语称“蚊子”叫 mi ɳuŋ，“蚂蟥”叫 mi plig，“跳蚤”叫 mi mat，“虫”叫 mi no:n，等等，许多无法用肉眼分清性别的昆虫类名称，前面都可以加 mi（me）。人虽容易区分性别，但在一定的语言习惯里，它却可以用来替代专用于“人”前面的量词 pu“位”，如 mi（me）la:n ta:i han“（我们）下面那一家人”。
家 底下 那
正常说法是 pu la:n ta:i han。当然并非所有用 pu 的地方都可用 mi（me）来代替，多数情况下，“人”的前面只能用 pu（pu vun）而不用 mi（me）。mi（me）除单独指母亲外，一般用来指称具体某个人的母亲，如 me ma ming“阿明的母亲”。表示雌性动物，me 则多数放
母 妈 明

在名词后边，如“母牛”va:i me，“母鸡”kai me，“母猪”mou me。
水牛 母　鸡 母　猪 母

由于作者不知道所谓“仡伶”是古濮越语复辅音 klaŋ“后边”的汉字译音词，所以，在他多部源流史里对“仡佬”、“仡僚”、“仡伶”等有“仡”字开头的族称名词，都想当然地认为它们都源自西羌的乞姓，甚至认为“‘仡’与‘家’同音。‘仡伶’即‘伶家’之倒装语。如仡兜［kɯ tau‘我们’的汉字译音］、仡軃（笔者按：
（词头）我们
这是类推生造词，‘軃’是 kun 或 hun‘人’的汉字译音，但没有 kɯ kun 或 kɯ hun 的说法）、仡尤（kɯ jau‘我们’的汉字译音）、仡颛（kɯ tsun‘话’的汉字译音）、仡芈（kɯ me‘雌性’的汉字译音）、
话
仡濮（笔者按：这是生造词，史籍未见，濮越语也无此说法，因为 kɯ 作词头，后面一定是名词或代词，但‘濮’pu‘位’本身只是量词，史籍误将它当名词用）、仡僚（klau‘我们’的汉字译音，有的史籍译作‘鸠僚’）、仡蒙（kɯ muŋ‘村庄’的汉字译音）、仡熊（这也是生造词，史籍未见，濮越语也无此说法）等”。

由于汉字不是以音素为组词最小单位的拼音文字，所以，前人使用汉字来作濮越语的译音词，只能用相同或相近的字音。因而，不可避免用同一个汉字音译出不同意义的词。例如良、令、冷、泠、灵等，既可以用来作 laŋ“后面”的译音词，也可以用来作“干旱”的译音词。不过，作“干旱”义的，前边一定是“那”（no、na“田”）字。今引《百越源流史》第 290 页所举的例为证：“岑溪（县）的古灵［ku laŋ‘我（是）后来者’］、灵山（laŋ 山‘后边’的山）；灵
我 后
川［laŋ sen‘（讲）后来者语言’］；柳江的水灵（sa:i laŋ‘后来的汉
后 话　男子 后
子’）；来宾的王灵（本是‘云灵’，vun laŋ‘后来人’，后改为‘王
人 后
灵’）；河池的龙令（luŋ laŋ‘后边山弄’）、丹令（ta laŋ‘后来
弄 后
者’）、凌霄（laŋ sou‘你们后面’）；宜山的板令［ᵐba:n leŋ‘（建
后 你们　村 陡
在）陡坡的村庄’］、门泠寨（与‘板令’是同音同义异译字，‘门泠’也是ᵐba:n 或ma:n leŋ，‘陡坡村’、‘寨’是后加作注解的）；罗
村 陡
城的泠水（laŋ 水‘后边’的河）；天峨的令当（laŋ duŋ‘峒后’）、
后 峒

巴令（pja leŋ‘石头山陡坡’）；凤山的灵怀［laŋ va:i‘关牛的地方
石山 陡 关 牛
（牛栏）’］、那泠（no le:ŋ‘旱田’）；那坡的灵湾（laŋ vun‘后来
后 人
人’）、凌苏（laŋ sou‘你们后边’）；靖西的限灵（hun laŋ‘后来
后 你们 人 后
人’）、内灵郎（nei laŋ luŋ‘山弄后面’）、王令珑（本是vun‘人’，
里面 后 弄
后改为vuŋ，vun laŋ luŋ‘山弄后面的人’）、凌亮（本是laŋ no le:ŋ
人 后 后 田 旱
‘旱田后边’）、凌强［laŋ ke:ŋ ‘三脚灶（山）后边’］、凌勉
后 三脚灶（山）
（laŋ ma:n‘村庄后边的村’）、布凌（pu laŋ‘后来者’）、山灵（‘山
后 村
后’）、凌桑（laŋ sa:ŋ‘高坡后边’）、坡零（与‘布凌’是同音异译
高
字）；大新的岜零（pja leŋ‘石山陡坡’）；灵山的府灵（pu laŋ‘后来者’）；宁明的那泠（no le:ŋ‘旱田’）；扶绥的王令坡（vun laŋ‘后来者’的地方）、灵城（本是vun laŋ城，‘后来者’的城）；崇左的浦泠（pu laŋ‘后来者’）；武鸣的灵马（laŋ ma‘马厩’）等。”
关 马

历代以来，记录古代民族史的史籍五花八门，其中也包括记录本地区历史沿革、地理环境、政治、文化、经济等的省志、州志、县志，但由于撰写者缺乏历史名称来源的知识，对古代民族名称及与之相关的山、水、村庄的名称缺乏探究，因而，大都是反复抄袭前人的说法及有关资料。例如，《柳州府志·瑶僮》卷，本来撰写者就生活在瑶僮居民之中，对他们应该了如指掌。然而，撰写者却发谬论，说什么“伶者，另也，诸蛮之外，别为一种，大藤、罗运山中，其幽崖奥谷，是生伶人”。广西是壮、瑶等少数民族聚居之地，新中国成立前，到底有多少少数民族，它们到底该叫什么名称，也从来没有人弄清楚。例如，《广西通志》载：“宋高宗绍兴时，安抚使吕愿中诱降诸蛮伶、侬、僚、侗之属三十一种，得州二十七，县一百二十五，寨四十，峒一百七十九。”广西真的有那么多不同的少数民族吗？它们都叫什么名称？恐怕连撰写者都弄不清。

上面从浩瀚的中国古代史籍里找出来的成百上千古濮越语词，经归纳后，它们的基本词却只有“位”（pu）、“只”（tu、ta）、“人”（vun、hun、kun）、“犁”（ji、jai、jy、tsi、tsai、çai、kwai）、“我”

（ku、kou、kau）、“我们”（lau、klau、jau、tsau、tau）、“咱们”（wu、wo）、“你们”（sou）、“同、共同、同样、一起”（sam、tsam、jam、lam、ham）、“后、背后”（laŋ、klaŋ、kaŋ laŋ、kjaŋ）等十多个。

然而，正是这些看起来非常一般、非常简单的语词，经过不同时代、不同地域、不同民族、不同文化层次的人，用同音或近音的汉字译音并按构词规则相互搭配之后，就衍化出千百个稀奇古怪的、从汉字意义无法理解的专有名词。它们特异的光芒，像璀璨的烟花，散布在史籍浩渺的夜空，以致历代史官、古史研究者、历史爱好者及广大读史之人，都陷入迷惘境地，百思不得其解。即使是那些被认为是最权威的注释家，也往往只能以“其义不详”而望洋兴叹。

不过，世间既然有“矛”，也就必然有“盾”。有问题产生，一定有解决问题的办法，只是时间早晚而已。濮越先民既然生息在中华大地上长达一万多年，它的语言（通过汉字译音）留在史籍里也已数千年。这个民族至今虽然早已面目全非，但是，它内里“基因”（广义）保留下来一脉相承的密码信息，是一定会有人为它“解码”的。今天，我们做的工作，就是这种尝试，是否成功，留待历史验证及后人来公正评说。

注释：

①司马迁《史记·越王勾践世家》，台海出版社，1997 年。

②李春元、施宣园等主编《千古之谜——中国文化史 500 疑案》，中州古籍出版社，1996 年 8 月。

③广西邕宁、灵山等县壮语南部方言。

④、㉗、㉘、㉙、㊶徐松石《民族学研究著作五种》（上、下册），广东人民出版社，1993 年。

⑤（北宋）乐史《太平寰宇记·儋州》，中华书局，1985 年。

⑥郭沫若《奴隶制时代》，科学出版社，1956 年。

⑦杨伯峻编注《春秋左传注》，中华书局，1981 年。

⑧董其祥《巴史新考·古代的巴族》，重庆出版社，1983 年。

⑨岑仲勉《汉书西域传地理校释·无雷·薄犁》，中华书局，1981 年。

⑩、⑫、⑮、⑯、⑱、⑲、⑳、㉑、㉒、㉔、㉚、㉛、㉜、㉝、㉞、㉟、㊱、㊲、㊴、㊵、㊺、㊿、55、57、58何光岳《百越源流史》、《南蛮流源史》，

江西教育出版社，1989 年。

⑬（宋）罗泌《路史》，北京图书馆出版社，2003 年 4 月。

⑭（宋）陈振孙《越绝书》，（香港）海啸出版事业有限公司，1997 年 6 月。

⑰王新民《越王勾践子孙移闽考》，福建文化，1944 年 1 期。

㉓（越）陶维英《越南古代史》，商务印务馆，1976 年。

㉕《中国历史地图册》，中华地图学社，1974 年。

㉖、㊹、㊽、㊾《最新实用中国地图册》，中国地图出版社，1995 年。

㊳陈怀荃《苍梧考释》，载《历史地理》第 10 辑。

㊷任乃强《羌族源流探索》，重庆出版社，1984 年 7 月。

㊸江应樑《傣族史》，四川民族出版社，1983 年 12 月。

㊻《山海经》，京华出版社，2000 年。

㊼（清）张玉书等《康熙字典》，成都古籍书店，1980 年 6 月。

㊿童书业《中国古代地理考证论文集·春秋吴越国都辨疑》中华书局，1962 年。

52黄布凡《藏缅语族语言词汇》，中央民族学院出版社，1992 年 12 月。

53张声震主编《广西壮语地名选集》，广西民族出版社，1988 年 12 月。

54包寿南《藏族族源考》，载《西北民族学院学报》，1979 年 1 期。

56（北齐）魏收撰《魏书·官氏志》，中华书局，1974 年。

第三章 “濮”与“东夷”、“东胡”——胡越一家亲

一、“胡”之名从何而来

什么是“胡”？为什么把中原以外北方（包括东北和西北）所有民族，不分青红皂白，统统都叫作胡人？“胡”到底是什么含义？商、周时代史籍里未见有这个词。但是，司马迁《史记·匈奴传》里就已有“晋北有林胡……燕北有东胡”的记载。可见，所谓“胡人”的称谓，汉代之前早已有之。

那么，为什么称北方的一些民族为“胡”？这个名称从何而来？两千多年来的各种史籍只见辗转传抄，却未见有人解释其所以。难道这千古之谜就这样永远让它继续迷惑不解，继续讹传，成为万古不解之谜?!

辩证唯物论告诉我们，世上一切事物，它的产生，都不是无缘无故的，而是有它各自的独特历史环境和条件，因而都是可知和可以解释的，“胡人”也不会例外。

据《后汉书·乌桓鲜卑列传》载，“乌桓者，本东胡也”，“鲜卑者，亦东胡之支也，别依鲜卑山，故因号焉。其语言习俗与乌桓同。……汉初，亦为冒顿所破，远窜辽东塞外，与乌桓相接”。这段话明确告诉我们：史籍称的所谓“乌桓”与“鲜卑”，他们本来都是世代生息在山东、辽宁一带的人，语言和风俗习惯完全相同，只是到了汉代初年，由于被匈奴打败，才四散逃到辽东塞外，被迫改变了原来的生产生活方式，成为游牧或半农半牧的社会群体。其实，这种说法不一定正确。因为早在夏代之前，“夫余”（濮夷、濮越）人就已在大小兴安岭周围广大地区生息。

众所周知，史籍称的所谓“东胡”，常常与所谓的“东夷”是混淆不清的。因为它们都是用来泛指长期生息在神州大地东边的古濮（百）越先民。而“胡”与“夷”则是不同时代、不同地域、不同文化层次的人，因不懂古濮越语而截取古濮越语中 wu“咱们”和 ji“犁、耕”这两组音，根据自己对汉语的熟知而用汉字“胡”和“夷”作为音译字的始译而广泛流传下来，用来指称生息在神州大地东边古濮越先民的社会群体。后来，不知从何年代起，又将这两个译音词的词义无限扩大，将中原以外东方的、北方的、西北方的不同民族一律都称之为“胡”；把东方的甚至海外的千百种民族，不论是黄种人、白种人或其他人种，都一律称为“夷人”。这在清代和民国的许多书籍、文档里更是屡见不鲜。

其实，古濮越语wu ji 是“咱（们）种田人”的意思。wu“咱”
咱 犁
被不同时代、不同地域、不同文化层次的人用汉字译音分别译作“胡”、“湖”，湘西、桂、黔等许多没有任何湖泊的山区地名，首字均用“湖”，这明显是古濮越语 wu“咱（们）”的汉字译音。浙江的“胡源”（wu jen“讲咱们话”的汉字译音）、“碧湖”（bik wu“咱老
话 大 咱
大”的汉字译音）等也是。

“吴” 古时“吴”国与“越”国，也是“胡”与“夷”的同音异译字，是古濮越先民不同部落联盟分别建立的国家。所谓“越”实际上是 ji 演变为 jai、joi 或 jui 之后的汉字译音。所以，史籍记载，吴国与越国语言通、习俗同。

“武” 以“武”作地名的很多，“武夷”山、“武义”，都是“吴越”、“胡夷”的同音异译（写）字。它们都是古濮越语 wu ji“咱种田人”这组音，被不同时代、不同地域、不同文化层次的人用同音或近音汉字译写后，凝聚在史籍里，沉积在地名中。“武陵”［wu laŋ“咱（们）后来”或“咱（们）后面”的汉字译音］、“武
咱 后面
缘”（wu jen“讲咱们话”的汉字译音，今改作“武鸣”）、“武康”
话
（wu ho:ŋ “咱们做工的”的汉字译音）等，不胜枚举。
东西、事

“舞” “舞阳”，是 wu ja:ŋ（jo:ŋ）“咱种粟人”的汉字译音。
粟

“乌”　“乌”镇、“义乌”（wu ji 的倒装），“乌”江（并非“黑”水），都是 wu“咱们”的汉字译音。

史籍里用同音或近音汉字来译写古濮越语 wu“咱”并不止上述这些。由于始译者是不同时代、不同地域、不同文化层次，甚至是不同民族的人，他们对汉字的熟习程度各不相同。所以，使用同音或近音汉字来译写就不一定相同。这些不同的汉字译音词被陆续收入史籍之后，因只译音不释义，随着历史的推移，日久天长，就积聚成一团浓厚的、永远也无法看透的历史迷雾，成为千古之谜！

例如，《史记·殷本纪》里有一句话：“纣又用恶来，恶来善毁谗，诸侯以此益疏。”这句话里，“恶来”是人名，是一个常用谗言中伤他人的佞臣之名。但是，几千年来有谁知道，这个“恶”竟然也是“胡”、“湖”、“吴”、“武”、“舞”、“乌”等汉字的同音或近音异译字呢？“恶来”是古濮越语wu lo:i“咱山里人”之义，被始译者用汉
咱 山
字译音译作“恶来”之后，又被记史者讹作人名载入史册，流传千古。

中国浩如烟海的古籍里，像这样用汉字译音造成千古之谜的语词，理不清也数不完。史学家如果粗心大意，望文生义，乱加解释，必定很容易马失前蹄，不仅害己，也误导他人。例如《史记·匈奴列传》里，“晋北有林胡、楼烦之戎，燕北有东胡、山戎”。这短短16字的一句话里，就有“林胡”、“楼烦”、“戎”5个字是古濮越语汉字译音词。所谓“林胡”，是lam wu“同是咱们的人”的汉字译音；
同 咱
“楼烦”是lau fun“我们人”的汉字译音；“戎”是jo:ŋ“粟”的汉
我们 人
字译音，“山戎”是“山地种粟人”的汉字译音。如果有谁望文生义，把“林胡”和“东胡”等同起来，将“林胡”解释为“山林里的胡人”，就百分之百错了。

史称“东胡”，指的是长期生息在神州大地东边和东北边的古濮越先民，常与“东夷”混称，其来由是濮越先民对外常自称是wu ji
咱 犁、耕
“咱种田人”，因而被有的人截取前一音节，用汉字译音译作“胡”，有的则截取后一音节，用汉字译音译作“夷”。所以，“胡”也好，“夷”也好，所指的都是商、周以后仍然人数众多、生息在神州大地

东边的古濮越先民的社会群体，故一般没有“北夷”或“西夷”之称。

至于《史记·匈奴列传》里说的“晋北有林胡”，指的是夏亡之后，夏朝版图内，聚居在山西北部的古濮越先民，他们对外自称是lam wu“同是咱们人”，而被人用汉字译音译作“林胡”。

汉初，一部分东夷人被匈奴征伐而从辽东逃往塞外，史籍称他们为“乌桓人”和“鲜卑人”。其实，所谓“乌桓”和“鲜卑”，分别是古濮越语wu vun“咱们的人”和zen pi（pu“位”的变音）“（讲）
咱　人　　　　　　话
濮人话”的汉字译音。今水语 pu 仍读 pi 或ʔai（pi 是 pu 的历史地域变音），“你们”读 pi saːu，“他们”读 pi man。“乌”、“胡”是同音异译字。

古今中外，所有民族名称的由来，无非是“自称”与“他称”。中国也不例外。几千年来，中国众多史籍里被称为“胡人”的“胡”，实际上都是古濮越语 wu 的汉字译音，因而可以说，最初指的都是古濮越先民的某些社会群体。但是，由于中国历史发展的独特性，古濮越先民最强势的一支建立夏、商王朝后，就以富饶的中原地理环境作依托，不断蓬勃发展，在弱肉强食兼并融合和自然融合这条历史发展规律的支配下，经过了数千年的持续发展，演变形成了一支天下无敌的强大力量，一个世界人口最多、最大、历史最悠久的民族——汉族。

汉族的祖先，从古濮越先民分化出来以后，历经夏、商、周、春秋、战国2000多年的发展，到了刘邦建立强大的汉朝，并延续了400多年。这段时间，汉朝统治区域内的人民对外就常自称“汉人”，周边民族当然更是自然地称他们为“汉人”了。这样，一个以强大王朝为后盾的民族意识，随着历史的推移慢慢增强，逐渐形成。一个新的民族，经过了400多年的孕育，从此萌芽，并慢慢离开“母体”（古濮越先民）独立成长。自汉朝至今又经过2000多年的不断发展演变，现在已经是一个非常成熟的现代民族。

二、史籍称“胡”的古代民族

广袤辽阔的神州大地，自古以来究竟曾经有过多少民族、部落和民族，无人可知，即使是从有史以来，夏代以后的数千年，有文字记载的史籍里，从来没有也不可能有详尽记载，因而，最权威的史学家从来也没人敢说“我知道”这铿锵有力的话语。所以，在中国历代典籍里，史学家们只能一代又一代辗转传抄看似真实，实则自欺欺人，连自己也莫名其妙的所谓“东夷、西戎、南蛮、北狄”这些中原以外的族名。

至于什么是“夷、戎、蛮、狄”？它们是什么含义？为什么称它们为“夷、戎、蛮、狄”？相信历代史学家都很难有人能正确回答。因为它们都是数千年前古濮（百）越语的汉字译音，原意都不是任何民族的“自称”，而是极平常的语词。所谓“夷”是 ji“犁”的汉字译音；“戎”是 joŋ（变音是 ja:ŋ）“粟”的汉字译音；“蛮”是ᵐba:n（分化为ma:n和 ba:n）“村庄、寨”的汉字译音；“狄”是 de:k（te:k）“旱地”的汉字译音。濮越语里，称“人”前边一定要带一个专用量词。“耕田人”读作 pu ji，用汉字译音通常译作“蒲夷”、“濮伊”、“布依”等；“种粟人”读作 pu joŋ，用汉字译音译作“蒲戎”、“濮戎”、“布戎”等；“乡下人”读作 pu ma:n或 pu ba:n，用汉字译音译作“蒲蛮”、“濮蛮”、“布板”等；“在旱地生活的人”读作 pu de:k，用汉字译音译作“濮狄”、“布狄”等。

中古时期，汉语双音节词尚未发达，单音节较多，上古汉语当然更是如此。所以，数千年前的始译者用汉字作译音工具译写古濮越语，必然也只能译写最主要的音节，“夷、戎、蛮、狄”前面的专用量词 pu“位”则略去。这些本是极平凡的古濮越语词在交际领域里掺入汉语词库后，就被一些人在对神州大地民族（广义）分布状况一知半解的情况下，按方位胡乱分配，以为它们是完全不同的民族，却不知古濮越先民早在夏代以前就已在神州大地上繁衍生息。至今东南亚仍有不少原始母语相同、语言系属相同的现代民族，和古濮越先民有深厚的亲属渊源。

汉代以后，由于东西南北各地人群交往较多，对周边民族有了较多的感性认识，粗略知道所谓“东夷”与“南蛮”的社会群体关系较密切，因而一些史籍里便又有了“蛮夷”的连称和简称。同时，汉初匈奴对辽东一带濮越先民的进犯，迫使一部分人逃出塞外。这些人对外因常称自己的群体为 wu“咱们”而被人用汉字译

音译作“胡”，用来指称该群体。从此，“胡人”之称便被载入史册，“东胡”、“东夷”之名逐渐广泛流传，本来是同一族群的社会群体，因有了不同名称而罩上了一层历史迷雾，使后人永远弄不明。

到了晋代，“胡人”的含义被进一步扩大，它不仅指的是东夷人，而且也包括了匈奴、羯、鲜卑、氐、羌等古代族群。史籍里所谓“五胡乱华”，指的就是他们。其实，严格地说，这个时期除了鲜卑还称得上是胡人（东胡）之外，其他都已不是。

匈奴　匈奴之名，汉代之前早已有之。司马迁《史记·匈奴列传》载：“匈奴，其先祖夏后氏之苗裔也，曰淳维。唐、虞以上有山戎、猃狁、荤粥，居于北蛮，随畜牧而转移。”按照司马迁的说法，所谓匈奴，是夏朝人的后裔，而夏是濮（百）越先民建立的王朝，因此，匈奴也即是濮越先民后裔的一支。他的这种说法到底有何根据，我们不得而知。但是，从他的这两句话里，竟然有6个语词是古濮越语的汉字译音词，我们就不得不认真深思了。“匈奴”是古濮越语 hoŋ（词头） lau（l－、n－不分的人听作 nau，“我自己”读作 hoŋ ku，“你”读作 hoŋ mɯŋ）“我们”的汉字译音；“夏后”是 ja（或 jo） hau（本领高强）“我本领高强”的汉字译音（今海南临高话“我”仍读 hau，用汉字译音可译作“后”、“厚”、“侯”等）；“淳维”是 son（驯养、放） wai（牛）“养牛”的汉字译音；“戎”是 jo:ŋ“粟”的汉字译音；“猃狁”（史籍常写作“猃狁”）是 jam（同（是）） vun（人）“同（是）濮人”的汉字译音；“荤粥”（史籍常写作“熏鬻”）是 vun（人） tso:k（外边）“外边（的）人”的汉字译音。

“匈奴”一词，既然是古濮越语“我们”的汉字译音，而“我们”是排他性的“自称”词，这跟司马迁说的“其先祖夏后氏之苗裔也”是完全能够联系在一起的，因而，不能说没有根据，而是有一定的可信度的，可能是夏亡之后，出逃塞北的一部分古濮越先民逐渐适应那里的生存环境而发展演化和原来早已在那里生息的游牧民族融为一体。可见，匈奴是4000 多年前早已生息在塞北的古濮越先民，因对外常称自己的社会群体为 hoŋ lau（nau）“我们”，在汉字已发展成为记录历史和跨越时空传递信息的工具后，被人用汉字译音译作“匈奴”而载入史册。后来，逐渐与北方的其他民族不断融合，发展演变成为现代的蒙古民族。

汉代以后，史籍常将塞外匈奴人分为南、北两大支，但没有绝对的界限，把生息在今陕、晋和内蒙古自治区的这部分人称之为“南匈奴”，把生息在今蒙古及以北的这部分人称之为“北匈奴”。南匈奴因居住地域气候较温和，水草肥美，游牧和农业经济较发达，经济实力较强，因而势力最强大。西汉初，汉高帝为了取得较和平的周边环境用以休养生息、富国强兵，曾将宗室女儿嫁给匈奴首领冒顿单于，故其后裔渊，自认是汉室的外甥并改姓刘。

东汉初年，居住在西河郡和山西境内的南匈奴降汉。东汉末年，黄巾军起义，汉献帝被迫退入关中，汉室岌岌可危，南匈奴人帮助汉室镇压黄巾军，为汉王朝历史的延续立了大功。

汉亡后，从三国至东晋近200年间，诸侯割据混战，各自立国称王，人民身处水深火热之中。西晋惠帝永兴元年（304年），匈奴冒顿后裔刘渊也乘乱建立后汉政权，自称“大单于”。至怀帝永嘉二年（308年）趁“八王争位”之乱称帝，年号“永凤”，次年迁都平阳，势力日益强大。310年，刘渊死后，大司马刘聪将太子刘和杀死，篡夺王位，并派石勒率兵三万，攻陷晋都洛阳，活捉晋怀帝且诛之，史籍称为“永嘉之乱”。

怀帝被害后，长安郡守司马邺被拥戴继位，号称愍帝。但刘聪还未让他站稳脚跟，即派刘曜率兵攻陷长安，俘获司马邺，公元315年冬，刘聪杀死愍帝司马邺，至此，历时52年的西晋被匈奴人刘聪所灭。318年，刘聪死，刘粲继位，改年号为“汉昌”，338年，被李寿夺位，但国号仍称“汉”，年号改为“汉兴”。

前面说匈奴是“夏后氏的苗裔”，是夏亡后在塞北的濮越先民，经过适应生存环境的自然演化，并不断与其他民族长期相互影响与融合而成为游牧民族，并非毫无根据，凭空臆断，而是有足够的史料为证。

下面我们仅从一些史籍零星记载的，自公元前140年汉武帝建元元年起，至公元329年匈奴人刘渊建立的前赵（又称“汉赵”）灭亡止，这469年间，历代匈奴首领（单于）世代相传的所谓“世

系表”，其名字多是古濮越语的汉字译音，就是铁证。以下是北匈奴的部分世系：

头曼（单于）——是 tu　^{m}ba:n“村里（乡下）人”的汉字译音。“单于”是sam wu“同是咱们”的汉字译音。“于”不读 yu，读 wu，意即“咱们乡下人的共同首领”。

（tu：位（只）；^{m}ba:n：村；sam：共同；wu：咱）

冒顿（发音“墨毒”）——是mu tok“男子汉、英雄”的汉字译音。古濮越语的“位”^{m}pu，因历史地域音变而分化为 mu 和 pu。今仫佬语读 mu，壮语、布依语读 pu，意义不变。在未有国际音标作标音工具的古代，用“冒”来标记 mu，是无可非议的。

（mu：位；tok：雄性）

老尚（上）——是lau soŋ（sa:ŋ）“我们种稻人（首领）”的汉字译音。今壮族人自称pu soŋ（sa:ŋ），就是自认为是种稻人。

（lau：我们；soŋ：稻穗；pu：位）

军臣——是（pu）kun sen“（讲）濮越语的人（首领）”的汉字译音。

（kun：人；sen：话）

伊雅斜——是ji a se“种山地人（首领）”的汉字译音。

（ji：犁；se：畲）

呼韩邪——是wu hun jo（ja）“咱是本领高强的人”的汉字译音。

（wu：咱；hun：人；jo：本领高强）

蒲奴——是pu lau（nau）“我们（首领）”的汉字译音。

（pu：位；lau：我们）

以下是南匈奴的部分世系：

乌珠留若鞮——是wu tsu lau lo di “咱大家都好（首领）”的汉字译音。
（wu 咱，tsu lau 大家，lo 知，di 好）

|

醢落尸逐鞮——是 pon lau si tsu di “我们社庙好（首领）”的汉字译音。
（pon lau 我们，si tsu 社庙，di 好）

|

羌渠——是kaŋ ke “（性格）耿直的长老（首领）”的汉字译音。
（kaŋ 耿直，ke 长老）

|

於扶罗——是wu pu lo “咱有知识的（首领）”的汉字译音。
（wu 咱，pu lo 有知识者）
“於”读wu，不读y；古无轻唇音，故“扶”读pu，不读fu。

|

呼厨泉——是wu su sen “咱很会讲话（首领）”的汉字译音。
（wu 咱，su 很会，sen 话）

|

刘豹（汉语）

|

刘渊（汉语）

|

刘和（汉语）

|

刘聪（汉语）

|

刘粲（汉语）

|

刘曜（汉语）

匈奴的世系当然不止这些，但由于他们没有自己的文字系统记载，而中国真正系统记载历史的史籍，是从汉代司马迁的《史记》开始。汉代以前若干世纪，匈奴早已在中国北方广袤的土地上任意纵横驰骋、休养生息。所以，他们的历史究竟在夏亡以后何时开始、他们怎样生产和生活，谁也说不清。人类发展过程中许许多多数不清、道

不明的历史空白，唯有去问历史、留给历史！

羯　是古濮越语 ke“能干、强悍”的汉字译音。匈奴的别支，主要居住在上党郡武乡、榆社一带。319 年，羯人石勒击败刘曜，拥兵自立称帝，国号后赵。333 年，石弘继位，由于无能，于 335 年为石虎所替，传石遵、石鉴、石祗，至 350 年亡，前后立国 31 年。

羌　是古濮越语 kiaŋ“色彩斑斓、漂亮”的汉字译音。它是神州大地上最古老的民族之一，它与古濮越先民史前就已生息在这片广袤的土地上。因此，《史记·五帝本纪》才有明晰的记载：“南抚交阯、北发，西戎、析枝、渠瘦、氐、羌，北山戎、发、息慎，东长、鸟夷。”

这段话里有 12 个指称古代民族（广义，有些可能是氏族、部落或部落联盟）的名词，可以说基本上都是古濮越语的汉字音译词。例如：

“交阯”是 kau（kou）tsi（tsai）　“我种田人”的汉字译音。“阯”，一些史籍又写作“趾”，致使古史学家凭字臆测，胡乱解释为那里的人生来便是“两趾相交”这样无稽的千古笑谈。

“北发”是pu pou“濮人”的汉字译音。“发”不读 fa，而读 pu
位　濮
（pou 是 pu 的变音），与“拨”音近，“拨”字由“发”而来。“北”是 pu“位”的汉字译音，濮越语称“人”前面一定要带有专用量词 pu“位”，如 pu vun（hun）“人”。

“西戎”，“西”是方位词，“戎”是 joŋ“粟”的汉字译音，是“种粟人”的简译。“西戎”指的是西边的种粟人。“戎”与“戎马”无关，不能望文生义地解释为“拿着戈矛的人”。

“析枝”是　sik　（粤语读 ts‘ek）tsi“扶犁人（种田人）”的汉
提、拿起　犁
字译音。不同时代、不同地域、不同文化层次的人，根据他们对汉字的熟知程度，又常将“析”译作“嶲”，因而一些史籍里又有所谓“越嶲”的说法，弄得历代史学家们一头雾水，永远也搞不清、辨不明。

“渠瘦”是 kɯ　sou“你们”的汉字译音，今壮语“你们”仍读
（词头）你们
sou，布依语、傣语读 su，仫佬语、水语读 sa:u，侗语读 ça:u。

“氐”是 ti “干旱地”的汉字译音。被称为“氐”的人，主要生息在祁连山、贺兰山、内蒙古自治区境内戈壁沙漠南沿，一直至嘉陵江流域北部的山地。氐和羌、濮一样，是神州大地上最古老的民族之一。

“山戎”是山地种粟人。

“发”是pu “位”的汉字译音。史籍同音或近音的异译字有濮、仆、卜、衔、蒲、薄、浦、缚、博、甫、埔、婆、番、发、跋、伏、服、包、庖、褒等二三十个，令史学家们无所适从，不知所以。

“息慎”，史籍多写作“肃慎”，是so:k sen“（讲）外边话的人”
外边 话
的汉字译音。《中国历史地图·商时期全图》已有记载，指的是今乌苏里江流域、哈尔滨以东至海边，包括哈巴罗夫斯克（伯力）至海参崴的地区。

“长”是so:ŋ“种稻人”的汉字译音。“东长”是东边的种稻人。
稻穗
当然，作者不知其义，以为“长”是什么民族。

“鸟夷”是 lau ji“我们种田人”的汉字译音。由于始译者是
我们 犁
n－、l－不分的人，听觉上辨不清 l 和 n，所以将 lau ji 听成 nau ji，就用汉字译音译作“鸟夷”。春秋战国以后，被某些史学家编造成为所谓春夏之交，群鸟自觉飞来帮助耘田的故事。再加上后来“我们种稻人”这组语词，濮越语的读音是 lau ta:n，被 n－、l－不分的始译者
我们 稻米
译为“鸟田”之后，以讹传讹却让许多古史学家信以为真的关于“鸟田”的故事，就被载入史册广泛流传，并被大量辗转传抄，而不知原来是个贻笑万年的天大笑话！至今一些不求真实的史学家仍然人云亦云，在自己的著作里，把世代生息在神州大地东边的古濮越先民称为“鸟夷”，甚至言之凿凿，说他们是一群信奉“鸟图腾”的人，好像他真的亲临其境，亲睹其人！

“鸟夷”、“鸟田”讹传了几千年，应该休矣！

绵延了数千年的羌族，至今在神州大地的阿坝藏族羌族自治州仍有 20 多万人自称羌人。在古代，羌人的分布地域较广，据《中国历史地图册·商时期全图》载，宁夏银川以北有北羌，以南有羌方；《西周时期全图》中，青海西宁、甘肃兰州至成都以北都是羌先民生

息之地；《秦时期全图》除上述外，则把成都以西至西藏拉萨，北至新疆楼兰的大片地区，标明是羌人的地方。

可见，羌和濮在神州大地上是两个历史最悠久、分布地域最广、人口最多，为中华古代文明贡献最大的古代民族。如果从地域来看，可以说是“东濮西羌”。当然，如果从历史发展来看，由于濮所处的地理环境优越，所以各方面的发展比羌快得多、先进得多，贡献也大得多。濮从夏开始，至今4000多年来，在不断发展演变过程中，先后建立和更替了十多个王朝，经济、文化、艺术等对世界的发展进步影响深远。现在的汉族，无论在过去、现在还是将来都是人类发展进步、推动历史前进不可或缺的一股强大力量。

由于羌族所处的地理环境条件较差，经济发展较迟缓落后，数千年来，除了4世纪，羌人后裔姚苌于东晋列国时建立过“后秦”（384—417），7世纪藏人（也是羌后裔）松赞干布征服藏南各部落，统一西藏外，就没有再建立过什么国家。

鲜卑　是sen pi“（讲）濮人话”的汉字译音。pi是pu的变音。
　　　　话　濮

今水族语“你们”、“他们”这些人称代词前仍用pi（见前文）。鲜卑本是山东、辽宁一带的濮越先民，西汉初，被匈奴攻击侵扰而逃出辽东塞外，与早在那里生息繁衍的濮越先民和其他民族融合，逐渐变成游牧和半农半牧民族。据《后汉书·乌桓鲜卑列传》载：“（东汉）安帝永初中（110—111）……鲜卑邑落百二十部。”这说明鲜卑人自汉初由辽东内地被迫逃出塞外之后300多年，人丁兴旺，聚居的部落已有100多个。其中农耕经济较发达、较强盛的部落“宇文”部，后来被人译作“契丹”。

其实，“宇文”和“契丹”都是古濮越语的汉字译音词。“宇文”是ji（jyi）vun“耕田人”的汉字译音；“契丹”是 kɯ ta:n“（吃或
　犁　　　　人　　　　　　　　　　　　（词头）白米

种）米人”的汉字译音。“耕田人”和“种米人”都是同一种人。所以，“宇文”和“契丹”只不过是不同时代的人从不同的角度截取同义词或近义词进行不同的译法而已。但是，如此一来，可就害苦了古史学家们了。他们倾注了毕生精力，集千百人的智慧，穷一千多年的光阴，怎么也搞不清两者之间的渊源和彼此的关系。

以上就是史籍所称的“五胡”，其中以匈奴和鲜卑的势力最强大。

在群雄割据、弱肉强食、相互为抢夺资源而混战不休的大时代，他们对中原政权的挑战、侵扰次数最多，时间也最长。

三、契丹人建立的辽国王朝设“大于越府”的缘由及意义

（一）“辽”的意义及契丹人与古濮越先民的渊源关系

中国历史上的大辽王朝，是10～12世纪（916—1125）由北方契丹人建立的一个特殊王朝。这个王朝从创建者耶律阿保机至耶律延禧，共传9帝，前后210年。

《辽史》卷三十七明确记载：“辽国，其先曰契丹，本鲜卑之地，居辽泽中。”

辽国的疆域，东临北海、东海、黄海、渤海，西至阿尔泰山（史称“金山”）及新疆白龙堆沙漠（史称“流沙”），北至色楞格河、克鲁伦河、鄂尔古纳河流域，东北至外兴安岭，南接甘肃北界、山西北部及河北中部。

契丹人建国，为何国号叫“辽”？（947年时将原国号“契丹”改为“辽”）为何统治制度官分南、北两院，实行不同制度，而北院又专设“大于越府”？这是近千年来史籍里从未有人阐述或试图阐述过的。因为历代古史学家都不知道所谓“契丹”一词的来源及含义，自然就无法知道“契丹”与“辽”的内在关系了。

前面说过，所谓契丹的先民是鲜卑人，鲜卑的先民是所谓的东夷人，东夷是泛指生息在神州大地东边的夷人，即古濮越先民。“契丹”、“鲜卑”、“夷”都是古濮越语的汉字译音。契丹人、鲜卑人讲的都是古濮越语，濮越语称“我们”一词读lau，用汉字译音可译作僚、寮、辽、娄、楼、洛、露、劳、崂、牢、老、佬等同音或近音的汉字。神州大地上众多这样起头的地名，以及史籍里记载的所谓人名（如吴国的僚王）和民族名（如僚人）等，还有古濮越人的一支在东南亚建立的寮国（老挝），也都是lau“我们”一词的汉字译音。契丹人建立的辽国，与老挝（lau的译音）人建立的寮国，一北一南，异曲同工，意思都是“我们”的国家。这是一点也不奇怪的，因为它们

都是古濮越先民在不同时代、不同地域建立并明确表示是属于他们自己社会群体的国家。

也许有人由此而联想到现在的辽宁，正是由于地处古辽国的核心，因而得名。当然，这个联想不无道理，因为辽宁的地理位置确实是在辽国版图之内。但是，辽宁的得名肯定与辽国无关。因为早在西周时期，此地就已有“辽河”之名。西汉时期，在锦州地区设置辽东郡，在赤锋地区设置辽西郡，比由契丹人建立的辽国要早上千年。

辽河得名最早，是因为辽河流域及其以北的广大地区是商、周时代夫余人长期生息之地。所谓“夫余”是古濮越语pu ji“耕田人”的
位 犁
汉字译音，古无轻唇音，故“夫”不读 fu，而读 pu，用汉字译音也可译作“濮”、“布”、“夫”、“伕”、“服”等，古译写作“夫余”，今译写作“布依”，是同音异译。夫余人，即是濮越人，故“夫余”、“布依”、“濮越”都是濮越语 pu ji（jyi、jai、jo）的同音异译。

所谓“辽宁”是古濮越语 lau ^{n}de:ŋ“我们（的）地方”的汉宁
我们 地方
译音。由于契丹人的祖先是濮越先民，夏、商、周至秦、汉，他们都生息在夫余至辽东、山东一带的广阔地区。据历史文献记载，公元 4 世纪，契丹人就早已在西拉木伦河流域繁衍生息，有 8 个部落。由于他们讲的是古濮越语，所以，8 个部落的名称大都可以用濮越语还原。例如：“黎（部）”是 li（lei）“山地”的汉字译音；“吐六干（部）”是tu lau kun“我们（的）人”的汉字译音（tu 本是“只”，是动物
位 我们 人
名词前的专用量词，但泛指人时，可以代替 pu“位”）；“悉万丹（部）”是si ^{m}ba:n ta:n“同是种稻村”的汉字译音；“伏弗郁（部）”
齐 村 稻
是pu fun jau“我们（的）人”的汉字译音；“匹絜（部）”是pi（pu
位 人 我们 位
的变音）kit“野羊”的汉字译音；“羽陵（部）”是ji laŋ“后来
野羊 犁 后面
（的）种田人”的汉字译音；“日连（部）”是 ȵat lin“小沙
发育不全 沙
（漠）地”的汉字译音。“何大何（部）”是ho do:i ho“山坳口”的
山 坳 头
汉字译音。即使是到了公元 7 世纪，唐太宗时期形成的大贺氏新 8 部，其名称大多仍然可以用濮越语还原。例如：

“达稽（部）”是 ta^{ʔ} k‘əi“耕田者”的汉字译音。ta^{ʔ}（tak）本
（词头） 犁
义是“雄性”，在不是尊称的情况下，泛称一般男子名字前，通常用 ta^{ʔ}（tak），用汉字译音译作“特”，如“阿明”，濮越语多数叫“特明”，不适用于女性。今侗语称“犁”仍读 k‘əi，仫佬语读 k‘ɤai，水语、毛南语读 kwai。粤语“稽”读作 k‘ai，有些史籍又常将“稽”译作“奚”或“溪”。

“突便（部）”是 tu ba:n“村里人（乡下人）”的汉字译音。tu 本义是“只”，是动物名词前必带的专用量词，但泛指人时可以代替有尊称意义的 pu“位”。

“纥便（部）”是 kɯ ba:n“村里（乡下）”的汉字译音，意义与“突便”同。之所以读音有点差别，主要是因为不同地域的习惯叫法不同，属于所谓“十里不同音”的细微差异。

“独活（部）”是 tu wu“咱们”的汉字译音。“独”与“突”是
咱
同音异译（写）字，是不同时代、不同地域、不同文化层次的始译者用不同汉字译相同的音。

“芬问（部）”是fun ma:n（^{m}ba:n）“村里（乡下）人”的汉字译
人 村
音。古濮越语^{m}ba:n“村庄、寨”，历史语音分化为ma:n和 ba:n 的时间很早。战国时代成书的史籍，已把ma:n用汉字译音译作“蛮”，并广泛流传。今濮越先民后裔的语言仍然分别使用这两组音。壮语、布依语、傣语、水语、毛南语等读 ba:n、^{ʔ}ba:n、ban，用汉字译音通常译作“板”、“畈”；傣语（德宏）、仫佬语读ma:n，用汉字译音译作“蛮”；黎语读 fa:n，用汉字译音常译作“番”。

“芮奚（部）”是jui（jyi、joi、jai）k‘əi“耕田越人”的汉字译
耕 犁
音。jui 等常被译作“越”。因汉字非音素文字，故用“越”、“芮”来音译 jui 并不是非常准确，只能近似。

“伏（部）”是 pu“位”的汉字译音，古无轻唇音，故“伏”不读 fu，而读 pu。“伏”与“濮”是同音异译字，“伏”部即“濮”部。

“坠斤（部）”是 tsai kun“种田人”的汉字译音。古濮越语
犁 人
“犁”历史语音演变的外部形式有很多，尤其是声母的变化，简直令

人眼花缭乱，不懂语音演变规律，根本无法辨认。例如，壮语北部方言读 çai，南部有的读 tsai，有的读 tsi 或读 jai、joi、ju、jyi、ji 等（同是濮越人后裔的其他现代民族，读法见前文“达稽”条）。

其实，所谓大贺氏的“大贺”也都是古濮越语 $ta^{ʔ}$wu“咱们”的
咱
汉字译音。

公元 8 世纪，大贺氏渐被遥辇氏替代，仍是 8 部，名称是：

“旦利皆（部）”，“旦”、“丹”同音，是ta:n li（lei）kai“（种）
稻　山地　的
旱稻者”的汉字译音。

“乙室活（部）”是 jit sat wu“咱（是）最后留下来”的汉字
最末尾 留 咱
译音。

“实活”与“室话”是同音异译字。

“纳尾（部）”是na mi“母亲田”的汉字译音。
田 母

“频没（部）”是^{m}ba:n mo“新村（寨）”的汉字译音。
村　新

“纳会鸡（部）”是na hei kai“旱田”的汉字译音。“鸡”、“皆”
田 干 的
同音，“的”之义。

“奚嗢（部）”是k‘əi vun“耕田人”的汉字译音。
犁　人

此外，还有“集鲜”部。

所谓“遥辇”是 jau ^{n}de:n“我们地方”的汉字译音。近指是
我们 地方
^{n}de:n，泛指是^{n}de:ŋ。

公元 10 世纪，辽太祖耶律阿保机登上历史舞台之后，由于战争掠夺和兼并，使“契丹”实有部落达到 18 部之多。但是，除了几个官部名称，许多部落名及官制名都仍是用古濮越语。例如：

官部：五院部、六院部、品部、奚王府六部五帐分。

《辽史》卷三十三对五院部、六院部的记载说明：“五院部。其先曰益古，凡六营。阻午可汗时，与弟撒里本领之，曰迭刺部。传至太祖，以夷离堇即位。天赞元年，以强大难制，析五石烈为五院，六爪为六院，各置夷离堇。会同元年，更夷离堇为大王。”

这段话里，“益古”、“迭刺”、“夷离堇”都是古濮越语。“益古”

是ji ku（或kou）“我耕田人”的汉字译音。“迭剌”是 ta lau
犁 我 （词头）我们
“我们”的汉字译音。“夷离堇”是ji li kun“最好、最有本领的种田
犁好 人
人，即头人、首领”的汉字译音。“益”、“夷”是ji的同音异译字。

除上述四部外，其余各部是：

“图鲁（部）”是 tu lau“我们”的汉字译音。与“迭剌”是
（词头）我们
不同时代、不同地域的同音异译字，意义全同。濮越语里，tu（ta）“只”本是动物名词前必带的专用量词，pu“位”是“人”前面必带的专用量词，但当pu用于泛指，不带尊敬感情色彩的时候，通常都可以用tu“只”代替，读作 tu vun“人”。
（只） 人

“突举（部）”是tu kwai“耕田者”的汉字译音。“突”与“图”
犁
是同音异译字。今水语、毛南语等称“犁”仍读kwai。

“突率不（部）”是tu li pu“山地人”的汉字译音。
山地

“突吕不室韦（部）”是 tu lo:i pu sat wai“留在市集的山里
（词头） 山 位 留 市集
人”的汉字译音。

“涅剌（部）”是nim lau“同是我们人”的汉字译音。
同是我们

“无隗（部）”是wu vai“咱市集”的汉字译音。
咱 市集

“乙室（部）”是 jit sat“最后留下”的汉字译音。
最末留下

“楮特（部）”是 tsu tak“单身汉”的汉字译音。tsu与tu是不
（只）雄性
同时代的变音，意义相同。由于tsu是不同时代、不同地域的历史变音，故在史籍里有“朱”、“渚”、“诸”、“杜”、“土”等多种不同译音。

“涅剌拿古（部）”是nim lau na ku“同是我们舅父田”的汉字译
同是我们 田 舅
音。

“迭剌迭达（部）”是 ta lau ta tɑ“我们岳父”的汉字译
（词头）我们（词头）岳父
音。

“乙室奥隗（部）”是 jit sat ɣa:u vai“最后留在我们市集”的汉
最末 留 我们 市集

字译音。

“楮特奥隗（部）”是 tsu tak ɤa:u vai “我们市集单身汉”的汉
（只）雄性 我们 市集
字译音。

“乌古涅刺（部）”是wu ko nim lau “咱们同是一家”的汉字译
咱 同是我们
音。

“品达鲁虢（部）”是 ta lau kuo “我们的”的汉字译音。这里
（词头）我们 的
的“达”是 tu 的变音。“品”是表明属于“品部”统领。《辽史》卷三十三载：该部是“太祖以所俘达鲁虢部置。隶南府，节度使属西南路招讨司，戍黑山北”。

10—11 世纪，辽圣宗耶律隆绪（982—1021）即位后，是契丹部族发展壮大的鼎盛期，计有 34 部，境外另有时叛时服而附属于辽的 10 部。境内 34 部部族名称，虽然大多数都是以古濮越语命名，但已不必要一一还原，因上述足以证明契丹与古濮越人的渊源关系。境外 10 部中，除“回鹘”、“回跋”、“长白山”、“敌烈八部”等之外，其余 6 部也都是以古濮越语命名，可见他们都是古濮越先民。例如：

“乌古（部）”是wu ko“咱们”的汉字译音。
咱 的

“隗古（部）”是 vai ku“我（们）的市集”的汉字译音。
市集 我

“嵓母（部）”是ba:n mo“新村”的汉字译音。
村 新

“吾秃婉（部）”是wu tu vun“咱（濮越）人”的汉字译音。tu
咱（只） 人
是 pu 的泛用，pu“位”，史籍译作“濮”。

“迭刺葛（部）”是 tu lau ko“我们的”的汉字译音。
（词头）我们 的

“蒲卢毛朵（部）”是pu lau mu to“我们（是）土著”的汉字译
位我们 位 土
音。pu 与 mu 都是量词“位”。两者声母不同，其实都是由古濮越语 ^{m}pu 分化而来。今壮语、布依语用 pu，水语、毛南语用 mu。

从上述足以证明，所谓契丹人、鲜卑人、乌桓人、东夷人、东胡人，实际上都是古濮越人。史籍里出现的这些不同称谓，主要是由不同时代的始译者，根据他们当时捕捉到古濮越语中的只言片语，用他们最熟悉的汉字作译音工具译写出来，并千古讹传于世，以致千百年来，害苦了一代又一代古史学家们，浪费了宝贵的年华，倾尽了毕生精力去探索研究，都始终弄不清它们之间的内在渊源关系及其庐山真面目。

人类的发展历史，从来都是纷繁、曲折艰难，在漫长的发展过程中不断突破创新，不断迎难奋进的历史。契丹人也不例外。汉朝初年，他们的祖先——古濮越（夫余）人的一支被匈奴人侵扰而逃出塞外后，为了继续生存而适应环境，便由农耕（“濮越”、“夫余”、“布依”都是pu ji“耕田者”的汉字译音）逐渐变为农牧，甚至是逐水草
位 犁
而居的游牧民族。在长达1000年的转变过程中，由于无文字记载，其艰难复杂的境况是难以想象的。辽亡之后218年，元代脱脱任史官（1343年）撰写的《辽史》卷三十二引旧志曰：“契丹之初，草居野次，靡（没）有定所。至涅里（nim li ‘同是山地人’的汉字译音）
同是山地
始制部族，各有分地。太祖之兴，以迭剌（ta lau‘我们’的汉字译音）部强炽，析为五院、六院。奚六部以下，多因俘降而置。”“……其余世系名字，皆漫无所考矣。”这段话就是最好的说明。

其实，契丹与古濮越先民的渊源关系，除上述所举的一些部落名称外，《辽史·营卫志》里还有很多，兹再列举一些，以充实例证。如：“算斡鲁朵”，《辽史·营卫志·宫卫》载：“算斡鲁朵，太祖置。国语心腹曰‘算’，宫曰‘斡鲁朵’，是为弘义宫。”这个解释，因为是辽亡之后编撰《辽史》的人根据一些不完全正确的史料加上个人的理解写成的，所以，不完全正确。“心腹”是tsi san“最信”的汉字
最 信
译音；“宫”是do“安乐窝”的汉字译音。“算斡”是sun（或sen）wu（用汉字译音可译作“孙武”等）“（讲）咱们话”的汉字译音；“鲁朵”是 lau do “我们（的）安乐窝”的汉字译音。“弘义”
我们(的)安乐窝
是 hoŋ vun ji“耕田人”的汉字译音（“我们”是hoŋ lau；“你”是
(词头) 人 犁
hoŋ muŋ；“咱”是hoŋ wu）。撰史者因不懂契丹语，只能从音译汉字中望文生义，如果对《辽史》有研究，对资料较熟悉，解释就较贴切、真实，否则就可能误导。例如，《辽史·营卫志上》说“玉曰‘孤稳’”“金曰‘女古’”。虽然“孤稳”和“女古”都是契丹话（古濮越语），但其真正含义与“玉”、“金”风马牛不相及。“孤稳”

是ku vun“我（的）人”的汉字译音；“女古”是nuŋ ku“小妹”的
我　人　　　　　　　　　　　　　　　　妹
汉字译音。像这样张冠李戴的当然不止几处，但由于论题所限，不可能也没必要一一纠正。

“里”是li“旱地、山地”的汉字译音。《辽史》里，由“×里”组成的合成词不少。如：

“瓦里”、“镬里”都是wu　li　“咱山地人”的汉字译音。“瓦”、
咱 山地
“镬”同音是由于不同地域、不同文化层次的始译者用他们各自熟悉的汉字来译写。这种情况，史籍里流传的汉字译音词很多，不胜枚举。

“拔里”、“抹里”分别是pu　li　和mu　li　“山地人”的汉字译音。
位 山地　　位 山地
pu和mu都是古濮越语ᵐpu“位”分化出来的不同地域变音。今壮语、布依语、傣语用pu，水语则用mu。pu用汉字译音常译作“濮”、“不”、“布”、“蒲”等同音或近音字；mu，史籍常译作“抹”、“莫”、“母”、“毋”、“无”等同音或近音字。

“逼里”是pi li“山地人”的汉字译音。pi是pu的地域变音。

“特里”、“得里”都是tak　li　“山地人”的汉字译音。“特”、
雄性 山地
“得”是同音异译字。

“奥里”、“欧烈”都是ɣa:u　li　“我们山地人”的汉字译音。
我们 山地
“奥”、“欧”是同音异译字。

“要里”是jau　li　“我们山地人”的汉字译音。lau、jau、ɣau都
我们 山地
是“我们”之义，但由于地域历史音变，声母不同。语言音变的规律，声母变化最先最快，韵母最慢。

“达里”是ta li“山地人”的汉字译音。“达”、“得”、“特”都是ta的同音异译字。

“厥里”是 kɯ　li“山地”的汉字译音。
（词头）

“耶里直”、“耶里只”都是jai li tsi“种山地者”的汉字译音。

“合不”是ka:p pu“伙伴”的汉字译音。

“慢押”是ma:n ka:p“合村”的汉字译音。“慢”与“满”是同
村
音异译字。“押”与“合”也是同音异译字。

“虎池”是wu çai“咱种田人”的汉字译音。
咱 犁

“膻”是 ta:n“稻米”的汉字译音。

“予墩”是ji de:n“种田人地方”的汉字译音。
犁 地方

“鹘突”是 tu ku“我”的倒装汉字译音。
我

“纠里阐”是kau li sam“同是我山地人”的汉字译音。
我 山地 同

“合里只（合李只）”是ka:p li tsi“种山地的伙伴”的汉字译音。
伙伴 山地 犁

“益古”是ji ku“我种田人”的汉字译音。
犁 我

“述垒”是sou lo:i“你们山里人”的汉字译音。
你们 山

“撒里本（畲里本）”是se li ba:n“旱地村寨”的汉字译音。
旱山地 村

“母”是 mo“新”的汉字译音。

“隔蔑”是ka:k mi“寡妇”的汉字译音。
独 母

“归化”是kwai wu“咱耕田人”的汉字译音。
犁 咱

“不术”是pu sou“你们”的汉字译音。
位 你们

“吐谷浑”是 tu jo:k vun“外面人”的汉字译音。
位(只) 外面 人

“合鲁不只”是ka:p lau pu tsi“我们种田人的伙伴”的汉字译音。
伙伴 我们 犁

“移马不只”是 ji mo pu tsi“新来的种田人”的汉字译音。
新 犁

“速稳”是so:k vun“外人”的汉字译音。
外 人

“伯德”是 pu di“好人”的汉字译音。
好

“守狱”是sou jit“你们（是）后来者”的汉字译音。
你们末尾

“穴骨只”是 jit ku tsi“我（是）后来的耕田人”的汉字译音。
末尾 我 犁
“穴”、“狱”是 jit 的同音异译（写）字。

“合不频尼”是ka:p pu ba:n nei“同是这村里人”的汉字译音。
伙伴 村 这

"频、本"是ba:n的同音异译字。

"虎里犹"是wu li jit"咱是后来的山地人"的汉字译音。
咱 山地末尾

"耶里只挟室"是 jai li tsi ka:p sat"留在山地的耕种伙伴"的
山地 犁 伙伴 留
汉字译音。"挟"、"合"是ka:p的同音异译字。

"耶鲁碗"是jai lau vun"我们耕田人"的汉字译音。
犁 我们 人

"槊不"是 so:k pu(vun)"外人"的汉字译音。"槊"、"速"是so:k 的同音异译字。

"潭马"是tom mo"新水塘"的汉字译音。
水塘 新

"蛮葛"是ma:n kou"我(的)村寨"的汉字译音。

"耶鲁兀也"是 jai lau kɯ jai"我们种田人的犁"的汉字译音。
犁 我

"谏忽鲁碗"是sou mu lau vun"你们(都是)我们人"的汉字
你们 位 我们 人
译音。

"阎马"是jam mo"同是新来者"的汉字译音。
同 新

"仪坤"是ji kun"(濮)越人"的汉字译音。
犁 人

"浑只"是vun tsi"种田人"的汉字译音。vun、kun"人"都是
人 犁
不同地域的变音。

"浑得移"是vun tei ji"拿犁人(种田人)"的汉字译音。
人 拿 犁

"夺罗果只"是 tu lau ko ji"我们扶犁人"的汉字译音。
位(只)我们 扶 犁

"拿葛只"是 na kɯ tsi"犁的田"的汉字译音。

"婆浑昆母温"是 pu vun kuan mo vun"濮人和新来者"的汉字
(濮) 人 和 新 人
译音。"浑"、"温"都是 vun 的同音异译字。

"灭母邻母"是 mi mo lin mo"新人新地"的汉字译音。今
母(词头) 新 土 新
傣语"土地"仍读 lin。

"蕃汉"是 pu hun"(濮)人"的汉字译音。"蕃"读 pu,不读
人
fa:n。

"蛮雅葛"是ma:n ja kou"我最强的村庄"的汉字译音。
村 最强 我

“特末”是 tu mo “新人”的汉字译音。“马”、“母”、“末”都
新
是 mo 的同音异译字。

“乌也”是wu jai “咱种田人”的汉字译音。
咱 犁

“辛苦不只”是sen ku pu tsi “(讲)我耕田人的话”的汉字译音。
话 我 犁

“泼昆”是 pu kun “(濮)人”的汉字译音。“泼”、“蕃”、
人
“婆”、“蒲”等都是 pu 的同音异译字。

“虎狱阿里”是wu jit a li “咱后来的山地人”的汉字译音。
咱 末尾 山地

“歇不”是 jit pu “后来者”的汉字译音。“狱”、“歇”都是 jit 的同音异译字。

“虎温”是wu vun “咱人”的汉字译音。
咱 人

“孤温”、“孤稳”是ku vun “我(的)人”的汉字译音。
我 人

“耶鲁碗”是jai lau vun “我们种田人”的汉字译音。“温”、
犁 我们 人
“媪”、“混”都是 vun 的同音异译字。

“窝笃碗”、“斡笃碗”是wu tu vun “咱人”的汉字译音。
咱 人

“蒲速温(蒲速碗)”是 pu so:k vun “外人”的汉字译音。
外 人

“女混活直”是nei vun wu tsi “这是咱种田人”的汉字译音。
这 人 咱 犁

“劳骨”是lau ko(的)“我们的”的汉字译音。
我们

“达邻频你”是 ta lin ba:n ni (nei) “这村的土地”的汉字译音。
土 村 这

“和里懒你”是wu li la:n ni (nei) “这家是咱山地人”的汉字
咱 山地 家 这
译音。

“粘独里僧”是tsam tu li so:ŋ “同是山地种稻人”的汉字译
同 (只) 山地 稻穗
音。

“石烈”是tam li “同(是)山地人”的汉字译音。
同 山地

“缅四”是ma:n çai “犁头村”的汉字译音。
村 犁

“乙僧”是jit so:ŋ “晚稻”的汉字译音。
末 稻

“特满”是 tu ma:n“村里（乡下）人”的汉字译音。
位(只) 村

“阿鲁碗”是 a lau vun“我们人”的汉字译音。
我们 人

“榆鲁碗”是ji lau vun“我们种田人”的汉字译音。
犁我们 人

“合里也”是ka:p li jai“同（是）种山地者”的汉字译音。
伙伴山地 耕

“特末也”是 tu mo jai“新来的种田人”的汉字译音。
(只) 新

“谋鲁斡”是mu lau“我们”的汉字译音。“斡”是 lau 的尾音 u。
位 我们

“移辇”、“移典”是ji ^{n}de:n（de:n）“耕田人的地方”的汉字译音。
犁 地方

“聂里频你”是nim li ba:n ni（nei）“这（个）村同是山地人”的汉字译音。
同 山地 村 这

“打里频你”是ta li ba:n ni“这（个）村是山地人”的汉字译音。“打”、“达”、“特”都是 ta“位”的同音异译字。
位山地 村 这

“勃得本”是pu di ba:n“村里人”的汉字译音。
位 里 村

“捺钵”是 no ba:n“搬移村庄”的汉字译音。《辽史·营卫志上》载：“行营，谓之捺钵。”
搬移 村

“与墩”是 ji de:n“耕田人地方”的汉字译音。“墩”、“辇”、“典”是 de:n 的同音异译字。

“蒲古只”是 pu ku tsi“我耕田人”的汉字译音。
我

“独奚那颉”是 tu k‘ai no kit“种野羊田的人”的汉字译音。
位(只) 犁 田 野羊

“审密”是sam mi“同母”的汉字译音。
同 母

“蔑孤”是mi ku“我母亲”的汉字译音。“蔑”、“密”是 mi 的同音异译字。
母 我

“瓯昆”是ɣau kun“我们人”的汉字译音。
我们 人

“梅只”是 mi tsi“耕田人”的汉字译音。
犁

“航斡”是 hoŋ wu“咱”的汉字译音。
(词头) 咱

“独卢金”是tu lau kam“同（是）我们”的汉字译音。
我们 同

《辽史·兵卫志》载：“辽属国可纪者五十有九，朝贡无常。”“五十有九”个属国中，明显是濮越先民部落邦国的有二十二个。如：

“吐谷浑”是 tu jo:k vun“外面人”的汉字译音。“谷”读
位（只） 外 人
jo:k，不读 kok（今粤音）或 ku（北京音）。

“兀惹”是wu jai“咱耕田人”的汉字译音。
咱 犁

“阻卜”是 tsu pu“公的、雄性、强健无敌的”的汉字译音。
（只）雄性

“乌古”是wu ko“咱的”的汉字译音。
咱（的）

“素昆那”是sou vun na“你们种田人”的汉字译音。
你们 人 田

“胡母思山蕃”是wu mo çai sa:n pu“咱新来的种稻人”的汉字
咱 新 犁 稻米 位
译音。

“乌孙”是wu sun“（讲）咱话（的人）”的汉字译音。“乌”、
咱 话
“胡”、“吴”都是 wu 的同音异译字。

“要里”是jau li“我们山地人”的汉字译音。
我们山地

“于阗”是wu de:n“咱地方”的汉字译音。“于”读 wu，不读 y。
咱 地方

“曷苏馆”是 kɯ sou kun“你们（的）人”的汉字译音。
（词头）你们 人
“苏”、“素”是 sou 的同音异译字。

“斜离底”是se li di“好山地”的汉字译音。
畲山地 好

“蒲卢毛朵”是pu lau mu to“我们（是）土著”的汉字译音。
位 我们 位 土
pu、mu 由古濮越语^{m}pu 分化而来，“位”的意义不变。

“蒲奴里”是pu no li“种田人”的汉字译音。
位 田 山地

“高昌”是kou so:ŋ“我种稻人”的汉字译音。
我 稻穗

“颇里”是pu li“山地人”的汉字译音。
位山地

“达里底”是 ta li di“好山地人”的汉字译音。
山地 好

“拔思母”是pu çai mo“新来的种田人”的汉字译音。
位 犁 新

“粘八葛”是tsam pu kou“同是我的人”的汉字译音。
同　位　我

“梅里急”是 mi　li kit“山地懒汉”的汉字译音。
(词头)山地 懒

“鼻骨德”是pi ku di“我（的）好兄长”的汉字译音。
兄 我 好

“耶睹刮”是jai tu kou“我种田人”的汉字译音。
犁 位 我

“斡朗改”是wu laŋ kai“咱（是）后来者”的汉字译音。
咱 后面 的

（二）辽国王朝设“大于越府”的缘由及意义

916 年，辽太祖耶律阿保机登上帝位，建立大辽国之后，传位给次子耶律德光，史称辽太宗。辽太宗是确立和完善辽国政治制度贡献最大的人，也是中国历史上第一位确立并实行“一国两制”最成功的人。

《辽史·百官志》载：“至于太宗……辽国官制，分北、南院。北面治宫帐、部族、属国之政，南面治汉人州县、租赋、军马之事。因俗而治，得其宜矣。”又说：“以国制治契丹，以汉制待汉人。国制简朴，汉制则沿名之风固存也。”

辽王朝的历史，虽然一般都是从 916 年耶律阿保机称帝时算起。但真正称为“辽”则是在他的二儿子耶律德光继位 20 年后，于 947 年二月才称为“辽”。这在《辽史·本纪一·太祖上》记载得十分清楚：“神册元年（916 年）春二月丙戌朔，上（辽太祖耶律阿保机）在龙化州，迭烈部夷离堇耶律曷鲁等率百僚请上尊号，三表乃允。丙申，群臣及诸属国筑坛州东，上尊号大圣大明天皇帝（注重号为笔者注），后（皇后）曰应天大明地皇后。大赦，建元神册。”《辽史·本纪四·太宗下》载：“大同元年（947 年）……二月丁巳朔，建国号大辽，大赦，改元大同。升镇州为中京。”撰（辽）史者对太宗的赞誉是：“建国号，备典章。”

契丹人自从耶律阿保机称帝建立辽国（前期）后，在长达 30 年的时间里，国家政制一直都分为北、南两院，全部由契丹人管理。概略如下：

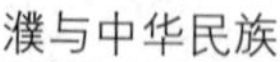

北面官制

- 皇帝
  - 大于越府（无职权）
    - 契丹北枢密院　掌兵机、武诠、群牧之政，凡契丹军马皆属
    - 契丹南枢密院　掌文诠、部族、丁赋之政，凡契丹人民皆属
    - 北宰相府　掌佐理军国之大政，皇族四帐世预其选
    - 南宰相府　掌佐理军国之大政，国舅五帐世预其选
    - 北大王院　分掌部族军民之政
    - 南大王院　分掌部族军民之政
    - 宣徽北院　掌北院御前祗应之事
    - 宣徽南院　掌南院御前祗应之事
    - 夷离毕院　掌刑狱
    - 大林牙院　掌文翰之事
    - 北面御帐官
    - 北护卫府　掌北院护卫之事
    - 南护卫府　掌南院护卫之事
    - 北面著帐官
    - 北面皇族帐官　掌皇族四帐之政教
    - 北面诸帐官　对契丹皇族以外有地位部族施予恩宠与进行控制
    - 北面宫官　掌部族、蕃户
    - 北面部族官
    - 北面军官　掌宫帐、部族、京州、属国
    - 北面边防官　掌边防情报事务
    - 北面属国官　掌属国事务

辽国政制里，在皇帝下面、百官之上设立一个无任何职权，但象征最高荣誉的“大于越府”，这是为什么呢？它为何叫作“于越”？这个千古之谜，在千百年来任何一部《中国通史》或断代史，甚至《辽史》里都找不到解释。《辽史·百官志一》里只有这样一段记载：“大于越府。无职掌，班百僚之上，非有大功德者不授，辽国尊官，犹南面之有三公。太祖以遥辇氏于越受禅。终辽之世，以于越得重名

者三人，耶律曷鲁、屋质、仁先，谓之三于越。大于越。”

这段话里，只说它是一个对有特殊贡献的人授予最高荣誉的授勋机构，在整个辽国长达210年的历史里，只有三个人曾经得到过“大于越”这一殊荣。但为什么这种最高荣誉的名称叫作“于越”，并没有解释。所以，后代的史书只能是可略则略，让它永远淹没在无人知晓的历史深渊里，成为永远的历史。

其实，只要我们彻底弄清了契丹先民是所谓的东夷人，而东边的夷人就是生息在东边的pu ji（jai）（位 犁）“耕田人”，史籍用汉字译音译作“濮越”、“布依”或“夫余”（古无轻唇音，“夫”读pu，不读fu）。战国时，“濮越”又译作“百越”或“越”。

由于越人对外常自称wu ji（咱 犁）“咱种田人”，因而早在《竹书纪年》记载周朝皇室活动史时，就已有人将wu ji用汉字译音译作“于越”载入史册。“周成王二十四年……于越来宾。”“于”有的又写作“於”，如《墨子》：“游公尚过於越。”东汉赵晔著《吴越春秋》时，因不知“于越”、“於越”、“无余”都是不同时代、不同地域、不同文化层次的人对wu ji的不同译写，因而，不知强以为知，留下了千古笑谈不说，更是害苦了后人，尤其是古史学家。他在《吴越春秋·越王无余外传》里说：“少康恐禹祭之绝祀，乃封其庶子於越，号曰无余。”“於（于）越”、“无余”两者本是同音异译字，根本就不存在“名”与“号”的问题。一些古史学家由于不懂濮越语，所以，在研究吴、越（实际都是同一个民族，讲同一种语言，“吴”也是古濮越语wu“咱”的汉字译音，只是由于不同分支建立了不同的两个国家——“吴”与“越”，而被误认为不同而已。“吴越”、“於越”、“于越”、“无余”都是wu ji的同音异译字）历史时，以为有史可依而照抄，造成以讹传讹，让谬误流传千古。

“于越”自战国时代被史籍定型之后，影响极其深远。一方面，对所有越人来说，与外界交际时，常自称为wu ji（咱 犁）“咱种田人”有了一个十分自然的、合情合理的、统一的书面表达形式。任何时候、任何地方的越人，只要交际需要，都可以用“于越”wu ji“咱越人”来表达。尤其是需要用文字表达时，更是如此。另一方面，由于数千年前始译者将wu ji用汉字译音译作“于越”时，只译音不译义，后人不知道“于越”的真正含义，因而一些古史学家以为“于越”只是越人的一个部落或一个支系，尤其是一些善于收集与“越”相关的不同译音的学者，自以为是将越人分为“于越”、“干越”（kun ji 人 犁 “耕田人”的汉字译音）、“骆越”（lau 我们 ji“我们耕田人”的汉字译音）、“瓯越”（ɣau 我们 ji“我们耕田人”的汉字译音。lau、ɣau 声母发生了地域变音，但意义不变）、“闽越”、“滇越”（闽地、滇地的越人）等十多个任意拼凑起来的所谓“支系”，然后再与本也是汉字译音的“百越”（pu ji 位 犁 “种田人”的汉字译音）中的“百”联系起来，望文生义地得出吓人的结论，说什么“越有百种”（《吕氏春秋·恃君鉴》高诱注）。宋代罗泌《路史·国名纪丙》也罗列了 20 多种，然后说“是谓百越”。近代、当代的不少人由于受这种影响，信以为真，认为“百越”是种类繁多的古越人。这是天大的历史误会！

契丹人是濮（百）越（东夷）人的后裔，人世间除了极少数人是“数典忘祖”，不齿于人之辈以外，是没有人会忘记自己祖宗的。契丹人世代相传，清楚地知道自己的祖先被入侵的匈奴人讨伐而出走塞外，清楚地知道自己的祖先，是曾经为创造中华古代文明作出过杰出贡献、为人类的文明立下过不朽功勋的濮越人。他们为自己的祖先感到骄傲与自豪，为自己是濮越人的后裔感到骄傲与自豪。因此，虽然自己的社会群体散落塞外并早已落叶生根上千年，但是，他们血管里流动的是濮越人的血，他们的“根”是濮越人。因此，他们从来没有忘记并时刻尊崇自己的祖先，在对外交际时，虽然大家都称自己为契丹人，但在民族意识的最深处，勤劳勇敢、迎难奋进、无惧无悔、不断开拓前行的濮越人崇高的英雄形象，都早已凝结并升华成为民族的灵魂，深深根植在每个人的心中。所以，在民族发展前进的道路上，无论是遇到逆流还是顺流，每个人都会自然地从心底喊出“于越”wu ji“咱（是）越人”的最强音。这个最强音便是耶律阿保机或任何一位契丹人称帝后，都会在百官之上、皇帝之下设立“大于越府”，以便给那些为国家和民族的兴旺发达立下了汗马功劳的英雄人物颁发至高无上的荣誉勋衔。

由于“大于越府”是专门为契丹人设立的最高荣誉的授予机构，

所以在辽国政制中，只有北面官制有，南面汉人政制中没有。

辽国实行“一国两制”，是辽太宗大同元年（947年）举兵南进，攻取了燕、代16州后，由于这16州本是唐朝统治下汉人居住的地方，实行唐朝制度已300多年，辽太宗非常聪明地认识到，如果在汉人地区强制推行北面官制，由契丹人直接管治，不仅容易引起汉人的强烈反抗，而且确实很难有一批既懂唐制又通汉文的官员来实行有效的管治，不如沿用汉人、唐制省事得多。历史证明，他实行的“官分南、北，以国制治契丹，以汉制待汉人”（《辽史·百官志一》），“以汉治汉，一国两制”的政策非常成功。

《辽史·百民志三》对实行“一国两制”的目的和效果有十分清楚的记载：“辽有北面朝官矣，既得燕、代16州，乃用唐制，复设南面三省、六部、台、院、寺、监、诸卫、东宫之官。诚有志帝王之盛制，亦以招徕中国之人也。”

辽太宗制定并实行“一国两制”以后的100多年，辽国的版图随着征战不断扩大，要管治的汉人日益增多，如果不是实行“以汉治汉”，而只靠少数的契丹人来统治，根本不可能！

如果说，辽国自947年取得燕、代16州后，实行“以汉治汉，一国两制”的政策，从而使它能够国泰民安、政局稳定，国运兴隆健康发展并延续了170多年，在中国历史殿堂中留下了一座闪亮的丰碑，那实在得归功于这“以汉治汉，以契丹治契丹”的“一国两制”，归功于中国历史上第一位制定此政策的伟人。

不过，还应指出一点是，北面官制中，本来就已经分为南、北两院，后来专对汉人特设的“南面官制”不免有概念不清之嫌，实应点明为“南面汉官制”。

四、“胡人”对中国历史发展的贡献

人类社会发展史永远遵循着“发展壮大→分裂→统一→再分裂→再统一”这样一条不断循环往复、不以人们意志为转移的发展规律，不停地随着历史长河滚滚奔流向前发展。中国社会历史的发展也不例外。纵观数千年来中国社会历史发展的历程，何尝不也是如此！

在5000年至10 000年前，神州大地上，黄河、长江、珠江、黑龙江、怒江、澜沧江等流域两岸最古老的人群，经过了漫长岁月的艰难发展，进入了新石器时代晚期和青铜器时代前期，生产力有了很大的发展。先民们不仅彻底摆脱了渔猎时代的采集经济生活困境，进入了以成熟的农耕和养殖为主的自给自足的经济生活模式，而且还学会了制陶、纺织、打造舟楫，并总结了冶炼技术经验，用青铜造出各种工具来逐渐替代笨拙的石器，使生产、生活更上一层楼。

当然，由于人群居住地域的自然环境条件不同，社会经济、文化发展的速度不同，因而，不同群体社会发展的速度也不可能完全相同。地域环境条件好的，经济、文化发展迅速，该群体社会相对就较先进，否则就较落后。在这样的大时代背景下，生息在黄河中下游以河南为中心的中原地区一个较先进强大的古代部落联盟，为了占有更多的生产、生活资料而不断发动掠夺和兼并战争，兼并了许多较弱小的氏族和部落，将他们置于自己的统治范围之内，然后大言不惭地宣称自己是本领最高强者，号称为“夏后”[“夏后”是古濮（百）越语 jo 或 ja hau“我本领高强”的汉字译音]，史籍简称为“夏”。
本领高强　我
它是中国历史上第一个由古濮（百）越先民建立的国家。从此，开始了中国真正的历史。

“夏”作为一个奴隶制的国家政权，延续发展了近500年才为“商”所灭，“商”又延续发展了500多年，后为“周”代替。夏、商两朝这1000多年，是新生产力蓬勃发展的时期。在这时期，不仅农业有很大的发展，小手工业也有很大的发展，制造生活必需品的作坊陆续涌现，尤其是在“商”的500多年间，青铜冶炼技术更是达到了当时的高峰。文字也摆脱了完全象形进入了指事、会意等逐渐成熟的应用阶段。由于“商”也是奴隶制国家，奴隶主是以掳夺奴隶为生财工具的，因此免不了讨伐连连，甲骨文的零星记载充分证实了这一点。不过，这对促进族群的融合及经济文化的发展不能说不是大好事。因为它把许多欲霸一方、妄自尊大的氏族、部落或部落联盟征服后，小族群就逐渐融合成大族群，分散的小群体生产可以变为大群体生产，各地分散的成熟生产、生活经验，可以交流融汇成为更加成熟的经验财富，广加利用。这样，分散弱小的社会群体逐渐融合成为统一的大社会群体，成为新社会发展阶段中新的生产力大军，社会生

产力就会大大提高。社会稳定、经济繁荣，历史就向前进步。

所以，可以说，夏朝至商朝这 1000 多年是中国历史奠基并稳步发展壮大的时期。

但是，到了周朝，情况就大不一样了，周朝 800 多年，除了西周约有 300 年的稳定期外，其余的 500 多年都是处在严重分裂、地方诸侯割据且各自立国为王、相互称霸、弱肉强食、连年混战不休的局面。史学家把这段时期称为“春秋战国”。据《中国历史年代简表》记载，经过多年的弱肉强食后，建立起来能独霸一方的国家，仅在神州大地的东半部（不包括川、滇、西藏、新疆等）就有晋、楚、秦、齐、燕、宋、陈、曹、鲁、郑、卫、蔡、韩、田、赵、吴、越、代、魏等近 20 个。这些国家，经过了数百年的相互倾轧，相互较量兼并，到了公元前 3 世纪，就只剩下楚、韩、魏、赵、齐、燕、秦七国。公元前 221 年，秦始皇灭了 6 国，实现了自夏朝以来国家第一次大分裂以后的大一统，为中国历史的继续大发展立下千古辉煌的功勋。

刘邦灭秦建汉后，又是一个社会相对稳定发展的时期。但是，到了东汉末年，本来强大无比的汉朝社会又分裂成为魏、蜀、吴三国，彼此混战了 40 多年，最后被司马炎统一，称帝建国，国号为晋。

晋朝在中国历史长河中，虽然前后也有 155 年，但是并没有多少作为和贡献。在这 155 年中，只有建国初期司马炎和司马衷两帝在位期间，可以勉强说是相对稳定期，余下的时期，只能说都是在苟延残喘中战战兢兢地度过。因为这段时期在中国历史上是春秋战国以后又一次社会分裂最严重的时期，各路“英雄”粉墨登场，建国称帝。史学家称这段时期为“东晋十六国”，实际上不止 16 国，而是有 20 多国，比春秋战国时还要多。

这些国家经过了 100 多年的相互攻伐、兼并，最后余下北魏、宋、齐、梁、陈几大强国。北魏统一了北方诸国，宋则统一了江南，所以，史学家称这段时期为南北朝。南北朝对峙 169 年，最后为杨坚所灭，统一后改国号为隋。如果把东晋十六国和南北朝这两段战乱连年、民不聊生的近 300 年的时期，说是中国有史以来最混乱不堪的年代，一点也不为过。

隋在中国历史上是秦之后第二个比较短命的朝代，从 581 年杨坚称帝，至 618 年杨广被唐朝李渊所灭，前后只有 37 年。杨广在位的

14 年（604—618）虽然昏庸无度，“朝内夜夜笙歌，朝外百姓挨饿”，在不理民间疾苦的强征暴敛国策的驱动下，客观上却为神州大地留下了一条贯通南北水运的京杭大运河，造福后人。

动后思静，乱后思治。这是民心所向，谁能把握决定社会发展动力的脉搏，谁就是历史英雄。

自东晋十六国、南北朝到隋炀帝的官逼民反，社会强烈动荡了 3 个多世纪。李渊顺应民意，顺应历史潮流，扫平动乱，统一神州，建立大唐，为中国历史上自汉朝以后第二个太平盛世奠定了坚实的基础，被后人誉为“汉唐盛世”。的确，唐朝对中国历史贡献良多，经济、文化对世界的影响巨大。至今在博大精深、瑰丽辉煌的中华历史殿堂里，唐代的文化、艺术瑰宝琳琅满目、多彩多姿，即便是现在，世界各地的华人、华侨仍被所在国的人们称为“唐人”。华人、华侨聚居、经商的街道被称为“唐人街”。

唐代末年半个世纪（共 53 年），史称“五代十国”，又是一个分裂混战的时期。后为赵匡胤扫平统一，建立国号为“宋”。

宋朝前后 319 年，其中从 960 年至 1127 年，史称“北宋”；从 1127 年至 1279 年，史称“南宋”。宋朝虽不能与盛唐比，但在北宋统治的一个半世纪里，也是难得的一个相对稳定的时期，所以，对中国的历史文化也有较大的贡献。众所周知、别具一格的宋词就足以与唐诗相媲美，是中国绚丽多姿历史文化中的一绝。

元朝是中国有史以来国家版图第一次跨越东亚的军事强国和大国，比秦、汉大一统的版图还要大，但是，由于统治集团重视沿袭秦、汉以来历代统治的成功经验，重视汉官和汉语文化，所以，在它统治的近两个世纪里，经济、文化都得到了很大的发展，如元曲，就以它独特的时代特点，与唐诗、宋词名垂青史，成为中国历史文化瑰宝。

继元朝之后的明、清两代王朝，各领风骚数百年。清代的核心统治集团虽然都是满族人，但他们跟元代统治集团一样，重视汉官和汉语文化，所以，经济、文化都得到了很大发展，尤其是康乾盛世，国富民强，人民安居乐业，是盛唐之后又一个国民经济大发展时代。只是到了 19 世纪末 20 世纪初才逐渐衰落。

数千年来，中国历史发展的轨迹也都是遵循着“发展壮大→分

裂→统一→再分裂→再统一”这条人类社会发展规律不断向前发展的。其中，统一是主流，因为没有统一，就没有社会继续发展的基础和条件。人类社会历史的发展，是永远不会停留在一个发展水平上的，而是不断地由低级向高级和更高级的台阶迈进。所以，统一了，社会又向前发展了，但是，在某种特殊历史条件下，社会很可能又被分裂，由一个大社会被分裂成两个或两个以上较小的社会。这时，社会的发展由安定、平衡进入了动荡不安和不平衡，发展受到了破坏和阻碍，需要有更强大的力量来扭转乾坤，才能使社会继续向前发展。

几千年来，在中国历史发展过程中，大大小小的各种分裂和统一难以数清，但是，从总体看，统一始终是主流，而逆历史潮流的分裂，都只不过是历史进行曲中的一些插曲而已。

统一的意识是不分民族和种族的，它不是某一民族的专利或特有的意识。中国元朝和清朝对中国的两次大统一，统治者的核心集团都不是汉族，而是蒙古族和满族，他们都给中国留下了整块完整的东亚大陆，留下了统一的大局面。这是永远抹杀不了的历史大功勋！此外，生息在东部和东北部古濮（百）越先民（史称“东夷”或“东胡”）的后裔鲜卑人建立的北魏，和契丹人建立的辽，他们都是在分裂最严重、最混乱的历史年代，先后统一了北方，为全国大统一扫清了障碍，为“大统一”的历史格局立下了汗马功劳。

史学家评论历史，应该以历史的眼光，从历史的高度全方位地观察审视，才能公正地评价历史的是与非。因为任何历史人物创造历史，他本身就是历史的产物，受历史的制约，由历史来塑造，最后由历史来定论的。谁也不能超越历史、摆脱历史。史学家之所以受人尊敬，是因为他尊重历史、不歪曲历史，忠实地告诉人们历史的真实。

史称的所谓“东晋十六国”（实际有20多国，因此，正确说法应该是“东晋列国”），的确绝大多数国家都不是由汉人建立的，而是分别由许多不同民族先后建立的。所以，可以说这是中国历史上一个特殊的年代。它虽然没有像春秋战国时代那样为中华历史文化殿堂留下了千古辉煌的成果，但它推动着中国历史向前发展，为世界文明和人类的发展进步作出无可估量的贡献。

为了让人们对这段史实印象更深刻，我们据文物出版社编《中国历史年代简表》［三联书店（香港）有限公司，2002年9月版］及其他史籍，集中概括如下：

东晋列国兴亡概览

建国民族	始创者	政权	时间	国祚年数	传代	都城	被谁所灭	大致版图
匈奴	刘渊	前赵	304—329	26	4	平阳、长安	后赵	今晋、陕、甘、冀、鲁、豫、内蒙古各一部分
	赫连勃勃	大夏	407—431	25	3	统万	吐谷浑	今甘、陕、内蒙古、晋各部分
羯	石勒	后赵	319—351	33	7	襄国	冉魏	今甘、陕、冀、苏、皖、辽、晋、鲁、豫各部分
氐	李雄	成汉	304—347	44	6	成都	东晋	今川、滇、黔各部分
	苻洪	前秦	350—394	45	7	长安	后秦	今川、青、陕、甘、晋、冀、内蒙古、辽、苏、皖、鲁、豫有的全部，有的部分
	吕光	后凉	386—403	18	3	姑臧	后秦	今甘、青、新疆一部分
	沮渠蒙逊	北凉	401—439	32	5	张掖	北魏	今甘、青、新疆一部分
羌	姚苌	后秦	384—417	33	3	长安	东晋	今甘、陕、宁、豫、晋、青一部分
鲜卑	慕容皝	前燕	337—370	33	6	邺	前秦	今辽、内蒙古、冀、晋、陕、苏、皖、豫、甘一部分
	慕容垂	后燕	384—407	23	8	中山	北燕	今辽、鲁、豫、冀、晋、陕、内蒙古一部分
	慕容泓	西燕	384—394	10	6	长安、长子	后燕	今陕、晋、冀一部分

（续表）

建国民族	始创者	政权	时间	国祚年数	传代	都城	被谁所灭	大致版图
	慕容德	南燕	398—410	12	2	广固	东晋	今鲁、豫、冀、晋
	慕容高云	北燕	409—436	27	2	龙城（辽朝阳）	北魏	今辽、冀、内蒙古、晋
	乞伏国仁	西秦	385—431	46	5	苑州	夏	今甘、陕、青一部分
	拓跋珪	北魏	386—534	148	14	盛乐（晋榆林）、洛阳（河南）	东魏、西魏	今冀、晋、鲁、豫、陕、内蒙古（东）、辽
	秃发乌孤	南凉	397—414	17	3	西平、乐都	西秦	今甘、陕、青一部分
	元善见	东魏	534—548	14	1	邺（冀临漳）	北齐	今冀、晋、鲁、陕、豫（部分）
	元宝炬	西魏	535—554	19	3	长安（西安）	北周	今甘、陕、豫、晋
	高洋	北齐	550—577	27	7	邺（冀临漳）	北周	今晋、豫、陕、鄂，南抵长江，北至内蒙古
	宇文觉	北周	557—585	28	5		隋	今陕、甘、宁、川、晋、豫、鄂（部分）
柔然（楼兰）	社仑	柔然	370—530	160	18	楼兰	突厥	自新疆库尔勒以东、北至贝加尔湖，东至大兴安岭，南至万里长城
汉	张寔	前凉	317—376	75	6	姑臧	前秦	今甘、青、宁、新疆东部
	李暠	西凉	400—421	21	3	酒泉	北凉	今甘、青、新疆东部

从上表可以清楚地看出，自西晋永安元年，匈奴刘渊建立前赵政权，至隋文帝杨坚统一北方，建立隋朝的年间，北方的一些民族英雄纷纷起来建立了许多大小不一的国家，各自称帝。其中匈奴建二国（前赵、大夏），两者国祚共 51 年；羯族石勒建后赵，国祚 33 年；氐族建四国（前秦、后凉、北凉、成汉），国祚共 139 年；羌族姚苌建立后秦，国祚 33 年；鲜卑族建十四国，国祚共 404 年，其中仅北魏就占了 148 年；另有柔然（“楼兰”的同音异译字）国，国祚 160 年。

上述列举的国家政权，如果将其存在的总年数相加，共计 820 年。其中被史籍称为“东夷”（后变为“东胡”）的濮（百）越先民后裔鲜卑人先后建立的 14 个政权，存在的总年数计 404 年。

历代史学家不知道史籍称的所谓鲜卑人、契丹人都是古濮越先民的后裔，是因为不知道“鲜卑”和“契丹”都是古濮越语的汉字译音词。“鲜卑”是sen pi（pu“位”用汉字译音译作“濮”，战国时又
话
译作“百”，pi 是 pu 的地域变音，用汉字译音译作“卑”）“（讲）濮人话”的汉字译音。“契丹”是 kɯ ta:n “（种）稻人”的汉字译音。
稻米
史籍记载遗留下来的众多鲜卑语的汉字译音词可作铁证。

《魏书》卷一百记载许多古濮越先民东夷人语言的汉字译音词，其中有国名、地名和人名。仅以国名为例，如：

“契丹（kɯ ta:n ‘种稻者’的汉字译音）国，在库莫奚（ku mu
稻米 我 位
k‘ai ‘我耕田者’的汉字译音）东，异种同类。”
犁

“库莫奚国之先，东部宇文［jyi vun ‘耕田者（人）’的汉字译
犁 人
音］之别种也。”

“豆莫娄［ tu mu lau ‘我们（的）人’的汉字译音］国，旧
（词头）位 我们
北扶余［pu ji ‘耕田人’的汉字译音，‘扶’因古无轻唇音 f，故
位 犁、耕
不读 fu，而读 pu，‘扶（夫）余’与今译作‘布依’是同音异译字。史籍同音异译（写）字还有濮夷、伯夷、濮越、百越、扶夷、蒲衣、蒲如、蒲野、蒲圻、蒲奚、扶彝、番夷、番禺、拔曳、拔野、伏羲、庖牺等］。”

“失韦（ sat wai ‘留在市集的人’的汉字译音有的史籍又译作
留 市集

‘室韦’）国……语与 库莫奚、契丹 、豆莫娄国同。”

“其傍有大莫卢（与‘豆莫娄 ’是同音异译字，可能是同语言的不同部落，被不同的始译者误认为不同）国、覆钟（pu tso:ŋ‘种稻
位 稻穗
人’的汉字译音，与今被译作‘壮人’的 pu tso:ŋ 或 pu so:ŋ 是同音异译字）国、莫多回（mu to hui‘土著’的汉字译音）国、库娄
位 土 语尾
(klau‘我们’的汉字译音，与今译作‘仡佬’是同音异译字）国、
我们
素和（sou‘你们’的汉字译音）国、其弗伏［kɯ wu buk‘咱
词头 咱 大
(是）老大’的汉字译音，‘伏’不读 fuk 而读 buk］国、匹黎尒［pi
位
li ni‘小山地人’（非高山地）的汉字译音，pi 是 pu 的地域变音，
山地 小
有的史籍译作‘卑’，如‘鲜卑’］国、拔大河（pu to‘土著’的汉
位 土
字译音）国、郁羽陵［jau ji laŋ‘我们（是）后来种田人’的汉字
我们 犁 后面
译音］国、库伏真［ku pu tsen‘我勤俭人’的汉字译音，‘伏’与上
我 位 勤俭
例‘弗伏’的‘伏’只是用同一汉字译近音。‘库真’与史籍所称的‘越王勾（句）践’中的‘勾（句）践’ku tsen‘我阿俭’是同音异译字］国、鲁娄（lau‘我们’的汉字译音）国、羽真侯［ji tsen hau
犁 勤俭 我们
‘我们（是）勤俭的种田人’的汉字译音］国，前后各遣使朝献。”

“高句丽（ku kuɯ li‘我山地人’的汉字译音）……百济
我 山地
［pa:k tsai（tsi）‘犁头’的汉字译音。因朝鲜半岛似犁嘴而得名。］
嘴 犁
国，其先出自夫余［‘夫余’是‘濮越’、‘布衣’的同音异译（写）字］。”

在《中国历史地图册》里，我国东北三省至外兴安岭以外的广大地区，秦、汉以前都是被称为“东夷”的古濮（百）越先民生息的地方，始译者将濮越人的自称pu ji “种田人”用汉字译音译作
位 犁、耕
“夫余”，今吉林省仍有此古地名，不过已将“夫”改作“扶”（扶余县）。

上述从《魏书》摘录的部分氏族或部落小邦国国名，全都是古濮越语的汉字译音。当然，由于始译者当时只译音不译义，所以，几千

年来，历代史学家都只知用汉字读其音（多数只能近音），而不知其义，因而写出来的论著，只能猜测，不切实际。有些史官虽然身负历史重任，本应对历史负责、对后人负责，但由于历史局限、知识局限及各种杂念、包袱过重，以致撰史过程中将谬说当“正史”，大书特书，让谬种流传，误导后人。

例如，《魏书》编撰者魏收，是北魏末年专修“国史”的史官，竟然将生息在陕、甘、宁、川北的古濮越先民后裔鲜卑人的一个部落——吐谷浑当做一个真人名字，神乎其神地加以渲染，然后当做史实而载入史册，在《魏书》里，作为“列传”大书特书（见《魏书·列传八十九·吐谷浑》）。

《列传》开宗明义说：“吐谷浑，本辽东鲜卑徒河涉归子也。涉归一名弈洛韩，有二子，庶长曰吐谷浑，少曰若洛廆。涉归死，若洛廆代统部落，别为慕容氏……”

这段话里，除了“鲜卑”、“徒河”，其余的“吐谷浑”、“涉归”、“弈洛韩”、“若洛廆”、“慕容氏”等都是人名或姓氏。

其实，这些词都是古濮越语的汉字译音词，它们的原意本各不相干，却被某些善于杜撰的人把它们编串在一起，用来欺世盗名，瞒天过海，欺骗世人，愚弄历史。

所谓“吐谷浑”，其实是古濮越语 tu jo:k vun “外人、外戚、
位(只) 外 人
非直系亲属”的汉字译音。这是个比较古老的部落，北魏建立之前，早已在以上陇为中心的地区繁衍生息，444 年，被北魏太武帝拓跋焘讨伐而逐渐衰亡。

“徒河”是 t‘o“土著”的汉字译音。

“涉归”是 tsɯ kuai“犁、耕”的汉字译音。
(词头) 犁

“弈洛韩”是ji lau hun“我们耕田人”的汉字译音。
犁 我们 人

“若洛廆”是 lau kuai “我们耕田人” 的汉字译音。古濮越语
我们 犁
“犁”、“耕”随着社会群体的分化，至今在壮侗语族的各地语言和方言土语里，已不止一种语音形式，而是有 ji（汉字有译作“夷”、“衣”、“伊”、“余”、“俞”、“庾”等）、jyi、jai、tsi、tsai、çai、kuai、kɤai、k‘əi 等。“廆”、“归”是同音异译字。

“慕容”本是^{m}pu joŋ（juŋ）“种粟人”的汉字译音。古^{m}pu“位”
位 粟
分化为mu和pu，故^{m}pu joŋ应是mu joŋ，被用汉字译作“慕容”之后，某氏族将其用作姓氏。

像这样用汉字音译词串编的故事，史籍里不乏其例。

古濮越先民的历史功勋，在中国正史里虽然没有被堂堂正正地确认，没有它应有的一席之地，但是古濮越先民的后裔鲜卑人建立的北魏及其他政权，契丹人建立的辽政权等，对中国历史的贡献，对汉民族的不断融合和发展壮大，对汉文化的不断形成和发展，以及对中国疆土的大统一等等，都是功不可没的。

（一）促进民族加速融合，壮大汉族、汉语

鲜卑人自西汉初年被迫从辽东逃出塞外以后，与早在大兴安岭南北广大地区繁衍生息而语言又相同的古“夫余”人融为一体，经过了数百年的发展，尤其到了三国战乱以后，种种历史原因，使鲜卑人迅速遍布于东北、内蒙古、关中、陕北、陇东、陇西和河西等地区。

公元1世纪，佛教传入我国后，被分布在内蒙古东部、辽河流域的鲜卑人迅速接受，成为他们日常生活不可或缺的内容，并慢慢演变成为部落的风俗习惯。由于男女老少都信佛，日久天长，他们把佛教徒穿的袈裟逐渐改变成为宽身的黄色衣袍（既是衣服，后来当然也有其他颜色），为了方便生活，加上腰带，形成别具一格的服饰。鲜卑语（亦即古濮越语）称信佛人为 tu pat“佛人”（古无轻唇音，
位(只) 佛
“佛”不读fat，而读pat）。始译者用汉字译音译作“拓跋”，从此，统治者和撰史者就称这个社会群体为“拓跋部”或“拓跋氏”。于是，“拓跋部”或“拓跋氏”就这样以汉字译音的形式被载入史册。鲜卑人没有自己的文字，“他称”也就很自然地变为“自称”。

由于信佛人不断增多，教义成了一条团结的纽带，所以，拓跋部在鲜卑人的众多部落中是最强大、人口最多的部落。据史籍记载，到了公元4世纪，匈奴、高车（kou çai“我种田人”的汉字译音）、柔
我 犁
然（lau la:n“我们家园”的汉字译音。史籍又译作“楼兰”）等许
我们 家
多氏族都融入了拓跋部。西晋建兴三年，拓跋部首领猗卢（ji lau
犁 我们

"我们种田人"的汉字译音）被封为代王，拓跋部因而也就被称为"代国"。其创建者拓跋猗卢被封为代王之后，便以王侯的权势建立自己的统治王国。他第一步首先把信佛的拓跋人分布范围圈定，然后从西起新疆叶城、鄯善、敦煌、酒泉、张掖以南，至山东济南以东海边，画出一条不是直线的部落分布线，将代国分为南北两大部，由他再封两位大首领分别统治，成为两大行政区域。他以盛乐为都城，仿晋朝设置各级官吏。

由于代国是鲜卑人建的国家，各种制度都是模仿晋朝，尚未形成巩固坚实的基础，拓跋猗卢当首领亦未能有足够的力量推行世袭制，统治者仍是遵循物竞天择、能者为王的自然规律更替。所以，当拓跋猗卢将代国逐渐建成一个有初步实力的国家后，由于他已老迈，便由年轻力壮的族人什翼犍（濮越语sam ji kun"同是种田人"的汉字译
同是 犁 人
音。"犍"指公牛，始译者用它作人名，暗示此人硕壮如牛，彪悍无比）继位。

什翼犍自幼好学，博闻强记，善于谋略，故继位之后，积极推行新政，制定刑法，扩军建制，自称"控弦百万，号令若一"（《魏书》卷二十四），使代国成为北方最强大的国家。

但是，由氐族苻洪在长安建立的前秦，在淝水大战之前，其势力可以说已发展到当时的顶峰。"安宅之旁，岂能容虎为患?"376 年，苻洪之子苻坚就对代国发起了进攻，灭了代国。什翼犍逃到了阴山之北，力图东山再起，可是由于诸太子及诸侯相互倾轧，争权夺位，在内乱中，什翼犍被儿子寔君所杀。代国被苻坚一分为二，并由他扶植鲜卑人和匈奴人管治。黄河以东由独孤［tu ku 或 kou"我（们）的人"的汉字译音］部管治，黄河以西由匈奴人刘卫辰管治，他是建立前赵的刘渊的后人。

然而，国仇家恨是任何人都不会轻易忘记的，只要有机会，他们就一定会重新站起来，积聚力量，夺回自己的家园，行使自己神圣的权利。

苻坚统一北方后，前秦的版图东及沧海，西并龟兹，南至襄阳，北尽大漠。于是，就想乘势消灭东晋，统一全中国。当时东晋兵力不足 10 万，而苻坚则拥兵 100 万，但他不顾在统一北方的连年战争中

兵疲将倦，不宜再继续征伐的现实，骄横跋扈，不听忠言，说“东晋虽有长江天险何足惧？我有雄兵百万，投鞭即可断流”，下令东征伐晋。结果，那些厌战的将士在洛涧打了败仗之后，便从当时的淝水西岸纷纷溃退，兵败如山倒，仅自相践踏而死者，蔽塞荒野。损兵折将，死伤逃散十之七八。

苻坚本想伐晋成功，神州大统一，自己就可以跟秦始皇、汉武帝齐名，名垂青史。但是，天不遂人愿，自己也中箭负伤，狼狈逃到淮北，再转辗逃回洛阳。385 年，被羌人部落酋长姚苌所杀，前秦至此灭亡。

在苻坚灭代国时才 8 岁的拓跋珪跟随其母投奔独孤部。前秦灭亡时，他已 14 岁。由于其祖父什翼犍是代国之君，在鲜卑人心里，他是英雄，也是明君。所以各部落酋长都拥戴拓跋珪继承祖业，纷纷表示愿意听从他的指挥。拓跋珪也有复国的壮志，平日认真读书习武，广交能人，集聚自己的力量。386 年正月，他才 16 岁，就在牛川大会诸侯（各部落酋长），共商复国之事。会上被各部推为共主，重建代国，即代王位，国号为登国元年。二月，迁都盛乐，以示代国正式复国。

拓跋珪生于乱世，自幼目睹各路枭雄混战，相互杀戮。他读《三国志》，独爱曹操，认为曹操从小“有权谋，多机变”，20 岁为官，不畏权贵豪强，对违法者一律严惩不贷；知人善用，自己也足智多谋，敢于消灭各方豪霸，统一北方。因此，当他正式即代王位之后，于当年四月即改称“魏王”，天兴元年（398 年）六月，灭后燕之后，他 28 岁，统一了北方，便决定仿效曹操，改国号为“魏”，七月迁都平城（今山西大同），史籍为了跟三国的“曹魏”相区别，称拓跋珪的“魏”为“北魏”。

从 386 年，鲜卑人拓跋珪建立北魏，至 534 年分裂为东魏、西魏，前后国祚一个半世纪（149 年），历 14 帝，是历史上称为“东晋十六国”立国最长的国家，也是当时对中华民族历史发展贡献最多、最大的国家。例如，北魏统一北方，成为当时神州大地最强大的北方大国之后，制定并实行了一套对中华民族历史发展影响深远的政策。这就是：

1. 用汉人为官，定汉语为官方语言

拓跋珪灭了后燕等，占领中原广大地区以后，考虑到只用鲜卑人不足以统治，必须大量利用汉人士大夫，以汉治汉，才能巩固政权，推行政令。于是，凡愿投门的士大夫，都必亲自面谈，量才而用。如曾任过苻氏前秦高官和后燕高阳内史的崔宏（玄伯）和他的长子崔浩，就成为他最得力的谋臣。其他如贾闰、晁崇、李先、崔逞、邓渊等，都是他离不开的重要文臣，帮他处理日常许多国家行政事务，使政权日趋稳定，国力蒸蒸日上。

由于北魏是鲜卑人建立的国家，在陆续吞并后燕、大夏、北燕、北凉，统一了北方之后，广大疆域里被统治的人民绝大部分都是汉人，朝廷里的官员有很多也都是汉人，他们不懂鲜卑语，如硬要使用鲜卑语，显然行不通。因为汉族人多，经济、文化也远比鲜卑人的先进。所以，从拓跋元宏（孝文帝），于太和十九年就颁诏令："不得以北俗之语言（鲜卑语）于朝廷，若有违者，免所居官。"（《魏书·卷七下》）明确规定，以汉语作为官方用语。

然而，语言不是断代产物，不是用一道行政命令就可以立即停止、立即废除的。语言的生命牢牢地根植于使用它的社会基础成员之中，社会基础成员越多，语言的生命力越强，越不易被他种语言战胜而消亡。一个行政实体（如国家），如果包含有多个不同的社会集团，有多种不同的语言共存，则不同社会集团成员之间，以及同一社会集团成员与成员之间，都需要通过语言来进行相互交际、交流思想，以达到相互沟通、相互了解的目的。社会须臾离不开语言，没有语言，社会就不存在。两个相邻的社会，如果一个先进，一个落后，两种相互影响、相互交流的语言，多数都是先进社会的语言影响后进社会的语言，后进社会的成员学习先进社会的语言，目的是向先进社会学习更多的东西，用来促进本社会更快更好地发展。但是，学习其他社会的语言，即使学得再好，学得跟自己的母语一样，可以自由自在地思考，自己的母语也决不因此而自动消亡，除非全社会都自然而然地抛弃，而这种情况只有在全社会成员都分散地去与先进社会的成员杂居，否则是根本不可能发生的。因为任何语言都是千百年来由全社会约定俗成的，都已有一套有严密内在发展规律，全社会所有人都熟习并共同使用来进行相互交际、交流思想，具有本社会（民族）特色

的、基础非常稳固的特殊体系。所以，只要有社会存在，哪怕是成员不太多，但确是使用该种语言，也绝不是以一道命令就能废除而让它彻底消亡，退出历史舞台的。行政命令只能强迫人们去学习某种语言，而不能强迫人们即时摒弃自己的母语，因为学习别种语言并非一朝一夕即可奏效，而是必须假以时日，少则数年，多则数十年。

正因如此，所以，后来孝文帝又对诏命作了规定：凡年过30岁以上，不作要求，30岁以下的官员，在朝廷内不得用鲜卑语或其他少数民族语言。他说：

> 今欲断北语，一从正音，年30以上，习性已久，容或不可卒革，30以下，见（现）在朝廷之人，语音不听仍旧，若有故为当降爵黜官，各宜深戒。如此渐习，风化可新。若仍旧俗，恐数世之后，伊洛之下，复成披发之人。王公卿士，咸以然不（否）。

实践是检验真理的唯一标准。经过实践，知道行政命令不可以停止更不可以废除语言的使用，但可以促使语言健康发展。所以更改诏令的部分内容，不仅可以减少朝廷内鲜卑人的抵触情绪，而且可以大大缓和鲜卑官员与汉人官员之间的矛盾，继续扩大汉语的使用范围，促进汉语不断向前发展。

2. 与外族通婚

历史上有许多民族都错误地认为，与外族通婚，容易丧失自己的民族特点，从而容易被他族同化而彻底消亡，所以，只限于本民族内通婚。然而，北魏鲜卑人的历代帝王，却不限于族内通婚。据《魏书·皇后列传》记载，许多皇后都是外族人。如：

拓跋郁律　平文皇后　王氏　广宁　汉人

拓跋珪　道武宣穆皇后　刘氏　汉人

拓跋嗣　明元昭哀皇后　姚氏（后秦姚兴之女）　羌人

拓跋焘　太武皇后　赫连氏（赫连屈丐之女）　匈奴人

拓跋晃　景穆恭皇后　郁久闾氏（河东王毗之妹）　柔然（楼兰）人

拓跋濬　文成文明皇后　冯氏　长乐信都　汉人

文成元皇后　李氏　梁国蒙县　汉人

拓跋弘　献文思皇后　李氏　中山安喜　汉人

拓跋宏　　孝文贞皇后　林氏　平凉　汉人
　　　　　孝文幽皇后　冯氏（太师冯熙之女）　汉人
拓跋恪　　宣武顺皇后　于氏　汉人
　　　　　宣武灵皇后　胡氏　安定临泾　汉人
善见　　　孝静皇后　高氏（齐献武王之第二女）汉人

孝文帝拓跋宏的众多妃嫔就是来自汉族一等士族崔、郑、王、卢、李五大姓豪门之女。

皇帝带头与外族通婚，对消除民族感情鸿沟，营造民族之间和睦共处氛围，创建融洽社会，促进民族经济、文化密切交流，从而进一步促进民族融合，无疑对中国历史的发展是一个伟大的贡献。

世上任何事物的出现都不是孤立无缘由的。鲜卑人与外族人通婚，与鲜卑民族的形成和发展过程密切相关。鲜卑人自汉初被匈奴讨伐而逃出塞外（这仅是史籍的一种说法，可能是较大的一次迁移，实际上，一部分鲜卑人早在春秋战国时期就已生息在大兴安岭一带）之后，为了在新环境里求生存，就逐渐弃农为牧，一代又一代地在东北大平原和蒙古草原上纵马驰骋，过着游牧生活。经过了数百年的发展，到建立北魏政权前，鲜卑人已在掠夺和反掠夺的兼并战争中，吞并了整个北方不知多少个部落小国，其中对那些信佛的部落，不管他们是否是鲜卑人，都一律划归于信佛的鲜卑人部落——拓跋（佛人）部落管治，使该部成为人口最多、势力最强大的首领部落，为建立北魏奠定了坚实的基础。同时在兼并壮大部落的过程中，自然也积累了许多有关与族外通婚和任用族外人才的实践经验。因此，自北魏政权建立之后，历代帝王都曾任用一些族外人作朝廷重臣，最具代表性的如北魏初年的崔宏、崔浩父子。

崔宏原是前秦和后燕的重臣，两国被北魏灭亡后，道武帝拓跋珪知其才华出众，以礼待之，用其为他制定朝仪规章，成为朝内重臣。儿子崔浩，熟习诸子百家，精通阴阳天象之学，工书法，未到弱冠之年，即被擢为拓跋珪的“给事秘书”，不久又转为“郎”。拓跋嗣（明元帝409—423年）继位后，又将其从帝师晋封为武城子（子爵，四等）。

北魏鲜卑人，以一个农牧业民族在东晋列国中，立国一个半世纪，国祚最长，社会最和谐稳定，这不能不说与任用族外人才及族外

通婚有关。

人类祖先自从脱离了蒙昧时期，由氏族、部落、部族到近代的民族，已没有哪个民族是由单一祖宗的纯血统繁衍而来的“纯血统氏族”、“纯血统部落”、“纯血统部族”和“纯血统民族”的人类群体。如果真是那样，就不会有能改天换地、创造世界高度物质文明和精神文明的人类的今天。道理很简单，因为早在原始社会，氏族、部落、部族形成的过程中，各个不同的社会集团彼此为争生活资源而发动的千百万次掠夺战，除了抢夺物质资源，也掠夺能生产物质资源的劳动力，那些战胜的氏族、部落、部族的青壮年成员，免不了将俘获来的青壮年妇女占为己有，使她们成为妻妾为其繁衍后代，从而打破了人类纯血统的藩篱。所以，可以毫不夸张地说，人类族外婚的历史，少则已有上百万年。

北魏孝文帝拓跋宏用诏令的形式禁止族内通婚，主张与外族通婚。这在一千多年前医学高科技尚未发展的当时，他不一定清楚知道族内通婚生出来的后代可能是白痴的道理，但善于总结经验教训的人类，会从亿万次的实践中知道结果的由来。拓跋宏自幼“雅好读书，手不释卷。五经之义，览之便讲，学不师受，探其精奥。史传百家，无不该涉。善谈庄、老，尤精释义。才藻富赡，好为文章，诗赋铭颂，任兴而作。”这段记载，说明他学识渊博，必定知道族内通婚的危害及族外通婚对国家民族发展的好处。因此，在他当政期内，与众不同地明令禁止，用强有力的法律手腕在全国禁止族内通婚。这当然是对民族融合的又一重大贡献。

3. 改习俗

一个民族的风俗习惯，是千百年来由广大人民群众在日常生活中逐渐积累形成的。它是生产、生活经验沉淀的民族文化精华，是民族引以为荣、充分显示民族特色的重要标志。因此，它根深蒂固，为广大人民群众代代相传，即便斗转星移，也不轻易放弃或改变。

风俗习惯包括的内容很多，涵盖生产、生活的方方面面，不同的民族都有各自不同的风俗习惯。衣、食、住、行各有特色，而这些特色的形成往往与生活环境有关。因此，长期生活在不同地域环境的不同民族，风俗习惯就各不相同。例如生活在北极圈内及周围地域的民族，由于该地区终年寒冷，就常年需要皮衣、棉袄和长靴，而生活在赤道或周围地区的民族，由于该地区常年炎热，衣服就越薄越好。可见，风俗习惯因适应环境而由生产、生活在该地域的社会群体约定俗成，并非由某一人可以即时兴废。

鲜卑人长期生息在塞外漠北草原，气候干燥寒冷，有时风沙满天。为了便于狩猎骑射，他们创造出来的服饰是：上衣是高领、窄身、窄袖，裤子是连裆双管，便于与长短靴相配。帽子分冬帽和夏帽，冬帽或毡或皮，但都有起落自如的耳盖；夏帽在遮阳檐下也有收放自如的防沙罩。男子穿这样的服饰骑在马上，自然是威风凛凛，妇女穿这样的服饰，曲线玲珑，尽显天然之美。屈原在《楚辞·大招》里曾对鲜卑人的服饰大加称赞，说是“小腰秀颈，若鲜卑只”，意思是说鲜卑妇女穿上高领、腰身紧窄的衣服，显得婀娜多姿，十分娇美。

但是，从小由祖母冯太后带大，受儒家经典史传影响很深的北魏孝文帝拓跋宏当政后，崇尚汉人，尤其是对汉人历代帝王将相和宫廷妇女宽袍大袖的服饰欣赏不已，认为只有那样，男人才风度翩翩、刚毅儒雅，女人才“回眸一笑百媚生”，“尽日君王看不足”，才显出妇女娇柔优美的神韵风貌。而对于司空见惯了的鲜卑服饰则感到过于平庸，因而，太和十九年（495）下令禁胡服。

这道诏令，从民族融合对推动历史发展的视角来看，无疑是积极的，应该肯定。然而，众所周知，人类的服饰从原始社会简单的蔽体、保暖防寒、便于劳动，发展到今天的装饰美，前后经过了数百万年，其中式样的演变已无从可考。可是，千变万变，蔽体、保暖防寒、便于劳动的基本功能却没变。相信只要有广大劳动人民存在，这些基本功能就永远都不会变。

孝文帝拓跋宏只看到汉族帝王将相和宫廷妇女的服饰，而没有看到汉族广大劳苦大众平日穿戴的服饰，就片面地认为汉人的服饰如何美。其实，汉人广大劳苦大众决不会也不可能在平日也穿着宽袍大袖的服饰去耕田种地、打鱼摸虾，或从事其他劳作。

当然，千百年来，各地汉族劳苦大众穿什么式样的衣服，肯定也因地而异，并不统一。科技尚未发达，不可能像今天这样可以留影，所以，我们也不得而知。史籍对汉族广大劳苦大众服饰的记载少之又少，最多只说左衽或右衽等寥寥几笔，没有更多详细的描绘。因此，

是否也跟鲜卑人的服饰相类似，就不得而知。不过，从现代汉人的服饰也都是高领、窄袖、窄身的情况看，不排除是民族交融的结果，因为人类对服饰的要求重在实用，只要实用，不管是哪个民族最先创造，都可以拿来为我所用。

至于是否像北宋沈括《梦溪笔谈》里所说的“中国衣冠，自北齐以来，乃全用胡服，窄袖绯绿短衣靿靴，有鞢鞢带，皆胡服也”，笔者认为沈括的说法是不正确的。

《魏书·咸阳王禧传》里有一段记载说，孝文帝拓跋宏在下诏禁胡服之后两年多，在洛阳街上看到妇女仍穿着“小腰秀颈”的鲜卑服，便责问身边的大臣：

> 妇女之服，仍为夹领小袖。我徂东山，虽不三年，既离寒暑，卿等何为，而违前诏？

这段话，证实了屈原所说的“小腰秀颈”的确是鲜卑服饰的特点。但是，任何民族基本风俗习惯都是千百年来在生产、生活中逐渐形成的，在群体社会中根深蒂固。相邻的两个民族，由于经济生活的需要，相互交往，接触频繁，当然会相互影响。不过，世界民族融合史告诉我们，两个相邻的民族，由于历史发展的原因，逐渐融合成为一个新的民族群体的时候，并非甲彻底摒弃自己原有的风俗习惯（包括语言）而完全采用乙的全部风俗习惯，或者相反，而是在融合过程中，适应新民族群体之需，汰劣留优，吸取、保留原有各方的优点，形成新的风俗习惯体系。

因此，沈括说的“中国衣冠，自北齐以来，全用胡服……皆胡服也”的结论是不正确的，只能说，中国的衣冠吸取了胡服的一些优点，也保留了汉人服饰中原有的许多长处，这才符合历史真实。

拓跋宏显然是不懂得这个道理，只看到汉族宫廷华丽的贵族服饰，就以为所有汉人的服饰均如此，因而盲目地要鲜卑人都改穿汉人贵族服饰，结果只能徒劳无功，成为历史笑谈。

4. 改姓氏

拓跋宏于太和十九年（495 年）颁布诏令，将汉语作为朝廷用语之后第二年，即太和二十年（496 年）又颁诏令，要所有鲜卑人将姓氏都改为汉姓。这当然与他一贯崇尚汉文化有关，但归根结底，主要是数百年来，鲜卑人的所有部落、氏族名称都是用汉字给鲜卑语（古濮越语）译音而来的，少的则两个字，多的则三个字。称呼时，再加一个“氏”字，就变成三个或四个字。

众所周知，语言的运用贵在简明。按汉语的习惯，事物名称以两个字为最佳。如果以过去对姓氏的叫法，姓李叫“李氏”，姓张叫“张氏”，最为广大群众喜闻乐用，但像汉译鲜卑语“步鹿根”再加“氏”变成“步鹿根氏”，叫起来就不仅不干脆利落，而且觉得很不爽。也许正是这个原因，促使他下诏令，将所有姓氏改为最简洁的一个字。但是，要改革，习惯势力是最难突破的，广大的鲜卑人部落名称已沿用了数百年、上千年，要想一朝改变，阻力可想而知。

为了减少阻力，顺利推行政令，他以身作则，煞费心机地先将自己的姓氏“拓跋氏”改称为“元氏”，原称“拓跋宏”则改称为“元宏”。这样，其他部落要反对就再没有任何借口了。“拓跋”为什么改为“元”？史籍没有记载，但从“元者首也”可想而知，拓跋部落是众部落之首；拓跋宏是皇帝，是群臣之首，是所有部落及所有北魏版图内的广大人民群众之首。正因如此，所以有的史籍称北魏为“元魏”，以示区别于“曹魏”。

前面说过，鲜卑人是东夷人，而东夷是生息在神州大地东边的古濮（百）越先民，因此，鲜卑人讲的是古濮越语，这从《魏书》、《周书》、《北齐书》和其他史籍记载的用汉字译音留存下来的鲜卑语的众多名词可以作证。有些史学家因不懂濮越语，看到成串汉字而又无法从汉义去解释，就猜鲜卑人在东北，与讲阿尔泰语的民族相邻，一定讲的是阿尔泰语。不知者不为过，因为哪怕是天才，所掌握的知识都只不过是知识海洋里的沧海一粟。历史语言资料证实，鲜卑人和乌桓（丸）人讲的都是古濮越语，只不过古时还没有国际音标作标音工具，记录当时鲜卑语的始译者只懂汉字，只能用汉字来译音。但是，不同民族的语言，语音系统是不完全相同的，甲语言里有的音，乙语言里则不一定有。这种情况下，始译者只好用他熟悉的近音汉字来代替，因而译写出来的汉字读音不可避免地与原话语音有差别。正因如此，所以，即使是鲜卑人读起来有时都会感到很别扭。不过，由于语言里每组音都只有一个或几个有限的固定意义，所以，还是可以还原，知道该组汉字记录的是什么音，代表的是什么意义的。这就给我们正确解读提供了坚实可靠的基础。

据《魏书·官氏志》记载，鲜卑人的氏族共有116个。如果按照文中“东方宇文、慕容氏……此二部最为强盛”的说法，每一氏族即一个部落（一落相当于一户，后来的所谓村落，亦即一个村庄有许多户人家之意），则共有116个部落。这些部落的名称，最初都是用鲜卑语或是“自称”或者“他称”为了相互区别而约定俗成的，每个名称都有它的原始意义。

为了解开鲜卑语即古濮越语这个千古之谜，我们将《魏书·官氏志》中用汉字音译鲜卑语罗列出来的所有氏族之名还原出基本语音及原意，以便后人了解历史真相，不再望文生义，继续被历史尘纱蒙蔽。

所改姓氏如下（原文照抄，只在原姓氏之后的括号内注出音义，至于这些音义为什么用来作为氏族之间相互区别的名称则无从考证，因为人类语言的社会本质特点本来就是约定俗成的，山川、城镇，村名、人名、国名等万千事物的名称，为何这样称呼而不那样称呼，谁也说不清，人民群众因交际需要创造出来，大家用惯了就逐渐定型流传）：

献帝以兄为纥骨（ke ku“我父辈”，长兄为父）氏，后改为胡氏。
（ke 父辈　ku 我）

次兄为普（pu“濮”）氏，后改为周氏。
（pu 位）

次兄为拓拔（tu pat“信佛人”）氏，后改为长孙氏。
（tu 只　pat 佛）

弟为达奚（ta k‘ai“耕田人”）氏，后改为奚氏。
（ta 雄性　k‘ai 犁）

次弟为伊娄（ji lau“我们耕田人”）氏，后改为伊氏。
（ji 犁　lau 我们）

次弟为丘敦（jau tun“我们地方”）氏，后改为丘氏。
（jau 我们　tun 处，地方）

次弟为侯（hau“白米”）氏，后改为亥氏。
（hau 白米、饭）

又命叔父之胤曰乙旃（jit tsam“一同留下”）氏，后改为叔孙氏。
（jit 留下　tsam 同）

又命疏属曰车焜（ts‘ai kun“耕田人”）氏，后改为车氏。
（ts‘ai 犁　kun 人）

丘穆陵［jau mu laŋ“我们（是）后来者”］氏，后改为穆氏。
（jau 我们　mu 位　laŋ 后面）

步六孤（pu luk ku“我儿子”）氏，后改为陆氏。
位 儿子 我

贺赖（ho lo:i“山坳”）氏，后改为贺氏。
颈 山

独孤（ tu ku“我”）氏，后改为刘氏。
只（词头）我

贺楼（ ho lau“我们”）氏，后改为楼氏。
（词头）我们

勿忸于［mu nau（lau）ji“我们种田人”］氏，后改为于氏。
位 我们 犁

是连（ tsɯ lin“沙地”）氏，后改为连氏。
（词头）沙砾

仆兰（pu la:n“住家”，一般指妻子、媳妇）氏，后改为仆氏。
位 家

若干（lau kun“我们人”）氏，后改为苟（kau）氏。
我们 人 我

拔列（pu lei“山地人”）氏，后改为梁氏。
位 山地

拨略（pu lau“我们”）氏，后改为略氏。
位 我们

若口引［lau kɯ jen“（讲）我们话”］氏，后改为寇氏。
我们（词头）话

叱罗（ tsɯ lau“我们”）氏，后改为罗氏。
（词头）我们

普陋茹（pu lau“我们”，始译者将lau后面的u音也译为“茹”）
位 我们

氏，后改为茹氏。

贺葛（ ho kou“我，我的”）氏，后改为葛氏。
（词头）我

是贲（ tsɯ fan“黄土”）氏，后改为封氏。
（词头）土

阿伏于（a pu ji“耕田者”，古无轻唇音，故“伏”不读fu，而
位 犁

读作pu）氏，后改为阿氏。

可地延（ kɯ dei jen“本地话”）氏，后改为延氏。
（词头）里 话

阿鹿桓（a luk vun“继子”、“养子”）氏，后改为鹿氏。
儿子 人

他骆拔（ta luk ba:u“男孩子”）氏，后改为骆氏。
位 儿子 男

薄奚（pu k‘ai“耕田者”）氏，后改为薄氏。
位 犁

乌丸（wu vun“咱人”，“乌丸”与“乌桓”是同音异译字）氏，
咱 人

后改为桓氏。

素和（sou“你们”，始译者将u用汉字译作“和”）氏，后改为
你们
和氏。

吐谷浑［tu jo:k vun“（非亲缘关系的）外人”］氏，依旧吐
只(位) 外 人
谷浑氏（“谷”不读ku，而读如粤语“浴”）。

胡古口引（按：《魏书·官氏志》谓：“姓氏书或作‘古引’。”结合濮越语实际音义，读作ku jen“我们的话”，用汉字译音译作
我 话
“古引”是正确的）氏，后改作侯氏。

贺若（ho lau“我们”）氏，依旧贺若氏。
(词头)我们

谷浑（jo:k vun“外人”）氏，后改为浑氏。
外 人

匹娄（pi lau“我们兄弟”）氏，后改为娄氏。
兄我们

俟力伐（tɕʻi li wɔ“种山地的”）氏，后改为鲍氏。
犁 山地(助词)

吐伏卢（tu plau“我们”）氏，后改为卢氏。
只 我们

牒云［tiep vun“（烧）陶瓷人”］氏，后改为云氏。
坛子 人

是云（sai vun“种田人”）氏，后改为是氏。
犁 人

叱利（sai li“种山地者”）氏，后改为利氏。
犁 山地

副吕（pu lo:i“山里人”）氏，后改为副氏。
位 山

那（na“田”）氏，依旧那氏。

如罗（lau“我们”）氏，后改为如氏。

乞扶［kɯ pu“濮（越）人”］氏，后改为扶氏。
(词头)

阿单（a sam“同，相同，一起”）氏，后改为单氏。
共同

侯几（hau kʻai“种稻者”）氏，后改为几氏。（注：“俟”应该
稻米 犁
是“侯”之误）。

贺儿（ho ji“耕田者”）氏，后改为几氏。
(词头)犁

吐奚（tu kʻai“耕田者”）氏，后改为古氏。
只 犁

出连（ tsɯ　lin“沙地”）氏，后改为毕氏。
(词头)沙地

庚（ji“耕田者”）氏，依旧庚氏。
犁

贺拔（ ho　pa“姑母、舅母、姨妈”）氏，后改为何氏。
(词头)

莫那娄（mu na lau“我们耕田人”）氏，后改为莫氏。
位 田 我们

奚斗卢（k‘ai　tu　lau“我们犁田人”）氏，后改为索卢氏。
犁 位(只)我们

莫芦（mu lau“我们人”）氏，后改为芦氏。
位 我们

出大汗［tsau ta hun“我们濮（越）人”］氏，后改为韩氏。
我们　　人

没路真［mu lau tsen“（讲）我们话”］氏，后改为路氏。
位 我们　话

扈地干［wu　ti　kun“咱锻造（打铁）、锤炼铁器的人”］氏，后
咱 锻造　人

改为扈氏。

莫舆（mu jyi“耕田人”）氏，后改为舆氏。
位 犁

纥干（ kɯ　kun“濮人”）氏，后改为干氏。
(词头)　人

俟伏斤［hau pu kun“我濮（越）人”］氏，后改为伏氏。
我　位　人

是楼［ tsɯ　lau“我们（人）”］氏，后改为高氏。
(词头)我们

尸突（tu sai“耕田人”的倒装，是始译者译出之后，可能有人
只 犁

从汉字意义看觉得不合理而将其改变顺序）氏后改为屈氏。

沓卢（ta lau“我们”）氏，后改为沓氏。
位我们

嗢石兰［vun ta:m la:n“（住）成排房屋的人”，“石”不读 shi，
人　成排　房屋

而读“担”音，“一石米”即“一担米”）氏，后改为石氏。

解枇（ ke　pi “兄长”）氏，后改为解氏。
父辈兄长

奇斤［ kɯ　kun“（濮）人”］氏，后改为奇氏。
(词头)　人

须卜（pu sai“种田人”的倒装）氏，后改为卜氏。
位 犁

丘林（ jau lam“我们一样、一起”）氏，后改为林氏。
我们　同

大莫干［do:i mu kun“（濮）人的山”］氏，后改为郃氏。“郃”

是do:i“山”的汉字译音，可见“大”与“部”是同音异译字。

尒绵（ȵi man“小庄”）氏，后改为绵氏。
小 村庄

盖楼（ke lau“我们长辈”）氏，后改为盖氏。
父辈我们

素黎（sou li“你们山地人”）氏，后改为黎氏。
你们山地

渴单（kɯ sam“同、一起”）氏，后改为单氏。
(词头)同、一起

壹斗眷（ˀit tau kun“我们很少人”）氏，后改为明氏。
些小 我们 人

叱门（tsɯ man“村里、乡下人”）氏，后改为门氏。
(词头)村庄

宿六斤（so:k luk kun“外来人”）氏，后改为宿氏。
外 儿 人

馝邗（pi kun“兄长”）氏，后改为邗氏。
兄 人

土难（tu na:n“住高脚楼房的人”）氏，后改为山氏。
只 楼上

屋引［wu jen“（讲）咱们话（的人）”］氏，后改为房氏。
咱 话

树洛干［tsu lau kun“我们（的）人”］氏，后改为树氏。
只 我们 人

乙弗（jit pu“留下来的人”）氏，后改为乙氏。
留下

戎眷（joŋ kun“种粟人”）氏，后改为戎氏。（注：《魏书·官氏志》作“茂”字，可能是原稿抄错或刻印错误“茂”氏应改为“戎”氏。）
粟 人

宥连［jau lin“我们沙地（人）”］氏，后改为云氏。
我们 沙

纥豆陵［kɯ tau laŋ“我们后来（的）”］氏，后改为窦氏。
(词头)我们后面

侯莫陈（hau mu sa:n“我们种稻人”）氏，后改为陈氏。
我们 位 稻米

库狄（kou de:k“我地方”）氏，后改为狄氏。（注：《魏书·官氏志》原注“三八”作“库”字读“舍”，认为是“库”字去上面一点，作“库”，不正确，应是“库”字才对，因濮越语没有“舍狄”之音义。）
我 地

大洛稽（ta lau kai“我们的”）氏，后改为稽氏。
(语头)我们 的

柯拔（a pat“佛人”）氏，后改为柯氏。
佛

尉迟（vai çi“市集”）氏，后改为尉氏。
市集 买

步鹿根（pu luk kun“继子”）氏，后改为步氏。
位 儿 人

破多罗（pu to lau“我们土著”）氏，后改为潘氏。（注：现代
位土著我们

汉语“潘”读p‘a:n，但古时读pu，如“广播”、“播音”、“鄱阳湖”；“番禺”，今读p‘a:n y，古读pu jyi“耕田人”，与“布依”、“夫余”
位 犁

都是同音异译字，因为它们都是古濮越先民生息的地方。“濮越”、“布依”、“夫余”、“番禺”，由于不同的始译者将同一读音译成不同的汉字，无意中给历史蒙上了一层厚纱。数千年来，害苦了多少史学家无辜地耗尽了毕生精力也猜不透、看不清真实底里。

叱干（ tsɯ kun“人”）氏，后改为薛氏。
（词头） 人

俟奴［tsi（tsai）no“耕田者”］氏，后改为俟氏。
犁 犁 田

辗迟（nan çi“市集”）氏，后改为展氏。
个 市

费连（fai lien“苦楝树”）氏，后改为费氏。
树 楝

其连（ kɯ lin“沙砾地”）氏，后改为綦氏。
（词头）沙

去斤（kɯ kun“人”）氏，后改为艾氏。
人

渴侯（kɯ hau“稻米、种稻者”）氏，后改为缑氏。
稻米

叱卢（ tsɯ lau“我们”）氏，后改为祝氏。
（词头）我们

和稽（wu k‘ai“咱耕田者”）氏，后改为缓氏。
咱 犁

菟赖（tu lo:i“山里人”）氏，后改为就氏。
只 山

嗢盆（vun ba:n “村里人、乡下人”）氏，后改为温氏。
人 村

达勃（ta po“男子汉”）氏，后改为褒氏。
只雄性

独孤浑（tu ku vun“我的人”）氏，后改为杜氏。
只 我 人

贺兰（ ho la:n“家园”）氏，后改为贺氏。
（词头） 家

郁都甄［jau jen“（讲）我们话”］氏，后改为甄氏。
我们 话

纥奚（ kɯ k‘ai“耕田者”）氏，后改为嵇氏。
（词头）犁

越勤（jyi kun“耕田人”）氏，后改为越氏。
耕 人

叱奴（ tsɯ no“种田者”）氏，后改为狼氏。
（词头）田

渴烛浑（ka:k tsu vun“单身汉”）氏，后改为朱氏。［注：史
单独 只(位) 人
籍将 tsu“只（位）”译为“朱”。tsu 与 tu 都是量词“只”之义，只是历史与地域发生音变，声母不同而已。tu 在史籍里有的译为“都”，有的译为“杜”或“土”等。］

库褥官［ku jo:k kun“我（是）外来人”］氏，后改为库氏。
我 外 人

乌洛兰（wu luk la:n“咱孙辈”）氏，后改为兰氏。（注：la:n 用
咱 儿 孙
汉字译音译作“兰”，在濮越语里，不同声调有不同意义。声调为高降是“孙儿”之义，中平是“家”、“屋”之义，高平是“滚开”之义。）

一那娄（ji no lau“我们种田人”）氏，后改为娄氏。
犁 田 我们

羽弗（ji pu“耕田人”）氏，后改为羽氏。
犁 位

上述 116 个姓氏，只是根据《魏书·官氏志》所列举，逐一进行了音义注释，至于是否全部包括了当时鲜卑人所有氏族部落的姓氏就不得而知。但仅从《魏书》记录留存下来一百多个用汉字译音的部落名称看，足以证明鲜卑人确是古濮越人的后裔。因为语言的基本词汇有极强的稳固性，往往千百年不变或少变。这些部落名称虽然从北魏至今已 1000 多年，但我们仍然可以通过壮侗语较准确地还原出原来的音义。

当然，细心的读者可能从我们还原的音义里看出一些差异，因而提出为什么同一个还原音却有许多不同的汉字译音，而有些是同一个译音汉字，还原语音却又不相同？如下表：

还原音	汉字译音	还原音	汉字译音
pa	拔	ke	纥、解、盖
pi	枇、馝、匹	ku	骨、孤、古、库、葛
pat	拔	kɯ	纥、乞其、去、可、渴、口、奇
ba:u	拔		
pu	仆、卜、步、薄、伏、扶、拔、拨、普、破、弗、副	kun	干、邗、眷、斤、根、官、焜、勤
mu	莫、没、穆、勿	sai、tsɯ	是、叱
ta	达、大、沓	so:k	宿
tu	独、土、吐、豆、拓、斗菟	ji（jyi）	伊、于、庾、羽、舆、越、几
li（lei）	黎、力、利、列	jau	丘、宥、郁
luk	六、鹿、骆	jo:k	谷、褥
lau	娄、楼、陋、罗、若、洛、略、卢、芦、如、茹、路	wu	乌、扈、屋、和
		vun	嘔、浑、桓、丸、云

之所以有这些差别，主要原因有四：一是这些部落名称不是由同一时间、同一人用汉字作译音工具译写出来的，而是由不同时代、不同地域，还有可能是不同民族、不同文化层次的人根据他的主观听觉，用他所熟悉的同音或近音汉字始译出来之后逐渐流传的。二是这些名称始译的时间先后差别有的可能达数百年至上千年。在这个过程中，有些语词可能发生了历史地域音变，使该词的声母或韵母的个别音素发生了变化，因而使读音不完全相同，但其意义不变。三是汉族自夏代由濮（百）越先民最强大的一支建立中国历史上第一个王朝——夏朝之后，就离开濮越先民独立发展，经过数千年来不断吸纳融入其他民族而迅速发展壮大，成为当今世界上人口最多、最大的民族

之后，语言也早已随着汉民族的形成融入了其他民族语言而跟古濮越语分道扬镳，成为具有自己鲜明特点的独立语言。四是汉字不是由音素组成，而是由音节组成。

由于每一种独立语言在发展过程中都形成了一套适合本民族社会群体成员相互交际、交流思想的严密而独特的语音、词汇和语法系统。不同的民族、语言构成的系统不相同或不完全相同。一般来说，不同语系的语言，其构成的系统也不相同。有亲缘关系的同一语系语言，其构成系统则不完全相同。

汉语跟濮越语虽有亲缘关系，但由于数千年来各自的发展，彼此的语音、词汇、语法系统已有很大的差别。古濮越原有的某些语音，汉语里已经不一定保留。据20世纪50年代中国科学院对全国语言进行全面调查的结果，现代汉语有声母21个，韵母35个，而壮侗语族十多种语言，虽然声母有20多个至40多个不等，但决定语词意义最重要的韵母，则有78个至99个不等，约是汉语的三倍。

以壮语为例，现代壮语韵母元音分长短，长短音区别不同的意义。如：pan为“旋转”之义，pa:n为“用长棍打”之义；kai为“远”之义，ka:i为“卖”之义。汉语则没有这种区别。如果始译者用汉字作译音工具译写这两组音，前一组可以考虑用“奔”和“斑（“班”或“办”）”来对译，但后一组该用什么呢？古汉语还有k声母，可能只好用“皆”、“街”或“佳”等相近的音来对译了。两种语言的语音对译，由于古时尚未有以音素标音的国际音标这种能准确记录语音的先进工具，而用以音节（包含一组语音音素）为基础的汉字来标音。这样，当遇到不完全相同的语音时，只能用读音相近的汉字来标记了，我们只要看看现在用汉字来译英语或其他语言的语音就不难理解了。

（二）并小国，扩疆土，统一神州版图
——附被历史遗忘的“楼兰”古国

在中国正史里，从司马迁的《史记》直至现在2000多年来，历史学家们撰写的各种“通史”、“简史”、“史纲”一类的专著，对汉族以外生息在神州大地上众多的少数民族，通常把东边的称为“东

夷”或“东胡”，南边的称为“南蛮”，西边的称为“西戎”，北边的称为“北狄”，甚至把东边和北边的合起来蔑称为“胡虏”。然而，却没有任何人知道这“夷、蛮、戎、狄”和“胡虏”名称及意义的由来。

其实，众所周知，从夏朝至今，数千年来，中国历史朝代并非全部都由汉人主宰。在汉代以前数千年，尚未有“汉人”和“汉族”名称的年代里，春秋战国上溯至夏，就不能说那些国家和朝代是汉人建立和统治。汉代以后至今2000多年，其中辽、金、元、清等朝代，也都不是由汉人建立和统治。夏、商及春秋战国时被称为“东夷”的齐、鲁、吴、越，五代十国的吴越及辽等，都是濮（百）越先民建立的国家。东晋列国20多个国家，除了前凉、西凉和北燕外，其余都不是汉人建立的国家，而是由鲜卑（也是濮越人后裔）、氐羌、羯、匈奴等民族先后分别建立。但是，他们对中国历史发展和中华古代文明都作出了功不可没的贡献。

先以东晋列国为例。由氐族苻氏建立的前秦（350—394），虽然国祚只有33年，但在公元383年淝水大战之前，是列国之中最强大的政权，以长安为都城的前秦，东征西伐，兼并小国，几乎统一了整个北方。

由鲜卑族拓跋珪在盛乐建立的北魏（386—534），国祚长达一个半世纪，是淝水大战后建立起来的北方最强大的政权，版图几乎囊括了整个内蒙古、辽、吉、黑、冀、晋、陕、鲁、豫。可以说，北魏是中国历史上第一个统一中国北方的少数民族政权。

此外，特别值得一提的是，东晋列国中，除由匈奴、羯、氐、羌、鲜卑等少数民族建立的众多国家外，还有一个柔然国。《魏书》把柔然国称为“蠕蠕”。由于柔然国在北魏的北方，且经常对北魏进行骚扰，所以《魏书》里记载“蠕蠕犯塞”，“蠕蠕遣使朝贡”的字句很多。《梁书》则把柔然称作“芮芮”，如《梁书·西北诸戎》卷五十四说：“芮芮（按：有时也写作‘蠕蠕’或‘茹茹’）盖匈奴别种（按：此说不一定正确）；魏晋世匈奴分为数百千部，各有名号，芮芮其一部也。”

据《魏书》所载，北魏建立后不久，即兴师讨伐蠕蠕（柔然），至北魏衰亡后，蠕蠕不久才被突厥所灭。那么，这个蠕蠕（柔然）国

在历史上的存在时间比北魏还要长，这可以从《魏书》的不完全记载得到证实。

《魏书·蠕蠕列传》卷一〇三载：“登国中讨之，蠕蠕移步遁走，追之，及于大碛（沙漠）南牀山下，大破之，虏其半部。”

《魏书·肃宗（诩）纪第九》载：“正光元年肃宗诏曰：蠕蠕世雄朔（北）方，擅制漠裔，邻通上国，百有余载。自神鼎（401 年）南底，累纪于兹。”

《魏书·肃宗（诩）纪第九》载：“正光四年夏四月，（蠕蠕王）阿那环执（捉）元孚（北魏王储）虏畜牧北遁。甲申，诏骠骑大将军、尚书令李崇，中军将军兼尚书右仆射元篡率骑 10 万讨蠕蠕，出塞 3000 余里，不及而还。”

从上述几段零星记载可以看出，北魏是当时中国北方最强大的政权，但蠕蠕却敢于挑战，“始光元年秋八月，蠕蠕率 6 万骑入云中……攻陷（首都）盛乐宫”，如果没有相当的实力是不可能的。那么，这个所谓的蠕蠕国，当时的实情是怎样的呢？《魏书》虽然有一个专门章节描述，但由于主要是从王者的心态和视角去记述，加上缺乏调查研究，当然就不可能完全真实可信。不过在蠕蠕自己没有文字记载的历史条件下，也只能参考《魏书》等提供的零星历史资料了。

据《魏书·蠕蠕列传》卷一〇三载：“蠕蠕，东胡之苗裔也，姓郁久间氏……自号柔然，而役属于国。后世祖（按：北魏太武帝拓跋焘的谥称）以其无知，状类于虫，故改其号为蠕蠕……随水草畜牧。”

从这段话可知，所谓“蠕蠕”，他们是东胡的后裔，而“东胡”与“东夷”都不过是史籍对生息在神州大地东边和东北的濮（百）越先民的别称，他们“自号柔然”。这“柔然”二字，如果从汉字意义去解释显然不通，试问有哪个民族会用“柔软”、“柔嫩”或“柔和”等命名？它肯定是汉字译音。濮越语里，lau la:n（读高平调）
我们 游荡
是“我们居无定所”的意思。今粤语用来呵斥小孩时，仍常用 la:n，如“la:n 开”（出去游荡去）“la:n 地”（任意在地上坐卧滚爬）。濮越语里，la:n 读不同声调区别不同的意义，读高平是“游荡”之义，读中平是“家、屋”之义，读高降是“孙儿”之义，读高升是“勇猛”之义。

lau la:n“我们居无定所（之人）”，用汉字译音译作“柔然”，音相近，因汉字不是拼音的音素文字，而是代表一组音素的音节文字；用“柔然”来译音，已是无可非议。以“柔然”自称，说自己的社会群体是“我们居无定所者”，是完全符合逐水草而居的游牧社会群体的生产、生活习俗的。北魏太武帝拓跋焘将他们改称为“蠕蠕”，是污蔑他们为低等动物的蔑称！当然，拓拔焘将“柔然”称为“蠕蠕”也并非一定完全出于有意的蔑称，很有可能是当时记录的史官，因听音不准，便将语音相近的“柔柔”（lau lau）记作“蠕蠕”（lu lu）而载入史册。

几年前，某报报道，在新疆楼兰地区的沙漠地里挖出几具疑似中亚古人的头骨，于是考古学家就猜测楼兰古国可能是中亚人建立的国家。因为楼兰在中国史籍里被称为西域之地，在中国正史里，楼兰古国是何时何民族所建，何时衰亡，其国祚有多长，都不见于史。所以，2000多年来，历代史学家们只能看着地图上标示的楼兰古国望洋兴叹，在自己的专著里，无可奈何地一代又一代留下历史的空白，让它成为令人遗憾的千古之谜，更有可能成为被历史永远遗忘的角落。

其实，“楼兰”与“柔然”都是古濮越语 lau la:n“我们居无定所”的同音异译字。由于它们的始译者分别是由不同时代、不同地域、不同文化层次的人，根据他们对汉字的熟悉程度而选用了不同的近音汉字译写出来之后，在文字使用的不同场合中逐渐流传开去，日久天长，自然地流入史籍。但是，因为始译者只译音不译义，无意中给历史蒙上了一层厚厚的障眼云纱，使得古代历史学家绞尽脑汁，始终都弄不清，原来两者实则同一。

既然“楼兰”是古濮越语 lau la:n 的汉字译音，那么，“楼兰古国”就不大可能是中亚的什么民族建立的国家，不久前考古挖掘出来的中亚人头骨，很有可能是被风暴沙尘掩埋的古波斯商人。当然，如单凭“楼兰”与“柔然”是濮越语的译音汉字，就断定它们是古濮越先民后裔建立的国家，根据是不足的，因为科研的原则之一是“孤例不为证”。但是，依据一千多年前编撰的《魏书》所保存下来的不完整史料反映的众多史实，包括众多古濮越语汉字译音的史实，我们就有足够的论据证实“楼兰古国”不是由中亚什么民族建立的国家，而是由在神州大地上早已繁衍生息数千年、上万年的古濮越先民后裔

建立的国家。下面一些史料足以证明：

（1）公元520年，“柔然（楼兰）”王阿那环拜见北魏肃宗皇帝时说：“臣先世原由，出于大魏（按：即鲜卑人）。”肃宗答曰：“朕已具之（知）。”

（2）“柔然（楼兰）”因没有自己的文字，人名都是由民族语称呼，后来才被人用汉字译音译出来。这些译音汉字完全可以用濮越语还原其音义，从而可以让人们清楚地看到“柔然（楼兰）”人的确是“东胡（按：鲜卑人，亦即古濮越先民）之苗裔也”。

①社仑（se la:n“勇猛的土皇帝”）丘豆代可汗（jau tu
土地神 勇猛 …… 我们 位

do:i ke hun“我们山里长老、头人、酋长、首领”）
山,山地 长辈 人

“可汗”一词，自公元4世纪，“柔然（楼兰）”首领社仑的名字被始译者用汉字译音而流传于史籍之后，就一直被后人当做“皇帝”的含义继续流传使用。社仑是首位被称为“可汗”的人。

②斛律（ho lat“横空出世”）蔼苦盖可汗［ʔai ku kai ke hun
横生 …… 我 的 长辈 人

“我（们）的首领”］（注：斛律是社仑的弟弟）

③步鹿真（pu luk sen “善良、诚实的孩子”）（注：步鹿真
位 儿子 善良、老实

是斛律的侄儿）

④大檀（taʔ ta:n“吃白米的人”）牟汗纥升盖可汗［mu hun
位 稻米 …… 位 人

kɯ sa:ŋ ke hun“（使人）兴旺的首领”］（注：taʔ原是tak，但韵尾k
旺盛 长辈 人

消失后，留下ʔ喉塞音填位代替）

⑤吴提（wu dei“咱人”）敕连可汗（se lin“沙地土皇帝”）
咱 地方 …… 土地神 沙地

⑥吐贺真［tu ho sien“（像）一团火的人”］处可汗（su ke
只 火焰 高 …… 老虎 长辈

hun“虎首领”）
人

⑦予成（ji sieŋ“神气十足”）受罗部真可汗（su lau pu sien ke
神气 …… 我们 位 善良 长辈

hun“我们善良的首领”）
人

⑧豆仑（tu la:n“勇猛者”）伏古敦可汗（pu ku tun ke hun
只 勇猛 …… 位 我 处、地方 长辈

“我们地方首领”）

⑨那盖（no kai “有田人”，是pu no kai 的省略）侯其伏代库者
田块、片　位 田 块
可汗（lau kɯ pu do:i ku tsi ke hun “我们山里种地人首领”）
我们　位 山里 做 犁 长辈 人

⑩伏图（pu tau “有威望者”）他汗可汗（ta hun ke hun “濮人
位 道　只 人 长辈 人
首领”）

⑪丑奴（tsau no “我们后代”）豆罗伏跋豆代可汗（tu lau
我们(嫩芽,后代)　只我们
pu pat tu do:i ke hun “我们山里佛人的首领”）
位 佛 只 山 长辈 人

⑫阿那环（a na vun “种田人”）首领
田 人

⑬婆罗门［pu lau ma:n应是pu lau pu ma:n “我们（是）乡下
位 我们 位 村寨
人”］弥偶可社句可汗（mi ɣau ke se ke hun “我们本地人首领”）
我们 长辈 土地神 长辈 人

⑭侯匿代（hau ni do:i “我山里人”）首领
我们 这 山

上述14代“柔然（楼兰）”首领的名字仅仅据《魏书·蠕蠕列传》所载的汉字译音还原，《魏书》是后人所撰，不一定齐全。因为据其所载，北魏建国后几年，于“登国中讨之”。这说明在北魏建立前若干年，“柔然（楼兰）”早已存在，且趁北魏刚刚建立不久，以为它脚跟未稳而进犯，结果反而被打败而移部遁走。在北魏政权存在的一个半世纪里，虽然多数时间被北魏不断讨伐而臣服朝贡，但公元5世纪，也曾一度攻陷北魏王都“盛乐宫”。在北魏衰亡而分裂为东魏、西魏以后若干年，才最终被崛起的突厥人所灭。可见“柔然（楼兰）”人在中国历史长河中并非昙花一现，而是曾在神州大地的北方纵马驰骋、叱咤风云于历史舞台一两个世纪。由于“柔然”与“楼兰”是同音的异译字，致使历代史学家看不见也认不清它的庐山真面目，在中国正史里，不敢更不可能给它立锥之地，人为地在中国历史园地留下了一片不为人知的空白，无意地制造了又一个千古之谜。

“柔然（楼兰）”疆土广阔，据《魏书·蠕蠕列传》载：“其西则焉耆之地，东则朝鲜之地，北则渡沙漠，穷瀚海，南则临大碛。其常所会庭则敦煌、张掖之北，小国皆苦其寇抄，羁縻附之”。

这里没有提及距敦煌仅300多千米的“楼兰”古城，可能是撰写

《魏书》的作者无有关史料及知识。但已清楚指出，逐水草而居的“楼兰”人，其活动的核心地带是以敦煌为中心，楼兰和张掖为两翼的政治、经济舞台。

我们相信，将来在中国的史籍里，史学家们一定会还它一个历史的公正。

（三）发展、交流经济、文化，加速经济、文化的繁荣

公元4世纪初西晋灭亡后，中国的北方（从东北到西北），汉族和一些少数民族各自占地为王，先后建立了20多个不同的国家，并为了掠夺资源和财富，相互兼并，频繁混战，弄得民不聊生，土地荒芜，哀鸿遍野。在南方建立的东晋王朝，虽然软弱无能，但凭沃野千里，富饶的鱼米之乡，仍可安然地偏处一隅。这就是中国史籍上所谓的“南北朝”或“五胡十六国”时期，也就是中国历史上最混乱不堪的时代。

在这段时间里，建立北魏的鲜卑人用了100多年，进行了数百次兼并战争，最后统一了整个北方。

北魏统一北方后，疆域东至朝鲜，北至蒙古，西至新疆，南至河南。在这广阔的地域里，既有适于游牧的大草原，也有大片适于农耕的沃野。但是在经过连续数世纪的战乱之后，好牧场、好田地多数都已被豪绅恶霸们占有了，奴隶和自由农牧民也已沦为地主豪绅们的附庸，成为他们生产和创造财富的活工具。这些豪门大户，对于国家来说，好比千百条附在牛身上吸满了鲜血的大蚂蟥，实在是最可恶的累赘。除了昏君，任何有责任感，体恤人民，有抱负的统治者都不会容许这种做法，否则就是对人民、对历史的犯罪！

实际也是如此，北魏初年，地主豪绅们要弄权谋，抗税，使国库入不敷出，常常捉襟见肘。到了孝文帝拓跋宏时期，他全面总结了前期从中央到地方各方面的经验教训，找出了真正的症结所在。于是，下决心实行根本性的改革。

（1）实行均田制，发展农业生产

由于长期战乱，人民流离失所，造成许多土地荒芜。北魏建立后，前期官员没有俸禄，而只有封地千户侯、万户侯之类的割据统治。因而，造成了土地和劳动力全部成为官吏的财富。他们享有特

权，不纳或少纳税赋，而搜刮、剥削得来的民脂民膏便成为他们与朝廷抗衡和作威作福、欺压百姓的本钱。“初来，单马执鞭；返去，从车百辆，载物而南”（《魏书·公孙轨传》）便是当时的真实写照。

孝文帝拓跋宏已充分认识到农业对国家兴衰的重要性，认识到北魏已不仅仅是牧业经济，而主要是靠农业经济来支持。所以，太和四年（480年）四月，他下诏说：“一夫不耕，或将受其馁；一妇不织，或将受其寒。今农时要月，百姓肆力之秋，而愚民陷罪者众。宜随轻重决遣，以赴耕耘之业。”次年四月，他又下诏说：“农时要月，民须肆力，其敕天下，勿使有留狱久囚。”将犯人都派去种田，以不误农时，增加农业生产。

众所周知，农业生产最重要的是季节性（农时）与劳动力必须紧密结合，否则误了农时就颗粒无收。而劳动力是需要人去组织的，要有较好的收成，就必须要有强有力的组织者。所以，他早在太和三年（479年）三月，就下诏各州县“牧守令长，勤率百姓，无令失时。同部（落）之内，贫富相通。家有兼牛，通借无者，若不从诏（命令），一门之内，终身不仕（做官）。守宰不督察，免所居官”。

太和九年，孝文帝颁布均田令，详细写明均田细则，以便实施。诏文内容如下：

诸男夫（丁）十五（岁）以上，受露田（无主荒地）40亩，妇人20亩，奴婢依良（跟一般平民一样）。丁牛一头受田30亩，限4牛。所受之田率倍之，三易之田再倍之，以供耕作及还受之盈缩。

诸民年及课（纳税）则受（给）田，老免及身没（死）则还田。奴婢、牛随有无以还受。

诸桑田不在还受之限（不需归还），但通入倍田分。於分虽盈，没则还田，不得以充露田之数，不足者以露田充倍（注：倍田，将露田加倍授给。露田不准买卖，身死或年逾70无力耕种时，需归还国家）。

诸初受田者，男夫（丁）一人给20亩，课莳余，种桑50树（棵），枣5株，榆3根。非桑之土，夫（丁）给一亩，依法课莳榆、枣。奴各依良。限三年种毕，不毕，夺其不毕之地。于桑榆地分杂莳余果及多种桑榆者不禁。

诸应还之田，不得种桑榆枣果，种者以违令论，地入还分。

诸桑田皆为世业（田），身终不还（不还给国家），恒从见口。有盈（多）者无受无还，不足者受种如法（法例）。盈（多）者得卖其盈（多），不足者得买所不足（即不足20亩），不得卖其分，亦不得买过所足（超过20亩）。

诸麻布之土（种麻之地），男夫（丁）及课（纳税的年龄），别给麻田10亩，妇人5亩，奴婢依良。皆从还受之法（一律按照还田受田法例）。

诸有举户老小癃（鳏寡孤独）残无授田者，年11已（以）上及癃者各授以半夫（丁）田，年逾70者不还所受，寡妇守志者虽免课亦授妇田。

……

诸民有新居者，三口给地1亩，以为居室（建屋用地），奴婢五口给1亩。男女15岁以上，因其地分，口课种菜5分亩之一。

诸一人之分，正从正，倍从倍，不得隔越他畔（田界、离开）。进丁受田者恒从所近。若同时俱受，先贫后富。再倍之田，放（仿）此为法。

诸远流配（沛）谪（贬谪别处）、无子孙及户绝者，圩宅、桑榆（之田）尽为公田，以供授受。授受之次，给其所亲，未给之间，亦借（给）其所亲。

诸宰（主宰、管治）民之官，各随近给公田，刺史15顷，太守10顷，治中别驾各8顷，县令郡丞6顷。更代相付（离任时交给下任）。卖者坐如律（不准买卖，卖者要坐牢）。"（《魏书·食货志》）

均田制的实行，不仅从豪强大族手中取回了大量的土地和劳动力，而且将土地和劳动力结合起来，调动了人们从事农业生产的积极性，使农业生产和整个社会经济得到了迅速发展，大大增加了国家的税赋收入，充盈了国库。同时，也大大缓和了民族矛盾和社会矛盾，稳定了社会秩序，增强了中央集权统治的能力。

事实也是如此。均田制实行几年之后，"数年之中则谷积而民足矣"，"自此公私丰赡，虽时有水旱，不为灾也"。

均田制始于北魏，由于在封建社会制度下，实行均田制的确能提高生产力，促进社会经济的发展，是富国强兵的重要杠杆，因此影响深远，北齐、北周、隋、唐都沿用并取得显著的成效。公元6世纪传至日本、朝鲜，也一直沿用了几个世纪。

（2） 铸钱币，兴商业，发展国际贸易

中国历史进入东晋之后，小国林立，战乱不休，百姓苦不堪言。市场没有统一流通的货币，人民生活中互通有无之道，唯有以物易物，即使是柴米油盐也不能例外。北魏经过了近100年的兼并战争统一了北方之后，认识到以物易物对经济发展的不利，必须有统一的货币作流通手段，才能促进经济的发展。因为“布帛不可尺寸而裂，五谷则有负檐之难，钱之为用，贯繦相属，不假半斛之器，不劳秤尺之平，济世之宜，谓为深允”。于是太和十九年，铸五铢钱（即一文钱重五铢），名为“太和五铢”，作为“大魏之通货”，与“诸方之钱，通用京师”。

为了充分利用社会资源，北魏政府有一项与以往各朝代不同的货币政策，就是铜钱除了官铸，也可以民铸。但严格规定：所铸之钱，一是“铜必精炼，无所和杂”；二是“钱一文重五铢者，听（才准许）入市用，计百钱重一斤四两二十铢”，不达此标准，则不能入市流通；三是“若有辄以小薄杂钱入市，有人纠获，其钱悉（全部）入（归）告者”外，对于那些“盗铸毁大为小，巧伪不如法者，（则）据律罪之”。

有了钱币作为流通手段之后，接着就要确定各种货物的价格。例如每匹符合标准规格（以40尺为度）的绢为200文，以往内外百官薪俸所得的绢允许用钱代替。如官阶每月得绢30匹，则30×200文（钱），应得6000文（钱）。余类推。

由于有了钱币作为流通手段，就大大激活了经济，广大人民逐渐摆脱了以物易物的沉重负担，货物通过货币交换在市集流通而变成了商品，因而各地的市集不以人们的意志为转移，自然地像雨后春笋般纷纷出现。在这基础上，政府又进一步有意识、有选择地“于南垂立（设）互市，以致南货，羽毛齿革之属无远不至”。到了“神龟”、“孝昌”之际，短短的六七年，即“府藏盈溢”，国库充实。

通过钱币作流通手段对促进社会经济的发展起着十分积极的作

用，收到非常明显的效果。于是，政府又制定了一系列开放政策，进一步推动民间商户开展国际贸易，与各邻国进行商贸活动，互补互利，互通有无。几年间，便东至朝鲜、日本，西至西域数十国，南临湘、鄂、巴蜀，使国家经济得到了进一步蓬勃发展。只因当时历史发展水平的局限，商贸条件和规模差强人意，自然经济仍是主流，但由于政府采取强有力的措施扩大钱币的流通量，减少了物物直接交易，已是北魏留给中国历史发展进步的一大贡献。

（3） 尊高僧、建寺庙、凿石窟造佛，在神州大地竭力弘扬佛教

公元前5世纪，古印度的迦毗罗卫国（今尼泊尔境内）王子释迦牟尼创立佛教后，于西汉末年从丝绸之路传入我国。由于佛教的教义，讲前世今生，六度轮回；讲因果报应，劝人积德行善；讲众生平等，人人皆有佛性（佛在我心，心正成佛，心邪成魔）；讲仙界地狱（成佛则上天堂，成魔则入地狱）；讲灵魂不灭，虽死犹生；讲万物自有定数，遇事不可强求，知足常乐；讲祸福已至，一切随缘。其核心思想是将现实生活中人民所受的苦难讲成一切均由天定，与命俱来。要人们心甘情愿地忍受苦难，然后到仙界去寻求最大的补偿和安慰。结果是广大受压迫、受剥削的劳苦大众，深层意识受到了麻醉毒害，甘愿安贫守贱，无所作为。

佛教教义中，有一部分如"前世今生"，"因果报应"，"仙界地狱"，"灵魂不灭"，"命由天定"等，与中国传统的道教有许多异曲同工之处。佛经中宣扬的伦理和哲学，如"孝养父母，奉事师长"，"施惠勿念，受恩莫忘"，"滴水之恩，当涌泉相报"，"心诚则灵，功到自然成"，"宽恕为怀，与人为善（宽恕能化解矛盾，是团结有生力量的源泉）"，"富而不奢，贵而不显"，"贪满者损，谦卑者福"，"繁华退尽，返璞归真"，"祸由心起，福由心得，道由心修，德由心积，法由心悟，功由心练，佛由心成"，等等，都与中国传统的儒教不谋而合。（当然，现在我们看到的佛经，都是经过无数世代中国人译成的，他们在翻译过程中，根据自己的理解，不免融汇一些中国传统的道、儒理念，这是合乎情理、不难理解的。这就是为什么现在神州大地上广泛流行的各种佛教书籍中都可以看到佛、道、儒理念的缘由。）所以，佛教很快被中国广大劳苦大众接纳。当然，统治阶层尤其高兴，因为这样一种有极大效能，虽然缓慢，但却渗入每个毛孔麻痹广大劳苦大众神经的无形丹膏丸散，令受压迫、受剥削的人们心甘情愿地俯首做牛马，即便是仙丹也难求。所以，自西汉末年，佛教传入我国后，首先受到西北各地部落（部族）酋长的欢迎。在他们带头信仰和推动下，有些部落（部族）的成员经过几个世纪不断教化，几乎整个部落成员都成了佛教徒。如鲜卑人的拓跋（ tu pat “佛人”）部便
只 佛
是如此（当然此部兼容了许多信佛的非鲜卑人，他们由于信仰相同，不仅自愿成为拓跋部的成员，而且以此自豪）。

佛教传入中土后，许多民族的部落酋长和广大人民群众都信仰佛教，而且十分虔诚。但是，佛经都是用梵文写的，需要中梵对译，再经刻印成书才能广泛传播，而当时中国人懂梵文的人不仅是凤毛麟角，即使略懂也难以翻译佛经。佛教教义靠口口相传已远不能满足广大教徒的需要。于是寻找既谙熟佛经又懂中梵两种文字对译的高僧便成了急中之急，这种高僧比钻石还要宝贵。

正是在这种情况下，357 年，氐族酋长苻坚做了前秦皇帝后，听说西域的龟兹（读作 kau tsi，用汉字译音译作“纠雌”“纠兹”，濮越语 kau“我”，tsi“犁、耕”，即“我种田人”之意）国有一高僧名叫鸠摩罗什（kau mu lo sɯ “我有学识”）精通汉语、梵语，
我 位 （懂、识）（字书）
佛法高深。于是，自恃国力强大，于 382 年派骁骑将军吕光率七万大军西出玉门关，浩浩荡荡向龟兹进发，于 384 年灭了龟兹，虏了鸠摩罗什准备带回长安，让他传法。可是，正当吕光出征西域，灭龟兹的同时，苻坚以为自己的实力足以灭掉东晋，统一中国，便将兼并各小国得来的军队组成近 100 万大军，由长安向东南进发。到了淝水，由于军队长途跋涉，疲惫不堪，加之粮草准备和供应不足，被东晋军队打得落花流水。苻坚称帝的前秦也因此被羌族酋长姚苌所灭。这时，吕光西征正在回师途中，到了凉州听说前秦已亡，苻坚在五将山已被姚苌所杀，于是便恃手中有兵权，自立为王。386 年，吕光在姑臧建国称帝，年号太安元年，史称“后凉”（320 年张茂建立的政权称“前凉”）。

因此，鸠摩罗什在凉州一住 18 年，一边传教弘法，一边翻译佛经。由于日夜与汉人交往相聚，汉语水平不断提高，不仅口语流利，而且还能够全用汉语思维。这对他准确无误地将梵文佛经译成汉语，

以便广泛深入地传播，实在是使他能成为一代天师最难得的绝好机会。

公元403年，羌族首领姚苌之子姚兴起兵灭了吕光建立的“后凉”。由于鸠摩罗什的大名早已传遍东晋列国，姚兴也早已仰慕，所以灭“后凉”之后，便在长安城西北兴建了一座名为“逍遥园”的僻静庭园，并以国师之礼、后秦皇帝之尊，亲迎鸠摩罗什到该园静心研究，讲解佛经，弘扬佛法。

姚兴虽然是羌族酋长，但在做后秦皇帝之前，早已是虔诚的佛教徒。所以，当他灭了后凉，得到鸠摩罗什的时候，就如获至宝，对鸠摩罗什的言行十分尊重。

鸠摩罗什是一位治学态度十分严谨的高僧。他是“哀牢”古国濮越先民在南亚的后裔［“哀牢”是 ai lau
我们
“我们”的汉字译音。ai 是“个、位”之意，是“人”前面必带量词。今水语、毛南语仍读此音。缅甸的掸（sam“同、相同、一样、一起”）邦，印度的阿萨姆（ai sam“同、相同、一样、一起”）邦，以及“暹罗”（sam lau
同 我们
“我们一起”“我们同样”）、“寮”（lau“我们”）、“老挝”（lau“我们”，用汉字译音译作“老挝”，是始译者将韵母最后的“u”写作“挝”，其实“寮”和“老挝”都同是lau“我们”的同音异译（写）字。当今住在掸邦、阿萨母邦和暹罗、寮、老挝等地的濮越先民后裔，他们讲的话虽然经过数千年民族的相互交融和语言的相互影响与融合，语言系统的三个基本因素（语音、语法、词汇）都已发生了根本变化，但是，他们的基本词汇多数都仍旧牢固地保持不变，使我们能十分清楚地通过这些同源词确认它们与当今中国的壮侗语族是有亲缘关系的］。他深知中梵两种语言文字，因民族不同、历史发展不同、地域和生活习俗不同等等，产生的背景不同而蕴含的深层意义有极大的差异。所以，他译佛经，在没有完全彻底理解意义之前，在按汉语规则没有能将佛经原意融会贯通地准确译出之前，决不轻易动笔写一个字。

鸠摩罗什也是一位态度十分谦虚的人。他虽然佛学知识渊博，但却从来不自以为是，他不耻下问，对佛经中有些理解不透的，常向其他的僧侣求教。姚兴对他的这种高尚品格非常敬佩。为了让他能够更好更快地译出佛经，姚兴下诏从全国各地寺庙里召集了佛家僧侣 800 多人，来到长安协助鸠摩罗什。结果，数年内便译出了各种佛经共 74 部 384 卷，首次完成了把佛教基本教义由梵文译为汉语的历史壮举，为南北朝和隋、唐佛教在神州大地广泛传播及昌盛兴隆作出了巨大贡献。

众多由梵文写成的佛经被译成汉语后，对佛教在神州大地的迅速广泛传播起了推波助澜作用。各地为了传教弘法而兴建的寺庙如雨后春笋数不胜数。唐代诗人杜牧的《江南春》中，形容南朝各地寺庙林立的景象的名句“南朝四百八十寺”，只不过是诗人意境里形象逼真的概说，并非真实的数目。但是，“南朝四百八十寺”，则充分显示了南朝佛教昌盛兴隆的真实历史画面。

南朝如此，那么北朝呢？据史籍记载，由于鸠摩罗什翻译的汉语佛经先在北朝各国迅速传播，“近水楼台先得月”的北朝列国，情况一定不比南朝差，而是更好。仅举北魏太和元年（477 年）都城平城为例，“京城内寺，新旧百所”，全国寺庙则有 6478 所，僧尼 77 258 人（《魏书·释老志》）。

由于北魏历代皇帝（拓跋焘除外）都尊佛信佛，都是虔诚的佛教徒，把佛经看成至宝，因此，到了北魏末年，累计译出了佛经 415 部，共 1919 卷，全国“僧尼大众二百万矣，其寺三万有余”（《魏书·释老志》）。

但是，众所周知，僧尼是基本上不从事生产劳动而全靠社会供养的阶层，在 1000 多年前，国家经济主要靠农业（部分牧业）生产来维持的情况下，北魏全国几千万人却有 200 万人不但不参加生产，还要别人虔心供养，试想，对国家是多大的负担！

农业经济杠杆的支点是天，农业生产收成的好坏在于气候。一旦发生水旱灾害，收成不好，民不聊生，国家又加重税赋。所以，北魏末年，各种社会矛盾不断激化，农民不堪重负，纷纷揭竿而起，“天下丧乱”。北魏统治内部也分裂为东魏、西魏，东魏孝静帝也认识到全国僧尼众多，的确是一大累赘，便下令全国禁止再造寺奄，对“天下牧守令长，悉不听造寺，若有违者，不问财之所出，并计所营功庸，悉以枉法论”。很显然，这道诏令的目的，就是想通过减少建造寺奄，达到减少僧尼，缩减开支，增加国家农业税赋收入，以便充盈

国库的目的。

世间任何事物都有其美好和不完备、消极缺陷的一面。佛教作为一种宗教文化，尤其是作为一种具有异国民族背景色彩的民族宗教文化传入我国后，对于文化交融，推动我国各民族文化在不断相互交融中得到迅速发展，使博大精深、璀璨辉煌的中华文化历史殿堂更加异彩纷呈、熠熠生辉，不能说不是一件大好事。世界能够有今天，人类能够尽情地享受不断发展的高新科技成果，无一不是千百年来人类智慧不断相互交融的结果。

当然，宗教作为人类发展到阶级社会后的产物，它不可能不带着深刻的阶级烙印而有适应统治阶级需要的一面。因为不论何种宗教，不论它如何精心粉饰，其教义都离不开扮演“救世主”的角色。天主、耶稣如此，佛教、道教的“超度亡灵”实际也如此。各种不同的宗教，都不同程度、不同角度地巧妙宣扬“地狱”与“极乐世界”；宣扬“前世今生，灵魂不灭”；宣扬“转世轮回，因果报应”；宣扬“清心寡欲，净化灵魂，死后才能进入充满无限幸福、快乐的天堂”等等。这实际上就是用钝刀慢慢割断广大劳苦大众本来应有的顽强斗志的神经，麻痹深层意识，从而自怨自艾命运不济，甘愿一生逆来顺受，将命运完全交给虚幻中的“神人”主宰而不自知，从而客观上帮助了统治阶级比较顺利地进行统治。

不过，当宗教（不论是外来的还是本土产生的）一旦与民族传统文化相结合，并凝成具有民族特色的民族宗教文化及其艺术珍品，宗教便具有极强的民族性和生命力，从而大大模糊了它带有的阶级烙印，成为全民信仰的“神灵”，受到顶礼膜拜。而经过民族艺术工匠结合民族特点，精心构思创造出来的代表该宗教“神灵”的偶像，则成为万民心中神圣不可侵犯的民族瑰宝，进入千家万户并世代相传，如泰国的四面佛，中国的如（路）来佛、观世音。

由于佛教教义宣扬拯救灵魂，佛法无边，即使是能在瞬间七十二变，一个筋斗云便跳出十万八千里的孙悟空，也跳不出如来佛的掌心。于是除“坐莲观音”、“乘莲云观音”之外，又精心构思创造出了无所不能、无所不及的“千手观音”等神灵艺术珍品。

在中国，一般民众都只知道如来佛、观世音，而很少人知道释迦牟尼。即使是十分虔诚信佛的人，家里供奉的也都是如来佛、观世音等。泰国也一样，供奉的“四面佛”，既是一种心灵寄托，也是一件精美的艺术瑰宝。

如来佛、观世音在中国民间的广泛传说，是佛教传入以后才逐渐出现的，秦、汉以前众多的古代神话传说并没有如来佛、观世音。由于观世音是由南边海外来的，所以又称为“南海观音”。传说中，观世音原本是男性，但由于她是善良的救世主，所以从南北朝开始，中国民间就慢慢地将她塑造为善良母亲的形象，从而更受广大人民群众欢迎。因此，现在无论是用来作神灵供奉的艺术珍品，还有戏剧、电影、电视剧里给孙悟空等指点迷津的救世观音，都是女性。

至于一些寺庙里供奉的，以及许多古代开凿的石窟里的佛祖释迦牟尼像，虽然外貌慈祥，耳大垂肩，眉弯额阔，令人肃然敬仰，但是，由于古代工匠及传教高僧谁也没有见过佛祖释迦牟尼的真人，更未想到印度人和中国人体貌的差异，而是只凭自己最熟悉的中国人，挑选面容最慈祥的类型，想象塑造，然后加上中国古代帝王、士大夫服饰，成为典型的中国人形象的释迦牟尼。这也许就是佛教与中国民族文化艺术相融合，使佛教能够在神州大地更广泛传播，更受欢迎而流传久远的原因之一。因为中国的佛教徒信的是佛教的教义，释迦牟尼的神像是中国人面孔，反而感到更亲切，没有人再去想佛祖原来的民族人种和体貌如何。

古今中外，任何一种教义要想广泛传播，要想拥有广大信徒，要想深入人心，流传千秋万代，光凭口头和文字是远远不够的，还必须精心构思，塑造出一尊为广大信众喜闻乐见、形象逼真、感觉亲切的偶像，供人顶礼膜拜。例如，清朝中叶，天主教传入台湾之后，台湾人也是把圣母想象为中国人的面孔，穿中国人的服饰，因而在嘉义县梅山兴建天主教堂时，教堂内塑造供奉的是穿着清朝皇后朝服的圣母抱耶稣（耶稣也是穿清朝官服）的坐像。天主教、基督教如此，佛教、道教和其他教派也无不如此。所以，佛教传入中国后的全盛期，史称“五胡十六国”（南北朝）至隋、唐，在中国北方，从辽宁、河北、山西、陕西、甘肃、宁夏、内蒙古、河南到西北的新疆，历代各国帝王都不同程度地下诏开凿石山，大量造佛，也都是中国人的面孔，这样，人们顶礼膜拜时，也就没有了种族的心理隔阂。

中国开山造石佛的时间很早，公元4世纪就开始。例如，后秦姚

兴下令开凿的甘肃天水市东南约 45 千米的麦石山石窟，可能是中国最早凿山造佛的典范。后经北魏、西魏、北周至唐的历代扩充，现存佛龛 194 个，石雕、泥塑佛像 7800 多尊，壁画约 900 平方米。

其次是“西秦”乞伏国仁继承人乞伏乾归亲请西域高僧昙摩毗到西秦都城抱罕（pou hun“濮人”的汉字译音）。今甘肃临夏传法弘
位　人
法，后在黄河右岸积石山开凿炳灵寺石窟，再经北魏、北周、隋、唐至明陆续扩充，有 183 个洞窟，900 多平方米的壁画。

当然，最著名、影响最大的是甘肃敦煌的莫高窟、山西大同的云冈石窟和河南洛阳的龙门石窟。这三大石窟距今都已有 1000 多年。它们堪称是佛教文化园地里最精美绝伦的艺术奇葩，使本已琳琅满目、异彩纷呈的中华文化历史殿堂更加绚丽夺目。

这些保存了 1000 多年的石山佛洞，虽然历经晋、南北朝、隋、唐、宋、元、明数个朝代的许多民族工匠参与，用汗水一锤一锤敲打而成，但最主要、最早、最具创意凿山造佛的，则是濮越先民的后裔，被称为胡人的几个北方小民族。由于他们的首领虔诚信佛，要顶礼膜拜法力无边的路（音转为“如”）来佛，因而下令在宫廷内造金佛，宫廷外凿山造佛。今天我们能够看到规模如此宏大、工艺如此精美的石窟群遍布北方多个省市，实是胡人立下的奇功！特别是鲜卑人建立并延续了一个半世纪的“北魏”，更是功盖千秋，无人能与之匹敌。例如：

《魏书·释老志》载：“兴光元年秋，北魏文成帝拓跋濬元年……铸释迦立像五，各长（高）一丈六尺，都用赤金 25 万斤。”

“和平初……昙曜（高僧）白帝，于京城西武州塞（山西大同云岗），凿山石壁，开窟五所。镌建佛像各一。高者 70 尺，次 60 尺，雕饰奇伟，冠于一世。”

这寥寥数语的记载，说明了一个不可否认的事实：中华民族能有如此辉煌的今天，都是由千百万年来生息在神州大地上的各族人民世世代代用他们辛劳的血汗凝聚而成的。**勤劳勇敢、坚韧不拔、百折不挠、自强不息、勇往直前**，这就是中华民族的精神，是创造人类奇迹的精神！

广袤富饶的神州大地，海阔凭鱼跃，天高任鸟飞。优美的环境，

造就出了伟大的中华民族及其广阔包容的襟怀、平等待人、以和为贵、永不称霸是中华民族的基本美德。世事的纷争缘于不平等。1500多年前，对中华民族历史发展功勋卓著的北魏孝文帝拓跋宏有一句名言："苟能均诚（如果能平等真诚相待），胡越之人亦可亲如兄弟。"由于历史的发展和知识的局限，他无法知道，所谓胡、越本是一家人，彼此血管里流动的是同一个祖宗的血。但是，在他的深层意识里蕴藏有炽热的亲情感，激荡出亲密的兄弟情谊。所以，才能说出如此中肯的语言。

不错，"胡"、"越"同源，"胡""越"一家亲，这是中华民族历史的真实！

主要参考书目

[1] 中国少数民族语言简志丛书. 北京：民族出版社，1986.
[2] 金春子，王建民. 中国跨界民族. 北京：民族出版社，1994.
[3] 蒋炳剑. 畲族史稿. 福建：厦门大学出版社，1988.
[4] 屈大均. 广东新语.
[5] 江光亚. 国父孙中山先生遗教全书. 台湾：台中瑞成书局，1984.
[6] 黄世强. 人类之祖——东非远古智人·湖岛裸水猿. 北京：民族出版社，2000.
[7] 吴汝康，吴新智. 中国古人类遗址. 上海：上海科技教育出版社，1999.
[8] 陈致平. 中华通史. 台湾：台湾黎明文化事业公司出版社，1974.
[9] 林惠祥. 中国民族史（上、下册）. 上海：商务印书馆，1936.
[10] 李春元，等. 千古之谜. 郑州：中州古籍出版社，1996.
[11] 王忠恕. 汉字纵横谈. 北京：宗教文化出版社，1997.
[12] 斯大林.《民族问题和列宁主义》，《斯大林全集》第11卷
[13] 司马迁. 史记. 台湾：台海出版社，1997.
[14] 徐松石. 粤江流域人民史，徐松石民族学研究著作五种（上）. 广州：广东人民出版社，1993.
[15] 何光岳. 百越源流史. 南昌：江西教育出版社，1989.
[16] 章太炎. 太炎文录初编. 上海：上海书店出版社，1991.
[17] 范文澜. 中国通史简编. 北京：人民出版社，1949.
[18] 班固. 汉书·武帝纪. 郑州：中州古籍出版社，1996.
[19] 何光岳. 汉源流史. 南昌：江西教育出版社，1996.
[20] 何光岳. 南蛮源流史. 南昌：江西教育出版社，1988.
[21] 壮侗语族语言词汇集. 北京：中央民族学院出版社，1985.

[22] 壮汉词汇. 南宁：广西民族出版社，1984.
[23] 李敬忠. 语言演变论. 广州：广州出版社，1994.
[24] 中国社会科学院主编. 中国历史地图册.
[25] 最新实用中国地图册. 中国地图出版社，1995.
[26] 尚书. 台湾：台湾古籍出版社，1996.
[27] 左传. 台湾：台湾古籍出版社，1996.
[28] 尔雅译注. 上海：上海古籍出版社，1999.
[29] 说文解字注. 上海：上海古籍出版社，1988.
[30] 章太炎. 太炎文录初编.
[31] 陈登原. 中国文化史.
[32] 林惠祥. 中国民族史（上、下）. 上海：商务印书馆，1939.
[33] 范文澜. 中国通史简编. 北京：人民出版社，1949.
[34] 司马迁：史记. 台湾：台海出版社，1997.
[35] 顾颉刚. 古史论文集. 北京：中华书局，1988.
[36] 启良. 中国文明史（上、下）. 广州：花城出版社，2001.
[37] 徐松石. 民族学研究著作五种（上、下）. 广州：广东人民出版社，1993.
[38] 刘向. 列女传，载《中国野史》，泰山出版社.
[39] 现代汉语词典. 上海：商务印书馆，1995.
[40] (南朝·宋)范晔撰. 后汉书. 郑州：中州古籍出版社，1996.
[41] (北齐）魏收撰. 魏书. 北京：中华书局，1974.
[42] 阳玄. 洛阳伽蓝记. 上海：上海古籍出版社，1993.
[43] 中国历史年代简表. 北京：文物出版社，2002.
[44] (元）脱脱，等. 辽史. 北京：中华书局，1974.
[45] (唐）李百药. 北齐书. 北京：中华书局，1972.
[46] (唐）令狐德芬，等. 周书. 北京：中华书局，1971.
[47] 龚书铎，刘德麟. 辽、西夏、金. 长春：吉林出版集团，2006.

后 记

本书付梓的前夕，偶然翻出16年前，我的恩师、著名语言学家马学良教授写给我的一封信。他在信中不但对我的论著给予肯定和赞许，而且对科研及其过程所遇到的困难和挫折应持有的正确态度，给予十分珍贵难得的教诲。

下面是信的全文：

金钟：

几天来，陆续看了你寄来的书稿，实在令我兴奋难眠。你在短短几年，写出了这么多好文章。而最难能可贵的，是你论著中的许多立论，不但敢于挑战古人，对今人也不折服，坚定不移、勇往直前地走自己的路。这是非常正确的。

科研的灵魂是发现、发明和创新，这是科研的价值所在。人云亦云的“成果”一文不值。科研之路，从来都是荆棘丛生、坎坷不平，要有披荆斩棘、百折不挠、艰苦奋斗的精神，才能所向披靡，取得优异成绩。

科研的过程，有时不免还会遭到千夫所指。要无惧无悔，只要材料翔实，论据充分，就能永远立于不败之地。

历史长河滚滚向前永不停息，世界潮流日新月异，“虎踞龙蟠今胜昔”。我们能超越前人，靠的就是永无止境的高新科技。所以，敢于挑战前人、超越前人的信心和勇气，是科研取得优异成绩的保证。相信你今后一定会取得更加辉煌的成就！

马学良

1992年3月18日 北京

鼓励的力量是无穷的。恩师的鼓励，让我更加坚定不移、勇敢地走自己的科研之路。转眼十多年过去了，老师也早已带着满足而毫无遗憾的微笑去了极乐世界。我经多年努力，完成了又一部专著。至于这部专著的历史价值，相信自有后人评说。

最后，本书能够顺利出版，要特别感谢李维先生的慷慨相助，感谢李宜融、李嘉骏、黄钰霖、黄钰锜、李嘉欣和我夫人马健龄教授的积极支持、热情帮助，以及广州出版社的员工为它洒下的辛勤汗水。广大读者拿到此书，也一定会从内心永远铭记和感谢他们！

金　钟

二○○八年三月一日于悉尼莱茵科夫金钟书斋